ZHAOYANG NIANJIAN

昭阳年鉴

（2020卷）

昭通市昭阳区地方志编纂委员会办公室　编

云南大学出版社
YUNNAN UNIVERSITY PRESS

图书在版编目（CIP）数据

昭阳年鉴.2020卷/昭通市昭阳区地方志编纂委员会办公室编.-- 昆明：云南大学出版社，2020
ISBN 978-7-5482-4161-4

Ⅰ.①昭… Ⅱ.①昭… Ⅲ.①昭阳区—2020—年鉴 Ⅳ.① Z527.45

中国版本图书馆 CIP 数据核字 (2020) 第 192358 号

策　划：朱　军　　孙吟峰
责任编辑：严永欢
装帧设计：王婳一

ZHAOYANG NIANJIAN

昭阳年鉴
（2020卷）

昭通市昭阳区地方志编纂委员会办公室　编

出版发行：云南大学出版社
印装：昆明理煌印务有限公司
开本：889mm×1194mm　1/32
印张：21.25
字数：713 千
版次：2020 年 11 月第 1 版
印次：2020 年 11 月第 1 次印刷
书号：ISBN 978-7-5482-4161-4
定价：180.00 元

社　　址：云南省昆明市翠湖北路 2 号云南大学英华园内（650091）
电　　话：（0871）65033307　65033244
网　　址：http://www.ynup.com
E - mail：market@ynup.com

若发现本书有印装质量问题，请与印厂联系调换，联系电话：0871-64167045。

脱贫攻坚

　　昭阳区是昭通市委、市政府所在地，是全市政治、经济、文化和信息中心，位于云南省东北端，是国家重点扶持的全省73个贫困县（区）及云南省2017年确定的27个深度贫困县（区）之一，属国家乌蒙山片区区域发展与扶贫攻坚的主战场。全区国土总面积2 167平方千米，辖20个乡镇（街道）、187个村（社区）、2 940个村（居）民小组，居住着汉、回、彝等27个民族，总人口96.03万人。

　　全区有建档立卡贫困人口48 695户201 222人。脱贫攻坚工作开始以来，按照中央和省、市坚决打赢脱贫攻坚战的决策部署，昭阳区委、区政府认真贯彻落实习近平总书记关于精准扶贫的重要论述，以脱贫攻坚统揽经济社会全局，精准聚焦"两不愁、三保障"（不愁吃、不愁穿，义务教育、基本医疗、住房安全有保障）总体目标，严格"六个精准"（扶贫对象精准、项目安排精准、资金使用精准、措施到户精准、因村派人精准、脱贫成效精准），落实"五个一批"（发展生产脱贫一批、易地搬迁脱贫一批、生态补偿脱贫一批、发展教育脱贫一批、社会保障兜底一批），压实区、乡、村三级责任，整合一切

2019年决战决胜脱贫摘帽誓师大会

资源，汇聚一切力量，克服一切困难，以善作善成的韧劲，精准精细的干劲，敢打敢拼的闯劲，举全区之力决战决胜脱贫攻坚。

2019年3月17日，昭阳区召开2019年决战决胜脱贫摘帽誓师大会。区长陶毅为与会的1 200余人做脱贫攻坚业务知识培训。宣读《中共昭阳区委 昭阳区人民政府关于坚决打赢脱贫摘帽歼灭战的决定》。区、乡、村三级干部及企业代表分别就脱贫攻坚驻村队员管理、劳动力转移就业、易地扶贫搬迁、资金管理、农危改及人居环境提升、产业发展、安置点建设、就学及基本医疗、饮水保障、如期实现脱贫出列等作承诺，各乡镇街道战区指挥长、行业部门战区主要负责人、乡镇街道战区党工委书记、乡镇长依次递

劳务输出转移现场招聘会

东西部协作项目
——华坚鞋业就地吸纳昭阳区贫困劳动力

定点帮扶义诊

交了"军令状"。

　　10月20日，开2019年脱贫摘帽冲刺60天誓师大会，市委常委、区委书记江先奎对全区脱贫攻坚工作进行再动员、再部署、再落实、再精准。冲刺60天，坚决兑现脱贫摘帽"承诺书""军令状"。

通村道路硬化

危房改造拆旧复垦

马铃薯套种玉米高产创建

规模化苹果扶贫产业园建设

环境整治，改善人居环境

乡村新貌

全国最大的跨县易地安置小区——靖安新区

靖安新区一角

红路安置区一角

永丰安置点一角

易地搬迁安置房建设

靖安新区集中摇号分房

摇号分房

搬迁入住

易迁群众就业服务全覆盖

志愿者全程服务
搬迁入住群众

社区工作者为群众
排忧解难

红路安置点志愿者全程
服务搬迁入住群众

　　至 2019 年末，累计脱贫 46 914 户 194 778 人，未脱贫 1 781 户 6 444 人；实现 70 个贫困村（含深度贫困村 39 个）达到出列标准，145 个贫困村贫困发生率均低于 3%；全区综合贫困发生率从 2014 年底的 22.01% 降至 2019 年底的 1.27%，达到贫困县退出标准。

供稿单位：昭阳区扶贫办　昭阳区易地搬迁安置局　昭阳区地方志办公室蒋睿

昭阳苹果

　　苹果产业是昭阳区的优势产业，迄今已有80年的栽培历史。生产的苹果具有早、甜、香、脆、艳的地域特点，产品销往云、贵、川、北京、上海、浙江、江苏、福建、广东、广西及东盟国家。2019年，昭阳区苹果种植规模达4万公顷，其中：已投产果园面积2.53万公顷，总产量80万吨，综合产值70亿元。

　　2019年，引入昭通超越、云南国投中鲁、昭通远智、昭通市东晨、昭通市伟森、昭通田源等涉农龙头企业，致力于全产业链融合的发展模式，涉及果蔬育苗、现代化种植、果品仓储物流、生鲜销售、果蔬多元化产品精深加工、现代农业观光旅游等。围绕苹果老果园标准化提升改造、新植果园建设、示范园建设和昭通苹果品牌创建等，打造昭通"苹果之城"。

　　2019年9月20～27日，在昭通国际会议会展中心召开"昭通苹果展销会暨品牌创建会"。组织A、B馆68家公司、7个苹果主产乡镇、112家苹果生产企业、种植大户、专业合作社和电商平台以及苹果产业链延伸企业及12家优质房地产企业参展；通过百家新

省、市、区领导调研昭阳区苹果产业

昭阳年鉴（2020卷）

ZHAOYANG NIANJIAN

零售渠道产销对接专场、行业专家共论昭通苹果产业转型升级、百家新零售商昭通苹果产地行和"昭阳红"品牌发布会及媒体网红主播产地行等专项活动为昭通苹果线上线下销售搭建新平台，打通果农和商家产销对接"最后一公里"。

"昭阳红"品牌发布会

昭阳人民欢迎各位来宾

苹果展销会期间的文艺会演

苹果展销会开幕式

苹果展销

苹果产品展示

苹果早市　　　　　　　　苹果精选　　　　　　　　苹果加工

昭通最老的苹果树

苹果连片种植

苹果种植技术——连片矮化密植

苹果种植技术——疏花

苹果种植技术——着色

供稿单位：昭阳区苹果产业中心、昭阳区文联彭静

云南省昭通市昭阳区年鉴编辑委员会

顾　　问：陶　毅
主　　任：郭映辉　柯大林
副主任：张　宁
委　　员：费忠平　李林森（回族）
　　　　　曹玉树　邓光涛　刘平勇
　　　　　杨兴华　马　娟（回族）　李新华

昭阳区年鉴编辑部

主　　编：张　宁
副主编：马　娟（回族）　王立俊　李新华
编　　辑：陈　俊　陈　林　蒋　睿
编　　务：罗永芬（彝族）

《昭阳年鉴》供稿人员及供稿单位

文字供稿人员：

政　治：丰　艳　赵建平　李馨宇　马艳萍　崔光荣　陈吉江　卯　鑫
　　　　曾　巍　龙树玉　刘俊杰　罗　艳　吴青俊　孙选娇　李玉晶
　　　　高利云　李　潇　卢云兰　王　蕾

法　治：李方耀　王海鹰　陈　琼　范富队　祖万鹏　唐　娥　张鸣侦
　　　　甄选琼

军　事：任锡彪　蒋中维

经　济：孔凡敏　朱　颖　毕敬刚　胡良乾　杨清雲　梁　蕾　费宗骏
　　　　马波涛　杨云跃　卯声涛　孙剑枭　耿礼鹏　陶永繁　邹廷瑶
　　　　訾昌相　黄　伟　李保队　高正全　曾祥德　梁　娟

文　化：刘　钒　李柏春　撒媛赟　赵　恒　保　严　王　玲　彭　静
　　　　姚　权　马　娟

社　会：王兴瑞　彭龙会　曹德娥　马孝彪　张萍旭　方绍伦　王菊瑟
　　　　李佩白　田朝碧　李朝君　肖岫枫

乡、镇（办事处）：

办事处：马　韬　虎良琼　赵加东

　　镇：马念秋　邹华梅　范厚云　沈士力　李仁勇　彭艳玲　邹正梅
　　　　莫　令　朱世旷　马又丹　姜小玉　杨　珏

　　乡：邓锦心　黄照勇　李　丹

民族乡：樊　晓　阮　婷　马　空　马殿豪

封面图片供稿人员：彭　静

供稿单位：

政　治：区委办　区人大办　区政府办　区政协　区纪委　区监察委员会
　　　　区委组织部　区委宣传部　区委统战部　区民宗局　区委政研室
　　　　区委编办　区直属工委　区信访局　区政务服务管理局
　　　　区工商联　区总工会　团区委　区妇联

法　治：区政法委　区司法局　区公安局分局　交警一大队　交警二大队

区检察院　区法院　区综合执法局

军　　事：区人武部　区退伍军人事务局

经　　济：昭阳工业园区管理委员会　区发展和改革局　区工科局
区财政局　昭通市昭阳区自然资源局　昭通市生态环境局昭阳分局
区住房和城乡建设局　区交通运输局　区农业农村局
区苹果产业发展中心　区水务局　区应急管理局　区审计局
区市场监督管理局　区林业和草原局　大山包保护区管护局
区统计局　区供销社　区烟草专卖局（分公司）
国家税务总局昭通市昭阳区税务局

文　　化：区教体局　区文旅局　区卫健局　区融媒体中心　区委党史办
区科协　区文联　区社科联　区地方志办

社　　会：区民政局　区人社局　区医保局　区扶贫办　区搬迁安置局
区水电移民中心　区计生协会　区残联　区红十字会
区防震减灾局　区气象局

乡、镇（办事处）：

办事处：凤凰街道办事处　龙泉街道办事处　太平街道办事处

镇：北闸镇　大山包镇　旧圃镇　靖安镇　乐居镇　盘河镇　苏家
院镇　洒渔镇　永丰镇　炎山镇

乡：大寨子乡　区苏甲乡　田坝乡

民族乡：布嘎回族乡　青岗岭回族彝族乡　守望回族乡
小龙洞回族彝族乡

注：单位排名与正文顺序一致，使用规范简称，供稿人员排名按供稿单位顺序排列。

编辑说明

　　一、《昭阳年鉴》是中共昭通市昭阳区委领导、昭通市昭阳区政府主管、昭通市昭阳区年鉴编辑委员会主办的地方综合性年鉴。

　　二、《昭阳年鉴》2020年卷是以邓小平理论和"三个代表"重要思想、科学发展观、习近平新时代中国特色社会主义思想为指导，坚持实事求是原则，汇辑2019年昭通市昭阳区政治、经济、文化、社会等各方面的重要时事、文献和统计资料，属信息密集型工具书。全书采用条目体，分设特载、年内要事、概况、政治、法治、军事、经济、文化、社会、人物（组织机构）、附录等内容。

　　三、《昭阳年鉴》资料来源于昭通市昭阳区直属单位和市直有关单位提供的材料。

　　四、本书涉及单位名称时，使用规范简称；出现频率较高的词汇，使用简称。如："建档立卡户"简称"卡户"，"同上年同期比"简称"同比"；"省"特指云南省。

　　五、《昭阳年鉴》的出版，得到各级领导、各单位的大力支持，在此深表谢意。由于编者水平有限，不妥之处，殷切希望读者批评指导。

昭通市昭阳区年鉴编辑部

2020 年 8 月 30 日

目 录

法 治

军 事

经 济

文 化

社 会

组织机构及领导名录

附 录

特　　载

深入贯彻落实习近平总书记考察云南重要讲话精神 坚决打赢打好推进高质量发展三大收官战

——在中共昭阳区委五届五次全体（扩大）会议上的报告

市委常委、昭阳区委书记　江先奎
（2020年5月22日）

这次大会，是在全面建成小康社会决胜之年召开的一次十分重要的会议。主要任务是：高举习近平新时代中国特色社会主义思想伟大旗帜，深入贯彻习近平总书记考察云南重要讲话精神，牢记嘱托，忠诚担当，为全面夺取高质量脱贫攻坚、高水平全面小康和"十三五"规划三大收官战胜利、实现第一个百年奋斗目标、扎实开启第二个百年奋斗目标新征程而努力奋斗！

奋进时代呼唤伟大理论，壮阔事业需要科学指引。今年初，继2015年视察昭通五年之后，习近平总书记再次考察云南并作重要讲话，为我们奋力开启高质量赶超跨越发展新征程指明了前进方向、提供了根本遵循、注入了强大动力。面对突如其来的新冠肺炎疫情，习近平总书记高度重视、亲自部署、亲自指挥，全区人民在习近平总书记考察云南重要讲话精神鼓舞下，闻令而动、众志成城、共克时艰，打了一场疫情防控的人民战争、总体战、阻击战，取得了疫情防控的重大成果，全区经济逆势上扬，第一季度地方生产总值增幅达2.4%，地方公共财政预算收入增长13.7%，为全面夺取疫情防控和经济社会发展"双胜利"打下了坚实基础。实践再次证明，习近平新时代中国特色社会主义思想是指引我们做好一切工作的强大思想武器和行动指南。

下面，我代表区委常委会，向大会报告工作。

一、坚持以习近平新时代中国特色社会主义思想为指导，夺取了脱贫摘帽全面胜利，开创了高质量赶超跨越发展的崭新局面

2019年，是新中国成立70周年，也是昭阳发展史上具有里程碑意义的一年。一年来，在习近平新时代中国特色社会主义思想指引下，我们坚持以脱贫攻坚统揽经济社会发展全局，勠力同心，砥砺奋进，夺取了脱贫摘帽全面胜利，为全面建成小康社会打下了坚实基础。

（一）全区经济高速增长。生产总值突破300亿元大关，达338.48亿元，增幅达11.5%，高于全国、全省、全市平均水平。规模以上固定资产投资241.68亿元，增长18.09%。地方公共财政预算收入和支出分别达14.04亿元和85.36亿元，增长7.2%和36.9%。金融机构人民币存贷款余额1066.12亿元，增长26.54%，其中存款余额640.82亿元，增长12%；贷款余额425.3亿元，增长48.46%。

（二）脱贫攻坚全面胜利。"十大攻坚战"全面攻克，"六大歼灭战"全部清零，净脱贫9902

户 41785 人，累计减贫 46914 户 194778 人，全区综合贫困发生率从 2014 年底的 22.01% 降至 1.27%。创造了用近一年时间建成靖安、红路、永丰易地扶贫搬迁安置点，完成区内搬迁安置 37630 人，同时承接区外 40549 人搬迁的"昭阳速度"，探索走出了一条产业扶贫、转移就业和资产收益"户户有产业、人人有增收渠道"的"昭阳路径"，乡村面貌变化脱胎换骨，夺取了全区整体脱贫摘帽的全面胜利，获得了全省脱贫攻坚成效考核第三方评估"好"等次，彻底移除了千百年来压在昭阳人民头上的贫困大山，谱写了中国减贫奇迹的昭阳篇章。

（三）产业发展亮点纷呈。完成农林牧渔总产值 52.42 亿元，增长 5.4%。建成高标准产业基地 13 个，苹果基地规模达 60 万亩、马铃薯 40 万亩、蔬菜食用菌 40 万亩、大棚 5000 多个，被列为全省"一县一业"示范县，全省现场推进会在昭阳召开，苹果展销暨"昭阳红"品牌发布会成功举办，"昭阳红"成为全国"网红"，传统农业化蛹成蝶，现代农业初具雏形。完成工业总产值 304.26 亿元，增长 14.8%，其中工业园区突破 200 亿元大关，达到 214.49 亿元，增长 63.75%；售电量 47.13 亿度，同比增长 153.98%。水电铝一期项目实现满负荷生产，二期项目即将建成投产，水电硅项目开工建设，全面开启了昭阳工业化时代。商业贸易持续活跃，完成社会消费品零售总额 122.45 亿元，增长 11.8%；实现旅游综合收入 42.79 亿元；新建商品房销售面积 151 万平米，同比增长 41.68%，量价均创历史新高。

（四）城市面貌日新月异。中心城市正由中等城市向大城市加快迈进，建成区面积已达 60 平方公里、人口近 60 万人、城镇化率 59.27%、绿地率 26.85%，城市功能不断完善，城市首位度显著提升。省耕山水片区、文化体育产业新区、乌蒙水乡和千顷池片区四大核心商圈建设全速推进，千顷池湿地、温泉小镇、苹果小镇等一批旗舰项目加快推进，乌蒙水乡公园建成开放，一批城市地标拔地而起，城市颜值不断刷新。黑臭水体治理示范城市项目成效明显，"水清、河畅、岸绿、景美"的目标基本实现。城市治理规范加强，拆除违法违规建筑 60 万平方米，累计拆违 700 万平方米，网格化社区治理体系全面形成，拆出了一片新空间，治出了一片新天地，呈现商贾云集、商贸活跃、人气兴旺的繁华景象。

（五）改革开放纵深推进。党政机构改革全面完成，供给侧结构性改革、放管服等各领域改革深入推进，发展的堵点痛点难点有效疏解。渝昆高铁昭阳段、扶贫综合物流园、西绕城高速开工建设，新机场迁建、宜昭高速、都香高速建设扎实推进，互联互通的区域开放大枢纽、大通道、大平台即将形成。农村土地确权登记和集体产权制度改革试点工作圆满完成，"三变"改革成效显著，累计流转土地达 13.77 万亩，组建专业合作社 331 个，"三品一标"认证生产经营主体达 20 家，覆盖 35 万余群众，其中建档立卡贫困户 11.9 万人。合盛硅业、粤旺农业、保利资本等一批知名企业竞相入驻，招商引资实际到位资金 170 亿元。新主体新业态新经济层出不穷，新增市场主体 10879 户。

（六）民生福祉更有质感。城乡居民人均可支配收入分别达 34612 元、11796 元，增长 8.6% 和 12.1%。城镇新增就业 5611 人，扶持创业 1051 人，登记失业率控制在 3.76%。教育振兴三年行动计划扎实推进，新建城区中小学校 5 所，有效解决了城区入学难问题。区乡村三级医疗机构标准化建设全面完成，滇东北区域医疗中心开工建设，城乡居民养老保险、工伤保险实现全覆盖，基本公共医疗卫生条件明显改善。消灭农村危旧房 13016 户，拆旧复垦 30815 户 282 万平米，实现"住人不危房、危房不住人"。河长制、农村厕所革命、生活污水和垃圾治理全面推进，改造完成示范村庄建设 28 个 1.3 万户，入选云南省 20 个旅游扶贫示范县之一。群众性精神文明创建活动蓬勃开展，文艺创作繁荣活跃，社会文明程度不断提升。

（七）社会大局和谐稳定。扫黑除恶专项斗争纵深推进，打掉涉黑涉恶团伙 19 个，抓获犯罪嫌疑人 285 人，破案 153 件，党纪政务处分 21 人，扣押疑似涉案财物 1 亿元，全年治安案件、刑事案件同比分别下降 10% 和 6%。安全生产隐患大检查、大排查、大整治成效明显，全区安全生产总体形势持续向好。司法体制改革稳步推进，"七五"普法力度持续加大，促进了社会公平正义，全社会法治意识法治观念持续增强。强化依法治访，有效化解了一大批信访积案，到昆进京上访分别下降68%和84%。民族宗教事务管理规范加强，创建国家级"和谐寺观教堂"1个、省级5个，区委荣获"国务院第七次全国民族团结进步模范集体"称号。人民武装、人民防空、防灾减灾、禁毒防艾、史志档案等各项工作都取得新成绩。

（八）政治生态风清气正。"不忘初心、牢记使命"主题教育高质量开展，全区党员干部践行初心使命的思想行动更加自觉。庆祝新中国成立70周年系列主题宣传活动有声有色，人民日报、中央电视台、新华社等国家主流媒体宣传报道昭阳达16条，云南日报等省级主流媒体100多条，"感党恩、听党话、跟党走"教育活动深入人心，凝结了全区人民自信强大的精神力量。"基层党建创新提质年"各项工作卓有成效，整顿了一批软弱涣散基层党组织，创建了一批党建示范品牌，选拔了一批脱贫攻坚一线优秀干部，激发了广大党员干部干事创业的精气神。全面从严治党纵深推进，坚决肃清白恩培、仇和特别是秦光荣案流毒影响，从严从快查处了一批蝇贪腐败和涉黑涉恶保护伞案件，有效遏制了"四风"特别是形式主义、官僚主义问题，巩固了反腐败斗争的压倒性态势，构建了海晏河清的政治生态。

回顾过去一年，是战斗的一年、辉煌的一年、难忘的一年。实践让我们深切体会到，只有干出来的精彩，没有等出来的辉煌！这些成绩的取得：

最根本的是，我们始终高举习近平新时代中国特色社会主义思想伟大旗帜，坚定不移增强"四个意识"、坚定"四个自信"、做到"两个维护"，坚决贯彻执行中央、省委、市委决策部署，确保了我们改革发展的方向明确、思路正确、行动准确，确保了昭阳的各项事业始终沿着新思想指引的康庄大道坚定前行。

最重要的是，我们始终按照省委市委"当龙头、做标兵、树形象、作示范"的要求，深入贯彻新发展理念，坚定信心不懈怠，咬定目标不放松，破题破局不松劲，谱写了脱贫攻坚的"昭阳历史"，创造了城市建设的"昭阳模式"，彰显了产业培育的"昭阳特色"，干出了易地搬迁的"昭阳速度"，打造了党建提升的"昭阳品牌"，讲好了改革发展的"昭阳故事"，呈现了生机勃勃的"昭阳活力"，进入了历史以来最好最快的发展时期。

最关键的是，我们始终保持拼命实干的精神劲头，在脱贫攻坚一线比作风、比干劲，争分夺秒、大干快上，昭阳大地处处是攻坚的"战场"、建设的"热土"、发展的"高地"，取得了全市年度综合考核、党风廉政建设、食药监、招商引资等工作稳居全市第一、多项工作走在全市乃至全省前列的好成绩，展现了特别能吃苦、特别能战斗、特别能攻坚、特别能奉献的昭阳铁军风采，赢得了各级领导的充分肯定和社会各界的广泛赞誉。

过去一年的发展波澜壮阔，成就振奋人心。这凝聚着以习近平同志为核心的党中央的关怀厚爱，得益于省委省政府、市委市政府的坚强领导、东莞和中山对口帮扶的倾力支持，归功于全区上下团结一心、众志成城、拼命实干。在此，我代表区委常委会，向各级党组织、全区人民和所有关心、支持昭阳发展的同志们、朋友们，表示衷心的感谢，并致以崇高的敬意！

在看到成绩的同时，我们也要清醒地看到，与高质量发展的要求相比，昭阳发展不充分、发展不全面的问题仍然突出。主要表现在：经济总量不大，结构不优，效益不高，城乡发展不平衡；基本公共服务水平不高，民生工作还有许多短板弱项；制约发展的体制机制障碍依然存在，创新能力不强，开放水平不高，市场活力不足，人才资源短缺；全面从严治党的力度深度还要强化，特别是能力不足、本领恐慌的问题亟待解决，不作为、慢作为的现象仍然存在，"四风"和腐败问题仍有发生。对此，我们必须高度重视，切实加以解决。

二、深入学习贯彻习近平总书记考察云南重要讲话精神，全面开启昭阳高质量赶超跨越发展新征程

2020年，是"十三五"规划收官之年，也是全面建成小康社会、夺取脱贫攻坚高质量全面胜利、实现第一个百年奋斗目标的决胜之年，也是为"十四五"良好开局、开启第二个百年奋斗目标新征程打下更好基础的关键之年。做好全年工作，意义重大。

总体要求是：坚持以习近平新时代中国特色

社会主义思想和今年初考察云南重要讲话精神为指引,认真贯彻党的十九大和十九届二中、三中、四中全会精神,围绕中央经济工作会议、中央农村工作会议、省委十届九次全会、市委四届六次全会等系列重要会议部署安排,坚持稳中求进工作总基调,坚持新发展理念,坚持高质量发展,突出供给侧结构性改革主线,统筹推进"五位一体"总体布局,协调推进"四个全面"战略布局,继续打好三大攻坚战,认真抓好稳增长、促改革、调结构、惠民生、防风险工作,扎实做好"六稳"工作,全面落实"六保"任务,为夺取"三大收官战"全面胜利、实现第一个百年奋斗目标、扎实开启第二个百年奋斗目标新征程而努力奋斗。

目标任务是:全区生产总值增速高于全市平均水平;工业总产值增长 11.8% 以上;规模以上固定资产投资增长 12% 以上;社会消费品零售总额增长 11%;地方公共财政预算收入增长 5% 以上;城乡常住居民人均可支配收入分别增长 8.2% 和 10.8% 以上;城镇登记失业率控制在 3.8% 以内;居民消费价格总水平涨幅控制在 4.5% 以内;单位生产能耗完成上级下达任务。

完成上述目标任务,我们要把准疫情防控常态化的"大逻辑",抓住战略机遇叠加的"窗口期",紧扣"全面性、高质量、高水平"三个关键词,继续保持和发扬"立大志、担大任、吃大苦、创大业"的精气神,主动扛起"促进滇东北崛起"的大任,唱好主角、当好主力,以更大力度补短板,以更快速度强弱项,以更好成效固根基,以更高标准抓落实,以苦干实干、玉汝于成的优异成绩不负历史和人民的重托。

(一)坚持脱贫攻坚与乡村振兴一体推进,补齐高水平全面小康短板弱项。要对标对表全面建成小康社会目标,全力推进减贫战略向实施乡村振兴战略转变,全面完成决战贫困决胜小康的历史使命。

要巩固提升摘帽成果。确保全面小康路上一个都不掉队,是我们作出的庄严承诺。要紧盯未脱贫户、贫困监测户、边缘户和易地扶贫搬迁户"四类特殊困难群体",严格按照指挥体系、扶贫政策、攻坚队伍、帮扶力度、督导检查"五个不变"和摘帽不摘责任、摘帽不摘政策、摘帽不摘帮扶、摘帽不摘监管"四个不摘"的要求,实施

挂牌作战,强化动态监测,硬化帮扶措施,加强东西部扶贫协作,扎实开展好"回头看",全面补齐短板弱项,全面完成户脱贫、村出列扫尾工作,全力推动精准扶贫向科学治贫转变、突击式扶贫向建立长效机制转变。要加快推进易地扶贫搬迁配套设施建设,全面加强基本公共、产业就业、社区管理、基层党建等管理服务体系建设,确保"搬得出、稳得住、逐步能致富"。

要全力发展现代农业。没有落后的产业,只有落后的理念。要坚持以农业供给侧结构性改革为主线,坚定不移按照"大产业+新主体+新平台"的发展理念,聚焦做大做强苹果"一县一业"、打造洋芋帝国,培育壮大食用菌、有机蔬菜、生态养殖等高原特色农业,加快淘汰落后农业产能,全速推进高标准现代农业产业基地建设,组建一批产业联盟,配套完善物流配送、冷链加工、电子商务等产业链条,全力推动全区农业产业区域化布局、标准化生产、产业化经营、品牌化发展、集群化推进,加快传统农业向现代农业转变,全力提升农产品供给质量和效率,全面打造昭阳农业产业金字招牌,真正来一场振兴农业农村经济的产业革命。

要打好稳岗就业组合拳。就业是最基本的民生工程,是确保稳定脱贫致富奔小康的关键一招。要坚定不移实施党政一把手工程,配套完善政策服务体系,以更优惠的政策、更务实的举措、更大力度抓就业,切实做到精准调查、宣传动员、技能培训、就业服务"四个全覆盖",全面提升组织化程度和稳岗就业质量。要坚持内转与外输两手抓,通过有序组织输出一批,开发公益性岗位优先安排一批,扶贫车间、产业基地和帮扶企业吸纳一批,支持产业发展和自主创业带动一批,发挥社会力量帮扶一批等方式,多渠道开发就业岗位,坚决确保有劳动力的零就业家庭至少有一人就业,建档立卡贫困户特别是易地扶贫搬迁户动态清零。

要干干净净迎小康。全面小康社会,必须要有小康的生活环境。要坚持以建设美丽昭阳为抓手,倡导干净卫生、健康文明的生活方式,扎实开展村庄规划管理、农村生活垃圾治理、农村生活污水治理、农村厕所革命和村容村貌提升五大行动,全速推进全民爱国卫生运动,坚决打一场人居环境整治提升的人民战争,着力打造村庄布

局优美、村容整洁有序、庭院干净无污、卫生保洁自治、文明行为自觉、畜禽集中圈养、拆旧拆危和私搭乱建清仓见底的美丽宜居绿色村庄，全面补齐农村人居环境突出短板，切实提高脱贫攻坚成色，干干净净迎小康。要坚持以镇带村、镇村联动，着力打造一批特色集镇，加快探索走出一条城乡融合发展之路。

（二）坚持实体经济与产业培育双向发力，做强高水平全面小康关键支撑。 实体经济是国民经济的压舱石，产业是实现实体经济高质量发展的根本支撑。要坚持以深化供给侧结构性改革为主线，以产业项目为抓手，以转型升级为主攻方向，做大做强做优实体经济，加快培育高质量发展的现代产业体系。

要全力推进旗舰项目。 水电铝、水电硅是省委省政府确定的全省重大工业项目，对于补齐云南工业短板，推动昭阳工业经济从"有没有"，到"大不大""强不强"，意义重大而深远。要牢固树立"大项目带动大产业，大产业推进大发展"的理念，坚定不移举全区之力，全方位做好征地搬迁、要素保障等各项服务工作，确保水电铝二期项目和水电硅一期项目如期建成投产，全力协同推进铝材、硅材下游加工产业链建设，全速加快水电铝材、水电硅材一体化发展，着力打造中国重要的铝产业基地和硅基新材料基地，构建昭阳工业经济高质量发展的关键支柱。

要大力发展园区经济。 园区是产业培育的主阵地，拉动区域经济高质量发展的主引擎。要坚定不移按照产业园区化、技术高端化、生产低碳化、服务公共化的思路，坚持以工业园区为龙头，以产业基地建设为支撑，以重整山河的决心优化产业空间规划布局，全力打造千亿级园区航母。要通过项目入园、科技引领、龙头带动、链式发展，推动企业集中布局、产业集群发展、资源集约利用、功能集合构建，打造一批"一园多区"综合经济体。要积极探索创新集成加快发展园区经济的体制机制，推动项目、资金、技术、人才、政策等要素向园区积聚，着力配套完善水电路气讯等基础设施，加大"标准地""标准厂房"供给力度，全面构建产业集聚发展的良好生态，着力把园区建设成为现代产业发展的引领区、高水平营商环境的示范区、大众创业万众创新的集聚区、开放型经济和体制机制创新的先行区。

要培优培强骨干企业。 企业是推动经济高质量发展的主体，必须高度重视。要按照"行业抓龙头、分级抓骨干"的思路，认真落实国家降本减负稳岗，以及一系列支持复工复产和实体经济发展的政策措施，积极引导鼓励企业通过联合、兼并、收购和推进上下游一体化生产经营等方式，推动产业向中高端升级、向特色优势挖潜、向新模式新业态拓展，推动"个转企、小升规、规改股、股上市"，全力提升产业集中度和竞争力，培育打造一批地标性产业集群，让居民收入、企业利润、财政收入"三个口袋"鼓起来。要突出扶优做强，着力扶持一批带动力强、成长性好的小巨人企业，全力推动旗舰变航母，努力把骨干企业变成支柱产业、支柱产业变成产业集群、重点企业变成行业龙头，让昭阳经济的气血更加充盈、筋骨更加强健、支撑更加有力。

要优质高效服务保障。 要不断规范政府行为，放宽行业准入，完善市场监管，创造公平竞争的制度环境，推动政策向普惠化、功能性方向转变，进一步凸显产业政策导向作用和约束功能。要发扬"店小二"精神，设身处地为企业着想，扎实做好重商、安商、稳商工作，真心实意帮助企业解决复工复产、生产经营等各个方面的实际困难，全力提供更优服务，营造更优环境。要弘扬企业家精神，强化人才和科技支撑，以更宽广的视野、更包容的胸怀、更灵活的机制、更有力的举措，着力打造人才"强磁场"，为创新创业提供人才支持。

（三）坚持扩容提质与内涵提升同频共振，展示高水平全面小康最美颜值。 当前，中心城市正处于向大城市推进的崭新阶段，必须顺应新形势新任务发展要求，坚定不移以建设"滇东北城市明珠、引领省际区域发展的滇川黔省际中心城市"和"苹果之城"为目标，加快升级发展，不断提升城市首位度，再展"小春城"的荣光。

要高品质完善城市规划。 规划科学是最大的效益，规划失误是最大的浪费，规划折腾是最大的忌讳。要始终坚持以系统思维强化顶层设计，紧扣"到2035年200平方公里、200万人口"的城市发展目标，统筹城市空间、规模、产业"三大结构"，规划、建设、管理"三大环节"，改革、科技、文化"三大动力"，生产、生活、生态"三大布局"，政府、社会、市民"三大主体"，全速推进总规修编和海绵城市、智慧城市、苹果之城规划及各项专规、控详规编制，科学划定城市生态控制线、开发边界红线，实现国土空间规划管理全域覆盖、全要素管控，形成"统一衔接、功能互补、相互协调"的城市国土空间规划体系，精准锁定城市发展成长坐标，全力推动城市由外延型向内涵型、功能型向生态型、管理型向服务型"三型同转"。

要大手笔加强城市建设。城市格局决定城市品质、潜力和内涵。要加强城市路网规划建设，年内完成西三环等城市道路新建和提升改造20条，完成背街背巷道路改造52条，新增城市道路24公里，着力打通断头路、完善"微循环"，全力构建内联外通、快捷高效的城市道路交通体系，拉开城市骨架。要坚持以旗舰项目拉动片区开发的思路，启动凤凰山温泉小镇、万达商业综合体、苹果小镇、城市综合管廊、千顷池、龙泉公园等一批项目建设，全力打造省耕山水片区、文化体育产业新区、乌蒙水乡和千顷池片区4大核心商圈，精心雕琢"城市客厅名片"。要坚持绿色发展理念，全速推进"苹果之城"建设，扎实做好"城市设计、古城保护、危房拆除、改造提升、留白增绿"五篇文章，加快棚户区、旧城改造，配套完善基本公共服务设施，不断提升城市内涵品质，厚植城市"精气神"。要以"经营城市"的理念，盘活"沉睡"资产，不断拓宽建设资金渠道，推进城市有序开发。

要高水准推进城市治理。要坚持"以人为中心"的发展理念，统筹政府、社会、市民三大主体，以"绣花"功夫推进城市科学化、精细化、智能化管理，推动由单点突破向科学系统精准治理转变，构建共建共治共享的城市治理新格局。要全面完成黑臭水体治理示范城市项目建设，加快打造海绵城市，强化系统治污、科学治污、精准治污，全面补齐截污治水短板，不断改善城市生态环境质量。要加快智慧城市建设，推动数字城管融入"智网工程"，提升数字城管智慧化水平，构建精细化长效管理机制。要坚持疏堵结合，坚守新增违建"零增长"底线，加快推进拆违控违清仓见底。要把社区宜居作为满足市民美好生活需求的主要载体，全面加强网格化社区治理，强化门前三包，实现城市"形态"、文化"神态"、市民"心态"内外和谐。

（四）坚持改革创新与扩大开放双轮驱动，释放高水平全面小康强劲动能。改革、开放和创新是推动高质量发展的动力源泉。要进一步加快改革开放步伐，培育发展新动能，构筑开放新高地，营造产业新生态。

要全面深化改革。要选准突破口，积极推进"放管服"、农村集体产权制度、社会民生、基层治理、国有企业等关键性基础性改革，加快推进治理体系和治理能力现代化，不断构建新的、改革与发展实践不相适应的体制机制，确保各方面制度更加科学、更加完备，实现社会各项事务治理制度化、规范化、程序化。要注重治理能力建设，增强按制度办事、依法办事意识，善于运用制度和法治强化治理，把各方面制度优势转化为治理效能，不断提高党科学执政、民主执政、依法执政水平，把党的领导落实到治理各领域各方面各环节。

要全面扩大开放。昭阳即将迎来高铁时代，必须提早谋划，给出全面提升对外开放合作水平的"昭阳方案"。要借"势"构建开放大格局，主动融入"高铁时代"引发的"同城效应"，大胆推动思路创新、制度创新、模式创新、方法创新，大幅提升对外开放的深度和广度。要借"速"升级发展大平台，主动融入"高铁时代"引发的"共生效应"，全力做好"筑巢引凤"和"引凤筑巢"大文章，全力营造一流营商环境，加大以商招商、产业链招商等工作力度，打造投资"洼地"，力争全年实现引资200亿元以上，借助高铁实现"高速"发展。要借"力"打造大枢纽，主动融入"高铁时代"引发的"辐射效应"，协同推进渝昆高铁、都香高速、西绕城高速、宜昭高速、新机场迁建、扶贫综合物流园、新基建等重大项目建设，精心编织人流、物流、资金流、技术流、信息流加速融合的现代服务网，积极构建全方位、多层次、宽领域的对外开放新格局。

要创新驱动发展。创新，是引领发展的第一动力。要聚力创新驱动，聚焦产业升级，加快转型步伐，着力培育产学研创新体系，促进创新人才、创新要素和科技产业集聚发展，让产业创新成为新的动力源，让新业态、新模式、新产业成为新的增长极，着力补齐高质量发展短板。要牢固树立"人才是第一资源"意识,大力度招揽高层次人才带资金、带技术、带项目、带团队创新创业。要突出企业主体地位,鼓励支持企业创新创造,加强产业工人队伍建设,全面加大"昭阳工匠"培育力度。要营造良好创新生态,支持发展"众创空间",营造鼓励创新、宽容失败的社会氛围,全面形成大众创业、万众创新的生动局面。

(五)坚持富民惠民与提标扩面同步推进,擦亮高水平全面小康幸福底色。发展的根本目的是增进民生福祉。要坚持"以人民为中心"的发展思想,加快补齐社会民生事业短板,让发展更有温度。

要更加注重富民。富民工作是一项社会系统工程,必须运用系统化思维,以改革创新的举措,"加减乘除"多法并举,打好组合拳,做实全面小康"收入"这个关键支撑。"加法",就是要全力做好"产业、创业、就业"三篇文章,做大经济蛋糕,努力实现"家家有产业、人人有事业",真正实现资产性收入、工资性收入、经营性收入"多条腿走路"。"减法",就是要不断加大政府基本公共服务供给,加快社会保障体系建设,努力帮助企业和群众"松绑""减负",让群众积累更多财富。"乘法",就是要构筑富民基建优势、政策优势和制度优势,激发全社会创新创造活力,充分释放富民乘数效应,促进社会财富快速增长。"除法",就是要通过改革的办法,破除影响富民的制约和束缚,打通"痛点""堵点",降低制度性交易成本,释放更多富民红利。

要更加注重惠民。要加快实施教育振兴三年行动计划,巩固提升义务教育均衡发展成果。要全速推进区一中分校、建水实验中学、靖安新区高级中学等教育项目建设,努力建成具有区域影响力的最好学校。要加快推进与上海新纪元教育集团、云南民大附中的合作,积极引进一批优质教育资源,探索多形式办学模式,尽快提升高中教育教学质量。要加强"名校、名校长、名班主任、名师"四名工程建设,打造"学在昭阳"区域品牌。要以疫情防控为契机,协同推进昭通(滇东北)区域医疗中心等项目建设,深化医疗、医保、医药"三医"联动改革,健全完善城乡医疗卫生、公共卫生服务和重大疾病防控体系,大

力推进"健康昭阳"建设。要积极培育和践行社会主义核心价值观,广泛开展群众性精神文明创建活动,构建现代公共文化服务体系。要坚持"房子是用来住的、不是用来炒的"定位,加快建立多主体供给、多渠道保障体系,确保房地产业规范有序健康发展。要高水平编制好"十四五"规划,持续抓好双拥共建、军民融合、史志档案等各项工作,认真开展好第七次全国人口普查,着力办好不动产登记遗留问题处置等一批民生实事。

要更加注重生态。要实现昭阳的永续发展,必须牢固树立"绿水青山就是金山银山"理念,坚持以创建生态文明建设示范区为抓手,坚决打好污染防治攻坚战,全力守护蓝天碧水净土,巩固提升中央环保督察整改落实成果。要严守生态安全高压线,认真落实河长制、路长制,健全完善条块结合、各司其职、权责明确、保障有力、权威高效的管理体制机制,织密扎牢生态环境保护防护网。要坚持以生态环境的"高颜值",全力推动产区变景区、田园变公园、耕作变体验、农房变客房,加快推进全域旅游,大力发展绿色经济,全面释放生态红利,着力打造生态"聚宝盆"。

要更加注重安民。要认真贯彻总体国家安全观,加快构建共建共治共享的社会治安防控体系,切实增强社会治安防控的整体性、协同性、精准性,构建社会安全网。要牢固树立安全发展理念,健全隐患清单、安全责任、长效管理、防灾减灾"四大体系",强化隐患排查、日常监督、问题整改、铁腕问责,严守安全生产红线。要严格按照中央扫黑除恶专项斗争"清到底、清干净"的要求,深入开展线索清仓、逃犯清零、案件清结、伞网清除、黑财清底、行业清源"六清"行动,打不尽豺狼绝不收兵。要始终保持高压态势,严厉打击各类违法犯罪活动,持续加强社会治安管控,切实保障人民群众生命财产安全,构筑平安昭阳坚实网底。要深化司法体制改革,加强法治政府建设,加大"七五"普法力度,全面建设法治昭阳。要坚持和发展新时代"枫桥经验",畅通群众诉求渠道,健全完善社会矛盾纠纷多元预防调处化解综合机制,用矛盾纠纷的化解推动信访工作的发展,进一步减存量、控增量、防变量。要以创建民族团结进步示范区

为抓手，全面规范加强民族宗教事务管理，促进民族团结、宗教和谐。

三、全面加强党的领导和党的建设

初心如磐，使命在肩。我们要认真落实新时代党的建设总要求，始终坚持党领导一切的政治原则，不断推动全面从严治党向纵深发展，锻造更加坚强有力的铁军队伍。

（一）以政治建设凝心铸魂。党的政治建设是党的根本性建设，必须旗帜鲜明讲政治。要把增强"四个意识"、坚定"四个自信"、做到"两个维护"，作为最根本最首要的政治纪律和政治规矩，做对党忠诚的老实人。要全面掀起深入学习贯彻习近平总书记考察云南重要讲话精神热潮，认真落实中央、省委、市委重大决策部署，坚决整改巡视巡察反馈问题，真正做到学思用贯通、知信行统一，让上级有要求、昭阳有行动、落地见实效成为我们最鲜明的底色。要加强思想政治建设，建立第一议题学习制度，不断检视初心、滋养初心，推进践行初心使命常态化长效化，巩固拓展主题教育成果，不断锤炼忠诚干净担当的政治品格。要从严落实意识形态工作责任制，大力推进新时代文明实践中心建设，强化意识形态阵地管控，把牢主流意识形态领导权话语权主动权。

（二）以能力提升锻造队伍。发展高质量，干部队伍必须高素质。要把提高治理能力作为新时代干部队伍建设的重大课题，健全完善能力提升、正向激励、容错纠错、能上能下、轮岗交流"五项机制"，推动更多干部到基层一线锻炼成长，全力打造与现代社会治理相适应的专业化高素质干部队伍。要把制度执行力和治理能力作为选拔任用、考核评价干部的重要依据，严格标准选好人，人岗相适用好人，围绕短板引好人，不断提升"善作为"的能力水平、强化"想作为"的责任担当、创新"敢作为"的考评机制，旗帜鲜明让想干事、能干事、干成事的干部有舞台受重用，激励全区党员干部始终保持加油干、拼命干的精神和劲头。

（三）以坚强堡垒夯实根基。基层组织是党的全部工作和战斗力的基础，必须牢固树立大抓基层的鲜明导向。要以提升基层治理效能为抓手，抓住选能人、提素质、强保障、建阵地、创品牌"五个关键"，全面扩大党的组织覆盖和工作覆盖。要坚持以责任制抓责任人，全面深化"两整顿两创建"，确保各领域党支部规范化建设全部创建达标，不断夯实基层基础。要注重抓党建促脱贫攻坚与促乡村振兴有机衔接，扎实做好2021年区乡村三级党组织换届准备工作，深化"领头雁"培养工程，着力提升"三个组织化"程度。要顺应中心城市正由中等城市迈向大城市的大趋势，深化城市基层党建示范引领行动，加快构建共驻共建、共商共治共享的基层治理新格局。要严格落实党内组织生活基本制度，抓实党员教育管理监督，让党员干部在严格的组织生活中坚强党性、百炼成钢。

（四）以严实要求正风肃纪。党风廉政建设永远在路上，必须一刻也不能放松。要拧紧责任链条，强化标本兼治，一体推进不敢腐、不能腐、不想腐，巩固发展好正气充盈的政治生态，坚决肃清白恩培、秦光荣等流毒影响。要聚焦违反中央八项规定精神突出问题，深入推进作风问题专项治理，坚决杜绝形形色色的形式主义、官僚主义，始终保持苦干实干、务实为民的好风气。要充分发挥纪律监督、监察监督、派驻监督、巡察监督"四个全覆盖"的利剑作用，强化权力制约监督，强化务实管用的制度建设，着力消除权力监督的真空地带，压减权力行使的任性空间，真正把权力关进制度的笼子。要紧盯关键少数、关键岗位、重点领域，对党的十八大以来不收敛不收手，严重阻碍党的理论和路线方针政策贯彻执行、严重损害党的执政根基的腐败问题从严查处。要深入开展民生领域损害群众利益问题集中整治，精准查处涉黑涉恶腐败及"保护伞"案件。要深化纪检监察体制改革，从严从实加强纪检监察队伍建设，不断增强监督整体效能。

（五）以坚强领导凝聚合力。党的领导是推进治理体系和治理能力现代化的关键所在，必须充分发挥区委统揽全局、协调各方的坚强领导核心作用。要进一步健全完善党管一切的工作制度，健全完善党内议事规则和决策机制，不断提升治理能力。要坚定不移发展社会主义民主政治，全力支持人大法律监督、政府创新落实、政协参政议政、法检两院依法履职；坚持大团结大联合主题，坚持中国化方向，着力构建大统战格局；加强和改进党的群团工作，完善党管武装制度，紧紧团结和依靠全区各族各界人民群众，凝聚"上下同心、目标同向、工作同步、伟业同创"的强大合力，创造无愧于时代的新业绩。

同志们，鲲鹏展翅凌万里，逐梦扬帆再起航。今天的昭阳，天时、地利、人和，拼搏正当其时；心齐、气顺、劲足，圆梦恰逢其势。让我们更加紧密地团结在以习近平同志为核心的党中央周围，牢记习近平总书记视察云南嘱托，不忘初心、牢记使命，只争朝夕、不负韶华，为全面夺取"三大收官战"胜利、实现第一个百年奋斗目标、扎实开启第二个百年奋斗目标新征程而努力奋斗！

昭阳区人民政府工作报告

——2020年5月23日在昭阳区第五届人民代表大会第四次会议第一次全体会议上

区长 陶 毅

各位代表：

现在，我代表区人民政府，向大会报告工作，请予审议，并请区政协委员和其他列席同志提出意见。

今年年初，习近平总书记时隔5年再次考察云南，并发表重要讲话，是对云南战略地位的再提升、发展方向的再明确、工作要求的再强化，是当前及今后一个时期云南工作的根本遵循和行动指南，我们要不折不扣抓好学习贯彻落实。一是要深刻领会习近平总书记关于"正确认识和把握云南在全国发展大局中的地位和作用"的重要指示，找准坐标方位、使命担当、区位优势和前进方向。二是要深刻领会习近平总书记关于"坚持新发展理念，推动经济高质量发展"的重要指示，倍加珍惜良好的生态环境，加大产业结构调整，加快建设现代化经济体系。三是要深刻领会习近平总书记关于"认真贯彻落实党的十九届四中全会精神，不断增强边疆民族地区治理能力"的重要指示，提高社会治理系统化、科学化、法治化、智能化水平。四是要深刻领会习近平总书记关于"保障和改善民生、决战脱贫攻坚"的重要指示，巩固脱贫成果，推进乡村振兴。五是要深刻领会习近平总书记关于"践行初心使命，激发奋进新时代的力量"的重要指示，充分认识主题教育有期限、践行初心无穷期，让守初心、担使命成为加强党的建设的永恒课题和党员干部的终身课题。

春节前夕，百年罕见的新冠肺炎疫情，给人民群众生命安全和身体健康带来严重威胁，对经济社会发展带来前所未有的冲击，以习近平同志为核心的党中央团结带领全党全军全国各族人民，众志成城、顽强拼搏，打响了一场抗击疫情的人民战争、总体战、阻击战，疫情防控取得重大战略成果，经济社会秩序加快恢复，充分展现了中国力量、中国精神、中国效率。在这场严峻的斗争中，广大医护人员义无反顾、逆行而上，广大干部职工闻令而动、冲锋在前，广大人民群众顾全大局、共克时艰，极大地增强了我们战胜一切艰难险阻、风险挑战的信心和决心。

一、2019年和今年以来的工作回顾

2019年，是昭阳发展史上具有里程碑意义的一年。在市委、市政府和区委的坚强领导和区人大、区政协的监督支持下，区政府坚持以习近平新时代中国特色社会主义思想为指导，认真贯彻中央、省、市重大决策部署，化压力为动力、用毅力破阻力，经济社会一举跨入高质量发展加速起飞阶段。盘点一年收获，最喜人的是生产总值再创新高。经济总量迈上300亿元新台阶、达338.48亿元，同比增长11.5%，增速全省排名上升82位。最振奋的是脱贫攻坚顺利实现摘帽目标。全年净脱贫4.2万人、累计减贫19.5万人，贫困发生率降至1.27%，省级脱贫攻坚成效考核等次为"好"，顺利退出贫困县序列。最给力的是开启了昭阳外向型经济和工业化时代。70万吨绿色铝材一期建成投产，80万吨绿色硅材项目开工建设，工业园区产值突破200亿元、达214.49亿元。最自豪的是以苹果为主导的现代农业体系加快构建。全省"一县一业"现场推进会在我区召开，建成全国最大高标准矮砧密植苹果基地6.2万亩，"昭阳红"成为全国"网红"。最直观的是苹果之城建设取得明显成效。用不到一年时

间，建成全国第一靖安跨县安置区和全国第四红路易迁安置点，昭通中心城市昭阳片区面积达59.95平方公里，城镇人口57.02万人，城镇化率59.27%，中心城市正由中等城市向大城市加快迈进。这些成绩的取得，向新中国成立70周年交出了一份精彩的"昭阳答卷"。

一年来，我们重点抓了六个方面的工作。

（一）面对艰巨繁重的扶贫任务，尽锐出战、攻城拔寨，脱贫出列摘帽大决战胜利在握。

坚持精准扶贫精准脱贫基本方略，对标"两不愁三保障"目标和"571"标准，全年投资43.55亿元、累计投资108.29亿元，"两不愁三保障"目标任务全面完成，脱贫攻坚取得决定性胜利。

"五大体系"压实攻坚责任。制定出台最严"16条"禁令，全面落实为基层减负措施，7800余名党员干部尽锐出战、一包到底，构建全域联动的作战体系、人人有责的责任体系、社会参与的帮扶体系、多元共治的监督体系、协同作战的驻村入户体系。

"五套组合拳"精准施策。打出"产业＋就业""搬迁＋危改""控辍＋帮扶""健康＋保障""基础＋配套"5套组合拳，产业覆盖贫困户12.62万人，转移就业贫困劳动力10.37万人，区内搬迁3.8万人，承接跨县搬迁4万人，1.3万户危改对象实现清零，拆旧复垦282万平米，卡户学生无一人因贫辍学，饮水、医保、医疗卫生等问题全面解决，水电路讯等公共设施全面达标。

"五个攻坚战"夯基筑网。坚持打好动态管理、数据闭环、项目库建管用、问题清零、感恩教育5个攻坚战。累计清洗各类问题数据24.6万条。脱贫攻坚三年行动项目库计划投资119.15亿元，已完成投资105.44亿元，占88.49%。全年收到市级以上16个脱贫攻坚专项巡察督查反馈问题442条，已整改286条，长期坚持156条。"五查五看一感恩"教育活动成效明显。

（二）面对产业散弱的现实困境，敢闯敢试、敢为人先，经济转型升级攻坚战卓有成效。

落实高质量发展要求，大力推动产业转型升级，在减税降费达3.6亿元的情况下，财政收入实现7.2%增速、总量达14.04亿元，税收收入占比达85%，三次产业增加值分别实现35.24亿元、150.94亿元、152.3亿元，增长5.1%、12.7%、11.7%。人民群众的"钱袋子"更加丰厚，城镇和农村常住居民人均可支配收入分别实现34612元、11796元，分别增长8.6%、12.1%。金融机构人民币存贷款余额突破1000亿元、达1066.12亿元，增长26.54%，其中：存款余额640.82亿元，增长12%；贷款余额425.3亿元，增长48.46%。

工业发展步伐加快。绿色铝材一期实现产值32亿元，消纳电量33.6亿度。绿色硅材项目开工建设。腾退园区厂房3.8万平米，启动建设23万平米，立勤、立新、讯尔等一大批电子企业入驻工业园区。绿色高性能混凝土公司在香港联交所上市，实现昭通企业上市零突破。商贸企业升限纳限13户、工业企业升规纳规4户，全年实现工业总产值304.26亿元、增长14.8%。

现代农业扩量提质。坚持"大产业＋新主体＋新平台"发展思路，成功申报全省"一县一业"示范县，成功承办全省"一县一业"现场推进会，成功举办2019昭通苹果展销会暨"昭阳红"品牌发布会。累计流转土地13.8万亩，绿色有机种植规模达8.9万亩。新增"一村一品"专业村10个，新认证绿色食品11个，"三品一标"认证生产经营主体达20家。昭阳烟区荣获云南省首届最具影响力烟区奖和最具发展潜力奖。全年实现农林牧渔业总产值52.42亿元、增长5.4%，农业加工业产值突破70亿元。

第三产业蓬勃发展。启动实施旅游业高质量发展三年行动计划，昭璞绿道被评为全省体育旅游精品线路，新增3A景区2个，温德姆酒店建成开业，松果、哈啰共享电单车投入使用，全年接待游客558.6万人次，实现旅游综合收入42.79亿元。房地产业快速健康发展，建筑业增加值增长7.6%，房地产完成投资108.57亿元，同比增长91.88%；新建商品房销售面积达151万平方米，同比增长41.68%，交易量创历史新高。城乡消费持续活跃，社会消费品零售总额完成122.45亿元，增长11.8%。

（三）面对城乡建设的薄弱环节，建管并重、统筹推进，人居环境整治立体战全面打响。

强化城市规划建设管理，结合易地扶贫搬迁，重构城乡布局。

城乡格局发生蝶变。抓住易地搬迁历史性机遇，靖安新城快速崛起，红路、永丰安置点建成投用。依托省耕公园、乌蒙水乡等城市客厅打造的一批地产综合体项目加快成型。苹果树"进城"4万余株，城市绿地率提高到26.85%。改造城郊结合部村庄28个、民居1.3万户。综合物流园开工建设。"引领滇川黔区域发展的省际中心城市"和"一城三区、若干小镇、产城融合、城乡一体，100万亩苹果、100万人口的苹果之城"构想正逐步变成现实。

城乡建设持续加力。 西绕城高速、渝昆高铁开工建设，新机场迁建、宜昭高速、都香高速扎实推进，支撑城乡快速发展的综合交通枢纽体系加快形成。乌蒙水乡公园建成开放。全国黑臭水体治理示范城市成效明显，"水清、河畅、岸绿、景美"目标基本实现。边箐水库建设加快扫尾。新建、改造、提升"一水两污"设施48个，城乡厕所2.5万个，乡镇生活垃圾治理设施实现全覆盖，村庄生活垃圾有效治理率达90%以上，垃圾治理收费制度实现全覆盖。硬化村组道路767公里，硬化率达60%。

服务管理更加精细。 城市管理从重要街道、主要节点向背街背巷、集镇乡村纵深推进。拆违拆临60万平米，累计拆除700万平米。整治大棚房、违建别墅、违法用地395宗189万平米。门前三包责任制全面启动。城区卫生保洁作业面积达50平方公里，机械化清扫率达56%，高压冲洗率达75%以上。妥善回应群众关切，制定并实施不动产登记、小区物管、征地拆迁安置等历史遗留问题政策措施。

（四）面对发展带来的各种挑战，标本兼治、未雨绸缪，防范化解风险突围战成效明显。

以机构改革为契机，深化改革、扩大开放迈出坚实步伐。

营商环境明显优化。 围绕"办事不求人、审批不见面、最多跑一次"目标，制定并组织实施优化营商环境7大行动，调整行政职权事项365项，31个单位192人入驻市民之家，892项服务事项实现"一站式"办理。"一部手机办事通"注册用户达2.4万人。33个部门上线网上政务服务平台，依托投资项目在线审批监管平台受理项目411个、事项600个，为实体经济降成本2880万元。清偿拖欠民营企业和中小企业账款1.37亿元。全年新增市场主体1.09万户、总量达4.1亿户。制定招商引资优惠政策，实现市外到位资金170亿元，其中省外资金137.7亿元、增长18.06%。

综合改革蹄疾步稳。 政府机构改革全面完成，重组工作部门30个。市场主体登记、注销电子化改革扎实推进。高质量完成第三次全国国土调查工作。累计确权耕地126.43万亩。集体固定资产核资3.8亿元。创新易地扶贫搬迁社区治理模式，成立靖安、红路2个易迁群众服务管理中心。完成小学划片招生、强校带弱校改革，医疗联合体改革扎实推进。民主法制、生态文明、社会治理、审计体制等领域改革深入推进。

要素保障更加有力。 建立乡镇、行业、区三级项目库，储备项目620个，总投资2603亿元。实行重大项目保障制度，落实政银企对接和信息互通机制。积极申报并锁定专项债券项目32个85.5亿元，基金收入34.4亿元。城乡建设用地增减挂钩节余指标7006亩，跨省交易2385亩7.48亿元。引进社会资本参与土地整治项目5个，增加土地占补平衡指标1.24万亩。全年完成规模以上固定资产投资241.68亿元，增长18.09%。

污染防治成效明显。 办结中央、省环保督察信访转办件116件。强化扬尘、废气治理，综合整治"散乱污"企业70家，报废老旧汽车2795辆，中心城市空气质量优良天数比例达99.2%。坚持"一河一策"、精准施策，河长制从"有名"到"有实"。三善堂垃圾治理、中心城市垃圾焚烧发电项目扎实推进。美丽乡村建设成效明显，森林覆盖率提高到38.67%。苏家院镇迤那村入选2019年度省级美丽村庄。昭阳区入选全省20个旅游示范县之一。

（五）面对群众生活的美好期盼，突出重点、综合施策，社会事业短板歼灭战稳步实施。

坚持以人民为中心的发展思想，地方公共财政预算支出实现85.36亿元，增长36.9%，财政民生支出占比提高到84.38%。

教育卫生协调发展。 扎实推进昭阳教育振兴三年行动计划，全年投资8.7亿元，区五小温泉校区、正道教育等5所中小学建成招生，新增小学学位16137个、初中学位5900个，全区办学条件实现历史性突破。区一中分校、靖安高级中学2所普通高中开工建设。职业教育在读学生规模达 1.8 万人。精准资助困难学生 23 万人次，发放各类补助资金 1.2 亿元。滇东北区域医疗中心建设扎实推进，区乡村三级医疗机构标准化建设全面完成。

文体建设亮点纷呈。成功举办昭通 600 万儿女即将告别贫困奔向小康共同唱响《我和我的祖国》群众歌咏会、全市第四届体彩杯篮球轮庄赛等大型文体活动。完成"千场演出进千村"220 场、"万场演出进村组"1102 场，观演群众达 49 万人次。精准扶贫题材电视剧《万物生》即将播出，朱提古城遗址入选第八批全国重点文物保护单位。新增省级非遗项目 7 项。建成各类小广场 205 个，全国青少年校园足球学校 9 所，社会足球场 14 个。

民生质量持续提升。坚持稳就业守底线，组建劳动力转移就业中心，累计转移输出劳动力 32.98 万人。追发拖欠农民工工资 1938.8 万元，缴存农民工工资保证金 1.26 亿元。城乡居民养老保险、企业和机关职工养老保险、工伤保险参保率均达 100%，基本医疗保险参保率达 95.93%，失业保险参保人数达 1.85 万人。完成棚改安置 5589 套。全年发放城乡低保、特困供养资金 1.66 亿元。果断处置非洲猪瘟疫情。军民融合、双拥共建、国防动员工作扎实开展，退役军人三级服务保障体系建设完成。

社会大局保持稳定。圆满完成新中国成立 70 周年大庆安保维稳任务。扫黑除恶专项斗争成效显著，打掉黑恶团伙 19 个，抓获犯罪嫌疑人 285 名，扣押疑似涉案财物 1 亿元。破获毒品刑事案件 120 起，社会面吸毒人员管控率维持在 95% 以上。民族团结进步示范区建设成效明显，宗教事务管理水平稳步提升，区委荣获"国务院第七次全国民族团结进步模范集体"称号。食品药品监管有力推进，安全生产形势持续稳定好转。健全完善信访工作机制，群体访、越级访、非访人数同比下降 82.55%、45.2%、81.17%。圆满完成第四次全国经济普查。武装、人防、气象、广电、科普、残联、计生协、红十字、方志档案、新闻出版、外事侨务、工会、共青团、妇女儿童、老龄等工作都取得了新的成绩。

（六）面对更高更严的工作要求，坚守初心、牢记使命，诚信守法政府持久战推进有力。

坚决做到"两个维护"，始终在思想上政治上行动上同以习近平为核心的党中央保持高度一致，全面加强政府自身建设。

政治能力明显提升。扎实开展政府系统"不忘初心、牢记使命"主题教育，推动学习贯彻习近平新时代中国特色社会主义思想往深里走、往心里走、往实里走，积极配合做好中央环保督察、国务院大督查、扶贫开发成效考核等"大检阅"，不断增强"四个意识"，坚定"四个自信"，坚决做到"两个维护"，进一步锤炼忠诚干净担当的政治品格，推动习近平总书记重要指示批示精神和党中央、省委、市委、区委决策部署落地生根、开花结果。

依法行政更加规范。自觉接受人大法律监督、工作监督和政协民主监督，102 件人大代表建议意见，96 件政协提案全部办结。严格按照法定权限和程序行使权力、履行职责，带头维护宪法和法律权威。坚持重大事项集体决策，重点工作调研决策，专项工作咨询决策，提高法治化、科学化、民主化决策水平。

持之以恒正风肃纪。坚决贯彻落实中央八项规定实施细则精神，严格执行"基层减负年""狠抓落实年"各项要求，形式主义、官僚主义问题得到有效整治。强化纠风治乱、政务督查、审计监督，全年开展稳增长、财政管理、经济责任等督查、审计 40 项。狠抓脱贫攻坚领域腐败和作风问题专项整治，积极支持纪委监委监督执纪，处置问题线索 178 件，党纪处分 78 人。

各位代表！面对突如其来的新冠肺炎疫情，在以习近平同志为核心的党中央坚强领导下，全区上下坚决贯彻落实习近平总书记重要指示批示精神和省、市的系列部署要求，迅速成立疫情防控指挥部，严格落实"堵、排、控、查、治"各项措施，及时出台稳定经济运行、支持实体经济发展、扩大有效投资等系列政策措施，有序组织、统筹推进疫情防控与脱贫攻坚、复工复产、复商复市，疫情防控取得重大成果，经济逆势上扬、经受住了严峻考验。一季度，全区生产总值完成 78.03 亿元，同比增长 2.4%，规模以上工业产值增长 7.3%，地方公共财政预算收入增长 13.7%，为圆满完成今年各项目标任务打下了坚实基础。

各位代表，奋斗饱含艰辛，成绩凝聚汗水。过去一年，我们坚持以脱贫攻坚为引领，办成了一批过去想办而没有办成的大事。这是习近平新时代中国特色社会主义思想科学指引的结果，是省委省政府、市委市政府和区委坚强领导的结果，是区人大、区政协监督支持的结果，更是全区广大干部群众实干拼搏的结果。在此，我代表区人民政府，向所有为昭阳发展做出贡献的同志们，向所有支持昭阳发展的朋友们，表示衷心的感谢！

各位代表，过去皆为序章，问题不容忽视。在看到成绩的同时，我们也清醒地认识到，保持经济快速增长的基础还不够牢固。大规模易地扶贫搬迁过后，重大项目替代接续不足。营商环境有待进一步改善，现代服务业发展还有很大空间。特别是新冠肺炎疫情给经济社会发展带来了巨大冲击，不确定因素明显增多。

各位代表，发展永无止境，实干才有未来。"不忘初心、牢记使命"主题教育昭示我们，发展的问题只能通过发展来解决，唯有实干方能不负韶华。一年来，各级党员干部始终保持拼命干的精神和劲头，自觉投身脱贫攻坚一线经风雨、受历练，践初心、担使命，锤炼形成了"敢打善拼、坚韧求成"的脱贫攻坚精神，这是我们应对挑战、解决问题、谋求跨越的信心所在、动力之源。

二、今年工作安排

今年，是脱贫攻坚、全面小康、"十三五"规划3个收官之年。政府工作总体要求是：以习近平新时代中国特色社会主义思想为指导，深入学习贯彻习近平总书记考察云南重要讲话精神，增强"四个意识"，坚定"四个自信"，做到"两个维护"，坚持稳中求进总基调，坚持新发展理念，坚持以供给侧结构性改革为主线，认真落实党中央、省、市决策部署，坚决打好"三大攻坚战"，做好"六稳"工作，落实"六保"任务，常态化抓好疫情防控，全力维护经济发展和社会稳定大局，全面打赢脱贫攻坚战、全面建成小康社会，奋力谱写昭阳高质量跨越发展新篇章。

经济社会发展目标建议为：生产总值增速高于全市平均水平，规模以上固定资产投资增长12%以上，社会消费品零售总额增长11%以上，地方公共财政预算收入增长5%以上，城镇登记失业率控制在3.8%以内，居民收入增长与经济增长基本保持同步，单位GDP能耗完成上级下达目标任务。

实现今年各项主要预期目标，我们要更加自觉地在习近平总书记"两个大局"重要论述和考察云南重要讲话上辨大势、找方向，深刻认识和把握危机共生、危中蕴机、危可转机的辩证关系，继续保持和发扬"立大志、担大任、吃大苦、创大业"的精气神，主动扛起"促进滇东北崛起"的大任，保持高质量发展的方向不变，以大概率思维应对小概率事件，牢牢把握发展主动权。

必须提高站位、增强定力。史无前例的战"疫"昭示我们，有以习近平同志为核心的党中央坚强领导，有中国特色社会主义制度的显著优势，有雄厚综合国力和强大物质技术基础，有全党全军全国各族人民的团结奋斗，是我国最大的"确定性"，是我们应对各种"不确定性"的最大底气。只要我们提高政治站位，保持战略定力，增强必胜信心，特别是对标对表习近平总书记考察云南重要讲话精神，准确识变、科学应变、主动求变，就一定能够化危为机、逆势而上，把总书记擘画的美好蓝图变为现实。

必须抢抓机遇、乘势而上。要深刻认识、准确把握经济发展的宏观基本面、逆周期调节的政策窗口期、疫情防控催生的发展新机遇，抢抓国家新增投资、专项债券、金融信贷、项目安排等政策组合拳，新基建、数字经济、生物医药、大健康等新业态，云南"一区一兵一中心"定位，"三张牌"以及建设"引领滇川黔区域发展的省际中心城市"等重大发展机遇，聚焦"秋韵昭通·苹果之城"主题，突出"大枢纽、大城市、大产业、大医养、大旅游、大发展"定位，科学编制"十四五"规划，持续放大昭阳得天独厚的区位优势、气候优势、宜居优势，推动经济持续健康发展。

必须抓实六保、防控疫情。要增强忧患意识，在疫情防控常态化条件下，全面落实"六保"任务。保居民就业方面，要加大未外出务工和返乡回流人员技能培训、就业组织力度。保基本民生方面，要将失业保障范围扩大到全部参保失业人员。保市场主体方面，要不折不扣落实惠企稳企一揽子政策措施。保粮食能源安全方面，要严守耕地保护红线，确保"米袋子""菜篮子"货足价稳。保产业链供应链稳定方面，要打通产业链供应链堵点痛点，促进协同复工复产达产。保基层运转方面，要牢固树立过紧日子思想，坚持勤俭节约，大力压减一般性支出和非急需、非刚性支出。疫情防控方面，要精准落实内防反弹措施，织密织牢疫情防控网，坚决堵住可能导致疫情反弹的漏洞，决不能前功尽弃。

围绕"三个必须"，当前要重点抓好 7 个方面的工作：

（一）坚持标准不降、力度不减，在巩固脱贫成效、发力乡村振兴上干在实处、走在前列。

以强烈的政治责任感和历史使命感，紧盯"两不愁三保障"目标和"571"标准，坚决完成脱贫攻坚收官任务。

全面完成减贫任务。聚焦 1781 户 6444 个未脱贫人口，扎实开展挂牌督战和百日攻坚行动，对标对表户脱贫 5 项指标，坚持"缺什么补什么"，集中优势兵力打歼灭战，建立完善长效稳定脱贫机制，确保 6 月底前高质量完成剩余贫困人口脱贫任务。做好"三个就"，盘活"三块地"，推行"三长制"，打好易地扶贫搬迁巩固战，帮助搬迁群众尽快融入新环境、开启新生活。

坚决防止出现返贫。坚持"四个不摘""五个不变"，组织开展脱贫攻坚"回头看"，坚决整改各类考核、监督、检查发现问题。以产业、就业为重点，再打基础、再补短板，抓细抓实脱贫巩固 20 条措施，建立健全防止返贫监测预警机制和稳定脱贫长效机制，着力提高脱贫质量和成色，确保高质量迎接国家脱贫攻坚普查和抽查。

扎实整治农村环境。对标"五净四无三有两规范一眼净"目标，深入开展示范村庄建设、生活垃圾治理、生活污水治理、农村厕所革命、破除陈规陋习"五大攻坚战"，改造房屋 1 万户以上，户厕 2.2 万座，村庄垃圾有效治理率提高到 90% 以上，乡镇镇区生活污水有效治理率达 60% 以上，污水处理设施覆盖率达 80% 以上，建立健全长效管理机制，确保干干净净迎小康。

（二）坚持城乡一体、产城融合，在三产联动转型、厚植发展基础上干在实处、走在前列。

坚定不移贯彻落实新发展理念和高质量发展要求，坚持"三张牌"发展方向，持续抓转型、促升级，打造昭阳产业升级版。

推动工业向"中高端"迈进。全力抓好龙海硅基新材料园区基础设施建设，确保绿色硅材一期 40 万吨工业硅项目年内建成投产，40 万吨有机硅基建主体完工，同步启动一批下游配套产业建设。全力做好服务工作，确保绿色铝材二期、合金方棒、T 型锭、大板锭等下游配套项目 8 月底前全面投产。全力加快园区厂房、路网等设施建设，强化用地、用电、用水、用气、人才等要素保障，打造"一园多区"综合经济体。抓好煤矿安全生产和煤炭行业整治，坚决完成煤矿关闭退出任务。

推动农业向"品牌化"升级。坚持"产品落在品牌上、品牌落在企业上、企业落在基地上"，高质量建设"一县一业示范县"。以"昭阳红"品牌推广、苹果之城建设为重点，筹办好第三届"苹果节"，力争至少 1 个产品入选全省"10 大名品"，1 家企业入选绿色食品"10 强企业"和"20 佳创新企业"。加快洋芋帝国、食用菌、蔬菜、烤烟等现代农业基地建设，叫响"有机农业"品牌。坚持"规模养殖、集中屠宰、冷链运输、冰鲜上市"，加快养殖基地、集中屠宰等配套设施建设，促进生猪、肉牛等特色养殖业转型升级。统筹抓好粮食生产，有效保障重要农产品供给。

推动三产向"大旅游"转型。精心组织实施旅游业高质量发展三年行动计划。启动建设苹果小镇、温泉小镇等文旅项目，促进康养业态与现代农业、新型城镇化等深度融合。加快 5G 网络建设，推进电子商务进农村。推动批零住餐等传统消费提质扩容，培育夜间消费、假日消费、定制消费、会展消费等新模式新业态。打造全域旅游示范区，推动现代服务业高品质、多样化发展。

（三）坚持规划引领、精雕细作，在打造传世精品、提升城市品质上干在实处、走在前列。

保持战略定力，持续推进"引领滇川黔区域发展的省际中心城市"和"一城三区、若干小镇、产城融合、城乡一体，100 万亩苹果、100 万人口苹果之城"建设。

优化空间布局。以新一轮国土空间规划为契机，坚持扩面提质与城市更新并重，高起点编制主城区、靖安新区管网、电力、供排水、产业、片区设计、海绵城市、智慧城市、节点形象、绿化亮化、特色小镇、示范村庄等专项规划。继续抓好老旧小区和棚户区改造，加快古旧城改造步伐。加强交通、市政、公共服务、防灾减灾和应急等基础设施建设，完善教育、医疗、托幼、养老等服务机构布局，打造"一刻钟便民生活圈"。推动城市由外延型向内涵型、功能型向生态型、管理型向服务型"三型同转"。

强化精品意识。以打造景区景点的理念抓城市建设，高品质推进千顷池湿地、龙泉公园、黑臭水体治理示范城市、靖安景观河道等重大项目，金科集美天樾、乌蒙水乡、融创九棠府、云湖天境、凤凰香榭、温泉小镇、苹果小镇等32个房地产项目，综合管廊、垃圾焚烧发电、餐厨垃圾资源化、病死畜禽无害化、道路、公厕、停车场、农贸市场等87个市政项目，改造老旧小区48个5638户43.48万平米，加快棚户区、古旧城区改造步伐，配套完善基本公共服务设施，不断提升城市内涵品质。

深化服务内涵。以市场、卫生、公交车、物业、地下管网等为重点，深化城市管理体制改革。加快生产要素市场建设，推动社会治理由人海战术、管理为主向智慧城市、服务为主转变，建立完善权责明晰、服务优先、执法规范、安全有序的城市管理服务体制。高位推动中心城市房地产、小区物业管理、不动产登记等历史遗留问题处置，力争2021年底前基本完成处置工作。

（四）坚持创新驱动、深化改革，在强化要素保障、优化营商环境上干在实处、走在前列。

坚持向创新要活力，向改革要动力，向开放要潜力，加快打造市场化、法治化、国际化营商环境。

持之以恒推项目。结合"十四五"规划编制，准确把握国家、省、市投资导向，做深做细项目前期储备工作。突出重大项目引领，加快推进70万吨绿色铝材、80万吨绿色硅材、一县一业、滇东北区域医疗中心、高速公路、新机场迁建、渝昆高铁、叶家海子水库等一批重点项目建设，完成固定资产投资270亿元以上。注重优化投资结构，加大项目推介力度，全力破除行业壁垒，有效吸引社会资本参与市政、环保、社会事业、产业等领域建设，力争民间投资占比增长5%以上，产业投资占比增长10%以上。

量质并举抓招商。坚持"多招商、招大商、选优商、引强商"，主动融入一带一路、长江经济带、粤港澳大湾区、成渝双城经济圈和毗邻地区交流合作，继续扩大与深圳、东莞产业深度协作，以绿色铝材、绿色硅材、高原特色农业等优势产业为重点，坚持"一把手"招商和"保姆式"服务，进一步创新招商体制机制，完善投资服务体系，强化会展招商、以商招商、定向招商、产业链招商，力争落地招商项目15个以上，实现市外到位资金200亿元以上，推动招商引资工作再上新台阶。

标本兼治优环境。围绕"办事不求人"目标，深化"放管服"改革，全面清理发布政务服务事项目录清单，全面提升"市民之家"服务水平，确保部门事项进驻到位、审批授权到位、监督管理到位，实现清单之外无审批、无权力。围绕"审批不见面"目标，广泛推广"一部手机办事通"，实现服务事项应上尽上，优化服务流程，真正做到"掌上办""指尖办""马上办"。围绕"最多跑一次"目标，用好"好差评""红黑榜"制度，发挥营商环境第三方评价督促引导作用，倒逼部门服务转型升级。

破立结合促改革。坚持"先立后破、不立不破、破立结合"原则，积极推进承包地"三权分置"，深化农村集体产权制度改革。启动房地一体农村不动产确权登记颁证，稳妥推进农村闲置宅基地和住房盘活利用。深化农村饮水、农田水利领域改革，促进水利工程运行管理提质增效。巩固和拓展减税降费成果，清理拖欠民营企业、中小企业账款，以更大力度支持实体经济发展，为市场主体"加油减负"。统筹抓好审计、统计、殡葬管理、国有企业等各领域改革。

（五）坚持底线思维、精准施策，在加大污染防治、严控各类风险上干在实处、走在前列。

对标重点领域和关键环节，久久为功，持续发力，坚决打好污染防治、防范化解重大风险攻坚战。

严防生态环境风险。全面完成中央、省环保督察及"回头看"问题整改，持续巩固整改成效。驰而不息打好蓝天、碧水、净土保卫战。狠抓扬尘治理、末端排放、餐饮油烟专项整治，确保中心城市空气质量优良天数不下降、有提高。全面落实河湖长制，抓好集中式水源地综合整治。建成投用中心城市生活垃圾焚烧发电项目，启动中心城市生活垃圾强制分类。坚持修复、保护、管理多措并举，强化土壤污染防控与修复，做好自然保护地整合优化，统筹推进石漠化综合治理、高寒山区生态修复、面山绿化、天然林保护、退耕还林、湿地保护、野生动物保护、生物多样性保护等生态建设。加大生态环境违法案件查处力度，构建系统完整的环境监管、生态补偿、考核奖惩、责任追究机制。强化公民环保意识，推动节约生产、低碳生活、绿色消费深入人心。

严把债务金融红线。坚持零基预算与强化财力保障相结合，建立全方位、全过程、全覆盖预算绩效管理体系。强化政府债务限额管理，持续规范融资举债行为，确保完成年度化债和降低债务率目标任务。继续深化城市经营体制改革，妥善化解历史遗留问题。强化财源培植、税源挖掘，确保收入均衡入库、稳定增长。深入开展非法金融活动特别是互联网金融风险专项整治，排查金融风险隐患，严厉打击非法集资、违规担保行为，着力防范化解银行不良贷款风险、企业信用违约风险，促进金融和经济良性循环、健康发展，确保不发生区域性、系统性金融风险。

严守社会稳定底线。坚持和发展新时代"枫桥经验"，加快构建富有活力和效率的新型基层社会治理体系。压紧压实信访维稳责任，依法依规解决群众诉求。深入开展"安全工程三年行动"，严抓严管食品药品安全专项治理，健全完善应急管理和防灾减灾救灾体制机制。坚持宗教中国化方向，依法依规管理宗教事务，扎实推进民族团结进步示范区建设。持续巩固禁毒重点整治成果，推动扫黑除恶专项斗争取得压倒性胜利。

（六）坚持问题导向、共建共享，在加快补齐短板、持续改善民生上干在实处、走在前列。

坚持兜底性、基础性、普惠性相统一，再压缩一般性支出5%以上，以政府的"紧日子"换群众的"好日子"。

关注"衣食住行"底线民生。坚持做好职业技能提升、转岗培训和失业保障工作，稳定存量、扩大增量、提高质量，打好稳岗就业组合拳，确保有劳动力的零就业家庭至少有1人就业。扎实开展根治拖欠农民工资问题专项整治

行动。做好关键时点、困难人群基本生活保障，确保应保尽保、应养尽养、应助尽助。坚持房子是用来住的、不是用来炒的定位，规范发展房地产业，清理整顿公租房、保障房转租转借、空置闲置等问题。坚持审慎包容监管原则，继续引进共享单车等新业态，缓解群众出行难问题。

关爱"生老病死"基本民生。扎实推进昭阳教育振兴三年行动计划，确保9所中小学、2所普通高中建成投用，新增各阶段学位1.5万个。清理整顿民办教育、学前教育。抓细抓实控辍保学，稳步提高教育教学质量，巩固义务教育均衡发展成果。加快推进与建水实验中学、上海新纪元教育集团等优质教育资源合作，满足群众多层次多样化教育需求。以疫情防控为契机，积极推进滇东北区域医疗中心、市级传染病医院建设，实施重大传染病救治能力和疾控机构核心能力"双提升"工程建设。全面落实关心关爱医护人员相关政策，逐步提高医护人员收入水平。继续深化医疗、医保、医药联动改革，促进中医药传承创新发展。坚持政府兜底与民办普惠相结合，深化养老、托育等服务体系建设，着力解决"一老一小"问题。

关心"普惠便民"服务民生。广泛开展全民健身运动，办好中小学足球特色学校。倡导开展全民读书活动，筹办好首届"读书节"。大力推进基本公共文化服务标准化建设，深入实施文化惠民工程。广泛开展志愿服务工作。统筹抓好新闻、广电、地方志、外事、侨务、科普、气象、红十字、第七次全国人口普查等社会事业，让人民群众更多更好地共享改革发展成果。积极支持工会、共青团、妇联等群团组织改革发展。继续抓好人民防空、国防动员、双拥共建、军民融合、民兵预备役、退役军人服务等工作。

（七）坚持不忘初心、牢记使命，在严守纪律规矩、全面依法行政上干在实处、走在前列。

持续加强思想淬炼、政治历练、实践锻炼、专业训练，不断改进政府工作，提升治理效能，为人民群众提供优质高效服务。

旗帜鲜明讲政治。坚持把党的政治建设放在首位，不断增强"四个意识"，坚定"四个自信"，做到"两个维护"。坚持把党的领导贯穿政府工作全过程，全面推进政府系统党的政治、思想、组织、作风、纪律建设，不折不扣贯彻落实

习近平总书记考察云南重要指示精神和党中央、省、市、区委决策部署，确保政府工作始终沿着正确方向前进。巩固和深化"不忘初心、牢记使命"主题教育成果，深入开展"肃流毒、除影响、清源头、树正气"专项行动，坚决肃清秦光荣流毒影响，营造风清气正的政治生态。

一以贯之重法治。坚持政府党组学法制度，持续提高政府公职人员法治素养，自觉运用法治思维和法治方式开展工作、推动发展。严格依照法定权限和法定程序行使权力，加强重大行政决策调查研究、科学论证、风险评估、法制审查、集体决定。全面深化行政执法体制改革，大力推进行政执法规范化、信息化建设。依法接受人大及其常委会的法律监督、工作监督和政协的民主监督，自觉接受纪委监委监督，重视司法监督，主动接受社会监督和舆论监督，强化审计监督，确保权力在阳光下运行。

清正廉洁树形象。创新行政管理和服务方式，巩固政府机构改革成果，完善行政执行、实施、评价、问责等机制，确保组织架构重建和机构职能调整真正发生"化学反应"。持之以恒整治形式主义、官僚主义等问题，大力弘扬令行禁止、真抓实干、雷厉风行、一抓到底的工作作风。加强政府公职人员能力培训，不断增强"八种本领"。坚决查处损害群众利益的腐败行为和作风问题，推进政府系统党风廉政建设和反腐败工作向纵深发展。

各位代表！新时代是奋斗者的时代。我们要更加紧密地团结在以习近平同志为核心的党中央周围，坚持以习近平新时代中国特色社会主义思想为指导，在区委的坚强领导下，不忘初心、牢记使命，只争朝夕、不负韶华，奋勇争先、善作善成，圆满收官"十三五"，坚决夺取脱贫攻坚和全面建成小康社会伟大胜利。

年内要事

1 月

【第四次全国经济普查启动】 1月1日，第四次全国经济普查启动。普查登记队员包括三城街道及各乡镇工作人员约500人。正式登记从1月1日起，主要对昭阳区法人单位、产业活动单位以及从事二产三产个体经营户等进行登记。登记内容涉及公司营业收入、营业成本、税金及附加投资收益、营业利润等，此次登记工作将摸清昭阳区企业经济指标及行业发展趋势，为"十四五"规划提供数据支撑。

【区委第53次常委（扩大）会议】 1月2日，区委五届第53次常委（扩大）会议召开，会议由昭通市委常委、区委书记江先奎主持。听取区政府、区人大、区政协党组及区法院、区检察院党组2018年度工作汇报，对区政府、区人大、区政协及区法院、区检察院2019年工作提出要求。

【区政府第19次常务会议】 1月3日，区委副书记、区长陶毅主持召开第五届区政府第19次常务会议。研究、审议昭阳区2018年经济社会指标完成情况、《昭阳区推进实施安全工程三年行动计划工作方案》等若干工作。

【都香高速昭阳永丰大桥首跨成功架设】 1月8日，都香高速云南昭阳区至四川金阳段昭阳永丰大桥首跨成功架设。都香高速昭金段是云南省出入四川、贵州两省的又一省际高速公路，是昭通市目前在建高速中唯一一条国家高速路。都香高速昭金段起点接都香高速贵州境内段，经昭阳区、鲁甸县、巧家县，止于四川省金阳县春江乡，接都香高速公路四川境内段。项目设计批复主线全长97千米，概算投资186.92亿元。永丰大桥位于昭通市昭阳区永丰镇，全长786米，共计25跨，设计时速80千米/小时。

【国家"苹果双减项目"西南冷凉地区培训会】 1月10日，国家"苹果双减项目"2019年西南冷凉地区培训会在昭阳区召开，苹果种植户650余人参加培训。这次活动由西北林业大学、昭通市苹果产业研究所主办，湖北新洋丰肥业股份有限公司承办，活动邀请西北农业科技大学苹果试验站首席专家赵政阳教授对果农做培训。

【2018年下半年治欠保支工作联席会】 1月11日，昭阳区召开2018年下半年治欠保支工作联席会暨2019年春节前保障农民工工资支付工作会议，安排部署农民工工资支付相关工作。

【消防救援大队举行授衔和换装仪式】 1月14日，昭阳区消防救援大队举行授衔和换装仪式。

【区政府领导班子2018年度民主生活会和区政府党组2019年第1次会议】 1月16日，区委副书记、区长陶毅主持召开区政府领导班子2018年度民主生活会和区政府党组2019年第1次会议。

【昭通市领导到昭阳区参观调研】 1月19日，在中共昭通市委四届四次全体（扩大）会议召开期间，市委书记杨亚林，市委副书记、市长郭大进，市委副书记王忠，市委常委、常务副市长陈真永等领导分别率领参会人员参观调研昭阳区凤凰街道龙山寨社区、靖安镇易地扶贫搬迁安置点和昭通超越万亩苹果基地。

【"大棚房"问题专项清理整治行动推进会】 1月19日，昭阳区召开"大棚房"问题专项清理整治行动推进会，安排部署相关工作。

【五届人大常委会第14次会议】 1月21日，昭阳区五届人大常委会第14次会议召开。会议由区人大常委会主任罗正国主持。会议听取昭阳区副区长龚黎代表区政府所做的区人民政府关于2018年规范性文件工作情况的报告、区人大常委会相关委室负责人所做的关于昭阳区各部门负责人2018年度工作评议的情况报告及区政府办、区人社局、区卫计局等部门2018年承诺的专项工作完成情况的审查报告。会议审议并表决通过《关于提请昭阳区第五届人民代表大会第三次会议审议〈昭阳区人大常委会关于动员全区干部群众全力以赴决战决胜脱贫攻坚的议案（草案）〉》《昭阳区第五届人民代表大会常务委员会代表资格审查委员会关于昭阳区第五届人民代表大会代表变动情况和补选代表的代表资格审查报告（草案）》和《昭阳区人大常委会关于召开昭阳区第五届人民代表大会第三次会议的决定（草案）》。会议还讨论了《昭阳区人大常委会工作报告（讨论稿）》并充分征求修改意见。会议还对昭阳区人大常委会任命的国家机关干部2018年度工作及工作承诺单位2018年专项工作承诺完成情况进行测评，表彰了履职优秀人员和群众满意单位。

【扫黑除恶专项斗争工作推进会】 1月22日，昭阳区召开扫黑除恶专项斗争工作推进会，安排部署下一步工作。

【陶毅与粤港澳企业家进行座谈】 1月23日，区委副书记、区长陶毅等领导与粤港澳企业家座谈，共商果蔬产销合作事宜。

【陶毅一行开展春节慰问活动】 1月23日，区委副书记、区长陶毅一行到靖安镇开展春节慰问活动，为靖安镇广大干部职工、贫困群众送去新春祝福。

【苏建宏一行到昭阳区开展走访慰问活动】 1月26日，昭通市副市长苏建宏到昭阳区洒渔镇新立村，走访慰问贫困残疾人，为他们送上新春祝福。

【陶毅接受云南广播电视台采访】 1月27日，云南省人大代表、区长陶毅走进云南广播电视台"两会访谈间"，谈"苹果之城"建设。陶毅介绍：昭阳区坚持以脱贫攻坚引领区域经济社会发展全局，围绕省委省政府"把昭通建设成为引领区域发展的滇川黔省际中心城市"目标定位，和昭通市委市政府"一城三区、若干小镇、产城融合、城乡一体"规划布局，将昭通苹果作为打造"绿色食品牌"的重要抓手，推进产城融合、实现绿色生态发展的重要支撑，彰显地域特色和产业优势，把苹果的元素、特征深深嵌入城市血脉中，着力建设一座"城在园中、园在城中、100万亩苹果、100万人、半城苹果满城香"的"苹果之城"。

【华孚冷链物流仓储交易中心项目在靖安镇易地搬迁安置区奠基】 1月28日，昭通市易地搬迁产业园昭通市华孚冷链物流仓储交易中心项目在昭阳区靖安镇易地搬迁安置区举行奠基仪式，标志着昭通市国家级100万吨冷链物流仓储交易中心项目正式启动建设。

【江先奎一行开展走访慰问活动】 1月31日，昭通市委常委、区委书记江先奎等领导先后看望区公检法政法队伍和区消防大队、综合执法队伍及交警一大队民警，为他们送去新春祝福。

2月

【江先奎一行开展春节慰问活动】 2月1日，昭通市委常委、昭阳区委书记江先奎一行分别到武警昭阳分队和靖安镇西魁梁子，看望慰问武警官兵和建档立卡贫困户（以下简称"卡户"）代表，向他们送去党和政府的新春祝福。

【陶毅一行开展春节慰问活动】 2月1日，区委副书记、区长陶毅，区委常委、副区长陶思茂，区人大常委会副主任马洪斌，区委统战部部长、副区长马贤武，区政协副主席杨连刚一行看望慰问部分归侨侨眷、高龄老人，并到区新闻中心、环卫所等单位开展春节慰问活动。

【区委区政府专题办公会】 2月2日，昭通市委常委、昭阳区委书记江先奎主持召开区委、区政府专题办公会，安排部署春节期间相关工作。

【区人大常委会第15次会议】 2月2日，昭阳区第五届人民代表大会常务委员会召开第15次会议，会议审议并表决通过《昭阳区第五届人民代表大会第三次会议日程（草案）》《昭阳区第五届人民代表大会第三次会议主席团和秘书长建议名单（草案）》《昭阳区第五届人民代表大会第三次会议各代表团团长、副团长建议名单（草案）》《昭阳区人大常委会关于提请审议〈昭阳区第五届人民代表大会第三次会议设立昭阳区第五届人民代表大会监察和司法委员会、教育科学文化卫生委员会、农业与农村委员会、社会建设委员会及财政经济（预算）审查委员会更名为财政经济委员会的决定（草案）〉的议案（草案）》。会议还表决通过《昭阳区第五届人民代表大会第三次会议邀请列席人员名单（草案）》和《昭阳区第五届人民代表大会第三次会议邀请在主席台就座的市、区领导名单（草案）》的决定及相关人事事项。

【江先奎、陶毅一行到易地扶贫搬迁安置点慰问】 2月2日，昭通市委常委、区委书记江先奎，区委副书记、区长陶毅一行前往红路、永丰等易地扶贫搬迁安置点看望慰问建设者，为他们送去新春的祝福。

【区政府第21次常务会议】 2月11日，区委副书记、区长陶毅主持召开第五届昭阳区人民政府第21次常务会议，安排部署相关工作。

【易迁劳动力帮扶暨"春风行动"现场招聘会】 2月14日，昭阳区召开易迁劳动力帮扶暨"春风行动"现场招聘会。省内外40余家企业共提供16 800多个就业岗位，助力昭阳区脱贫攻坚。

【中共昭阳区委五届四次全体（扩大）会议】 2月14日，中共昭阳区委五届四次全体（扩大）会议召开。市委常委、区委书记江先奎主持会议，并代表区委常委会作工作报告。区委副书记、区长陶毅在会上做题为"决战脱贫摘帽，决胜全面小康，奋力开创昭阳高质量跨越式发展新局面"的讲话，全面回顾总结昭阳区2018年经济社会发展情况，安排部署2019年经济社会发展工作。会议同时就《中共昭阳区委 昭阳区人民政府关于坚决打赢精准脱贫攻坚战 确保如期实现脱贫出列摘帽的决定（讨论稿）》《中共昭阳区委 昭阳区人民政府关于全面开展农村人居环境专项治理的决定（讨论稿）》《中共昭阳区委关于2019年脱贫出列摘帽加强干部作风建设的决定（讨论稿）》做了说明。区委委员、区委候补委员出席会议。不是区委委员、区委候补委员的处级领导干部；区纪委委员、区纪委各派驻纪检组主要负责同志；区委各部委办局室，区级国家机关各委办局，区直各人民团体和企事业单位，中央、省、市驻昭阳区单位党员领导班子正职、副职，区人大、政协各委室主要负责同志；各乡镇、街道党（工）委书记、乡镇长（行政主任）、副书记、人大主席（人大工委主任）、纪（工）委书记；区人大代表、区政协委员和离退休老干部代表列席会议。

【区委第56次常委（扩大）会议】 2月16日，昭通市委常委、昭阳区委书记江先奎主持召开区委五届第56次常委（扩大）会议，听取区"两会"筹备和2018年党风廉政建设责任制考核等工作情况汇报，安排部署相关工作。

【政协昭阳区第五届委员会第三次会议】 2月19～21日，政协昭阳区第五届委员会第三次会议在国际会展中心召开。昭通市委常委、区委书记江先奎在会上做题为"勠力同行、尽锐出战，为夺取脱贫摘帽根本性胜利而努力奋斗"的重要讲话，并代表区委向全体政协委员、政协工作者、各民主党派、无党派人士、工商联、各人民团体及所有关心支持昭阳发展的社会各界人士表示衷心的感谢和崇高的敬意。会议要求：在中华人民共和国和人民政协成立70周年之际、昭阳区脱贫摘帽出列的决战决胜之年，全区上下要坚定信心、勠力同心、尽锐出战，奋力夺取这一伟大的根本性胜利，全面推进高质量发展新征程，在昭阳发展史上写下浓墨重彩的一笔。参会委员296人，会议期间共收到提案86件，经审查立案84件，占提案总数的97.6%，其中脱贫攻坚方面提案29件、城市建设和管理方面提案28件、社会事业方面提案27件。区委、区人大、区政府领导出席会议,政协昭阳区第五届委员会常务委员会主席成员主持会议。

【昭阳区第五届人民代表大会第三次会议】2月20～22日,昭阳区第五届人民代表大会第三次会议在昭通国际会议会展中心召开。本次会议应出席代表285人,实到246人。大会执行主席为江先奎、周祥、刘兴发、叶建平、陶思茂、陈瑛、迟焕彩、马洪斌、董睿武。区委副书记、区长陶毅代表区人民政府做《昭阳区人民政府工作报告》。昭通市委常委、区委书记江先奎出席会议并讲话,讲话要求各位代表要走在前列做表率,干在实处谋新篇,用行动书写属于这个时代的精彩人生,坚决夺取脱贫摘帽伟大胜利,谱写新时代昭阳更加精彩的新篇章,以优异成绩献礼中华人民共和国成立70周年。会议审议通过《关于设立有关专门委员会的决定(草案)》《有关专门委员会组成人员名单(草案)》,表决通过财政经济委员会、监察和司法委员会、农业与农村委员会、教育科学文化卫生委员会、社会建设委员会组成人员名单,举行了专委会委员向宪法宣誓仪式。大会书面印发《昭阳区2018年国民经济和社会发展计划执行情况与2019年国民经济和社会发展计划(草案)的报告》《昭阳区2018年地方财政预算执行情况和2019年地方财政预算(草案)的报告》并提交各位代表审查,同时请区政协委员和列席人员提出意见。会议还提交了《中共昭阳区委 区人民政府关于打赢脱贫攻坚,确保如期实现脱贫出列摘帽的决定(讨论稿)》《中共昭阳区委 区人民政府关于全面开展农村人居环境专项整治的决定(讨论稿)》《中共昭阳区委关于2019年脱贫出列摘帽加强干部作风的决定(讨论稿)》,要求人大代表、政协委员讨论并提出意见。出席政协昭阳区五届三次会议的政协委员列席会议。

【控辍保学工作推进会】2月21日,召开2019年控辍保学工作推进会,安排部署昭阳区控辍保学、划片招生等工作。

【区政府召开记者会】2月22日,区人民政府召开记者会。区委副书记、区长陶毅,副区长、昭阳工业园区管委会主任叶建平,副区长刘凤慧等领导就脱贫攻坚、经济发展、产城建设、教育发展、交通建设等方面的问题答记者问。

【区委区政府召开专题办公会】2月28日,昭通市委常委、区委书记江先奎主持召开区委、区政府办公会,专题研究苹果产业发展及苗木采购、易地扶贫搬迁安置点建设等工作。

3月

【深化党政机构改革动员会议】3月1日,全区深化党政机构改革动员会议召开。昭通市委常委、昭阳区委书记江先奎主持会议并做动员讲话。

【中共昭阳区第五届纪律检查委员会第四次会议】3月4日,中共昭阳区第五届纪律检查委员会第四次全体会议召开。昭通市委常委、区委书记江先奎在会上做重要讲话。区委常委、区纪委书记、监委主任陈瑾代表中共昭阳区第五届纪律检查委员会常务委员会做工作报告。全会传达学习习近平同志重要讲话和十九届中央纪委三次全会、省纪委十届四次全会、市纪委四届四次全会精神,贯彻党的十九大及十九届二中、三中全会和省委十届六次全会、市委四届四次全会、区委五届四次全会精神,审议通过陈瑾同志代表区纪委常委会所做的工作报告。全会号召:要更加紧密地团结在以习近平同志为核心的党中央周围,在市纪委监委和区委的坚强领导下,保持政治定力,坚定必胜信心,不忘初心,砥砺前行,努力推动新时代纪检监察工作高质量发展,为决战决胜脱贫摘帽、奋力冲刺全面小康做出应有贡献。区委、区人大、区政府、区政协领导班子成员和在家处级领导出席会议,有关方面负责同志参加会议。7名乡镇、街道和区直部门主要负责同志在全会上做述责述廉报告。

【昭通市人民政府督导组到昭阳区督导】3月5日,昭通市人民政府督导组到昭阳区旧圃、布嘎等乡镇,实地调研督导昭阳区"大棚房"整治工作情况。

【精准扶贫动态管理工作培训会】 3月5日，昭阳区召开2019年精准扶贫动态管理工作培训会。要求2019年动态管理工作要把握六个节点：一是3月15日前各乡（镇）、街道必须全面完成培训工作；二是3月31日前全面完成区、乡梳理报备工作；三是4月1日至6月30日，根据市、区指导，在全区20个乡（镇）、街道完成动态管理示范村建设和推广工作，自查自纠，形成需整改的问题清单上报备案；四是8月1日至12月31日前坚持动态管理常态化机制，查缺补漏，全面完成动态调整和贫困退出工作。

【森林防火工作推进会】 3月7日，全区召开森林防火工作推进会。会议要求各相关部门要严格落实"三线责任制""四个责任人""五个关键人"等职能职责，严防森林火灾发生；要转变态度，认真认领存在的问题；积极作为，认真做好全区森林防火工作，采取有力措施，确保全国"两会"期间、"清明""五一"等传统节假日无森林火灾发生，营造安定和谐的生态环境。要进一步强化火源管理，全面消除隐患，始终保持严管重治的高压态势，划片包干，责任到人，加大对重点林区和重点部位的巡查管护密度，及时消除火灾隐患。要进一步加强森林防火宣传，营造防火氛围，充分利用广播、标语、有线电视、宣传车等进行宣传，做到防火宣传"进乡村、进社区、进学校、进农户"，真正使"杜绝火源入山，保护森林平安"成为广大群众的自觉行为。要进一步强化应急值守，严格执行"有火必报、报扑同步、归口上报"森林火情报送制度，避免出现火情报送不及时，多头上报，迟报、瞒报等问题发生。要进一步强化案件查处力度，严肃追责问责，对违规野外用火行为发现一起查处一起，起到查处一人警醒一片、处罚一人教育多人的效果。要进一步强化指挥调度，快速科学处置，一旦发生森林火情火灾，要及时快速赶赴现场进行扑救，靠前指挥、科学处置，将火情扑灭在初发阶段，实现"打早、打小、打了"。

【张兴调研太平街道黄竹林社区田园综合体建设工作】 3月8日，副区长张兴、区脱贫攻坚领导组副组长安启能一行到太平街道黄竹林社区调研田园综合体建设工作。黄竹林片区田园综合体拟建设成为集生产绿色有机时鲜蔬菜、草莓种植采摘兼顾生态旅游为一体的绿色产业基地。黄竹林片区田园综合体计划用地约266.67公顷，其中一期计划流转土地66.67公顷。

【杨亚林到昭阳区调研工业园区选址】 3月10日，昭通市委书记杨亚林率队到昭阳区专题调研工业园区规划选址情况。杨亚林强调，工业园区选址意义重大，是盘活城市劳动力和土地资源，打赢脱贫攻坚战的重要保证，必须长远规划，落实选址相关工作。

【昭阳区劳动力培训转移就业中心挂牌成立】 3月10日，昭阳区劳动力培训转移就业中心正式挂牌成立。昭阳区劳动力培训转移就业中心（以下简称中心）是昭阳区卡户贫困劳动力培训转移就业工作领导组的下设机构，中心下设综合科、培训管理科、转移就业科、数据信息科和监督室5个科室，共有工作人员39人，主要负责昭阳区劳动力的组织培训、转移就业等工作。

【教育工作会议召开】 3月11日，全区召开教育工作会议，安排部署依法督促监护人送适龄少年儿童接受义务教育工作。

【汪泽英一行到昭阳区调研督导】 3月12日，人社部农村社会保险司副司长汪泽英率督导组调研督导昭阳区社会保险扶贫工作。

【扫黑除恶专项斗争领导小组会议】 3月13日，昭通市委常委、区委书记江先奎主持召开扫黑除恶专项斗争领导小组会议，安排部署全区扫黑除恶工作。

【区政府第22次常务会议】 3月14日，区委副书记、区长陶毅主持召开第五届昭阳区人民政府第22次常务会议，专题研究扫黑除恶等工作。

【2019年决战决胜脱贫摘帽誓师大会】 3月17日，昭阳区2019年决战决胜脱贫摘帽誓师大会召开。会议期间，昭阳区委副书记、区长陶毅为参加会议的1 200余人进行了一堂脱贫攻

坚工作业务知识讲座。区级相关领导分别就脱贫攻坚资金管理、区委政府关于全面开展农村人居环境专项治理的决定做说明、通报扶贫邻域典型案例、宣读《中共昭阳区委昭阳区人民政府关于坚决打赢脱贫摘帽歼灭战的决定》要点、《中共昭阳区委关于 2019 年脱贫摘帽加强干部作风建设的决定》《中共昭阳区委关于成立脱贫攻坚督战队和督查队的决定》。会议还表彰了 114 名在脱贫攻坚工作中涌现出来的先进个人。会上，区、乡、村三级干部及企业代表分别就脱贫攻坚驻村队员管理、劳动力转移就业、易地扶贫搬迁、资金管理、农危改及人居环境提升、产业发展、安置点建设、就学及基本医疗、饮水保障、如期实现脱贫出列等做承诺，各乡镇、街道战区指挥长、行业部门战区主要负责人、乡镇街道战区党工委书记、乡镇长依次递交了军令状。

【杨亚林到昭阳区调研】　3 月 20 日，昭通市委书记杨亚林到昭阳区调研工业发展情况，检查指导工业园区规划、布局和发展方面的工作。

【宋宗约到昭阳区调研】　3 月 21～22 日，广东省农业农村厅副巡视员宋宗约率深圳市调研组到昭阳区调研脱贫攻坚工作。

【第四次经济普查工作推进会暨一季度经济运行分析研判会】　3 月 23 日，昭阳区召开第四次经济普查工作推进会暨一季度经济运行分析研判会，区委常委、常务副区长费忠平主持会议并提出工作要求。

【区第五届人大常委会第 18 次会议】　3 月 23 日，昭阳区第五届人大常委会召开第 18 次常委会议，任命相关领导干部。

【干部任前集中廉政谈话】　3 月 24 日，昭阳区召开干部任前集中廉政谈话会议，对新任命的 220 名领导干部进行任前集中廉政谈话。

【李光洪一行到昭阳区调研】　3 月 26 日，省教育厅办公室主任李光洪一行到昭阳区调研依法控辍保学工作。

【和段琪一行到昭阳区调研】　3 月 27～28 日，省人大常委会常务副主任和段琪、副秘书长单文等领导到昭阳区调研易地扶贫搬迁、产业发展、劳动力转移等脱贫攻坚工作。通过实地查看并认真听取各项工作情况汇报后，和段琪认为，在昭通市委、市政府的正确领导下，昭阳区干部职工凝心聚力、克难攻坚，脱贫攻坚各项工作取得了显著成效，为全区脱贫摘帽出列打下了坚实的基础。和段琪强调，在脱贫攻坚工作中，易地扶贫搬迁是基础，产业发展是关键，抓好易地扶贫搬迁工作是目前最大的政治任务。和段琪要求，各易地扶贫搬迁安置点建设要重质量、抓进度，倒排工期、挂图作战，确保如期完成安置点建设任务；要进一步完善规划，注意搬迁人口变化调配，提前做好城市管理、社会服务体系规划；各县区对搬迁群众要再精准、再细化，彻底摸清搬迁群众的人口数量、年龄结构、文化程度等情况，并加大务工技能培训力度；要加大宣传力度，让易地扶贫搬迁安置政策家喻户晓；要提前做好安置房摇号分配方案，确保公平公正公开；要摸清搬迁群众劳动力务工意向，有针对性地进行订单式务工技能培训，彻底消除零就业家庭。

【2019 年度学校安全工作会】　3 月 29 日，昭阳区召开 2019 年度学校安全工作会，全面部署全区学校安全综合治理工作。

【工会第四次代表大会】　3 月 30 日，昭阳区工会第四次代表大会召开，来自全区各条战线的 206 名工会代表齐聚一堂，共商决战决胜脱贫攻坚、建设美丽和谐昭阳大计。

4 月

【区委、区政府专题办公会】　4 月 2 日，区委、区政府召开专题办公会研究部署农村危房改造、劳务输出等工作。市委常委、区委书记江先奎，区委副书记、区长陶毅对相关工作提出要求。

【2019 年度安全生产工作会议】　4 月 3 日，昭阳区召开 2019 年度安全生产工作会议，会议

通报近期安全生产事故情况，传达学习了省、市安全生产工作电视电话会议精神，安排部署非煤矿山安全生产工作、危险化学品及烟花爆竹安全生产工作。

【劳动力培训转移就业工作业务培训会】
4月8日，昭阳区召开劳动力培训转移就业工作业务培训会，各乡镇（街道）劳动力培训转移输出站副站长、联络员等共40余人参加培训。

【陈彪一行到昭阳区调研】 4月9～10日，深圳市政府党组成员陈彪一行到昭阳区调研脱贫攻坚、产业发展等工作。

【组织捐赠活动为危房改造工作助力】
4月11日，昭阳区政协、区工商联携手昭通市宜通页岩制砖有限公司，向靖安镇五星村捐赠页岩砖2.6万块，助力当地危房改造工作，为昭阳区脱贫攻坚工作"添砖加瓦"。

【区人民政府五届三次全体（扩大）会议】
4月12日，昭阳区人民政府召开五届三次全体（扩大）会议暨廉政、安全生产、烟草产业高质量发展工作会议，安排部署相关工作。区委副书记、区长陶毅做题为"讲政治，抓落实，树形象，打赢脱贫摘帽攻坚战开创昭阳发展新局面"的讲话。区政府领导，20个乡镇（街道）政府（行政）负责人及区政府各组成部门负责人参加会议。会议还就机构划转人员转隶情况做说明。

【韩梅一行到昭阳区调研】 4月13～14日，省人大常委会秘书长韩梅一行到昭阳区调研脱贫攻坚工作。

【区委区政府专题办公会】 4月15日，昭通市委常委、区委书记江先奎主持召开区委、区政府专题办公会，研究扶贫车间建设、招商引资、易地扶贫搬迁安置点公共基础设施配套、黑臭水体治理等工作。

【城乡低保专项治理"回头看"工作会】
4月16日，昭阳区召开贯彻落实习近平总书记关于全国第14次民政工作会议重要指示暨城乡低保专项治理"回头看"工作会，安排贯彻落实工作。经重新精准识别，2019年，昭阳区共纳入农村低保对象25 393户45 651人，占2018年对象数的71.12%，占疑点数据清退后对象数的77.94%；纳入城市低保对象1 590户2 549人，占2018年对象数的9.6%，占疑点数据清退后对象数的19.50%。

【区政府第23次常务会议】 4月16日，区政府召开第23次常务会议，审议《昭阳区"美丽县城"建设实施方案》。会议要求：要把昭阳区打造成"干净、宜居、特色"中心城市；在申报过程中，要更加规范完善好申报项目的文本材料；发改、住建等部门要收集资料，做好中心城市建设规划工作，相关部门要做好前期准备，吃透政策，多方争取资金加强对老旧城区的改造、道路建设；要成立专门的领导组，通力配合，形成合力，补齐短板，让申报的项目早日落地。

【2019年脱贫摘帽督导员工作座谈会】
4月18日，昭阳区召开2019年脱贫摘帽督导员工作座谈会。脱贫摘帽督导员是昭通市委组织部选派下沉到昭阳区2019年计划脱贫出列70个贫困村的督导人员，专职负责督导脱贫攻坚工作。座谈会要求，全体督导员要把思想和行动统一到市委、区委的重大决策上来，落实"不摘帽、不脱钩、不出列、不撤离"的要求，以必胜的信心、务实的作风，主动投身和融入脱贫攻坚工作中去，形成心往一处想、劲往一处使，共同担当的良好局面。各位督导员要按照市委要求，迅速下沉，铆足干劲投入脱贫攻坚一线，切实发挥脱贫摘帽督导员作用；要遵守纪律，坚守工作岗位，认真履行督导职责。各乡镇、街道要积极主动做好后勤保障工作，积极与派驻督导员沟通、协调、配合，确保形成工作合力，推动脱贫攻坚工作的落实，坚决打赢脱贫攻坚这场硬仗。

【体育场地调查工作布置暨业务培训会】
4月19日，昭阳区召开体育场地统计调查工作布置暨业务培训会，安排部署昭阳区体育场地统计调查工作。

【高标准农田建设管理工作会】 4月19日，

昭阳区召开 2019 年高标准农田建设管理工作暨农村集体产权制度改革清产核资工作推进会。会议要求：要抓住机遇，通过扎实有效的工作，圆满完成年内建设高标准农田 7 333.33 公顷的任务。

【红路易地扶贫搬迁安置点临时党工委（管委会）第 1 次会议】 4 月 19 日，昭阳区委副书记、区长陶毅主持召开红路易地扶贫搬迁安置点临时党工委、管委会第 1 次会议，安排部署安置点建设推进、易迁合作项目建设等工作。

【教育质量表彰大会】 4 月 22 日，昭阳区召开 2018 年度教育教学质量表彰大会。会议宣读了关于"第九届教学新秀、能手、学科带头人评选活动""薄弱学校完成指标奖""高考位次奖""昭阳区十三五课题第二批课题结题""昭阳区高中音体美教师教学技能大赛获奖教师"和"2017～2018 年度教学质量奖"表彰文件。参加会议的领导为受到表彰的单位和个人颁发奖牌和荣誉证书。

【防汛抗旱工作会议】 4 月 27 日，昭阳区召开 2019 年防汛抗旱工作会议。会议要求各相关部门要提高认识、认清形势，切实增强防汛抗旱工作的责任感和紧迫感；要积极备战、主动作为，全方位无死角抓好预案制定、度汛检查、物资储备、城市防洪、校舍防洪、山洪防御、水库安全、防洪工程、监测预警等工作；要加强领导、压实责任，做到严格值守、规范报送、健全队伍、完善机制，确保防汛抗旱各项工作有序推进。

【食品安全工作会议】 4 月 28 日，昭阳区召开 2019 年食品安全工作暨区食品安全委员会第一次联席会议，安排部署相关工作。要求各级各部门要明确目标，突出重点，切实抓好食品安全责任制建立、学校食品安全、农产品种养殖监管、预防食用野生菌中毒、农村自办宴席管理、农贸市场及批发市场监管、餐具清洗消毒企业监管、药品安全示范乡镇创建、食品质量预警和安全事件应急机制建立、食品安全领域扫黑除恶专项斗争等 10 项工作；要加强组织领导，严肃执纪问责，依法严厉打击制假售假违法犯罪活动；要切实加强食品和药品生产、流通，餐饮服务等环节监管，大力开展"瘦肉精"、畜禽屠宰、散装白酒、学校及周边食品安全等专项整治行动，注重解决食品塑化剂、食品标签标示等带有行业"潜规则"的突出问题，坚决防范安全风险；要进一步加大宣传力度，发动社会广泛参与，提高群众自我防护和依法维权的意识，在全区营造人人重视、人人支持、人人关心食品安全的良好氛围。

【殡葬改革工作会议】 4 月 29 日，昭阳区召开 2019 年殡葬改革工作会议。区委副书记、区长陶毅参加会议并提出工作要求。会议要求：要按照市委市政府要求，年内火化区火化率要达到 85%，节地生态安葬比例要达到 30%。

5 月

【区政府第 24 次常务会议】 5 月 6 日，区委副书记、区长陶毅主持召开第五届昭阳区人民政府第 24 次常务会议，研究部署招商引资等工作。

【东莞市考察组到昭阳区考察】 5 月 8 日，东莞市考察组到昭阳区考察东西部扶贫协作工作。

【2019 年市、区人大代表建议和政协委员提案交办会】 5 月 10 日，昭阳区召开 2019 年市、区人大代表建议和政协委员提案交办会，部署2019 年建议提案办理工作。

【"旅游扶贫·樱桃季"活动开幕】 5 月 11 日，"云南人文自驾游"特别策划——昭阳区"旅游扶贫·樱桃季"活动开幕，参加此次活动的 47 辆自驾车、158 名人文车友走进昭阳区，开展摘"葡萄井老树樱桃"、寻彝族文化之源、赏昭阳八景、品尝当地特色美食等一系列丰富多彩的活动。

【政法暨公安工作会议】 5 月 12 月，区委召开政法暨公安工作会议，安排部署 2019 年政法和公安工作。会议表彰 2018 年度见义勇为先进个人及政法综治维稳、信访、禁毒、扫黑除恶、公安工作先进集体和个人。区委副书记周祥宣读相关表彰决定并颁奖。区扫黑除恶专项斗争领导小组副组长、成员单位和乡镇（街道）主要负责同志向区委递交《昭阳区扫黑除恶专项斗争责任状》。

【区委理论学习中心组开展集中学习】
5 月 12 日，中共昭阳区委理论学习中心组开展 2019 年第三次集中学习，市委常委、区委书记江先奎做重要讲话。

【何波一行到昭阳区调研】 5 月 13～16 日，云南省政协副主席何波率省政协调研组到昭阳区洒渔镇、苏甲乡瓜寨村等渔洞水库径流区，围绕"关注美丽家园——饮用水水源地保护"专题开展调研。

【钟少球一行到昭阳区调研】 5 月 14～15 日，深圳市国资委副巡视员钟少球率调研组一行 21 人到昭阳区调研苹果产业、工业园区建设和脱贫攻坚等工作。昭通市委书记杨亚林，副市长田渊，区委副书记、区长陶毅，区委副书记周祥等领导陪同调研。

【教育部名校长领航工程授牌仪式在昭阳区举行】 5 月 16 日，教育部第二期中小学名校长领航工程"徐伟校长工作室"授牌仪式暨全国高品质课程建设校长论坛在昭阳区三小朝阳校区举行。

【扫黑除恶专项斗争领导小组办公室联席会议】 5 月 16 日，昭阳区扫黑除恶专项斗争领导小组办公室召开联席会议，安排部署近期扫黑除恶工作。

【临沧市双江县考察团到昭阳区考察】
5 月 17 日，临沧市双江县委副书记、县委统战部部长陈鹏率考察团到昭阳区考察城市建设、园林绿化、乡村旅游等工作。

【城乡建设用地增减挂钩工作会议】 5 月 19 日，昭阳区组织召开 2019 年城乡建设用地增减挂钩培训暨脱贫攻坚工作推进会，安排部署相关工作。

【张笑春一行到昭阳区调研】 5 月 21 日，云南省人大常委会农业与农村委员会主任委员张笑春一行到青岭乡白沙村调研脱贫攻坚工作。

【杨桂红一行到昭阳区调研】 5 月 22 日，云南省政协副秘书长杨桂红一行到昭阳区调研政协"网络议政、远程协商"系统建设工作。

【陶毅一行调研渔洞水库径流区水资源保护工作】 5 月 23 日，区委副书记、区长陶毅带领区委常委、区纪委书记、区监委主任陈瑾，副区长张兴及区财政、民政、自然资源、农业农村、水务等部门负责人到渔洞水库调研渔洞水库径流区水资源保护及河（湖）长制工作。

【江先奎一行调研城市重点项目建设工作】 5 月 25 日，市委常委、区委书记江先奎一行到乌蒙水乡公园等地调研重点项目建设情况。

【中心城市小学划片招生工作听证会】
5 月 28 日，区政府召开 2019 年昭通中心城市小学划片区招生工作听证会，充分听取广大市民意见。

【王国航一行到昭阳区调研】 5 月 28 日，财政部云南监管局副局长王国航一行 4 人到昭阳区专题调研财政支持长江经济带发展战略的情况。

【和段琪一行到昭阳区调研】 5 月 29～30 日，云南省人大常委会常务副主任和段琪、省人大常委会副秘书长单文一行到昭阳区调研水资源环境保护和脱贫攻坚等工作。

【江先奎、陶毅一行调研城市重点项目建设工作】 5 月 31 日，昭通市委常委、区委书记江先奎，区委副书记、区长陶毅一行到区二院、区五小南温泉校区、敦煌路等城市建设重点项目施工现场调研。

6 月

【贫困村脱贫出列区级交叉核查工作会】
6月2日，昭阳区召开2019年贫困村脱贫出列区级交叉核查及乡镇全面自查工作培训会议。

【驻村扶贫工作培训会】 6月3日，昭阳区召开驻村扶贫工作培训会，全区驻村工作队员、驻村扶贫工作队第一书记、工作队长及市委下派的脱贫摘帽督导员等500余人参加培训。

【江先奎一行调研农危改工作】 6月3日，昭通市委常委、区委书记江先奎一行在洒渔、苏甲等乡镇调研脱贫攻坚工作，并强调各级各部门要全力以赴推进农危改工作。

【民办教育工作大会】 6月5日，昭阳区举行民办教育工作大会。全区各乡镇（街道）中心校校长、民办幼儿园负责人，民办中小学培训机构法人（校、园长）近400人参会。

【区政府党组2019年第7次（扩大）会议】
6月6日，昭阳区委副书记、区长陶毅主持召开区政府党组2019年第7次（扩大）会议。

【杨亚林一行调研昭阳区西凉山片区脱贫攻坚工作】 6月7日，市委书记杨亚林，市委常委、区委书记江先奎，市委常委、市委秘书长尹朝禹等领导到西凉山片区调研脱贫攻坚工作。杨亚林一行到大寨子乡卜鲁期村贫困群众家中及扶贫车间、炎山镇大沱村、田坝乡水屯村、花椒种植地，与群众座谈，了解群众困难及今后打算、群众务工意愿及收入来源，鼓励群众要树立信心，与党委政府积极配合，战胜当前困难；不等不靠，自力更生，早日脱贫致富。杨亚林强调，对于搬迁群众，当地党委政府要按照政策清、产业清、就业清、配套清、家底清"五清"要求，做好相关服务工作，认真记录和了解搬迁群众的工作意愿，针对其年龄、身体状况等，加强劳动力转移就业培训，解决搬迁群众子女入学问题，积极与本地、外地用工企业对接，因户施策，解决搬迁群众收入来源问题，真正做到精准脱贫。

对不符合搬迁条件的群众，相关部门及当地党委政府要搞好水、电、路等配套设施建设，招商引资发展产业，让留下来的群众发展生产、多渠道创收增收，安居乐业。对西凉山片区花椒等主导产业，要多方调研，拿出可行方案，修建水利灌溉设施，解决缺水难题，使花椒等产业有更进一步的发展。

【扶贫开发领导组会议】 6月10日，昭阳区召开扶贫开发领导组会议。昭通市委常委、区委书记江先奎主持会议，并要求全区各级各部门结合实际，打好五个"歼灭战"和四大"攻坚战"，扎实抓好扶贫开发各项工作。

【市区领导到"2019南亚东南亚国家商品展暨投资贸易洽谈会"昭阳区展馆巡馆】 6月11日，昭通市委副书记、市长郭大进，副市长段登位，昭阳区委副书记、区长陶毅等市区领导先后到"2019南亚东南亚国家商品展暨投资贸易洽谈会"昭阳区展馆检查指导布展情况。此次昭通代表团携手110家企业参展，展出总面积954.3平方米，涉及绿色食品馆参展企业56家、文化旅游馆参展企业22家、森林生态产品馆参展16家、苹果及马铃薯参展企业8家、物流及电子商务类参展企业8家。其中，昭阳区有15家企业参展。

【江先奎一行调研劳务输出和扶贫车间建设工作】 6月12日，昭通市委常委、区委书记江先奎一行到昭阳工业园区专题调研劳务输出和扶贫车间建设工作。

【贫困村脱贫出列区级交叉检查工作推进会】 6月15日，昭阳区召开贫困村脱贫出列区级交叉检查经验总结暨乡级核查工作推进会，通报交叉检查中存在问题，要求切实做好问题整改等工作。

【江先奎调研脱贫攻坚工作】 6月15~16日，昭通市委常委、区委书记江先奎到昭阳工业园区、盘河镇、苏家院镇、乐居镇、洒渔镇、青岗岭乡等地调研脱贫攻坚等工作。

【财税工作会议】 6月21日，昭阳区召开

2019 年财税工作会议，总结全区财税工作情况，安排部署下一步工作。

【陶毅一行调研脱贫攻坚工作】 6 月 22 日，区委副书记、区长陶毅一行先后到大寨子乡、炎山镇、田坝乡和大山包镇调研脱贫攻坚等工作。

【云南省政府督导组到昭阳区检查工作】 6 月 23 日，云南省政府督导组到昭阳区检查指导优商、营商环境提升优化工作。

【东莞市考察团到昭阳区考察】 6 月 26 ~ 27 日，东莞市石碣镇党政企考察团先后到北闸镇、昭阳扶贫产业园区和靖安镇等地考察易地扶贫搬迁安置点建设、扶贫产业建设及对口帮扶项目建设等脱贫攻坚工作。

【区委理论学习中心组集中学习会】 6 月 28 日，昭通市委常委、昭阳区委书记江先奎主持开展区委理论学习中心组 2019 年第四次集中学习活动。

【山东、广东企业座谈会】 6 月 28 日，昭阳区委区政府召开座谈会，与来自山东和广东的 21 家企业商谈来昭投资相关事宜。

【区委五届第 60 次常委（扩大）会议】 6 月 29 日，市委常委、区委书记江先奎主持召开区委五届第 60 次常委（扩大）会议，研究部署脱贫攻坚、经济运行、扫黑除恶等工作。

7 月

【江先奎出席区委办公室党支部党员大会】 7 月 1 日，区委办公室党支部组织召开党员大会，昭通市委常委、区委书记江先奎为支部全体党员上了"不忘初心、牢记使命"专题党课。

【区政府第 26 次常务会议】 7 月 3 日，区委副书记、区长陶毅主持召开第五届昭阳区人民政府第 26 次常务会议，专题研究审议《昭阳区人民政府关于保持经济平稳健康发展的实施意见》《昭阳区党政领导干部安全生产责任制实施

办法》等文件，部署相关工作。

【罗晓勤一行到昭阳区调研】 7 月 3 ~ 5 日，广东省东莞市石碣镇委书记罗晓勤带领政企考察团到昭阳区考察东西部扶贫协作工作，沟通交流下一步合作事宜。

【城市黑臭水体治理示范城市建设推进会】 7 月 5 日，昭阳区召开城市黑臭水体治理示范城市建设推进会，研究部署城市黑臭水体整治项目上报和治理工作。

【张松一行到昭阳区调研】 7 月 6 日，云南省财贸工会主席张松带领省总工会第九调研组到昭阳区调研服务职工体系建设等工作。

【赵洪乖一行到昭阳区调研】 7 月 8 ~ 9 日，昭通市人大常委会副主任赵洪乖带领市人大常委会调研组到昭阳区调研公诉工作。

【区委五届第 61 次常委（扩大）会议】 7 月 9 日，昭通市委常委、区委书记江先奎主持召开中共昭阳区委五届第 61 次常委（扩大）会议，研究部署昭阳区新时代文明实践中心建设、安全生产、扶贫产业园区建设等工作。

【"万名党员进党校"活动】 7 月 9 日，中共昭阳区委区直机关工委"万名党员进党校"活动开班，52 家单位 334 名机关党员干部参加学习培训。

【石丽康一行到昭阳区调研】 7 月 10 日，云南省人社厅党组成员、副厅长石丽康率调研组到靖安安置区调研工程建设、就业扶贫和蔬菜基地建设等工作。

【江先奎调研脱贫攻坚工作】 7 月 14 日，昭通市委常委、区委书记江先奎先后到昭阳扶贫产业园、太平街道水平社区调研脱贫攻坚工作，实地查看扶贫产业发展和就业车间建设等项目情况。

【慈善会社会救助经办人员业务培训会】 7 月 16 日，昭阳区召开慈善会社会救助经办人员

业务培训会，对即将上岗的104名社会救助经办人员进行业务培训。

【江先奎、张兴一行调研苹果产业发展工作】 7月18日，昭通市委常委、区委书记江先奎，副区长张兴一行到洒渔镇实地调研苹果产业发展工作。

【江先奎到扶贫产业园区调研】 7月19日，昭通市委常委、区委书记江先奎到昭阳扶贫产业园区调研扶贫就业、劳务输出工作。

【区委、区政府重点工作推进会】 7月21日，昭阳区委、区政府召开近期重点工作推进会，就脱贫攻坚、跨省搬迁安置、国务院大督查等工作进行再动员、再部署、再推进。

【江先奎一行到乡镇调研】 7月21日，昭通市委常委、区委书记江先奎，区委常委、副区长陶思茂，副区长柯大林等领导前往凤凰、旧圃、太平等乡镇、街道，实地调研扶贫车间建设、垃圾治理等工作。

【"万民党员进党校"第二期活动】 7月22日，区直机关工委"万名党员进党校"第二期在扎西干部学院开班，113名党员干部参加学习培训。

【征兵工作会议】 7月24日，昭阳区召开2019年征兵工作会议，安排部署相关工作。

【区政协五届第17次常委会】 7月26日，昭阳区政协委员会召开第五届第17次常委会，审议通过昭阳区政协委员会第五届第4次会议有关事项，安排部署相关工作。

【红路安置点组织群众搬迁入住】 7月26日，昭阳区红路安置点开始组织群众搬迁入住。红路安置点规划安置昭阳区13个乡镇5960户25237人，其中，卡户5099户21822人，同步搬迁户861户3415人。红路安置点分两期施工，一期于2018年8月底动工建设，EPC总承包单位为广西建工。建设住宅13栋，层数均为11层，

13栋安置房已全部装修完成。二期分别由云南能投、云南建投、广西建工为EPC总承包单位。规划修建85栋安置房，年内，基础施工32栋，±0以上主体施工52栋，配套实施的市政道路、燃气、卫生、给排水、强弱电、社区综合服务中心正在同步推进。昭阳区红路安置点主体工程及配套项目设施于9月30日完成竣工验收并达到搬迁入住标准，计划搬迁群众于11月30日全部完成搬迁入住工作。

【区政府五届第27次常务会】 7月31日，昭阳区委副书记、区长陶毅主持召开昭阳区人民政府第五届第27次常务会议，专题研究优化营商环境、昭阳区"蓝天保卫战三年行动计划"实施方案等。

【区政府党组2019年第10次（扩大）会议】 7月31日，中共昭阳区人民政府党组召开2019年第10次（扩大）会议，集中学习《中国共产党党组工作条例》等法律法规。

8月

【区委、区政府召开重点工作推进会】 8月1日，昭阳区召开非洲猪瘟防控推进会暨2019年秋季动物防疫工作会。要求：一要认清形势，切实强化防控责任。二要全面落实防控措施，着力抓好防控工作，要加大宣传力度，做到群防群控；要认真排查监测，及时处置异常情况；要巩固"两项制度"百日行动成果，严把屠宰加工环节关；要加强流通监管，强化外疫防堵；要加强应急管理，保障处置物资经费。三要进一步加强协作，形成防控合力。四要加强领导，抓好2019年秋季动物防疫工作，要强化免疫措施，提高免疫密度；要加大力度，抓好人畜共患病防控工作；要加强动物卫生监督，确保昭阳区清净无疫。五要加强部门协作，确保市场供给。六要进一步加强责任落实，严肃追责问责。

【文化娱乐市场整治工作推进会】 8月2日，昭阳区召开文化娱乐市场整治工作推进会，会议由区文旅局通报近期开展的文化娱乐场所整治工作情况，并提出下一步整治工作建议。公

安、住建、教体、宣传、环保、市场监管、综合执法以及消防等相关部门作表态，表示将群策群力、密切协调，积极配合、形成合力，做好整治工作。

【江先奎一行调研基层党建工作】 8月3日，昭通市委常委、区委书记江先奎到凤凰街道画苑社区调研基层党建及社区服务工作。

【江先奎一行调研拆旧复垦和劳务输出工作】8月7日，昭通市委常委、区委书记江先奎带领区综合执法局、住建局、人社局等部门领导到苏家院、乐居等乡镇调研"拆旧复垦"、劳务输出等工作。

【第五届人大常委会第20次会议】 8月8日，区第五届人民代表大会常务委员会召开第20次会议，听取、审议并表决通过6个报告、1个方案及有关人事任免事项。

【陈辉文一行到昭阳区考察】 8月9日，云南省广东商会常务副会长、广东智远行乡村发展公司董事长陈辉文带领6名企业家到靖安进行商务投资考察。

【脱贫攻坚工作推进会】 8月11日，昭阳区召开2019年脱贫攻坚工作推进会，再安排再部署全区脱贫攻坚各项工作。

【杨亚林一行到昭阳区调研】 8月11日，昭通市委书记杨亚林率队到昭阳区调研脱贫攻坚、农村危房改造、拆危拆旧复垦复绿等工作。

【健康扶贫现场工作会议】 8月12日，昭阳区召开2019年健康扶贫现场工作会议，昭通市副市长吴静率市直相关部门负责人到场指导。

【和段琪一行到昭阳区调研】 8月13日，云南省人大常委会常务副主任和段琪一行到昭阳区调研易地扶贫搬迁和产业发展等工作。和段琪指出，在脱贫攻坚工作中，易地扶贫搬迁是基础，产业发展是关键，抓好易地扶贫搬迁工作是目前最大的政治任务。昭阳区靖安易地扶贫安置

点建设重质量、抓进度，倒排工期、挂图作战，确保安置点建设任务有序推进。务必高度重视易地扶贫搬迁安置点建设工作，相关部门要严格落实监管责任；施工单位要进一步提高认识，在保证质量的情况下加快工程建设进度；要认真落实安全管理制度，强化安全生产意识，加强环保意识，确保项目如期竣工，把易地扶贫搬迁安置点建成为让贫困群众受益的民生工程和德政工程。

【杨宇清一行到昭阳区调研】 8月15日，深圳市工信局优A势产业处处长杨宇清率深圳企业考察团赴靖安安置区考察投资环境。

【脱贫攻坚档案管理及举证工作征求意见座谈会】 8月19日，昭阳区召开脱贫攻坚档案管理及举证工作征求意见座谈会，充分听取行业部门、乡镇、街道的意见、建议。

【李希、马兴瑞一行到昭阳区调研】 8月20～21日，中共中央政治局委员、广东省委书记李希，广东省委副书记、省长马兴瑞率领广东省党政代表团到昭通市，实地考察昭阳区靖安跨县区易地扶贫搬迁安置区，海升、超越苹果基地和昭阳扶贫产业园内的华坚鞋业、立时电子等企业，详细了解易地扶贫搬迁、产业扶贫、劳务协作、教育医疗帮扶等情况。

【陶毅调研昭阳区"一县一业"工作】8月21日，区委副书记、区长陶毅到苏家院镇海升苹果基地，为昭阳区"一县一业"示范县创建工作做宣传。

【昭通区域苹果观摩培训会】 8月22日，由中国农业大学、新洋丰农业科技股份有限公司主办的"校企合作，品质兴农"2019年昭通区域苹果观摩培训会在昭阳区乐居镇举行。

【驻村工作队长季度工作例会】 8月23日，昭阳区召开2019年驻村工作队长季度工作例会暨扶贫业务培训。会议通报了昭阳区驻村扶贫、"挂包帮"存在问题，安排部署下一步驻村工作，要求再接再厉，同心同向，扎实打好打赢脱贫摘帽歼灭战。要再次强化脱贫摘帽责任感和紧迫

感，精准选派好驻村工作队员；要进一步压实驻村工作队员日常管理责任；要紧紧围绕"脱贫摘帽"目标，围绕"571"标准，全力做好每个贫困村的脱贫攻坚工作；要以党建为主线，以活动为载体，切实推进各项工作；要强化驻村队员能力素质提升，提高履职尽责效率；要坚决抓好各类巡视、督查、考核发现问题的整改工作；继续强化严管与厚爱工作；要扎实开展精准"挂包帮""转走访"工作，倒逼责任、任务、工作三落实。要牢记职责使命，确保严督实导作用精准发挥，要强化工作保障、纪律保障和后勤保障。

【昭通马铃薯参展北京世界园艺博览会】
8月24日，北京世界园艺博览会开幕后，国际马铃薯中心与昭通再次携手，于8月24～30日在博览会国际马铃薯中心园举办昭通马铃薯主题活动周，昭通成为中国第一个在世界园艺博览会举办马铃薯的地级市，昭通马铃薯再次登上国际大舞台。本次主题周日均入园游客上万人次，通过营造氛围、多媒体宣传、马铃薯实物展、有奖趣味问答、品尝昭通洋芋特色小吃等形式，让来自世界各地的游客了解昭通和昭通马铃薯，提升昭通马铃薯的品牌形象与公众知名度，实现昭通马铃薯产业跨越式发展，实现"此马铃薯非彼马铃薯"的华丽转变。活动期间，昭通马铃薯成为游客、商家和国内外专家、学者关注的热点，昭通马铃薯神秘的高原种植模式、丰富的营养、独特的口味以及别具一格的深加工产品成为提问焦点。市农业农村局、市农科院专家学者、工作人员现场解答后，许多人对昭通马铃薯有了进一步了解，对昭通的马铃薯、苹果、花椒等丰富的特色优势农产品表示出极大的兴趣。

【赴东莞就学学生举行就学典礼】 8月25日，昭阳区举行东西部扶贫协作云南省昭通市昭阳区赴东莞就学典礼，446名贫困学生踏上赴东莞的求学之路。

【广东省东莞市茶山镇党政代表团到昭阳区交流】 8月27～28日，广东省东莞市茶山镇党政代表团到昭阳区，就打赢脱贫攻坚战和东西部扶贫协作中的支教支医工作进行交流对接，送支教教师和支医医生到昭阳区工作。

【严重精神障碍患者管控工作会议和防治艾滋病工作联席会议】 8月28日，召开2019年严重精神障碍患者管控工作会议和2019年度防治艾滋病工作联席会议。

【宣传思想工作推进会】 8月29日，召开2019年宣传思想工作推进会，安排部署相关工作。

【区委五届第26次常委（扩大）会议】
8月29日，昭通市委常委、区委书记江先奎主持召开区委五届第26次常委（扩大）会议。

9月

【陶毅开展走访慰问和主题教育调研活动】
9月1日，区委副书记、区长陶毅等领导到靖安镇松杉、碧海等村社看望慰问"挂钩包保"贫困群众，并开展"不忘初心、牢记使命"主题教育调研活动。

【陶毅一行调研易地搬迁安置点】 9月2日，区委副书记、区长陶毅率相关部门调研北闸红路、永丰易地搬迁安置点建设。

【昭通苹果展销筹备工作新闻发布会】
9月3日，昭阳区召开2019年昭通苹果展销暨"昭阳红"品牌发布筹备工作新闻发布会。中国网、《云南日报》、凤凰网等19家媒体应邀参加发布会。2019年昭通苹果展销暨"昭阳红"品牌发布会在昭通国际会议会展中心举办，此次展会设A、B两个展馆，展览面积2.1万平方米。A馆为昭通苹果产业馆，重点展示昭通苹果及相关经销、加工、育苗、农资、设备设施等全产业链技术装备，同时特别开设网红直播专区，增加现场体验和互动；B馆为昭通高原特色产业馆，重点展示11个县市区高原特色产品，以及"果城"规划建设单位，同时特别开设"扶贫攻坚、乡村振兴展区"，集中展示昭通产业扶贫成果。展会期间还举办了"昭阳红"高端苹果品牌发布、启动与阿里巴巴平台战略合作、百万脱贫儿女唱响《我和我的祖国》等亮点特色活动。

【文化旅游市场综合整治暨安全生产工作培训会】 9月3日,昭阳区召开文化旅游市场综合整治暨安全生产工作培训会。

【扶贫开发领导组调度会议】 9月3日,昭阳区召开扶贫开发领导组调度会议,专题研究脱贫攻坚工作。要求全面贯彻市委四届五次会议精神,发起冲锋,坚决打赢脱贫攻坚战。主要精力要集中在"两不愁三保障"上,缺什么补什么,具体要抓住住房这一核心问题;医疗卫生工作要开展全面整顿;劳动力转移就业要做到"一户一档,一人一证"。要坚决打好"五大攻坚战",农危改要做到"以房找人,以人找房",并精准锁定;劳动力转移就业必须横向到边、纵向到底,完成清零销号任务;易迁建设必须按时间节点入住,配套项目必须按时间节点完成;产业扶贫要加大工业园区厂房建设力度,加快苹果产业建设步伐,加快劳动密集型企业的引进步伐,强势抓好各乡镇的扶贫车间工作。拆旧复垦和人居环境提升工作要严格按照"危房不住人,住人无危房"的要求开展工作。要继续打好教育、卫生、饮水、道路交通四大歼灭战。要以"五查五看一感恩"为抓手,全面开展"挂包帮""转走访"活动,提高为群众办实事、做好事的效率,让广大干部为荣誉而战,并拉近与群众的距离,加深与群众的感情,让群众真正能够感党恩、听党话、跟党走。

【靖安新区临时工会、妇工委举行揭牌仪式】 9月4日,靖安安置区临时工会、妇工委举行揭牌仪式。

【召开迎接国务院第六次大督查暨环保整改推进会议】 9月5日,昭阳区召开迎接国务院第六次大督查暨环保整改推进会议,安排部署相关工作。

【靖安新区临时党工委召开会议商议劳动力就业工作】 9月6日,靖安易地扶贫搬迁安置区临时党工委(管委会)邀请大关、永善、彝良三县分管领导,共同商议易地扶贫搬迁劳动力就业工作。

【扫黑除恶专项斗争指挥长第7次会议召开】 9月7日,昭阳区召开扫黑除恶专项斗争指挥长第7次会议,安排部署相关工作。

【水富市"港园城"建设指挥部到昭阳区靖安新区调研】 9月8日,水富市"港园城"三位一体重大项目建设指挥部调研组一行到靖安易地扶贫搬迁跨县安置区调研。

【脱贫攻坚农村致富带头人创业培训班开班】 9月9日,昭阳区2019年脱贫攻坚农村致富带头人创业培训班开班,各乡镇100名农村致富带头人参加培训。

【李友明一行到昭阳区调研】 9月10日,云南省司法厅普法与依法治理处副调研员李友明一行到昭阳区永丰镇三甲村对该村全国、全省民主法治示范村(社区)进行复核。

【区领导看望慰问优秀教师和困难教师代表】 9月10日,区人大常委副主任陈瑛、区副区长柯大林,区政协副主席杨连刚等领导看望慰问昭阳区优秀教师和困难教师代表,为他们送去党的关怀和节日的问候。

【小水电清理整改领导组工作会议】 9月11日,昭阳区召开小水电清理整改领导组工作会议,安排部署相关工作。

【昭阳区农村危房改造专题会议】 9月11日,昭通市委常委、区委书记江先奎主持召开昭阳区农村危房改造专题会议,研究部署昭阳区农村危房改造工作。

【区政府五届第28次常务会议】 9月16日,区委副书记、区长陶毅主持召开第五届昭阳区人民政府第28次常务会议,安排部署特色小镇创建、非洲猪瘟防控、新增专项债券项目申报等工作。

【区委五届第63次常委(扩大)会议】 9月17日,昭通市委常委、区委书记江先奎主持召开区委五届第63次常委(扩大)会议。

【和段琪到昭阳区调研】 9月18日，云南省人大常委会常务副主任和段琪到昭阳区调研脱贫攻坚工作。听取昭阳区易地扶贫搬迁安置点建设、扶贫产业发展、贫困劳动力转移就业、农危改等脱贫攻坚工作情况汇报。和段琪对昭阳区脱贫攻坚各项工作取得的成绩予以肯定。强调：昭阳区已经到了冲刺脱贫攻坚"最后一公里"的关键时刻，全区上下要到开展自查自纠，进一步厘清问题，拟出整改清单，明确问题整改责任人，对标对表，抓实问题整改工作，确保各项问题如期整改清零；要把脱贫攻坚当作当前最大的发展机遇，大力推进产业发展和城镇化建设；要着力提高产业覆盖率，实现建档立卡贫困户产业全覆盖；要加大特困人员集中供养相关政策的宣传力度，进一步健全集中供养体系，提高服务保障水平，提高特困人员集中供养率；要在确保工程质量和施工安全的前提下，加快各易地扶贫搬迁安置点建设进度，并同步实施教育、卫生、给排水等配套设施建设，让易地搬迁群众能如期搬迁；要整合信息系统，建立健全信息上报制度，及时更新动态数据，切实做到各项数据统计精准，上报精准。

【区政府五届第29次常务会议】 9月19日，第五届昭阳区人民政府召开第29次常务会议，专题研究全区消防、旅游业高质量发展等工作。

【新兵送行仪式】 9月20日，区委副书记、区政府区长、区征兵领导小组组长陶毅，区委常委、区人武部部长黎勇等领导出席新兵出征仪式并为新兵送行。

【罗朝峰到昭阳区指导国庆安保及扫黑除恶工作】 9月20日，昭通市委常委、市委政法委书记罗朝峰到昭阳区指导国庆安保及扫黑除恶工作。

【2019昭通苹果展销会暨"昭阳红"品牌发布会】 9月23日，由中共昭通市委、昭通市人民政府主办，中共昭阳区委、昭阳区人民政府承办的以"晒出高原红 才叫'昭阳红'"为主题的2019昭通苹果展销会暨"昭阳红"品牌发布会在昭通国际会议会展中心开幕。开幕仪式上，中共昭通市委书记杨亚林致辞，对远道而来的新零售客商表示欢迎，并介绍了2019昭通苹果展销会的亮点内容，强调"昭阳红"品牌发布的深远意义，为持续打造昭通"苹果之城"积蓄力量。并用"向阳而生、佳果天成""此苹果非彼苹果""晒出高原红、才叫'昭阳红'""城在园中、园在城中，半城苹果满城香"四句话推介了"昭阳红"苹果。杨亚林说，昭通发展苹果产业，坚持"三个全覆盖"，走高度组织化之上的规范化、品牌化之路，用新的理念和机制、新技术推动苹果产业在新时代脱胎换骨、涅槃重生；推动规模与质量、品牌与效益的同步提升，真正在理念、内涵和品质上实现"此苹果非彼苹果"的根本性转变。2017年以来，昭通全市新建标准化果园0.96万公顷，改造提升老果园2.81万公顷，苹果种植规模已突破4万公顷。未来3年，昭通正朝着打造6.67万公顷（100万亩）高标准苹果基地的目标迈进。坚持建好"第一车间"，做实"种好"的文章，真正把百万亩果园建成绿色高效的高品质基地，全力推动昭通苹果产业高端化、品牌化、规模化、信息化发展。目前，全市已建成高标准核心示范园20个，苹果优果率达70%。坚持一、二、三产融合发展，树品牌强引领，从规划布局百万亩苹果基地入手，以构建从品种选育、规范化种植到冷链物流、加工营销、品牌打造、特色旅游为主线的产业体系为重点，同步规划建设苹果小镇、苹果庄园、特色村庄，进而建设一座独具特色的苹果之城，努力打造一个有产业、有品牌、有文化、有内涵、有形象的苹果王国，让所有人说到昭通想到苹果、吃到苹果想到昭通，来到昭通看到的是百万亩果园的壮丽景观，感受到的是"半城苹果满城香"的无穷魅力。坚持龙头带动、示范引领，培育主体闯市场。以"晒出高原红、才叫'昭阳红'"为宣传语，隆重推出"昭阳红"品牌，目的就是要在区域品牌的基础上，推出最具代表性的产品品牌，并以此来向世人集中展示昭通苹果的独特魅力，让"昭阳红"品牌成为昭通苹果产业发展的标杆，成为世界认识昭通苹果的窗口，成为昭通苹果走向世界的主渠道。以"昭阳红"品牌标准为标杆，我们有信心、有决心也有能力把100万亩昭通苹果打造成为全国苹果产业"塔尖"上的

10%，真正做到追求卓越、干到极致。力争用3年左右的时间，建成一座百万亩苹果与百万城市人口高度融合的"苹果之城"。

【李踊一行到昭阳区调研】 9月25～26日，昭通市人大常委会财经委主任委员李踊率市人大调研组到昭阳区调研民营经济发展工作。

【阮成发到昭阳区调研主题教育和基层党建工作】 9月27日，云南省委副书记、省长阮成发到昭阳区龙泉街道办事处环城北路社区调研"不忘初心、牢记使命"主题教育和基层党建工作。阮成发强调：习近平总书记高度重视"不忘初心、牢记使命"主题教育，对推进主题教育提出了明确要求，强调要把"不忘初心、牢记使命"作为加强党的建设的永恒课题，作为全体党员干部的终身课题。我们各级党组织和党员领导干部要以习近平总书记关于"不忘初心、牢记使命"重要论述为遵循，扎扎实实开展好第二批主题教育。要统一思想认识，提高政治站位，充分认识开展好第二批主题教育的重要意义，切实把思想和行动统一到党中央的部署要求上来，从增强"四个意识"、坚定"四个自信"、做到"两个维护"的政治高度，扎实开展好主题教育，确保中央及省委各项要求不折不扣落到实处。要认认真真学习习近平新时代中国特色社会主义思想，坚持读原著、学原文、悟原理，推动广大党员干部自觉主动学、及时跟进学、联系实际学、笃信笃行学，真正做到学思用贯通、知信行统一，推动理论学习走深走心走实，把学习成果转化为推动经济高质量发展的内生动力。要强化问题导向、检视问题，充分认识第二批主题教育面向群众、面向基层更直接、更贴近，群众需求更加具体、盼望更加迫切等实际，紧紧扭住问题不放，从一开始就改起来，以解决问题的实际成效来检验学习教育的成果，切实让群众感受到主题教育带来的变化。要做好分类指导，发挥好主要领导的带头示范作用，结合本地区本部门本单位实际，针对不同层级、不同领域、不同对象特点，科学合理做出安排，确保第二批主题教育取得扎实成效、实现预期目标。要加强统筹协调，把高质量开展主题教育作为激励党员干部担当作为的重要抓手，坚持两手抓、两不误、两促进，

统筹做好稳增长、促改革、调结构、惠民生、防风险、保稳定各项工作。

【张德华一行到昭阳区调研】 9月27日，玉溪市委副书记、市长张德华一行到昭阳区调研城市建设管理和人居环境提升工作。区委副书记、区长陶毅陪同。

【区委常委班子"不忘初心、牢记使命"主题教育读书班开班】 9月28日，区委常委班子"不忘初心、牢记使命"主题教育读书班正式开班，并举行第一期集中学习。

【区五届人大会常委会第21次会议】 9月29日，昭阳区第五届人民代表大会常务委员会召开第21次会议。

【"东莞·昭阳支教老师走基层活动"正式启动】 9月30日，为期1年的"东莞·昭阳支教老师走基层活动"在昭阳区第二中学正式启动。东西部扶贫协作和对口支援，是党和国家脱贫攻坚的重大部署，是推动区域协调发展、协同发展、共同发展的大战略，而人才是推动经济社会发展的第一资源，是实现脱贫攻坚的重要力量，在决战决胜脱贫攻坚战役中发挥非常重要的作用。本次支教老师走基层活动从2019年9月30日开始，到2020年9月结束，期间每个月至少安排支教小分队到两个以上乡镇开展授课评课、专题讲座和学术交流等活动。2017年至今东莞市已经先后选派7名优秀教师到昭阳区开展支教活动，为昭阳区教育注入了新的活力。

【永丰易地搬迁安置点完成群众搬迁入住】 9月30日，昭阳区永丰安置点搬迁群众完成搬迁入住。昭阳区永丰安置点由中国十七冶集团有限公司建设，该项目于2018年8月开始动工建设，于2019年9月完成工程建设并达到搬迁入住标准。项目建设点位于永丰镇新民村，总投资3.01亿元，规划用地总面积4.78公顷，建筑总面积达9.84万平方米。其中：住宅楼11栋，共755套住房，7.37万平方米；商业用房1栋，建筑面积1.12万平方米，同时配套社区、物管、地下车库等用房和扶贫车间。共安置大山包镇卡户贫

困户 742 户 3 315 人。

10 月

【杨亚林到昭阳区调研】 10 月 2 日，昭通市委书记杨亚林到昭阳区调研脱贫攻坚、农村危房改造等工作。

【区委五届第 64 次常委（扩大）会议】 10 月 9 日，昭通市委常委、区委书记江先奎主持召开中共昭阳区委五届第 64 次常委（扩大）会议，安排部署"不忘初心、牢记使命"主题教育、扫黑除恶专项斗争等相关工作。

【江先奎到乡镇调研】 10 月 10 日，昭通市委常委、区委书记江先奎到小龙洞、守望、布嘎等乡镇调研脱贫攻坚、农危改、产业发展等脱贫攻坚工作。

【上海工会技协小分队到昭阳区开展教育结对帮扶工作】 10 月 11 日，上海工会技协小分队赴昭阳区开展教育结对帮扶工作，在昭阳三小朝阳校区签订教育结对帮扶协议。

【陈豪到昭阳区调研】 10 月 12 ~ 13 日，云南省委书记陈豪率队到昭阳区检查指导第二批"不忘初心、牢记使命"主题教育，调研深度贫困地区脱贫攻坚工作。昭阳区凤凰街道龙山寨社区，一幢幢青瓦白墙格子窗的新房展示着易地扶贫搬迁和美丽乡村建设的新成效。陈豪一行走进居民家中和社区服务站，详细了解搬迁群众生产生活和社区党建、为民服务等情况，嘱咐党员干部认真学习领会习近平新时代中国特色社会主义思想，发挥基层党组织作用，向群众做好宣传宣讲，共同建设文明和谐新社区。

【区政府党组暨政府办机关开展主题教育集中学习活动】 10 月 14 日，昭阳区政府党组暨区政府办机关开展"不忘初心、牢记使命"主题教育集中学习活动，昭阳区委副书记、区长陶毅主持会议并讲党课。

【区委理论学习中心组组织学习】 10 月 14 日，中共昭阳区委理论学习中心组开展"不忘初心、牢记使命"主题教育第二次集中学习暨 2019 年第 6 次集中学习。

【云南省人大调研组到昭阳区调研】 10 月 15 ~ 16 日，云南省人大调研组到昭通海升现代农业有限公司开展调研，并以"现代农业发展模式"为主题召开座谈会。

【脱贫摘帽冲刺 60 天誓师大会召开】 10 月 20 日，昭阳区召开 2019 年脱贫摘帽冲刺 60 天誓师大会，市委常委、区委书记江先奎对全区脱贫攻坚工作进行再动员、再部署、再落实、再精准。

【区委五届第 65 次常委（扩大）会议】 10 月 21 日，昭通市委常委、区委书记江先奎主持召开区委五届第 65 次常委（扩大）会议。

【苏建宏到昭阳区调研】 10 月 21 日，昭通市副市长苏建宏带领市畜牧局等相关部门领导，到苏家院镇调研生猪产业发展情况。

【张永安一行到昭阳区调研】 10 月 22 日，广东省残联党组书记、理事长张永安带领广东省相关部门人员到昭阳区洒渔镇新立村调研扶贫工作。

【孙朝能一行到昭阳区调研】 10 月 23 日，云南省公安厅治安总队基层基础处副处长孙朝能率省调研组到昭阳区调研在脱贫攻坚中切实保护妇女儿童合法权益情况。

【东西部扶贫协作党政干部培训班开班】 10 月 24 日，昭阳区东西部扶贫协作党政干部培训班开班，区委副书记、区长陶毅出席会议并作动员讲话。

【和段琪一行到昭阳区调研】 10 月 24 日，云南省人大常委会常务副主任和段琪、副秘书长单文一行到昭阳区调研易地扶贫搬迁安置点配套设施建设、产业发展等工作。和段琪强调：省委、省政府高度重视靖安易地扶贫搬迁安置区建设，昭阳区必须把安置区建设当作当前最大的政治任务，按质按量如期完成建设任务，让搬迁户能顺利搬迁入住。和段琪指出：靖安易地扶贫搬迁安置区要实现搬迁群众"搬得进、稳得住"的目标，就必须要完善医院、学校等配套设施，作为容纳5万余搬迁群众的安置区，就医就学、供排给水都将是严峻的考验。和段琪要求：要进一步优化医院、学校、污水处理厂及管网等配套设施规划设计，满足搬迁群众就医、子女就学以及安置区污水处理的要求；要加快安置区中小学建设进度，确保搬迁群众子女在明年春季学期能按时入学就读；要尽快启动靖安医院建设，有效解决搬迁群众就医问题。

【陶毅、叶建平一行到重庆、深圳等地调研招商引资项目】 10月26~28日，区委副书记、区长陶毅，副区长、昭阳工业园区管委会主任叶建平一行到重庆、深圳等地调研招商引资项目。

【区委常委班子"不忘初心、牢记使命"主题教育第二期读书班开班】 10月27日，中共昭阳区委常委班子"不忘初心、牢记使命"主题教育第二期读书班围绕"党性修养、担当作为"专题进行研讨。

【昭阳区与东莞市扶贫协作联席会议在茶山镇召开】 10月28日，昭阳区与东莞市石碣镇、石龙镇、茶山镇扶贫协作联席会议在茶山镇召开。

【杨亚林到昭阳区调研基层党建工作】 10月30日，杨亚林到昭阳区龙泉办事处公园路社区、小龙洞乡中营村开展基层党建工作调研，面对面和基层干部交流，带头践行"不忘初心、牢记使命"主题教育。

11 月

【脱贫攻坚领导组调度会议】 11月1日，昭通市委常委、区委书记江先奎主持召开脱贫攻坚领导组调度会议，安排部署迎接2019年拟退出贫困县省级核查相关工作。

【杨震一行到昭阳区开展民主监督】 11月1日，全国人大常委会委员、农工党中央专职副主席、精准扶贫精准脱贫工作领导小组副组长杨震，农工党中央精准扶贫精准脱贫工作领导小组办公室主任、农工党云南省委会主委、云南省红十字会常务副会长张宽寿一行11人赴靖安新区开展易地扶贫搬迁民主监督专题调研。

【郭大进一行到昭阳区调研】 11月3日，昭通市委副书记、市长郭大进到昭阳区调研脱贫攻坚等相关工作。

【李自良、王健君一行到昭阳区调研】 11月5日，新华社云南分社副社长兼总编辑李自良、《瞭望新闻周刊》副总编辑王健君一行到昭通靖安新区参观调研。

【吕文斌一行到昭阳区调研】 11月6日，中国建材集团下属企业湖南南方水泥集团党委副书记、总裁吕文斌一行到昭阳区调研脱贫攻坚工作。

【裴林一行到昭阳区调研】 11月9日，新鸥鹏教育集团副总裁裴林一行到昭阳区调研，并开展教育帮扶洽谈。

【江先奎、陶毅一行到靖安安置区调研】 11月10日，市委常委、区委书记江先奎，区委副书记、区长陶毅一行到靖安调研易地扶贫搬迁安置区建设及配套设施建设等工作。

【"双随机、一公开"联合抽查监管工作推进会】 11月11日，昭阳区召开"双随机、一公开"跨部门联合抽查监管工作推进会。

【"万名党员进党校"第二期培训班开班】 11月14日，区直工委"不忘初心、牢记使命"主题教育暨"万名党员进党校"培训班（第二期）开班，266名党员接受专题培训。

【靖安新区开展摇号分房】 11月14~18日，靖安新区易地扶贫搬迁安置点启动摇号分房，标志着靖安新区进入分房入住阶段。来自大关、永善、彝良、昭阳、盐津、镇雄等6县（区）的8859户39034名搬迁群众分到新房。

【陆世华一行到昭阳区检查】 11月18~19日，昭通市人大常委会委员、城建环资工委主任陆世华带领市人大常委会执法检查组，到昭阳区检查贯彻落实《昭通市城市管理条例》执行情况。

【和段琪一行到昭阳区调研】 11月19日，云南省人大常委会常务副主任和段琪、省人大常委会秘书长韩梅、省人大常委会副秘书长蒙冬梅一行到昭阳区调研脱贫攻坚、产业发展等工作。

【政协第五届常务委员会第20次会议】 11月20日，政协昭阳区第五届委员会常务委员会召开第20次会议。

【国家发改委工作组到昭阳区靖安新区排查】 11月22日，国家发改委工作组一行9人到靖安新区排查易地扶贫搬迁工作，省发改委和省易迁指挥部一行8人参与排查。

【区委五届第67次常委（扩大）会议】 11月24日，中共昭阳区委召开五届第67次常委（扩大）会议，安排部署脱贫攻坚和主题教育等工作。会议由市委常委、区委书记江先奎主持。

【王益民一行到昭阳区调研】 11月25日，中国建筑材料集团科学研究总院党委书记王益民一行到昭阳区调研脱贫攻坚工作。

【刘锐濠一行到昭阳区参观】 11月26日，广东省中山市南朗镇党委书记刘锐濠一行6人到靖安易地扶贫搬迁安置区参观。

【江先奎到昭鲁河"巡河"】 11月27日，昭通市委常委、昭阳区委书记、昭鲁河市级河长、昭阳区总河长江先奎调研城市污水处理厂建设，并开展昭鲁河"巡河"工作。

【贫困县退出区级审议会议】 11月28日，昭阳区召开贫困县退出区级审议会议，就相关工作进行安排部署。

【孙光奇、张孝堂一行到昭阳区调研】 11月28日，财政部经建司司长孙光奇、国家烟草专卖局财务司司长张孝堂一行6人到靖安新区调研易地扶贫搬迁工作。

【江先奎到西凉山片区检查】 11月29日，昭通市委常委、区委书记江先奎到西凉山片区检查扶贫领域"回头看""大排查"贯彻落实情况。

【第五届人代会常委会第22次会议】 11月29日，昭阳区第五届人民代表大会常务委员会召开第22次会议。

12月

【张春骅到昭阳区靖安新区调研】 12月1日，云南省教育厅副厅长张春骅一行到靖安新区调研教育保障工作。

【扶贫开发领导组会议】 12月2日，昭阳区召开扶贫开发领导组会议，安排部署贫困县申报退出相关工作。

【区委五届第68次常委（扩大）会议】 12月2日，昭通市委常委、区委书记江先奎主持召开区委五届第68次常委（扩大）会议，专题研究党管武装、国防建设、宗教督查整改等工作。

【区委常委班子主题教育第三期读书班开班】 12月3日，中共昭阳区委常委班子召开"不忘初心、牢记使命"主题教育第三期读书班集中学习研讨活动。

【邓先培一行到昭阳区调研】 12月3日，云南省人大常委会法工委副主任邓先培一行到昭阳区调研《昭通市城市河道管理条例》立法工作。

【五届区政府第30次常务会议】 12月4日，区委副书记、区长陶毅主持召开第五届区政府第30次常务会议。

【杨民强一行到昭阳区靖安新区开展考核工作】 12月5日，东西协作考核组组长、临沧市委驻临翔区脱贫攻坚督查巡查组副组长、市政府研究室副主任杨民强一行考核靖安新区2019年东西扶贫协作工作。

【扶贫开发领导组第二次调度会议】 12月7日，昭阳区扶贫开发领导组召开第二次调度会，再安排再部署全区脱贫摘帽冲刺阶段相关工作。

【杨亚林参加区委常委班子专题民主生活会】 12月9日，昭通市委书记杨亚林参加昭阳区委常委班子"不忘初心、牢记使命"暨汲取秦光荣案深刻教训专题民主生活会。

【杨亚林出席昭阳区2019年党风廉政建设责任制检查考核动员会】 12月10日，昭通市委书记杨亚林出席昭阳区2019年度党风廉政建设责任制检查考核动员汇报会并做讲话。

【贫困退出档案资料业务规范培训会】 12月10日，召开贫困退出档案资料业务规范培训会，就扶贫内业档案资料、档案资料规范管理等开展培训。

【区政府党组召开专题民主生活会】 12月10日，区政府党组领导班子召开"不忘初心、牢记使命"暨汲取秦光荣案深刻教训专题民主生活会。区委副书记区长陶毅主持会议。

【和段琪一行到昭阳区调研】 12月11日，云南省人大常委会常务副主任和段琪、省人大常委会副秘书长单文一行到昭阳区调研脱贫攻坚工作。

【樊友山一行到昭阳区调研】 12月11日，全国工商联党组副书记、副主席樊友山，率领全国工商联第二联系调研组一行到昭阳区调研。

【召开领导干部大会】 12月12日，昭阳区召开领导干部大会，安排部署2019年市管领导班子及领导干部年度考核、干部选拔任用"一报告两评议"暨"不忘初心、牢记使命"主题教育民主测评工作。

【广东省中山市三角镇女企业家协会到昭阳区靖安新区调研】 12月15日，广东省中山市三角镇女企业家协会一行9人到靖安新区调研。

【杨建军一行到昭阳区调研】 12月17日，昭通副市长、市公安局局长杨建军一行到凤凰街道社康社戒办、凤凰派出所等地，检查指导毒品预防教育、社戒社康和禁毒脱贫工作。

【全国最大易地扶贫搬迁安置点靖安新区搬迁仪式启动】 12月18日，靖安易地扶贫搬迁安置区举行搬迁启动仪式。昭通市领导杨亚林、王忠、张绍雄、江先奎、陈真永、朱家伟、尹朝禹、保明康等市四套班子领导到安置区惠民社区，看望、慰问搬迁群众。靖安新区是全国最大的跨县易地扶贫搬迁安置点。靖安新区占地145.07公顷，总投资43.6亿元，总建筑面积130万平方米，建设安置房9 256套，学校、医院、道路、活动中心等配套设施齐全。项目于2018年10月启动建设，计划于2019年12月完工达到搬迁入住条件，EPC总承包单位为中国建筑股份有限公司，承接大关、永善、彝良、盐津、镇雄、昭阳5县1区、39个贫困乡镇、229个贫困村9 256户40 549名搬迁群众的搬迁，其中卡户6 976户31 160人、同步搬迁2 280户9 389人。安置区建设有幼儿园4所、小学2所、完全中学1所（9.7万平方米），满足8 742人就学；二级综合医院1所、社区卫生室6个（3.34万平方米）。同步配套市政道路、一水两污、燃气等设施。靖安新区分为滨江社区、惠民社区、合顺社区、康庄社区、福兴社区、思源社区6个社区。12月18日，靖安新区首批近千户群众搬迁入住。在实施易地扶贫搬迁的过程中，同步规划建设了完善的产业支撑项目，确保搬迁群众做到挪穷窝、断穷根，搬得出、稳得住、能致富。靖安安置区采取"龙头企业＋基地＋支部＋合作社＋贫困户"的模式，引进了陕西海升、江厦吉之汇、广东粤旺等龙头企业，利用恒大集团援建项目，建设蔬菜大棚10 000个，建成水果胡萝卜基地

133.33 公顷、马铃薯良种扩繁基地 1 000 公顷，为搬迁群众提供就业岗位。

【广东省慈善总会调研考察组到昭阳区靖安新区调研】 12 月 19 日，广东省慈善总会调研考察组一行 4 人到靖安新区调研。

【刘跃进一行到昭阳区调研】 12 月 20 日，国家禁毒委副主任、公安部反恐专员刘跃进到凤凰街道检查指导禁毒工作。

【王予波到昭阳区调研】 12 月 23 日，云南省委副书记王予波到靖安新区调研易地扶贫搬迁工作。王予波指出，要加强组织领导，既要做建设好、搬得出的范例，又要做稳得住、能发展的范例。要稳搬迁，做好群众搬家组织和服务工作，确保安全有序；要稳产业，发挥龙头企业作用，因地制宜发展特色优势产业；要稳就业，既抓外出转移就业，又抓就地就近就业，稳定增加群众收入；要稳生活，完善基础设施和公共服务设施，方便群众生活；要稳人心，帮助群众融入新环境，创造新生活。

【2019 年度党风廉政建设责任制检查考核动员培训会】 12 月 25 日，昭阳区组织召开 2019 年度党风廉政建设责任制检查考核动员培训会，启动 2019 年度党风廉政建设责任制检查考核，对全区 65 个区直部门（单位）和 17 个乡镇（街道）进行"年检"。

【罗朝峰一行到昭阳区调研】 12 月 26 日，昭通市委常委、市委宣传部部长、市委政法委书记罗朝峰一行到靖安新区调研新时代文明实践中心建设和综治中心建设工作。

【昭通市首个禁毒科普教育园地在昭阳区揭牌】 12 月 27 日，昭通市首个禁毒科普教育园地——凤凰街道禁毒科普教育园地举行揭牌仪式。中国禁毒基金会副理事长陈存仪，昭阳区禁毒委主任、区委副书记、区长陶毅等领导为凤凰街道禁毒科普园地揭牌。参加活动的领导为凤凰街道 10 个社区家庭代表颁发纪念品。全体人员现场参观了凤凰街道禁毒科普教育园地。禁毒科普教育园地摆放了"禁毒微课自助终端""吸毒后的你""毒品危害器官仿真""禁毒宣传互动体验终端"等设备，具有禁毒知识自助查询、人脸吸毒变化仿真、毒品对身体器官危害 3D 仿真和禁毒知识问答、禁毒宣传互动等功能。

【江先奎、陶毅一行到乡镇调研】 12 月 29 日，昭通市委常委、昭阳区委书记江先奎，昭阳区委副书记、区长陶毅一行到布嘎、守望、小龙洞、靖安等乡镇调研产业发展、易地扶贫搬迁安置区建设等脱贫攻坚工作。

【五届人大常委会第 23 次会议】 12 月 30 日，昭阳区第五届人民代表大会常务委员会召开第 23 次会议，对相关人事进行任免。

概　　况

昭阳区

【地理位置】　昭阳区位于云南省东北端，面积2 167平方千米。东与贵州省威宁县接界，南与鲁甸县接界，西与四川省金阳县隔金沙江相望，北与大关县和彝良县接界。南北最大距离61千米，东西最大距离43千米。距云南省会昆明市330千米。中共昭通市委、市政府驻境内，是昭通市政治、经济、文化、信息中心。

【建置沿革】　西汉建元六年（公元前135年）置朱提县，宋为乌蒙部，元为乌蒙路，明设乌蒙军民府。清雍正九年（1731年）改设昭通府，置恩安县。民国二年（1913年）改称昭通县。1950年3月24日，成立昭通县人民政府。1981年11月，划出昭通县部分辖区成立昭通市，1983年9月9日，撤销昭通县建制，其辖区并入昭通市。2001年，国务院以国函〔2001〕6号文批准撤销县级昭通市成立县级昭阳区。2001年6月，昭阳区人民政府成立。

【自然环境】　地处云贵高原西北部，地势西高东低，为滇中凹部的东北端，有较完整的高原地貌。两大山系横亘境内，东为乌蒙山脉西延伸尾端，山势磅礴，高峰林立；西为横断山脉凉山山系分支东伸边缘，山高坡陡，海拔悬殊；大山包乡独石包海拔3 364米，为境内最高点，大寨子乡茅坡海拔494米，是全区最低处。两山系之间为昭通坝子、洒渔坝子、靖安坝子，均是粮食主产区。利济河流经昭通坝子汇入洒渔河，流经洒渔坝子、靖安坝子后出境；金沙江流经境内23千米。全区坝区面积占33.6%，山区面积占64.3%，江边河谷地带面积占2.1%。昭通坝子海拔约1 950米，地势平坦，丘坝相间，为典型的高原湖积盆地，昭通城坐落在坝子中间。境内地处暖带，为北纬高原大陆季风气候。冬季气温较低，夏季气候凉爽，干湿两季分明。2019年，全区年平均气温13.4℃，年降水量584.1毫米，年日照时数1 848.2小时，全年无霜期220天左右。

【资源特产】　辖区内矿产较为丰富，主要有煤、石灰石、铁、水晶、铅锌、铜、石膏等矿种（物），计有矿床29处。以燃料矿产——煤为主，尤其是褐煤储量巨大，具有广阔的开发前景。农特产品主要有：苹果、梨、葡萄、核桃，水果豌豆、莲藕、辣椒、花椒、烤烟、玛卡、乌金猪、火腿、牛干巴，昭通酱、绿豆糕等。旅游资源丰富，主要景点（区）有：大山包鸡公山大峡谷、清官亭公园、大龙洞公园、凤凰山望海楼公园、葡萄井彝族文化公园、省耕塘公园、龙卢祠堂、乌蒙古镇等。市区投入资金把大山包鸡公山大峡谷定位打造成为国家5A级景区；省耕塘公园定位为国学文化公园，大力投资打造为昭阳区的城市次中心，集居住、休闲、文化、商贸为一体。

【行政区划】　2019年，全区辖龙泉、太平、凤凰3个城区办事处和永丰、北闸、旧圃、盘河、靖安、洒渔、乐居、苏家院、大山包、炎山10个镇，布嘎回族乡、守望回族乡、小龙洞回族彝族乡、青岗岭回族彝族乡、苏甲、大寨子、田坝7个乡，187个村2 940个村（居）民小组。

【人口与民族】　2019年末，全区总人口286 827户960 316人，比上年末增加16 250人。其中女性464 477人，城镇人口438 722人，少数民族人口169 518人。在少数民族人口中，回族127 861人、彝族28 660人、苗族9 800人。全区年内共出生16 512人，人口出生率为19.45‰；死亡3 701人，死亡率为3.29‰，人口自然增长率为16.54‰。

【安置点建设】 "十三五"期间，昭阳区围绕脱贫攻坚"两不愁、三保障"总体目标要求，通过"五个一批"（发展生产脱贫一批、易地搬迁脱贫一批、生态补偿脱贫一批、发展教育脱贫一批、社会保障兜底一批）推进落实易地扶贫搬迁工作。全区"十三五"易地扶贫搬迁共规划建设23个安置点，其中17个集中安置点，6个分散安置点；已建成安置点20个，在建安置点3个；其中2016年安置点18个、2018年安置点2个、2019年新增安置点3个。2019年，昭阳区搬迁安置总任务涉及幸福馨居、洒渔、永丰、红路和靖安新区昭阳安置区共7 318户31 222人。截至年内，幸福馨居、洒渔、永丰、红路等安置点已搬迁入住。年内，完成2018年、2019年永丰、洒渔、红路易地扶贫搬迁安置点住房及配套设施建设，住房7 717套，建筑面积710 688平方米；完成永丰、红路安置点卫生所、学校、幼儿园、社区服务中心等基础公共服务设施建设。完成2018年、2019年永丰、洒渔、幸福馨居、红路、靖安新区昭阳安置区安置点抽签分房6 351户27 322人搬迁入住。完成安置点道路、绿化、亮化、一水两污、商业农贸等基础设施建设。

永丰易地搬迁安置点建设：昭阳区永丰安置点由中国十七冶集团有限公司建设，该项目于2018年8月开始动工建设，于2019年9月完成工程建设并达到搬迁入住标准，项目建设点位于永丰镇新民村，总投资3.01亿元，规划用地总面积4.78公顷，建筑总面积达9.84万平方米。其中：住宅楼11栋，共755套住房，建筑面积7.37万平方米；商业用房1栋，建筑面积1.12万平方米，同时配套社区、物管、地下车库等用房和扶贫车间。共安置大山包镇建档立卡贫困户742户3 315人。9月30日，永丰安置点搬迁群众完成搬迁入住。

靖安安置点新区建设：靖安新区是全国最大的跨县易地扶贫搬迁安置点。靖安新区占地145.07公顷，总投资43.6亿元，总建筑面积130万平方米，建设安置房9 256套，学校、医院、道路、活动中心等配套设施齐全，项目于2018年10月启动建设，于2019年12月达到搬迁入住条件，EPC总承包单位为中国建筑股份有限公司，承接大关、永善、彝良、盐津、镇雄、昭阳5县1区、39个贫困乡镇、229个贫困村9 256户40 549名搬迁群众的搬迁工作，其中建档立卡贫困户6 976户31 160人、同步搬迁2 280户9 389人。安置区建设有幼儿园4所、小学2所、完全中学1所（9.7万平方米），满足8 742人就学；二级综合医院1所、社区卫生室6个（3.34万平方米）。同步配套市政道路、一水两污、燃气等设施。靖安新区分为滨江社区、惠民社区、合顺社区、康庄社区、福兴社区、思源社区6个社区。12月18日，靖安新区首批近千户群众搬迁入住。在实施易地扶贫搬迁的过程中，同步规划建设了完善的产业支撑项目，确保搬迁群众做到挪穷窝、断穷根，搬得出、稳得住、能致富。靖安安置区采取"龙头企业+基地+支部+合作社+贫困户"的模式，引进了陕西海升、江厦吉之汇、广东粤旺等龙头企业和利用恒大集团援建项目，建设蔬菜大棚10 000个，建成水果胡萝卜基地133.33公顷，马铃薯良种扩繁基地1 000公顷，为搬迁群众提供就业岗位。12月18日，靖安易地扶贫搬迁安置区举行搬迁启动仪式。昭通市四套班子领导到安置区惠民社区，看望、慰问搬迁群众。

红路安置点建设：红路安置点规划安置昭阳区13个乡镇5 960户25 237人，其中卡户5 099户21 822人，同步搬迁户861户3 415人。红路安置点分两期施工，一期于2018年8月底动工建设，EPC总承包单位为广西建工。建设住宅13栋，层数均为11层，13栋安置房已全部装修完成。二期分别由云南能投、云南建投、广西建工作为EPC总承包单位。规划修建85栋安置房，年内，基础施工32栋，正负零以上主体施工52栋，配套实施的市政道路、燃气、卫生、给排水、强弱电、社区综合服务中心正在同步推进。昭阳区红路安置点主体工程及配套项目设施于9月30日完成竣工验收并达到搬迁入住标准，计划搬迁群众于11月30日全部完成搬迁入住工作。7月26日，昭阳区红路安置点开始组织部分群众搬迁入住。

【经济 社会概况】

一、综 合

初步核算，2019年昭阳区生产总值（GDP）完成3 384 823万元，比上年增长11.50%。按产业划分，第一产业增加值352 362万元，增长5.10%；第二产业增加值1 509 403万元，增长12.70%；第三产业增加值1 523 058万元，增长

11.70%。三次产业结构由上年的9.73：44.42：45.86调整为10.41：44.59：45.00。全区人均GDP达39 345元，比上年增长10.18%。非公有制经济增加值1 158 791万元，占全区生产总值的比重为34.20%，比上年降低0.7个百分点。

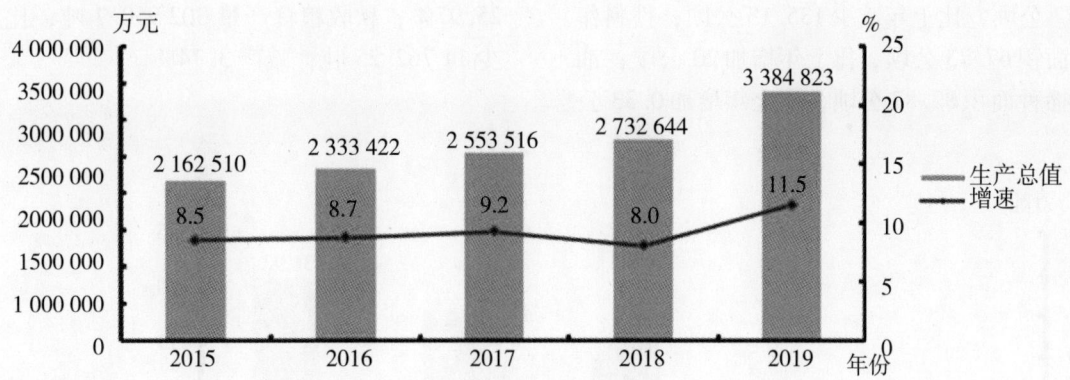

图1　2015—2019年昭阳区生产总值及增长情况图

全年全区财政总收入完成272 202万元，比上年增长5.00%。其中：地方公共财政预算收入完成140 355万元，比上年增长7.20%。全区地方公共财政预算支出完成853 644万元，比上年增长36.90%。

居民消费价格总指数累计比上年上涨3.10%。其中：食品烟酒类价格上涨5.70%，居住类价格上涨5.10%，商品零售价格累计比上年上涨2.10%，农业生产资料价格累计比上年上涨4.40%。

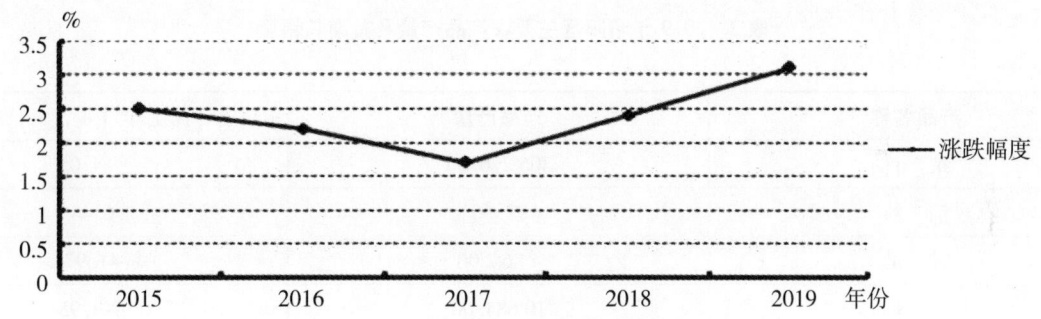

图2　2015—2019年居民消费价格指数涨幅情况图

表1　2019年昭阳区居民消费价格涨跌幅度

指标名称	单　位	同月比	累计比
居民消费价格指数	%	6.60	3.10
食品烟酒	%	17.80	5.70
衣着	%	0.70	−0.10
居住	%	3.60	5.10
生活用品及服务	%	0.80	0.80
医疗保健	%	0.00	1.10
交通和通信	%	0.70	−0.80
教育文化和娱乐	%	0.90	1.70
其他用品和服务	%	0.90	0.50

二、农　业

全区全年粮食种植面积51 190公顷，比上年减少464.53公顷；蔬菜种植面积11 281.47公顷，比上年增加128.27公顷；烤烟播种面积4 947.47公顷，比上年减少135.13公顷；糖料作物播种面积67.73公顷，比上年增加20公顷；油料作物播种面积82.87公顷，比上年增加0.33公顷。

全区全年粮食产量306 276吨，比上年减少12 929吨，减产4.05%。其中：夏收粮食产量3 325.30吨，比上年减少1 166.75吨，减产25.97%；秋收粮食产量302 950.7吨，比上年减少11 762.25吨，减产3.74%。

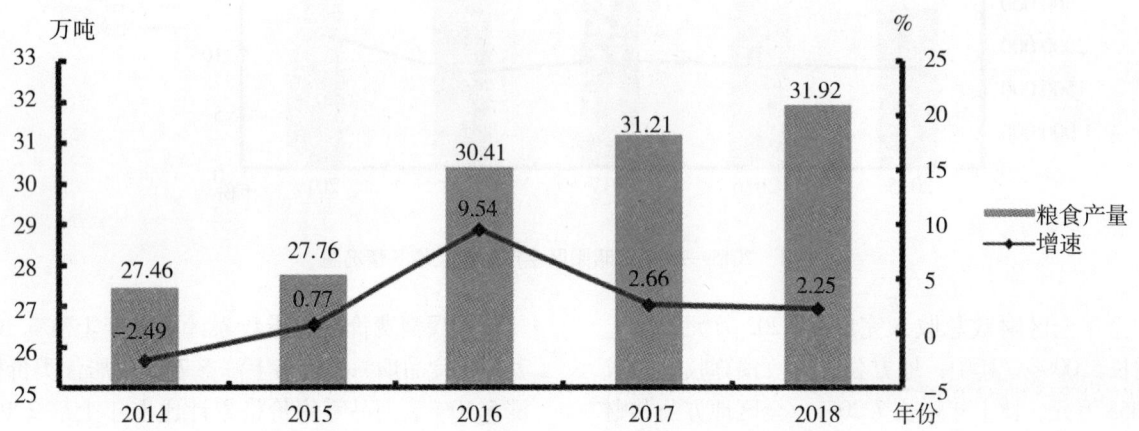

图3　2014—2018年昭阳区粮食产量及增长情况图

表2　2019年昭阳区主要农产品产量及其增长幅度

单位：吨

产品名称	产品产量	比上年（+，-）%
粮　食	306 276.00	-4.05
油　料	92.60	6.44
甘　蔗	4 864.00	41.97
烤　烟	10 684.00	-3.95
水　果	359 589.00	5.32
肉　类	37 373.60	3.09
#猪牛羊肉	35 935.50	2.84
水产品	6 317.00	1.77

全区全年完成农林牧渔业总产值524 199万元，比上年增长5.40%。其中：农业产值375 338万元，增长10.70%；林业产值2 790万元，增长25.40%；牧业产值130 077万元，下降7.20%；渔业产值10 099万元，增长5.40%；农林牧渔服务业产值5 895万元，增长23.40%。

全区水库64座，水利设施（工程）供水量15 770万立方米，有效灌溉面积26 150公顷，比上年增长3.03%。

全区农业机械总动力35 513.7万瓦特，比上年增长2.87%。其中：柴油发动机动力17 761.40万瓦特；汽油机发动机动力3 598万瓦特；电动机动力14 154.30万瓦特。在拖拉机及配套机械中，拖拉机3 231台7 634.50万瓦特。在种植业机械中，微耕机13 268台（套）6 634万瓦特。在农产品初加工机械中，农产品初加工机械5 194台4 989.20万瓦特。畜牧机械22 445台（套）2 470.50万瓦特。

三、工业和建筑业

全区全年全部工业完成增加值 1 021 111 万元，比上年增长 14.80%。其中：规模以上工业完成增加值 1 000 135 万元，比上年增长 15.00%；规模以下工业增加值 20 976 万元，比上年增长 8.00%。

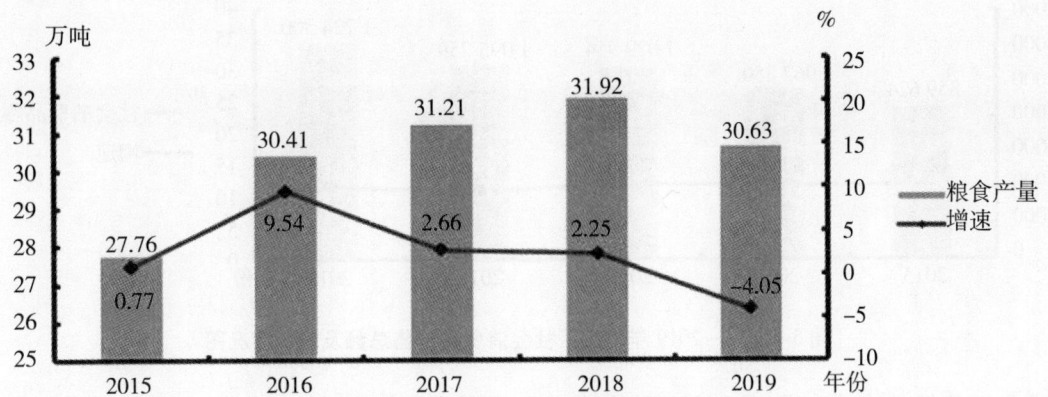

图4　2015—2019年昭阳区工业增加值及增长情况图

全区全年规模以上工业企业实现销售产值 2 475 013 万元，比上年增长 33.54%；实现主营业务收入 2 364 326 万元，比上年增长 21.70%；实现利税总额 708 061 万元，比上年增长 7.90%，其中利润总额 162 258 万元，比上年增长 18.40%。

表3　2019年昭阳区工业主要产品产量及其增幅

指标名称	计量单位	产品产量	比上年（+，-）%
自来水	万吨	1 989.00	3.10
卷　烟	箱	564 009.00	0.50
原　煤	万吨	1 171.40	6.80
发电量	万千瓦时	116 989.00	-31.10
水　泥	万吨	309.50	14.50
中成药	吨	817.10	-25.30
砖	万块	68 790.00	73.40
白　酒	千升	23 270.00	19.10

全区全年全社会建筑业完成增加值 488 470 万元，比上年增长 7.60%。全区具有资质等级的总承包和专业承包建筑业企业完成总产值 767 571 万元，比上年增长 18.40%。实现利润总额 17 420 万元，比上年增长 52.13%。建筑企业房屋施工面积 346.51 万平方米，比上年增长 23.50%。全员劳动生产率 506 113 元/人，比上年降低 9.03%。

四、规模固定资产投资

全区规模以上固定资产投资完成 2 416 840 万元，比上年增长 18.10%。其中：第一产业投资 18 751 万元，增长 299.00%；第二产业投资（剔除电力投资）94 195 万元，下降 58.90%；第三产业投资 2 303 894 万元，增长 27.10%。全区全年房地产投资 1 085 760 万元，比上年增长 91.90%。商品房销售面积 151.05 万平方米（含团购），比上年增长 41.70%。商品房销售额 1 059 043 万元，比上年增长 101.50%。

五、国内贸易及旅游

全区社会消费品零售总额实现 1 224 500 万元，比上年增长 11.80%。按地域划分，城镇实现消费品零售额 1 075 970 万元，增长 11.70%；

乡村实现消费品零售额 148 530 万元，增长 12.50%。按消费形态划分，商品零售额 1 046 241 万元，增长 11.5%；餐饮收入 178 259 万元，增长 13.30%。

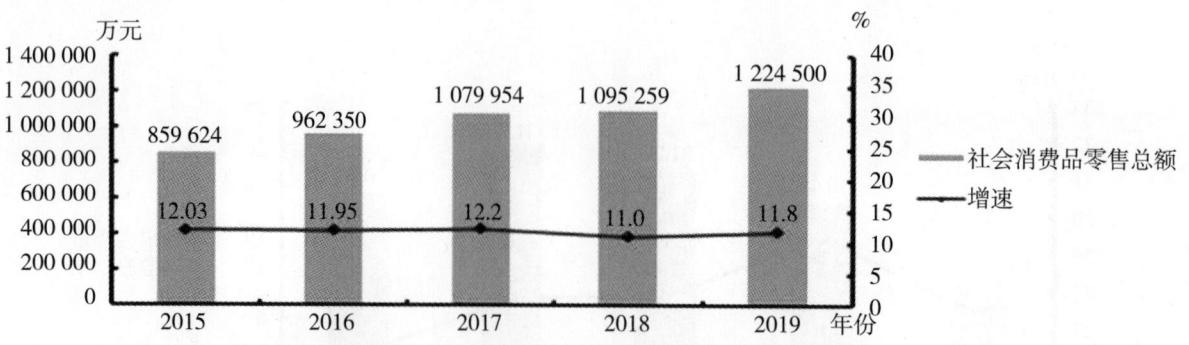

图 5　2015—2019 年昭阳区社会消费品零售总额及增长情况图

全区全年共接待海内外游客 558.6 万人次，比上年增长 18.61%。实现旅游收入 42.79 亿元，比上年增长 1.42%。

六、金　融

年末，全区金融机构人民币各项存款余额达 6 408 219 万元，比年初增加 683 109 万元，增长 11.93%。其中：住户存款余额 2 501 847 万元，比年初增加 151 087 万元，增长 6.43%；非金融企业存款 1 638 278 万元，比年初增加 327 036 万元，增长 24.94%；广义政府存款 2 267 053 万元，比年初增加 207 477 万元，增长 10.07%；非银行业金融机构存款 819 万元，比年初减少 2 458 万元，下降 75.00%。

年末，全区金融机构人民币各项贷款余额达 4 253 022 万元，比年初增加 1 353 977 万元，增长 46.70%。其中：住户贷款余额 1 592 656 万元，比年初增加 523 938 万元，增长 49.02%；非金融企业及机关团体贷款余额 2 660 366 万元，比年初增加 830 040 万元，增长 45.35%。

表 4　2019 年昭阳区金融机构人民币存贷款余额及其增幅

单位：万元

指标名称	年末数	比年初（＋，－）%
一、各项存款余额	6 408 219	11.93
1. 住户存款	2 501 847	6.43
2. 非金融企业存款	1 638 278	24.94
3. 广义政府存款	2 267 053	10.07
4. 非银行业金融机构存款	819	－75.00
二、各项贷款余额	4 253 022	46.70
1. 住户贷款	1 592 656	49.02
2. 非金融企业及机关团体贷款	2 660 366	45.35

七、教育、文化和卫生

辖区内有普通高等学校 1 所，在校学生 16 743 人，比上年增长 11.69%。各类中等职业教育在校学生 12 891 人，比上年减少 5.26%。其中：中等专业学校在校学生 11 379 人，比上年减少 4.59%；职业中学在校学生 1 512 人，比上年减少 10.05%。普通中学在校学生 66 955 人，比上年减少 1.10%。其中：高中在校学生 26 608 人，比上年减少 2.04%；初中在校学生 40 347 人，比上年减少 0.47%。小学在校学生 87 302

人，比上年增长 4.37%。在园幼儿 36 284 人，比上年增长 22.2%。小学学龄儿童净入学率 99.87%，比上年降低 0.07 个百分点；毛入学率达 105.63%，比上年提高 1.22 个百分点。初中学龄人口净入学率 90.78%，比上年提高 0.77 个百分点；初中学龄人口毛入学率达 102.11%，比上年提高 0.25 个百分点。

辖区各类学校专任教师 10 540 人，比上年增长 4.37%。其中：普通高等学校专任教师 674 人，增长 7.50%；中等专业学校专任教师 552 人，增长 1.66%；职业中学专任教师 116 人，减少 1.69%；普通中学专任教师 4 429 人，增长 6.42%，其中初中专任教师 2 736 人，增长 5.76%；小学专任教师 4 769 人，增长 2.58%。

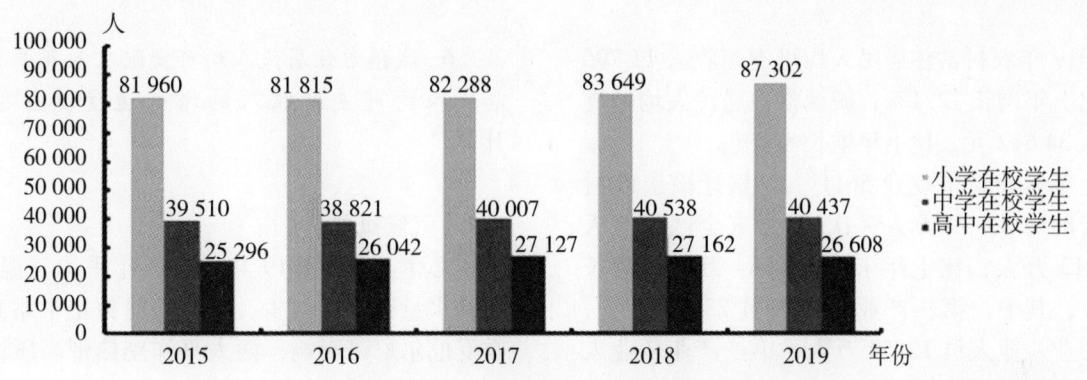

图 6　2015—2019 年昭阳区中小学在校学生情况图

辖区内有专业艺术表演团体 2 个，文化馆 2 个，公共图书馆 2 个，藏书量达 29.653 万册。全区广播、电视人口覆盖率均达 99% 以上；有线电视入户率 30.71%，比上年降低 1.88 个百分点。

2019 年末全区卫生机构 328 个，比上年增长 37.20%。卫生机构拥有床位 8 545 张，比上年增长 30.70%。其中：医院床位 6 800 张，卫生院床位 1 121 张，分别比上年增长 41.31%、2.94%。专业卫生技术人员 7 958 人，比上年增长 35.66%，其中执业医师及执业助理医师 2 625 人，比上年增长 36.08%。传染病发病率 654.63/10 万，甲乙类法定报告传染病发病率 269.7947/10 万。全区居民基本医疗保险参保 78.48 万人，参合率 98.41%。

八、资源、生态和安全生产

2019 年末全区城市人均公园绿地面积 12.48 平方米；城区绿化覆盖率达 32.55%，绿地率达 26.85%。城市生活垃圾定时清运定点处理，生活垃圾无害化处理率达 98.00%，污水处理率达 98.00%。全区森林面积 8.38 万公顷，森林覆盖率达 38.67%。

全年全区发生各类安全生产事故 3 起，死亡 5 人，直接经济损失 697.4 万元。与上年同期相比，事故起数下降 25%，死亡人数上升 25%，受伤人数下降 100%，经济损失同比上升 597%。其中：建筑行业领域发生安全生产事故共 2 起，死亡 4 人、直接经济损失 518 万元，与上年相比，事故起数上升 100%，死亡人数上升 300%，经济损失上升 428%；煤矿发生一起，死亡 1 人，直接经济损失 179.4 万元，与上年相比，事故起数上升 100%，死亡人数上升 100%，经济损失上升 100%；非煤矿山、消防、危险化学品、烟花爆竹、特种设备、商贸企业等行业均未发生安全生产事故，与上年相比，四项指标持平。

九、人口、就业、人民生活和社会保障

全区总人口 960 316 人，比上年末增加 16 250 人。常住人口 865 500 人，在常住人口中，城镇人口 438 722 人，乡村人口 426 778 人。城市化率为 50.69%。

表5 2019年昭阳区人口基本情况

单位：人

指标名称	户籍人口		常住人口	
	总　数	比重（%）	总　数	比重（%）
年末人口总数	960 316	100.00	865 500	100.00
其中：城镇人口	353 307	36.79	438 722	50.69
乡村人口	607 009	63.21	426 778	49.31

2019年农村常住居民人均可支配收入11 796元，比上年增长12.1%；城镇常住居民人均可支配收入34 612元，比上年增长8.6%。

全年累计新增就业5611人，累计输出农村富余劳动力33.39万人（次）。年末全区从业人员58.13万人，比上年末增加0.84万人，增长1.47%，其中，第一产业从业人员23.36万人，第二产业从业人员12.59万人，第三产业从业人员21.34万人。城镇登记失业人数1 486人，城镇登记失业率为3.76%。2019年，辖区内全部非私营单位从业人数7.2万人，从业人员年平均货币工资88 479元，提高4.44%。

全年全区参加养老保险的职工111 736人，比上年增长12.45%；参加医疗保险的职工86 186人，比上年增长8.55%。全区农村居民46 016人享受农村低保，比上年增长0.8%；城镇居民6 602人享受城市低保，比上年增长159.0%。

注释：

1. 本公报数据为2019年快报数据（除规模以上固定资产投资指标），各项指标及数据解释权在区统计局和国家统计局昭通调查队。

2. 生产总值、各项增加值的绝对值按现价计算，增长速度按可比价计算，且为年报数据。

3. 规模以上工业企业是指全部国有及年主营业务收入在2 000万元以上的非国有独立核算工业企业；限额以上批发零售企业是指年销售额在2 000万元及以上批发企业和年销售额在500万元及以上零售企业。

4. 户籍人口指标中的城镇人口、乡村人口为公安数据。常住人口中的城镇人口、乡村人口按城镇化率推算。

5. 部分数据因四舍五入的原因，存在着与分项合计不等的情况。

6. 城镇常住居民人均可支配收入和农村常住居民人均可支配收入的增长速度以当年价格计算。

【气候概要】

总体概况： 2019年，全区年平均气温偏高，年降水量较常年偏少，年日照时数正常略高。冬季受厄尔尼诺影响，西太平洋副热带高压偏强偏西，并稳定维持，导致暖冬，平均气温13.3℃；冬春季节持续高温少雨，冬春干旱较常年偏重，大部区域达到重旱等级；雨季开始期偏晚，出现旱涝急转现象，单点性暴雨和强对流天气多发、地质灾害和洪涝灾害严重；秋季无明显连阴雨天气，光、温、水要素匹配较好。

气温： 2019年，昭阳区年平均气温13.3℃，比历年平均值高1.5℃。

冬季（2018年12月至2019年2月）： 平均气温5.8℃，比历年平均值高2.2℃。2018年12月，平均气温4.3℃，与历年同期相比偏高0.6℃，上旬特高，中旬正常，下旬正常略低；2019年1月，平均气温4.7℃，与历年同期相比偏高2.3℃，属特高年型；2月，平均气温8.6℃，比历年同期偏高3.8℃，属特高年型。与历年同期相比，全区特高居历史同期第4位。

春季（3～5月）： 平均气温13.8℃，比历年平均值高1.4℃。3月，平均气温9.2℃，比历年同期偏高0.6℃，属正常略高年型，月内气温上旬、下旬偏高，中旬受降温过程影响，气温偏低；4月，平均气温15.9℃，比历年同期偏高3.1℃，属特高年型，居历史同期第1位；5月，平均气温16.2℃，比历年同期偏高0.3℃，属正常年型。

夏季（6～8月）： 平均气温20.37℃，与常年相比偏高1.4℃。6月，平均气温20℃，比历年同期偏高2℃，属特高年型，居历史同期第2

位；7月，平均气温20℃，比历年同期偏高0.3℃，属正常年型；8月，平均气温21.1℃，比历年同期偏高1.9℃，属偏高年型，居历史同期第1位。

秋季（9～11月）：平均气温13.3℃，较常年偏高1.1℃。9月，平均气温17℃，比历年同期偏高0.6℃，属正常年型；10月，平均气温14.2℃，比历年同期偏高2.1℃，属特高年型；11月，平均气温8.8℃，比历年同期偏高0.7℃，属正常略高年型。

前冬（2019年12月）：平均气温4.8℃，比历年同期偏高1℃，属偏高年型。

降水：2019年（1～12月）全区降水量584.1毫米，与历年平均值相比偏少13%，属正常略少年型。

冬季（2018年12月至2019年2月）：降水量15.3毫米，较常年偏少30.1%，属偏少年型。2018年12月，降水量10.7毫米，比历年同期偏多123%，属特多年型，居历史同期第8位；2019年1月，降水量1.1毫米，比历年同期偏少87%，属特少年型；2月，降水量3.5毫米，比历年同期偏少60%，属特少年型。

春季（3～5月）：降水量47.5毫米，较常年偏少60%，属特少年型。3月，降水量7.7毫米，比历年同期偏少53%，属特少年型；4月，总降水量29.6毫米，比历年同期偏低3%，属正常年型；5月，总降水量10.2毫米，比历年同期偏低86%，属特少年型，居历史同期第2位。

夏季（6～8月）：降水量394.8毫米。6月，降水量140.7毫米，比历年同期偏多19%，属正常略多年型；7月，降水量220.6毫米，比历年同期偏多44%，属偏多年型；8月，总降水量33.5毫米，比历年同期偏低70%，属特少年型，居历史同期第3位。

秋季（9～11月）：降水量136毫米。9月，总降水量97.1毫米，比历年同期偏多22%，属偏多年型；10月，总降水量32.7毫米，比历年同期偏少43%，属偏少年型；11月，总降水量6.2毫米，比历年同期偏低59%，属特少年型。

前冬（12月）：降水量1.2毫米，比历年同期偏少75%，属特少年型。

日照时数：2019年，全区总日照时数为1 841.5小时，与历年平均值相比增减0%，属正常年型。

冬季（2018年12月至2019年2月）：日照时数569.9小时，较常年略多。2018年12月，日照时数142.8小时，比历年同期偏多8%，属正常年型；2019年1月，日照时数192.3小时，比历年同期偏多38%，属偏多年型；2月，日照时数234.8小时，比历年同期偏多54%，属特多年型，与历年同期相比，突破历史同期最高值，跃居第1位。

春季（3～5月）：日照时数533.9小时，较常年略少。3月，日照时数165.7小时，比历年同期偏少15%，属正常略少年型，月内上旬、中旬以阴间多云天气为主，日照偏少，下旬天气转晴，日照充足；4月，日照时数227小时，比历年同期偏多14%，属正常略多年型；5月，日照时数141.2小时，比历年同期偏少21%，属偏少年型。

夏季（6～8月）：日照时数419小时，较常年略少。6月，日照时数145小时，比历年同期偏多11%，属正常略多年型，月内日照时数上旬、中旬偏多，下旬雨日较多，日照特少；7月，日照时数89.1小时，比历年同期偏少45%，属偏少年型，月内大部分时段受阴雨天气影响，日照偏少；8月，总日照时数184.9小时，比历年同期偏多7%，属正常年型。

秋季（9～11月）：日照时数315.8小时，较常年略少。9月，日照时数108.7小时，比历年同期偏少19%，属正常略偏少年型；10月，日照时数109.5小时，比历年同期偏多2%，属正常年型；11月，日照时数97.6小时，比历年同期偏少25%，属偏少年型。

前冬（12月）：2019年12月，日照时数152.4小时，较常年略多。

表6　2019年昭阳区气温、降水量和日照时数统计表

台　站	气温（℃）	气温距平（℃）	降水（毫米）	降水距平（%）	日照（小时）	日照距平（%）
昭阳	13.3	+1.4	584.1	-13.5	1705.3	-7.1

主要气候事件：

冬季阶段性低温天气：2018年12月28日，白天到30日凌晨全区普降小雨，局部地区中雨，海拔1 500米以上区域出现大雪、局部地区出现暴雪。

冬春连旱：全区冬春两季大部区域气温偏高，降水偏少，大部区域出现气象干旱，部分区域达到重旱等级。

夏季强对流天气和暴雨洪涝灾害：7月，强对流天气发生较频繁，午后雷电活动明显，局部区域出现短时强降水、大风、冰雹等天气，地质灾害气象风险等级高，给交通和工农业生产造成了一定的影响。7月21~22日、28~31日受两高辐合和切变线影响，全区出现强降雨天气，两次过程全区普降中到大雨，局部暴雨，一日最大雨量96.4毫米（7月22日苏甲站）。

气候对各行业的影响评价：2019年，昭阳区冬季阶段性低温灾害对工农业生产有一定影响，夏季降水偏少，暴雨洪涝灾害较常年偏轻，全年全区光、温、水时空匹配稍偏差，总体为中等年景。

气候与农业：2019年，总体上农作物生长期热量条件偏好，日照条件正常，气象条件对全区农业生产的影响利弊兼有，气象灾害对农业安全生产影响总体属中等年，农业气候适宜度属中等年。

2019年冬季（2018年12月至2019年2月），整个冬季由于降水持续偏少到特少，致使土壤墒情变差，昭阳区干旱突出，不利于小春作物产量形成，风高物燥，森林火险等级居高不下。

春季3月，全区平均气温正常略高，降水特少，日照时数正常略少。月内上旬、下旬气温偏高、日照充足，气温、光照条件适宜烤烟、马铃薯苗期生长，蚕豆鼓粒；但月内上旬日照正常，中旬气温偏低，日照偏少，整月降水偏少，干旱持续，不利于春播作物生长。本月评价：农业气象条件适宜度中等偏差。4月，全区平均气温特高，总降水量正常，总日照时数正常略多。气温、日照条件好，有利于小春作物成熟和大春作物生长，月末的降水过程有利于缓解旱情。本月评价：农业气象条件适宜度中等。5月，平均气温正常，降水特少，日照偏少。月内全区气温正常，能满足大春作物对温度的需求；降水特少，日照偏少，不能充分满足大春作物对光照和水分的需求，不利于大春作物生长。本月评价：农业气象条件适宜度中等偏差。

夏季光、温、水气象要素总体上匹配较差，降水偏少，气温偏高，对大春作物和烤烟生长有一定影响。7月，局部强对流天气偏多，大风、雷电、冰雹、暴雨等气象灾害较重，并伴有洪涝、滑坡、泥石流等次生灾害，且部分区域高温高湿天气环境，有利于病虫害的发生发展，对大春作物玉米、水稻等产量形成及烤烟产量品质形成略有不利。8月，平均气温偏高，降水特少，日照时数正常。月内大部时段以晴间多云天气为主，气温、日照条件对大春作物成熟有利。降水特少影响养分输送，不利于产量形成。本月评价：农业气象条件适宜度中等。9月，平均气温正常，降水偏多，日照时数正常略偏少。月内大部时段以多云天气为主，气温、日照条件对大春作物成熟收割有利，部分时段降水多，影响玉米晾晒。农业评价：农业气象条件适宜度中等。10月，平均气温特高，降水偏少，日照时数正常。月内全区气温偏高，日照正常，对玉米、水稻收获晾晒有利，但大部区域降水偏少，表层土壤墒情较差，对秋播作物生长稍有影响。11月，昭阳区平均气温正常略高，降水特少，日照时数偏少。月内以多云间晴天气为主，气温对晚秋作物和蔬菜生长有利，日照偏少不利于玉米、水稻晾晒，不利于晚秋作物光合作用。

气候与交通：2019年，全区冬季大部时段以晴天为主，有利于出行和道路等基础设施建设；12月28日白天至30日凌晨全区出现小雪或雨夹雪，局部地区中到大雪，对部分区域交通出行有一定影响。春季大部时段以多云到晴天气为主，雨日偏少，降水偏少，对道路基础设施建设较为有利。夏季全区降水总体偏少，暴雨洪涝灾害较常年偏轻，对交通运输及道路基础设施建设较为有利。秋季大部时段降水偏少，较有利道路基础设施建设。

气候与林业：2019年冬季，全区气温偏高到特高，降水偏少到特少，林间湿度较低，森林火险气象等级较高。春季出现不同程度气象干旱，林间湿度小，森林气象火险等级较高，不利于森林防火工作。夏季8~9月降雨偏少，气温偏高，日照大部正常，林间湿度偏低，森林火险气象等级较常年偏高。

昭阳区凤凰街道办事处

【地理位置】 凤凰街道办事处位于昭通城区南部，东连太平街道办事处、守望乡，西接旧圃镇，北临龙泉街道办事处，南靠永丰镇，驻地双院子社区（凤霞路470号），海拔1910米，面积32.11平方千米。

【历史沿革】 2006年1月25日，由原南城街道办事处、西城街道办事处、凤凰镇，以及蒙泉乡龙山寨、黑泥地、学庄、母鹿、荷花5个村民委员会，守望乡甘河村民委员会大院子自然村1、2、3村民小组，马贵闸村民委员会凤凰山脚自然村8、9村民小组，太平乡水塘坝村民委员会碑天自然村1、2村民小组，合并设凤凰街道办事处。

【自然环境】 辖区属坝区，地势北、东高，南、西低，最高海拔凤凰山2 139米，最低海拔凤凰社区南1 900米。北部为城区，城区以东西向的云兴街、陡街、西街为界，管辖南部街道，界北部为龙泉街道办事处。东部多属山地，有大小凤凰山、元宝山、金家坡。南部、西部为农业区，土壤为黄壤、黄棕壤、黑泥土，适合种植蔬菜、经济林木果、三大粮食作物等，常用耕地有824公顷，林地192.8公顷（含退耕还林40.29公顷）。年均气温11.5℃～12℃，无霜期187～250天，年平均降雨700毫米，年日照时数1 897小时。利济河、中沟河从北向南流经境内西部，汇入昭鲁河。自然气候冬春干旱，夏秋湿润。

辖区内驻有省、市、区单位及企业共2 815家，个体户1.56万家，市人大、市政协、昭阳区行政办公中心（区委、区人大、区政府、区政协）、区纪委、区检察院、区法院、区公安局、昭通烟厂等多家市、区单位驻境内。

【人文地理】 辖区内历史悠久，人文荟萃，有新旧"昭阳八景"之称的"恩波蜃影"——望海楼、"宝山环翠"——圆宝山、"凤岭飞霞"——凤凰山；总面积达26.33公顷的"望海文化水体公园"，面积33.33公顷的"乌蒙水乡水体公园"，龙山寨古镇，史学界称之为"滇中瑰宝"的汉孟孝琚碑和"乐土安邦"的晋霍承嗣墓壁画以及荷花范氏古墓群，清"钦赐国子监学正"魏定一撰书的杨氏墓志铭。古迹和新辟景观有张希鲁故居、李松甫故居、龙绳祖故居（俗称"龙二公馆"）、名扬史学界的国学大师姜亮夫故居，还有文庙、陕西庙、凤阁庙、福禄宫、毛货街清真古寺、东大寺、下虹桥清真寺、孙氏宗祠、姜氏宗祠、凤凰山烈士陵园、圆宝山体育场、体育馆等建筑。

【行政区划】 2019年，辖西街、昭阳、海楼路、团结、凤霞、迎丰、文渊街、南菜园、画苑、昭阳、南顺城、昭苑、南温泉、凤凰、双院子、龙山寨、母鹿、黑泥地、联盟、和平、荷花、学庄、石头塘、龙韵雅苑、永安25个社区居民委员会，共266个居民小组。

【人口与民族】 2019年末，辖区户籍人口数129 514人，流动人口约12.5万人，辖区内居住有回族、苗族、彝族、白族、壮族等10余个少数民族。

【机构设置】 凤凰办事处工作人员核定编制113名，其中行政编制33名（包括领导职数11名，不包括政策性超编）、事业编制80名。2019年，实有120人，其中行政编制32人（含领导12人）、事业编制68人、行政工勤政策性超编20名。

内设机构： 内设5个行政办公室，7个事业单位（5个中心、1站1所）。

行政办公室：党政综合办公室、经济发展办公室、城市管理和社区治理办公室、社会事务办公室、扶贫开发办公室。

事业单位：经济发展中心、社区文化服务中心、社会保障服务中心、生态环境服务中心、城市管理服务中心、扶贫工作站、财政所。

【经济概况】 2019年，农村经济总收入3.15亿元，其中农业收入6 027.26万元，牧业收入5 350.37万元；农村经济纯收入46 371.48万元；农民人均纯收入10 969元；粮食总产量1.19万吨，粮食种植面积851.13公顷，其中旱作

591.33 公顷，水稻 259.8 公顷。农村用电量1 471.4 万千瓦时。

【工作概况】

党组织建设：办事处党工委下属社区党委 2个，社区党总支 8个，行政机关党支部 1个，事业单位党支部 1个，机关老年党支部 1个，青年人才党支部 1个，社区党支部 15个，社区小组党支部 22个，29个"两新组织"党组织（其中 1个党总支），共有党员 2 029 人（其中女性 745人，少数民族 190 人），发展预备党员 18 人。年内，打造昭阳区第一个街道级党群服务中心，并在凤凰街道召开全市城市基层党建工作会议。指导城市型社区和农村型社区结对共建，实现资源共享、事务共商、活动共开的良好氛围。全市"妇改联"工作推进会在辖区石头塘社区召开，办事处在全区率先完成"妇改联"工作。

招商引资：2019 年，新城控股集团到辖区内开发吾悦广场；天润集团、保利集团开发乌蒙水乡；能投公司开发荷苑；云南建投修建荷花和平、双院子、南温泉棚改安置房及乌蒙水乡水体公园。其余省内外少数企业也在辖区内投资项目。

劳动力就业及产业开发：辖区内有劳动力33 381 人，其中非卡户劳动力 30 429 人，占总劳动力的 91.16%，卡户劳动力 2 952 人，占总劳动力的 8.84%。通过劳动技能培训、公服岗位开发、扶贫车间建设等措施，基本实现劳动力转移就业。调整产业结构，流转土地发展葡萄庄园经济、创新发展物业管理模式，发展壮大集体经济。

畜牧业：2019 年，全办事处存栏生猪 78 头、牛 23 头、家禽 635 只。出栏肥猪 2 868 头、菜牛43 头、家禽 6 852 只。禽蛋产量 0.9 吨，牛奶产量 9.3 吨。

征地拆迁安置工作：围绕把昭通中心城市建设成为"引领滇川黔区域发展的省际中心城市"定位目标，按照市委关于昭通中心城市"一城三区、若干小镇、产城融合、城乡一体"总体布局，推进辖区重点项目征地拆迁，完成市二院项目、乌蒙水乡、民兵应急分队片区征地拆迁，启动凤凰特色旅游小镇片区征地拆迁。全年共征地9.33 公顷，拆迁 792 户，拆迁建筑面积 21.2 万

平方米。完成荷花和平、双院子、南温泉棚户区改造安置点建设，完成和平社区 1 450 套安置房分房，棚户区改造实物安置房基本建成。推动母鹿、荷花社区试点安置建设。

人居环境提升：2019 年，实施河长制、"厕所革命"等，清理生活垃圾，全面提升人居环境。

环境卫生：全年，清理辖区生活垃圾 4 800余吨。实现医疗废物规范化处置；禁限养殖，清理关闭 4 户规模养殖户；完成全国第二次污染源普查工作。运用"一事一议"，25 个社区建立居规民约，执行社区环境卫生收费管理制度，全年收取卫生保洁费 40 余万元，提高村庄生活垃圾收集处理率，改善村庄人居环境。从社区卡户、低保户、部分残疾家庭中聘请保洁员，解决贫困劳动力就业问题。

推行"河长制"：设立街道河长 8 名、社区河长 14 名，并在河道沿线公示。全年，街道河长巡河 127 次，社区河长巡河 936 次，与 14 条河渠沿线居民签订责任书 258 份，发放告知书 350份，调查排污口 132 个。

房屋改造：完成龙山寨片区房屋改造 1 225户（其中修缮加固 847 户、拆除重建 378 户），启动双院子社区 685 户房屋改造（其中修缮加固332 户，完成改造 215 户；拆除重建 353 户，完成改造 6 户），启动南温泉社区 395 户房屋改造（其中修缮加固 209 户，完成改造 40 户；拆除重建 186 户，完成改造 5 户），启动黑泥地社区 78户房屋改造（其中修缮加固 12 户，完成改造 12户；拆除重建 66 户，完成改造 53 户）。启动老城区文渊片区排危工程，拆迁文渊、永安、南顺城 3 个社区 51 户危房。

"厕所革命"：2019 年，新建公厕 25 座，全部完工并投入使用，农户"户厕"改造完成 95%以上。

社会保障：完成 2019 年养老保险续保目标任务，参保 27 288 人，参保率达 97.7%。组织录入城乡劳动力 28 298 人资源信息。专项整治拖欠农民工工资，受理并成功调解拖欠工资纠纷 10件。专项整治城乡低保，停发 63 人农村最低生活保障，停发 45 人城市最低生活保障；发放城乡临时救助资金 100 万元；推进殡改工作，干部带头签订《殡葬改革目标责任书》，全年火化遗

体 366 具；登记退役士兵 356 人信息；组织敬老节慰问，发放 1 954 人高龄补贴、残疾人生活补贴 637 人、护理补贴 5 164 人，办理残疾证 8 人。

医疗卫生：辖区内有昭通市第二人民医院、昭通市中医院、昭通市妇幼保健院、昭阳区中医医院等公立或民办医疗场所，有医护人员 2 190 人。全年，开展卫生、计生宣传培训，做好结核病等传染性疾病防治工作，已通过上级验收；有效控制艾滋病蔓延；落实国家"全面二孩"政策，做好孕前优生健康检查工作，完成区政府下达人口和计生工作目标任务，创建昭阳区流动人口健康促进示范学校（荷花二小）1 所，鑫泰盛建材城流动人口计生协会，计生家庭意外伤害保险参保 10.7 万元；完成 2020 年度医疗保险参保缴费工作，参保 77 681 人。

教育事业：辖区内有昭通市一中、昭通市实验中学、昭阳区一中、凤池中学、凤凰中学、昭阳区三小、昭阳区五小、昭通市幼儿园等 17 所公办学校。有昭阳区仁德中学、昭通华宇特色学校、昭阳区画苑幼儿园、昭阳区爱心幼儿园、昭通根基幼儿园等 57 所民办学校。公办学校有教师 2 003 人，学生在校人数 35 321 人；民办学校有教师 1 302 人，学生在校人数 16 860 人。全年，落实学生营养改善计划，提升教育教学质量，凤凰中学、双院子小学等学校各项办学指标在全区名列前茅，通过 2019 年度义务教育均衡发展国家级验收。

文化事业：开放社区"农家书屋"、电子阅览室，发展文艺队、老年合唱团等，打造全国一级文化站。优化凤凰基层综合服务管理中心，在辖区 25 个社区建立并完善基层综合服务管理平台，实现一站式服务，解决服务群众"最后一公里"问题。

维护社会稳定：2019 年，办事处按照信访维稳"三到位一处理"原则，落实信访包保责任制，实行"一岗双责"，全面做好民族宗教、禁毒等工作，维护辖区和谐稳定。

信访工作：落实节假日值班和领导带班制度，每月 9、19、29 号分别为分管领导、行政主任、党工委书记接待日，定期接待来访群众。2019 年，共接待上访群众 185 批 1 028 人次，办理信访案件 68 条，化解信访积案 3 起。重要会议和重大活动期间，落实 24 小时值班和零报告制度。每月召开 1 次信访联席会，专题研究信访、维稳工作，维护辖区社会稳定。

人民调解：排查调处各类纠纷 54 件，调解成功 54 件，涉及当事人 157 人，协议涉及金额 144.99 万元，调解率 100%，调解成功率 100%，实行矛盾纠纷调处"以奖代补"制度，调解成功按照"以奖代补"进行兑现。

禁毒工作：全年投入工作经费 12 余万元，配齐禁毒专干 2 名、专职人员 25 名，推进"五位一体"管理模式，社区戒毒 167 人，社区康复 322 人，强制隔离戒毒 195 人，戒断三年未复吸 142 人，死亡 86 人，已解除 109 人，管控率 95.47%。实施网格化管理 25 个社区，运用各种技术手段，全面监测潜在毒品非法种植区域，全年，辖区内未发现非法种植毒品原植物。年内，共侦破毒品案件 309 件，收缴毒品可疑物净重 24.24 千克。摘掉挂牌督办的帽子，打造禁毒工作省级示范点，迎接国家禁毒办的督导检查。成功打造昭通市第一个禁毒科普教育园地试点，自园区建成，截至 2019 年底，共接待参观、体验者 500 余人。各社区、相关部门向辖区群众宣传推行使用"中国禁毒""云南禁毒""昭通禁毒"微信公众号，向群众宣传禁毒知识，并在醒目地段设置永久性禁毒标语 10 条，发放禁毒宣传资料 8 万余份。

民族宗教：辖区内少数民族集聚宗教活动场所较多。全年规范 294 家清真餐馆标识标牌，促进辖区内各民族大团结。

扫黑除恶专项斗争：成立"扫黑除恶"工作领导小组；利用宣传标语、横幅、微信群等广泛宣传；突出威胁政治安全、把持基层政权、利用家族宗族势力横行乡里、煽动群众闹事、强揽工程、欺行霸市、操作经营黄赌毒、非法高利放贷、插手民间纠纷、跨国跨境等 10 种黑恶势力作为摸排打击重点，查清、查透、查实涉黑涉恶线索，设置举报箱，公开举报电话，畅通信息渠道。全年，收到涉黑涉恶线索 9 条，已按程序处理。

安全生产：2019 年，落实"党政同责，一岗双责"，层层签订安全生产责任状，每月定期召开安全生产专题会议，按照属地管理原则，组织辖区企业、单位开展自查自纠，由安监站牵头，定期组织辖区派出所、市场监督管理所、卫生服务中心、交警中队、中心校及综合执法凤凰大队等部门，分时间、分行业检查辖区内特种行业、危险化学品、废旧物回收、烟花爆竹和校园周边等安全，共查处 1 起非法储存销售烟花爆竹行为，查收烟花爆竹等 30 余件。排查治理隐患单位 16 家，发出安全整改意见通知书 16 份，提出整改意见 30 条，督促整改单位完成整改。排查辖区内低洼地带、危房等；动态监测辖区地质灾害隐患点；排查古旧城片区居住区域老旧危房用火用电安全隐患；做好护林防火工作；整治校车、农村道路客运班线车辆和面包车超速、超员、拖拉机和摩托车违法载人行为，严厉打击酒后驾驶等违法行为，全年没有出现较大安全事故。

【表彰】 办事处获昭通市计生协会授予"先进集体"荣誉称号。

石头塘社区获昭阳区政府授予"计划生育工作先进集体"称号。

王绍成获中华人民共和国司法部授予"坚持发展'枫桥经验'实现矛盾不上交试点工作表现突出个人"称号。

王宏获云南省妇女联合会授予"云南省巾帼建功标兵"称号。

闻明会获昭通市妇联、昭通市文明办授予"最美家庭""巾帼建功标兵"称号。

魏家林获昭阳区政府授予"安全生产先进个人"称号。

昭阳区龙泉街道办事处

【地理位置】 龙泉街道办事处位于昭阳城区西北部，驻昭阳区枫园路 33 号，总面积 28.77 平方千米。东与太平街道办事处相连，西、南与凤凰街道办事处毗邻，西北与旧圃、北闸镇交界。是昭通市政治中心，昭阳区出滇入川的北大门。

【历史沿革】 2006 年 1 月，昭阳区乡镇、办事处撤并，由原北城办事处，原东城办事处东菜园、东正、建设北街、德育 4 个社区，原西城办事处珠泉、爱民 2 个社区，原蒙泉乡官坝村、白坡村和长利村，以及北闸镇集中村重组，2006

年 1 月 25 日，挂牌成立龙泉街道办事处。

【自然环境】 辖区处于利济河东西两侧和北部土梁上的西部缓坡面，地势东高西低。最高海拔得马寨北侧山头 1 995 米，最低海拔三孔桥 1 917 米。东部、南部为城区，西部、北部为农村。城区范围多为老旧城，基础设施落后，街道狭窄，交通不便，菜市场、农贸市场、修理市场等都为自发形成。城区范围建筑多为老式建筑，城中村特别突出；珠泉路、爱民路、青年路北段、北顺城街、环城西路、环城北路、环城东路、龙泉路、建设街、珠海大道北延线、国学路西延线等街道为主要交通、运输道。西部、北部为农业区，土壤为水稻土、黄壤，呈酸性。主产玉米、马铃薯、水稻；经济作物以苹果、梨、蔬菜为主。

辖区内驻有中央、省、市、区单位 109 家，中共昭通市委、市人民政府、云南省交通运输集团公司昭通分公司、云南省电信昭通分公司、昭通电力实业有限公司、云南省昭通供电局、昭通市国税局、市检察分院、市建设局、昭通宾馆、昭通供排水公司、昭通市气象局、武警支队、昭通军分区、北方医院、龙泉社区卫生服务中心、昭通学院附中、区三中、区一小、区二小、区四小、昭通市幼苗幼儿园、昭阳区幼儿园等单位坐落境内；辖区内有龙家公馆、卢家公馆、姜亮夫故居、怀远街玉皇阁古玩市场、辕门广场、箭道广场、抚镇门广场、史建于清嘉庆十四年（1809年）的清官亭公园、市级文物保护单位清末巨商李耀庭家祠、广东庙及迟家公馆等旅游景点。有国有企业、个体工商户及个私企业 3 600 多家。

【行政区划】 2019 年，辖珠泉、爱民、东正、东菜园、德育、建设北街、北正、公园、崇义、环城北路、下排、龙泉、巩固、官坝、白坡、长利、集中、枫园、春晖 19 个社区居委会。

【人口与民族】 2019 年末，总户数 25 889 户，其中农业户 8 548 户；总人口 99 185 人，其中农业人口 34 467 人；总人口中男性 50 135 人，女性 49 050 人。

【机构设置】 龙泉办事处核定编制 110 名，

其中行政编制 29 名（含领导职数 18 名）、事业编制 81 名。2019 年，实有 113 人，其中行政 32 人（含领导 18 人）、事业 81 人。

内设机构：内设 5 个行政办公室，7 个事业单位（5 个中心、1 站 1 所）。

行政办公室：党政综合办公室、经济发展办公室、城市管理和社区治理办公室、社会事务办公室、扶贫开发办公室。

事业单位：经济发展中心、社区文化服务中心、社会保障服务中心、生态环境服务中心、城市管理服务中心、扶贫工作站、财政所。

【经济概况】　2019 年，实现城镇常住居民人均可支配收入 37 884 元，同比增长 8.1%；实现农村常住居民人均可支配收入 10 913 元，同比增长 9%；实现农村经济总收入 3.15 亿元，同比增长 9%，人民生活条件不断改善。

【工作概况】

自身建设：一是开展"不忘初心、牢记使命"主题教育。班子成员参加街道党工委集中学习 2 次、开展 9 个专题集中学习研讨。开展调研，促进队伍建设和整体整改。二是班子带头落实党风廉政建设要求，履行主体责任。三是整治群众身边不正之风，营造风清气正良好氛围。

脱贫攻坚：2019 年，办事处压实挂包干部责任，做好动态管理、补齐短板，落实扶贫措施，提高群众满意度和认可度。

苹果产业扶贫：在长利、白坡社区新植苹果 13.33 公顷，通过大户种植带动散户参与，项目惠及群众 120 余户 530 余人，累计向 167 户卡户提供免息小额贷款 792 万元，用于苹果种植和自营产业发展。

住房保障：年内，完成 5 个涉农社区 6 800 余户居民住房认定和四类重点对象房屋挂牌工作。改造辖区内 2 890 户房屋，兜底帮建 12 户，修缮加固 152 户，其中四类对象 83 户，非四类对象 69 户。

农投公司合作项目：争取项目本金 926 万元，覆盖卡户 172 户 573 人，每年按投资金额 6% 固定收益向卡户分红。全年，卡户实现资产收益 56.16 万元，脱贫成效得到巩固。

健康扶贫：辖区有医院 3 所，全年，统筹行业部门资金、东西部协作资金补充维护听诊器、体温表、血压计、诊查床等基本医疗设备 100 余套，增配村医 16 人，新建、修缮建制村卫生室 790 平方米，实现辖区内 1 044 户 4 136 人卡户群众医疗保险、大病保险全覆盖，完成 573 户 1 979 人家庭签约服务工作。

兜底扶贫：年内，重点关注"6 + 1"对象（即独居老人户、低保户、五保户、重病户、残疾人户、民办高校生户 + 居住 CD 级危房户）等边缘户，卡户中 223 户 474 人享受低保待遇和 12 户 16 人享受特困供养。救助 5 个农村社区卡户 1 612 人，救助资金 40 万元。

教育保障：2019 年，辖区有中学 1 所、小学 9 所。全年，以控辍保学为抓手，点对点帮扶劝返学生 5 名，确保卡户无因贫辍学现象。资助卡户学前教育阶段 162 人、普通高校 52 人、职业教育 89 人，"雨露计划"补助 89 人。

饮水保障：2019 年，投资 158 万元，巩固提升项目农村饮水安全项目，并入城市管网解决白坡社区小白坡、大白坡、长利社区三家村、苏甲块等 4 个自然村 11 个居民小组 1 745 户 6 500 余人（其中卡户 470 户 1 819 人）人畜饮水安全问题。

劳动力转移扶贫：办事处发挥区位优势，鼓励辖区内卡户群众就近就业，辖区内有 2 277 余名卡户劳动力实现就业。

人居环境提升：2019 年，狠抓环境保护，切实建设美丽宜居龙泉。

垃圾清理：全年，累计清理农村生活垃圾 6 900 余吨、清理村内淤泥 4 386 吨，清理畜禽养殖粪污等农业生产废弃物 4 139 吨，进村入户宣传教育 2 000 余人次。

整治黑臭水体：清理利济河、北干渠、大沙沟河道闸门、涵洞、桥洞等易堆积、堵塞垃圾重点地段，累计出动清河人员 1 567 人次，共清除垃圾、淤泥、杂草 2 558 吨，打捞掩埋死猪 12 头。安装水库、坝塘管理牌 16 块，张贴禁止标语 14 条。处级河长巡河 35 次，社区级河长巡河 71 次。

拆旧复垦工作：全年，累计拆除旧房危房、残垣断壁 3 500 余间，拆除面积 33 万平方米。

城市建设：一是保障重点项目用地。全年拆除 242 户、房屋面积 8.67 万平方米，其中龙泉路片区国有土地上房屋拆迁 113 户，面积 7 000 平方米，保障辖区重点项目用地。

二是棚户区改造。货币化安置：84 户 1 857.6 万元；实物安置：977 个承包人口分配到 977 套住房。

三是城郊房屋改造。累计改造 2 890 户。

社会保障： 全年，落实各项惠民政策，保障民生。

低保动态管理：截至 2019 年末，辖区有低保 1 411 户 2 540 人，其中城市低保 654 户 1 018 人，农村低保 757 户 1 522 人。年内，新增低保 276 户 520 人，其中城市低保 72 户 98 人，农村低保 204 户 422 人，拟定新增低保 77 户 133 人，其中城市拟定新增低保 24 户 34 人，农村拟定新增低保 53 户 97 人。

城乡特困户动态管理：辖区原有城乡特困供养人员 157 人，经入户复核，不符合享受条件 49 人。2019 年，城乡特困供养人员 108 人，其中城市享受特困供养人员 28 人，农村享受特困供养人员 80 人。动员分散供养人员 20 人入住中心敬老院。

关爱留守儿童：留守儿童 442 人信息录入系统。2019 年，辖区内孤儿共计 34 人，救助资金 42 万。

服务退役军人：辖区现有退役军人优抚对象 413 人，享受重点优抚对象补助金 49 人，发放优抚资金 74 万。

残疾人事业：年内，筛查辖区贫困残疾人白内障，并实施复明手术，为贫困精神病患者提供免费住院和免费服药补贴，为 0～6 岁肢体、聋儿、听力、智力和脑瘫残疾儿童进行矫治手术和语言等康复训练，为贫困截肢残疾人免费安装假肢。培训残疾人，做好毕业残疾大学生、中专生统计工作，联系适合他们的工作岗位就业。

【表彰】 徐秀芳获昭通市人力资源和社会保障局授予"昭通市 2019 年脱贫攻坚专项奖励个人"称号。

昭阳区太平街道办事处

【地理位置】 太平街道办事处地处昭阳区东部，东与小龙洞乡接界，南与凤凰街道办事处相连，西与龙泉办事处接壤，北与北闸镇相邻。辖区总面积 63.38 平方千米，90% 以上区域属坝区。

【历史沿革】 办事处成立于 2006 年 1 月 25 日，由原太平乡黄竹林、太平、永乐、水平、水塘坝、桃源 6 个村，原东城办事处环东路社区、富强村，以及北闸镇石渣河村、箐门村划入的 1、2、3、4、5、6、7 村民小组、红路村委会划入 2、4、14、15 村民小组、小龙洞乡龙汛村划入 15、16、17、18、19、21、22、23 村民小组，共 12 个村（社区）125 个居民小组组建而成。2013 年，新成立金江社区属溪洛渡水电站建设搬迁移民区。

【自然环境】 辖区地处坝区，多属旱地。最高海拔 2 133 米，最低海拔 1 914 米，年均气温约 13.5℃，年降水量 740 毫米，日照时数 1 900～2 000 小时，无霜期 220 天。土壤以黄壤、水稻土为主，呈微酸性。辖区内的花果山汉墓群记载着昭通悠久历史。地下蕴藏着丰富褐煤、无烟煤等矿产资源。尚待开发老干闸水库水质含硫、铁等多种矿物质，具有天然医疗保健作用。境内有省耕塘、箐门、红日一二级等多个小型水库。渔洞北干渠经桃源、太平、水塘坝 3 个社区。

辖区有昭通民航站、昭通火车站、昭通学院、昭通市第一人民医院等 60 余家企事业单位。

【行政区划】 2019 年，辖太平、水塘坝、桃源、永乐、黄竹林、水平、环东路、富强、石渣河、平安、金江 11 个社区居民委员会，共 148 个居民小组。

【人口与民族】 2019 年，辖区常住人口 86 003 人，登记在册流动人口 6 329 人，居住着汉族、回族、彝族、苗族、白族、傣族等民族。

【机构设置】 太平办事处核定编制 116 名，其中行政编制 34 名（包含领导职数 16 名、行政工人 5 名）、事业编制 82 名。2019 年，实有 107 人，其中行政 37 人（含领导 16 人、行政工人 13 人）、事业 70 人。

内设机构：内设 5 个行政办公室，7 个事业单位（5个中心、1站1所）。

行政办公室：党政综合办公室、经济发展办公室、城市管理和社区治理办公室、社会事务办公室、扶贫开发办公室。

事业单位：经济发展中心、社区文化服务中心、社会保障服务中心、生态环境服务中心、城市管理服务中心、扶贫工作站、财政所。

【经济概况】　2019年，办事处农村经济总收入6.22亿元，农牧业收入8818.28万元（其中农业收入8022.55万元）。农民人均纯收入11569万元，同比增长6.5%。

【工作概况】　**党建工作**：党工委履行"一岗双责"职责。2019年，组织集中学习9次，培训党务知识3次。党工委书记讲党课4次，其余班子成员在社区讲党课11次，各支部书记讲党课80余次；按时足额缴纳全年党费；累计开展"主题党日"活动800余次；完成党员积分评定工作；组织700余名党员过"政治生日"活动；优化机关党组织结构，合并设立5个党支部，完成新一届支委班子选举工作；年内，备案入党积极分子55名，发展党员17名，预备党员转正25名；持续整顿黄竹林社区和金江社区软弱涣散党组织的情况。

脱贫攻坚：2019年，太平办事处有卡户1574户6961人，其中未脱贫226户837人。年内，计划脱贫189户782人，未脱贫37户115人，脱贫监测户85户285人，边缘户71户287人。

住房保障：2019年，办事处先后排查上报260户四类、非四类C、D级危房，年内，已完工236户，另有24户上报区危房改造办公室联审，推进系统、档案及挂牌等各项工作，确保辖区"危房不住人，住人不危房"。

教育保障：2019年，办事处共劝返小学、初中辍学学生61人，组织98名学生参加考试，确保无适龄青少年因贫辍学。

易地搬迁：2019年末，辖区95户异地搬迁户全面完成抽签分房，已基本搬迁入住。

产业扶贫：2019年，1583户有卡户实现产业扶贫全覆盖，新种植苹果树27.43公顷，落实重点产业信贷175万元用于入股分红，落实一般产业小额信贷200余万元用于发展生产，黄竹林田园综合体建设项目完成土地流转133.33公顷，部分项目已开始创收。

扶贫车间建设：通过和北港物流合办的方式，开办了太平街道办事处扶贫车间，解决部分不能在外务工人员就业问题，每天有84人在车间务工。

红色商圈建设：建立太平街道红色商圈微信群，依托省耕塘国学公园发展集居住、餐饮、休闲、娱乐、商贸为一体的商业综合体，汇集80多家企业加盟，先后举办现场供需见面会3场，提供用工岗位数百个，着力打造省耕山水片区红色商圈助力脱贫攻坚，促进了群众就近就业。

饮水保障：2019年，实施永乐社区农村脱贫饮水安全巩固提升工程，投资125.42万元，解决永乐社区8个居民小组1004户4080人（其中有卡户83户359人）的城市管网供水；实施水塘坝社区农村脱贫饮水安全巩固提升工程，投资131.65万元，解决水塘坝社区4个居民小组666户2746人（其中有卡户49户192人）的城市管网供水；实施石渣河、桃源、平安、黄竹林4个社区农村饮水安全补短板工程，投资239.99万元，解决3201户12939人（其中有卡户475户2189人）的饮水安全问题。

征地拆迁：2019年，完成区二小分校、金鹏矿山、融创中国、区五小北校区、敦煌大道石渣河段等9个项目征地拆迁。推进扶贫物流园、扶贫车间、盐津路等一大批重大项目建设，征地66.67公顷，拆迁1037户，拆迁面积57.19万平方米，兑付资金3.56亿元。

人居环境提升：2019年，实施G85线周边居民房屋风貌改造1355户，拆除重建1682户，合计3037户。开展拆旧复垦（复绿）工作，上级下达任务2180户，完成2073户，年内，完成95%拆旧复垦（复绿）工作，全面拆除土坯房。按照国家提出的"厕所革命"要求，新建厕所25间；开展乡河长巡河40次，村乡河长巡河36次，提升人居环境。

"两违"整治：2019年，"两违"整治办共下发《城建监察限期改正违法行为通知书》13份，出动车辆1200余次，人员9700余人次，拆除违章建筑13户、违章建筑面积1.31万平方米。

社会保障：2019年，动态管理城乡低保，核对城乡低保疑点数据及脱贫攻坚巡视整改中提出的涉及重病重残方面的问题，重新核实低保户605户607人，报停因死亡不符合继续享受城乡低保的86户97人。符合城乡低保的1905户3408人；符合享受特困供养补助108人；符合享受孤儿生活补助71人；共有953人享受高龄老人补助；发放90余万元农村和城市临时救助金，1300余人受益。火化遗体89具。

征兵工作： 2019年，在每个社区张贴征兵宣传标语10条以上，社区民兵营长上门入户走访，动员各社区适龄青年应征入伍。共向区征兵体检站输送60人进行体检，有14人进入双合格程序，12人通过政审光荣入伍，圆满完成区武装部下达的征兵任务。

医疗卫生： 2019年，辖区内有公办医院1所，卫生院1所，卫生服务站10个，医务人员2249人。仁安大型民营医院占地面积3.46公顷，现有医护人员283人，床位300个。

教育事业： 2019年，办事处辖区有本科院校1所，教师588人，学生16914人；昭通职教中心有教师537人，学生10698人；中学7所，教师925人，学生15038人；完小12所，教师550人，学生10863人。

维护社会稳定： 2019年，社会治安、综治维稳平稳推进，呈现良好势头。

扫黑除恶专项斗争： 全年，办事处开展扫黑除恶宣传50余次，悬挂横幅30幅。收集到线索共72条，已经办结15条，移交其他部门2条，正在核查55条。

社会治安、禁毒： 全年，受理行政案件788起，查处132起，治安处罚426人，其中，行政拘留407人，罚款39人。破获禁毒案件13件，抓获吸毒人员100名，其中，强制隔离戒毒64人，社区戒毒36人。

信访工作： 全年，共接待到市区来访群众500余人次，接待到办事处来访群众6800余人次；登记接待处理来访群众诉求：群访46件，个访51件；处理网上信访信息系统交办的各类信访案件68件，其中来信26件、来访（上级件）14件、自录件3件、来信督查督办件3件、人民网22件；各部门领导干部接访67次。辖区的信访形势相对平稳，信访总量、集体访量同上年相比下降90%。

人民调解和法律服务： 全年，办事处12个人民调解委员会共排查调处各类纠纷176件，调解率100%，调解成功率达95.5%；接待和解答法律咨询156人次。

安全生产： 2019年，"安监站"变更为"应急管理办公室"，共草拟安全生产方面文件26份，开展烟花爆竹领域打非治违、建筑施工行业及农村建筑施工"查大风险防大事故"百日行动、"防风险保平安迎大庆"等行业领域的安全专项检查、参与元旦、春节、两会期间、五一、国庆等重点时段的安全生产排查监管、应急值守工作；全面落实《安全生产法》，层层签订《安全目标责任状》65份，经常性开展安全生产检查督查活动，共检查煤矿13次、非煤矿山检查9次、11家危化品企业31次、9家烟花爆竹经营点18次、建筑施工企业24次。

林业生产安全： 2019年，投入防火资金35余万元，共设卡点135个，参与防火人员1100人，制作宣传标语256条，永久警示牌175个。完成招聘护林员和各种资金兑付工作，在黄竹林社区曹家松林，集中连片规模种植雪松26.67公顷，到木材销售点和平安社区核查防控松线虫病，做到不漏点，严防死守。

【表彰】 刘家顺获昭通市"2019年脱贫攻坚专项奖励拟记功个人"奖。

昭阳区北闸镇

【地理位置】 北闸镇地处昭阳区东北部，距昭通城9千米，镇政府驻地最低海拔1998米。辖区面积131.75平方千米。东接太平办事处，南接龙泉办事处，西与靖安镇、青岗岭乡毗连，北与盘河镇接壤。

【历史沿革】 镇驻北闸街，街旁有一水闸，以方位命名北闸，新中国成立后扩建为水库。1950~1966年，属蒙泉区管辖。1966年，从蒙泉划出建立北闸公社。1984年更名北闸区，1988年定名北闸镇。2006年1月，乡镇撤并，划出石渣河、集中2个村和红路村4个组（2、4、14、15）、箐门村1~7组。

【自然环境】　辖区地处昭通坝子北部边缘，地势北高南低。南部坝区海拔 1 932 米，北部山区最高海拔 2 996 米。坝区年平均气温 12.1℃，雨量 830 毫米，山区为 1 100 毫米。年日照时数 1 950～2 000 小时，无霜期 218 天。土壤有黄壤、黄棕壤、棕壤、水稻土、紫色土，呈酸性。主产玉米、马铃薯、苹果。东北部山区有丰富的无烟煤矿藏。有林业用地 4 733.3 公顷，森林覆盖率 18.67%。辖区有北闸、杨家坟、阎沟等水库，在建水库有边箐水库。

区位优势独特，镇驻地北闸街为昭通坝子北部商品集散地。毗邻昭阳工业园区，境内交通便利，内昆铁路、213 国道、新老昭彝公路以及在规划和建设中的西绕城、渝昆高铁、昭麻高速、宜昭高速公路穿境而过，素有"昭阳北大门"之称。

境内有省级自然保护点大龙洞公园，市级文物保护点过山洞古人类居住遗址。有三艾魔芋公司、大龙洞旅游开发、新厂煤矿、华新水泥厂、得云水泥厂、荣兴油脂有限公司、众益食品厂、福禄矿业公司、得云建材集团水泥厂、福安艺术陵园、国际玩具厂、波鸿公司等企业。

【行政区划】　2019 年，辖新田、海坝、塘房、岩脚、海子、箐门 6 个行政村和北闸社区、白坡塘、红路、邓子 4 个社区，58 个自然村，137 个村（居）民小组。

【人口与民族】　2019 年末，全镇总人口 57 797 人，总户数 18 323 户，男性 30 048 人，女性 27 749 人。其中，农业人口 13 521 户 44 453 人，城镇人口 4 802 户 13 344 人，汉族人口 17 724 户 55 780 人，少数民族人口 599 户 2 017 人（彝族 287 户 691 人，回族 312 户 1 326 人）。其中，有卡户 3 866 户 15 821 人。人口自然增长率控制在 9‰以内。

【机构设置】　北闸镇核定编制 96 名，其中，行政编制 35 名（含领导职数 11 名、行政工人 6 人）、事业编制 61 名。2019 年，实有 89 人，其中，行政编制 34 人（含领导 11 人、行政工人 6 人）、事业编制 55 人。

内设机构：内设 5 个行政办公室，7 个事业单位（5 个中心、1 站 1 所）。

行政办公室：党政综合办公室、社会事务办公室、经济发展办公室、基层党建办公室、扶贫开发办公室。

事业单位：农业农村和集体经济发展中心、乡村文化服务中心、国土和村镇规划建设服务中心、社会保障服务中心、乡村振兴发展服务中心、扶贫工作站、财政所。

【经济概况】　2019 年，全镇国民生产总值 7.51 亿元，同比增长 6.5%，其中，农业生产总值 3.38 亿元，增长 6.7%，工业生产总值 2.7 亿元，增长 5.6%，第三产业生产总值 1.43 亿元，增长 7.6%。农民人均纯收入 9 983.52 元，同比增长 8%。已就业 17 975 人，其中，区内务工 14 774 人，区外市内务工 956 人，市外省内务工 659 人，省外务工 1 586（其中广东 446 人），就业率 85.7%。耕地总面积 4 140 公顷，农作物种植面积 3 948 公顷。其中粮食种植面积 2 412 公顷，总产量 21 700 吨，比上年增长 2.2%，人均占有粮食 375 千克，比上年增长 4.3%；苹果产量 2.43 万吨。

【工作概况】　脱贫攻坚：2019 年，全镇通过"三评四定"程序初步认定贫困人口达标，预脱贫 915 户 3 536 人，贫困村达标，预出列 9 个。全年，初步摸底排查边缘户 37 户 124 人，脱贫监测户 77 户 321 人。精准识别方面，2019 年拟脱贫 922 户 3 554 人，整户清退 79 户 306 人、补录 171 人、自然增加 445 人、成员减少 470 人。

产业扶贫：2019 年，完成马铃薯种薯扩繁种植 179.55 公顷，扶持卡户 1 216 户 4 939 人。

资产收益扶贫：2019 年，苹果基地资产收益项目投资 610 万元，扶持卡户 1 220 户 6 022 人；车厘子资产收益项目投资 1 229 万元，扶持卡户 284 户 1 229 人；易地搬迁后续产业扶持资产收益项目投资 534 万元，扶持易迁卡户 220 户 890 人。投资 240 万元，发展海子、岩脚、塘房、北闸 4 个村社区村级集体经济，扶持卡户 1 216 户 4 939 人。

住房保障：2019 年，投资 586.9 万元，实施农村农危改造 290 户，其中 4 类重点对象 124 户，非 4 类重点对象 166 户。

医疗保障：资助卡户3 866户15 821人参加基本医疗保险和大病保险，家庭医生签约卡户7 002人，对标提升完善镇卫生院、村卫生室建设，各项指标均已达标。

就业扶贫：全镇常住人口劳动力有29 260人，已就业25 044人，就业率85.59%，系统更新率100%；卡户劳动力有8 671人，完成务工销号任务8 599人，销号率99.17%。培训卡户劳动力928人，开发乡村公共服务岗位297个，其中解决50个易地搬迁人员就业问题。完成5个村（社区）扶贫车间设施建设，解决90余名不能外出务工劳动力的就业问题。

易地搬迁：2019年，易地搬迁贫困户220户890人，随迁户49户180人。年内，完成2019年易迁对象摇号分房251户1 014人。

人居环境提升：2019年，全镇围绕"一城三区、若干小镇"总体布局，重点抓好环卫基础设施建设，推进"厕所革命"，落实河长制，整治黑臭水体，提升河道景观、风貌改造工作。

环卫基础设施建设：全镇有垃圾填埋场1座，垃圾中转站1个，垃圾清运车5辆，洒水车1辆，垃圾箱53个，电动三轮车7辆，塑料垃圾桶100个。除箐门村、海子村外，其余村（社区）均配有垃圾箱。投入30余万元在利济河沿线安装监控设备。

落实河长巡河制度：2019年，整治辖区河库，恢复和提高河库综合功能，清理村庄河道、池塘、沟渠垃圾，整治在饮用水源保护区（北闸水库、阏沟水库）放养家禽和牲畜的行为，取缔水库网箱养鱼，向辖区利济河周边村民发放《北闸镇利济河河道深度治理及周边环境综合整治告知书》200余份，签订《北闸镇利济河河道环境卫生管"三包"责任书》106份，配合区两河大队完成辖区内排污口排查及截污工程，完成利济河黑臭水体销号工作。

农村"厕所革命"：2019年，辖区有公厕24座，除红路社区和海坝村外，其余8个村（社区）均有公厕。户厕有13 722座，其中，卫生户厕5 463座，未达到卫生户厕标准8 259座，还未建成厕所的农户1 215户。镇政府鼓励农户按照"人畜分离、厨卫入户"要求，以投工投劳或自备砖、砂石、水泥建筑材料等形式配套建设无害化卫生户厕。

风貌改造工作：2019年，在2018年启动的红路社区、海坝村、塘房村官寨3个点风貌改造基础上，将风貌改造范围延伸至海坝村、新田村、白坡塘社区等。

环境大整治：2019年，全镇强化专业保洁公司对集镇环境卫生管理，做到集镇生活垃圾每日清运，各村（社区）生活垃圾定时清理，保障公路沿线无乱丢乱扔生活垃圾的现象。

种植业：苹果产业：2019年，全镇培训果农苹果生产技术2期，完成苹果整形修剪416.67公顷，疏花、疏果900.67公顷。建设现代化苹果园，苹果基地资产收益项目投资610万元，组织苹果种植户60户参加2019年昭通苹果展销会，签订2 000余吨销售合约。

马铃薯种植：通过合作社采购优质种薯，指导群众种植马铃薯技术，实现84.87公顷优质马铃薯种薯扩繁项目良种、良法全覆盖。2019年，马铃薯种薯扩繁种植179.55公顷。

畜牧工作：2019年，全镇排查辖区养殖生猪农户2 518户、生猪8 638头，实现辖区非洲猪瘟零病例。建立健全畜禽疫病监测网络，安排专人24小时到昭通北收费站设点检查和消毒过往车辆生猪疫情情况，一旦发现疫情及时上报。

社会保障：2019年，全镇城乡养老保险续保任务25 152人，超额完成任务，在去年基础上提高28%，卡户100%参保。城乡医疗保险缴费任务53 846人，已缴费52 533人，参保率97.56%，卡户100%参保。农村低保920户1 221人，特困供养88户91人，其中对无劳动力或无产业可扶持又符合低保标准的贫困人口实行整户兜底43户92人，保障孤儿基本生活19人（其中卡户9人），发放卡户残疾人护理补贴170人，生活补贴182人。

殡葬改革：镇成立殡葬改革领导小组，与各村（社区）签订《殡葬改革目标责任书》，党员干部就殡葬改革作出书面承诺。在全镇利用宣传标语、广播等各种方式宣传殡葬改革政策。

医疗卫生：2019年，全镇有卫生院1所，村卫生室10所，医护人员92人，床位数98张。

教育事业：2019年，北闸镇有中学1所，在校学生4 369人（其中高中生2 131人，初中生2 238人），在职教师251人，师生比约为5：87；完小10所，单小1所，在校学生3 812人，在职教师198人，师生比约为1：19。年内，资助学前教育398人、高中阶段157人，通过"雨露计划"补助全镇就读中、高职学校卡户子女271人。开展控辍保学工作，全镇适龄青少年辍学39人，其中卡户15人。截至2019年底，劝返38人入学，卡户实现零辍学，1人失联未劝返。

文化事业：2019年，为纪念新中国成立70周年，组织纪念新中国成立70周年暨老年协会"送戏下乡"活动，并有序开展。

维护社会稳定：全年，抓好矛盾纠纷的调解，落实信访制度，打击黑恶势力，营造良好社会环境。

政法工作：2019来，调解民间矛盾纠纷194件，调解成功185件，调解成功率95.36%，刑事案件立案139起，破刑事案件30件，抓获在逃人员35名，打击刑事犯罪42人，受理行政案件214件，处理行政案件33件，收戒吸毒人员16人，减少了吸毒人员对社会的危害，维护了辖区内社会治安秩序。

信访工作：2019年，接待来信来访79件（次），其中，网上信访52件，化解处理48件，正在办理4件；本级来信来访27件，已化解4件，落实领导包案23件。

扫黑除恶专项斗争：2019年，排查软弱涣散党总支1个、党支部7个，清理受刑事处罚的村干部3个。摸排扫黑除恶线索3件，办理核实群众举报线索8件，正在核实办理上级转办举报线索1件，与上级对接需与其他乡镇协调办理线索1件。

重点项目建设：2019年，稳步推进重点项目建设，完成了年内任务。

征地拆迁项目：2019年底，易地扶贫安置点项目征地67.33公顷、拆房屋281户，物流园区项目征地16.92公顷、拆房屋5户，渝昆高铁项目征地11.66公顷，盐津路提升改造项目征地4.59公顷、拆房屋23户，西绕城高速公路建设征地拆迁工作稳步推进。

红路易地搬迁安置工作：2019年，红路易地搬迁安置点全面建设完工，完成红路安置点一期和二期分房，全镇易地搬迁贫困户220户890人，随迁户49户180人。年底，完成2019年易迁对象摇号分房251户1014人。

海坝安置点建设：安置点项目占地19.88公顷，可入住安置户889户，安置人口约3200人。年内，海坝安置点房屋主体建设已完工，并于2020年1月全面完成分房工作和安置户搬迁入住工作。

【年内要事】 2019年3月8日，市林草局赵峰副局长、区林草局副局长李文禄一行50余人到北闸镇开展森林防火宣传活动。

2019年5月16日，北闸镇组织召开第五届人民代表大会第三次会议第一次全体会议，60余名人大代表参会。

2019年8月1日，北闸镇召开第五届人民代表大会第四次会议，7个代表团人大代表选举镇人民政府镇长1名，副镇长2名。

2019年8月5日，北闸镇召开深圳职业技术学院、深圳信息职业技术学院面对云南卡户贫困家庭学生专项招生工作宣传动员会。

2019年9月27日，省老体协主席晏友琼一行到北闸调研文艺汇演工作。

昭阳区大山包镇

【地理位置】 大山包镇地处昭通中心城市西部，距昭阳城区56.8千米，东与鲁甸县新街乡接壤，南与鲁甸县水磨镇相连，西与鲁甸县梭山镇及田坝乡相邻，北与大寨子乡相接，全镇国土面积192平方千米。

【历史沿革】 1949年，属炎山乡管辖，1958年，改为大山包公社，1961年，改为大山包区，1966年，改为大山包公社，1984年，改为大山包区，1988年，成立大山包乡，2012年，撤乡设镇，成立大山包镇。

【自然环境】 辖区地处五莲峰东部分支，属高寒山区。土壤为黄棕壤、海垡土（灰包土），呈酸性。气候冬寒夏凉，年平均气温为6.2℃，年日照时数2200～2300小时，无霜期80～125天，年降雨量1100～1340毫米。最高海拔3364米，位于合兴村课车梁子，最低海拔2210米，位于老林村、半坡材与鲁甸县交界箐沟处。保护区有森林3110公顷，森林覆盖率16.18%。辖区内分布着5958公顷高山沼泽化草甸湿地，占保护区总面积的31%。耕地面积6 666.67公顷，均为旱地，人均有耕地0.33公顷，主产马铃薯、苦荞、燕麦。大山包镇是黑颈鹤等越冬水禽的重要栖息地。

【行政区划】 2019年，辖合兴村、大山包村、车路村、马路村、老林村5个村民委员会，89个自然村，110个村民小组。

【人口与民族】 2019年，全镇总人口4 632户，19 515人。

【机构设置】 大山包镇核定编制78名（含领导职数10名），其中，行政编制34名、事业编制44名。2019年，实有75人，其中，行政编制32人（含领导职数10人）、事业编制43人。

内设机构： 内设5个行政办公室，7个事业单位（5个中心、1站1所）。

行政办公室：党政综合办公室、社会事务办公室、经济发展办公室、基层党建办公室、扶贫开发办公室。

事业单位：农业农村和集体经济发展中心、乡村文化服务中心、国土和村镇规划建设服务中心、社会保障服务中心、乡村振兴发展服务中心、扶贫工作站、财政所。

【工作概况】 *自身建设：* 镇政府加强自身建设，执行党中央"八项规定"，整治"四风"问题，深化简政放权、放管结合、优化服务改革。健全目标管理责任制，持续压减"三公"经费，整治庸政、懒政、怠政，行政效能明显提高。

脱贫攻坚： 全镇有卡户2 081户9 828人，其中已脱贫654户2 914人，未脱贫1 427户6 914人。2019年，财政代管资金账户总收入3 934.15万元，总支出4 520.50万元；国库集中支付账户总收入1 093.00万元，总支出950.81万元。其中扶贫类项目资金累计支出2 512.64万元。

住房保障：全镇4 543户农户中，危房户有1 304户，其中卡户中的易迁户746户，非易迁户558户（无房户258户），纳入2019年中央资金改造67户。第一批实施23户，四类重点对象18户（低保户6户，分散供养户12户）；第二批实施影响脱贫出列风险户44户，四类重点对象32户（卡户11户，低保户19户，分散供养户2户），非四类12户。

易地搬迁扶贫：大山包镇共计搬迁2 318户10 241人。其中2018年规模内卡户741户3 315人，2019年规模外卡户802户3 842人，随迁户775户3 084人。

教育保障：2019年，大山包镇共有中学1所，中心完小5所，单小1所，中学教师45名，小学教师89名。小学在校生1 428名，中学在校生926名。6~15周岁适龄少年儿童有3 751名，适龄少年儿童中镇内学校就读2 129名，辍学学生由全镇干部职工、各村支书、主任、驻村队员按2~3名不等数量一一对应挂包，帮助辍学学生复校读书。

医疗保障：2019年，辖区有村级卫生室4个，村医18名（编外人员），1个卫生院，有正式职工22名。年度内，集中救治卡户32种大病，筛查和随访患有大病、重病及慢性病群众；全年，辖区卫生院住院942人次，医疗费用73.90万元，统筹支付（减免）62.80万元；门诊急诊27 353人次，医疗费用89万元，统筹支付（减免）61万元；完成国家孕前优生健康检查任务，做好艾滋病防控工作，落实健康扶贫政策。

转移就业：全镇有劳动力10 287人，其中，贫困劳动力5 197人，已就业并提供就业务工证明4 217人，零就业家庭已通过开发新的公共岗位全部解决。全年，卡户劳动力技能培训任务729人，培训655人；易地搬迁技能培训任务1 380人，培训1 163人。

人居环境提升： 各村每周组织1次大扫除，每月集中整治1次，建立人居环境提升长效机制，群众居住和周边环境卫生得到改善。

垃圾清理：全年，辖区清运垃圾860多吨到炎山垃圾焚烧场处理，清理河道（沟）6条、水库3个、湿地7处，清理河道垃圾10吨，其中生活垃圾9吨，建筑垃圾5吨。

拆旧复垦：全镇排查应拆除旧房1 204户，已拆除1 058户，拆除面积17.94万平方米，占地面积20.01万平方米，将闲置院坝和闲置宅基地复垦复绿，累计面积达73.33公顷。

厕所革命工作：年度内，已完成农村厕所专项调查，正实施厕所改造工作。

基础设施建设：2019 年，辖区饮水基础设施巩固提升工程项目，修复水池 7 座，新建供水池 3 座 20 立方米、新建取水池 12 座、安装各种管道 1.47 万米、护管坝及挡土墙 4 道、混凝土浇筑 35.23 立方米、安装消毒设备 6 套，新建污水处理厂，巩固提升垃圾中转站，垃圾车和钩背箱投入使用。

种植业：2019 年，全镇粮食总产量（折合纯粮）8 824.9 吨，农作物总播种面积 3 153.33 公顷。5 个马铃薯产业合作社继续扩繁。2017 ~ 2018 年，卡户种植马铃薯 377.2 公顷。2019 年，种植 170.07 公顷，带动贫困户原种扩繁种植马铃薯，2 121 户 9 347 人，实现全镇贫困户全覆盖。

非洲猪瘟防控：全镇排查非洲猪瘟 31 484 户次，排查生猪 54 824 头次，排查内容包括有无发病猪、死亡猪、泔水喂养猪、网购生猪等情况，排查出发病猪 7 头，死亡 3 头，作深埋死亡猪、隔离治疗发病猪处理，养殖场（户）坚持消毒 1 周以上。

社会保障：全镇低于最低生活保障线下农业人口基本做到应保尽保。发放"三难"经费 5.6 万元，临时救助金 15.19 万元，帮助因学、因病、因灾等原因造成困难的群众，推进殡葬改革、留守儿童、社会优抚、正常和非正常离任老村干部、孤儿五保、高龄老人等工作。补发收入不达标对象资金 4.62 万元，确保兜底对象人均收入达到 4 000 元。

维护社会稳定：全年，发放扫黑除恶专项斗争告知书，签订《扫黑除恶专项斗争承诺书》，严防市场乱象违法行为，集中整治各类经营户 124 户，向辖区营者发放《扫黑除恶专项斗争调查表》141 份，排查辖区经经营者扫黑除恶专项斗争 141 户。

安全生产：全年，安全监管重点区域、重点人群、重点行业，适时巡查检查辖区内 15 个地质灾害点，辖区内无重特大安全事故发生。

昭阳区旧圃镇

【地理位置】　旧圃镇位于昭阳城西，镇政府距城西约 7 千米，全镇国土面积 87.6 平方千米，东与龙泉、凤凰办事处相连，南与永丰交界，西与洒渔、乐居相邻，北与北闸、青岗岭乡接壤。

【历史沿革】　2006 年 1 月 25 日，新的旧圃镇挂牌成立，标志着原土城乡和原旧圃镇整体合并。

【自然环境】　辖区地势东高西低，东边多为旱地，西边多为水田。北有九龙山，西有锦屏山，昭鲁河自东向西北流经境内西边入洒渔河；牛洒公路、渔洞南北干渠穿镇而过，各行政村通乡村公路，最高海拔九龙山 2 351 米，最低海拔葡萄井 1 911 米，褐煤资源丰富；主产玉米、水稻、马铃薯；特色产业有樱桃、苹果等名特优水果，物产丰富，有历史悠久的九龙山，还有独特神奇的彝族文化资源，风景名胜点有有着"昭阳八景"——"珠泉涌碧"之称的葡萄井。

【行政区划】　2019 年，辖旧圃社区、沙坝社区、三棵树社区、土城社区 4 个社区和后海、锦屏、红泥闸、大村、三善堂 5 个行政村，共有 157 个村民小组。

【人口与民族】　2019 年末，辖区有总户数 25 953 户，总人口 79 436 人，总人口中男性 41 696 人，女性 37 740 人；彝族 558 户 2 171 人，回族 61 户 214 人，其他少数民族 132 人。

【机构设置】　旧圃镇核定编制 97 名，其中，行政编制 35 名（含领导 11 名）、事业编制 62 名。2019 年，实有 120 人，其中，行政编制 54 人（含领导 11 人、行政工人 14 人）、事业编制 66 人（含参公管理 5 人）。

内设机构：内设 5 个行政办公室，7 个事业单位（5 个中心、1 站 1 所）。

行政办公室：党政综合办公室、社会事务办公室、经济发展办公室、基层党建办公室、扶贫开发办公室。

事业单位：农业农村和集体经济发展中心、乡村文化服务中心、国土和村镇规划建设服务中心、社会保障服务中心、乡村振兴发展服务中心、扶贫工作站、财政所。

【经济概况】 2019年，全镇经济总收入6.85亿元，比2018年6.06亿元增长13%；粮食总产量4.42万吨，比2018年4.23万吨增长4.5%；农民人均纯收入10 852元，比2018年农民人均纯收入9 777元增长11%。

【工作概况】 **脱贫攻坚：** 2019年，旧圃镇聚焦"两不愁、三保障"目标任务，脱贫攻坚各项工作成效明显。

产业扶贫： 全年，狠抓苹果产业技术升级改造，重点培植樱桃、水果豌豆和葡萄等农业产业，农业生产和农村经济呈现稳步发展的态势。

金融扶贫： 2019年，完成扶贫小额信贷284户1 032.60万元。全镇共发放产业扶持贷款954万，惠及498户954人，每年每人可享受入股分红600元。

就业扶贫： 2019年，共分三期输出劳动力283人。劳动技能培训123人，妇女特色培训22人。为贫困群众提供乡村公共服务岗位259人，生态护林员99人，全镇贫困劳动力2 221人，完成转移就业2 174人。

住房保障： 2019年6月30日前，完成农村危房清零工作。实施四类对象306户，其中修缮加固228户，兜底帮建24户，拆除重建49户，销号5户；启动非四类对象428户危房清零工作，其中修缮加固165户，享受农危改拆除重建52户，放弃农危改补助自行拆建211户。从2016年以来，累计实施农危改1 737户，贴挂农村住房安全认定牌3 021块。

兜底扶贫： 2019年，按照每人每年100元标准，为卡户2 730人代缴城乡养老保险，达到100%参保。实施健康扶贫行动，全镇贫困人口4 244人全部参加城乡居民基本医疗保险和大病保险；符合条件的卡户养老保险参保3 117人；家庭医生签约服务率达到100%，实现全覆盖。

人居环境提升： 旧圃镇将拆旧复垦与农村人居环境提升改造工作有机结合，统计、强制性拆除各类建新房屋后未拆旧的农户旧房、农村残垣断壁、旱厕等，动员拆除常年无人居住闲置的老房；全面推进清"五堆"，即"草堆、柴堆、粪堆、沙土堆、石堆"，建"三园"，即"菜园、果园、花园"行动；以户为作战单元，集中开展环境卫生综合治理；整治辖区内白泥沟、边沟、旧圃集镇小河、北干渠河4条沟渠，确保水面无漂浮物，河提无垃圾；整治辖区水塘，河道13千米、水塘25个。

特色产业： 2019年，全镇围绕"创新发展思路、突出产业特色、夯实发展基础、全力推进冬季作物开发"的发展思路，狠抓苹果产业，重点培植樱桃、水果豌豆和葡萄等具有特色的农业产业。

苹果产业： 全年，新植苹果0.53公顷，改造低产苹果园0.87公顷。

车厘子种植： 种植车厘子5.93公顷，共补助8.90万元，惠及卡户84户345人。

水果豌豆种植： 种植水果豌豆7.45公顷。

食用菌种植： 后海村种植基地种植食用菌1.80万棒，惠及户卡36户。

林业工作： 全年，坚持"封、管、造"并举，按照"谁栽种、谁管护、谁收益"的原则，指导退耕农户做好现有退耕地块补植和抚育；抓好天然林资源保护、退耕还林等工作；聘用有劳动能力的卡户群众99名，作为生态护林员，每年人均补助8 000元，帮助卡户脱贫致富。

水利工作： 扩建狮子山水厂，增加净水设备1套，配套管网4.7千米，修建1 000立方米水池1个，300立方米水池1个，260平方米管理用房1栋，水泵电机2套，250千伏安变器1台；大村村上四甲修建500立方米水池1个，配套管网2千米；三善堂村填埋管网0.5千米。检查水库、沟渠等防洪安全，提高水利设施利用率。

社会保障： 2019年，全镇兜底保障52户144人，特困供养89人，享受低保1 958人，孤儿13名，残疾人补贴145人。各村（社区）、镇属各部门按照"属地管理"原则，整治违法违规殡葬行为，推进殡葬改革。

教育事业： 辖区内有1所职中，1所中学，9所小学，1所卫生院。在校学生14 200人。

医疗卫生： 卫生院共有在职医生30名，村级卫生所9所，医护人员41名。

维护社会稳定： 全年，旧圃派出所刑事案件立案37件，破获14件，抓获18人，治安案件受理54件，结案11件，抓获15人，破获毒品案件1起，收缴毒品0.29克，社区戒毒3人，强戒8人，社区康复3人；土城派出所刑事打击犯罪嫌疑人7人，破获刑事案件24件，受理治安案件

172 件，治安拘留 26 人，罚款 41 人，抓获网上在逃犯罪嫌疑人 2 人，社区戒毒 3 人，社区康复 5 人，收缴管制刀具 17 把。

扫黑除恶专项斗争：一是宣传发动。书写固定标语 50 多条，布标 60 多条，发放印有扫黑除恶举报电话相关信息挂历 1 万余份，利用赶集天组织政法干警、文化干部在旧圃广场开展宣传活动 6 场，利用媒体集中宣传 6 条，召开村（社区）主题讲演活动 12 场，召开院坝会 1 场，召开党员宣传活动进社区扫黑除恶宣传活动 9 场。二是线索摸排。在辖区内设置举报箱 30 个，落实专人管理，开箱时由纪委、派出所各出 1 名工作人员进行监督。全年，共收到线索 15 条，核实 11 条，其余还在核查过程中。两个派出所接上级转办线索 20 条，核查完成 10 条，回复 5 条，其他还在核实过程中。

安全生产：一是落实《安全生产责任制》；二是专项整治和隐患排查重点行业领域；三是开展道路交通专项整顿行动，打击非法营运、农用车、三轮车、摩托车等违章载人行为；四是排查整治辖区内商铺、饭馆、学校等人员密集场所火灾隐患，重点检查镇辖内各中小学和幼儿园安全出口、疏散指示、应急照明、锅炉管理、消防配备、用电用火管理和卫生安全等；五是巡查、管理各持证经营户危险化学品和烟花爆竹，要求经营户建立销售、进货台账，及时掌握各经营户进货销售情况，对经营户未按要求设专柜、超量储存等行为，责令限期整改。巡查清理市场，及时发现和处理无证流动摊点非法经营行为。

昭阳区靖安镇

【地理位置】　靖安镇位于昭阳区、大关、永善三县区结合部，昭阳区城区东北 28 千米，213 国道、麻昭高速公路过境，国土面积 176.08 平方千米。

【历史沿革】　原名小堡子，为古代驻兵地。民国初为北三区，后因匪患频繁，1931 年，取"绥靖安宁"之意，改为靖安，1936 年，为通汇镇，1952 年，为靖安区，1966 年，为前进公社，1984 年，为靖安区，1988 年，定为靖安乡，2012 年 9 月，撤乡设镇成立靖安镇。

【自然环境】　辖区境内山高坡陡，最高海拔 3 013 米，位于大坪子雷达站；最低海拔 1 817 米，位于百顺代家海子；属高寒冷湿气候类型，年均气温 11℃，年降水量 780 毫米，无霜期 220 天。实有耕地 5 400 公顷，人均 0.12 公顷；草场 106.67 公顷，林业用地 6 333.33 公顷，森林覆盖率 36%。主要农作物为玉米、马铃薯、荞麦、胡萝卜、冷凉蔬菜、食用菌等。

【行政区划】　2019 年，辖小堡子、洪家营、龙潭、大坪子、碧海、碧凹、大耆老、五星、百顺、松杉、长寨 11 个行政村，130 个自然村，215 个村民小组。

【人口与民族】　2019 年末，全镇有 12 448 户 46 854 人，居住着汉族、回族、彝族、苗族、蒙古族和柯尔克孜族 6 种民族，其中农业人口 36 567 人，非农人口 10 287 人；总人口中，男性 24 963 人，女性 21 891 人；汉族 39 547 人、回族 4 487 人、彝族 2 067 人、苗族 728 人、柯尔克孜族 19 人、蒙古族 6 人。人口自然增长率控制在 4.98‰。

【机构设置】　靖安镇核定编制 87 名，其中，行政编制 30 名（含领导 10 名）、事业编制 57 名。2019 年，实有 82 人，其中，行政编制 28 人（含领导 10 人、保留副科级待遇 1 人）、事业编制 54 人。

内设机构：内设 5 个行政办公室，7 个事业单位（5 个中心、1 站 1 所）。

行政办公室：党政综合办公室、社会事务办公室、经济发展办公室、基层党建办公室、扶贫开发办公室。

事业单位：农业农村和集体经济发展中心、乡村文化服务中心、国土和村镇规划建设服务中心、社会保障服务中心、乡村振兴发展服务中心、扶贫工作站、财政所。

【经济概况】　全年实现经济总收入 5.997 亿元，同比增长 14.80%；农民人均可支配收入达到 7 560 元，同比增长 14.20%；农民外出务工收入约 3.26 亿元。

【工作概况】 脱贫攻坚：靖安镇紧扣"两不愁三保障"目标，脱贫攻坚取得关键性成果，经济社会得以平稳、健康、有序地发展。

贫困户情况：全镇有卡户4 301户19 467人，2019年，脱贫962户4 255人，剔除21户99人（2018年锁定未剔除部分），新识别3户16人，自然增加558人，自然减少527人。

脱贫项目库建设：做好洪家营、五星、碧海、松杉、龙潭、大坪子和百顺7个村贫困退出申报工作，完成11个村脱贫攻坚村级项目库和镇级项目库动态修改完善工作。

住房保障：2019年，实施农村危房改造659户（四类对象拆除重建360户，加固修缮66户，兜底帮建30户，非四类对象拆除重建203户）。

转移就业：全镇有卡户劳动力10 606人，转移就业9 869人，务工率93.05%。省外转移就业4 647人，省内转移就业3 703人，区外省内转移就业2 264人，区内就地就近务工1 439人（主要是在合作社务工），开发乡村公共服务岗位388人，其中护林员岗位安置323人。转移培训劳动力664人次，妇女特色培训41人次、易地搬迁操家理物培训450人次。

易地搬迁：靖安镇协助市、区抓好靖安易地扶贫安置点建设工作，完成安置点建设用地征地133.33公顷，污水处理厂建设用地征地5.33公顷，房屋拆迁10户。安置区建设安置房149栋9 256套，承接大关、永善、彝良、盐津、镇雄、昭阳5县区39个贫困乡镇229个贫困村搬迁群众9 256户40 549人。完成2019年卡户搬迁300户1 295人、同步搬迁户106户485人相关档案规范工作。

产业培育：全镇引进龙头公司和专业合作社流转土地近666.67公顷，以扶持发展马铃薯和蔬菜产业为主。采取"龙头企业+合作社+贫困户（托管代养）"方式，投资333万元，实施扶贫产业挂靠帮带固定分红项目，覆盖卡户666户3 099人；投资777万元，实施2019年易地搬迁户配套产业项目，覆盖卡户300户1 298人；投资331万元，实施统筹产业资产收益项目，覆盖卡户662户3 019人；投资1 481万元，实施资产性收益——苹果基地、车厘子基地项目，覆盖卡户302户1 481人。对2016年的搬迁对象实施产业扶持698户2 985人，投资895.5万元，入股区易迁公司（人均入股0.3万元），每年每户享受6%分红；投资1 162.7万元，建设西魁马铃薯基地566.67公顷，实现全镇所有贫困户产业全覆盖，分红182余万元。

教育保障：全镇共有中学1所，小学12所，教师321人，学生6 250人。全年，落实依法入学和劝返制度，实现"零"辍学，确保贫困户适龄儿童100%就学；享受"两免一补"政策的有6 135人，"营养改善计划"政策6 135人，学前教育资助1 534人，"雨露计划"859人。

医疗保障：2019年，全镇有中心卫生院1个，村级卫生室10个，医护人员97人。年内，完成所有参保对象的信息录入工作，城乡居民参加医疗保险41 018人，实现卡户100%参保，办理特殊病20例，慢性病125例、新生儿参保536例；家庭签约9 354人，卡户门诊报销比例达70%、住院报销比例达90%。

人居环境提升：全年，开展"两违"专项整治工作，全面叫停违章建筑和违法用地，完成拆旧复垦1 624户8.91万平方米；争取环保部门支持，投资220万元，新建垃圾处理厂1个，已投入使用，清运存量垃圾上千余吨；在洪家营、松杉、龙潭村造林33.33公顷，长寨村面山绿化4.07公顷，农村人居环境不断得到巩固和提升。

基础设施建设：2019年，争取交通部门资金支持600万元，硬化村组道路23千米；投资207万元，新建桥梁4座；投资620万元，新修道路防护墙89千米。争取水利部门资金支持1 527万元，完成饮水工程项目6项，实现11个村饮水安全及补短板工程；启动"马铃薯特色小镇"改造工程，建设"马铃薯之乡"。

社会保障：全年，完成城乡居民养老保险参保24 953人，落实农村低保3 117人939.8万元，城市低保279人133.9万元，特困供养117人108.3万元，孤儿保障19人29.3万元，兜底保障48人21万元，残疾人"两项补贴"656人10.5万元；落实《殡葬改革目标责任制》，全年，火化遗体8具，其中2具进入凤凰山公墓。

维护社会稳定：2019年，开展安全生产、交通安全、扫黑除恶、森林防火、信访维稳、禁毒等工作，落实目标责任制度，通过签订目标责任书，层层明确责任，狠抓责任落实，发动镇村组干部和群众700余人次，出动车辆60余辆，成功扑救大坪子"2·28"火灾，将火灾损失和影响降到最低程度。

昭阳区乐居镇

【地理位置】　乐居镇位于昭阳区城西18千米，国土面积84.57平方千米。镇政府驻上街子自然村，平均海拔1915米。东与旧圃镇相连，南与苏家院镇交界，西与鲁甸县龙树镇接壤，北同洒渔镇、苏甲镇毗邻。

【历史沿革】　清朝初期称"乐者寨"，清道光时取"安乐居住"之意称乐居，镇故名。1950年1月，属洒渔区。1959年，由洒渔区划出，建立上洒渔公社，辖8个管理区。1962年10月，易名乐居区，辖10个小公社。1966年，更名为乐居公社，"文化大革命"期间曾易名"东方红公社"。1978年，复名乐居公社。1984年，定名乐居区。1988年，划出上街等5个行政村，组建乐居乡。2012年9月，经云南省人民政府批准，设立乐居镇。

【自然环境】　辖区大部分处于洒渔河谷平坝，地势南高北低，洒渔河流经北部边缘，多箐沟丘堡，属二半山区。最高海拔沈家沟北侧2790米，最低海拔马龙村1891米。年平均气温11℃，年降水量750～1100毫米，无霜期220余天。2010年，通过云南省生态乡镇创建，获云南省第五批"生态乡镇"称号。

【行政区划】　2019年，辖上街、乐居、中河、仁和、新河5个村民委员会，19个自然村，101个村民小组。

【人口与民族】　2019年末，全镇总人口35004人，其中，农业人口29045人。主要以汉族为主，杂居着回族、苗族、彝族等少数民族。

【机构设置】　乐居镇核定编制83名，其中，行政编制30名（含领导职数12名），事业编制53名（含参照公务员法管理人员编制5名，其他事业编制48名）。2019年，实有79人，其中，行政编制28人（含领导12人、行政工勤2

人）、事业编制51人（含参公管理人员4人）。

内设机构：内设5个行政办公室，7个事业单位（5个中心、1站1所）。

行政办公室：党政综合办公室、社会事务办公室、经济发展办公室、基层党建办公室、扶贫开发办公室。

事业单位：农业农村和集体经济发展中心、乡村文化服务中心、国土和村镇规划建设服务中心、社会保障服务中心、乡村振兴发展服务中心、扶贫工作站、财政所。

【经济概况】　2019年末，全镇经济总收入4.22亿元，同比增长8.10%；农民人均纯收入达12049元，同比增长7.50%。

【工作概况】　党组织建设：全镇有党员739名（含驻村工作队队员和督导员），党的基层组织68个，机关支部4个，非公经济支部7个，社会组织支部1个，农村支部56个。

脱贫攻坚：2019年，国办系统全镇贫困人口有1732户7221人，含2014年脱贫216户899人、2015年脱贫273户1190人、2017年脱贫948户3916人、2018年脱贫111户477人、2019年脱贫126户511人。截至年末，全镇5个行政村达到出列标准，还有58户228人未脱贫。

贫困户精准识别：累计识别卡户1732户7221人。其中，乐居村238户991人，仁和村557户2358人，上街村59户249人，新河村218户915人，中河村660户2708人。

村出列情况：中河村、仁和村、乐居村3个贫困村于2017年出列，新河村、上街村计划2019年脱贫出列。对照村出列7条标准，5个村全部达标。

户脱贫情况：2014～2018年，已脱贫1674户6993人；未脱贫58户228人，其中乐居村11户41人，仁和村17户55人，上街村8户36人，新河村7户30人，中河村15户66人。

贫困发生率：5个贫困村贫困发生率，乐居村0.96%，新河村0.96%，仁和村0.63%，中河村0.67%，上街村0.73%。

户脱贫计划：2020年，计划脱贫58户228人，其中乐居村11户41人，仁和村17户55人，上街村8户36人，新河村7户30人，中河村15

户 66 人。

监测户情况：全镇有脱贫监测户 69 户 284 人，因大病监测 37 户 149 人，占比 52.46%；因残 5 户 25 人，占比 8.80%；因学 6 户 26 人，占比 9.15%；因就业不稳定 10 户 45 人，占比 15.85%；因突发事件 2 户 10 人，占比 3.52%；因其他情况 9 户 29 人，占比 10.21%。

风险边缘户情况：全镇有风险边缘户 118 户 365 人，主要风险：因病监测 42 户 140 人，占 38.36%；因残 3 户 12 人，占 3.29%；因就业不稳定 17 户 49 人，占 13.42%；因突发事件 6 户 25 人，占 6.85%；因学 9 户 35 人，占 9.59%；因灾 1 户 5 人，占 1.39%；因其他原因 37 户 90 人，占 24.66%。

劳动力转移就业：全镇劳动力有 18 545 人，截至 8 月 31 日，系统更新 18 545 人，更新率 100%，劳动力就业率 83.45%。卡户劳动力有 3 931 人，就业 3 671 人，其中，易迁户劳动力 170 人，全部就业，实现卡户"零就业"家庭清零。卡户开具务工证明 3 671 份，占 93.16%，省外务工 1 296 人，省内务工 2 375 人；通过乡村公共服务岗位开发 204 个，公益岗位 3 个，生态护林员 37 个，解决 244 人就近就业。

基础设施建设帮扶：2019 年，争取到社会捐赠资金 200 余万元，解决乐居镇中大路建设、上街村通组路和村民活动广场建设，以基础设施建设推进帮扶。

干部包组帮扶：整合镇、村干部及驻村工作队员 3 支力量，制订实施方案，定期召开联席会议、调度会议，明确包保任务，实行挂户包组，5 个行政村 101 个小组实现组组有人包，人人有责任的工作机制，确保小康路上不漏 1 户、不漏 1 人。

人居环境提升：印发《乐居镇农村环境综合整治工作实施方案》，全年累计清运 340 余吨垃圾，发放《责令停止国土资源违法行为通知书》15 份，巡查砂石料厂 14 次，巡查打击私挖乱采玛瑙石 12 次，拆除违章建筑 45 户，4 175.84 平方米；拆除大石头安置点旧房 122 户，完成土地"增减挂钩"第二批次 97 个地块，40 公顷；镇级河长巡查河道 129 次，村级河长巡查河道 186 次，每月开展一次"清河行动"全年清理河道污染物 35 吨。

种植业：粮食生产：2019 年，全镇种植水稻 186.67 公顷、玉米 466.67 公顷、马铃薯 440 公顷（冬早马铃薯 166.67 公顷）。2019 年粮食测产：水稻平均 8.4 吨/公顷、玉米 11.99 吨/公顷、马铃薯 23.1 吨/公顷，冬早马铃薯 25.68 吨/公顷。

苹果种植：全镇苹果种植 51.75 万公顷，其中投产果园 36 万公顷。2019 年，新植 213.33 公顷，举办果农管理培训班 5 期，受训达 1 100 余人次，促进果农增收，全镇苹果总产量达 7.5 余万吨。

特色农业：全面完成农村土地确权工作，推动"土地占不平衡"工程实施 666.67 公顷；流转土地 166.67 公顷，主要用于种植苹果、葡萄、玫瑰、香葱等特色产业。组建合作联社，规模种植特色农产品，带领群众致富增收。

畜牧业：全年，防控非洲猪瘟，全覆盖发放告知书，市场监管所、畜牧站、安监站多部门联合执法，设点堵卡禁止运输生猪产品。动物防疫检疫实现 100% 覆盖，年内，辖区没有发生重大疫情。

社会保障：全年，开展新一轮城乡低保精准认定工作，整改"错保""漏保""政策保""轮流保""按人保""平均保"等问题，做到"应保尽保、应退尽退"；救济和保障困难户，资助老年人、五保老人、孤儿等困难群体；严格资金管理，全部由信用社通过"一卡通"代为发放；采集退伍军人信息；"新农保"参保率 100%。

教育事业：全镇有完全中学 1 所，小学 5 所（每个行政村设完全小学 1 所），公办幼儿园 1 所，民办幼儿园 8 所（其中 4 所有证）。高中在校学生 2 895 人，义务教育阶段初中学生 1 400 人，小学在校生 2 718 人。学前教育阶段有 1 340 名幼儿。全镇有在编在岗教职员工 368 人。

医疗卫生：全镇有卫生院 1 所，医护人员 34 人，在职在编 18 人，合同人员 16 人，病床 50 余床，医疗设施设备齐备；村卫生室 5 所，医护人员 22 人，病床 15 床。年接诊人数达 15 万余人次。防疫免疫、妇幼保健、食品卫生、爱国卫生、艾滋病防治工作取得新成绩，全面落实计划生育目标管理责任制。"新农合"参保率 98%。

维护社会稳定：创建"平安乐居"，铲除毒品原植物禁种，化解信访积案，实施"七五"普法，贯彻执行《信访条例》，有效控制越级上访和集体上访事件发生，解决部分上访户遗留问题；打击黑恶势力等各种违法犯罪活动，排查和及时解决各种民间纠纷和疑难问题。

安全生产：一是每月定期召开安全生产工作会议，部署安全生产工作。二是在重大节假日期间，组织交警、派出所、市场监管所、安监站、企业办等相关部门联合开展大检查，主要检查重点区域、重点行业等安全，检查有问题的单位提出整改要求或责令整顿。三是采取不定期形式巡查辖区内安全生产责任单位，将安全隐患消除在萌芽状态。

昭阳区盘河镇

【地理位置】　盘河镇位于昭阳区城北28千米，面积153.9平方千米。镇以盘河命名，镇政府驻坛罐窑自然村，海拔1860米，东与彝良县洛泽河镇接壤，北与大关县玉碗镇毗邻，西面和南面分别与靖安、青岗岭和北闸镇相连。

【历史沿革】　1950年，为蒙泉区辖，1959年3月，由蒙泉区划出，组建为三寨人民公社，辖9个大队，"文化大革命"时易名为红河公社，1978年，为盘河公社，1984年，改为盘河区，1988年，定名为盘河乡，2012年9月，撤销盘河乡设立盘河镇。

【自然环境】　境内山脊绵延，峡谷幽深；东西为高山峻岭，盘河由南向北横穿境内注入大关河，住户多沿盘河两岸山麓居住，最高海拔杉木梁子3198米，最低海拔罗汉林1670米。气候冬春寒冷，夏秋阴湿多雾，年均气温约为11℃～13℃，年降雨量966毫米，无霜期200～211天。土壤为黄壤、黄棕壤、棕壤、紫色土、水稻土，呈酸性。耕地面积1866.67公顷、林地8466.67公顷、宜牧荒山3000公顷；植被覆盖64%、森林覆盖率26.5%，分别居昭阳区第一和第二。镇境内有储量丰富的煤、铁、铜、铅锌、页岩等矿产；有全省纯度极高的优良猪种——乌金猪；有国家一级保护植物——红豆杉，还有天麻、半夏和刺脑苞、龙爪菜等名贵中药和绿色食品。离镇政府驻地不到2千米的地方，仍有南丝绸古路

"五尺道"痕迹。一年一度的苗族"五月花山节"暨传统体育运动会享誉镇内外，备受各级各部门的广泛关注和一致好评。

【行政区划】　2019年，辖新华、新店、油榨房、放马坝、大花树、头寨、三寨、五寨、冷家坪9个行政村，71个自然村，148个村民小组。

【人口与民族】　2019年末，全镇总户数8217户27907人，主要居住着汉族、苗族、彝族等民族，其中少数民族人口4000余人，约占总人口的14.50%，是昭阳区主要的苗族聚居地。

【机构设置】　盘河镇核定编制82名，其中，行政编制32名（含领导职数11名）、事业编制50名。2019年，实有83人，其中，行政编制33人（含领导11人），事业编制50人。

内设机构：内设5个行政办公室，7个事业单位（5个中心、1站1所）。

行政办公室：党政综合办公室、社会事务办公室、经济发展办公室、基层党建办公室、扶贫开发办公室。

事业单位：农业农村和集体经济发展中心、乡村文化服务中心、国土和村镇规划建设服务中心、社会保障服务中心、乡村振兴发展服务中心、扶贫工作站、财政所。

【经济概况】　2019年末，全镇经济总收入1.11亿元，农村居民人均纯收入为4100元；粮食总产量1591.35万千克，人均有粮570.23千克，外出务工人员12581人。

【工作概况】　**脱贫攻坚：**紧扣精准扶贫"六清""六个精准"，盘河镇统筹镇村干部职工、区级包保干部开展"户脱贫、村出列"工作。一是脱贫攻坚全力冲刺60天，全镇评定出整户清退户12户50人，脱贫户157户617人，新识别户1户4人，无返贫户。二是投资896.7万元，硬化道路25.66千米，其中，冷家坪村9.36千米，放马坝村4.5千米，新华村1.9千米，三寨村6.6千米，油榨房村3千米，新店村0.3千米；投资280万元，新建三寨村纸厂沟大桥1座，投

资 70 万元,新建头寨村山包包桥梁 1 座;投资 110 万元,新建冷家坪村道路防护栏 10.89 千米。投资 27 万元,改造 7 个行政村卫生室,实现村级卫生室规范化建设;投资 200 万元,新修建头寨村、大花树村村公所,已投入使用。三是实施农危改 95 户(含 2018 年提前实施 36 户,2019 年 59 户),其中,四类对象建房户 90 户、非四类对象建房 5 户,已全部搬迁入住。

劳动力转移扶贫:2019 年,全镇转移就业 12 581 人,其中,有卡户转移就业 2 096 户 4 323 人,实现有劳动力家庭至少有 1 人以上就业目标。卡户区内转移就业 1 588 人、区外省内 624 人、省外 2 111 人;其中,乡村公共服务岗位解决就业 227 人,生态护林员岗位解决就业 303 人。全年务工收入达 2.6 亿元,其中,卡户务工收入 9 千余万元。

易地搬迁:一是小额信贷。主动与农商行联系,完成易地搬迁户小额贷款 75 户 308 万元(2018 年 8 户 40 万、2019 年 67 户 268 万),资金入股易迁公司发展产业,实现年底分红 20 万元。二是易地搬迁工作。盘河镇共完成易地搬迁 214 户 879 人,其中,2018 年 8 户 51 人,2019 年 206 户 828 人。

种植业:全年,粮食总播种面积 2 415.33 公顷。其中,玉米种植 977.47 公顷、马铃薯种植 981.33 公顷、其他作物种植 456.53 公顷。玉米地膜覆盖 976.8 公顷,马铃薯地膜覆盖 266.67 公顷。全年投资 50.3 万元,扶持卡户 235 户 1 050 人在放马坝村种植马铃薯 33.53 公顷,235 户卡户马铃薯平均增收 300 千克。

畜牧业:2019 年,全镇生猪存栏 16 247 只,牛存栏 1 467 头,羊存栏 4 346 只,家禽存笼 12 436 羽,马存栏 863 匹。生猪出栏 18 413 头,肉产量 1 299.5 吨。牛出栏 786 头,肉产量 82 吨,羊出栏 3 019 只,肉产量 55.6 吨。家禽出笼 12 436 羽,肉产量 19.9 吨,肉类总产量 1 457 吨;羊毛产量 1.03 吨,蜂蜜产量 1.1 吨,禽蛋产量 8.6 吨。

生态建设:一是整合 48 名护林员与 81 名生态护林员实行分片负责制,严管严控辖区林区,确保全年林区无火情发生。二是开展人居环境提升工作,全镇近 400 个公益性岗位实行分片包干制,建立完善生活垃圾"村收集、镇转运"机制、人居环境村规民约,改变农村脏、乱、差面貌。三是新建新华村垃圾热解厂 1 个。

社会保障:实行低保动态管理,年内,新增农村低保 134 户 229 人,新增城市低保 4 户 14 人;向低保户、困难户和残疾人发放大米 2.5 万千克,发放各类救助金 135 万余元。办理新增残疾人"两项补贴"50 余人;发放辅具(轮椅、拐杖)8 人;核对低保户残疾人,退出"两项补贴"100 余人;办理残疾人燃油补贴 4 人;医疗资助重度残疾人 40 人;完成辖区近 200 人残疾证期满换证工作。

医疗卫生:2019 年,辖区有卫生院 1 所,村级卫生室 8 所,医护人员 49 人。

群团工作:开展"自强、诚信、感恩"宣讲活动 23 次,在 13 个苗族聚居点组织"苗族五月花山节"演出 13 场次,开展"送戏曲进乡村暨盘河镇脱贫攻坚文艺汇演"巡演 6 场次,在放马坝村放马坝小学、罗家营小学开展"暖冬爱心捐赠",开展关爱留守困境妇女、儿童行动 20 余次。

教育事业:2019 年,辖区有中学 1 所,在校学生 785 人,在职教师 58 人;完小 3 所,单小 8 所,在校学生数 1 889 人,在职教师 130 人。

维护社会稳定:全年,接到纠纷调解申请 20 起,受理 20 起,成功调解 20 起,其中土地纠纷 10 起,林木纠纷 3 起,其他纠纷 7 起,按期办结率 100%。

普法工作:利用 3 月份综治宣传月、6 月份禁毒日、12 月份宪法日、赶集天宣传《中华人民共和国宪法》《中华人民共和国人民调解法》《劳动法》等法律,共制作宣传横幅 15 条,张贴宣传标语 10 处,在中心法制宣传现场设立宣传咨询点 1 个,接受前来法律咨询群众 100 余人次,发放各种法律读本 500 余册,法制宣传单 2 000 余份。

扫黑除恶专项斗争:开展扫黑除恶整治工作,全年发放宣传手册海报 6 000 余份、设置扫黑除恶公告栏 17 块、悬挂标语 34 条,扫黑除恶工作做到家喻户晓。

社会治安:2019 年,共接警 341 次,办理刑事案件 14 起,起诉 19 人,刑事拘捕 17 人。治安案件立案 51 起,破案 42 起,拘留 14 人。强制戒毒 9 人,社区戒毒康复 40 人。

安全生产：全年共召开安全生产工作会议9次，安全生产大排查7次，发放整改通知10余份，发放安全生产宣传单1 000余份，辖区无安全事故发生。

【表彰】　程濒获昭通市人力资源和社会保障局授予"脱贫攻坚记功"一次。

谢天、赵礼中获昭阳区委授予"安全生产先进个人"称号。

昭阳区苏家院镇

【地理位置】　苏家院镇位于昭阳区西部，镇政府驻地为苏家院村，距市区17千米。东西以南北走向的两山脉为屏，南以高低起伏的山岳为枕，东与永丰镇、旧圃镇相连，北与乐居镇毗邻，西南同鲁甸县龙树镇、茨院镇、小寨镇接壤。

【历史沿革】　1988年，从乐居乡划出苏家院乡，2012年9月，撤销苏家院乡，设立苏家院镇。

【自然环境】　辖区国土面积109.39平方千米，耕地面积4 533.33公顷。地貌复杂，山区占全镇总面积的40.20%，为典型的喀斯特地形，土质多为黄色砂土、黏土、紫色砂性土、黏性土。有林业用地4 600公顷，林地4 333.33公顷，森林覆盖率39.36%。地势南高北低，东、南、西三面环山，多为丘陵、陡坡、山地，西南、西北山势蜿蜒起伏，中部地势平坦，多为良田。最高海拔（阿鲁伯梁子）2 704米，最低海拔1 910米。地处暖温带，为北纬高原大陆季风气候，冬季气温较低，夏季气候凉爽，干湿两季分明，年平均气温11.7℃，全年无霜期230天，年平均日照时间1 902小时，大于或等于10℃的活动积温3 217℃，年平均降雨量756毫米。

【行政区划】　2019年，辖苏家院、坪子、双河、迤那、顺山5个行政村，27个自然村，126个村民小组。

【人口与民族】　2019年，全镇总人口14 153户45 083人，其中，城镇人口7 177人，乡村人口37 906人，男性23 600人，占总人口的52.35%，女性21 483人，占总人口的47.65%。有汉族43 475人、彝族1 264人、苗族171人、哈尼族35人、回族26人、布依族23人，其他民族89人。

【机构设置】　苏家院镇核定编制83名，其中，行政编制30名（含领导职数11名）、事业编制53名（含参公管理5名）。2019年，实有81人，其中，行政编制（含领导10人）、事业编制50人（含参公管理4人）。

内设机构：内设5个行政办公室，7个事业单位（5个中心、1站1所）。

行政办公室：党政综合办公室、社会事务办公室、经济发展办公室、基层党建办公室、扶贫开发办公室。

事业单位：农业农村和集体经济发展中心、乡村文化服务中心、国土和村镇规划建设服务中心、社会保障服务中心、乡村振兴发展服务中心、扶贫工作站、财政所。

【经济概况】　2019年，全镇农村经济总收入达3.86亿元，比2018年增长10%，其中农林牧业收入2.92亿元，比2018年增长11%，二、三产业收入0.94亿元，比2018年增长9%，农民人均纯收入增长11%，达10 698元。

【工作概况】

自身建设：一是依法行政。接受人大监督，办理镇人大代表和上级交办的建议、议案。监督财务、政务公开，主动接受社会监督、舆论监督，权力"进笼子""晒太阳"。二是为民施政。完善社会公示、公开制度，建设便民服务中心，推广"一部手机办事通""放管服"改革精神，落实"互联网＋政务服务"，把APP推广到所有需要办理业务的群众中去。三是效能建设。实现干部职工挂村包组，完善公务接待、出差及公车、外出报备、财务管理、项目管理等制度，做好各级检查反馈问题整改工作。四是清廉执政。落实党风廉政建设责任制，规范各项资金管理使用，抓好廉政风险点防控，执行"三重一大""领导干部重大事项报告"制度。

脱贫攻坚：2019 年，开展贫困人口动态管理 2 次，新识别 1 户 5 人，剔除 6 户 21 人，全镇累计识别卡户 2 792 户 11 020 人，2014～2019 年，已脱贫 2 707 户 10 730 人，剩余 85 户 290 人将于 2020 年脱贫。

住房保障：全年，核实和鉴定辖区 11 884 间住房和房屋安全等级，分类、分阶段改造农村危房 652 户，覆盖卡户 164 户、残疾人家庭 11 户、低保户 73 户、分散供养户 9 户、非四类对象 395 户。

易地扶贫搬迁：2019 年，完成 2018 年 72 户 245 人、2019 年 94 户 386 人搬迁入住工作。

扶贫档案和问题整改：梳理完善 2009～2019 年所有农村危房档案；全面整改区危改办反馈的 3 个住建系统中共计 7 539 条问题数据。

饮水安全保障：完成投资 60 万元的 2019 年脱贫攻坚农村饮水安全巩固提升项目，依托骡马河水库、官家沟和小黑箐山泉水 3 个水源点、2 个水厂，日净化水 6 000 立方米；全镇管网整体入户率达 90% 以上，卡户入户率达 100%，安全饮水保障率达 100%。

教育保障：2019 年，全镇有中学 1 所、小学 6 所、幼儿园 7 所，有教职工 375 人，其中，幼儿园 94 人，小学 175 人，中学 106 人。在校学生 6 802 人，其中，幼儿园 1 458 人，小学 3 421 人，中学 1 907 人，其他 16 人。年内，全镇义务教育阶段适龄儿童 7 437 人，就学率 100%；"两免一补"实现全覆盖，其中"一补"自 2018 年以来，3 个学期享受补助学生 5 208 人次，补助资金 260.4 万元；实施"雨露计划"467 人；资助学前教育 941 人次，每人每学期补助 150 元。

医疗保障：全镇有镇级卫生院 1 个，占地面积 5 500 平方米，业务用房 4 200 平方米，现有在职人员 25 人，在岗 22 人，聘用合同人员和临时工 18 人，有主治医师 1 人，执业医师 9 人，助理医师 6 人，医生 3 人，主管护师 2 人，护师 5 人，护士 10 人，工人 2 人；有 5 个村级卫生室和 2 个增设点，村医 22 人，开设中医科、针灸推拿科、检验科、内科、外科、妇产科、儿科等。年内，卡户参加城乡居民基本医疗保险和大病保险均达到 100%；针对卡户，大病救治 291 人，救治率 100%；慢性病管理 584 人，管理率达 90% 以上；重病兜底保障 2 060 人，资金 103.6 万元，保障率 100%；符合转诊、转院卡户群众报账比例均达 90% 以上；家庭医生团队有 7 个 21 人，共签约服务 4 343 人。

劳动力转移就业：2019 年，全镇劳动力总数 24 429 人，其中转移就业 22 098 人，转移就业率 90.46%。主要务工地点为省内，其次为长江三角地区。月收入均在 2 500 元以上，最高可达到 7 000 元左右。卡户劳动力有 6 302 人，转移就业 5 898 人，特殊情况无法转移就业 404 人；易地搬迁对象劳动力 692 人，转移就业 655 人，特殊情况无法转移就业 37 人。培训劳动力 201 人次，聘用乡村公共服务岗位 99 人，公益性岗位 12 人，累计组织 162 人到昭阳工业园区务工。

扶贫项目建设：发展特色种植业。在苏家院村、坪子村、双河村、迤那村种植苹果 7.77 公顷，投资 11.65 万元，扶持卡户 81 户 320 人；投资 290.55 万元，在迤那村、顺山村种植马铃薯 242.13 公顷，扶持卡户 1 186 户 4 734 人；投资 15.3 万元，在迤那村种植豌豆 20.4 公顷，扶持卡户 306 户 1 300 人。发展特色养殖产业。投资 16.15 万元，在顺山村养肉猪 323 头，扶持卡户 105 户 436 人；投资 50.5 万元，养牛 101 头，扶持卡户 101 户 435 人。

人居环境提升：2019 年，累计拆除老旧房屋 16 万平方米，拆除畜圈 800 余间；各村民小组张贴《村规民约》，通过 PPT 形式，讲解推广《村规民约》；全镇 126 个村民小组配备垃圾箱，按人均 12 元收缴垃圾收集处理费，选聘 67 名公共服务岗位护路员，划分村组道路到护路员、包保到农户；依托日处理能力 10 吨的垃圾热解站，实现"组收集、村转运、镇处理"；推进迤那村孔家营人居环境整治"省级提升改善型示范村创建"工作，启动苏家院集镇提升改造工作；镇村干部职工包保 126 个村民小组和卡户，年内，包保贫困户 1～6 月每月回访至少 2 次，7～12 月每月回访至少 3 次，指导、帮助打扫卫生至少 3 次。包保小组每月至少召开 1 次群众会议、开展 1 次集体大扫除，提升辖区人居环境。

传统种植业：2019 年，推广水稻滇优 34 号、马铃薯会－2 号、玉米中金 368 等新品种，完成粮食播种 5 526.67 公顷，总产量达 3.74 万吨。

苹果产业：2019 年，累计流转土地 1 733.33 公顷，引进海升、汉朔、东达、绿健、远智等 23

家龙头企业，创建绿色生态、标准规范苹果示范基地24个，发展培育种植专业合作社86个。年内，全镇苹果种植规模达到2 533.33公顷，投产1 200公顷，年产量预计达4.5万吨，产值2.2亿元，从业人员1万余人，实现人均增收5 000元以上。依托苹果产业，苏家院镇成功申报"全国产业强镇示范镇"建设，全国共298个乡镇，云南省12个，成为昭通市唯一1个；迤那村成功申报全国"一村一品"示范村，2019年9月26～27日，云南省推进"一县一业"现场会在昭阳区召开，镇迤那村作为示范村在现场会上作交流发言，迤那村海升苹果基地作为现场参观点迎接全省各地各级领导参观调研。

畜牧业：2019年，防控口蹄疫、禽流感、非洲猪瘟，累计完成重大动物疫病及常规防疫注射猪13 443余头，牛1 560头，羊1 970余只，防疫鸡瘟及禽流感禽24 700多羽，辖区内没有发生非洲猪瘟疫情。

社会保障：城乡医疗保险和城乡居民养老保险参保率达98%以上，完成计划生育奖励扶助、城乡基本医疗保险补助、独生子女保健费发放、孕前优生健康检查等工作。全年发放低保费515万元，发放特困供养补助65万元、临时救助106.84万元；殡葬改革取得新突破。全年火化遗体180具，完成率82.4%，实现零"土葬"。推进工会、青年、妇联、统计、民族宗教等工作。

教育事业：镇政府配合帮助成立昭阳区教育促进会迤那分会，各学校校园足球队成绩斐然，双河、迤那、示范3所小学达到义务教育学校标准化建设，双河小学成为全市办学条件最好的农村小学。

文化事业：配合上级部门开展各项文体活动，参加昭通市委、市政府2019年"百场演出进百乡"文艺演出、苏家院镇纪念"五四运动"一百周年文艺汇演等活动3次，丰富了干部群众文化生活。

维护社会稳定：全年，排查、受理并成功调解各类民事纠纷64件。矫正、安置、教育23名在册社区服刑人员，提供法律咨询110多人次；开展安全生产专项整治，全年没有发生重大安全生产事故；推进扫黑除恶专项斗争，排查全镇干部职工、村三委人员及126名小组长涉黑、涉恶情况，未发现涉黑、涉恶人员。排查辖区学校、幼儿园、网吧及私营企业等，未发现涉黑、涉恶场所。扫黑除恶专项宣传8次，悬挂宣传标语36条，张贴宣传图片500余张，发放宣传日历1.4万份。

【表彰】　吴明云获昭通市军分区授予"先进个人"称号。

陈绍斌获昭阳区委、区政府授予"禁毒工作先进个人"称号。

孙世胜获昭通市地方公路管理处授予"先进个人"称号。

蒋仕彦获昭通市人力资源和社会保障局授予"昭通2019年脱贫攻坚专项奖励三等功"。

昭阳区洒渔镇

【地理位置】　洒渔镇位于昭通城西北，距市区15千米，东接靖安镇、旧圃镇、青岗岭镇，南接乐居镇，西接苏甲镇，北接永善茂林。

【历史沿革】　民国时于此设第五区，辖8乡1镇。1950年8月，建立洒渔区，辖16乡。1959年2月，其南部划出，其余建立洒渔公社，辖11个管理区。1962年10月，改为洒渔区，辖12个小公社，1966年，为洒渔公社，"文化大革命"期间，曾易名"战斗公社"，1978年，复名洒渔公社，1984年，定为洒渔区，1988年，改为洒渔乡，2012年，撤乡建镇更名为洒渔镇。镇因洒渔河得名，镇政府驻三台村江川自然村（又名下街子）。

【自然环境】　辖区区域面积222平方千米，地势北高南低，最高海拔先锋云2 618米，最低海拔水碾1 876米，平均海拔1 910米，年平均气温11℃，无霜期180～240天，年平均降雨量729.7毫米，年日照1 889小时，土壤为黄壤、黄棕壤和玄武岩棕壤。全镇有耕地8 933.33公顷，其中，苹果种植面积7 333.33公顷，占耕地面积的82.09%。森林覆盖率31%。

洒渔镇有直接连接昭通城到洒渔镇的三级公路——牛洒公路，穿境而过的昭苏公路、洒茂公路，镇村公路四通八达，东进十多千米就到昭通城，南可上乐居、苏家院、西凉山、鲁甸县，西可达苏甲、永善，北可抵青岗岭、靖安。

洒渔具有悠久历史，厚重文化，淳朴民风，浓郁民族特色。旌表节孝坊、营盘古墓、小湾子姚人洞、李蓝起义领袖李永和、清代进士等无不向世人昭示洒渔悠久和厚重文化。在洒渔河周围山麓，发现新石器时期石斧以及大型远古土坑墓葬群，它标志着在遥远古代，这里已有人类活动。特别是汉代石室墓、砖室墓、崖墓，出土文物极为丰富。全国仅有的"建畣朱提银""南夷长史"铜印，东汉"建初八年朱提造作"双鱼铜洗出土辖区。

【旅游资源】 洒渔古镇大约建于秦汉时期，曾经有过的青石板路、天灯坝坝、抹角房子、长柳飞燕、青瓦木屋、石桥流水，虽年久失修，所幸大部分尚存。

万亩果园是洒渔镇又一特色。洒渔河全长18.7千米，由南向北穿境而过，在洒渔河几十里河堤上生活的彝汉先民，为护堤保埂，广植杨柳，形成"昭阳八景"——"洒渔烟柳"景观。

渔洞名樱旅游度假区位于洒渔镇镇联合村，已是集观光、度假休闲、餐饮住宿、健身康养、民俗文化和生态农庄为一体的综合性旅游度假区。2019年，渔洞名樱度假区通过土地流转、合作社合作、公司统筹经营等方式，完成智慧景区和AAA级景区创建工作，接待服务能力得到全面提升，年接待游客达到70余万人次，成为乡村生态旅游的一个亮点。2011年，洒渔镇被云南省人民政府纳入农业特色小镇建设规划；2013年，被农业部评为全国一村一品示范镇；2013年，申报全国重点镇；2013年，辖区巡龙村被列为第二批国家级传统村落；2014年，被住建部、国土部等六部委评为全国重点镇；2015年，成功入选云南省省级建制镇示范试点；2017年，成功入选全国农村综合性改革示范试点。

【行政区划】 2019年，辖三台、大桥、新立、新海、白鹤、居乐、弓河、巡龙、联合9个村民委员会，131个自然村，231个村民小组。

【人口与民族】 2019年末，全镇有乡村户数18 104户，总人口64 448人，其中常住人口63 606人，人口自然增长率12.43‰，以汉族为主，约占94%，辖区内住着汉族、彝族、苗族、壮族等少数民族。

【机构设置】 洒渔镇核定编制95名，其中行政编制35名（含领导职数11名）、事业编制60名（含参公管理编制4名）。2019年，实有92人，其中，行政编制36人（含领导10人），事业编制56人（含参公管理2人）。

内设机构：内设5个行政办公室，7个事业单位（5个中心、1站1所）。

行政办公室：党政综合办公室、社会事务办公室、经济发展办公室、基层党建办公室、扶贫开发办公室。

事业单位：农业农村和集体经济发展中心、乡村文化服务中心、国土和村镇规划建设服务中心、社会保障服务中心、乡村振兴发展服务中心、扶贫工作站、财政所。

【经济概况】 2019年，全镇经济总收入10.60亿元，年人均可支配收入9 364元。2019年末，全镇苹果总产量突破25万吨，年产值超过10亿元，占全镇农业总产值的90%以上。全年实现粮食产量1.15万吨，外出务工农民工5 800余人。

【工作概况】 脱贫攻坚：全年，整合各类资源，围绕组织建设互促、党员干部互帮、优势资源共享、科学发展共赢4个重点任务，借助"万企帮万村"平台，"一村一策"定规划，"一户一法"定措施，建立"不脱贫不脱钩"帮扶机制，构筑党委主导，干部、群众、社会广泛参与的扶贫新格局。

产业发展：2019年，全镇9个村成立村集体公司，按照"党支部＋企业＋合作社＋贫困户（托管代养）"模式，成立种植、养殖专业合作社，将贫困户全部纳入合作社，形成规模化种植、养殖，解决广种薄收问题。年内，改造低产果园132.27公顷，涉及大桥、三台、弓河、巡龙、白鹤、新海6个行政村卡户664户2 799人，补助39.68万元；种植马铃薯83.13公顷，主要分布在新立、新海两村，涉及卡户487户2 073人；养鸡9.42万只，涉及联合村卡户283户1 143人；养蜂500箱，涉及居乐村卡户125户

635 人。

住房保障：通过开展农村危房改造，易地扶贫搬迁，移民避险解困、水资源保护搬迁安置等项目解决安全稳固住房问题。年内，完成农村危房改造 915 户，易地扶贫搬迁 377 户，渔洞水库水资源保护搬迁 168 户 674 人。按照"一户一宅"规定，推进辖区内拆旧复垦复绿工作。全镇拆旧复垦复绿拆除 3 900 户 49.91 平方米。

技能培训：2019 年，开展苹果种植技术、电子商务、科学养殖等培训 9 000 余人次，转移富余劳动力 1 万余人。全镇累计发放稳岗补贴 579 人次，补贴 15.78 万元。就业培训 1 281 人，投入扶贫资金 66.49 万元。

医疗、教育保障：确保卡户 100% 参加医疗保险和大病保险；卡户贫困学生 100% 接受义务教育，卡户中就读普通高中 140 名学生享受每生每年补助 3 000 元，大专及以上 88 人，每生每年补助 5 000 元。全镇卡户家庭中上高中学生占就读学生的 5.48%，大学占就读学生的 3.40%。

就业保障：全镇开发公益性岗位 603 个，其中聘请到乡村公共服务性岗位 319 人，每人每月 500 元，公益性岗位 16 人，每人每月 1 400 元。护林员 278 人，每人每年 8 000 元。累计发放补助 277.1 万元。

人居环境提升：开展"清五堆、建三园"行动，清理"五堆"1 867 余户。年内，争取建设垃圾处理项目 3 个，污水处理项目 2 个，配备垃圾压缩车 2 辆、勾背式垃圾车 17 辆、勾背箱 103 个，摆放垃圾桶 1 478 个，设立农村公益岗位保洁员 319 个、集镇保洁员 16 个、专职河道保洁员 4 个。累计清运垃圾 9 000 余吨，累计清理河道垃圾 80 余吨。

道路交通基础设施建设：2019 年，辖区各村填补砂石路面出现零星坑塘，全长 14 余千米，新修村级道路 10 余千米，清理道路零星垮方 230 立方米，清理道路边沟 19 千米，共投资 20 余万元。检查、清理涵洞 57 个，桥梁 5 座，督促 300 余农户清理公路堆积物。制止在公路红线内准备建房农户 24 户。争取交通部门项目支持，硬化 5 个建制村公路 60 余千米，建成并投入使用；建设靖安至洒渔公路，改善沿途 4 个行政村群众交通出行困难问题；争取资金 1 254.90 万元，实施农村人畜饮水安全工程，解决 7 081 户 26 645 人

的人畜饮水安全问题；争取财政"一事一议"奖补资金 1 100 万元，分别在弓河、巡龙、三台、联合、居乐等村硬化村内户外道路 22.5 千米；争取"一事一议"美丽乡村建设资金 205 万元，硬化道路 4 千米；争取扶贫整村推进资金 450 万元在新立、新海、居乐、弓河、白鹤、联合等村实施产业发展和道路建设；争取新农办重点村建设资金 240 万元硬化联合村、大桥村、三台村、弓河村、居乐村道路。

苹果产业：全镇苹果种植面积达 7 333.33 公顷。全年，推广老果园提质增效改造、高光效树形、苹果套袋及反光膜使用技术；聘用苹果指导员 118 名，负责全镇中低产果园改造、新技术指导和推广，提质增效改造老果园 4 333.33 公顷，反光膜累计转移使用面积 4 000 公顷。辖区冷库数量达 51 座，储量约 3 700 吨。成立农民专业合作社 23 个，苹果产销协会 1 个，有社员共 3 100 余户，占全镇果农的 18.90%。

畜牧业：2019 年末，全镇生猪存栏 3.31 万头，能繁母猪 1 736 只，牛存栏 3 037 头，能繁母牛 1 987 头，羊存栏 7 267 只，鸡存栏 3.46 万只，规模养殖户有 16 户，其中，养殖生猪 12 户，养殖肉牛 2 户，养殖肉羊 1 户，养殖蛋鸡 1 户。杏花谷养殖农民专业合作社年末存栏蛋鸡 3.9 万只，月产鸡蛋 3 吨。

惠农政策落实：2019 年，完成各项惠农补贴发放工作。发放贴息贷款、增资补贴、耕地地力补贴、草原补贴、公益林补贴、农机购置补贴等 690 余万元；发放耕地地力补贴 557.34 万元、草原补贴 54.56 万元、公益林补贴 70.76 万元；补贴 92 户农户购置农机 95 台，补贴资金 9.84 万元。

教育事业：辖区有学校 13 所，其中完小 11 所，幼儿园 1 所，中学 1 所。中学在校生 1 951 人，初中阶段毛入学率 99.60%，小学在校生 4 238 人。全乡有初中教师 140 人，小学教师 265 人。全镇校园占地面积 9.91 万平方米，校舍建筑面积 5.40 万平方米。有公办幼儿园 1 所，民办幼儿园 10 所，在园幼儿 1 426 人。

医疗卫生：全镇有镇级卫生院 1 所，建筑面积 5 181.37 平方米，床位 72 张。注册全科医生 1 名，执业医师 13 名，助理医师 8 名。其中副高以上医师 2 名，中级职称以上医师 5 名。村级标准

化卫生室 10 所。城乡居民基本医保定点医疗机构 11 个，城乡居民基本医保参保率达 100.60%。医疗救助 12 198 人次，其中卡户 4 022 人次，非卡户 8 176 人次。

村级医疗：全镇 9 个建制村建有村卫生室，并达到基本标准。建筑面积均在 80 平方米以上，每个建制村卫生室有不少于 2 名人员持有《乡村医生执业证书》。年内，全镇有在职在编村医 36 名，全部持有《乡村医生执业证书》，中专以上学历占 100%。有助理医师 3 名，乡村全科助理医师 9 名。

计生工作：2019 年，全镇出生人口 774 人，有未婚育龄妇女 3 616 人，已婚育龄妇女 9 957 人，落实避孕节育措施 7 532 例，综合避孕率达到 82%，开展医学监护 3 次，每次监护面均达到 100%；利用赶集天等宣传计划生育法律法规政策及优生优育知识 15 场次，发放计划生育宣传资料 1.35 万份，全员录入人口基础信息。各种奖励扶助政策、利益导向机制及奖励经费落实率达 100%，足额发放宣传员工资报酬。

社会保障：2019 年，调查、审核、调整全镇低保对象，截至年末，全镇有特困人员 111 人、孤儿 14 人，农村低保 1 753 户 2 781 人。发放农村临时困难救助金 39.50 万元，共救助困难群众 214 人次；有老复员军人 11 人，带病回乡军人 15 人，伤残军人 9 人，军烈属 5 人，残属 2 人，参战老兵 168 人。全年发放伤残军人和老复员军人优抚金，优抚对象补助金 50 余万元；补贴老乡干部、村干部 48 人，补助 80 岁以上老年人 1 358 人。

维护社会稳定：2019 年，全年调处化解矛盾纠纷 167 件，接大小信访案件 183 件，均已接待并完成办理回复（其中，邻里纠纷和无理上访解决 10 件、信息化上访 123 条、回复 123 条）。重要节庆及要事活动期间未出现越级上访情况。化解 1 件信访积案。

安全生产：2019 年，重点监管辖区 3 家砂石料厂、2 个加油站、烟花爆竹经营企业、网套厂、纸箱厂等企业和个体户、食品安全、校园安全等，实现安全生产工作常态化。排查森林火灾隐患，督促护林员上山巡查，确保林区稳定。

昭阳区永丰镇

【地理位置】　永丰镇位于昭阳城区南郊 7 千米，国土面积 91.4 平方千米，镇西南 1 千米处有库容量 1 040 万立方米的永丰水库，故名永丰镇。镇驻新民自然村。东与守望乡相连，南和布嘎乡接壤，西同苏家院乡接界，北跟土城、蒙泉两乡毗邻。

【历史沿革】　1950 年，属昭通县第六区，1952 年，属凤霞区，1959 年 2 月，从凤霞区划出 9 个乡组建凤霞人民公社，1966 年，改名永丰公社，1984 年，定名永丰区，1988 年，划出布嘎等 5 个乡，其余组建永丰镇。

【自然环境】　辖区以坝区为主，最高海拔火焰山 2 125 米，最低海拔三甲 1 906 米，年平均气温 13℃~14℃，无霜期 225 天，年平均降雨量 760 毫米，土壤为黄壤、黄棕壤、水稻土，呈酸性。

全镇有新民、三甲 2 个集贸市场，有国家级文物保护单位龙家祠堂（龙云家祠，位于绿荫社区簸箕湾）和省级文物保护单位卢家祠堂（卢汉家祠，位于绿荫社区绿荫塘），人文历史资源丰富，文化积淀厚重。

地理位置优越，境内交通网络发达，国道 213 线、国道 356 线、昭鲁快捷通道、麻昭高速公路、都香高速公路和西绕城高速公路穿境而过，区位优势明显，民风淳朴，集贸市场发达。辖区内大小水库 7 个，水质清澈，生态环境优美。经济来源主要依靠粮食、林果、蔬菜及劳务输出等支柱产业，是典型的以农业为主的乡镇，成功打造昭通·昭阳现代苹果产业扶贫示范园。

【行政区划】　2019 年，辖 2 个行政村和 5 个社区居委会，109 个村（居民）民小组。

【人口与民族】　辖区居住着汉族、回族、彝族、苗族、白族、壮族、纳西族等 7 个民族，是一个典型的多民族杂居乡镇。2019 年末，全镇有 13 479 户 50 090 人，其中，卡户 2 406 户 8 542 人，已脱贫 2 373 户 8 443 人，未脱贫 33 户

99 人。

【机构设置】 永丰镇核定编制 85 名，其中，行政编制 30 名（含领导职数 11 名）、事业编制 55 名（含参公管理 4 名）。2019 年，实有78 人，其中，行政编制 26 人（含领导 11 人，行政工人 7 人）、事业编制 52 人。

内设机构：内设 5 个行政办公室，7 个事业单位（5 个中心、1 站 1 所）。

行政办公室：党政综合办公室、社会事务办公室、经济发展办公室、基层党建办公室、扶贫开发办公室。

事业单位：农业农村和集体经济发展中心、乡村文化服务中心、国土和村镇规划建设服务中心、社会保障服务中心、乡村振兴发展服务中心、扶贫工作站、财政所。

【经济概况】 2019 年末，全镇有耕地面积3 260 公顷，其中水田 780 公顷、旱地 2 120 公顷，林地 1 186.67 公顷。全镇生产总值实现 5.01亿元，人均可支配收入达 11 120 元。

【工作概况】 党务工作：镇党委下设海边、小闸、新民、青坪、绿荫、元龙、三甲 7 个党总支，79 个党支部，有党员 949 名。在"不忘初心、牢记使命"主题教育中，发放《习近平关于"不忘初心、牢记使命"论述摘编》952 本，组织 9 次集中学习，主题教育取得实效。

新时代文明实践所建设：场所建筑面积 500平方米，共有 3 层楼，分别由乡愁书院、理论宣讲堂、陈列馆和文艺活动室 4 个功能区组成。乡愁书院现有图书 5 000 余册，包含政治理论、农业知识、科技常识、历史文化、古典文学和昭通本土作家文学等多种多样、丰富群众思想文化的图书；理论宣讲堂主要开展理论知识宣讲和党员集中学习；陈列馆展示永丰镇历史文化、美丽环境及农耕文明；文艺活动室专门提供给群众开展文艺活动、休闲娱乐。

脱贫攻坚：永丰镇有卡户 2 406 户 8 542 人，其中，已脱贫 2 373 户 8 443 人，未脱贫 33 户 99人，计划 2 020 年脱贫出列。全年，建立永丰镇脱贫攻坚镇级"主令"、镇级部门"主攻"、村级"主战"三级作战指挥体系，完成人居环境提

升整治、农村危房改造、苹果产业发展、小额信贷、资产收益分红、人畜饮水安全工程、控辍保学、基本医疗保险和大病保险收缴、民政低保和临时救助、基层设施建设、乡村公共服务以及劳动力技能培训等工作。2019 年，动态调整 3 次贫困户，涉及新识别 1 户 7 人，脱贫 66 户 233 人，整户清退 41 户 112 人，自然增加 417 人，自然减少 441 人，无脱贫返贫现象，年内，全镇 7 个贫困村（社区）均已实现脱贫出列。

住房保障：全年，排查出应拆旧房 3 957 户，面积 23.20 万平方米，拆除危房 4 380 户，48.60万平方米；实施农村危房改造 606 户，其中，拆除重建 55 户、修缮加固 551 户。

产业发展：依托建立的苹果产业示范园，探索建立"公司 + 基地 + 农民合作社"经济发展模式，带动周边 182 户卡户和 700 余户群众种植苹果 200 公顷；新植苹果 155.93 公顷，其中，大面积种植 145.53 公顷，脱贫攻坚苹果新植项目种植 10.40 公顷；苹果老果园标准化提升改造面积717.69 公顷，涉及卡户 363 户，面积 119.10 公顷；依托万亩果园行间种草，带动周边群众发展养蜂和养羊等养殖产业，全面推广后，预计可养蜂 300 余箱、养羊 3 000 余只，增加群众收入。

劳动力转移扶贫：结合广东东莞、中山对口协作扶贫劳务输出，组织剩余劳动力外出务工300 余人，人均年收入超过 4 万元。

医疗保障：医疗保险参保率 95% 以上，卡户参保率 100%；城乡居民医疗保险费征缴工作任务完成率 98.74%。卡户除职工医保、服刑、服兵役、异地参保、死亡等特殊情况外，参保率100%，办理慢性病手续 271 人，医疗得到保障。

人居环境提升：集镇聘请专业保洁人员 8名，各村（社区）发挥 319 名公益性岗位保洁人员作用，按照"分片到人、责任到位"的原则，实施常态化清扫保洁；各村（社区）制定《村规民约》，实施垃圾有偿清运服务制度，常住人口按每人每年 10 元收取垃圾有偿清运费，购置垃圾清运车 8 辆，钩臂垃圾箱 151 个，提升人居环境。

基础设施建设：投资 2 100 余万元，建设元龙、小闸、青坪村级道路 45 千米；投资 100 万元，建设荒冲环湖路，总长 1 060 米，已投入使用。

社会保障：2019 年，复核调整全镇低保户，更新低保系统信息；发放 30 名优抚对象（老复员军人、烈士父母、烈士遗属、伤残军人、带病回乡）优抚金 62.64 万元；发放重点优抚对象优抚解困资金 15.98 万元，入伍士兵亲属抚恤金 29.44 万元；遗体火化率 94%。足额兑现农户耕地地力保护补贴，面积 4 625.96 公顷，补贴资金 324.19 万元。

教育事业：中心校下辖 8 所完小，教师在编 177 名，在岗 167 名，在校学生 3 562 名；有 1 所中学，教师 88 名，在校学生 1 285 名。

医疗卫生：全镇有中心卫生院 1 个，村级卫生室 7 个，医护人员 91 人，注册乡村医生 27 人。中心卫生院占地面积 5 100 平方米，业务用房 4 300 平方米，完成卫生院规范化建设。

维护社会稳定：2019 年，全镇接待群众来访 165 余批（次）276 人，其中，集体上访 21 批（次）153 余人，个访 144 批（次）123 人。排查调处各类矛盾纠纷 153 件，涉案人数 392 人；依法管理宗教事务，推进永丰经济社会发展、民族团结、社会和谐稳定。

安全生产：开展安全生产大检查工作，排查整治各类隐患，全镇在道路交通、非煤矿山、烟花爆竹、食品药品、森林防火等安全领域未发生较大以上安全事故。

重点工程：年内，完成都香高速公路、西绕城高速、第二污水处理厂、扶贫物流园区的征地拆迁工作，各工程已交付施工方开始建设；永丰易地搬迁安置点建设完毕，大山包移民入住；公益性公墓也已完成征地工作，进入建设阶段，预计 2020 年前能建成并投入使用。

【表彰】　永丰镇获昭阳区委、区政府授予"2018 年度安全生产工作先进集体"称号。

夏文明获昭通市人力资源和社会保障局授予"脱贫攻坚先进个人"称号。

铁帅获昭阳区委、区政府授予"信访工作先进个人"称号。

张钰雯、刘平波获昭阳区委、区政府"安全生产工作先进个人"称号。

昭阳区炎山镇

【地理位置】　炎山镇地处昭阳区西凉山片区，距城区 113 千米，是全区典型的深度贫困山区乡镇之一。全镇国土面积 78.10 平方千米，镇政府驻地炎山村海拔 1 892 米，东与大山包接壤，西与四川金阳相连，北与永善接界，南与巧家毗邻。

【自然环境】　辖区地处凉山山系五莲峰分支，西北为金沙江河谷地带。地势东高西低，境内重峦叠嶂，沟谷纵横。最高海拔 2 946 米，最低海拔 476 米。立体气候突出。江边河谷地带气候炎热；二半山区温和；高二半山区气温较低。镇驻地年均气温 13.60℃，年降水量 700 毫米，年日照数 2 100～2 150 小时，无霜期 230 天。土壤为黄棕壤、棕壤，呈酸性；江边河谷有燥红土，呈碱性。有耕地 1 059.60 公顷，适宜种植花椒、马铃薯、玉米、香蕉、甘蔗等农作物和经济林果。天然林 3 215.07 公顷，森林覆盖率 6.24%。有耕地 2 614.13 公顷，有铅锌矿和少量无烟煤矿藏。

随着大炎公路的全线贯通和投入使用，全镇主干道公路里程达 77 千米，基本形成以大炎公路、通江公路、沿金沙江公路为主，村、组公路为辅，辐射 8 个行政村的公路网络。

【行政区划】　2019 年，辖炎山、庙湾、大沟、中寨、松乐、屋角、大沱、小田 8 个行政村，47 个自然村，182 个村民小组。

【人口与民族】　2019 年，辖区居住有汉族、彝族、布依族、苗族等 4 个民族，共有人口 6 665 户 24 265 人。

【机构设置】　炎山镇核定编制 73 名，其中，行政编制 26 名（含领导职数 9 名），事业编制 47 名。2019 年，实有 57 人，其中，行政编制 24 人（含领导 10 人），事业编制 33 人。

内设机构：内设 5 个行政办公室，7 个事业单位（5 个中心、1 站 1 所）。

行政办公室：党政综合办公室、社会事务办公室、经济发展办公室、基层党建办公室、扶贫开发办公室。

事业单位：农业农村和集体经济发展中心、乡村文化服务中心、国土和村镇规划建设服务中心、社会保障服务中心、乡村振兴发展服务中心、扶贫工作站、财政所。

【经济概况】　2019年，全镇经济总收入1.35亿元，农民人均纯收入5858元，转移外出务工人员实现外出务工收入5411万元。

【工作概况】　**自身建设**：建设廉洁、高效、务实有为的人民政府，全面落实党风廉政建设责任制，健全完善廉政风险防控长效机制。严格管控公用经费，降低行政成本。推行"互联网+政务服务"，办事窗口升级至5个，规范便民服务管理，简化审批手续，政务服务环境持续优化。

脱贫攻坚：2019年，炎山镇有卡户2940户12388人，已脱贫2846户11996人。全镇组建村级农民专业合作社8个，镇级专业合作联社1个，覆盖所有贫困村和贫困户。

产业扶贫：全镇流转土地222.55公顷，以"合作社+基地+农户"模式，8个行政村成立村级种养殖合作社，争取脱贫攻坚专项资金175万元入股昭阳区农投公司，每年2万元入股分红，壮大村级集体经济。全年，投资133.46万元，帮助贫困户花椒提质增效59.40公顷和大面积花椒提质增效533.33公顷；投资75.25万元，扶持贫困户种植马铃薯50.17公顷；投资880.09万元，扶持贫困户发展养猪、甘蔗、香蕉、苹果等产业；完成大沱村100万元红糖加工资产收益项目和屋角200万元的花椒加工资产收益项目建设。

异地搬迁扶贫：年内，完成易地扶贫搬迁1515户6305人，完成易地搬迁贫困户150户小额信贷工作。

其他帮扶：投资146万元，培训卡户劳动力1459人；农村信用合作社群众存款总额达2亿元，审批发放支农贷款780万元；抓好控辍保学教育扶贫工作，按照相关资助标准资助1497名卡户贫困学生。

人居环境提升：2019年，开展农村"三大革命"和固体废物大排查大整治活动。争取资金近360余万元，改造集镇排污、人饮管道，街道硬化、路灯安装以及老街道路；设置钩臂垃圾箱20个，投放移动垃圾桶330个。出动机械设备120余次，发动干部职工、村组干部、群众共计

3000余人次，清理整治户外宣传标牌120余处，清理固体废弃物和陈年垃圾1000余吨，治理淘汰黄标车8辆，关停违章砂石料厂8家；投资40万元，新建公厕2个；完成第二次全国污染源普查工作。新增乡村公共服务岗位301个、公益性岗位10个，整治村庄、集镇及校园周边环境。聘请生态护林员188人，实现生态保护与脱贫攻坚融合发展。开展农村危房大排查大改造，农村危房改造891户。

基础设施建设：2019年，完成8个村土地增减挂钩项目，复垦土地18.20公顷；投资2154.12万元，实施8个村安全饮水巩固提升工程；投资207万元，修建村民小组活动场所13个；投资50万元，修建屋角村、中寨村卫生室；投资238.40万元，新开挖中寨村、炎山村道路10.30千米；投资100万元，实施松乐村上营民族团结进步示范村建设项目；投资218万元，硬化大炎路至松乐村道路5.70千米；投资268万元，完成中寨小学教学楼拆除重建项目；投资30万元，实施炎山村下木坪饮水及灌溉沟渠建设项目；投资2100万元，修建垃圾热解处理场；G356线征地55.71公顷。

种养植业：2019年，全镇青花椒种植1333.33公顷，打造示范样板533.33公顷，实现年产值6000余万元；马铃薯种植733.33公顷，实现年产值3000余万元；甘蔗种植80公顷，实现年产值800余万元。非洲猪瘟防控工作积极有效。

社会保障：2019年，专项治理城乡低保，精准识别城乡低保对象，保障全镇1754户3509人城乡低保户基本生活；落实特困供养37人，特困人员应养尽养；落实事实无人抚养儿童、社会散居孤儿7人；资助贫困人口12388人参加基本医疗保险、大病保险，完成家庭医生签约服务与重病兜底保障工作，确保卡户基本医疗有保障；城乡居民养老保险参保13246人，领取待遇3372人，发放养老补助1790.31万元；农村养老保险参保13246人；新型农村合作医疗持续完善，全镇参合率每年均达到97.6%以上；做好"互联网+政务服务"工作，落实人口计生"村为主"工作机制。推进校园文化建设。完成全国第四次经济普查工作。

其他事业：2019年，炎山中学在校生人数

605 人，普高升学率达 53.2%。基本公共卫生服务有效落实。就医环境不断改善，投资 400 余万元的卫生院新住院大楼和门诊大楼相继投入使用。计生工作稳步推进。落实人口出生政策，政策内二孩外多孩早孕发现率以及长效节育措施落实率等各项指标均达到上级考评标准。

维护社会稳定： 开展安全生产、禁毒反邪教、扫黑除恶专项斗争，完善信访机制，建立矛盾化解分片包干督导责任制，"平安炎山"建设成果持续巩固；持续深化农村综合改革，推进"三权"促"三变"；工会、团委、妇联、残联、武装、食品、药品、文化等工作取得新成绩。着力抓好矿山、道路交通、水运、烟花爆竹、学校等行业和领域安全生产工作，全镇安全生产工作总体平稳运行。

昭阳区大寨子乡

【地理位置】　大寨子乡位于昭阳区西北部，地处两省三县综合，国土面积 78 平方千米，距昭通城区 79 千米，东与永善县码口乡和鲁甸县新街乡相连，南与大山包乡接壤，西与炎山乡毗邻，北至金沙江与四川省金阳县隔江相望。东西最大横距 30 千米，南北最大纵距 40 千米。

【历史沿革】　1950 年，属第七区，1952 年，属炎山区管辖，1959 年 2 月，从炎山区划出，成立铁池人民公社，1962 年 10 月，改为大寨区，1966 年，改名大寨子公社，1984 年，定名为大寨子区，1988 年，改为大寨子乡。

【自然环境】　辖区地处山区，地势东高西低，低纬度、高海拔，地形地貌错综复杂，境内最高海拔 3 068 米，最低海拔 494 米（全区最低海拔），相对高差 2 574 米。土壤为黄棕壤、棕壤、水稻土，呈酸性；江边河谷为燥红土，呈碱性。受地理位置和地形地貌的影响，气候复杂多变，灾害性天气种类繁多而发生频繁，为高原立体气候类型。二半山区年均气温约 11℃，年降水量 1 000 毫米，无霜期 200 ~ 210 天。乡政府西南 2.6 千米处有溶洞，洞中有钟乳石，千姿百态；车德村石笋、熊湾溶洞、金江峡谷风光、观江台、新林村尖山草原风光无限。境内自然风光优美，景观奇特，旅游资源丰富，是旅游观光、避暑休闲、感受大自然的绝佳去处。

【行政区划】　2019 年，辖新林、雨露、大寨、窝凼、锅厂、铁池、卜鲁期、车德 8 个村民委员会，48 个自然村，107 个村民小组。

【人口与民族】　2019 年末，全乡村人口 4 286 户 15 746 人。居住有汉族、彝族、苗族等民族。

【经济概况】　全乡现有耕地 1 021.07 公顷，水田 33.47 公顷，林地面积 2 606.73 公顷，森林覆盖率 40%，其余为草山、荒山荒坡地。植被以针叶林、阔叶林、灌木林为主。

【机构设置】　大寨子乡核定编制 67 名，其中，行政编制 25 名（含领导职数 11 名）、事业编制 42 名。2019 年，实际有 57 人，其中，行政编制 24 人（含领导 10 人）、事业编制 33 人。

内设机构： 内设 5 个行政办公室，7 个事业单位（5 个中心、1 站 1 所）。

行政办公室：党政综合办公室、社会事务办公室、经济发展办公室、基层党建办公室、扶贫开发办公室。

事业单位：农业农村和集体经济发展中心、乡村文化服务中心、国土和村镇规划建设服务中心、社会保障服务中心、乡村振兴发展服务中心、扶贫工作站、财政所。

【工作概况】　*基层党组织建设：* 乡党委下设 8 个党总支，32 个党支部，有党员 405 名，预备党员 6 名，入党积极分子 12 名。2019 年，全面完成党建工作。一是强化服务理念，提升政府公信力度。二是压实党建责任。全年，共组织全乡干部职工到基层学习各级党委政府相关文件精神 20 余次。三是加强作风建设、严格行为准则。落实中央"八项规定"精神，严格管理干部职工。四是开展"不忘初心、牢记使命"主题教育等。

脱贫攻坚： 一是党委政府常态研究部署脱贫攻坚工作；二是制定《大寨子乡 2019 年脱贫退出实施方案》；三是规划《昭阳区大寨子乡 2018

年至2020年脱贫攻坚项目库》；四是整合5 700万"乌蒙浦发基金"和2 000万"整乡推进"项目资金用于改善交通、发展产业、解决饮水、保障住房等方面，做到措施精准。每月遍访贫困户1次。

饮水保障：2019年，投资529万元，实施饮水安全巩固提升工程，其中，新建千吨万人水厂1座，彻底解决大寨子乡人饮安全问题。

产业扶贫：2019年，按照项目库规划投资9.24万元，实施花椒提质增效改造10.27公顷；投资6.75万元，种植花椒15公顷；投资33.80万元，养殖肉猪676头。

就业扶贫：2019年，全乡有劳动力3 217户8 731人，已实现转移就业2 648户6 712人。有贫困劳动力1 495户3 573人，全覆盖培训有意愿的卡户劳动力技能，转移就业3 401人。已务工并提供务工证明2 229人。转移就业区域分别为：乡村公共服务岗位167人，区内650人，区外省内382人，省外1 030人。已务工并提供自证材料789户1 172人（包括扶贫车间就业、自有产业无需务工、打零工等情况）。无法转移就业96户172人，其中，失联28人，需清退43人，特殊情况无法外出务工94人，闲置在家7人。全乡无零就业家庭，实现每户贫困户至少有一人就业。并在8个行政村建立8个扶贫车间，解决剩余劳动力就近就业问题。

易地搬迁扶贫：2019年，新增易地搬迁对象357户1 516人，全部为卡户，选择集中安置在北闸镇红路二期安置点，于2019年12月20日搬迁入住。搬迁对象中，无劳动力家庭5户13人，有劳动力352户846人，已转移就业328户621人。剩余未就业易迁劳动力225人，拟按个人意愿在工业园区及安置点附近从事家政服务、住宿和餐饮业等行业以及扶贫车间、产业基地务工。易地搬迁310人接受培训，其中，技能培训127人，引导性培训114人，现场培训59人。按人均6 000元标准，扶持易地搬迁群众产业发展，根据群众意愿提供户均4万元小额贷款资金，入股易迁公司分红获利。

医疗保障：全乡有卫生院1所，村卫生室7所，医护人员18人，病床20张，医务用房3栋4 200平方米。卡户实现基本医疗全覆盖。卡户家庭医生签约3 432人，免费享受国家基本公共卫生服务，每年4次面对面随访重点人群，针对不同人群制定个性化签约服务内容。8个村均建有标准化卫生室。

教育保障：全乡有中学1所，小学完小9所，单小1所。中学有教师36人，学生在校人数610人，初中入学率达97%；小学有教师72人，学生在校人数1 097人。7～15岁农村儿童入学率达99%。全年，一是宣传《义务教育法》《未成年人保护法》；二是加强学籍管理，完善学生学籍信息；三是每月召开控辍保学专题工作会，研究控辍保学工作难题、存在问题，落实包保责任制度，全部教职工参与组织学生入学、辍学生劝返工作，并准确统计掌握学生流动情况，做好辍学学生劝返入校分类安置工作；四是在大寨子乡雨霏村新建雨霏小学，作为寄宿制小学试点，吸纳新林、雨霏适龄儿童200人就读；五是实施"雨露计划"，全乡2018～2019学年共计申报90名，2019～2020学年的申报工作正在开展中。

人居环境提升：2019年，全乡设有垃圾临时堆放点8个，配备电动三轮垃圾车2辆，摆放塑料垃圾桶188个，保洁员80人；8个行政村均制定"村规民约"，建立《清扫保洁制度》《收费制度》，配备清洁人员，年度内，收缴村庄生活垃圾清运费3万元，保证村庄环境干净整洁。定期和不定期整治8个行政村环境卫生101次8 670人次，清理生活垃圾200余吨；在集镇和锅厂村建设水冲式公厕2个，以点带面推动卫生厕所建设；开展同群众同吃、同住、同劳动活动；硬化村组道路86.56千米，串户路硬化16.70千米，硬化贫困户庭院230户；通过整乡推进、安居工程、农危改、"8·03"地震灾后恢复重建等项目的实施，全乡全部实现人畜分离，无人畜混居情况。

畜牧业：2019年，全乡存栏牛3 386头、生猪3 386头（含能繁母猪325头）、羊4 133只（含绵羊196只）、家禽18 872只。出栏肉猪19 466头、肉牛104头、肉羊6 503只、家禽17 359只。

道路建设：投资657.14万元，硬化村内道路13条14.66千米，面积5.86万平方米；投资143.03万元，硬化户间道路16条15.50千米，面积2.33万平方米；投资75.60万元，新建村内道路5条11.70千米；投资160.18万元，改造村内道路 21 条 56.43 千米；投资 615.36 万元，硬化农村公路 5 条 39.96 千米；投资 494.38 万元，硬化村组道路 3 条 10.16 千米；投资 140.98 万元，硬化串户路 2 条 7.80 千米；投资 83.223 万元，修复水毁道路 2 条。

文化设施建设：投资 53 万元，在全乡范围内建设 10 个村民小组活动场所。

社会保障：2019 年，全乡符合条件贫困家庭享受农村最低生活保障 1 069 户 2 034 人，城市低保 172 户 370 人（除 2 户 2 人一直属于城市低保外，其余 170 户 368 人为易地搬迁对象）。完全丧失劳动能力或部分丧失劳动能力且无法依靠产业帮扶脱贫的贫困人口提供兜底保障 2 户 5 人；符合条件贫困家庭"五保"供养 52 户 55 人；落实贫困家庭残疾人扶持措施，享受困难残疾人生活补贴 192 人，重度残疾人护理补贴 95 人。

昭阳区苏甲乡

【地理位置】 苏甲乡位于昭阳区城西北部距城 46 千米，辖区面积 212.98 平方千米，乡政府驻苏甲村苏甲街。东与洒渔乡接壤，南和乐居乡相接，西与鲁甸县的龙树接界，北同永善县茂林相连。

【历史沿革】 1959 年，鲁甸县龙树区的苏甲乡划经昭通县洒渔公社，1966 年，由大寨子、乐居、洒渔 3 个公社划出边远结合部的布初、新店、布兴、瓜寨、苏甲、井底 6 个乡组建成苏甲公社，"文化大革命"期间改为"建设公社"，1984 年，改为苏甲区，1988 年，正式改为现在的苏甲乡。

【人文地理】 四筒鼓是伴随丧葬而存在的舞蹈，形态较为原始。舞蹈时，舞者身挎自制的直桶形木鼓，合以锣、铰、镍等响器；顶腰大奖赛胯，扣胸梗脖，显得粗犷朴拙，极有韵味。舞蹈本身以套路为结构单元，以模拟动物形态和游戏为内容，套路动作多达 80 余个，如"喜鹊登枝""犀牛望月""老牛擦背""黄龙三转弯""猫拿耗子"等，跳起来腾挪跳跃、队形极富变化，是苏甲乡土生土长、地地道道的地方舞蹈。

【自然资源】 境内山脉纵横、山峦起伏、箐沟交错，洒渔河流经境内南部，冷水河流经境内东北部，地势西高东低，最高海拔 2 992 米，位于跑马坪子，最低海拔 1 926 米，位于水井黑石噜。集山区和高二半山区为一体，黑石噜水库水域面积全部在苏甲乡境内。辖区森林覆盖率 46.60% 以上，有着森林资源优势，以核桃、板栗为主的经济林果是全乡群众增收的主要支柱产业，在乡境内藏有铁、铜、硫等多种丰富矿物质，具有"生态氧吧"美称。

云南省滇字一号工程——昭通渔洞水库，80% 以上面积在苏甲乡境内，渔洞水库已立法保护，水库建成改变了苏甲乡原来气候状况，苏甲乡因此冬暖夏凉。气候使全乡境内形成两种差别较大的两条风景，一是以渔洞水库周边自然美景为景观的生态旅游点，具有气候凉爽、可以发展规模养殖等优势，产出各色各样的农特产品；二是以桂花箐、布兴、车噜、井底高寒冷凉气候为显著特色的山区特色，以自然草山为风景线，重点发展牛羊基地、苦荞基地等，让游客可以体会到"天苍苍，野茫茫，风吹草低见牛羊"的草原风光，让游客可以吃到生态肉食品，生态荞、麦食品，住天然草棚，享受大自然给予的恩赐，这成为众人梦寐以求的好地方。黑石罗水库工程是云南省 2012 年开工建设的"三个一百"重点建设项目之一，是昭通市十二五规划建设的骨干水源工程，水库水域面积均在苏甲乡境内，苏甲乡水库边的村有水井、车噜两个村，下一步将承担昭阳中心城市和鲁甸县城的生活供水任务。

【特色产业】 苏甲乡素有"烟熏火腿之乡"美称，由于气候等资源特殊，群众养殖、加工并腌制、烟熏火腿，有质优、肉鲜、味美等特点，深受广大消费者喜爱，是群众增收来源之一。苏甲乡有核桃、板栗之乡的美称，是昭阳区林业大乡之一，核桃、板栗较适合在苏甲乡种植，乡党委、政府将核桃、板栗作为产业发展首要项目。核桃板栗具有优质、果大、味香等显著特点，是群众深受喜爱的特色产品之一。

【行政区划】 2019 年，辖苏甲、井底、车噜、布兴、桂花箐、小松树、水井、瓜寨、新店子、渔坝、布初、梨园 12 个行政村，162 个村

（居民）民小组。

【人口与民族】　2019 年，全乡总人口 30 732 人，其中男性 16 911 人，女性 13 821 人，汉族 28 662 人，少数民族 2 070 人。少数民族人口中，彝族 1 257 人、苗族 728 人、哈尼族 16 人、白族 15 人、其他民族 54 人。

【机构设置】　苏甲乡核定编制 80 名，其中行政编制 30 名（含领导职数 11 名），事业编制 50 名。2019 年，实有 75 人，其中行政编制 26 人（含领导 10 人）、事业编制 49 人。

内设机构：内设 5 个行政办公室，7 个事业单位（5 个中心、1 站 1 所）。

行政办公室：党政综合办公室、社会事务办公室、经济发展办公室、基层党建办公室、扶贫开发办公室。

事业单位：农业农村和集体经济发展中心、乡村文化服务中心、国土和村镇规划建设服务中心、社会保障服务中心、乡村振兴发展服务中心、扶贫工作站、财政所。

【经济概况】　2019 年，全乡经济总收入 1.51 亿元，年均增长 5.50%，农民人均纯收入达 4 775 元，年均增速 6%。

【工作概况】　脱贫攻坚：2019 年，按照市委 "133" 工作思路和 "双统领""双保障""双推进" 要求，对照 "两不愁、三保障" 总目标和贫困退出 "571" 标准，开展脱贫人口 "回头看""2019 年度扶贫对象动态管理""五查五看一感恩""抓村盯户暨重点问题大排查" 等工作，打赢打好 "四大攻坚战""九大歼灭战"，兑现军令状，夺取脱贫胜利。改造农村危房 842 户，巩固提升 2 266 户 10 016 人脱贫和 8 个已退出贫困村的脱贫成果，完成全乡 334 户 1 387 人稳定脱贫和 4 个贫困村出列，贫困发生率降到 1.20%。

人居环境提升：2019 年，全乡建立健全村规民约和收费制度，收取垃圾清运费 9.50 万元，将每月 10 日定为 "户环境整治日"，表彰 117 户卫生示范户，引导全乡开展人居环境整治提升；开展拆旧复垦工作，累计拆除危房、旧房 1 310 户，面积 7.23 万平方米；落实 "五查五看一感恩"，帮助卡户提升人居环境、改善生产生活质量，解决 "感官贫困" 问题；用活用好非卡户户均 200 元补助，帮助、引导非卡户同步提升人居环境，配备 3 立方米钩臂箱 39 个，专用 3 立方米钩臂车 2 辆，配挂桶式垃圾车 2 辆，240L 翻桶式 240 个，10 立方垃圾压缩收运车 2 辆，小型装载机 1 辆。

基础设施建设：2019 年，硬化村组道路 96.94 千米，危险路段安装标识牌 50 余块，学校路段安装减速带 15 条；人饮基础设施项目立项 4 项，涉及全乡 12 个行政村 3 045 户 12 113 人，其中，卡户 971 户 4 086 人受益；新建瓜寨、苏甲村 2 个村级活动场所；新建布兴、鱼坝村 2 个公厕；完成苏甲温家沟安置点绿化项目建设。

种植业：全乡种植马铃薯 1 640 公顷，其中贫困户扩繁马铃薯一级种薯 55.73 公顷，共补助 8.36 万元，满足卡户贫困人口种植马铃薯意愿，良种良法实现全覆盖；在桂花箐村完成新品种试验青薯 9 号、云薯 505、云薯 305、昭薯 6 号、丽薯 6 号，防治马铃薯晚疫病 33.33 公顷；种植玉米 2 000 公顷，地膜覆盖率 95%，其中布初村省级玉米体系示范样板及新品种展示项目 10.67 公顷；种植荞麦 300 公顷、苹果 40 公顷；水井村利用黑石罗水库外迁移民剩余可耕土地 2 公顷建成大棚种植花菇；梨园村以 "公司 + 党支部 + 合作社 + 农户" 模式发展花椒产业 33.33 公顷。

水资源保护：2019 年，完成石漠化治理项目建设 128.33 公顷，森林抚育 533.33 公顷，巩固退耕还林成果，造林 780.67 公顷，瓜寨村新建湿地保护 8 公顷，治理布初村小流域。

社会保障：2019 年，逐一核查、摸排、研判全乡农户，落实低保政策，做到应保尽保，按照 "精准脱贫、不少一户、不落一人" 的原则，专项整治低保户。年内，全乡有低保 1 562 户 3 220 人，其中卡户享受低保 818 户 1 958 人，易地搬迁至红路二期，申请转为城市低保 176 人。

救济救助：2019 年，全乡有孤儿 11 户 20 人，其中卡户孤儿 6 户 12 人。全乡有特困供养 90 户 100 人，其中卡户特困供养 35 户 40 人，60 岁或 60 岁以上老人，共计 3 748 人，其中失去劳动能力和半失去劳动能力 309 人，发放临时救助金 165 万元，棉被 300 床、大衣 160 件，大米 1.5 万千克、油 170 桶。

残联工作：2019年，动态更新残疾人信息，全乡有办证残疾人501人，符合享受生活补贴残疾人147人，发放补贴资金8万余元，其中卡户残疾人102人；符合享受护理补贴残疾人90人，发放补贴资金5万余元，其中卡户残疾人61人；发放25人残疾人辅具，培训残疾人家庭实用技术。

教育事业：2019年，苏甲乡有中学1所，村完小4所，单小9所，民办幼儿园2所。全乡在岗教师158人（含特岗及三支一扶教师），其中专职教师157人，工勤人员1人，中学有教学班13个，在校生703人，小学教学班63个，在校生2143人。2019年，落实"两免一补"政策和义务教育阶段农村学生营养改善计划，发放"雨露计划"资金178人，每人每年补助3000元，共53.4万元；劝返全乡辍学的80名学生回校复学，首次在昭阳区对11户拒不送子女入学的监护人提起诉讼程序，以达到劝返复学目的。

医疗卫生：2019年，辖区有卫生院1个，村卫生室12个，在编在岗职工20人，乡村医生34人，其中执业医师5人，执业助理医师5人，医师2人，护师3人，检验师1人，检验士1人，影像士1人，中医执业医师1人，中医士1人，健康教育技士1人，会计师1人。

维护社会稳定：2019年，通过签订目标责任书，层层明确责任，狠抓责任落实，筑牢社会稳定第一道防线，营造全乡良好社会和谐氛围。

扫黑除恶专项斗争：2019年，召开乡村两级扫黑除恶专项斗争会议30余次，制作"扫黑除恶"固定宣传标语5条，悬挂横幅宣传标语20幅，张贴《致昭阳区人民群众关于开展扫黑除恶专项斗争的一封信》13张，通过短信、微信方式发送扫黑除恶信息2000余条，开展大型扫黑除恶宣传活动2次，发放宣传资料1万余份。

社会治安：2019年，侦破治安案件20起，刑事案件8起，行政拘留42人，刑事打击8人。出动执法干警80人次，出动执法车辆30余次，多次排查辖区12个村民委员会，共铲除毒品原植物8000余棵，行政处罚种植毒品原植物3人，批评教育10人；排查废弃仓库6处，未发现有制毒贩毒窝点。

信访工作：全年共接待上访群众210人次，群众来信来访12件，解决12件；遏制2件群体性事件。

安全生产：在辖区内宣传道路交通安全、开展专题讲座和集中培训交通安全劝导员，路检路查，排查辖区道路交通安全隐患；查处非法销售烟花爆竹点；监测排查11个地质灾害监测点；扎实开展森林防火工作。

昭阳区田坝乡

【地理位置】　田坝乡位于城区西北131千米，面积53.40平方千米。乡政府驻田坝自然村，乡以辖田坝村命名。东与大山包乡相连，南和鲁甸县梭山乡接界，西同巧家县红山乡隔牛栏江、同四川省金阳县隔金沙江相望，北跟炎山乡毗邻，海拔1720米。

【历史沿革】　1988年12月，由原炎山区划出6个小村组建为田坝乡。

【自然环境】　境内地处凉山山系五莲峰分支，为金沙江河谷地带，牛栏江汇入金沙江入口东部。地势东高西低，山大、坡陡、崖多。最高海拔2980米，位于冰山村大山梁子，最低海拔550米，位于水屯村川星店。立体气候突出，"有一山分四季，十里不同天"之说，水屯、田坝、酒房为河谷山区，气候炎热。年均气温15℃，年降水量720毫米，无霜期220~240天，冬春干旱突出。年日照时数1900~2000小时，日照百分率50%，积温4000℃，年平均有风日30天，春季南北风25天，占80%，自然灾害频繁，低温干旱、洪涝、冰雹、风灾有轻重之分，水资源紧缺。矿产资源有煤、铅、锌等。动物品种丰富，野生动物有岩羊、獐子、兔子，禽类有野鸡、猫头鹰、啄木鸟等。土壤高山处为黄壤、黄棕壤、棕壤、水稻土，呈酸性；江边河谷处为燥红土，呈碱性。主产玉米、马铃薯、水稻。林业用地2908公顷，林地410公顷，森林覆盖率62.13%。跳墩河水库南干渠和二坪——水屯水渠，灌溉面积400公顷。经济林木有李子、核桃、梨、桃子、花椒等。

自来水受益村6个，已通电话村6个，通汽车村6个。西大沟至田坝乡集镇公路溪田公路连接昭炎路。

【行政区划】　2019 年，辖水屯、田坝、凉山、木厂、酒房、二坪 6 个村民委员会，36 个自然村，108 个村民小组。

【人口与民族】　2019 年末，全乡人口有总户数 3 597 户 14 296 人，其中，苗族 66 户 225 人（水屯 9 户 34 人、酒房 55 户 187 人、凉山 2 户 4 人）；彝族 23 户 85 人（水屯 2 户 16 人、酒房 20 户 68 人、凉山 1 户 1 人）。人口密度每平方千米 268 人。

【机构设置】　田坝乡核定编制 70 名，其中，行政编制 25 名（含领导编制 11 名）、事业 45 名。2019 年，实有 54 人，其中，行政编制 27 人（含实有领导 9 人）、事业编制 27 人。

内设机构：内设 5 个行政办公室，7 个事业单位（5 个中心、1 站 1 所）。

行政办公室：党政综合办公室、社会事务办公室、经济发展办公室、基层党建办公室、扶贫开发办公室。

事业单位：农业农村和集体经济发展中心、乡村文化服务中心、国土和村镇规划建设服务中心、社会保障服务中心、乡村振兴发展服务中心、扶贫工作站、财政所。

【经济概况】　2019 年，全乡社会生产总值 5 854 万元，比上年增长 12%，农业增加值增长 8%，常住农民人均可支配收入 5 543 元，比上年增长 11.80%。乡村劳动力资源有 8 885 人。

【工作概况】　脱贫攻坚：截至 2019 年底，全乡有卡户 2 084 户 9 023 人，占总人口的 63.10%，其中，已脱贫 2 037 户 8 869 人（2014 年脱贫 21 户 81 人，2015 年脱贫 7 户 34 人，2018 年脱贫 471 户 2 084 人，2019 年脱贫 1 538 户 6 670 人），未脱贫 47 户 154 人，占总人口 1.08%。2019 年，全乡 6 个贫困村脱贫出列。

易地搬迁：2019 年，卡户搬迁 548 户 2 382 人，按人均 6 000 元产业补助资金投入股易迁公司，年底分红给搬迁卡户，随迁 13 户 70 人。在易地搬迁点配套解决搬迁户就业、就医、就学、产业等配套措施，确保搬迁户"搬得出、稳得住、能致富"。

特色产业：2019 年，投资 40.06 万元，种植马铃薯 33.39 公顷，覆盖卡户 303 户 1 229 人；投资 188.71 万元，实施花椒提质增效改造 209.68 公顷，覆盖卡户 820 户 3 458 人。

教育保障：2019 年，辖区有中学 1 所，村级完小 3 所，教学点 1 所。小学教师 95 人，中学教师 50 人。全乡适龄儿童 2 908 人，卡户学生 1 997 人，其中 6～15 周岁学生 2 654 人，卡户学生 1 812 人；16 周岁学生 254 人，卡户学生 173 人；乡内就读 1 473 人，其中，在校小学生 995 人，中学生 478 人。2019 年，教育资助 638 人，涉及资金 129.37 万元。其中，学前教育资助 196 人，补助资金 2.94 万元；高中教育资助 203 人次，补助资金 59.43 万元；职业教育资助 43 人次，补助资金 8 万元；"雨露计划"资助 195 人次，补助资金 58.5 万元，其他资助 0.5 万元。

医疗保障：全乡年度内医疗保险参保总人数 14 389 人，已缴费 13 670 人，缴费率达 95%。其中，卡户 9 023 人，参保 9 023 人，参保率 100%。家庭医生签约服务 3 071 人。全年，各行业部门资金及政策性资金 164.38 万元，资助参加基本医疗保险和大病保险 9 132 人，落实家庭医生签约服务以及医疗救助政策，防止因病致贫、因病返贫。

技能培训：2019 年，全乡参加培训 1 953 人，其中技能培训 295 人，引导性培训 290 人，现场培训 1 368 人。开发乡村公共服务岗位 297 个，解决贫困劳动力 297 人就业问题，妇女特色培训 12 人，更新城乡人力资源系统劳动力 885 人。投资 1.19 万元，在二坪村建设扶贫车间就业点 1 个。

信用社贷款：2019 年，根据农户产业贷款需求，做到应贷尽贷，共计完成产业贷款发放 1 007.50 万元，覆盖卡户 297 户，小额贷款发放 341.50 万元，覆盖卡户 162 户。

基础设施建设：2019 年，投资 840.24 万元，硬化村组道路 14 千米；投资 1 015.93 万元，新建防护工程 67.67 千米，全面消除安全隐患事故路段，减少群死群伤安全事故发生；投资 45 万元，安装田坝村 1～7 组输水管道 14.5 千米、新建调节池 7 个、修复调节池 2 个、安装消毒设备 1 套、新建药房 1 间以及抽水设备 1 套；投资 466.1 万元，改造农村危房 197 户。

人居环境整治：2019年，投资90万元，建设6个村垃圾处理设施投放点，解决村级生活垃圾收运问题。举办全乡人居环境整治暨卫生好家庭表彰主题文艺晚会1次，参加群众2 650人次。

农用化肥使用情况：2019年，全乡农用化肥施用量347吨，其中氮肥252吨、磷肥27吨、钾肥22吨、复合肥46吨。农药使用量146千克，农用塑料薄膜使用量8.60吨。

畜牧业：2019年，全乡防疫猪、牛、羊口蹄疫，山羊痘免疫、小反刍兽免疫、狂犬病和禽流感免疫，各类免疫达95%以上。猪、牛、羊口蹄疫和高致病性禽流感等四种重大动物疫病免疫密度达到应免疫畜禽的95%，群体免疫密度常年维持在90%以上，免疫抗体合格率达到70%以上。

林业：2019年，全乡161名护林员加强管理林区，全年未发生森林火灾。年度内，凉山、木厂2个村计划退耕还林167.60公顷，涉及资金402.24万元，处于规划实施阶段；落实生态护林员146人，补助标准8 000元/人/年，落实补助资金64.80万元；整合行业部门资金18.62万元，实施生态公益林补偿1 241.31公顷。

社会保障：2019年，实施卡户民政兜底保障52户142人，一般的低保保障3 258人，特困供养9户11人，孤儿无事实抚养1户3人，残疾人补贴197人，资助参加养老保险5 143人。新型农村社会养老保险参保总人数达9 817人，其中60岁以上1 527人，新参保198人，续保7 887人，续保率97.30%。卡户5 912人，参保率100%。

文化事业：2019年，举办全乡人居环境整治暨卫生好家庭表彰主题文艺晚会1次，参加群众2 650人次。6个村制定村规民约，开展社会主义核心价值观宣传教育16次；开展"三讲三评"和"自强、诚信、感恩"主题活动共24次；在主要公路沿线、集镇、深度贫困村等显著地段喷涂脱贫攻坚、迎接新中国成立70周年宣传标语。

维护社会稳定：2019年，田坝乡有人民调解委员会7个，其中乡人民调解委员会1个，村级调解委员会6个，共有人民调解员23名，配备信息员108名。指导和参与调解各类矛盾纠纷56件，调解率100%，调解成功率达99%，重大矛盾纠纷调解成功4件，受理办结群众来信来访、上级转办交办、区长热线转办等信访件34件，信访事项及时受理并按期办结。

社会治安：开展禁毒防艾、打击邪教宣传活动，铲除辖区内毒苗。累计接受社区矫正人员22人，解除社区矫正17人，现在正接受矫正5人，无二次犯罪情况发生。

扫黑除恶专项斗争：把扫黑除恶专项斗争与"七五"普法相结合，开展"法律进乡村、进村组"活动，引导群众揭发、检举"村霸""保护伞"、宗族恶势力等黑恶势力违法犯罪线索。制作扫黑除恶宣传标语共40条。排查黑恶势力，及时发现黑恶势力犯罪案件线索，化解矛盾纠纷，维护全乡和谐稳定。

安全生产：全年，重点排查、整治、监管校园及周边环境、道路交通、消防、森林防火、防汛抗旱、地质灾害防御、食品药品、生产等领域安全隐患。累计悬挂交通安全标语10条，组织交通安全宣传活动8场次，张贴交通、消防安全宣传画册各80余张，发放宣传单各2 000余份。

【表彰】　孔祥坤获昭通市人力资源和社会保障局授予"昭通市2019年脱贫攻坚专项奖励"。

昭阳区布嘎回族乡

【地理位置】　布嘎回族乡位于城东区南15.50千米，国土面积97.24平方千米，平均海拔1 970米。北与守望乡、东与贵州省威宁县中水镇接界，西南和鲁甸县桃源乡连接，西北同永丰镇毗邻，东南与贵州省玉龙乡接壤。布嘎回族乡政府驻地位于布嘎村12组卡新公路沿线（小地名：罗家院子）。

【历史沿革】　1988年，从原永丰区划出布嘎、白石、新街、迎水、花鹿坪5个村委会组建成布嘎乡。

【自然环境】　境内地处一般山区，地势南高北低，北部地势平缓，中部多为缓坡和丘陵地形，东南部山峦起伏，沟谷交错。有一山带呈南北走向，横穿全境，最高海拔安家口子东南侧山顶2 500米，最低海拔后海子1 960米。布嘎乡年均气温约11℃，年降水量约750毫米，无霜期

220 天；土壤为黄壤、黄棕壤、水稻土，呈酸性。全乡主产烤烟、玉米、水稻、马铃薯、苹果等。国土面积 97.24 平方千米，森林覆盖率 24.60%。主要矿产资源为褐煤、高铝土。辖区内有保山圩、石水井、岩脚、永丰水库上游部分等水库，以及保山圩水库至守望乡景风水库的高沟水渠。有夏家海子、白石街子、大口子 3 个集贸市场。

国道 213 线，渝昆高速（G85 国家高速）经过新街、迎水两个行政村，都香高速公路由东向西穿花鹿坪村而过，昭通机场连接线经从永丰龙山寨止于布嘎村赵家小冲；昭通新机场（花鹿坪机场）选址于布嘎乡布嘎村、花鹿坪村、迎水村。全部通乡村公路，全乡 95% 以上自然村道路全部硬化。

【行政区划】　2019 年，辖布嘎、新街、白石、迎水、花鹿坪 5 个村民委员会，66 个自然村，78 个村民小组。

【人口与民族】　2019 年末，全乡总户数 10 689 户 36 356 人。总人口中男性 18 818 人，女性 17 538 人。回族 7 082 户 24 081 人，汉族 3 485 户 11 849 人；苗族 86 户 298 人；彝族 30 户 103 人；其他少数民族 6 户 25 人。回族占全乡总人口的 66.23%，是典型的少数民族乡。

【机构设置】　布嘎乡核定编制 80 名，其中，行政编制 30 名（含领导编制 12 名），事业编制 50 名。2019 年，实有 77 人，其中，行政编制 29 人（含领导 12 人）、事业编制 48 人。

内设机构：内设 5 个行政办公室，7 个事业单位（5 个中心、1 站 1 所）。

行政办公室：党政综合办公室、社会事务办公室、经济发展办公室、基层党建办公室、扶贫开发办公室。

事业单位：农业农村和集体经济发展中心、乡村文化服务中心、国土和村镇规划建设服务中心、社会保障服务中心、乡村振兴发展服务中心、扶贫工作站、财政所。

【经济概况】　2019 年，全乡经济总收入达 3.50 亿元，增长 9.30%，烤烟实现收入 1.42 亿元，农业畜牧收入 1.19 亿元，第三产业实现收入 0.89 亿元。全乡如期完成全年各项目标任务。

【工作概况】　党建、党风廉政建设工作：一是开展"不忘初心、牢记使命"主题教育活动。活动中乡党委书记、乡长、乡党委副书记、组织委员全部到 5 个村指导组织生活会 7 次。二是党风廉政建设工作。乡党委安排各项监督检查 10 余次，组织入户核实 100 余户，发现整改问题 10 余个，发放脱贫攻坚预警提示单 250 余份。乡纪委围绕重点工作开展各项检查 10 余次，入户核查 70 余户，乡纪委就检查中发现的问题向乡党委提交专题报告 2 份，开展问题线索核实立案查处 1 起。

脱贫攻坚：合力攻坚，实现"六个精准"。对标对表脱贫出列标准，紧扣"村村清、户户清"目标，层层压实乡、村两级责任，明确 5 个村挂钩领导扶贫工作职责，成立 5 支驻村扶贫工作队，报请区选派市、区直属单位 18 名驻村扶贫工作队员，乡自行选派 20 名乡工作队挂村，实现 254 名挂包单位职工到村到户"挂包帮"。截至 2019 年底，已脱贫户 2 155 户 8 184 人，未脱贫户 92 户 345 人。

住房保障：累计投资 6 466 万元，实施卡户、低保户、分散供养特困人员、贫困残疾人"四类重点"对象和"非四类对象"危房改造，共计 3 555 户；投资 84 万，实施 84 户安居工程改造；投资 1 892 万元，实施 191 户 412 人的移民避险解困民房及配套设施建设。

劳动力转移就业：协调昭通海升公司超越基地提供就业岗位 115 个，举办劳动技能培训 1 113 人，现场培训 7 500 人次，引导性培训 620 人次，组织 265 名劳动力转移到昭阳区工业园区务工，实现人均年增收 10 800 元。开发卡户公益性岗位 13 个，发放补贴 21.28 万元；乡村公共服务性岗位 216 个，发放补贴 10.92 万元。解决贫困户难以外出务工且收入不稳定问题。

种植业：2019 年，全乡种植水稻 30.87 公顷，产量 463 吨；玉米 1 070.4 公顷，产量 8 524 吨；马铃薯 83.47 公顷，产量 26 820 吨。粮食作物实现产值 7 595 万元。

烤烟种植：2019 年，全乡烤烟生产中，与农户签订的合同面积 2 409.33 公顷，收购 258.8 万千克，实现产值 1.42 亿元。

苹果及车厘子：2019 年，全乡流转土地 666.67 公顷，打造昭通高标准苹果产业示范基地建设，并已全部由昭通海升公司接管，种植苹果、车厘子。

畜牧业：2019 年，全乡肉牛存栏 5 280 头，出栏 5 300 头；生猪存栏 6 124 头，出栏 9 962 头；禽类存栏 32.51 万羽，出栏 24.60 万羽。全年畜牧业产值 4 350 万元。

基础设施建设：2019 年，投资 7 812.91 万元，硬化全乡 5 个村 78 个村民小组道路 110 千米，行政村公路道路硬化率 100%。投资 1 234.91 万元，完成全乡 5 个村 78 个村民小组农村饮水安全巩固提升工程，解决 3.5 万余人农村人口饮水问题，人均获取水量达 20 升以上。实施白石、新街村等电网改造升级工程和广播电视村村通工程，全乡 78 个村小组动力电、广播电视、宽带网络覆盖率均达到 100%。

社会保障：全乡有 1 925 户 3 025 人享受低保。2019 年全乡实现医院就诊人数 10.63 万人次，减免医疗费用 403.37 万元。完全或部分丧失劳动能力的贫困人口以及不在建档立卡范围内的农村低保家庭、特困人员、残疾人等重点户，实现"应纳尽纳""应保尽保"。2019 年，发放低保金 589.79 万元，受益农户 1 925 户 3 025 人。

教育事业：2019 年，全乡小学义务教育阶段有在校生 3 600 人，中学在校生 1 514 人。

医疗卫生：2019 年，全乡有卫生院 1 个，在职在编医务工作人员 18 名，其中取得执业医师资格证 7 人，助理医师 5 人，护士 22 人。乡卫生院对一些危急病症能作基本抢救和对症治疗；村卫生室 4 个，建立新型农村合作医疗定点医疗机构村级 4 个，乡级 1 个。

维护社会稳定：以和谐稳定为核心，营造良好社会环境。

扫黑除恶专项斗争：通过公众号、公开栏、微信群等载体在全乡范围内营造黑恶务尽氛围，发动人民群众参与到打击黑恶势力斗争中来，对黑恶势力形成持续震慑。

风险排查化解：全年聚焦综治维稳、项目资金等领域风险防范和化解，杜绝重特大安全事故发生。推进社会治安防控体系建设，健全矛盾纠纷排查机制，落实矛盾纠纷调解"五级联动"机制，抓好各村周安排、月排查工作。畅通和规范信访渠道，解决影响全乡社会稳定的突出问题。打击各类刑事犯罪和各类社会治安事件，建设"平安布嘎"，打好"禁毒防艾"人民战争，营造和谐稳定的发展环境。

安全生产：全年，检查矿山、企业安全，并与矿山、企业签订《安全生产责任状》，开展执法巡查和问题整改工作，监督检查食品安全，整顿和规范生产秩序，及时排查和消除安全隐患，2019 年，辖区无重大安全生产事故发生。

昭阳区青岗岭回族彝族乡

【地理概况】 青岗岭回族彝族乡位于昭阳区北部，距昭通中心城市 23 千米，全乡国土面积 112.50 平方千米，东与盘河镇毗邻，南与北闸镇交界，西和洒渔镇接壤，北同靖安镇相连。洒渔河和 GZ40 昭麻二级公路、G85 渝昆高速从境内由南至北经过。

【历史沿革】 1988 年 8 月，从原靖安区划出 6 个行政村，加原洒渔区划出的乐德古行政村组建青岗岭回族彝族乡。

【自然环境】 辖区气候冷凉，最高海拔 2 800 米，位于新桥村火石地自然村，最低海拔 1 860 米，位于大营村黑石凹自然村，地势东西高，中部低，年平均气温 11℃，无霜期 220 天，年降水量 800 毫米。全乡耕地 1 543.87 公顷，人均占有耕地 0.05 公顷左右，高稳产地 640 公顷，中低产地 866.67 公顷，耕地大部分是 15°以上坡耕地，灌溉条件较差。土壤主要以红壤和棕壤为主，土层厚度为 20~35 厘米，pH 值在 6~7 之间。森林覆盖率 40.1%，林地面积 3 733.33 公顷，主要分布在乐德古、白沙、新桥和金瓜 4 个村。境内主要特产有核桃、樱桃、党参、乌天麻以及贝贝瓜、胡萝卜等经济作物，适合发展生猪、肉牛、家禽等养殖产业。

【行政区划】 2019 年，辖青岗岭、大营、沈家沟、乐德古、金瓜、新桥、白沙 7 个行政村，120 个村民小组，69 个自然村。

【人口与民族】 2019 年末，全乡有 8 834

户 30 460 人；其中，回族 1 376 户 6 740 人，彝族 681 户 2 413 人，苗族 34 户 160 人，哈尼族 1 户 3 人，少数民族占全乡总人口的 30.58%。

【机构设置】　青岗岭乡核定编制 83 名，其中，行政编制 35 名（含领导职数 11 名、行政工人 7 名）、事业编制 48 名。2019 年，实际有 81 人，其中，行政编制 35 人（含领导 11 人）、事业编制 46 人。

内设机构：内设 5 个行政办公室，7 个事业单位（5 个中心、1 站 1 所）。

行政办公室：党政综合办公室、社会事务办公室、经济发展办公室、基层党建办公室、扶贫开发办公室。

事业单位：农业农村和集体经济发展中心、乡村文化服务中心、国土和村镇规划建设服务中心、社会保障服务中心、乡村振兴发展服务中心、扶贫工作站、财政所。

【经济概况】　2019 年，实现生产总值 4.18 亿元，同比增长 7%，粮食产量 1.52 万吨，同比增长 3.50%，人均有粮 498.64 千克。

【工作概况】　**脱贫攻坚：**全乡有卡户 3 056 户 12 767 人，已脱贫 2 995 户 12 550 人。2019 年，未脱贫人口为 61 户 217 人，贫困发生率从 2014 年的 45.75% 下降至 0.71%，下降 45 个百分点。

住房保障：照贫困户退出 5 条标准和村退出 7 条标准，制定乡、村、户三级脱贫方案。2019 年，完成四类重点对象 380 户和非四类重点对象 98 户农村危房改造工作；拆除危旧房屋 1 372 户 2 132 间，合计面积 9.82 万平方米。

控辍保学：组织 100 余场控辍保学宣讲活动，累计劝返学生 95 人，全乡中小学疑似辍学学生 84 人（卡户 41 人）均已全部销号。

其他保障：通过财政补贴资助，实现贫困户 100% 城乡居民医疗保险及大病医疗保险全覆盖；全乡符合参加养老保险条件的贫困户 5 597 人，由财政全额补贴资助，实现贫困户 100% 城乡居民养老保险全覆盖；电力、网络、广播信号、卫生室建设、公共服务和活动场所建设等方面均全部达标。

转移就业：依托 70 万吨水电铝项目建设，已建成投产，综合年产值超过 100 亿元。做好该项目建设服务工作，动员全乡贫困劳动力进入厂区务工。年内，在厂区稳岗务工 420 余名（其中正式编制 36 人），人均工资在 3 000 元以上，正式工 5 000 元以上。

产业发展：2019 年，在青岗岭、大营两村洒渔河沿岸流转土地近 200 公顷，建设胡萝卜、贝贝瓜等冷凉蔬菜种植基地。年内，搭建蔬菜大棚 1 000 余个，提供劳动力就业岗位 600 余个；恒大集团建设蔬菜基地 48.67 公顷，建成后移交政府统一管理，能够提供务工岗位 300 余个。

人居环境提升：治理农村生活垃圾、生活污水，实施农村"厕所革命"，清"五堆"（草堆、柴堆、粪堆、沙堆、石堆）建"三园"（菜园、花园、果园）等，改善人居环境。投资 50 万元，在青岗岭村、金瓜村、新桥村、乐德古村建成公厕 4 所，改造 3 199 户群众入户水冲式卫生厕所，动员带领群众综合整治环境 120 余次，聘请 197 名贫困群众担任保洁员，分区域清扫清运垃圾，树立文明新风，实现村民共建、共治、共管、共享。

种植业：全乡有耕地 4 920 公顷，其中有果树 433.33 公顷（樱桃 93.33 公顷，苹果 340 公顷）。农业生产总值实现 7 973 万元，比上年增长 5%。种植马铃薯 2 509.93 公顷，产量达 1 325 吨。

农业科技培训：全年，举办培训会 7 场，培训苹果、樱桃、马铃薯等种植项目，培训人员 350 人次，发放宣传资料 1 000 余份；发放农资综合补贴 400 余万元。推广先进实用技术 4 项（秸秆综合利用保护性耕作技术、二套二规范化栽培技术、配方施肥技术、破膜种植技术），建成科技示范基地 1 个，科技示范户 30 户。宣传发放秸秆综合利用、马铃薯病虫害防治技术资料 3 000 余份，举办实用技术培训 7 期（冬早马铃薯栽培管理、秸秆综合利用及农田保护性耕作等技术），受训 1 500 余人（次），开展包括农业产业结构调整、农业信息管理等科普知识宣传 4 期，受教育 4 000 余人（次），促进全乡农业和农村经济发展。

畜牧业：2019 年，全乡生猪存栏 12 787 头（其中，能繁母猪 1 556 头），肥猪出栏 18 642

头；牛存栏 5 637 头（其中，能繁母牛 2 548 头），肉牛出栏 4 327 头；羊存栏 5 610 只（其中，绵羊 890 只），肉羊出栏 4 968 只；家禽存栏 17 021 羽，出栏 21 647 羽。实现肉类总产 2 944 吨，畜牧业产值达 5 527 万元。

林业：2019 年，在乐德古村完成易地造林补植补造华山松 14 公顷，在白沙村完成石漠化造林补植补造华山松 106.67 公顷。制作森林防火宣传标语 10 条、平安林区横幅 2 条，发放户主防火通知书 1 500 份，张贴防火令 300 份，发放防火宣传小卡片 500 张，在全乡学校开展"五个一"防火宣传教育活动，层层落实《森林防火责任制》，督促护林员每月至少巡山护林 20 天以上，协调靖安林业派出所处理违法行为 5 起，全年，辖区未发生 1 起森林火灾。

基础设施建设：2019 年，全乡完成 73 千米通村道路硬化工程，7 个行政村均通硬化道路，且在金瓜、新桥等村组道路危险路段安装安全防护设施；投资 1 347.76 万元，其中补短板资金 197 万元，解决 7 个村饮水困难问题。制订应急预案，建设水窖、集雨池等应急水源，解决季节性缺水和水量不足问题；更换水源或者增设水质净化消毒设备，解决水源污染、水质不达标问题；巡查并及时维修解决输配水管网损坏问题；通过管网延伸等方式解决取水距离太远问题，保障贫困群众饮水安全。

医疗卫生：全年，城乡居民医疗保险缴费 26 846 人，参保率 95% 以上，完成全年征缴任务。有 42 662 人次享受城乡居民医疗保险减免报销 202.80 万元。完成 7 434 人家庭医生签约，办理高血压、糖尿病、癫痫病、慢性阻塞性肺疾病、脑血管意外等慢性病 264 人次，恶性肿瘤、慢性肾功能衰竭、系统性红斑狼疮、精神分裂症等特慢病 61 人次，群众正常享受特殊疾病、慢性疾病待遇。

计生工作：宣传计生政策法规和全面放开生育二孩政策，张贴各种全面二孩宣传标语 20 条，开通便民服务渠道，承诺让各村群众领取《生育服务证》时只跑一次，变审批制为承诺制。全年，出生新生儿 363 人，人口出生率 10.32‰，死亡 104 人，死亡率 2.96‰，自然增长率 7.36‰。计划生育率 81.80%，医学监护第一次监护面 98.01%，第二次 98.05%。国家免费孕前优生健康检查完成 78 例。

社会保障：2019 年，全乡有 1 514 户 2 729 人享受农村低保，31 户 49 人享受城市低保；特困供养对象 99 户 111 人，其中集中供养 11 户 13 人，分散供养 88 户 98 人；定期不定期临时救助因病、因灾、因残等特殊原因造成基本生活暂时困难家庭，全年，发放临时救助金 350 万元；全乡有残疾人 604 人，落实残疾人"两项补贴"534 人，发放残疾人辅具 11 具，给 6 名有机动车的残疾人发放燃油补贴；发放退伍军人光荣牌 416 块，组织开展退伍军人座谈会 16 场次，发放义务兵优待金 5.25 万元，"三难"退役军人临时救助 24.50 万元，重点优抚对象 59 人，发放补贴 92.27 万元。全年城乡居民养老保险参保人数 19 314 人，续保率达 95%，卡户 100% 参保。农业普查、药监质监、妇女儿童、红十字会、统计调查、社会科学、地方志、气象、档案、武装等事业取得新进步。

维护社会稳定：全年，排查出矛盾纠纷 110 件，主要涉及土地征收、房屋拆迁补偿、土地权属、债权债务纠纷及宅基地、婚姻家庭纠纷等。其中，村自行调处 73 件，乡调解中心调解 10 件，办理法律援助 20 件，以奖代补 73 件。全覆盖宣传扫黑除恶，乡派出所、司法所、综治办充分利用微信、微博等新平台转发《致昭阳区人民群众开展扫黑除恶专项斗争的一封信》，印刷纸质宣传单 5 000 份，将宣传单发放到每家每户。制定出台《青岗岭乡扫黑除恶专项斗争领导小组办公室群众举报涉黑涉恶犯罪线索奖励办法》，制作发放宣传册 3 000 余份，鼓励群众提供涉黑、涉恶线索，巩固"平安青岗岭"创建成果。

安全生产：全年，组织巡查非煤矿山企业（含砂石料厂）30 余次，查出安全隐患 2 条，实现整改率 100%；检查食品、药品安全 18 次，查出安全隐患 2 条，均已整改到位；有效监测 19 个地质灾害监测点；定期不定期现场检查交通路口教育违规、违章驾驶员，打击非法客运，查处"三无"车辆，共出动警力 1 645 人次，查处各类车辆 1 721 辆次，查处交通违法行为 31 起，处罚 31 起，罚款 3 200 余元，批评教育 47 起，造册登记各类车辆，保障人民群众生命财产安全。

昭阳区守望回族乡

【地理位置】　守望回族乡位于城区东南9.60千米，面积68.70平方千米。乡政府驻水井湾自然村，海拔1930米，因水井湾下方有数百亩水田和洼地，长年积水；又因水井湾自然村多年前随处挖井皆可得清洁井水且水质清凉，故名"水井湾"，亦"水旺"也，后因"水旺"与"守望"谐音，故名"守望"，亦取"守护盼望"之意。由于回族占全乡人口的71.30%，于1988年申报为"守望回族乡"。东与小龙洞乡相连，南和贵州省威宁县中水镇接界，西同布嘎乡、永丰镇接壤，北跟凤凰办事处、太平办事处毗邻。

【历史沿革】　1950年8月至1958年，属博禄区辖，1959年，分而建立守望人民公社，时辖4个管理区，1962年，又属博禄区辖，1966年，再划出为守望公社，"文化大革命"期间曾易名为"红卫公社"，至1978年，复名守望公社，1984年春，定名为守望区，1988年，为守望回族乡。2006年春，划出甘河村1、2、3组（大院村）和马贵闸村8、9组归属凤凰办事处辖。

【自然环境】　辖区地处坝区，昭威公路穿腹而过，地形东高西低，最高海拔大碑山2192米，最低海拔马贵闸柴煤山1918米。年平均气温11℃，年降水量750毫米，无霜期220天，土壤为黄壤、水稻土，呈酸性。主产玉米、水稻、马铃薯，经济作物以烤烟为主，经济林木有苹果、核桃、樱桃、花椒、守望红梨。地下有丰富的褐煤、无烟煤。有跃进、裕丰、景风、马贵闸及卡子大沟等水利工程。有林业用地450公顷，林地350公顷，以白杨、苹果、黄梨、松柏为主。

交通发达，全乡实现村村通电，通水泥硬化路。昭威公路以南北走向横穿守望乡，守望大道直达市级景点景风水库，且已通公交车。渝昆高速（昭通段）途经辖区马贵闸、甘河、刘家海子社区，已正式通车；G356线大山包一级公路南起卡子村烟堆山，经卡子村、八仙村、甘河社区、马贵闸社区穿过，已于2017年9月底正式通车。现在建都香高速公路（贵州都匀～云南香格里拉），途经辖区卡子村。有三路公交车途经守望乡集镇，分别是5路（昭阳区住建局～卡子袁家包包）、8路（昭阳区住建局～布嘎集镇）15路（守望集镇～小龙洞乡中营村）。

【人文环境】　境内旅游资源丰富，有市级景点——景风水库1个。市、区文物保护单位2个（八仙营清真寺和宋家山清真寺），其中八仙营清真寺在2013年经中共昭阳区委确定为中共党史教育基地。有着纵深无限自然风光的朱家山林区，待开发的大碑山林地保护区。

【特色产业】　守望乡是"云南省黄牛养殖基地"之一，也是昭阳区黄牛冻精改良推广和胚胎移植技术推广的发源地，年改良配种头数居全区首位。这里的回族有着丰富的"黄牛短期育肥技术"和经商理念，在守望集镇，每场赶集有120多头黄牛在这里贸易。有规模化黄牛养殖场2个。牛干巴更是守望乡独具特色的食品之一。

【行政区划】　2019年，辖水井湾、甘河、刘家海子、马贵闸4个社区居民委员会，卡子、八仙、葫芦坪3个村民委员会，53个自然村，96个村民小组。

【人口与民族】　2019年末，全乡总户数12933户47624人，有劳动力27161人。

【机构设置】　守望乡核定编制86名，其中，行政编制30名（含领导职数11名）、事业编制56名。2019年，实际有86人，其中，行政编制33人（含领导11人、行政工人11人）、事业编制53人（含参公管理3人）。

内设机构： 内设5个行政办公室，7个事业单位（5个中心、1站1所）。

行政办公室：党政综合办公室、社会事务办公室、经济发展办公室、基层党建办公室、扶贫开发办公室。

事业单位：农业农村和集体经济发展中心、乡村文化服务中心、国土和村镇规划建设服务中心、社会保障服务中心、乡村振兴发展服务中心、扶贫工作站、财政所。

【经济概况】 2019 年，守望乡实现国民生产总值 4.52 亿元，同比增长 6.10%，人均生产总值 9 491 元。

【工作概况】 **脱贫攻坚**：2019 年末，全乡有卡户 3 507 户 13 295 人，其中已脱贫 3 371 户 12 832 人，未脱贫 136 户 463 人。2019 年 10 月，开展动态管理工作，研判可脱贫贫困人口 113 户 395 人，返贫 1 户 6 人。卡子、甘河 2 个贫困村达到脱贫出列标准申请出列。初步研判"两摸底"对象 378 户 1 444 人（其中脱贫监测户 206 户 801 人，边缘户 172 户 643 人），占全乡 2013 年底贫困人口 14 594 人的 9.89%。年底预计贫困发生率 0.96%。

资产收益分红：一是重点产业扶贫。小额信贷资金挂靠帮带固定分红。其中 56 户将 279 万元贷款资金以"带资入股 + 挂靠帮带 + 固定分红"产业扶贫带动模式入股到昭阳区农投公司，户均每年增收 3 000 余元。二是入股苹果基地资产收益项目。覆盖贫困户 952 户 3 597 人，户均每年实现资产收益 300 元。三是实施昭阳区 2018 年度脱贫攻坚资产收益冷凉蔬菜项目。覆盖 100 户 373 人，2019 年上半年，分红 14.50 万元。四是实施昭阳区 2018 年脱贫攻坚第二批资产收益苹果示范园建设项目。覆盖 873 户 3 335 人，2019 年上半年户均分红 99.49 万元。

劳动力转移就业：现场培训全乡贫困劳动力 240 人。2018 ～ 2019 年，通过区乡两级开发公益性岗位 224 个，其中区级开发 209 个，乡级 15 个。2019 年，建成扶贫车间 2 个（卡子村、刘家海子社区），吸纳就业 56 人（其中贫困劳动力 32 人）。

其他扶贫：2019 年，一是累计发放卡户扶贫小额信贷 717 户 3 181.40 万元；二是中国建材集团向卡子小学捐赠"荷包蛋阅览室"图书 1 204 册，电脑 10 台；捐资 86.60 万元用于提升改造卡子小学运动场。中国建材集团累计捐助 90.20 万元。中国建材集团捐赠 80 万元，资助全乡卡户中就读高中、大专及以上学生。

住房保障：2019 年，实施农村危房改造 106 户，已全部实施完工，补助资金 235.70 万元。第二批上报农村危房改造对象 233 户，工程正在实施中，上级未下拨补助资金，工程已基本竣工。

医疗保障：2019 年，城乡居民医疗保险卡户人口参保 13 246 人，全部参加城乡居民医疗保险和大病医疗保险，政府补助 180 元/人/年，共计补助 238.43 万元。卡户看病住院 31 379 人次，产生总费用 1 346.34 万元，统筹支付 870.07 万元。大病保险 170.24 万元，医疗救助 61.46 万元，兜底保障 55 万元，患者自付 238.34 万元。

人居环境提升：重点管控白泥井、三锅庄及 G356 沿线，控制违章建筑现象发生。截至 12 月，共拆除违章建筑 4 户 1 600 平方米，协助区综合执法局"两违"大队制止境内私挖滥采褐煤、高岭土、违章倒渣土等违法行为，暂扣挖掘机 3 台、各类运输车辆 17 辆。没收违章建筑切割机 5 台，暂扣电动三轮车 1 辆，阻止违法建房行为 71 起。年内，清运各类垃圾 5 000 吨，发放人居环境提升整治宣传画册 1.1 万份，拆除旧房 1 586 户（间）。

基础设施建设：守望乡完成 9 个土地增减挂钩复垦项目工作，复垦土地 35.27 公顷；整合资金 2 500 万元硬化道路 64 千米。投资 170 万元，完成 2 个自然村饮水安全入户工程。整合资金 100 万元新建 5 个村民小组活动场所。投资 400 万元启动"中共党史教育基地"项目建设。

种植业：2019 年，全乡粮食播种面积 2 024.67 公顷，种植蔬菜 733.33 公顷；新植樱桃 31.97 公顷；全年粮食总产量 1.45 万吨，苹果总产量 3 454 吨。2019 年末，引进海升集团和昭通农投公司分别在水井湾社区和八仙营村发展苹果产业，组织群众流转土地近 333.33 公顷。

烤烟产业：2019 年，种植烤烟 1 400 公顷、烟叶收购 5.74 万担，其中卡户 519 户种植 526.87 公顷，实现产值 2 777.87 万元。

畜牧业：全年，牛存栏 5 981 头，出栏 3 713 头，肉产量 506 吨；生猪存栏 4 033 头，出栏 8 973 头，肉产量 707 吨；山羊、绵羊存栏共 4 103 只，出栏 3 451 只，肉产量 61.4 吨；家禽存栏 65 435 只，出栏 71 776 只，肉产量 116.30 吨。

社会保障：发放 54 名参战人员生活补助 42.12 万元；发放 19 名优抚定期人员资金 20.12 万元；发放 114 名 60 岁农村籍退伍军人补贴 16.90 万元；发放 2017 ～ 2018 年入伍义务兵家属

优待金共 7 户 7 人，资金 7.04 万元；发放优抚解困 117 户 117 人，资金 15.30 万元。

社会救济：全年发放农村低保 1 295 户 2 658 人，资金 805.97 万元。正常离任村干部补助 22 人，发放资金 17.45 万元。有特困供养 85 户 89 人，发放资金 62.87 万元。有孤儿和事实无人抚养儿童 7 户 12 人，补助 18.35 万元。城乡医疗救助 9 户 9 人，救助资金 4.52 万元。上级下拨临时救助金 35 万，已发放 42 户，金额 7.80 万元。2019 年拨付助推脱贫临时救助 120 万元，救助 986 户；发放 584 人 80 岁高龄补助金额 34.50 万元。

养老保险收缴：2019 年，全乡城乡居民社会养老保险应参保人数 21 078 人，已缴费人数 21 054 人，完成率 99.89%。养老金发放率 100%，停发不符合领取养老金待遇人员，停发率 100%。

惠农资金发放：2019 年，发放中央农业支持保护补贴资金 229.20 万元，森林生态效益补偿资金 1.51 万元。

医疗卫生：2019 年，城乡居民医疗保险筹资完成筹资人数 46 856 人，筹集资金 1 171.40 万元，参保率 96.22%。

教育事业：2019 年底，全乡有中学 1 所，教师 93 人，在校学生 1 107 人，小学 6 所，有教师 175 人，在校学生 3 508 人。有医院 1 所，卫生室 6 所，医护人员 34 人。全乡适龄少年儿童户籍数 7 358 人，其中卡户 2024 人。6～12 周岁户籍人数 5 385 人（其中 6 周岁缓学 14 人），入学率 99.74%。13～15 周岁户籍人数 1973 人，中学卡户辍学 37 人，已劝返 35 人，有 2 人正在加紧劝返中；非卡户辍学 12 人，入学率 99.29%。至 2019 年春季学期，累计资助大中专院校学生 457 人次，资助资金 137.10 万元。

维护社会稳定：2019 年，以辖区稳定和谐为主要任务，强化社会治安综合治理，严厉打击各种违法犯罪活动，加大信访接访案件联办处置。

信访工作：2019 年，接访群众 580 人次，接待群体上访 18 次 900 多人；司法所、法律服务所组织普法宣讲 18 场次，发放"七五"普法宣传材料 2 万余份，受理各类矛盾纠纷 27 件，调解处理 24 件；回访纠纷当事人共计 60 余人次；解答法律咨询 120 余人次。

治安工作：累计接收社区服刑人员 184 人，累计解除社区服刑人员 144 人，现有在册社区服刑人员 40 人。2019 年，派出所共受理各类案件 77 件，破案 25 件，移送案件 1 起，移送起诉 20 人；追逃 6 人。

扫黑除恶专项斗争：按照《扫黑除恶大排查、大起底》等专项行动要求，全面梳理排查上报不稳定隐患 4 个，整治赌博窝点 2 个，行政拘留 18 人，收缴赌资 6 052 元。办理打架斗殴、故意伤害等案件 77 起，行政拘留 18 人次，全年共行政拘留 85 人，乱点整治工作取得成绩。

禁毒工作：一是夯实基础，做好管控。推进"8·31"工程，"一档一册"管控在册 881 名吸毒人员，并跟踪问效，定期尿检，管控率 95%，其中强制隔离戒毒 115 名，社区戒毒 497 人；铲除罂粟苗 2 400 余株，缴获毒品 4 507.83 克，办理毒品案件 3 件，起诉 3 人，全面净化社会环境。

【表彰】　曹国勇获区委、区政府授予"禁毒工作先进个人"称号。

虎尊华、李朝吾获区委、区政府授予"安全生产工作先进个人"称号。

马景获区政府授予"计划生育协会工作先进个人"称号。

昭阳区小龙洞回族彝族乡

【地理位置】　小龙洞回族彝族乡位于昭阳城区东部 10.30 千米，面积 123.35 平方千米。乡政府驻小龙洞社区，故名。海拔 2 060 米。东接贵州省威宁彝族回族苗族自治县，西同太平街道办事处毗邻，南和守望回族乡相连，北与北闸镇接壤，与昭通市彝良县隔山相望。距离昭通火车站和昭阳北部新区仅 6.90 千米，区位优势明显。

【历史沿革】　1950 年前，为昭通县第二区；1950 年 8 月，改为博禄区，辖 14 个乡；1959 年 7 月，为桃源人民公社，辖 5 个管理区；1962 年，复名博禄区，辖 13 个小公社；1966 年，为博禄公社，辖 11 个大队，"文化大革命"期间易名"东进公社"；1978 年，复名博禄公社；1984 年，为博禄区；1988 年，划出永乐、黄竹林、水平 3 个行政村后，其余组建小龙洞回族彝族乡。2006 年，划出龙汛村委会第 15、16、17、18、19、21、22、23 组 8 个村民小组并入太平街道办事处平安社区。2012 年 5 月 8 日，小龙洞村更名为小龙洞社区，2018 年 12 月 27 日，龙汛村更名为龙汛社区。

【自然环境】 辖区地处一般山区，地势复杂，东部为山区，山大坡陡，沟谷纵横，山岭南北走向。西部为一般山区和坝区，地形平坦。最高海拔宁边村凉风台 3 152 米，最低海拔中营村陈家院子 1 990 米。年均气温约 11℃，年降水量约 780 毫米，无霜期 220 天，日照时数 1 900～2 000 小时，立体气候突出。土壤为黄壤、黄棕壤、水稻土，呈酸性。主产玉米、马铃薯、苹果、烤烟。地下无烟煤蕴藏量大，为昭阳区无烟煤基地。多地下泉水，辖区内有段家石桥水库及水库至太平、守望高沟土水渠两条。有林业用地 3 100 公顷，林地 2 665 公顷，森林覆盖率 17.50%。果园 1 310 公顷，其中苹果园 1 216.70 公顷、梨园 40 公顷。

公路主干道大龙洞～小龙洞公路、杨家街口～倒马坎公路、昭通火车站～小龙洞公路、刘家海子～女姑公路、守望乡～小龙洞乡集镇公路，全乡公路总里程 85 千米。内昆铁路横贯龙汛、小龙洞、小米 3 个村（社区），共计 12.50 千米。

【行政区划】 2019 年，辖龙汛、宁边、小垴包、小米、中营村民委员会和小龙洞社区共 6 个村（社区），34 个自然村，113 个村民小组。

【人口与民族】 2019 年末，全乡总人口 10 750 户 39 164 人，其中农业人口 9 168 户 32 296 人。居住着回族、汉族、彝族、苗族 4 种民族，其中少数民族 8 980 户 31 779 人，占总人口的 81.49%。少数民族中，回族 9 752 户 28 884 人，占总人口的 75.10%；彝族 612 户 1 920 人，占总人口的 4.96%，苗族 182 户 581 人，占总人口的 1.50%。

【机构设置】 小龙洞乡核定编制 81 名，其中，行政编制 27 名（含领导职数 12 名）、事业编制 54 名。2019 年，实际有 82 人，其中，行政编制 27 人（含领导 11 人）、事业编制 55 人。

内设机构：内设 5 个行政办公室，7 个事业单位（5 个中心、1 站 1 所）。

行政办公室：党政综合办公室、社会事务办公室、经济发展办公室、基层党建办公室、扶贫开发办公室。

事业单位：农业农村和集体经济发展中心、乡村文化服务中心、国土和村镇规划建设服务中心、社会保障服务中心、乡村振兴发展服务中心、扶贫工作站、财政所。

【经济概况】 2019 年，全乡农业生产总值 3 亿元，同比增长 20%，粮食产量达 1.98 万吨，同比增长 3%，人均有粮 525 千克，同比增长 5.80%；农民人均可支配收入 8 800 元，同比增长 16%。

【工作概况】 脱贫攻坚：2018 年底，实现小龙洞社区、中营村 2 个贫困村出列，全乡 1 844 户 7 317 人贫困人口脱贫；2019 年底，全乡贫困发生率从 6.61% 降至 1.22%，6 个村（社区）实现脱贫出列。

产业扶贫：通过"支部＋公司＋基地＋农户"等产业扶贫模式，发展苹果、马铃薯和畜牧养殖等产业，覆盖和带动 2 720 户 9 577 人卡户脱贫。

住房保障：全年，重点围绕农村危房"清零"目标，累计实施农危改项目 4 787 户，通过改造加固、拆除重建，为贫困群众解决住房困难问题。

易地搬迁扶贫：全年，实施易地扶贫搬迁 203 户 771 人，其中，2018 年 43 户 177 人，已全部搬迁入住；2019 年 160 户 594 人，年内，分房完毕，等待项目完工后搬迁入住。同时，每人按 6 000 元整合资金入股区易地扶贫搬迁资产运营有限公司进行分红，年度内，一期实现分红收益 37 213 元。

农村劳动力技能培训：累计完成就业培训 597 人次，其中，技能培训 102 人次，引导性培训 53 人次，现场培训 442 人次。

劳动力转移：全乡有劳动力 20 248 人，2019 年就业 16 924 人，未就业 3 324 人，就业率 83.58%。卡户劳动力 6 245 人，其中省外就业

1 889 人，区外省内就业 372 人，乡外区内就业 1 798 人，乡内就业 2 186 人，就业率 100%。易地扶贫搬迁户 203 户 771 人，有劳动力 404 人，其中，省外就业 150 人，区外省内就业 24 人，乡外区内就业 118 人，乡内就业 112 人，就业率 100%。2019 年，全乡实现务工收入 1.73 亿元。

社保兜底扶贫：卡户 100% 参加城乡居民基本医疗保险和大病保险，各项健康扶贫政策措施严格落实到位。

医疗保障：卡户 100% 参加城乡居民基本医疗保险和大病保险，落实各项健康扶贫政策措施，"先诊疗后付费""一站式"即时结报，卡户家庭医生签约 7 065 人。

教育保障：推进"控辍保学"工作，实施学前教育资助、九年义务教育"两免一补"、高中阶段奖助、中专免助和普通高校奖助等政策，累计落实"雨露计划"817 人，补助资金 245.10 万元，其中，2017 年补助 262 人，2018 年补助 272 人，2019 年补助 283 人。累计落实少数民族大学生助学金 320 余人，发放助学资金 70 余万元。

资产收益扶贫：开展土地确权登记颁证，流转土地 26.67 公顷，规划蔬菜基地。实行资源变资产、资金变股金、农民变股东"三变"改革，探索新型主体经营模式，带动贫困户脱贫。

生态扶贫：开发生态护林员 136 户 136 人，每人每年补助 8 000 元；开发劳动力公益性岗位 566 户 566 人，每人每年补助 6 000 元；开发殡改信息员 6 户 6 人，每人每月补助 500 元。

其他扶贫：建立乡级电子商务服务站 1 个，村级服务站 3 个；发放小额信贷 176 户 392.90 万元，贴息资金 8.12 万元；建设 13 个村民小组活动场所，推进 2 个村级文化活动场所建设，6 个村（社区）集体经济培育初见成效，水电路讯等基础设施建设基本实现全覆盖。

人居环境提升：集镇监管：乡集镇实行卫生管理收费制度。2019 年，累计收取集镇商户及辖区内部分企业卫生管理费 8.20 万元，全部用到全乡人居环境整治提升工作中。集镇及主干道沿线执行门前三包责任制，聘请专人全天候打扫，做到生活垃圾日产日清；各村（社区）均已制定村规民约，通过向村民适当收取卫生管理费，补贴到各村人居环境管理工作中。

购置设备：前期小龙洞乡筹集资金近 40 万元，购买钩臂式垃圾箱 40 个、垃圾桶 110 个，分别放置在集镇、村头路口等重点区域；购买 2 辆勾臂垃圾车，招聘专人定时定点收运处理垃圾，改善辖区人居环境"脏乱差"原有面貌。

整治人畜混居：经摸底排查，全乡存在人畜混居农户 42 户，已整改，全部消除人畜混居现象。

拆旧复垦：2019 年，全乡拆旧复垦任务 847 户 8.24 万平方米，拆旧复垦拆除率 100%。

示范村庄建设：龙汛社区启动人居环境提升示范村庄房屋建设 1 046 户，其中，风貌改造 744 户，原址拆除重建 294 户，异地新建 8 户。

"两违"整治：全年，巡查土地违法用地 34 次，制止违法用地 34 次，发放《责令停止通知书》18 份，拆除违法建房 2 户；整治违法用地 19 宗，发放《责令停止通知书》10 份，拆除违法用地 4 户。

基础设施建设：全乡共争取资金 6 700 余万元投入基础设施建设。一是筹资 277 余万元，用于小龙洞乡饮水安全工程建设。二是投资 3 000 余万元，硬化村组道路 16 条 51.55 千米，其中，涉及小龙洞社区 4 条 15 千米、宁边村 7 条 24 千米、中营村 5 条 12.55 千米。三是投资 3 500 余万元，实施石桥边、红泥地、沙坝营 3 个移民避险解困项目，覆盖农户 139 户 369 人。

种植业：粮食生产：2019 年，全乡粮食播种 4 613.33 公顷，粮食总产量 1.98 万吨，同比增长 3%。地膜玉米种植 1 333.33 公顷，杂交良种推广 1 933.33 公顷；玉米规格化套种样板 66.67 公顷，马铃薯种植 2 133.33 公顷，推广脱毒马铃薯种植 1 733.33 公顷，地膜马铃薯种植 341.33 公顷，马铃薯一级种薯种植 205.83 公顷，发放补助资金 247 万元，覆盖卡户 1 270 户 5 089 人。按时兑现中央农业支持保护补贴 400.79 万元。

烤烟生产：实行 100% 漂浮移苗和一乡一品良种化种植。烤烟种植合同面积 700 公顷，收购烟叶 3.06 万担，实现产值 2 642 万元。

苹果产业：开展科技培训，打造苹果高光效树形。通过新型农民职业培训，提高果农科学管理水平，产量及品质得到提升。全乡苹果种植面积达到 2 266.67 公顷，2019 年新植苹果 57.40 公顷，实现产值 1.02 亿元，参与 2019 年苹果展销会。

核桃产业：2019年，全乡1 200公顷核桃中有333.33公顷见产业效益，实现产值650万元。

畜牧业：2019年，全乡实现畜牧产值5 672万元。有养牛场2个，养牛专业合作社6个，养鸡专业合作社3个，养牛大户13户，养羊大户136户，养鸡大户6户，养猪大户1户；种植良种牧草228公顷，缓解饲草短缺困难；完成黄牛冻改1 701头，春季动物防疫密度达100%；完成政策性养猪户养殖保险545头，检疫各类畜禽6 887头（只），防治非洲猪瘟疫情，检查过往车辆1.21万辆，消毒9 036辆，查获运猪车辆46辆929头，发放非洲猪瘟防控等相关资料1.79万份，全面监控、排查疫情，杜绝疫情传播。

社会保障：2019年，共救助特困人员75人，发放救助金7.7万元，棉被150床、衣服160件；认定农村低保2 519户4 560人，城市低保127户223人；慰问五保户112户118人，发放五保资金8.10万元；上报取消不符合特困人员救助标准对象20人，发放双孤13户14人，慰问金14万元；发放重点优抚资金26.67万元，慰问优抚对象117人；向59个退伍军人发放老年生活补贴2.11万元，兑现9个农村义务兵家属优待金1.30万元；发放残疾人"两项补贴"38.89万元，办理第二代残疾证847人。

殡葬改革：签订《殡葬改革责任书》140份，发放宣传资料1.80万余份，置挂固定布标40条，取缔打碑场所2家，阻止非法土葬3次，火化遗体5具。

城乡居民养老保险：2019年，全乡养老保险参保人35 454人（含特供、卡户），完成率99%，续费13 575人，占应续费人数的74.70%。办理新生儿参保237人，办理特殊慢性病165人，发放二代医保卡1 560张。

医疗卫生：围绕健康扶贫、家庭医生签约服务、基本公共卫生服务、基本医疗等重点，组成家庭医生签约服务团队10个，完成签约服务7 065人；发放防艾宣传资料6 000余份，完成12 256人HIV检测筛查工作；开展公众健康咨询活动共9次，参加人数4 400人，举办健康知识讲座30次，参加人数960人次。

计生工作：完成孕前健康检查165对，完成医学监护3次，监护面达98%以上；超额完成计划生育家庭意外伤害保险任务，下达数额为3万元，完成数额为4.80万元，完成下达任务的160%。

教育事业：全面实施学前教育资助、九年义务教育"两免一补"、高中阶段奖助、中专免助和普通高校奖助等政策，落实"雨露计划"283人，累计劝返辍学学生49人。

文化事业：举办全民参与的大型花山节文体庆祝活动1次，协助市、区文化部门送戏下乡、送文化进村专项文化演出5场次，举办乡风文明专题培训班3期，直接培训村、组干部、群众180余人。

维护社会稳定：全年，共破获各类刑事案件17件；开展"打零收戒"工作，共破获零星贩毒案件2件，起诉贩毒犯罪嫌疑人2人，共强制隔离戒毒14人，责令社区戒毒8人，责令社区康复20人，全年共查处治安案件90件，抓获各类违法犯罪人员27人，打击各类违法犯罪人员10人，行政拘留19人。

扫黑除恶专项斗争：多部门联合开展扫黑除恶专题宣讲18次，制作固定宣传标语60条、大型宣传牌8幅、宣传栏5个，悬挂横幅120条，发放扫黑除恶专项斗争资料3 000余份。

禁毒工作：推进社区戒毒（康复）工作，在册吸毒人员管控率达96.50%，制作宣传警示牌4个，悬挂横幅15条，制作永久性宣传标语10条，发放禁毒宣传资料1 500余份。

调解工作：2019年，共排查和受理各类矛盾纠纷30余起，调解纠纷21件，接待上访人员230余人次，各类大型要事活动中，稳控上访人员50余人次；开展法制宣传2次，发放宣传资料1 200余份。

民族宗教工作：推进民族团结和谐示范村创建。开展"两节"慰问活动，发放慰问金1.10万元、大米5 500千克；发放少数民族助学金24.65万元，受益学生102人。采取多种形式在群众中宣传党和政府有关民族宗教工作方针、政策和法律、法规。化解处置教内矛盾纠纷，指导各宗教活动场所加强自身建设，治理未经批准擅自设立聚会点，预防和抵御邪教势力渗透。

安全生产：全年，辖区安全生产呈现良好势头，未出现大的安全事故。

煤矿安全生产：2019年，监督检查现有的7家煤矿（其中4家处于停产阶段，3家处于恢复建设中）80 余次，发现隐患 381 条，提出整改要求 381 条，完成整改 381 条。接待处理煤矿工人上访讨薪 12 批 400 余人次，教育违规操作 30 余人次，发放宣传资料 5 000 余份。

非煤矿企业安全生产：2019 年，开展专项检查 93 次，责令整改安全隐患 213 条，整改率 100%。安全生产月期间，制作标语 20 幅、宣传栏 30 个，悬挂宣传图片 10 余幅，发放各种宣传资料 3 200 余份，接受咨询 400 余人次。

护林防火安全：开发生态护林员 136 户 136人，每人每年补助资金 8 000 元，做好林地防火工作，年度内辖区未发生大的森林火灾。

交通安全：2019 年，开展交通安全集中整治，共出动警车 196 辆次、人员 376 人次，查处违章车辆 315 辆次，查处各类交通违法现象 191起，教育违法违章驾驶人员 495 人，保障全乡交通安全。

其他领域安全：细化监管措施，狠抓危险化学品、烟花爆竹、民爆炸材、消防、食品安全、校园安全、农机监管、生产建设等领域安全，均未发生重大以上安全事故。

【表彰】　虎良单获昭阳区委、区政府授予"2018 年度外宣工作先进个人"称号。

虎发斌获昭阳区委、区政府授予"2018 年度安全生产工作先进个人"称号。

马波获昭阳区委、区政府授予"2018 年度综治维稳扫黑除恶禁毒信访工作先进个人"称号。

政　　治

中国共产党昭阳区委员会

【区委办公室机构改革】　2019年3月，根据《中共昭通市委办公室、昭通市人民政府办公室关于印发〈昭通市昭阳区机构改革方案〉的通知》和《中共昭阳区委办公室、昭阳区人民政府办公室关于印发昭阳区机构改革实施方案的通知》精神，区档案局整体转入区委办公室；中共昭阳区委办公室机关事务管理中心整体转出至区机关事务服务中心。

内设机构：区委内设10个科室，即秘书一科、秘书二科、督查室、信息科、办文法规科、综合科、会务科、行政科、档案监督管理科、机要保密科。

【区委五届第53次常委（扩大）会议】　1月2日，江先奎主持召开区委五届第53次常委（扩大）会议，听取党（工）委（党组）工作汇报。陶毅、周祥、梁晓阳、刘兴发、陈瑾、陶思茂、费忠平、李大捷、李文明、耿礼俊、万玉炎出席会议。

【杨亚林到昭调研】　2月3日，江先奎陪同市委书记杨亚林到市消防救援支队调研春节消防救援值班备勤情况、看望慰问消防救援队员，到凤凰双院子交警岗亭看望慰问基层一线执勤民警，到南城派出所调研春节维护社会稳定值班备勤情况、看望慰问基层一线干警，到靖安和卯家湾跨县区易地扶贫搬迁安置区看望慰问安置区项目建设一线职工；陶毅参加。

【区委五届四次全体（扩大）会议】　2月14日，昭阳区召开区委五届四次全体（扩大）会议第一次全体会议和第二次全体会议，江先奎代表区委常委会作工作报告。

【区委五届第56次常委（扩大）会议】　2月16日，江先奎主持召开区委五届第56次常委（扩大）会议，研究部署区"两会"筹备工作，宣传思想、政法及扫黑除恶专项斗争、组织、统战，区纪委全会筹备，巡察、2018年党风廉政建设责任制检查考核、推动监察职能向乡镇街道基层延伸、干部人事等工作；陶毅、周祥、梁晓阳、陈瑾、陶思茂、费忠平、沈洋、李文明、耿礼俊、万玉炎出席会议。

【林念修到昭调研】　2月26日，江先奎陪同国家发展改革委党组成员、副主任林念修，云南省副省长陈舜等到昭阳区靖安易地扶贫搬迁跨县区安置区调研安置区建设推进情况，到永丰镇海升集团苹果基地调研产业发展情况，到昭阳区洒渔镇调研余家大冲易地扶贫搬迁安置点情况、走访搬迁群众，到鲁甸县卯家湾易地扶贫搬迁跨县安置区调研安置区建设推进情况、电子商务进农村示范项目，到鲁甸县理世集团调研"噜咪啦"土豆片加工项目、高投绿色建筑产业园。2月27日，到昭阳区幸福馨居调研易地扶贫搬迁安置点情况、走访搬迁群众，到昭通理途电子商务有限公司调研电商项目建设情况，到北闸红路调研易地扶贫搬迁安置点建设推进情况。

【五届纪律检查委员会第四次全体会议】　3月4日，召开中国共产党昭阳区第五届纪律检查委员会第四次全体会议，陈瑾主持，江先奎、陶毅、周祥、梁晓阳、刘兴发、费忠平、耿礼俊、赵玮辛出席会议。

【刘慧晏到昭调研】　3月12日，江先奎、陶毅、周祥陪同省委常委、省委秘书长刘慧晏和市委书记杨亚林等到昭阳区永丰海升苹果示范园调研产业发展工作。

【区委五届第57次常委（扩大）会议】
3月13日，江先奎主持召开区委五届第57次常委（扩大）会议，研究2019年决战决胜脱贫摘帽誓师大会筹备工作。扫黑除恶专项斗争，2018年度党建责任制考核、党（工）委书记抓基层党建述职评议考核、脱贫攻坚先进个人评选，有关人员违纪问题处理，机构改革人事等工作；陶毅、周祥、梁晓阳、刘兴发、费忠平、陈瑾、耿礼俊、黎勇出席会议。

【区委五届第58次常委会议】　3月17日，江先奎主持召开区委五届第58次常委会议，研究干部人事，涉改部门内设机构、人员编制和领导职数框架等工作，陶毅、梁晓阳、刘兴发、费忠平、沈洋、马贤武出席会议。

【郭大进到昭调研】　3月24日，陶毅陪同昭通市委副书记市长郭大进到大山包调研脱贫攻坚、产业发展等工作。

【和段琪到昭调研】　3月27~28日，江先奎、陶毅、周祥、梁晓阳、费忠平陪同省人大常委会常务副主任和段琪和市委书记杨亚林到昭阳区靖安安置区调研易地扶贫搬迁项目建设、产业发展情况，到靖安西魁梁子调研马铃薯产业发展情况，到昭阳工业园区调研区级劳动力培训输出就业、立时电子有关情况，到北闸红路安置点调研易地扶贫搬迁项目建设情况，到昭阳区苏家院镇苹果产业资产收益扶贫项目基地调研苹果产业发展情况，到永丰海升苹果示范园调研苹果产业发展情况、苹果文化旅游小镇规划情况，到鲁甸县卯家湾安置区调研易地扶贫搬迁项目建设情况。

【郭大进到昭调研】　3月29日，江先奎、陶毅陪同市委副书记、市长郭大进到昭阳区利济河、秃尾河、东门小河等地调研黑臭水体治理工作开展情况，并参加昭通市城市黑臭水体治理示范城市建设专题会议。

【区委理论学习中心组2019年第二次集中学习】　4月2日，江先奎主持召开区委理论学习中心组2019年第二次集中学习，陶毅、周祥、刘兴发、陈瑾、沈洋、李文明、耿礼俊、黎勇、马贤武参加。

【区委常委班子脱贫攻坚巡视整改专题民主生活会议】　4月2日，江先奎主持召开区委常委班子脱贫攻坚巡视整改专题民主生活会议，并代表区委常委班子和个人作对照检查，陶毅、周祥、刘兴发、陈瑾、沈洋、李文明、耿礼俊、黎勇、马贤武参加。

【区委、区政府专题办公会议】　4月2日，江先奎主持召开区委、区政府专题办公会议，研究部署农村危房改造、劳务培训转移就业、扫黑除恶工作。

【孙金龙到昭考察】　4月4日，江先奎陪同新疆维吾尔自治区党委副书记、兵团党委书记孙金龙一行到昭阳区靖安跨县区易地扶贫搬迁安置区、工业园区立时电子有限公司、永丰海升苹果基地、省耕塘国学文化公园等地考察安置区项目建设推进、扶贫车间建设、苹果产业发展、城市重大项目建设等情况。

【昭通中心城市征地拆迁安置专题会议】
4月8日，刘兴发主持召开昭通中心城市征地拆迁安置专题会议和昭阳区房地产开发项目专题会议，陶思茂参加。

【区2019年脱贫摘帽督导员工作座谈会】
4月18日，周祥出席昭阳区2019年脱贫摘帽督导员工作座谈会和昭阳区2018年度脱贫攻坚审计发现问题反馈会议。

【王伟中到昭考察】　4月23~24日，江先奎陪同广东省委副书记、深圳市委书记王伟中一行考察调研工业园区发展规划、广东劳动密集型企业落户情况、扶贫车间建设、贫困户就业、易地扶贫搬迁安置、产业发展、水电铝项目等工作。

【赵金到昭调研】　4月25日，江先奎陪同省委常委、省委宣传部部长赵金到区行政办公中心观看水塘坝古猿动物群化石遗址保护与开发展板,调研区融媒体中心建设,观看卢氏宗祠保护与开发展板,并参加座谈会议,区委宣传部长沈洋参加。

【昭阳区与海升集团座谈会议】 5月5日,江先奎主持召开昭阳区与海升集团座谈会议,听取"昭阳红"苹果品牌打造情况汇报,陶毅、周祥、沈洋参加。

【江先奎到北闸镇等调研】 6月3日,江先奎到北闸镇邓子村苹果示范基地、昭阳工业园区、红星美凯龙项目建设基地、新城控股项目建设基地等调研产业发展、城市重点项目推进情况;到苏甲乡水井村黑石罗水库、洒渔镇、靖安镇等调研"润昭引水"工程项目、靖安水厂建设情况,以及脱贫攻坚、农村危房改造、劳务输出等工作。

【昭阳区扶贫开发领导组会议】 6月10日,江先奎主持召开昭阳区扶贫开发领导组会议,传达学习习近平同志在解决"两不愁三保障"突出问题座谈会上的讲话,陈豪、阮成发同志在全省解决"两不愁三保障"突出问题电视电话会上的讲话,陈豪、欧青平同志在全省深度贫困地区脱贫攻坚现场推进会上的讲话,《中共云南省委办公厅、云南省人民政府办公厅关于2018年脱贫攻坚成效考核的通报》精神;研究部署昭阳区农村危房改造、易地扶贫搬迁、劳务输出、扶贫资金使用、扶贫产业园区建设等工作,周祥、梁晓阳、刘兴发、费忠平、陈瑾、耿礼俊、马贤武参加。

【江先奎到昭阳工业园区参观考察】 6月28日,江先奎、陶毅带领区委常委班子,人大、政协主要领导,副区长,区直有关部门和乡镇(街道)主要负责同志到昭阳工业园区参观考察扶贫产业园区建设、扶贫车间建设、劳务输出等工作。

【区委理论学习中心组2019年第四次集中学习】 6月28日,江先奎主持召开区委理论学习中心组2019年第四次集中学习,以"不忘初心、

牢记使命"为主题,组织学习习近平同志在"不忘初心、牢记使命"主题教育工作会上的讲话、陈豪同志在云南省"不忘初心、牢记使命"主题教育工作会上的讲话,中共云南省委关于开展"不忘初心、牢记使命"主题教育的实施意见,以及中共中央印发《关于李平同志搞形式主义、官僚主义案件查处情况及其教训警示的通报》的通知、《省委办公厅关于认真组织传达学习中发电〔2019〕5号通报精神全面整治形式主义、官僚主义的通知(云办发电〔2019〕87)号》精神,陶毅、周祥、梁晓阳、费忠平、陈瑾、沈洋、李文明、耿礼俊、马贤武参加。

【区委五届第60次常委(扩大)会议】 6月29日,江先奎主持召开区委五届第60次常委(扩大)会议,研究部署脱贫攻坚"五大歼灭战"推进、经济运行、扫黑除恶专项斗争、庆祝中华人民共和国成立70周年活动方案、组织工作、党风廉政建设及反腐败、人事等工作,陶毅、周祥、梁晓阳、刘兴发、费忠平、陈瑾、陶思茂、沈洋、李文明、耿礼俊、万玉炎、马贤武出席。

【邵鸿到昭调研】 7月4日,江先奎陪同全国政协副主席、九三学社中央常务副主席邵鸿等,到海升苹果种植基地和东莞泽景果品昭通苹果采购基地,调研昭通苹果产业发展情况。

【全国著名作家看昭阳采风活动】 8月16~18日,沈洋陪同"全国著名作家看昭阳采风活动"的相关人员到靖安、洒渔、永丰、大山包调研乡村振兴、脱贫致富、产业布局等情况。

【陶毅调研易地扶贫搬迁安置点建设】 9月2日,陶毅到永丰、北闸调研易地扶贫搬迁安置点建设工作,主持召开红路永丰安置点临时党工委管委会工作推进会议,费忠平参加。

【区委五届第63次常委(扩大)会议】 9月17日,江先奎主持召开区委五届第63次常委(扩大)会议,传达学习贯彻陈豪同志"不忘初心、牢记使命"主题教育党课报告精神、省纪委省监委关于宣威市海岱镇旧屋村民小组饮水安

全工程造假问题调查情况的通报精神以及全市"不忘初心、牢记使命"主题教育工作会议精神，研究部署昭阳区"不忘初心、牢记使命"主题教育工作，总结昭阳区机构改革工作，安排部署安全工程三年行动计划工作，讨论违纪人员问责处理问题等，陶毅、周祥、费忠平、周癸、沈洋、李文明、黎勇、马贤武参加。

【昭通市 2019 年苹果展销会暨"昭阳红"品牌发布会】　9 月 23 日，江先奎参加昭通市 2019 年苹果展销会暨"昭阳红"品牌发布会，陶毅、周祥、周癸、沈洋、耿礼俊、马贤武参加。

【阮成发到昭调研】　9 月 26 日，江先奎陪同省委副书记、省长阮成发到昭阳区苏家院镇昭通海升现代农业有限公司苹果示范园、永丰镇昭通超越农业有限公司苹果示范园等地，调研"一县一业"创建情况。9 月 27 日，阮成发到龙泉街道环城北路社区，调研基层"不忘初心、牢记使命"主题教育和党建工作情况；省委副书记、省长阮成发出席指导昭阳区"不忘初心、牢记使命"主题教育工作会议，江先奎汇报昭阳区"不忘初心、牢记使命"主题教育工作情况。

【区委理论学习中心组 2019 年第五次集中学习】　9 月 28 日，江先奎主持召开区委理论学习中心组 2019 年第五次集中学习暨"不忘初心、牢记使命"主题教育第 1 次集中学习，并作辅导报告，陶毅、周祥、刘兴发、费忠平、周癸、沈洋、李文明、赵玮辛、马贤武参加。

【区委常委班子"不忘初心、牢记使命"主题教育读书班】　9 月 29 日，江先奎主持召开区委常委班子"不忘初心、牢记使命"主题教育读书班（集中学习）和第一期集中学习研讨，观看《一抓到底正风纪——秦岭违建整治始末》纪录片，领学《习近平关于"不忘初心、牢记使命"重要论述选编》中的《加强党的政治建设》（节选）和《坚定不移推进全面从严治党》（节选），并围绕学习研讨主题作总结交流发言，陶毅、周祥、刘兴发、费忠平、沈洋、李文明、耿礼俊、赵玮辛、马贤武参加。

【杨亚林到昭调研】　10 月 2 日，江先奎陪同市委书记杨亚林到青岗岭乡沈家沟村、乐德古瓦厂自然村、金瓜村、洒渔镇弓河村等地调研主题教育、农村危房改造工作，费忠平、耿礼俊陪同；到凤凰街道龙山寨社区、永丰镇千顷池湿地调研主题教育、基层党组织建设、人居环境整治提升、产业发展等工作情况，耿礼俊陪同。

【区委理论学习中心组"不忘初心、牢记使命"主题教育第 2 次（2019 年第 6 次）集中学习】　10 月 14 日，江先奎主持召开区委理论学习中心组"不忘初心、牢记使命"主题教育第 2 次（2019 年第 6 次）集中学习，陶毅、周祥、周癸、沈洋、李文明、赵玮辛、马贤武参加。

【靖安易地扶贫搬迁安置区分房活动】　11 月 15 日，周祥主持靖安易地扶贫搬迁安置区分房活动，出席昭阳区易地扶贫搬迁工作推进会。

【国家发改委调研组到昭调研】　11 月 21 ~ 22 日，陶毅陪同国家发改委调研组一行到靖安、北闸、永丰等地调研易地搬迁、配套产业、基础设施建设等工作。

【全区脱贫退出迎检工作部署会】　11 月 27 日，江先奎主持召开全区脱贫退出迎检工作部署大会，陶毅、周祥、费忠平、周癸、黎勇、马贤武参加。

【江先奎调研污水处理】　11 月 27 日，江先奎调研污水处理厂建设并开展昭鲁"巡河"工作，对污水处理厂建设、提标改造及昭阳段治理等工作提出明确要求。

【红路二期安置点搬迁入住仪式】　12 月 1 日，陶毅、费忠平出席红路二期安置点搬迁入住仪式；周祥到靖安易地扶贫搬迁临时党工委开展工作。

【区委五届第 68 次常委（扩大）会议】　12 月 2 日，江先奎主持召开区委五届第 68 次常委（扩大）会议，研究部署宗教督查整改、党管武装等工作,陶毅、周祥、耿礼俊、黎勇、马贤武出席。

【江先奎到靖安调研】 12月5日,江先奎到靖安易地扶贫搬迁安置区调研项目建设、产业建设及配套设施等推进情况。

【区委常委班子"不忘初心、牢记使命"暨汲取秦光荣案深刻教训专题民主生活会】 12月9日,江先奎主持召开区委常委班子"不忘初心、牢记使命"暨汲取秦光荣案深刻教训专题民主生活会,代表区委常委班子作对照检查,并开展批评和自我批评,陶毅、周祥、费忠平、周弢、沈洋、耿礼俊、黎勇、赵玮辛、马贤武出席。

【昭阳区2019年度党风廉政建设责任制检查考核动员汇报会】 12月10日,江先奎主持召开昭阳区2019年度党风廉政建设责任制检查考核动员汇报会,代表区委领导班子汇报落实党风廉政建设责任制、推进党风廉政建设和反腐败工作情况,并进行个人述责述廉报告,陶毅、周祥、费忠平、周弢、赵玮辛、马贤武出席。

【搬迁安置区搬家入住仪式】 12月18日,江先奎、陶毅、沈洋出席靖安易地扶贫搬迁安置区搬家入住仪式。

【董华到昭调研】 12月19日,江先奎、陶毅陪同副省长董华、市委书记杨亚林、市长郭大进等,到小龙洞乡韭菜海子调研合盛硅业昭通水电硅循环经济项目推进情况。

【江先奎、陶毅出席渝昆高铁云南段开工仪式】 12月20日,江先奎、陶毅出席渝昆高铁云南段开工仪式。

【江先奎到布嘎等地调研】 12月29日,江先奎到布嘎乡花鹿坪村、守望乡水井村、小龙洞乡小龙洞社区、靖安易地扶贫搬迁安置区,调研脱贫攻坚、产业发展、土地流转、易地扶贫搬迁等工作。

【区委办公室机构改革】 2019年3月,根据《中共昭通市委办公室、昭通市人民政府办公室关于印发〈昭通市昭阳区机构改革方案〉的通知》和《中共昭阳区委办公室、昭阳区人民政府办公室关于印发昭阳区机构改革实施方案的通知》精神,区档案局整体转入区委办公室;中共昭阳区委办公室机关事务管理中心整体转出至区机关事务服务中心。

内设机构:区委办内设10个科室,即秘书一科、秘书二科、督查室、信息科、办文法规科、综合科、会务科、行政科、档案监督管理科、机要保密科。

【保密工作】 2019年,清退893份中央、省、市涉密文件,推进涉密领域计算机国产化替代工作,完成中、高考及学业水平试卷监管、巡查工作,组织全区机关单位141人参加"2019年昭通市保密工作培训会",发放保密宣传手册200余册,开展5 000余名干部参与的保密知识测试。

【档案工作】 *档案接收*:2019年,"档案资源建设"进馆2 510卷,"档案数字化"任务完成100 000万页扫描,8 000条目录录入。

档案规范化管理:2019年,"机关企事业单位规范化认定或复查"任务完成企事业单位认定3家,复查6家。

档案利用:2019年,共接待社会各界档案查阅利用者2 569人次,查阅利用5 812卷次,摘抄169页,复制4 931余张。

昭阳区人大常委会

【机构设置】 2019年,区人大设工作机构10个。其中,专门委员会5个,区人大常委会工作委员会和办事机构5个。

专门委员会:区人大监察和司法委员会、区人大财政经济委员会、区人大农业与农村委员会、区人大社会建设委员会、区人大教育科学文化卫生委员会。

区人大常委会工作委员会和办事机构:区人大常委会民族宗教外事华侨工作委员会、区人大常委会城乡建设环境资源保护工作委员会、区人大常委会选举联络工作委员会、区人大常委会预算工作委员会、区人大常委会办公室。

【五届人民代表大会常务委员会第 14 次会议】

昭阳区第五届人民代表大会常务委员会第 14 次会议于 1 月 21 日举行，出席本次会议的有：区人大常委会主任罗正国，副主任陈瑛、迟焕彩、马洪斌、董睿武，常委会委员。列席会议的有：区人民政府副区长龚黎，区人民法院院长罗朝碧，区人民检察院检察长王建雄，区委组织部副部长罗天华，参加 2018 年工作评议的区人大常委会任命的"一府两院"主任、局长、副院长、副检察长，2018 年向区人大常委会作出专项工作承诺的区直部门的主要领导，区人大常委会各委（室）副主任。会议由罗正国主持。会议进行如下议程：一、人事事项；二、听取区人民政府关于 2018 年规范性文件工作情况的报告；三、审议《昭阳区人大常委会关于动员全区干部群众全力以赴决战决胜脱贫攻坚的议案（草案）》；四、对区人大常委会任命的"一府一委两院"主任、局长、副主任、副院长、副检察长进行工作评议；五、对区政府办、区人社局、区卫计局、区林业局、区统计局、区民宗局贯彻实施区五届人大二次会议相关决议、决定的专项工作承诺完成情况进行测评；六、决定昭阳第五届人民代表大会第三次会议时间和议程；七、审议《昭阳区第五届人民代表大会常务委员会代表资格审查委员会关于昭阳区第五届人民代表大会代表变动情况和补选代表的代表资格审查报告》（草案）；八、讨论《昭阳区人大常委会工作报告（讨论稿）》。

【五届人民代表大会常务委员会第 15 次会议】

昭阳区第五届人民代表大会常务委员会第 15 次会议于 2 月 2 日举行，出席本次会议的有：区人大常委会主任罗正国，副主任陈瑛、迟焕彩、马洪斌、董睿武，常委会委员。列席会议的有：区人民政府副区长张兴，区人民法院院长罗朝碧，区人民检察院检察长王建雄，区委组织部副部长罗天华，区人大常委会各委（室）副主任。会议由罗正国主持。会议议程如下：一、人事事项；二、审议区五届人大三次会议相关材料。

【五届人民代表大会常务委员会第 16 次会议】 昭阳区第五届人民代表大会常务委员会第

十六次会议于 2 月 18 日举行，出席本次会议的有：区人大常委会主任罗正国，副主任陈瑛、迟焕彩、马洪斌、董睿武，常委会委员。列席会议的有：区监察委员会主任陈瑾，区人民法院院长罗朝碧，区人民检察院检察长王建雄，区政府办主任李林森，区人大常委会各委（室）副主任。会议由罗正国主持。会议主要讨论补选昭通市四届人大代表。

【五届人民代表大会第三次会议】 昭阳区第五届人民代表大会第三次会议于 2 月 19~22 日召开。会议听取和审议昭阳区人民政府工作报告、昭阳区人民代表大会常务委员会工作报告、昭阳区人民法院工作报告、昭阳区人民检察院工作报告；审议关于动员全区干部群众全力以赴决战决胜脱贫攻坚的决议；审查和批准昭阳区 2018 年国民经济和社会发展计划执行情况与 2019 年国民经济和社会发展计划报告、昭阳区 2018 年地方财政预算执行情况与 2019 年地方财政预算报告；批准昭阳区 2019 年国民经济和社会发展计划、昭阳区 2019 年地方财政预算；通过关于设立有关专门委员会的决定、有关专门委员会组成人员人选通过办法、有关专门委员会组成人员名单。

【五届人民代表大会常务委员会第 17 次会议】

昭阳区第五届人民代表大会常务委员会第 17 次会议于 3 月 15 日举行，出席本次会议的有：区人大常委会主任罗正国，副主任迟焕彩、马洪斌、董睿武；常委会委员。列席会议的有：区委副书记周祥，区人民政府常务副区长费忠平，区监察委员会主任陈瑾，区人民法院院长罗朝碧，区人民检察院检察长王建雄，区人大常委会各委（室）副主任。会议由罗正国主持。会议主要讨论人事事项。

【五届人民代表大会常务委员会第 18 次会议】

昭阳区第五届人民代表大会常务委员会第 18 次会议于 3 月 23 日举行，出席本次会议的有：区人大常委会主任罗正国，副主任陈瑛、迟焕彩、马洪斌、董睿武，常委会委员。列席会议的有：

区人民政府常务副区长费忠平，区委组织部长耿礼俊，区人民法院院长罗朝碧，区政府办主任李林森，区人大常委会各委（室）副主任。会议由罗正国主持。会议主要讨论人事事项。

【五届人民代表大会常务委员会第 19 次会议】

昭阳区第五届人民代表大会常务委员会第 19 次会议于 5 月 27 日举行，出席本次会议的有：区人大常委会主任罗正国，副主任陈瑛、迟焕彩、马洪斌、董睿武，常委会委员。列席会议的有：区人民政府常务副区长费忠平，区人民检察院检察长王建雄，区人民法院院长罗朝碧，区监察委员会主任陈瑾，区审计局局长曾家正，区政府办主任李林森，区卫生健康局局长周清煊，区教育体育局局长曹玉树，区农业农村局局长马玉平，区民政局局长谢玉平，区人大常委会各委（室）副主任。会议由罗正国主持。会议议程如下：一、人事事项；二、听取和审议昭阳区监察委员会工作情况报告；三、听取和审议昭阳区人民检察院公益诉讼工作情况报告；四、听取和审议昭阳区 2017 年度本级财政预算执行和其他财政收支审计查出问题整改情况报告；五、听取和审议对昭阳区人民政府贯彻执行《中华人民共和国水污染防治法》进行执法检查的情况报告；六、听取区人民政府办公室、区卫生健康局、区教育体育局、区农业农村局、区民政局、区人民法院、区人民检察院贯彻区五届人民代表大会第三次会议相关决定决议的专项工作承诺报告；七、审议《昭阳区人大常委会 2019 年度工作计划和要点》；八、审议《昭阳区人民代表大会及其常务委员会各委室与区人民政府工作部门和区监察委员会、区人民法院、区人民检察院所属部门工作联系制度》。

【五届人民代表大会常务委员会第 20 次会议】

昭阳区第五届人民代表大会常务委员会第 20 次会议于 8 月 8 日举行，出席本次会议的有：区人大常委会主任罗正国，副主任陈瑛、迟焕彩、马洪斌、董睿武，常委会委员。列席会议的有：区人民政府副区长费忠平，区人民法院院长罗朝碧、区人民检察院检察长王建雄，区监察委员会

副主任岳建伦、区政府办副主任吴发芬、区财政局长杨斌、区发改局长邓光涛、区人力资源和社会保障局长钟顺敏、区卫健局长周清煊、区医保局长王春清、区人大常委会各委（室）副主任。会议由罗正国主持。会议议程如下：一、人事事项；二、听取和审议昭阳区 2019 年上半年国民经济和社会发展计划执行情况报告；三、听取和审议昭阳区 2019 年 1~6 月地方财政预算执行情况报告；四、听取和审议昭阳区行政事业单位及政府经管资产管理工作情况报告；五、听取和审议昭阳区 2019 年区本级财政专项预算调整方案；六、听取和审议昭阳区人民政府关于全区农业产业扶贫情况报告；七、听取和审议昭阳区人民政府关于全区劳动力转移就业扶贫情况报告；八、听取和审议昭阳区人民政府健康扶贫工作报告；九、听取区监察委关于《区人大常委会关于区监察委 2018 年工作情况报告的审议意见》的研究处理情况报告（书面）；十、听取区人民检察院关于《区人大常委会关于区人民检察院开展公益诉讼工作情况的审议意见》的研究处理情况报告（书面）；十一、听取区人民政府关于《区人大常委会关于昭阳区 2017 年度区本级财政预算执行和其他财政收支审计查出问题整改情况报告的审议意见》的研究处理情况报告（书面）；十二、听取区人民政府关于《区人大常委会关于区人民政府贯彻执行〈中华人民共和国水污染防治法〉工作情况的审议意见》的研究处理情况报告（书面）。

【五届人民代表大会常务委员会第 21 次会议】

昭阳区第五届人民代表大会常务委员会第 21 次会议于 9 月 29 日举行，出席本次会议的有：区人大常委会主任罗正国，副主任陈瑛、迟焕彩、马洪斌、董睿武，常委会委员。列席会议的有：区人民政府副区长吴昆，区人民检察院检察长王建雄，区人民法院副院长陈显栋，区委组织部副部长张朝勇，区政府办副主任吴发芬，区财政局局长杨斌、区审计局局长曾家正。会议由罗正国主持。会议议程如下：一、人事事项；二、审查和批准昭阳区人民政府 2018 年地方财政决算情况报告；三、听取和审议昭阳区人民政府 2018 年地方预算执行情和其他财政收支情况审计报

告；四、听取昭阳区人大常委会环资工委关于昭阳区易地扶贫搬迁安置点建设项目工作情况的视察报告；五、听取昭阳区人大常委会民宗外侨工委关于全区少数民族精准扶贫工作情况的调研报告。

【五届人民代表大会常务委员会第 22 次会议】　昭阳区第五届人民代表大会常务委员会第 22 次会议于 11 月 29 日举行，出席本次会议的有：区人大常委会主任罗正国、陈瑛、迟焕彩、马洪斌，常委会委员。列席会议的有：区人民政府常务副区长费忠平，区人民法院院长罗朝碧，区人民检察院检察长王建雄，区财政局局长杨斌，区教育局局长曹玉树，区审计局局长李贵亿，区政府办副主任武德群，区人大常委会各委（室）副主任。会议由罗正国主持。会议议程如下：一、人事事项；二、审查和批准昭阳区人民政府关于 2019 年 1～10 月地方财政预算执行情况及调整本年度预算方案的报告；三、审查和批准昭阳区人民政府关于收回存量资金调入预算稳定调节基金的报告；四、听取和审议昭阳区人民政府关于区五届人大三次会议代表议案、建议、批评和意见的情况报告；五、听取和审议昭阳区人民政府关于教育扶贫工作的情况报告。

【五届人民代表大会常务委员会第 23 次会议】　昭阳区第五届人民代表大会常务委员会第 23 次会议于 12 月 30 日举行，出席本次会议的有：区人大常委会常务副主任陈瑛，副主任迟焕彩、马洪斌、董睿武，常委会委员。列席会议的有：区人民政府副区长吴昆，区人民法院院长罗朝碧，区人民检察院副检察长张洪兵，区委组织部副部长张朝勇，区政府办副主任武德群，区人大常委会各委（室）副主任。会议由陈瑛主持。会议主要讨论人事事项。

昭阳区人民政府

【昭阳区政府办公室机构】　2019 年，昭阳区政府办公室加挂昭阳区政府外事办公室、昭阳区招商局牌子。昭阳区人民政府办公室行政编制

67 名。设主任 1 名、副主任 4 名，其中 1 名兼任区政府外事办公室主任，1 名兼任区招商局局长，督察专员 3 名。

内设机构：昭阳区政府办公室内设 16 个科室，即秘书科、政策研究科、综合科、机要文书科、督查室、信息科、政务公开科、议案科、财务科、行政科、区长热线办公室、总值班室、人事教育科、投资促进科、外事科、烟草产业科。

【在昆务工人员技能培训班】　1 月 6 日，在昆流动党员管理工委和在昆流动会员工会委员会在昆明联合举办在昆务工人员技能培训班。

【国家"苹果双减项目"2019 年西南冷凉地区培训会】　1 月 10 日，国家"苹果双减项目"2019 年西南冷凉地区培训会在昭阳区召开，昭阳区 650 余名苹果种植户参加培训。

【治欠保支工作联席会】　1 月 11 日，昭阳区召开 2018 年下半年治欠保支工作联席会暨 2019 年春节前保障农民工工资支付工作会议，安排部署相关工作。

【消防救援大队授衔换装】　1 月 14 日，昭阳区消防救援大队举行授衔和换装仪式。

【昭通市华孚冷链物流仓储交易中心奠基】　1 月 28 日，昭通市易地搬迁产业园昭通市华孚冷链物流仓储交易中心项目在昭阳区靖安镇易地搬迁安置区举行奠基仪式，标志着昭通市国家级 100 万吨冷链物流仓储交易中心项目正式启动建设。

【易迁劳动力帮扶暨"春风行动"现场招聘会】　2 月 14 日，昭阳区召开易迁劳动力帮扶暨"春风行动"现场招聘会。省内外 40 余家企业共提供 16 800 余个就业岗位，助力昭阳区脱贫攻坚。

【区政府召开记者会】　2 月 22 日，昭阳区人民政府召开记者会。区委副书记、区长陶毅，副区长、昭阳工业园区管委会主任叶建平，副区长刘凤慧等就脱贫攻坚、经济发展、产城建设、

教育发展、交通建设等方面的问题答记者问。

【教育工作会议】 3月11日，昭阳区召开教育工作会议，安排部署依法督促监护人送适龄儿童少年接受义务教育的工作。

【区委、区政府专题办公会】 4月2日，区委、区政府召开专题办公会研究部署农危改、劳务输出等工作。市委常委、区委书记江先奎，区委副书记、区长陶毅对相关工作提出要求。

【劳动力培训转移就业工作业务培训会】 4月8日，昭阳区召开劳动力培训转移就业工作业务培训会，各乡镇（街道）劳动力培训转移输出站副站长、联络员等40余人参加培训。

【省检查组检测黑臭水体】 5月9日，省检查组实地检测秃尾河水系、东门小河、利济河后，要求昭阳区寻根查源，查缺补漏，确保昭通中心城区黑臭水体治理顺利通过国家环保部、住建部检查验收。

【费忠平调研利济河】 5月11日，区委常委、常务副区长费忠平带领区综合执法、住建、环保、水务等相关部门负责人到利济河巡河，落实河长制，推动相关问题整改落实。

【"徐伟校长工作室"授牌】 5月16日，教育部第二期中小学名校长领航工程"徐伟校长工作室"授牌仪式暨全国高品质课程建设校长论坛在昭阳区三小朝阳校区举行。

【驻村扶贫工作培训会】 6月3日，昭阳区召开驻村扶贫工作培训会，全区驻村工作队员、驻村扶贫工作队第一书记、工作队长及市委下派的脱贫摘帽督导员等500余人参加培训。

【民办教育工作大会】 6月5日，昭阳区举行民办教育工作大会。全区各乡镇（街道）中心校校长、民办幼儿园负责人，民办中小学培训机构法人（校、园长）近400人参会。

【东莞市石碣镇党政企考察团到昭考察】 6月26~27日，东莞市石碣镇党政企考察团到北闸镇、昭阳扶贫产业园区和靖安镇等地考察易地扶贫搬迁安置点建设、扶贫产业建设及对口帮扶项目建设等脱贫攻坚工作。

【召开慈善会社会救助经办人员业务培训会】 7月16日，昭阳区召开慈善会社会救助经办人员业务培训会，对即将上岗的104名社会救助经办人员进行业务培训。

【江先奎到凤凰等地调研】 7月21日，市委常委、区委书记江先奎，区委常委、副区长陶思茂，副区长柯大林等到凤凰、旧圃、太平等乡镇、街道实地调研扶贫车间建设、垃圾治理等工作。

【陶毅调研社区戒毒工作站建设】 7月23日，区委副书记、区长陶毅率调研组到凤凰街道双院子社区、西街社区调研社区戒毒工作站建设工作。

【区政府第27次常务会议】 7月31日，区委副书记、区长陶毅主持召开第五届昭阳区人民政府第27次常务会议，专题研究优化营商环境、昭阳区蓝天保卫战3年行动计划实施方案等。

【李希一行到昭考察】 8月20~21日，广东省委书记李希、省长马兴瑞率领广东省党政代表团到昭通市实地考察昭阳区靖安跨县区易地扶贫搬迁安置区、海升超越苹果基地和昭阳扶贫产业园内的华坚鞋业、立时电子等企业，详细了解易地扶贫搬迁、产业扶贫、劳务协作、教育医疗帮扶等情况。

【昭通区域苹果观摩培训会】 8月22日，由中国农业大学、新洋丰农业科技股份有限公司主办的"校企合作，品质兴农"2019昭通区域苹果观摩培训会在昭阳区乐居镇举行。

【区政府五届第28次常务会议】 9月16日，区委副书记、区长陶毅主持召开第五届昭阳区人民政府第28次常务会议，安排部署特色小镇创建、非洲猪瘟防控、新增专项债券项目申报等工作。

【新兵出征仪式】　9月20日，区委副书记、区政府区长、区征兵领导小组组长陶毅，区委常委、区人武部部长黎勇等出席新兵出征仪式并为新兵送行。

【东莞·昭阳支教老师走基层】　9月30日，为期1年的东莞·昭阳支教老师走基层活动在昭阳区第二中学正式启动。

【上海工会技协小分队结对帮扶】　10月11日，上海工会技协小分队赴昭开展教育结对帮扶，在昭阳三小朝阳校区签订教育结对帮扶协议。

【杨震到昭调研】　11月1日，全国人大常委会委员、农工党中央专职副主席、精准扶贫精准脱贫工作领导小组副组长杨震，农工党中央精准扶贫精准脱贫工作领导小组办公室主任、农工党云南省委会主委、云南省红十字会常务副会长张宽寿一行11人到靖安新区开展易地扶贫搬迁民主监督专题调研。

【靖安新区启动摇号分房】　11月14~18日，靖安新区易地扶贫搬迁安置点正式启动摇号分房工作，标志着靖安新区进入了分房入住阶段。来自大关、永善、彝良、昭阳、盐津、镇雄6县（区）8859户39034名搬迁群众分到新房。

【贫困退出档案资料业务规范培训会】
12月10日，昭阳区召开贫困退出档案资料业务规范培训会，就扶贫内业务档案资料、档案资料规范管理等作了培训。

【区政府专题办公会】　12月15日，区政府召开新能源汽车充电基础设施建设工作专题办公会，安排部署相关工作。

【靖安易地扶贫举行搬迁启动仪式】　12月18日，靖安易地扶贫搬迁安置区举行搬迁启动仪式。杨亚林、王忠、张绍雄、江先奎、陈真永、

朱家伟、尹朝禹、保明康等市四套班子领导到安置区惠民社区看望、慰问搬迁群众。

中国人民政治协商会议昭阳区委员会

【机构设置】　2019年，根据《中共昭阳区委办公室、昭阳区人民政府办公室关于印发昭阳区机构改革实施方案的通知》，区政协设工作机构10个，其中，专门委员会9个，办事机构1个。

专门委员会：区政协提案委员会、区政协经济和农业农村委员会、区政协人口资源环境委员会、区政协教科卫体委员会、区政协社会和法制委员会、区政协民族和宗教委员会、区政协文化文史和学习委员会、区政协港澳台侨联络委员会、区政协委员联络工作委员会。

办事机构：区政协办公室。政协昭阳区委员会行政编制25名。其中，秘书长1名（正科级），各专委、办公室正职9名（正科级），副职10名（副科级）。

【专题研究】　2019年，区政协召开政协全体会议2次，常委会议12次、主席会议21次，研究政协重要事务和重大问题。补选配齐常委会组成人员、党组班子、支委班子。引导全体政协委员和机关干部牢固树立"四个意识"、坚定"四个自信"、做到"两个维护"。

【协商议政】　2019年，区政协组织召开"加快劳务输出及就业，助推就业扶贫"专题议政性常委会议协商会议，围绕"苹果产业发展""马铃薯产业发展"开展界别协商，组织全体会议界别协商、常委会议专题协商，组织政协委员中的各领域专家，对与脱贫攻坚息息相关的重点领域、重点工作、重点产业开展视察调研。形成意见建议37条，得到区委、区政府充分肯定和采纳。特别是《昭阳区苹果产业发展专题调研报告》《大寨子乡就业扶贫车间调研报告》，得到区委领导的高度重视和充分肯定，并批示相关部门落实。

【界别活动】　2019年，全体委员及民主党

派、工商联、无党派人士反映社情民意信息19条，参加视察调研22次，会议发言51人次，提交提案96件，其中《关于加强农村人居环境综合整治》等5件提案列为年度重点提案督办。

【对外联谊】 2019年，配合、参与全国及云南省、昭通市政协来昭视察、调研脱贫攻坚、农村环境整治、农产品加工业发展等课题5个。参加省、市助推脱贫攻坚专题会议4次。接待四川自贡市、昆明石林县、玉溪易门县、普洱镇沅县、重庆秀山县等地的调研组和考察团到昭学习考察，为宣传昭阳、凝聚正能量做出贡献。

【脱贫攻坚助推行动】 2019年，以专委会为纽带，以界别活动组为重点，广泛动员全区290名政协委员开展"七个助推"和"十个一"活动，累计协调投入资金113.53万元，帮助贫困群众发展苹果、马铃薯、苦荞等种植产业3人，提供产品销售渠道5次，帮助贫困人口就业163人，为贫困村开展健康义诊6次，解决健康扶贫方面的实际问题10个，为精准扶贫提出好建议38条；开展爱心义捐活动9次，义捐资金44.97万元；开展科技培训服务2次，文化扶贫活动4次，受益群众5 332人；组织全体政协委员开展捐资助学活动，捐赠助学资金26.48万元。

【文史资料收集】 2019年，为庆祝新中国和人民政协成立70周年，编纂《奋进中的昭阳》文史资料。围绕"我身边的脱贫故事"主题，编纂《脱贫故事》文史资料。配合云南省、昭通市政协完成"光辉历程——庆祝人民政协成立70周年"书画摄影作品及歌曲征集工作，向省、市政协报送书法作品8件，绘画作品2件，摄影作品3件，歌词作品1件。

【党建意识形态】 2019年，区政协党组落实"一岗双责"，开展党建意识形态工作。组织委员到靖安镇五星村五星小学开展"同心·家风建设进昭阳"大讲堂；为庆祝中华人民共和国暨中央人民政治协商会议成立70周年，组织开展"我和我的祖国"系列活动，开展主题教育座谈会、调研视察、与新华书店联合举办诗歌朗诵

会，响应市政协号召，组织委员齐唱红歌等一系列活动，不断增强机关干部的爱国情怀和国家意识。利用"学习强国""云岭先锋"等学习平台，加强机关干部思想建设工作力度，在思想、政治、行动上同党中央保持一致，画大画好同心圆。

【主题教育】 按照区委开展"不忘初心、牢记使命"主题教育工作部署，坚持党组成员带头做表率，以上带下抓落实。通过党组理论中心组学习会、支部会议等形式，带动政协机关党员干部全面深入学习习近平总书记关于开展"不忘初心、牢记使命"主题教育重要讲话和重要批示精神。组织通读原文原著、举办读书班、专题讲座、专题交流等活动，认真组织开展调查研究、查摆问题，抓好专题民主生活会以及整改落实等各项工作，主题教育取得了扎实成效。

中共昭阳区纪委·昭阳区监察委员会

【机构设置】 中共昭通市昭阳区纪律检查委员会、昭通市昭阳区监察委员会，两块牌子一套人马合署办公，机关行政编制50名。

机关机构：区纪委设书记1名、副书记3名（正科级）、常委5名。区监委设主任1名，由区纪委书记兼任；副主任3名，由区纪委副书记兼任；委员5名，其中不由区纪委常委兼任的区监委委员2名。区纪委区监委机关内设机构正职16名（室主任、部长，副科级）；其他副科级领导职数1名（机关党委专职副书记），机关实有人员43人。

下属事业机构：昭阳区纪检监察宣传教育中心11个编制实有10人。区纪委区监委机关内设：办公室、组织部、宣传部、政策法规研究室、党风政风监督室、信访室、案件监督管理室、信息技术保障室、案件审理室、纪检监察干部监督室、第一、第二、第三、第四、第五、第六纪检监察室、机关党委。

派驻机构：派驻机构名称为中共昭阳区纪律检查委员会昭阳区监察委员会派驻纪检监察组，21个派驻（出）机构，共有57个编制42人。1个派出机构为昭阳区委区直机关纪检监察工作委

员会；8 个综合派驻名称为：区纪委区监委驻区委办公室纪检监察组，区纪委区监委驻区政府办公室纪检监察组，区纪委区监委驻区委组织部纪检监察组，区纪委区监委驻区人社局纪检监察组，区纪委区监委驻区财政局纪检监察组，区纪委区监委驻区发改局纪检监察组，区纪委区监委驻区工科局纪检监察组，区纪委区监委驻区自然资源局纪检监察组；12 个单独派驻纪检监察组：区纪委区监委驻区城市管理综合执法局纪检监察组，区纪委区监委驻区教育体育局纪检监察组，区纪委区监委驻区卫生健康局纪检监察组，区纪委区监委驻区市场监管局纪检监察组，区纪委区监委驻区农业农村局纪检监察组，区纪委区监委驻区林业和草原局纪检监察组，区纪委区监委驻区水务局纪检监察组，区纪委区监委驻区住建局纪检监察组，区纪委区监委驻区交通运输局纪检监察组，区纪委区监委驻昭阳公安分局纪检监察组，区纪委区监委驻区人民检察院纪检监察组，区纪委区监委驻区人民法院纪检监察组。

巡察机构：巡察机构 15 个编制实有 11 人。（一）中共昭通市昭阳区委巡察工作领导小组办公室（以下简称区委巡察办），设区纪委，负责中共昭通市昭阳区委巡察工作领导小组的日常工作，机构规格为正科级，加挂区委巡视工作联络办公室牌子，区委巡察办机关行政编制 5 名，设主任 1 名（兼任区委巡视工作联络办公室主任，正科级），副主任 2 名（兼任区委巡视工作联络办公室副主任，副科级），下设综合科、信息督查科。（二）巡察组。区委设立 5 个固定巡察组，机构规格为正科级，5 个固定巡察组行政编制 10 名，设组长 5 名（正科级）、副组长 5 名（副科级），名称为中共昭阳区委第一、第二、第三、第四、第五巡察组。

【党的政治建设】　2019 年，区纪委区监委坚持以党的政治建设为统领，学习贯彻落实习近平新时代中国特色社会主义思想、十九大及中央纪委十九届三次全会精神，开展"不忘初心、牢记使命"主题教育，增强"四个意识"、坚定"四个自信"、做到"两个维护"，始终在思想上、政治上、行动上同以习近平同志为核心的党中央保持高度一致，严守党的政治纪律和政治规矩，贯彻落实中央和省市区委各项决策部署，贯彻落实中央和省市纪委全会精神，履行纪委监督执纪问责和监委监督调查处置职责，为全区经济社会发展提供坚强的政治纪律和作风保障。

【整治形式主义、官僚主义】　2019 年，区纪委区监委贯彻中央和省市区委"基层减负年"的部署要求，落实减文、减会、减考核工作，破除形式主义、官僚主义。2019 年全区文件限量 3 973 件、会议限量 1 153 次。实际发文数量 866 份，同比减少 31.22%；会议数量 121 次，同比减少 11.03%；开展全区性督查考核事项 45 批次，同比减少 21.10%。同时查处形式主义、官僚主义问题 5 个，处理 11 人，其中党纪政务处分 8 人，问责 3 个，集中整治取得阶段性明显成效。

【落实"两个责任"】　2019 年，区纪委区监委修改完善党风廉政建设责任制检查考核评分标准，同 20 个乡镇（街道）、65 个区直部门签订目标责任书，细化落实反腐败工作任务分解，强化日常监督检查和专项政治巡察，压实各级党委主体责任，抓牢纪委监督责任。约谈上年度党风廉政建设考核为基本合格单位 3 个，约谈相关责任人 6 人；通报上半年党风廉政建设自查报告撰写不合格单位 3 个；查处通报履行"两个责任"不力问题 5 起、违反党中央"八项规定"精神案件 6 起。健全完善区委巡察工作制度，推进常规巡察和脱贫攻坚专项巡察，第五轮脱贫攻坚专项巡察发现 95 个问题全部移交整改，第六轮常规巡察和部分单位脱贫攻坚专项巡察有序推进。

【脱贫攻坚督查】　2019 年，区纪委区监委按照全区脱贫摘帽部署要求，组建 10 个脱贫攻坚督战队和 2 个督察队，下沉脱贫攻坚一线，紧盯问题、短板、弱项和干部纪律作风开展监督检查。4～9 月份共开展监督检查 6 批次，发现扶贫领域方面的问题 340 个（其中农危改 101 个、易地搬迁 24 个、控辍保学 17 个、劳动力转移 32 个、人居环境 58 个、饮水安全 24 个、基础设施建设 23 个、脱贫攻坚政策宣传 15 个、作风纪律 13 个、其他 33 个），整改完成 264 个，其余 76 个正在整改。从 10 月开始，实行每周督战，共监督检查 5 次，发现问题 92 个，整改完成 47 个，其余 45 个正在整改中。

【违纪案件查办】 2019 年，区纪委区监委受理信访举报 1 060 件，处置问题线索 178 件，立案 81 件，结案 81 件，处理干部 88 人，其中给予党纪处分 78 人、政务处分 22 人、双重处分 12 人；依法留置 4 人，移送司法机关 3 人，收缴各类违纪违法资金 104 万元。收到扶贫领域问题线索 69 件，办结 39 件（其中，直查直办 11 件，给予党纪政务处分 11 人）；办理省市纪委移交扶贫领域问题 11 件，按时上报办理结果 11 件。

【扫黑除恶专项斗争】 2019 年，区纪委区监委收到涉黑、涉恶问题线索 37 件、黄赌毒充当"保护伞"案件 1 件，办结 24 件，在办 14 件，留置 3 人，约谈单位 3 个，处理干部 30 人，其中，党纪处理 10 人、政务处理 1 人、党纪政务处理 4 人，问责 5 人，组织处理 4 人，组织处理及移送司法机关 1 人，通报批评 2 人，谈话提醒 3 人。

【纪检监察干部队伍建设】 2019 年，区纪委区监委切实做好纪检监察体制改革的后续工作，拟定《中共昭阳区纪律检查委员会昭阳区监察委员会职能配置、内设机构和人员编制规定》《中共昭阳区纪委昭阳区监委派驻机构改革方案》，经区深化改革领导小组办公室审核后报区委审批实施，向 20 个纪检组全覆盖派驻监察组，安置机构改革中区委提拔和调整到纪检系统的 16 名干部。2019 年 5 月 14 日，中共昭阳区委办公室下发《昭阳区推动监察职能向乡镇街道基层延伸的实施方案》，派出乡镇、街道监察室 6 月份已全部挂牌和启用印章，向乡镇、街道派出 20 个监察室，建立 183 人的村（社区）监察信息联络员队伍，推进监察职能向基层延伸，打通监察监督"最后一公里"。举办讲座 5 期、理论中心组学习 9 次，累计选派 9 人次到中央纪委和省纪委参加学习培训，抽调 12 名干部到省市纪委挂案锻炼，抽调乡镇纪检干部 14 人到区纪委以案代训；拟发纪检监察信息 282 条，市级媒体刊载 279 条、省级以上媒体刊载 33 条；处置纪检监察干部问题线索 7 件，办结 7 件，立案 2 件，结案 2 件，其中 1 名纪检监察干部涉嫌违法犯罪移交司法机关处理，1 名受到政务记过处分。

【表彰】 崔荣获中国共产党云南省纪律检查委员会、云南省监察委员会、云南省人力资源和社会保障厅授予"云南省 2018 年纪检监察审查调查工作先进个人"称号。

曾伟获昭通市人民政府、昭通市人社局授予"脱贫攻坚先进个人三等功"称号。

陈志美获区政府、区人社局"脱贫攻坚先进个人"称号。

中共昭阳区委组织部

【机构设置】 2019 年 3 月机构改革，昭阳区委组织部加挂昭阳区委老干部局、昭阳区公务员局牌子，部机关行政编制 33 名，设部长 1 名，由区委领导兼任；设副部长 3 名，分管部机关 13 个科室、中心，其中 1 名副部长兼任区委非公经济组织和社会组织党工委书记；设部务委员 3 名（副科级，其中 1 名兼任区公务员局局长，1 名兼任区委老干部局局长）；设区委党建工作领导小组办公室主任 1 名。

【政治建设】 区委组织部把政治建设摆在首位，把打赢脱贫攻坚战作为全区的最大政治任务，抓好各级党组织和广大党员干部政治学习，强化党员干部党性锻炼，让党员干部站稳政治立场，达到政治标准要求，树牢"四个意识"，坚定"四个自信"，做到"四个服从"，坚决维护以习近平同志为核心的党中央权威和集中统一领导。

【"不忘初心、牢记使命"主题教育】 2019 年，昭阳区开展"不忘初心、牢记使命"主题教育，全区 87 家参学单位举行理论中心组学习 363 次、读书班 466 次、学习党的十九届四中全会精神 71 次、感恩教育 205 场、成果交流会 46 场、主要领导讲党课 112 场、轮训支部书记 675 人次，各级单位班子成员共形成调研报告 398 余篇，征求意见建议 1 720 条，检视出问题 3 572 条，已整改 2 420 条，正在整改 1 152 条，累计解决群众操心事、烦心事 447 件。成立巡回宣讲团，到乡镇、村组及高寒边远山区、少数民族聚居区开展巡回宣讲 18 场，482 名驻村扶贫第一书记、工作队员、督导员及大学生村官、村"两委"成员、志愿者、社区工作者组建成 145 支宣讲队，开展形式多样、内容丰富的"初心和使命"宣讲 264 场次。

【"两学一做"】　区委组织部以多种信息平台为载体，推进"两学一做"常态化，累计投入 50 余万元帮助各乡镇（街道）及时成立乡镇（街道）党校，区直 33 家党（工）委依托扎西学院、昭通市委党校和乡镇（街道）党校相继开展 298 期教育培训，共 12 425 名党员参加培训；开展"两新"组织、村级组织不少于 1 天的集中学习 281 次，共培训党员 15 533 人次。

【扫黑除恶专项斗争】　制定《关于加强基层组织建设为扫黑除恶专项斗争提供坚强组织保障的工作方案》等系列文件，调整充实组织系统扫黑除恶专项斗争工作领导小组和专项斗争工作组，多次召开部务会、部长办公会、约谈推进会、专项领导组工作会等会议，全面安排部署和督促落实扫黑除恶专项斗争工作。把扫黑除恶纳入党员教育培训重要内容，综合利用传统和新兴媒体推送扫黑除恶信息 62 条，公布"12380"和"12371"举报电话，开设扫黑除恶专栏报道，通过基层组织发放宣传资料 30 000 余份，在街道、道路、村民活动场所等人群密集地方张贴公告 5 969 张，悬挂标语横幅 860 幅。落实村（社区）干部任职资格联审和村级党组织书记县级备案管理制度。开展 2016 年换届以来的村（社区）"两委"成员任职资格"回头看"工作，重点审查有无政治问题，有无前科劣迹，有无"村霸"和涉黑、涉恶问题，有无群众不良反映等内容。清理不符合条件的村组干部 83 名，并及时按程序补齐配强。联审新任职 441 名村组干部，通过 386 名候选人预备人选资格。2019 年 2 月以来，乡镇（街道）党（工）委按照备案程序上报区委组织部备案的村（社区）党组织书记 8 人。建立问题线索快速移送、反馈机制，根据区扫黑办流转机制，在全区 184 个村（社区）悬挂举报箱，设立线索受理举报电话和电子邮箱，共收到办理各类线索 89 条。其中，其他单位移送 70 条，已核查办理 49 条；自行发现受理线索 9 条，已核查 6 条；群众举报受理线索 10 条，已核查 6 条。同时，为方便参与案件线索办理，先后抽调 5 人到

区纪委监委参与中督组交办的线索核查，牵头办理中督组交办线索 1 件，回复线索举报若干。

【党支部规范化建设达标创建】　区委组织部根据创建情况制定下发了《关于认真抓好 2019 年党支部规范化建设达标创建工作的通知》，在持续巩固 2018 年党支部达标创建成果基础上，累计有 1 317 个党组织实现达标。

【脱贫攻坚项目建设】　2019 年，区委组织部制定《昭阳区村民小组活动场所建设项目实施管理办法》，压实责任。执行《昭阳区发展壮大村级集体经济管理办法（试行）》，制定出台《昭阳区发展壮大村级集体经济三年行动计划（2018 年~2020 年）》，推进村级集体经济"破壳""消薄""强村"工程，规范巩固提高村级集体经济运作，扶持发展壮大集体经济，增加村（社区）集体经济收入。新建村级活动场所 23 个、投资 2 300 万元，整合资金 5 156 万元建成村民小组活动场所 303 个，已全部竣工投入使用。全区有村级集体经济的村（社区）145 个，135 个贫困村集体经济收益达 20 000 元以上。

【整顿软弱涣散党组织】　2019 年，区委组织部对 24 个软弱涣散村（社区）党组织开展常规整顿，按照中央和省委"不忘初心、牢记使命"主题教育安排，印发《在"不忘初心、牢记使命"主题教育中集中整顿软弱涣散村（社区）党组织工作方案》，确定 16 个村（社区）党组织纳入主题教育中集中整顿，对照中央、省、市巡视和综合调研反馈意见及省市基层党建重点工作清单，开展专项整治。

【突出创新导向】　区委组织部突出创新导向，紧盯"三个组织化"。通过发展特色农业，成立农民专业合作社 1 000 余个，提高产业扶贫的组织化程度。以卡户贫困户和易地扶贫搬迁劳动力转移就业为重点，组织 530 人到省外务工、860 人到昭阳工业园区就业，提高劳动力转移就业组织化程度。招聘、抽调 334 名工作人员组成靖安安置区和红路馨居、幸福馨居、虹桥馨居安置点群众服务管理中心（临时党委），在 11 个易地搬迁安置社区成立党（总）支部和临时工作

站，41个小组党支部，提高易地扶贫搬迁组织化程度。整合省、市、区三级党费980 000元，支持16个易迁安置点开展组织活动和场所建设，同步推进基层组织建设及社区治理工作。

【激发脱贫攻坚内生动力】 区委组织部制定下发《关于建立村（社区）干部岗位补贴长效机制的通知》，落实"基本报酬＋绩效补贴＋村级集体经济创收奖励"结构性补贴，实行村组干部误工补贴和工作补贴，将社区工作经费从50 000元提高到100 000元，管好用好村组工作经费，确保基层党组织有钱办事、有人干事，发放党员带头创业致富贷款财政贴息177.30万元。

【创建城市党建示范】 区委组织部开展城市基层党建示范引领行动和"共驻共建共商共治共享"活动，在3个街道成立"大工委"，55个社区全部成立"大党委"，成立216个党支部，实现党组织有效"全覆盖"。推行街巷长制，19名区级领导担任22条主要街道街长，110名街道干部担任背街小巷巷长，整合公安、综合执法、市场监管、老干部等社会各界力量，吹响"昭阳党建口哨"。培育龙韵雅苑社区、环北路社区、画苑社区和省耕山水商圈党群服务中心等，成为在全区发挥引领作用、在全市具有借鉴意义的城市党建示范点，圆满承办"全市城市基层党建工作会议"。

【干部队伍建设】 区委组织部贯彻落实《昭阳区关于在脱贫攻坚第一线考察识别干部的实施意见》，强化脱贫攻坚一线领导班子及干部的日常考核调研，选优配强11个贫困乡镇和脱贫攻坚工作领导小组成员单位领导班子，注重把脱贫攻坚一线努力工作、埋头干事、多岗位历练的复合型干部选拔上来，大胆使用。累计从脱贫攻坚等基层一线提拔科级干部70名，占全年提拔干部总数的83.30%。新提拔干部中，35周岁以下干部占提拔总数的46.42%，乡镇（街道）党政领导班子中共配备35周岁以下年轻干部60名，且有3名年轻干部担任乡镇（街道）党政正职。

【干部监督管理】 区委组织部按照区委、区政府《昭阳区进一步下沉力量压实责任确保打赢脱贫攻坚大决战的工作方案》《关于坚决打赢脱贫摘帽歼灭战的决定》，制定印发《昭阳区干部日常考核办法（试行）》，及时处理脱贫攻坚工作推动不力干部，遏制干部"不作为、慢作为、乱作为"等苗头，以铁的纪律、严的制度为脱贫攻坚工作提供坚强的组织保障。2019年，委托区审计局任中经济责任审计2个乡镇党政主要领导和3个区直部门主要领导，责任审计1个乡镇党政主要领导自然资源资产管理；组织12名科级干部进行提醒谈话、1名诫勉谈话，免职处理1名状态不佳乡镇干部。

【关爱脱贫一线干部】 按照《昭阳区进一步加大关心关爱力度促进基层一线干部担当作为的意见》要求，在干部教育培训、评先评优、职称评聘等方面向脱贫攻坚一线倾斜，要求对脱贫攻坚一线培训不得低于1次，一般扶贫干部评"优"比例不低于本地本单位优秀名额的30%，区级各类表扬、奖励中脱贫攻坚一线干部所占比例不低于50%，从乡镇、驻村工作队等脱贫攻坚一线提拔干部比例不低于80%。加大干部身心关爱、轮岗交流力度，落实区、乡、村三级干部落实谈心谈话制度，累计调整同一岗位工作超过5年干部66人，执行中央、省、市、区委关于脱贫攻坚一线干部和外来挂职干部的食宿、交通、保险、体检、休假等保障制度。

【全区机构改革】 2019年，区委组织部落实中央、省、市关于深化机构改革有关要求，围绕"优化协同高效"目标，遵循"严格政策、积极稳妥、统筹考虑、结构优化、知事识人、人岗相适"的原则，规范21个涉改单位党组（党委）设置，配合完成涉改的22个党政机关部门、4个区直属事业单位、10个部门所属事业单位、20个乡镇办事处所属事业单位近50人次的转隶工作，调整87个涉改机构近300人次干部。研究制定《昭阳区人事调配工作管理暂行办法》，持续规范机构改革中干部人事监管制度，在全区党政机构改革中确保涉改部门思想不乱、队伍不散、工作不断、干劲不减，圆满完成全区机构改革有关工作。

【公务员、老干部管理服务】 区委组织部落实新修订的《中华人民共和国公务员法》和新制定的《公务员职务与职级并行制度》，完成2019年度公务员考试工作，新录用公务员42名；组织、推荐16名村社区干部和22名大学生村官报考定向公务员；按时完成全区1 022名公务员的职级套转和职级职数设置方案报批。开展省级、市级离退休干部示范党支部创建工作，区委组织部老年党支部荣获第二批省级离退休干部示范党支部荣誉称号；重阳节、春节期间，慰问121名驻昭、32名驻昆离退休老干部及遗属；围绕庆祝新中国成立70周年编排节目，组织《银发聚力美昭通　助力脱贫攻坚》《不忘初心、牢记使命主题教育暨敬老月》系列汇演30余场次，组织爱国教育、感恩教育、写作讲座等3次；组织50余名离退休老干部，分成"科教文卫""农田水利"两个组就土地流转、种植、养殖等开展调研活动，形成报告5篇、论文1篇、信息20期。

【干部教育培训】 2019年，区委组织部牵头制定印发《2018～2022年昭阳区干部教育培训规划》《昭阳区关于成立乡镇（街道）党校的实施方案》《昭阳区2019年党员教育工作计划》等制度性文件，预算干部教育专项经费100万元，系统安排和部署全区党员干部教育培训工作。

【参与上级调训】 2019年，选派22批40人次参加中央、省级调训，其中处级7人次、科级及以下33人次；组织20个乡镇街道党（工）委书记、乡镇长参加全市乡镇干部脱贫攻坚业务培训会，组织4 407人次基层扶贫干部参加2期全省脱贫攻坚政策业务视频培训。

【扶贫干部培训】 昭阳区扶贫开发领导小组52家成员单位应训2 195人，已训2 195人，累计培训6 585人次，全部完成本部门本系统扶贫干部培训任务；协同区扶贫办对全体扶贫干部（含指挥部抽调人员）全覆盖培训，应训260人，已训260人，累计培训910人次；全员培训中央定点扶贫挂职干部、驻村第一书记（工作队长）、驻村工作队员484人，共举办3期培训班，培训2 384人次；"分级分类"轮训贫困村党组织书

记、村委会主任、村监委会主任，抓好集体经济组织负责人、致富带头人、实用人才等行业教育培训，共计培训学员13 748人，累计培训21 997人次。

【乡镇党校建设】 2019年，累计投入50余万元帮助各乡镇（街道）及时成立乡镇（街道）党校，举办了3期"万名党员进党校"专题示范培训班，共教育培训党员660人，33家党（工）委依托扎西学院、昭通市委党校和乡镇（街道）党校相继开展298期党员教育，共培训12 425人；全区各党工委开展主题教育集中培训46期，"两新"组织、村（社区）组织1次不少于1天集中学习281次，共培训党员15 533人次，实现全区党员、领导、干部教育培训全覆盖。

【构建人才引进机制】 2019年，启动《昭阳区中长期人才发展规划（2020～2030年）》编制研究，草拟《昭阳区人才引进实施办法》《昭阳区招才引智方案》，将人才工作领导小组成员单位人才工作职能职责写入成员单位"三定"方案，拓宽人才引进渠道，提高昭阳区人才队伍数量、质量。全年共招聘本科及以上学历事业单位工作人员91名，其中教育系统79名，卫生系统12名。

【推出本土优秀人才】 2019年，落实"凤凰计划""鲲鹏计划""雏鹰计划""归雁兴昭"、国家及省市专项人才计划，启动2019年度昭阳"名家、名师、名医"选拔培养。全年有2位专家入选"凤凰计划"，5位优秀人才入选"鲲鹏计划"。完成3位"凤凰计划"和9名"鲲鹏计划"入选者的年度评估工作，拨付生活补贴和支持经费31.1万元。

【干部交流】 2019年，制定《深圳·昭阳干部人才交流计划及方案》，广泛开展干部、支教、支医、支农等领域的人才交流协作，派到东莞市挂职交流的正科级干部、副科级干部、科员各1名，医务工作者8名；东莞市对口帮扶昭阳区挂职人才12人，其中卫健系统10人、教体系统2人。同时，推进"人才扶贫行动计划"，开发培养乡土人才队伍，发挥省级专家服务团作

用。全年，有 30 余位专家人才到昭阳区苹果、蔬菜等产业基地和中小学开展挂钩联系指导工作，为全区经济发展和脱贫致富提供众多帮助和建议。

【驻村工作】 2019 年，按照云南省委组织部、云南省扶贫办 2 月、6 月对调整、轮换驻村队员的要求，拟定、下发文件和整改方案，整改存在的"四类情形"人员，同时要求新选派的驻村队员必须做到"五个不选派"，真正把业务精、能力强、素质高的业务骨干派到基层驻村。截至 11 月，共调整、轮换驻村队员 219 人，确保"尽锐出战"。向全区 145 个贫困村派驻 145 支驻村工作队，驻村工作队员 482 名，实现所有贫困村派驻队员全覆盖。用好市委市政府选派的 70 名驻村督导员，为当地脱贫事业建言献策，助力攻坚。组织全体驻村队员参加区委区政府在会展中心召开的两次脱贫攻坚"千人大会"，组织 70 个 2019 年脱贫出列村驻村第一书记参加昭通市第四届委员会第五次全体（扩大）会议，适时召开工作队长例会，明确打赢脱贫摘帽 10 大歼灭战、补齐 6 大短板的方向。组织人员参加 10 余次由多部门联合开展的业务培训，区级组织召开 4 次专题培训，组织乡村干部、驻村队员、督导员等共 3 420 余人开展 1 次扶贫政策业务知识测试，全面提高驻村队员能力素质。督促派出单位按照省直部门派出驻村队员工作经费要求，共划拨 345 万元驻村队员和 145 万元驻村第一书记工作经费；督促派出单位兑现工作队员食宿、通信补贴及往返车费，开展健康体检，购买保额不低于 30 万元的人生意外保险，慰问 14 名因公受伤、生病住院队员、1 名因病去世队员家属，发放慰问金 8 000 元；与区工会配合，向云南省总工会为 4 名因公受伤队员、1 名因病去世队员家属申请到慰问金 50 000 元，协调中央、省、市、区投入资金及物资折款 5 873.21 万元，助力贫困村脱贫出列。

中共昭阳区委宣传部

【机构设置】 2019 年 3 月机构改革后，区委宣传部加挂昭阳区新闻出版（版权）局、昭阳区政府新闻办公室、昭阳区广播电视局牌子。区委网络安全和信息化委员会办公室设在区委宣传部接受区委网络和信息化委员会的直接领导。2019 年末，区委宣传部共有在职在编人员 18 人。

内设科室：内设 9 个科室，即办公室、意识形态责任制落实综合协调办公室、理论与宣传教育科、新闻宣传科、新闻出版（版权）与文艺科（区"扫黄打非"领导小组办公室）、干部科、广播电视监管综合科、精神文明建设指导委员会办公室、区委网络安全和信息化委员会办公室秘书组。

【加强理论武装】 区委宣传部制定印发区委 2019 年理论学习中心组安排意见、2019 年全区在职干部理论学习安排意见、昭阳宣传思想工作要点。同时，抓好"学习强国"平台学习推广，全区已建立 104 个学习组织。

【把握意识形态正确方向】 区委宣传部学习全国两会习近平总书记关于意识形态工作的重要论述，牢牢把握意识形态正确方向。把建设具有强大凝聚力和引领力的社会主义意识形态的重要性、紧迫性等论述作为全区深入学习宣传的重点。注意分析和把握全区意识形态领域面临的复杂形势和严峻挑战，按照上级要求按时报送昭阳区区意识形态情况分析报告。坚持和加强党对意识形态工作的全面领导，落实党委（党组）意识形态工作责任制，筑牢意识形态领域阵地。

【宣传宣讲】 区委宣传部抓好《习近平扶贫论述摘编》学习宣讲。成立区委《习近平扶贫论述摘编》宣讲队开展宣讲。组建旧圃镇和市场监督管理局两个习近平新时代中国特色社会主义思想创建示范基地开展培训。组织宣讲团到各乡镇（街道）开展扫黑除恶专项斗争宣讲宣传工作。开展"不忘初心、牢记使命"主题教育宣讲工作。

【阵地建设】 按照"12312"的总体思路，落实云南省委常委、宣传部部长赵金对昭阳区融媒体中心的建设要求，争取将昭阳融媒体中心纳入全省 21 个建设试点。根据区委专题办公会议决定由新华书店投资 500 万元将古城钟楼建成昭阳区古城区"全民阅读点"、特色鲜明的乡愁书院。昭阳区融媒体中心拟整体搬迁至原区法院办公大楼5～6楼。

【昭阳区融媒体中心建设】　昭阳区整合辖区优质传播品牌和平台资源，建设囊括电视、网站、微博、微信、客户端、短视频等的全融媒体平台。在辖区新闻工作从业人员中开展以"脚力、眼力、脑力、笔力"为主要内容的"四力"建设。

【新闻舆论工作重心下沉】　2019年，由区委宣传部主抓新闻舆论，区政府新闻办主抓政府新闻发布，区委网信办主抓网络安全和信息化。确立"新闻舆论工作重心下移"工作总方针。组织做好2019昭通苹果展销暨"昭阳红"品牌发布会的宣传报道。做好"2019记者会""2019昭通苹果展销暨'昭阳红'品牌发布新闻发布会"相关工作，指导区检察院做好"昭阳区公益诉讼新闻发布会"。

【主题宣传】　2019年，配合《人民日报》、中央电视台、新华社、《云南日报》、云南广播电视台、《春城晚报》《国际商报》等媒体到昭阳区的主题采访，昭阳区在国家主流媒体共发表文章10余条，其中《人民日报》5条，中央电视台7条，新华社5条；在省级主流媒体发表文章上百条，其中《云南日报》14条，云南电视台12条。利用中央网信办"网络媒体走基层"、第二届"渝媒看昭通"专题采访、成都作家昭通行、《云南日报》报业集团走基层助力昭通脱贫攻坚等专题采访活动，做好昭阳特色、亮点工作宣传与推介。与《滇池·大美昆滇》杂志社合作，成功组织"云南人文自驾游——旅游扶贫助力昭阳脱贫攻坚"活动。利用深圳广电传媒集团与昭通广播电视台的合作协作契机积极开展脱贫攻坚、产业发展等专题采访行动，配合做好"昭通形象宣传片"拍摄。组织开展"昭通乡村旅游助推脱贫攻坚""2019昆明商洽会""百名作家记者走进脱贫攻坚一线"等主题宣传活动。

【营造清朗网络空间】　区委宣传部约谈违法违规自媒体网络账号和平台负责人。监测和处置网络舆情，审核微信小程序等。全区重特大网络舆情发生频次与往年相比呈大幅下降趋势，舆论环境平稳向好。

【精神文明建设】　2019年，区委宣传部加大公益广告宣传和网络媒体宣传力度，累计在主城区发布主题公益广告1万平方米；倡导区直各单位开展学雷锋主题月志愿服务系列活动。组织各级文明单位、文明社区志愿者开展系列志愿服务活动。深化文明单位创建工作，拟申报市级文明单位23个，文明村镇3个。申报区级文明单位12个，文明村镇3个。

【公民思想道德建设】　区委宣传部开展身边好人评选活动。2019年，昭阳区任继彦、臧庆富荣获"云南省道德模范"称号，迟焕松入选"中国好人"提名。落实道德模范和身边好人帮扶礼遇制度，及时兑现身边好人奖励金。以文明村寨创建活动为抓手，督促各乡镇制定村规民约，设立光荣榜、曝光台，修建村寨文化墙。组建基层宣讲团在贫困村开展"自强、诚信、感恩"主题宣讲活动。开展农村"七改三清"环境整治宣传行动。向19个乡、镇（街道）没有电视机的卡户贫困户发放电视机2 248台。

【未成年人思想道德建设】　区委宣传部组织国学经典诵读、"书香校园全民阅读"、书画作品评比、汉服展演等活动；组织"青春心向党建功新时代"五四运动100周年文艺晚会；开展图书馆服务宣传周系列活动、未成年人心理健康巡讲活动。在全区各学校、儿童之家中广泛开展"大手拉小手"活动。持续推进乡村学校少年宫建设和管理工作。全区已建成并开展活动的乡村学校少年宫共13所，2019年，又成功申报2所。

【"自强、诚信、感恩"主题教育活动】　2019年，"自强、诚信、感恩"主题教育活动，以"七个一"活动为抓手开展"双扶"工作。在昭阳各媒体平台开设"感党恩、听党话、跟党走""自强、诚信、感恩""系列报道""决胜扶贫"等专栏。

【新时代文明实践中心（所、站）建设】　区委宣传部探索新时代文明实践中心建设，全区新时代文明实践中心已完成招投标；完成永丰镇新时代文明实践所建设；全区已挂牌14个新时代文明实践所，130个新时代文明实践站。

【文化资源普查和文化企业扶持】 2019年，云南省白虎山文化传播有限公司被纳入规模以上企业。配合区统计局开展好第四次全国经济普查工作涉及文化产业法人单位的相关统计。做好云南省文化资源普查工作，汇总昭阳区文化资源普查报告。

【文化产业项目申报】 区委宣传部加大对新项目的挖掘、整合和推介、招商引资力度。加大对成熟项目争取省、市的扶持；组织白虎山花卉主题庄园、滇南传媒有限公司特色文化产品综合推广项目和昭通大山地毯有限公司新产品宣传研发3个项目参加2019年省级文化产业发展专项资金申报工作获市级初评通过。

【"深入生活、扎根人民"主题实践活动】 区委宣传部推动"深入生活、扎根人民"主题实践活动开展。40集电视剧《万物生》9月23日在昭通开机拍摄，预计2020年上线播出；文化科技卫生"三下乡"集中示范活动于1月23日在昭阳区洒渔镇拉开序幕。

【品牌节庆和展会活动】 2019年，昭阳区获"喜庆新中国七十华诞系列活动——昭通市2019年中国旅游日暨全市民族赛装文化节宣传展示活动"组织奖一等奖，选送的苗族7号、9号服饰获"十佳传统服饰"称号，昭阳区点染桌布获蜡染类铜奖。昭阳区组织特色文化企业参加8月举办的"云南省2019年文化产业博览会"。

【"扫黄打非"】 2019年，区委宣传部开展全区范围内扫黄打非工作，安排部署"清源""净网""固边""秋风""护苗"等专项行动。按照"六进六有"工作标准，建设"扫黄打非"进基层工作站点224个。在永丰镇迤那小学举行2019年云南省护苗行动暨绿书签宣传教育活动启动仪式。在毛主席像广场开展非法出版物销毁活动。制作"扫黄打非"宣传牌匾、专栏橱窗，播放"扫黄打非"宣传片及标语，发放各类"扫黄打非"宣传册，并公布举报电话。

【专项整治行动】 2019年，区委宣传部开展专项整治行动，收缴一批非法广播器材、书籍、光碟。对辖区内无证无照的13家歌舞娱乐场所下达《停业整改通知书》，全区娱乐场所"扫黄打非"调查走访覆盖率达100%。拟发《关于开展昭阳区"两节""三会"期间"扫黄打非"专项行动及非法地面卫星接收设施清理的通知》，开展各类检查50余次。

【新闻出版】 2019年，全区出版物经营单位共63家，2019年新增4家，印刷企业5家。开展出版物及印刷企业年检工作。协同各成员单位不定期督导检查辖区出版物经营单位，在全省"扫黄打非"综合督查中得到督查组认可。

【用好阵地平台】 永丰镇建成昭阳区全民阅读示范点1个。在永丰镇集镇建成1个使用面积300余平方米的"乡愁书院"。在洒渔镇建成农村数字电影院1个。

【农家书屋】 至2019年末，全区累计建成农家书屋123个，实现农家书屋所有乡镇和行政村全覆盖。2019年与昭通新华书店有限公司昭阳分公司签订采购合同，采购总价196 800元，采购图书70种71册，所有图书均已配送到位，及时上架并开展新书推荐和借阅服务。

【广电服务】 2019年，广电事业加大宣传力度，强化舆论导向。围绕区委、区政府中心工作开展有计划、有重点、有深度的宣传报道。保障日常广播电视安全播出，圆满完成新中国成立70周年重要保障期安全播出任务。

【应急广播体系建设】 2019年，拟建区级应急广播平台1个，20个乡镇和街道建设分平台，建设覆盖到184个行政村（社区），263个自然村，安装应急广播终端8个。区级指挥中心机房建设工作已完成，乡镇、行政村、自然村应急广播点位（含补点）建设工作已全面开启。有线数字电视通所有的乡镇，各乡镇已建成无线基站23座，建成调频广播4座，中央无线数字节目转播站 4 座，本地节目综合覆盖率达 90%。向全区各乡镇使用广播电视"村村通""户户通"设备的用户提供维修和技术服务，实现区级有服务中心、乡镇有服务站。

【行业扶贫】　2019 年，有线信号覆盖所有乡镇，卫星信号覆盖辖区国土面积 99%，全区广播电视信号覆盖率超 99%。共安装各类卫星地面接收设备 12 万套。实现所有自然村广播电视信号覆盖率超 99%，达到贫困村出列通广播电视指标要求。

【表彰】　王雅婷获云南省委宣传部授予"云南省委宣传部 2018 年度舆情信息'优秀稿件'奖"。

刘天成获昭通市委宣传部、昭通市社科联授予"昭通社科论文优秀奖"。

中共昭阳区委统战部·昭阳区民宗局

【机构设置】　2019 年 3 月，区委统战部加挂昭阳区人民政府侨务办公室牌子。区委统战部、昭阳区民宗局、区侨办合署办公。

【夯实统战和民族宗教工作基础】　2019 年，根据人员变动情况，调整充实由区委书记任组长、区长任常务副组长的全区统一战线、民族宗教工作领导小组和民族团结进步示范区建设领导小组。将统战和民族宗教工作纳入区委、区政府重要议事日程和年度工作要点，区委、区政府主要领导多次听取统战和民族宗教工作汇报，区委常委会及区政府党组会多次专题研究部署全区统一战线和民族宗教工作，帮助解决工作中的各种困难。将统一战线和民族宗教工作纳入区委中心组学习计划和宣传计划并组织实施；将统一战线和民族宗教工作纳入对乡镇（街道）党工委的考核内容，确保乡镇（街道）统战和民族宗教工作有制度安排、有经费保障。

【维护全区统战领域意识形态安全】　2019 年，以"同心同向"为基础，抓好统战代表人士意识形态工作，通过召开座谈会、通报会、学习

会，将统战代表人士思想行动凝聚到中央各项重大决策部署上，巩固共同思想政治基础。根据十二类统战对象不同特点、不同界别，有针对性开展培训教育，筑牢思想共识、锻造信仰认同、增强理论认同、汇聚价值认同、凝聚利益认同、形成话语认同、营造情感认同，广泛凝聚人心、汇聚力量、画好同心圆、弘扬正能量。继续与宣传、政法、公安等部门协作，建立健全各类工作机制，密切关注统战人士发表文章和动态，做到及早发现、打防结合，有效确保 2019 年全区统战领域没有发生一起网络舆情。

【强化服务意识】　2019 年，完成行政审批权力清单和责任清单梳理、编制和清理工作，所涉行政职权和服务事项均入驻"市民之家"，完善业务手册和办事指南，规范民族宗教行政审批事项办理流程。全年，共办理《昭通市清真食品准营证》53 本，受理民族成分变更初审 7 名，并及时完成网上备案。

【少数民族人才培养】　2019 年，继续投入 72 万元，资助区一中、区二中共 1 200 名少数民族困难学生。资助 2019 年考取全日制本科的 347 名少数民族困难大学生，共发放资助金 82.75 万元。

【宗教工作督查整改】　2019 年，制定《昭阳区关于中央、省委和市委宗教工作督查反馈意见整改方案》，梳理《责任清单》下发至各相关部门和乡（镇）、街道办，明确目标、细化措施、责任到人，按照已经整改、正在整改、尚未整改三类实行销号管理，完成一个验收一个、办结一个销号一个，切实做到不解决问题不松手。

【伊斯兰教经文学校（班）规范管理】 2019 年，加强伊斯兰教经文学校（班）规范管理。多次到 12 所开办经文学校（班）的清真寺调研，宣传相关政策规定，指导各经文学校（班）按照有关法律、法规和政策文件规范办学，督促其加强规范管理，建立学生、教师档案；推动全区 3 所经文学校开展省级评估工作，业务指导毛货街、宋家山、回龙坝 3 所经文学校，完成市级评估工作。邀请省伊协专家组分别于 3 月、

6月、7月进行3次现场检查指导，通过现场检查指导，全区伊斯兰教经文学校（班）教学、管理等各项工作均有较大改善，达到"以评促学、以评促管"目的。

【和谐寺观教堂创建】 区委统战部区民宗局对2018年底各相关乡（镇）、办事处推荐上报的凤凰办事处毛货街清真古寺、龙泉办事处玄妙观、布嘎乡华严寺、守望乡水井湾清真寺、盘河镇基督教三寨活动点等12个宗教活动场所进行两轮次督导检查，确保创建工作真正发挥示范带动作用。

【推进"五进"宗教场所活动】 2019年，净心禅院、玄妙观、葡萄井观音寺、宋家山清真寺经文学校、回龙坝清真寺等40余个宗教活动场所主动开展"五进"工作，下一步还将分期分批逐步推进。

【宗教工作联系会议】 2019年，坚持昭阳区宗教工作联系会议制度，统战民宗、政法、公安、宣传、教育等部门和重点乡镇紧密协作，定期召开专题会议，互通有无、共享信息，及时开展矛盾隐患形势研判，确保各类矛盾隐患解决在萌芽状态。

【党外人士统战工作】 区委统战部向各级人大、政协、工商联推荐优秀党外人士和新的社会阶层人士，向组织部门推荐优秀党外干部，保证他们有职有权有责，为他们健康成长、发挥作用创造条件。建立健全党外人士和新的社会阶层代表人士联谊交友、联席会议等制度，将他们团结、组织起来，共创多党合作新局面。

【优化营商环境】 2019年，区政府出台《昭阳区进一步优化全区营商环境的实施方案》，方案明确开展"七大行动"，营造公平、透明、优质的营商环境，有效促进全区非公有制经济健康发展。以非公有制经济代表人士综合评价等工作为抓手，强化理想信念教育，促进非公有制经济人士健康成长。全年，共评价3个批次25人。

【侨港澳台统战工作】 2019年，与民政部门对接，做好侨务各项交接工作，确保工作不断档。以侨务工作并入为契机，再次摸排全区侨港澳台情况，更新完善相关数据库。加强与海外重点社团和重要人物的密切联系，抓住他们回乡祭祖、参观考察等时机，向他们宣传昭阳、推介昭阳，鼓励他们多做牵线搭桥的工作。

【调查研究】 2019年，区委统战部开展调查研究，撰写理论信息，被云南省委统战部采用26篇，昭通市委统战部采用43篇。协助农工党云南省委开展"云南省严重精神障碍患者管理服务情况"调研；协助民革昭通市委对昭阳区开展脱贫攻坚专项民主监督；协助民盟云南省委开展"发挥绿色食品品牌在脱贫攻坚中作用"的调研；协助民盟昭通市委开展易地扶贫搬迁安置点后续服务工作调研；协助民建昭通市委开展"关于加强园区经济发展"调研；协助农工党中央赴昭阳区开展脱贫攻坚民主监督调研。

中共昭阳区委政研室

【"不忘初心、牢记使命"主题教育】 按照区委的统一部署和要求，区委政研室于9月19日召开主题教育准备工作会议，9月20日召开班子会议和主题教育启动会议，成立领导组和工作机构，制订实施方案。举办主题教育读书班9期，班子成员形成专题学习心得体会36篇；主要领导在调研成果的基础上以"传承红色基因、做一名合格共产党员"为题讲专题党课1次；班子成员形成调研报告4篇；领导班子查摆检视问题3条，班子成员查摆检视问题25条，均已形成整改清单，制定整改措施，在立行立改的基础上做好长期坚持。

【脱贫攻坚】 2019年，区委政研室除按规定保证驻村队员5 000元经费外，从单位公用经费中拨出15 000元给挂钩村作为脱贫工作经费。

【调查研究】 2019年，区委政研室参与昭通市委政研室"党性作保证帽子作抵押饭碗作担保，以不胜不休的决心全力打赢脱贫攻坚硬仗——昭阳脱贫攻坚工作的经验与启示"调研课题的调研和初稿撰写。完成区委主要领导安排的

《〈中共中央国务院关于新时代推进西部大开发形成新格局的指导意见〉主要改革条文》的梳理。协同区委组织部、区财政局就"昭阳区发展壮大村级集体经济工作"，到洒渔、永丰、靖安等乡镇开展实地调研。

【建立健全机制】　区政研室贯彻落实上级改革部门和区委全面深化改革委员会安排布置的各项工作任务，有序推进机制建设工作，研究起草《中共昭阳区委全面深化改革委员会工作规则（试行）》《中共昭阳区委全面深化改革委员会专项小组工作规则（试行）》等8篇文稿。

【推进重大改革事项】　围绕中央、省、市全面深化改革战略部署，对照《昭通市2019年重大改革事项》，紧扣区委、区政府2019年度重大部署，结合全区各项重大改革事项推进实际，按照"以改革求突破、以开放促发展，加快推进全区全面深化改革在新时代新起点迈上更高台阶"的要求，研究编制《2019年度昭阳区重大改革事项》。相关成员单位按照上级要求，推进昭阳区各项重大改革事项。围绕脱贫攻坚工作和区委政府各项决策部署，挖掘各条战线，特别是决战决胜脱贫攻坚中涌现出的先进人物、事迹，撰写上报选树典型材料10篇。

【重要调研记录】　根据昭通市委改革办和区委要求，对接区委宣传部、区扶贫办等部门按时按质完成云南省委重要调研记录的贯彻落实工作，完成重要调研记录4期。

中共昭阳区委员会机构编制委员会办公室

【机构设置】　2019年3月机构改革后，中共昭阳区委员会机构编制办公室变更为中共昭阳区委员会机构编制委员会办公室，是区委的工作机构，区委组织部归口管理。核定行政编制人员9名，其中主任1名（正科级），副主任3名（副科级），实有干部职工10人，其中，主任1人、副主任2人、保留副科级待遇干部1人、科员6人。

内设科室：内设4个科室，即综合科、机关事业科、事业单位登记管理科（加挂昭阳区事业单位登记管理局牌子）、监督检查科

【"不忘初心、牢记使命"主题教育】　紧紧围绕习近平新时代中国特色社会主义思想，充分开展理论学习、调查研究、检视问题、专项整治等工作。印发《昭阳区委编办关于成立"不忘初心、牢记使命"主题教育领导小组的通知》《昭阳区委编办"不忘初心、牢记使命"主题教育实施方案及计划》《昭阳区委编办开展主题教育任务清单》等文件；完成宗旨性质、党性修养、政治纪律和政治规矩、全面从严治党、党的政治建设、理想信念、担当作为、廉洁自律、"五个敢不敢"、对照党章找差距等专题学习研讨10余次；撰写《新时代机构运行和编制管理的探索和思考》《当前脱贫攻坚成效与问题思考》《教育系统创新挖潜动态调整事业编制的思考》等调研报告。

【党政机构改革】　2019年，根据《中共昭通市委办公室、昭通市人民政府办公室关于印发〈昭通市昭阳区机构改革方案〉的通知》《中共昭阳区委办公室、昭阳区人民政府办公室关于印发昭阳区机构改革实施方案的通知》，组织、推进全区深化党政机构改革工作。完成涉改的15家党政部门和8家直属事业单位领导班子配备工作；完成涉改的15家党政部门和5家直属事业单位、8家区委议事协调机构、9家加挂牌子机构挂牌及启用印章工作；按照"编随事走、人随编走"原则，完成涉改的22家党政部门27名行政人员、15名事业人员，4家直属事业单位169人，10家所属事业单位97人，20家乡镇（街道）所属事业单位653人的人员转隶工作；印发45家党政部门、人大机关、政协机关的三定规定或调整通知和4家直属事业单位的三定方案；审核乡镇（街道）机构改革实施方案，规范乡镇（街道）行政内设机构、所属事业单位职责、编制和领导职数。根据机构改革有关规定和原则，对昭阳区防治艾滋病局、昭通市昭阳区医疗保险管理局等11家主管部门的所属事业单位进行更名，同时撤销9个所属事业单位和1块加挂在事业单位的牌子，将相关职责进行整合。构建系统完备、科学规范、运转高效的党政机构职能体系。

【机构编制实名制管理】 2019年，区委编办实时动态调整管理全区机构编制和人员信息数据，更新维护信息数据上万条，形成机构编制数据及时、准确、高效、联动、协调、配合的运转机制。

【事业单位登记管理】 2019年，办理事业单位变更登记51家，注销91家，新设登记2家，完成全区300家有效登记的事业单位法人年度报告及公示工作，并按3%的比例对8家已报送年度报告事业单位的法人公示信息进行随机抽查，强化对事业单位登记管理的事中事后监管。

中共昭阳区委员会区直机关工作委员会

【机构设置】 中国共产党昭通市昭阳区委员会区直机关工作委员会于2019年3月挂牌成立。核定行政编制7名，其中书记1名（由区委领导兼任），分管日常工作的副书记1名（正科级），副书记3名（副科级）。

内设机构：区委区直机关工委内设3个科室，即综合办公室、组织科、宣传科。

【概况】 2019年，昭阳区直工委下辖党组织120个，其中机关党委5个，机关党总支部9个，党支部106个。共有党员2 179名，女党员739名，占党员总数的33.91%。35岁以下党员254名，占党员总数的11.66%；60岁以上的党员473名，占党员总数的21.71%。少数民族党员296名，占党员总数的13.58%。大专以上党员1 683名，占党员总数的77.24%。

【全面从严治党】 2019年，区直工委层层压实责任，全力推进党的机关基层组织全面从严治党。履行抓好抓实区直机关基层党建工作主体责任，分级建立党组织书记抓党建责任清单、问题清单、整改清单，层层明确机关党建工作责任，将日常督促检查作为常态，进一步压实管党治党责任。

【机构改革】 2019年，共撤销党组织59个，新成立党组织36个，更名党组织4个，划转党组织5个，年底，区直工委共有120个基层党组织。2019年，需要换届的党组织有22个，已经全部完成，其中，因机构改革撤并11个党组织，按期换届11个党组织。2019年12月底，全年共收缴党费55万余元。

【党组织晋位升级】 2019年4月前，区直工委分类定级原所属148个党组织，其中，定级为先进的44个，占29.73%，一般的93个，占62.84%，后进的11个，占7.43%。2019年，重点整治11个软弱涣散党组织，实现整体晋位升级。

【党员发展】 2019年，区直工委按照党员发展流程，新吸收预备党员15名（其中，副科级及以上领导2名，35岁以下的10名，女性7名，少数民族1名），转正党员34名。

【党员干部教育培训】 年初，区直工委制定培训方案，开展"万名党员进党校"教育培训工作。全年，培训区直机关党员890名，包含扎西干部学院培训229名、昭通市委党校培训661名，投入培训资金81.8万元。

【党员日常管理】 2019年，区直工委下辖党员共受到纪律处分的有14人，其中，1人单位内部通报，5人受到党内警告处分，4人受到党内严重警告处分，2人受到留党察看一年处分，1人受到开除党籍处分，1人受到开除党籍开除公职处分。

【"互联网＋党建"工作】 2019年4月起，区直工委启用全国党员管理信息系统，实现组织关系网络转接；推广使用云岭先锋APP平台，使党组织工作实时公开、实时宣传和方便快捷。

【脱贫攻坚】 2019年，区直工委投入3万元，帮助弓河村党总支解决脱贫攻坚工作经费问题；协调资金55万元帮助弓河村解决后勤保障、相关应急事项及嘿嘞自然村1 000米道路修建；协调企业捐赠服装2 590件，慰问卡户贫困户，投入3 850元，帮助包保贫困户房屋墙体抿糊、加固等。

【扫黑除恶专项斗争】　自 2019 年 4 月起，区直工委到扶贫挂钩点及共驻共建社区开展扫黑除恶专题讲座 7 场，参与人数达 1 566 人；发放扫黑除恶宣传单 2 320 份；上门入户宣传 54 户；安装线索举报箱 1 个。

【规范党支部工作】　区直工委树立党的一切工作到支部的导向，把党支部建设成为教育党员的学校、团结群众的核心、攻坚克难的堡垒。严格按照一单清和一本通的相关要求，以“五个基本为主线”，从 10 月中下旬开始，工委全覆盖督促检查和验收下属 53 家单位，89 个党组织达标创建工作，帮助党组织找差距、补短板。

【专项整治】　2019 年，区直工委以基层创新提质年为重点，坚持问题导向，聚焦机关存在的问题，开展专项整治。区直机关各党组织在解决难点问题上创新提质，聚焦专项整治，从严从实抓整改、抓落实。坚持问题导向，对基层党建工作中存在的发展党员违规违纪、党费收缴使用管理违规违纪、宗教势力干扰侵蚀基层党组织和党员信教、党员领导干部落实组织生活制度不经常不认真不严肃、基层党建中形式主义及官僚主义等“顽疾”、软弱涣散党组织、网络文档下载使用、非中共党员从事党务工作开展专项整治。把中央及省委巡视发现问题和省、市委组织部基层党建综合调研反馈问题的整改要求落实到位。

【主题教育】　区直机关各党组织以党支部为单位，结合“两学一做”学习教育，依托“三会一课”、主题党日等，按照“十个一”要求指导下属党组织主题教育工作。全年发放《习近平关于“不忘初心、牢记使命”论述摘编》2 195 本，《“不忘初心、牢记使命”优秀共产党员先进事迹选编》120 本，全覆盖实地指导下属 120 个党组织不少于 1 次。通过召开党员大会、支委会、党小组会，组织党员学习交流，对照党章党规查找差距，列出问题清单，检视问题、调查研究、实现立整立改。做到凝心聚力打好打赢脱贫攻坚歼灭战、城市建设形象战、乡村振兴突围战、绿水青山保卫战、改革开放主动战，确保区直工委与全区同步。

【表彰】　李新文获昭阳区委、区政府授予的“2018 年度信访先进个人”称号。

昭阳区信访局

【机构设置】　昭阳区信访局原属于昭阳区政府办内设机构，2019 年 3 月机构改革后，组建昭阳区信访局，为正科级单位，行政编制人员 7 名，设局长 1 名（正科级），副局长 3 名（副科级）。

内设机构：内设 4 个科室，即办公室、接访室、办信办案督查室、网络信访信息技术室。

【概述】　2019 年，系统查询显示，全年到区委、区政府上访的有 184 批次 774 人次，与 2018 年同期 366 批次 3 218 人次相比，批次下降 49.72%、人次下降 75.94%；越级到北京上访的有 216 批次 251 人次，与 2018 年同期 85 批次 102 人次相比，批次上升 154.11%，人次上升 146.07%，越级到昆明上访的有 36 批次 97 人次，与 2018 年同期的 151 批次 252 人次相比，批次下降 76.47%，人次下降 61.05%；越级到昭通市上访的有 43 批次 406 人次，与 2018 年同期的 117 批次 1 022 人次相比，批次下降 63.24%，人次下降 60.27%；到北京的非接待场所有关人员有 16 批次 16 人次，与 2018 年同期的 71 批 85 人次相比，批次下降 77.46%，人次下降 81.17%。共受理网上信访 784 件（其中网上信访 237 件、人民网 423 件、领导信箱 80 件、微信信访 41 件、手机信访 3 件），办理完成 750 件，正在办理中的有 34 件；共收到各类来信来访 847 件，办理完成 776 件，正在办理中的有 71 件；收到复查案件 74 件，受理复查完成 7 件，不予受理 65 件，依法撤销 2 件；收到专项督办件 51 件，办结 45 件，办理中的有 6 件。办理“四大重点”信访事项 15 件，其中，重点领域 4 件、重点人员 6 件、重点群体 5 件。全区处理 47 人次上访违法行为，取得良好法律效果和社会效应。全区各级领导干部共接待群众 624 批次 4 293 人次。

【信访工作责任制】　区信访局紧紧围绕控增量、减存量、越（非）访人员大幅下降的目标，通过常委会、专题办公会等多种形式研究信访维稳工作。落实主要领导负总责、分管领导具体负责、其他领导一岗双责，一级抓一级、层层抓落实的领导体制，特殊群体成立专班定期研究，为解决和化解信访突出问题提供组织保障。

【信访联席会议制度】 昭阳区通过信访联席会强化各成员单位和乡镇、街道之间的综合协调、配合联动，形成资源整合、解决信访突出问题的工作合力。及时调整成员单位和专项工作小组设置，进一步明确各自职责任务。

【领导干部接访下访】 昭阳区把领导干部接访下访作为党员干部直接联系群众的一项重要制度，按照《昭阳区领导干部开展接访下访工作方案》和《昭阳区区乡村三级领导干部视频联动接访工作方案》，全区领导干部直接与群众对接、交流，提高信访工作实效性。

【源头预防和化解】 区信访局到信访事项突出的乡镇、街道及区直部门调查了解、加强日常信访接待和信访网络信息报送，及时掌握信访动态。定期不定期开展排查，对掌握的重要信访问题及时呈报区委、区政府领导阅批。重要节点、重点时期，提前梳理排查重点群体、重点人员，综合研判后，提出意见建议。对"四大重点"攻坚工作，实行领导包案、包人，明确责任，一包到底，最大限度地将信访重点人员稳控在当地。

【维护信访秩序】 区信访局规范信访工作办理行为，坚持对诉求合理的解决问题到位、诉求无理的思想教育到位、生活困难的帮扶救助到位、行为违法的依法处理的"三到位一处理"原则；通过各种方式加强对信访群众教育，引导群众合法、理性、有序地逐级反映问题，自觉维护信访秩序。执行"诉访分离"，发挥信访部门的桥梁纽带作用和司法部门的法律服务功能，厘清信访工作职责边界。

【信访矛盾化解】 昭阳区通过积案化解、信访矛盾化解攻坚、越（非）访治理、基础业务提升、信访秩序整治5个方面来开展好全区"四重"工作，同时通过系统督查、实地督查、联合多部门督查等方式推动问题解决。

【干部队伍建设】 2019年，区信访局对重点乡镇、街道和区直相关部门进行信访业务督察、培训。通过多种方式对重点乡镇、街道和区直相关部门进行信访业务指导，着力解决信访件办理不规范的问题。学习贯彻习近平总书记关于加强和改进人民信访工作的重要思想，面向全区信访系统开展"走进基层信访"主题宣传活动。展示基层信访部门和信访干部新形象，激励广大信访干部团结一心，鼓足干劲，担当作为，奋力开创信访工作新局面。

昭阳区政务服务管理局

【机构设置】 昭阳区政务服务中心于2008年12月26日挂牌成立，2012年7月19日挂牌更名为昭阳区政务服务管理局，隶属区政府的正科级单位。2019年，机构改革，昭阳区政务服务管理局于3月18日挂牌，同时加挂昭阳区公共资源交易管理局和昭阳区行政审批局牌子，为政府职能部门正科级单位。昭阳区公共资源交易中心于2012年11月19日挂牌成立，属政务服务管理局下属副科级事业单位。2019年末，昭阳区政务服务管理局（含区公共资源交易中心）职工有24人。

【概况】 2019年，区政务服务大厅入驻31个窗口部门，其中，14个部门人事并进，17个部门进事不进人，初步实现政务服务事项的集中办理和统一管理。全年，区政务服务大厅共受理行政审批事项1.95万件，办结1.95万件，按时办结率100%；共受理公共服务事项5.85万件，按时办结率100%。

【政务服务实体大厅标准化建设】 按照标准化、规范化、信息化要求，昭通市政府、昭阳区政府共投资11 623.44万元建成2.6万平方米昭通市民之家，昭阳区使用8 000平方米，其中，政务服务大厅使用面积5 300平方米。昭阳区政务服务管理局在大厅设置8个综合窗口、4个综合一类窗口和4个综合二类窗口，可对接进事不进人部门办理入驻事项、提供咨询服务、代办业务、邮寄业务；设置综合执法局业务自助办理区、残疾人辅助用品自助区、配置190个存储柜的办件资料自助投寄区、公安身份证和违章处理自助服务区4个自助服务区和1个母婴室，完善政务服务大厅标准化配置。为确保昭通"市民之家"高效运行，打造"审批不见面""办事不求人""最多跑一次"的政务服务环境，昭阳区政务服务管理局于2019年8月16日组织搬迁31个部门入驻"昭通市民之家"。大厅共入驻31个部门、192人、298个事项，其中一类窗口17个部门，二类窗口14个部门。公共资源交易中心使用面积1 500平方米，按照标准化建设要求，科学划分公共资源交易受理区、办公区、开标区、评标区等功能区，保障公共资源电子化平台运行需要，营造规范舒适贴心的办事环境。

【健全投资项目审批服务平台】　2019年，区政务服务管理局以"流程最简、时限最短、服务最优"为目标，全面公开办理事项，编制办事指南，创新服务方式，优化审批流程，开展容缺后补联合审批、并联审批，打造"前台综合受理、后台分类审批、综合窗口出件"工作模式，逐步健全"一窗受理、集成服务"的投资项目审批服务平台，营造"办事不求人、审批不见面、最多跑一次"办事环境。2019年，全区投资项目审批服务中心共受理项目404个，事项600个，办结549件，并联项目106个，联动项目46个，代办项目1个，办结率100%，项目投资总概算978.41亿元，其中审批类244个，概算536.14亿元，备案类160个，概算442.27亿元。

【云南省工程建设项目审批管理系统】　2019年11月，由云南省建设厅统建的"云南省工程建设项目审批管理系统"正式上线运行，共有97个事项。区政务服务管理局投资项目审批服务中心分4个阶段设置综合窗口，综合受理业务后转办至各审批部门，2019年，区政务服务管理局综合接件窗口共受理立项用地规划许可阶段16个办理件，施工许可阶段7个办理件、并行推进17个办理件、竣工联合验收3个办理件。

【行政审批制度改革】　机构改革后，行政审批制度改革职能划转区政务服务管理局，区政务服务管理局承接审批制度改革任务，落实国务院和云南省政府取消、下放或调整行政许可事项要求，印发《昭阳区人民政府审批制度改革办公室关于开展行政职权事项清理规范工作的通知》，召开行政职权清理培训会议，开展第二次权责清单清理工作。清理规范34个部门共计5 175个权责清单事项，税务部门87项权责清单清理工作正在梳理中，已向社会公布昭阳区机构改革后部门权责清单与国家机构编制网完成对接工作。

【中介超市服务平台】　按照开放、规范、便捷、高效的服务宗旨，采用"网络为主、实体为辅"运作模式，遵循"统一标准、统一规范、统一平台、资源共享"原则，实现"指尖上的中介服务"，把"群众跑腿"变为"信息跑路"，为社会提供优质高效服务。2019年，投资审批中介超市共发布公告6个，选取结束6个，签约项目6个，履约结束19个，项目总成交额99.5万元，节约资金25.33万元，资金综合节约率25.42%，资金平均节约率20.95%，按时履约率22.22%。

【网上政务服务大厅平台建设】　2019年，云南省政务服务管理平台入库事项数4 531项，二级深度以上事项数555项，办件统计共43 090件：已受理42 364件，已办结42 491件，网上接件30 288件，受理30 159件，办结30 061件。政务动态发布175条，咨询件19条，提速率82%。区、乡政务服务大厅办件统计：公共服务事项办件量95 162余件，行政审批事项办件量36 706余件。2019年，昭阳区应承接指派事项1 287项，已指派事项1 251项，完成率97.20%，各部门完善、发布并同步事项749项，完成率59.87%。

【"一部手机办事通"】　2019年，"一部手机办事通"APP在全区干部职工中安装注册率达98%，收集整理辖区内群众安装使用办事通存在的问题及建议61条，及时报送上级部门，形成全面动态管理。

【公共资源交易平台】　按照规则统一、公开透明、服务高效、监督规范的公共资源交易平台体系建设总体要求，遵循"网上全公开、网下无交易"的电子化平台建设原则，以程序规范、过程公开、结果公正为出发点和落脚点，抓牢"一网三平台"运行，健全完善公共资源交易中心管理制度，建成评标专家电子抽取系统，全面推进公共资源电子化交易和远程异地开评标，规范公共资源交易项目分级入场交易工作，配合开展工程项目招投标领域营商环境专项整治，加快标准化进程，简化交易备件资料，及时规范完成交易，全面提速增效。2019年，区公共资源交易中心完成项目140个，全流程电子化率达100%。其中，建设工程完成项目81个，预算金额74 504.56万元，中标金额72 849.45万元，节约资金1 655.12万元；政府采购完成项目58个，预算金额18 425.68万元，中标金额18 003.31万元，节约资金422.3709万元；国有土地出让共完成项目1个，出让底价84.32万元，成交金额87.444万元，增资3.12万元。

昭阳区工商联

【昭阳区工商联三届三次执委会议】 2019年6月20日，昭阳区工商联召开"社会力量助力昭阳脱贫攻坚推进会暨工商联（总商会）三届三次执委（扩大）会议"，工商联执委和爱心捐赠企业代表共200多人参加会议。区委常委、副区长万玉炎，区委统战部部长、副区长马贤武，区政协副主席、区工商联主席苏贤瑜出席会议。会议播放《使命在肩阔步向前——昭阳区工商联2018年工作回眸》短片；会议听取苏贤瑜所作的三届二次执委工作报告；通报2018年《昭阳区工商联会费收支情况》；表决通过2019年《昭阳区工商联副主席、副会长、执委增减建议名单》和《昭阳区工商联三届二次执委工作报告》决议（草案）。向助力昭阳区脱贫攻坚的爱心企业颁发荣誉证书。

【"贷免扶补"】 2019年，区工商联共受理申请人500名，经审查符合条件的有260户，共发放贷款3 184万元，其中得到政策扶持的妇女96名，发放贷款1 155万元；大学生6名，发放贷款65万元；农民工14名，发放贷款175万元；少数民族11名，发放贷款122万元；残疾人1

名，发放贷款10万元；网络商户4名，发放贷款53万；退役转业军人3名，发放贷款38万元；农转城12名，发放贷款127万元；其他失业人员113名，发放贷款1 439万元；城镇失业人员创业人数居多。从创业分布情况看，有第二产业、第三产业，重点依然是第三产业服务业。全年为创业人员发放3 184万元贷款，带动800余人就业。

【捐资助学活动】 2019年5月25日，区工商联携手靖和商贸有限公司捐资助学青岗岭乡5名贫困大学生，每人3 000元，共计1.5万元。8月2日，召开捐资助学暨受助学生回访座谈会。8月23日，召开捐资助学座谈会，8名贫困学生得到爱心企业昭通市靖和商贸有限公司教育扶贫爱心资金的资助，受助学生有大学生和高中生，分别资助1年和3年，帮助他们完成学业，其中：2名贫困学生得到第二年资助，6名贫困学生得到第一次资助。

【"不忘初心、牢记使命"主题教育】 2019年9月20日，区工商联"不忘初心、牢记使命"主题教育动员工作会议召开。9月29日，区工商联同福建商会党支部、昭通远恒商贸有限公司党支部到昭通烈士陵园开展以"不忘初心、缅怀先烈"为主题的红色教育活动。10月18日，区工商联党支部与龙泉社区党支部、区地方志办党支部联合开展"学党史、新中国史"主题党日活动，组织党员到昭通市档案馆参观云南"不忘初心、牢记使命"文献展昭通分展。10月27日，昭阳区工商联组织开展"不忘初心、牢记使命"主题教育知识竞赛。昭阳区工商联机关党支部、区政协机关党支部、昭通月中桂党支部、昭通女企业家商会党支部、昭通西苑党支部、昭通市福建商会党支部、云南意衡律师事务所党支部、昭通市远恒公司党支部8个党支部派出代表队参赛。其中，昭阳区工商联荣获一等奖。昭阳区政协党支部、昭通西苑党支部荣获二等奖；昭通市远恒公司党支部、云南意衡律师事务所党支部、昭通市福建商会党支部荣获三等奖；昭通女企业家商会党支部、昭通月中桂党支部获得优秀奖。

【脱贫攻坚】 通过倡议和动员，截至2019

年 5 月底，276 家爱心企业和个人共计捐助扶贫资金 800 万元。2019 年，区工商联帮助解决苏家院双河村工作经费 6 万元，亮化工程经费 15 万元，捐助 19 名考取本科以上的大学生 3.8 万元，提供 2 万余元看望贫困老党员物资，协调民营企业开展帮扶工作，提供 7 万余元物资，购买 5 万余元办公设备，资助贫困户郑朝必房屋改造资金 1 万元，购买沙发 5 000 元，2019 年总计投入帮扶的资金超过 41 万元。11 月 1 日，区工商联筹集社会捐赠资金帮助昭阳区 20 个乡镇、街道办事处解决贫困户搬迁经费，涉及搬迁户数为 6 351 户，标准为 200 元/户，共计金额 127.02 万元。

【庆祝新中国 70 华诞】　2019 年 9 月 28 日，由区工商联主办、昭通各民营企业承办庆祝新中国 70 华诞"不忘初心，奋力潮头"文艺晚会在昭通丰园大酒店举行。

【"失业保险惠民政策进企业"专题宣传】　2019 年 1 月 10 日，区工商联、区人社局联合开展"失业保险惠民政策进企业"专题宣传活动。区工商联搭建政企沟通平台，发挥紧密联系民营企业优势，动员民营企业参加政策集中宣讲活动，参与推动失业保险政策实施。让民营企业普遍知晓失业保险政策，使失业保险惠企政策切实落地。

【"法律三进"暨"聚焦减税降费，助力企业发展"税法专题培训】　2019 年 5 月 9 日，省市税务局和工商联在昭通市税务局联合开展"法律三进"暨"聚焦减税降费，助力企业发展"税法专题培训。区工商联组织辖区企业共计 100 余人参加此次培训活动。

【"万企帮万村"】　2019 年 1 月 22 日，区工商联主席苏贤瑜等到贫困户肖光才家，为他送上爱心企业扶贫建房捐款 1.5 万元（嘉恒农业"乌蒙黑爷"生态土猪肉捐款 2 000 元、昭通远智农业科技开发有限公司捐款 3 000 元、昭通绿健果蔬商贸有限公司捐款 3 000 元、云南意衡律师事务所捐款 3 000 元、祺祥农业捐款 3 000 元）。

【民营企业调查点】　自 2019 年 1 月，区工商联开始民营企业调查点工作，通过走访企业、电话、微信群等形式指导企业做好填报工作，截至 2019 年末，32 家民营企业全面完成入库问卷调查工作，填报率 100%。通过企业入库量、问卷填报率、相关信息报送采用等情况进行评选，最后区工商联、昭通市昭阳区惠乾集团、昭通西苑建筑安装工程有限公司被评为"全国工商联 2019 年民营企业先进调查点工作示范单位"。

【举办民企沙龙】　10 月 18 日，区工商联与昭通富能电力公司在江山大酒店共同举办"电力市场交易走进中小微企业沙龙"，旨在为企业降低电价、节约用电成本、传递政策红利、更好地服务中小微企业。沙龙上主要宣传介绍：电力市场化交易供需形势及相关交易规则、昭阳区参与电力市场化交易的概况、如何参与电力市场交易相关服务业务。

【爱心捐助活动】　2019 年 10 月 29 日，云南朱提苦荞生物科技开发有限公司捐赠太平箐门小学 12 万个作业本。12 月 27 日，在区工商联和市场监管局动员和倡议下，10 家民营企业用实际行动"承担时代责任、倾情回报社会"助力昭阳脱贫攻坚，共捐赠资金 21 万元，意向用于乐居镇中河村。10 家爱心企业中，得云建材有限责任公司捐赠 5 万元，昭通合景商业管理有限公司捐赠 3 万元，一心堂药业捐赠 3.5 万元，健之佳药业捐赠 3.5 万元；永鑫农业科技有限公司、月中桂食品有限责任公司、恒邦百货商贸有限责任公司、大润发超市有限责任公司、北港管理服务有限责任公司和中骏生物科技有限公司各捐赠 1 万元。

【表彰】　2019 年 12 月 18 日，中华全国工商业联合会办公厅印发《关于确认 2018～2019 年度全国"五好"县级工商联的通知》，区工商联光荣上榜。

区工商联获全国工商联"2019 年民营企业调查点工作示范单位"和云南省"2019 年民营企业调查点先进单位"称号。

昭阳区总工会

【机构设置】 2019年，昭阳区总工会核定编制人员13名，其中，公务员8名，事业编制5名。

内设机构：内设6个科室，即办公室、法律和维权工作科、组织科、财务和资产监督管理科、经审办、职工服务中心。

【概况】 2019年，全区共有基层工会234个，涵盖单位593家，建会率99%；有职工35 067人，会员34 379人，入会率98%，其中农民工会员12 489人，女会员14 388人，20家乡镇、办事处工会组织实现规范化目标，24家工会创建"职工之家"，工会覆盖面不断扩大。

【组织建设】 2019年，根据云南省总工会"百人以上企业成立工会"相关要求，昭阳区总工会成立以主要领导为组长，分管领导为副组长，相关科室负责人为成员的工作领导小组，与昭阳区委组织部、区税务局等部门联系，配合完成"百人以上企业"建会摸底调查工作。摸排符合建会要求的19家百人以上企业情况并及时上报昭通市总工会，其中未建会的6家企业已在10月底完成建会入会相关工作。

根据云南省总工会、昭通市总工会关于"大货车司机"等八大群体入会及出租车行业建会入会工作的相关要求，区总工会开展相关工作，"货车司机"行业企业有3家成立工会，还有2家未成立工会组织；"快递行业"在昭通市总工会分管领导的带领下与昭通市邮政局管理下的快递协会商讨，依托快递协会建立快递联合工会委员会；"家政服务"行业摸排的2家企业均已完成建会工作；"护工护理"行业摸排的2家企业通过与卫生健康局的协调与合作均已完成建会工作；"商场信息员"群体前期摸排的5家涉及商场，通过已建工会吸纳，新建新入工会的方法，已被全部纳入各公司基层工会，成为会员；"房产中介"行业摸排的4家企业。通过与昭阳区住房管理局相互协作4家公司成立房产中介联合工会；"网约送餐"行业摸排的2家企业，1家成立工会，1家已完成建会工作；"保安"行业摸排

的6家企业已于8月完成建会入会工作。出租车行业摸排出的4家企业已于10月完成建会入会工作。

【财务经审】 区总经审委组成审计组，2019年审计2018年度基层工会经费、财产收支管理工作，已审计完成乡镇（办事处）工会和区直部分基层工会合计36家。

【技能培训】 2019年，区总工会依托云岭职工人才工程，全年共完成农民工培训1 500人，困难职工80人。培训对象：企业产业工人（在第一产业农场、林场，第二产业采矿业、制造业、建筑业和电力、热气、燃气及水生产和供应业，第三产业的交通运输、仓储及邮政业和信息传输、软件和信息技术服务业等行业中从事集体生产劳动，以工资收入为生活来源的工人），在岗农民工，返乡创业、转移就业的农民工，城镇失业下岗人员和转岗职工，以三类培训对象为重点，从岗前职业技能、岗位技能提升、转岗再就业、劳动力转移就业、创新创业培训6个方面开展培训。

【乡镇规范化建设】 2019年，区总工会以《乡镇工会规范化建设目标责任书》为考核形式，开展乡镇工会规范化建设，乡镇工会达到有依法选举的基层工会班子，有独立健全的组织机构，有服务职工的活动载体，有健全完善的制度机制，有自主管理的工会经费，有会员满意的工作绩效，乡镇工会规范化建设基本达到预期目标。

【文体活动】 2019年，区总工会以"昭阳40年来的巨变"为题，举办"秋韵昭通·苹果之城 庆祝改革开放四十周年·劳动者风采摄影展"。"五一"节举办"中国梦·劳动美 靖安易地扶贫搬迁安置区慰问农民工文艺演出暨表扬先进"活动。举办柔力球培训班、职工气排球周末联赛初赛等活动。

【技能竞赛】 区总工会与区卫健局联合开展2019年基层卫生技能大赛，推荐3名优秀人员参加市级决赛。在苏家院镇迤那村开展"第六届职工职业技能大赛——苹果树拉枝竞赛活动"，

为广大职工切磋技艺、交流技术、提升技能、展示风采搭建平台，同时充分发挥工人阶级主力军作用。与区妇联开展2019年"彝花绣"绣娘骨干培训班活动。带动妇女姐妹把彝绣产业做大做强，实现在家就业、增加收入。

【企业集体协商】　区总工会开展2019年企业工资集体协商工作。全区共签订企业工资集体协商合同61份，覆盖企业575家，职工9 756人，其中女职工4 190人。其中，含区域性合同13份，覆盖企业490家，覆盖职工4 286人，女职工2 143人；行业性合同3份，覆盖企业40家，职工1 320人，女职工580人；独立签订45份，覆盖职工4 150人，女职工1 467人。

【维权帮扶】　区总工会在元旦、春节期间共帮扶救助2 840人，发放资金85.83万元；中秋、国庆期间共计帮扶救助121人，发放资金24.2万元；医疗互助帮扶3 089人次，报销资金256.37万元；接待法律咨询10人；健康自测小屋接待职工200余人次；爱心驿站服务职工150人次。2019年"金秋助学"共计为在档困难职工子女（2019年新录取大学生及大学在读，高中、中专在读学生合计44人），发放助学金19.1万元。

共青团昭阳区委员会

【机构设置】　2019年，共青团昭阳区委有行政编制人员4名、工勤人员1名。有共青团昭阳区委书记1名、副书记2名，其中兼职副书记1名。

内设机构：内设2个科室，即办公室、青少年事务发展科。

【基层团组织建设】　2019年，不断优化团组织架构。转发《中国共产主义青年团支部工作条例（试行）》等文件，开展全区团干培训，组织各级团组织学习基层团组织建设相关文件规范，明确基层团建工作要求，基层团组织架构更加合理。在"智慧团建"系统内，全区建有团委52个，团总支24个，团支部418个，其中街道、乡镇团委20个，学校团委30个，机关团支部7个，国有企业团总支1个、团支部1个，非公企业团委1个。

【规范团员发展】　团区委下发《共青团昭阳区委关于做好2019年全区发展团员调控工作的通知》，并转发《昭通共青团基层组织建设年相关文件汇编》，要求全区各级团组织要提高政治站位，把发展团员工作作为政治责任，规范发展团员程序，按照各文件要求加强和规范团员发展流程，根据上级分配名额数量，按质按量发展，严禁无编号发展团员，做好团内各项工作。昭阳区2019年共发展新团员2 600名。

【"智慧团建"系统】　团区委转发《关于在"智慧团建"系统上做好2019年毕业学生团员团组织关系转接工作的通知》等文件，推进"智慧团建"系统团员录入、学社衔接、团支部整顿等工作，圆满完成各项任务。共青团昭阳区委"智慧团建"系统内录入团员16 695人，其中学校领域团员录入8 831人，农村、城市社区团员录入7 755人。

【助力易地扶贫搬迁】　按照共青团昭通市委"12355"工作思路，开展3个"一"活动。建立一支青年志愿者队伍，负责易地搬迁工作宣传、动员、帮扶、引导、培训等工作；建立一个阵地，在靖安新区和红路安置点建立"青少年之家"和团组织，服务好易地搬迁点青少年和群众。共青团昭阳区委在上级团委帮助下拟定的昭阳区靖安易地安置区民族团结示范点建设已通过团省委初审，下一步将接受团中央终审；在搬迁前，9～11月，在全区所有涉及易地搬迁乡镇中小学校上一堂易迁课，播放制作易地搬迁宣传公益视频，统一PPT讲授，宣传易地搬迁政策，通过"小手拉大手"，做好搬迁前宣传动员工作。团区委易地搬迁宣传公益视频已进入视频后期制作阶段，拟定《昭阳区团区委组织召开全区青少年易地扶贫搬迁宣传一堂课动员大会方案》，组织全区涉及搬迁的16个乡镇中、小学校长、班主任参会，为上好一堂课做安排部署，确保宣传成效、强化覆盖范围。

【"乌蒙青年先锋"助力脱贫攻坚】　团区委印

发《争创"乌蒙青年先锋"助力脱贫攻坚的实施方案》,在全区青年中开展争创"乌蒙青年先锋"助力脱贫攻坚工作,通过各有关单位推选、个人自荐、网络投票、向相关部门征求意见、综合评选、网上公示等环节,团区委共评选出昭阳区"乌蒙青年先锋"29名,为全区青少年树立学习榜样。

【百名青年创业行动】 根据《共青团昭通市委关于做好创业担保贷款工作 切实加强创业青年思想政治引领的通知》要求,团区委启动2019年创业担保贷款各项工作,完成2019年度创业担保贷款工作。截至2019年11月末,通过贷免扶补贷款扶持创业青年96人(含高校毕业生5名,妇女34名,少数民族8名),发放贷款1 348万元;通过个人创业担保贷款扶持创业青年32人(含高校毕业生3名,妇女5名),发放贷款470万元。

【千名青年培训行动】 团区委到幸福馨居,对靖安、大山包、田坝等地搬迁户开展劳动力就业意向调查、劳动力培训情况调查,到黑泥地社区调查卡户贫困户劳动力就业情况。与工会、妇联联合开展助推脱贫攻坚系列培训活动,使贫困青年通过技能培训学得一技之长,树立脱贫信心,提升自我造血功能,增强创业就业能力,通过自己的努力改变贫困的现状,走上致富道路。

【万名青年就业行动】 团区委举办昭阳区易迁劳动力帮扶暨"春风行动""转移就业百日行动"招聘会、"梦在远方、路在脚下——共青团与你同行"昭阳区2019年外出务工青年集中出征仪式、优秀外出务工青年经验交流会等外出务工青年专项活动,多渠道、多形式为昭阳青年提供择岗平台和岗位信息,做好易地搬迁劳动力转移就业工作。

【"青创10万+"】 按照团中央助力10万名青年创业项目(简称"青创10万+")要求,团区委牵头成立昭阳区的青年创业联盟,宣传"共青团助力脱贫攻坚行动"联合劝募公益项目,号召全区创业青年注册创青春云平台,进入昭阳区青年创业联盟。已在昭阳区范围内募集工作经费1万多元,入驻创青春云平台的昭阳创业青年

超过120名。

【法制班主任进班级活动】 团区委全面开展法制班主任进班级活动。制定《昭阳区法制班主任进班级实施方案》,对全区青少年进行扫黑除恶知识普及教育,打击校园暴力,最大限度保障校园安全的和谐,对在校学生违法犯罪防患于未然,努力实现在校学生违法犯罪"零"发案目标。

【禁毒防艾】 团区委围绕区委、区政府安排部署,通过"三下乡"集中示范、法制班主任进班级等活动,开展禁毒、防艾知识普及宣传教育,提高青少年认识毒品危害、远离艾滋病。

昭阳区妇女联合会

【机构设置】 2019年,昭阳区妇女联合会核定编制人员8名,领导职数3名。

内设机构:内设3个科室,即办公室、权益科、发展科。

昭阳区人民政府下设妇女儿童工作委员会办公室在区妇联联合办公。

【巾帼扶贫行动】 2019年,区妇联协调社会资源,捐赠价值4万余元的2 000余册图书给黑泥地小学,向困难学生捐赠47个"爱心包";联系昭通监狱狱警志愿者为黑泥地小学300余名学生上了一堂交通安全课。开展"感恩教育""提高女童自我保护意识 健康快乐成长"等专题讲座,邀请专业老师对妇女群众进行家庭教育、"反家暴"等培训,发放宣传单800余份,宣传挂历和宣传手册400余份。

【妇女创业就业培训】 2019年,区妇联组织妇女特色创业就业培训班3期,培训工种为育婴师,共计238名卡户贫困妇女参加培训。培训结束后,组织学员参加统一考试,经鉴定考试合格后,获得国家认定的初级育婴师资格证书,并推荐就业上岗。同时,区妇联联合区总工会组织开展"彝花绣"骨干绣娘培训,让妇女们了解掌握刺绣方法,能够独立完成作品,培训一批有技能、会经营的致富带头女能人,共计150余名妇女参加培训。共计发出450绣片,成功收回绣品

450 片。

【巾帼关爱行动】　区妇联"三八"节期间，看望慰问 15 名贫困妇女和孤残人员，每户送予 200 元慰问金，共 3 000 元慰问金；为她们送去价值 3 000 元的月中桂糕点及食品；"六一"儿童节，与福利院的孩子们一起欢庆节日，为孩子们送上玩具、纸尿裤、奶粉、卫生纸、书包、蛋糕等慰问品，折合人民币 10 000 余元。

【贫困妇女"两癌"筛查】　2019 年，区妇联配合相关部门开展贫困妇女"两癌"免费筛查工作，完成"两癌"筛查 13 430 人，为 56 名"两癌"患病妇女争取 513 760 元救助资金。

【春蕾计划】　2019 年，区妇联开展中国儿童少年基金会"春蕾计划"青春期教育项目，向昭阳区 4 所中小学捐赠 1 250 册故事书、625 个守护包，近 2 000 名贫困学生受益，推荐 1 名品学兼优、家庭贫困的"春蕾"生到昆明女子中学免费就读。

【"贷免扶补"项目】　2019 年，区妇联受理贷款申请 120 人，发放"贷免扶补"资金总计 1 569 万元，带动就业 507 人。其中获贷妇女 74 人，获贷创业资金 959 万元。

【巾帼成才行动】　2019 年，区妇联组织各乡镇（街道）及部分村（社区）妇联主席和专职副主席、区妇联全体干部职工共 50 余人参加干部培训。传达习近平总书记关于妇女和妇女工作的重要论述，要求妇女姐妹们要全面提高自身素质，增强群众工作本领，为妇女姐妹们排忧解难；发挥在家庭生活中的独特作用，以好的家风支撑好的社会风气，做乡风文明建设推动者。

【维权行动】　2019 年，区妇联接待来信来访 27 件，其中：家暴类 16 件、离婚 2 件、经济纠纷 1 件、家庭矛盾纠纷 3 件，结案率 100%。利用"三八"维权月、国家安全日、禁毒日等契机，到广场、乡镇开展宣传 11 场、培训 21 场、

文艺演出 1 场，发放《反家庭暴力法》《婚姻法》《妇女权益保障法》《未成年人保护法》、免费婚检、禁毒防艾、反恐、反邪教、安全常识、"两癌"健康知识等宣传材料 3 000 余份，3 000 余人受益。

【共建美丽家园】　2019 年，区妇联实施巾帼共建美丽家园"百村千户"工程，推进"美丽家园"建设，引导妇女群众从家庭做起，从改变生活和卫生习惯入手。协调基层妇联组织、驻村扶贫工作队员、巾帼志愿者等多方力量，开展操家理屋、文明礼仪培训，指导妇女群众整理家务，打扫卫生，激发群众的卫生、爱美、环保、文明意识，提高妇女群众的卫生意识；共开展"巾帼共建美丽家园""操家理务"培训 200 余场，培训妇女群众 6 000 余人次。建成巾帼共建美丽家园示范点 20 个，示范组 55 个，评选示范户 286 户。

【宣传教育】　区妇联组织巾帼志愿者、最美家庭获得者、家庭讲师团等宣讲队伍，依托"百千万巾帼大宣讲"活动，到基层、乡镇、村（社区），面向妇女群众开展党的十九大精神、中国妇女十二大精神、扫黑除恶、反家暴、妇女儿童维权、好家风家训、自强诚信感恩等宣讲活动 131 场，10 050 余名妇女群众参加宣讲活动。

【"最美家庭"评选活动】　区妇联推进寻找"最美家庭"活动，开展"家风家教"主题宣讲活动，引导群众关注家风建设，弘扬家庭美德。3 户家庭被评选为昭通市"最美家庭"。

【巾帼志愿服务】　区妇联分别在红路馨居、虹桥馨居、靖安新区成立巾帼志愿者队，使巾帼志愿者培训常态化。引导巾帼志愿者做好易地扶贫搬迁安置区易迁群众的服务工作，用心用情开展好志愿服务活动。

【四届二次执委会议】　区妇联召开四届二次执委会议，补选 10 名执委，选举 2 名副主席。

法　　治

昭阳区政法委

【机构设置】　2019年3月，昭阳区政法委核定行政编制人员14名，设书记1名，由区委领导兼任，分管日常工作副书记1名（正科级），负责综治工作副书记1名（正科级），负责维稳工作副书记1名（正科级），政工科科长1名（副科级）区政法委实施机构改革，明确昭阳区委政法委员会是区委的工作机关，为正科级。年末有干部职工17人。

内设机构：内设5个科室，即综治督导科、维稳指导科、反邪教协调科、执法监督室、办公室、政工科。

【召开政法暨公安工作会议】　5月12日，区委召开政法暨公安工作会议，市委常委、区委书记江先奎出席会议并作讲话，区委副书记、区长陶毅主持会议，全区副处级以上领导参会。会议要求，全区各级各部门落实中央和省、市的部署要求，坚决打好政治安全、风险防控、扫黑除恶、社会稳定"四大硬仗"，履行好维护国家政治安全、确保社会大局稳定、促进社会公平正义、保障人民安居乐业"四大职责"。

【完成各项安保维稳任务】　全年实现市区级两会期间"五个不发生"和"四不"目标，完成春节、国庆等节庆和特殊时间节点安保维稳任务。

【化解影响社会稳定重大矛盾】　区政法委聚焦重点问题、重点领域、重点群体、重点人员，紧盯8个具有省、市、区级影响社会稳定重大矛盾问题，防止在重要活动或重要节点发生赴昆进京非访或其他影响社会稳定的极端案（事）件发生。做好涉军群体的稳控工作。年内未出现该群体重点人员外出参与聚集情况。

【风险评估和预警督办】　严格执行《重大事项社会稳定风险评估制度》，盯紧在建领域或拟建工程项目，督促责任主体提高风险意识，落实风险评估，搞好排查化解，完善应急预案，最大限度降低影响稳定的风险。高度关注社会舆论动态和广大群众聚焦的热点、难点问题，及时发出预警通知，边预警、边督办、边整改，解除稳定隐患，减小负面影响。2019年发出维稳预警通知书13期，成功处置重点群体、重点人员参与聚集或越级到昆进京上访事件20余起，未发生影响社会稳定的重大事（案）件。

【规范信访秩序】　全年，聚焦信访突出问题，解决群众合理诉求，维护正常社会秩序和信访秩序，实现昭阳区到京非接待场所有关人员从2017年的116人次大幅下降至2019年的8人次。

【扫黑除恶专项斗争】　开展扫黑除恶以来，昭阳区共召开区委常委会7次、推进会5次、专题会议3次、领导小组会3次、指挥长会议7次，安排专项工作经费750万元，保障工作落实。依法严惩黑恶犯罪。全面核查处理涉黑、涉恶问题线索，打掉团伙18个（已认定涉黑、涉恶团伙7个），抓获犯罪嫌疑人259人，查封、扣押、冻结涉案疑似财物1亿余元。制定下发《昭阳区重点行业领域乱象集中排查治理方案》，全面排查整治易滋生黑恶势力的重点地区、重点行业、重点领域。深挖彻查黑恶犯罪。扫黑除恶与反腐败斗争相结合，对涉黑、涉恶案件，严格执行"一案三查"，深挖彻查涉黑、涉恶案件背后的腐败和"保护伞"。把开展扫黑除恶与夯实基层党组织建设相结合，全面整顿24个村级软弱涣散基层党组织，开展村（社区）干部联审9次，共联审184个村（社区）"两委"成员1700名，审查并清理不符合条件的村组干部81名，按程序补齐81名。

【治安防控工作】　落实以巡特警、派出所为主的常态化巡逻工作机制和"1、3、5"快速反应机制，提高街面见警率和管事率。推进平安城市视频监探工程三期建设；整合社会视频资源，动员行业场所和社会单位安装视频监控。推进行业场所和重点企业治安管理实名制，摸底排查全区公共复杂场所、特种行业等单位，落实阵地控制措施，确保管得住、控得严。

【推进审判执行】　严格规范审判、执行管理和案件质效，推进司法体制改革和法院内设机构改革，有序开展各项工作。审执案件数量居全市县区法院第一，案件质量及审执各项质效指标均居全市法院前列。

【表彰】　童堂华获区委、区政府授予的"2018年度信访工作先进个人""2018年度安全生产工作先进个人"称号。

昭阳区司法局

【机构设置】　机构改革后，昭阳区司法局设立20个司法所。核定编制人员50名（含党委书记1名，局长1名，副局长5名，党委委员1名，司法所所长17名），实有公务员58人，行政工人21人。

内设机构：内设9个科室，20个司法所。

科室：办公室、普法与依法治理科、法制科、人民参与和促进法制科、公共法律服务管理科、社区矫正大队、律师工作管理科、装备财务科、政工科。

司法所：20个乡镇办事处司法所。

【党建工作】　全年，召开党委班子民主生活会1次，组织生活会5次，支部书记上党课15次，党委书记上党课2次。在"不忘初心、牢记使命"主题教育活动中，开展2期党委理论学习中心组学习，举办读书班8次，4名党支部书记在市委党校轮训。支部书记讲党课5次，主要领导讲党课2场，确定班子成员调研主题6个，发放征求意见表33份，查摆出班子问题3条，班子成员问题12条。实行班子成员挂钩联系和机关科室指导联动基层司法所工作制度。班子成员和机关科室，每年挂钩联系基层所不少于4次。

【矛盾纠纷排查化解工作】　2019年，全区共调解民间纠纷1 084件，调解率100%，调处成功1 052件，成功率97%。排查纠纷148次，预防纠纷257件，防止民间纠纷转化为治安案件1件，无民间纠纷转化为刑事案件。建立健全20个乡镇（街道）办事处党委书记担任乡镇办事处调委会主任的人民调解组织，健全完善村（社区）人民调解组织体系，保障各村（社区）有1个制度健全、人员稳定的人民调解机构，各个村民小组有1个矛盾纠纷信息员。

【远程探视、安置帮教工作】　2019年，共接待远程探视申请96家，成功会见66家，180多名家属与服刑人员进行会见。

【公共法律服务】　2019年，组织86名律师、33名法律服务工作者担任184个村（社区）的法律顾问，完成服务签约184个村（居）委员会，提供法律咨询服务500人次。两次组织1名司法干警、22名律师、9名法律服务工作者到昭阳区高级职业中学开展"青少年违法犯罪"专题讲座活动，职中37个班级5 000多人参加法律知识教育讲座。建立1个区级公共法律服务中心、3个街道和17个乡镇公共法律服务工作站。组织召开律师座谈会2次，开展执业监督检查2次，监督检查各律师事务所办理民事案件1 021件，行政案件23件，刑事案件316件。行政机关、企事业单位聘请律师担任法律顾问48家。截至10月，已办结各类公证事项1 600余件，其中办理国内公证1 200余件，涉外公证400余件。

【社区矫正管理工作】　昭阳区在矫627人，新增46人，居住地变更（迁入）3人，刑满解矫28人。暂予监外执行收监执行1人，管制6人，缓刑596人，假释3人，暂予监外执行22人。学习总数5 868人，学习次数200次，特赦人员32人，检查出来共性问题9条，其他问题5条，整改结果20份。走访刑满释放人员760人次。清理核定符合特赦人员32名，30名社区服刑人员被特赦。

【普法工作】 印发《2019 年全区法治宣传教育工作要点》，组织开展法治宣传系列活动。组织文艺表演、发放宣传资料、开展咨询服务，集中宣传《宪法》《国家安全法》《农民工权益保护》《义务教育法》《道路交通安全法》等法律法规。全年共印发各类宣传资料 6 万余份，集中开展主题法治宣传活动及各类法律服务活动 30 余场次，送《宪法》进单位 120 家，法治班主任进课堂讲课 130 课时，举办法治进宗教场所和社区讲座 16 场，利用昭阳区司法行政公众号和普法昭阳微信公众平台及时转载和发表信息 200 余篇，省司法行政、云南普法、昭通市司法行政网和昭阳长安网采用相关信息 40 余篇。

【扫黑除恶专项斗争】 制作发放扫黑除恶宣传单 2 万份，扫黑除恶宣传手册 3 000 本，扫黑除恶重点打击的 12 种黑恶势力海报 350 册，扫黑除恶宣传环保袋 2 万个；悬挂扫黑除恶宣传横幅 20 余条，永久性标语 10 余条，制作大型宣传扫黑除恶标语 1 个，设置扫黑除恶宣传橱窗 21 个；集中开展主题普法宣传活动及各类法律服务活动 345 余场次，张贴《致昭阳区人民群众关于开展扫黑除恶专项斗争的一封信》260 张，宣传海报 600 余张；利用昭阳司法行政和普法昭阳两个微信公众平台及时转载和发表涉及扫黑除恶相关法律法规、宣传知识及扫黑除恶专项斗争的信息 130 余篇，结合专项斗争宣传工作向各相关单位报送信息 70 余篇，昭通市司法行政网和昭阳长安等网站采用 50 余篇，云南司法行政和云南普法微信公众号采用 4 篇。排查涉黑涉恶案件线索 220 件次。组织开展辖区律师学习"两高两部"《关于办理黑恶势力犯罪案件若干问题的指导意见》2 次，业务交流研讨 1 次。有 7 家区属律师事务所报告涉黑涉恶案件 67 件，受理 56 件，开庭 17 件。依法受理涉恶辩护案件 26 件，为 26 名被告人提供辩护。专项排查走访重点帮教对象 8 人 16 次，组织专项教育学习 1 200 人次，组织 600 余名社区服刑人员参加扫黑除恶知识测试，并签订《不参与涉黑涉恶组织和违法犯罪以及发现线索积极举报承诺书》621 份。排查社区服刑人员、刑满释放人员 600 余人次。

【依法行政工作】 完成政府常务会《中华人民共和国政府信息公开条例》《政府投资条例》和《中华人民共和国环境保护法》的学法任务。开展新一轮行政执法主体清理公示和 2018 年度涉及民营企业行政执法案件评议基础工作。

【行政执法监督工作】 评查 7 家单位的行政执法卷宗共 21 卷，并将评查结果及时反馈给相关单位。

【法律咨询工作】 2019 年，为区政府常务会审查事项 40 余件。对重大行政决策、重大经济合同等事项及时进行合法性审查，为区政府及相关单位提供法律咨询 110 余件次，其中出具法律意见书 62 份。

【行政复议工作】 2019 年，收到行政复议申请 34 件。受理 20 件，其中办结 12 件，其余在办理中，不予受理的有 14 件。收到行政复议答复通知书 2 件。共办理以区政府为被告的涉法涉诉事务 63 件。

【脱贫攻坚】 区司法局挂钩苏甲乡苏甲村，全村总人口 926 户 3 512 人。卡户 335 户 1 361 人，未脱贫 72 户 300 人，计划脱贫 67 户 281 人。2019 年农村危房改造 66 户，其中四类对象 43 户，非四类对象 23 户。劳动力转移就业共 2 087 人。

昭通市公安局昭阳分局

【机构设置】 昭阳公安分局核定政法专项编制人员 597 名，其中行政编制人员 597 名，领导职数 120 名（局长 1 名，政委 1 名，副局长 5 名，副政委 2 名，纪委书记 1 名；内设机构及派出所领导职数 110 名）。2019 年，实有 801 人，其中行政人员 756 人，行政工勤人员 45 人。

内设机构：内设 22 个部门（中心、大队），29 个派出所。

部门（中心、大队）：指挥中心、政治处、纪委、警务保障室、法制大队、国内安全保卫大队、经济犯罪侦查大队、治安管理大队、刑事侦查大队、禁毒大队、巡逻警察大队、特警大队、科技和公共信息网络安全监察大队、交通管理一大队、交通管理二大队、看守所、拘留所、出入境管理大队、信访大队、反恐大队、警犬大队、刑事科学技术大队。

派出所：太平派出所、龙泉派出所、凤凰派出所、平安派出所、珠泉派出所、南城派出所、蒙泉派出所、洒渔派出所、北闸派出所、旧圃派出所、土城派出所、工业园区派出所、小龙洞派出所、守望派出所、永丰派出所、布嘎派出所、苏家院派出所、苏甲派出所、乐居派出所、青岗岭派出所、靖安派出所、盘河派出所、大山包派出所、炎山派出所、田坝派出所、大寨子派出所、渔洞水库派出所、靖安新区派出所、红路新区派出所。

【党建工作】 2019 年，召开党建工作推进会议 2 次，举办"万名党员进党校"学习活动 2 期，累计培训全局 300 余名党员。召开 44 次"不忘初心、牢记使命"主题教育会，举行读书会 2 次。共有 47 个集体，238 名民警、干部、辅警受到表彰。

【打击刑事犯罪】 2019 年，全区公安机关共立各类刑事案件 5 103 起（其中年前案件 461 起），同比少立 372 起，下降 6.79%；破案 1 146 起（其中年前案件 359 起），同比少破 604 起，下降 34.51%，破案率 22.46%，同比下降 9.5%。其中，立"八类案件"252 起，同比少立 35 起，下降 12.2%；破"八类案件"179 起，同比多破 4 起，上升 2.29%。共抓获刑事犯罪嫌疑人 675 人（包括毒品犯罪嫌疑人 104 人），同比少 30 人，下降 4.26%；逮捕 916 人，同比多出 111 人，上升 13.79%；查获犯罪团伙 38 个 183 人，同比查获犯罪团伙数上升 58.33%，查处人数上升 112.79%。抓获网上逃犯 245 人，其中抓获本地网上逃犯 123 人、外地公安机关网上逃犯 122 人。

【扫黑除恶专项斗争】 2019 年，开展扫黑除恶斗争，共打掉犯罪团伙 19 个，抓获犯罪嫌疑人 263 名；通过各类线索核查刑事犯罪嫌疑人 422 人，治安处罚 294 人；涉黄赌毒刑事处理 323 人，治安处罚 3 129 人。组织开展社会治安集中清查整治行动，共发现各类隐患 103 处，整改完成 78 处；排查矛盾纠纷 101 件，化解 89 件；查处治安案件 107 件，行政处罚 141 人；破获刑事案件 53 件，刑事打击 54 人。张贴通告 1 万余份，设立宣传牌 200 余块，悬挂横幅 500 余条，发放挂历台历 28.5 万份，电子 LED 屏滚动播放 3 万余次，印发其他宣传资料 17 万余份。

【化解信访积案工作】 2019 年，共接待群众来访 1 450 件，化解信访事项 70 件，其中初信初访化解 32 件，刑事打击处理 1 人，行政处罚 46 人，无一人非法上访和越级上访。

【完成安保任务】 共出动警力 8 000 余人次，完成中央领导到昭视察、昭通苹果推介会、全市异地扶贫搬迁誓师大会、苹果音乐节等重大节日及各中大型活动安全保卫任务 360 余次，其中二级警卫任务 2 次、三级警卫任务 3 次。

【维护社会稳定】 整合巡特警大队、辖区派出所及交警、武警等警力，购置 11 辆电瓶警车、120 部 PPT 对讲机，设置 28 个治安巡防点，开展 24 小时巡逻防控。组织发动 2 万余名群众参与群众性义务巡防"红袖标工程"。2019 年，全区公安机关大清查旅馆业 30 余次，5 740 家，组织召开旅馆业治安管理会议 20 余次，娱乐场所 252 家，共处罚旅馆业 235 家，罚款 157 家。排查违反旅馆业"四实"登记 79 家，无公安机关许可擅自经营的有 54 家，停业整顿 12 家，取缔 4 家。查处宾馆内涉黄赌毒案件 26 起，查处违法犯罪人员 255 人。全区公安机关共受理治安案件 5 882 起，同比减少 342 起，下降 5.49%；查处 3 931 起，同比减少 678 起，下降 14.71%，查处率 66.83%，同比下降 7.22 个百分点；查处违法人员 3 092 人，同比减少 704 人，下降 18.55%；收缴罚没财物总价值 3 177.74 万元，同比增加 798.56 万元，上升 33.56%。

【危险物品监管】 实现危险物品单位安全防范 100% 达标、危险物品"层级监管责任"100% 落实、危险物品流向 100% 掌控，"三个 100%"目标。共检查涉危单位 30 余家，200 余次，签订责任书 60 余份，发现存在安全隐患或问题 12 条，已按要求整改落实到位。

【重点领域监管】 全区 13 家金融单位 82 个营业网点、12 个金库、149 个自助银行、638 台自助机具、7 个警银亭全部实现与公安"110"联网报警。指导 43 家重点单位安装视频监控系统 89 套，视频监控探头 36 387 个，红外报警探头 1 193 个；指导 596 家一般单位安装视频监控系统 596 套，视频监控探头 10 930 个，红外报警探头 1 426 个。单位内部重点、要害部位的视频监控覆盖率达到 97.69%。

【治保会建设】 派出所主导确定治保主任人选，已确定 91 个重点村（社区）治保主任名单。完成 185 个村（社区）"一村一警"挂包安排工作。建成凤凰派出所海楼路社区警务室、珠泉派出所辕门口古城警务室、南城派出所双院子警务室、龙泉派出所乌蒙古镇警务室、太平派出所省耕山水警务室、工业园区派出所职教学院警务室。

【平安创建】 2019 年，共开展检查 112 次，召开"平安创建"联席会议 3 次，参会人员 286 人次，排查安全隐患 146 条，整改 109 条，下发整改通知书 21 份，排查调处矛盾纠纷 6 起，检查内部单位 690 家，出动警力 1 646 人次。指导内部单位完善突发事件预案 539 个，联合单位开展消防、交通、地震、反恐等预案演练 127 场次。

【规范执法服务】 选派 6 名法制民警参加涉黑涉恶案件审核专班，审核把关涉黑涉恶案件，巡查故意伤害、寻衅滋事、强迫交易等黑恶势力警情及案件，共巡查案件及警情 1 827 条。健全网上巡查、网上监督机制，实现对接处警和受立案源头执法环节全覆盖、全时段、全流程监督。共监督警情及案件 4 646 条。推进执法音视频同步传输、云储存和考评链接，实现从接处警源头到询问讯问，再到监管羁押全过程留痕、全案可回溯、全流程监督。组织分局党委成员、办案部门领导、办案民警 200 余人学习新修订的《刑事诉讼法》《公安机关办理行政案件程序规定》。建立民警出庭作证培训和办案部门旁听庭审工作机制，组织旁听庭审 6 次。

【"放管服"改革】 在昭阳区户政窗口开设绿色通道，对学生、外出务工返乡等急需用证人员提供 15 天内取得居民身份证服务；优先为老、弱、病、残、孕等特殊人员办理事项。城区 6 所户籍窗口周六上午提供半天办公服务，农村派出所户籍窗口双休日期间遇有赶集日全天提供办公服务。推广运用"网上户籍室"，群众在网上即可办理出生登记、死亡注销、购房落户等 13 类户籍业务，并可在网上预约办理户口、身份证、居住证等户籍业务。全区户籍地受理居民身份证 70 150 条，省内异地 6 085 条，省外异地受理 375 条，办理临时身份证 7 161 个。受理公民因私出（国）境申请 15 058 份，其中普通护照 9 496 份，港澳通行证双程证 4 244 份，大陆证 1 318 份，港澳签注申请 3 397 份，台湾签注申请 751 份。

【脱贫攻坚】 分局共投入 275 名干警定点挂钩洒渔镇大桥村、联合村、新立村、新海村卡户 1 510 户 6 255 人，其中处级干部 1 名，科级及以下干部 274 名。派出 12 名干部长期驻村扶贫。2019 年，投入驻村工作经费 40 余万元。开展禁毒脱贫工作，截至 10 月，全区在册吸毒人员中，因吸毒致贫人员 1 277 人，已脱贫 1 035 人，未脱贫 242 人。

【表彰】 昭通市公安局昭阳分局禁毒大队、网络安全保卫大队、信访大队、交通警察二大队、"8·20"专案组，获昭通市公安局授予的"集体三等功"称号。

洒渔派出所，获昭通市公安局授予的"队伍正规化建设优秀单位集体三等功"称号。

蔡发磊、王彪、杨伟荣，获云南省公安厅授予的"在第一批援疆工作中成绩突出"个人表彰。

侯卓、陈同良，获云南省公安厅授予的表彰奖励。

杨威荣，获云南省公安厅授予的"2019 年全省公安教育训练工作表现突出个人"通报表扬。

陆航、沈昆、王进、王熙格、陈辉标、陈继烽、党杰、廖政辉、刘勇、潘明翻、杨威、周峰、邹继昆，获昭通市公安局授予的"记功"称号。

成忠亮，获昭通市公安局表彰奖励。

谷叶、侯虹伶、陶维波、李嘉强、严彬，获昭通市公安局授予的"记功嘉奖"。

陈恒勇、柳建成、朱凯安、郑鹏荣，获昭通市公安局的表彰奖励。

丁燮荣，获昭通市公安局"全市公安机关'红土地之歌'暨'践行新使命·忠诚保大庆'主题演讲比赛"通报表扬。

昭阳区公安分局交警一大队

【机构设置】 交警一大队属昭阳公安分局下设的副科级单位，核定民警编制66人，实际在编62人，协警403人，大队领导有大队长1名，政治指导员1名，支委7名。

内设机构：内设14个部门，其中，外勤中队7个、部门7个。

外勤中队：凤凰一中队、凤凰二中队、龙泉中队、太平中队、古城中队、北部新区中队、特勤中队。

部门：秩序中队、科技中队、指挥中心、法宣中队、信息后勤中队、事故中队、车管所。

【党风廉政建设】 2019年，一大队党支部有3个党小组，41名党员，其中民警党员37名，职工党员1名，协警党员3名。大队党支部落实"三会一课""两学一做"制度。每季度召开1次党员大会和开展1次讲党课活动，每月召开1次支委会，1次党小组会。年内，大队党支部召开组织生活会3次。大队领导与民警、协警警示提醒谈话2次，劝退不适应交通管理工作协警3人，开展队伍管理隐患排查4次，约谈1人，交心谈心对象400余人次。

【校园周边交通秩序及校车管控】 一大队采取"建、把、育、控、查"的常态化机制管控校园周边交通及校车，70余所学校、校车建立档案，审查校车驾驶人资格，督促学校教育校车驾驶人提高安全意识常态化。在上、下学时段加强管理，提高见警率、管事率，设置校车检查点，完善校园周边交通标志标线、信号灯、隔离设施。

【交通安全宣教工作】 2019年，一大队与云南人民广播电台、云南电台交通之声、《云南法制报》、云南公安电子政务网、昭通人民广播电台、《昭通日报》、昭阳电视台等多家单位合作，做到电台有声、电视有像、报纸有消息、网上有信息。发送交通安全宣传稿267篇，开展"交通安全进单位、进企业、进学校"活动，上交通安全课56节，发放宣传画册1 000本，联系市、区电视台、电台随警报道18次，播放公益广告和交通安全提示412条，在腾讯新浪发布微博、微信提示信息523条，教育10万余人次。

【查处交通违法】 2019年，一大队共查处交通违法27.06万起，同比上升26.48%。其中，现场执法查获11.57万起，同比上升10.49%；非现场执法查获15.49万起，同比上升41.83%。现场处罚中，查获无证驾驶1 084起，同比上升0.37%；饮酒驾驶826起，同比上升4.96%；醉酒驾驶48起，同比上升84.62%；涉牌违法52起，同比下降56.3%。行政拘留199起，同比上升15.69%。处罚非机动车违法3.92万起，同比下降31.71%；处罚行人及乘车人违法2 284起，同比上升1.15%；处罚机动车不礼让斑马线违法1.11万起，同比上升132.42%。驾驶证记满12分1 176起，同比上升16.09%；记满12分后被注销33起，同比上升120%；记满12分后被降级77起，同比下降25.96%。全年开展夜查专项整治行动172次。

【排查事故隐患】 2019年，一大队警员排查重点企业12次，下发隐患通知书（告知书）54份，汇总上报区政府及相关职能部门交通安全隐患报告52份。

【事故预防】 通报辖区"两客一危"重点运输企业及有校车的幼儿园车辆违法情况。联合运政、安监等相关部门，不定期到辖区重点企业现场检查。常态化对重点运输企业从业人员进行警示教育。从源头上杜绝不合格车、不合格驾驶人上路行驶。

【事故处理】 2019年，一大队管辖区共接道路事故报警1.07万起，同比上升11.77%；事故共造成27人死亡，同比下降25%，1 814人受伤，同比上升 20.05%，直接经济损失 968.36 万元，同比下降 17.98%。完成交管 "12123" 自助处理轻微财产损失 3 467 起。

【车辆驾驶员管理】 2019 年，"五小车辆" 注册登记 4 372 辆，转移登记 700 辆，转入登记 12 辆，注销登记 1 252 辆；办理 "五小车辆" 驾驶人驾驶证初次申领 6 838 个，外地初领 84 个，增加申领 1 751，换证 2 054 个，补证 354；"五小车辆" 驾驶人转入 239 个，满分学习 57 个，转出 695 个，注销登记 168 个；注册登记电动自行车（国标）169 辆、（超标）8 174 辆。

【治理城市结点交通拥堵】 一大队通过调研、分析、排查，针对城区交通堵点，交通潮汐式拥堵路段、路口拥堵情况，采取可变导向车道、路口信号自适应控制、设置路口待转移动信号、信号线协调控制、前置非机动车等候和 VIP 待行区等措施，治理交通拥堵。先后将紫光、金鼎、昭通大道沿线等 7 个路口信号灯改造为自适应控制系统；在二环南路等地的 7 条主干道设置绿波带信号控制；在金融中心等 14 个路口设置非机动车前置等待区；在紫光等 3 个潮汐式交通拥堵明显路口设置 6 条可变导向车道；在海楼路与悦乐街等 4 个主支路交叉路口采取封闭交叉口转移冲突点方式，改善交通拥堵情况。

【整治城市交通顽疾】 以综合执法局牵头，整合运管、交警、市场监管等力量，整治非公告三、四轮车违法入城、非法营运、非法销售等行为。建立综合执法局牵头的管理运行机制，采取拖车、锁车等方式严管重罚违法停车行为。建立城管委牵头，交警与综合执法局共同负责货车入城管理的机制，规范货车入城管理。

【创新警务辅助人员管理模式】 一大队把昭阳区城区道路划分为 32 个警区，实行精细化、网格化管理。确定警务区辅警长 32 名、警务辅助内勤 17 名、警务辅助组长 30 名，配发相应标识。12 月 30 日，一大队在昭通市率先推出《昭阳公安分局交通警察一大队警务辅助人员分类分级管理办法》。管理办法规定，大队辅警员职级分为 4 级，辅警长职级分为 3 级，明确履职、晋升级别条件；规定辅警长出现管理失职、辅警员违法等 5 类情形，将免去辅警长职务，3 年内不得重新担任。

昭阳区公安分局交警二大队

【机构设置】 交警二大队（以下简称二大队）属昭阳公安分局下设的副科级单位，设大队长 1 名，教导员 1 名。年末，有民警 41 人，协警 218 人。

内设机构：内设 16 个部门，即一中队（情报信息中队）、二中队（机动车和驾驶员管理中队）、三中队（交通事故处理中队）、四中队（交通秩序管理中队）、五中队（青岗岭中队）、六中队（乐居中队）、七中队（北闸中队）、八中队（昭鲁快捷通道中队）、九中队（大山包中队）、十中队（守望中队）、十一中队（炎山小田中队）、十二中队（特勤中队）、十三中队（法制宣传中心）、大山包一级公路一中队、大山包一级公路二中队、高速（高等级）公路交巡警中队。

【党建工作】 2019 年，交警二大队（以下简称二大队）党支部共召开支部大会 7 次，支委会议 18 次，党小组会议 10 次，支委委员组织集中学习 10 次，党小组组织集中学习 11 次，党员自学 44 次，支部集中学习 7 次，开展 "新时代讲习所" 活动 6 次，上党课 4 次。

【党风廉政建设】 二大队主要领导与大队领导、大队领导与大队民警签订《党风廉政建设责任书》45 份。落实廉政谈话制度，开展廉政谈话 10 余次，开展警示教育活动 3 次。

【道路交通事故情况】 2019 年，二大队共受理管辖区各类交通事故 6 394 起，这些事故造成 82 人死亡、2 146 人受伤、直接经济损失 679.39 万元。事故次数增加 846 起，同比上升 15.29%；死亡人数增加 28 人，同比上升 51.85%；受伤人数增加 392 人，同比上升 22.35%，直接经济损失减少 258.22 万元，同比下降 27.54%。

【查处交通违法】 2019 年，查处各类交通违法案件 12.15 万起，其中无证驾驶 2 569 起，饮酒驾车 253 起，醉酒驾车 29 起，超速 3 824 起，超员 23 起，货运超载 98 起，暂扣驾驶证 228 本，行政拘留 283 人。

【整治交通隐患】　二大队与辖区客运企业及驾驶人签订《安全责任合同和安全驾驶责任书》470 余份，督促企业处理违法行为，清零 176 条，开展联合检查 60 余次，先后两次组织辖区企业、学校召开警示约谈会，督促问题整改、落实校企安全主体责任。推动隐患清零相关工作，1 709 条重点车辆安全隐患清零。

【交通秩序整治】　2019 年，二大队出动警力 1 032 人次在火车站周边专项整治交通秩序 102 次，查处违法行为 2 796 起。

【安保工作】　2019 年，二大队出动警力 6 338 人次、警车 1 271 辆次，完成各类交通警卫工作任务 123 次。

【交通安全宣教】　2019 年，二大队到辖区 5 家重点客货运输企业、27 家幼儿园、25 家中小学，组织企业负责人、安全员及车辆驾驶人和学校师生宣讲交通安全知识 114 场次，签订《道路交通运输车辆驾驶人安全承诺书》575 份，签订《道路运输企业交通安全管理承诺书》32 份。综合运用媒体和网络到辖区企业、学校、社区、农村、家庭等宣传道路交通安全教育，其中，进学校 45 家 45 场次，进企业 7 家 69 场次，进农村 134 场次，进家庭 400 余户。开展"两个教育"学习 10 期 1 460 人次。

【"放管服"改革】　推进事故快处快赔工作，利用"交管 12123" APP 处理财损类交通事故快处快赔 3 312 件；车管分所采取延时、错时、差时服务，周末预约车检服务，推进车管下乡服务。全年，二大队累计办理 2.52 万辆车的车管业务，7 526 件驾管业务，延时、错时服务共 1 532 余人。

【扫黑除恶专项斗争】　2019 年，二大队召开扫黑除恶专题推进会 17 次，组织集中培训 6 次

243 人，组织扫黑除恶应知应会知识考试 2 次 383 人；排查违法处理、业务办理、事故处理、交通秩序整治等重点岗位风险隐患，与大队工作人员、辖区驾校、运输企业等签订承诺书 16 份，责任书 12 份，与民警、辅警签订个人承诺书 173 份。大队核查涉黑涉恶线索 3 条，移交涉黑涉恶线索 1 条。

昭阳区检察院

【机构设置】　2019 年，昭阳区检察院核定编制人员 61 名，实有 61 人，合同制书记员 49 人。

内设机构：内设机构 8 个，即第一检察部、第二检察部、第三检察部、第四检察部、第五检察部、综合业务部、政治部、办公室。

【扫黑除恶专项斗争】　从全院各部门抽调精干力量组建专业化办案团队，由检察长和副检察长任专案组长，承办涉黑涉恶案件。依法批准逮捕涉黑涉恶犯罪案件 14 件 19 人，其中涉黑案件 3 件 6 人、涉恶案件 11 件 88 人，不批准逮捕 4 人；提起公诉 6 件 61 人；提前介入涉黑涉恶犯罪案件 15 件。梳理排查近 3 年来已办案件，向昭阳区监察委员会、昭阳公安分局、昭阳区扫黑办移送各类线索 91 条；向相关案发乡镇、主管单位等发出检察建议 5 份。

【打击经济领域违法犯罪】　批准逮捕破坏社会主义市场经济秩序犯罪嫌疑人 34 人，起诉 56 人，其中起诉集资诈骗犯罪嫌疑人 8 人；批准逮捕非法吸收公众存款、传销等涉众型经济犯罪嫌疑人 1 人。

【刑事检察工作】　2019 年，共批准逮捕各类刑事犯罪 546 件 892 人，同比分别上升 4.4% 和 11.2%；提起公诉 741 件 1 095 人，同比分别上升 20.7% 和 21.4%。作出不批捕决定 89 人，依法决定不起诉 30 人，引导当事人达成刑事和解 19 人。监督侦查机关立案 16 件、撤案 7 件，纠正漏捕 11 人、漏诉 10 人，监督纠正侦查活动违法情形 19 件次；提出刑事抗诉 5 件，监督纠正审判活动违法情形 5 件次。办理纠正减刑、假

释、暂予监外执行不当案件 1 件；监督纠正刑事执行和监管活动违法 54 件、监外执行（社区矫正）违法 74 件；立案办理羁押必要性审查案件 47 件，提出建议 25 件，办案机关采纳 24 件。批准逮捕未成年犯罪嫌疑人 46 人，起诉 62 人；依法不批捕未成年犯罪嫌疑人 72 人、不起诉 2 人，附条件不起诉 7 人。开展社会调查 59 人，向有关单位发出检察建议 8 份。受理控告申诉和举报 114 件；受理民事行政监督案件 14 件；办理上级院交办刑事申诉案件 5 件。

【民事检察工作】　2019 年，共受理各类民事检察监督案件 151 件，同比下降 53.1%。对民事审判活动违法情形提出检察建议 1 件；对民事执行活动违法情形提出检察建议 9 件；办理支持起诉农民工讨薪案件 9 件；发现虚假诉讼案件线索 6 件；依法向人民法院发出检察建议 10 件。

【行政检察工作】　2019 年，共受理各类行政检察监督案件 35 件，其中监管行政机关不当履行职责 26 件，非诉执行监督案件 9 件，发出检察建议 35 份。

【公益诉讼工作】　2019 年，共立办公益诉讼案件 45 件。发出行政公益诉前检察建议 43 份，向行政执法机关发出检察建议 40 份。

【职务犯罪检察工作】　受理提前介入职务犯罪案件 4 件，其中镇雄检察院移送 3 件。受理审查逮捕职务犯罪案件 2 件 2 人。移送审查起诉职务犯罪案件 8 件 8 人。

【案件流程监管】　发送流程监控通知书 16 份，评查 282 件案件质量，运用检察机关案件信息公开网发布重要案件信息 206 条，公开法律文书 592 份，发布程序性信息 1 364 条。

【脱贫攻坚】　昭阳区检察院结对帮扶卡户群众 1 009 户。年初，选派 10 名干警到挂包帮扶点开展驻村工作，11 月，又增派 10 名干警到村协助开展扶贫工作。全年共投入专项扶贫资金 17 万余元，向 43 名贫困刑事被害人发放司法救助金 24.8 万元。

【生态犯罪检察工作】　打击污染环境、破坏生态等违法犯罪行为，批准逮捕破坏环境资源犯罪嫌疑人 3 人。开展"金沙江流域（云南段）生态环境和资源保护专项监督行动"，配合开展"四省三级两长护河大巡察"活动，立办生态环境和资源保护领域公益诉讼案件 43 件。

【表彰】　昭阳区检察院，获共青团中央授予的"青少年维权岗"荣誉称号；获最高人民检察院授予的"云南省检察机关涉烟刑事犯罪案件优秀集体"称号；获省政府授予的"省级文明单位"荣誉称号。

昭阳区法院

【机构设置】　2019 年，昭阳区法院核定编制人员 120 人，其中政法专项编制人员 120 人。领导 31 人（副处级 1 人，正科级 12 人，副科级 18 人），另有聘任制人员 110 人，其中聘任制书记员 81 人，聘任制法警 29 人。年末，实有干警 109 人，领导 29 人（正处级 1 人，正科级 7 人，副科级 21 人）。员额法官 42 人。院机关设立党委，下设 3 个党支部，现有党员 104 人（含退休党员 28 人）。

内设机构：机构改革后，内设 12 个法庭、大队等，4 个派出人民法庭。

法庭、大队：立案庭（诉讼服务中心）、刑事审判第一庭、刑事审判第二庭、民事审判第一庭、民事审判第二庭、行政审判庭、执行局、审判管理办公室（研究室）、司法警察大队、政治部、综合办公室、信息技术服务中心。

派出人民法庭：北闸人民法庭、永丰人民法庭、乐居人民法庭、大山包人民法庭。

【党风廉政建设】　2019 年，共收各类举报案件 15 件，监察建议 1 件，办结 11 件。书面检查 4 人，通报问责 4 人，组织处理 1 人，解聘合同制人员 4 人，取消省级保障的合同制书记员待遇 1 人，责成整改 2 件，发出监督建议 2 件；落实谈话诫勉 5 人，提醒谈话 5 人，谈话谈心 10 人。

【受案情况】　2019 年，区法院共受理各类案件 11 878（含旧存 1 242）件，结案 10 950 件，综合结案率 92.19%，收结案数同比分别增长 41.23% 和 39.28%。法官年人均结案 260 件，收结案数均创历史新高，审执案件数量、质量及审执各项质效指标均居全市法院前列。

【刑事审判】　2019 年，共受理刑事案件 822 件 1 354 人，审结 766 件 1 246 人，结案率 93.19%。审结故意杀人、故意伤害、"两抢一盗"、绑架、强奸、敲诈勒索等犯罪案件 316 件，判处罪犯 358 人。审结涉毒案件 66 件，判处罪犯 66 人。审结危险驾驶犯罪案件 98 件，判处罪犯 98 人。依法判处 76 名具有从宽情节的初犯、偶犯、从犯、未成年犯等缓刑。审理昭阳区、镇雄、鲁甸辖区内的涉恶案件，共受理涉恶案件 13 件 82 人，审结 1 件 15 人。

【民商事审判】　全年，共受理民商事案件 8 050 件，结案 7 135 件，结案率 91.07%。共调解及撤诉 4 038 件，调撤率 56.59%。审结婚姻家庭、相邻纠纷、交通事故损害赔偿以及劳动就业、社会保险、教育、医疗等涉民生案件 3 764 件。审结民间借贷案件 998 件，结案标的 2.78 亿元。审结农民工讨薪案件 428 件，结案标的 641.7 万元。民事速裁团队收案 3 786 件，结案 3 671 件，结案率 93.8%；调解 1 321 件，撤诉 845 件，调撤率 59%。人均结案达 220 件，团队最高个人结案 367 件。巡回审理案件 532 件，办结控辍保学案件 346 件。

【行政审判】　全年，共受理行政案件 196 件，结案 175 件，结案率 89.29%，其中行政机关败诉案件 34 件，占 19.4%。审查行政非诉执行案件 35 件，裁定准予执行 26 件。行政首长出庭诉讼 36 件。

【执行工作】　全年，共受理执行案件 2 780 件，已执结案件 2 651 件，案件执结率 95.36%，执行到位标的额 3.7 亿余元，办结委托执行案件 567 件。严惩"老赖"，司法拘留拒不履行生效法律文书的被执行人 56 人，累计向社会公布失信被执行人名单 553 人次，限制高消费 1 103 人。发布网上拍卖案件 131 件次，成交 19 件次，累计成交金额 1 607.8 万元。

【诉讼服务中心建设】　规范、细化诉讼服务中心职能，推行诉讼引导、立案登记、案件查询、立案缴费"一站式"服务，方便群众诉讼。跨区域立案 8 件，网上立案 4 件。推广"诉讼服务一体机"，完成自助立案 145 件。诉讼服务中心设立第三方调解室 2 个，确定特邀调解组织 3 个，特邀调解员 93 名，通过诉前委派调解案件 268 件，成功调解 120 件，调解成功率 44.7%。一律免收卡户诉讼费，全年共减、缓、免交诉讼费 200 余万元。

【司法公开】　搭建审判流程、庭审活动、裁判文书、执行信息四大公开平台。推进庭审同步录音录像和庭审网络直播，全年开展庭审直播 1 500 件。推进裁判标准公开、裁判理由公开，做到依法应上网的裁判文书全部上网，全年裁判文书上网 5 173 份。及时公开审执信息，通过宪法宣传周、国际禁毒日等活动，邀请人大代表、政协委员、基层调解员和人民陪审员等旁听案件审理、监督案件执行、参与案件评查。在各级网络、报刊上发表法治新闻文章 120 篇，配合记者采访 23 人次，向上级法院报送信息 11 篇次。

【信访工作】　推进涉诉信访机制改革，实行"诉访分离"，建立健全信访案件跟踪、督办机制，及时化解信访纠纷。坚持院领导接访和处访机制，实行领导包案制度，明确责任主体和处理时限。全年，共收处群众来信 179 件，接待来访群众 1 405 人次，落实院领导日接待 147 次 693 人。

【主动接受监督】　10 月 16 日，23 名驻滇部分全国人大代表、政协委员及省人大代表、政协委员和特约监督员视察区法院法治宣传、认罪认罚、快审快结等工作。邀请人大代表、政协委员视察法院、旁听庭审、监督执行、开展座谈。全年 92 名陪审员共参审案件 5 127 件次，陪审率达 60%。

【队伍建设】　组织法官参加上级法院组织的远程视频培训，分批次组织干警参加省高院和市中院的专项业务培训 280 余人次，鼓励干警参加国家司法考试。强调法官严把文书质量关，提高法官业务能力；提高庭审驾驭能力和庭审规范化水平；推动网上办公办案，提升干警司法信息化应用水平，为打造智慧法院奠定基础；开展学术研究、理论研讨，提高干警的法学理论素养。

【司法改革工作】 落实司法体制综合配套改革，推进审判团队建设、案件繁简分流、法官职业保障、信息化建设等司改配套措施。推进内设机构改革，整合原有多个审判部门，打破庭室建制，构建法官审判专业化工作格局。推进院庭长办案常态化，落实司法责任制，建立办案质量和错案责任问责机制，构建案件评查、质效评估等案件质量管理常态机制。院庭长全年办结各类案件 3 824 件，占全院的 44%；组织评查案件 595 件，清理长期未结诉讼案件 119 件。完善人员分类管理机制，推进员额法官、司法辅助人员、司法行政人员的分类考核，完善绩效考核评价指标体系，增强队伍管理的科学性。

【脱贫攻坚】 区法院下派驻村第一书记、工作队长 4 名，工作队员 6 名，临时聘用人员 6 名，拨付临时聘用人员工资 13 万余元，购买电脑等办公用品折合资金 5 万余元，拨付驻村工作队经费 36 万元，协调各类扶贫经费 17 万元，购买驻村工作队保险 0.43 万元。

【参与社会综合治理和法制宣传】 选派 12 名法官干警为昭阳区法制班主任，在辖区内多所中小学中开展法制讲座。选择"三养"案件、"控辍保学"案件等就地开庭巡回审判。全年共开展普法宣传 32 次，发放宣传资料 1 万余份。

【扫黑除恶专项斗争】 全年，开展大型扫黑除恶专项斗争法制宣传活动 2 次。组织全体人员参加扫黑除恶专项斗争知识测试，并签署承诺书。与区纪委监委、检察机关、公安机关协作配合，排查出 21 条涉黑涉恶问题线索上报区扫黑办。已收涉恶案件 13 件 82 人，审结 1 件 15 人。

【表彰】 民事速裁团队获昭通市中级人民法院授予的"集体三等功"荣誉、获昭通市中级人民法院授予的"先进基层党组织"称号。

妇委会，获昭通市妇联授予的"巾帼建功先进集体"称号。

邓林、马芹荣、胡兵，获云南省高院授予的"2019 年法院荣誉天平奖章"。

张国平，获昭通市中级人民法院授予的"优秀党务工作者"称号。

马兴慧、黄艳，获昭通市中级人民法院授予的"优秀共产党员"称号。

赵声礼，获昭通市中级人民法院授予的"个人三等功"荣誉。

昭阳区城市管理综合执法局

【机构设置】 2019 年末，昭阳区城市管理综合执法局有公务员 19 人，事业专技人员 8 人，事业管理人员 43 人，事业工人 106 人，行政工人 2 人，城管协勤人员 1 060 人。

内设机构： 内设 17 个部门、下辖 3 个直属事业单位。

部门：党委办、行政办、财务科、法规科、市政科、人事科、督察室、外宣办、信访办、工会和应急处突大队、"两违"巡察大队、河道管理大队、规划监察大队、太平执法大队、龙泉执法大队、凤凰执法大队。

下辖直属事业单位：昭阳区城市监察大队、昭阳区环境卫生监督管理所、昭阳区城市公共客运管理所。

【党建、党风廉政建设】 全年累计召开党建专题会议 4 次，组织召开局党委理论中心学习 9 次。印发《区城市管理综合执法局 2019 年党风廉政建设实施意见》，签署《党风廉政建设责任书》，召开党风廉政专题会 4 次。

【市容市貌秩序治理】 按照"集中治理、分步推进、全域覆盖"的工作思路，整治市容市貌，提升城市品位。

管理示范街区： 推进"门前三包"责任，签署《门前三包责任书》3 万余份，整治流动摊贩、占道经营 1.02 万起，查处违章装修 526 家。

规范门店广告： 累计拆除破损店招牌 44 家、喷绘广告 153 家、存在安全隐患广告牌 48 处，铲

除小广告 1.05 万个，修复污损墙体 8 万余平方米，户外广告查处率超 95%。

城市交通管理：昭阳区公共城市道路画线停车位 4 528 个，固定使用车位 1 428 个，处理停放僵尸车辆 60 多辆，拖移车辆 41 辆，张贴温馨提示近 150 张，整治清理乱停乱放车辆 1 万余辆。

环卫清扫保洁：按照"清扫不扬尘、洗路不积水"的标准，全天 24 小时分时段调整作业方法，城区清扫保洁总面积达 50 平方千米，机械化清扫率为 56% 以上，高压冲洗率为 75% 以上，处置城区生活垃圾 10.62 万余吨。

村庄清洁行动：出动执法队员 6 000 余人次参与乡村清洁行动，引导建立文明村规民约、卫生清扫保洁长效机制，推进村庄生活垃圾污水治理，动员农户清除"三堆"。

推进"打非治违"：整治工作组共出动执法人员 4.26 万余人次，出动执法车辆 6 412 车次，查处非法违规客运车辆 517 辆，其中火车站查处非法营运车辆 147 辆，迎丰桥查处非法营运车辆 65 辆，出租车中队日常巡查处理非法营运车辆 305 辆。

河道治理：围绕实现"水清、岸绿、河畅、景美、路通"这一治理目标，签订《门前三包责任书》447 份，全年下发放禁止乱倒垃圾通知书 400 余份、责令整改通知书 27 份、拆除河道周边土厕所通知书 15 份，清理河道周边的广告牌及小广告 205 个，在河道周边安装禁止停车、乱倒垃圾提示牌 15 块，拖移违章停放车辆共计 64 辆，清理河道周边流动摊点 161 个，打捞河内漂浮物、水草、青苔 2 321 吨，封堵直排河内排污口 50 个。

【城市环境卫生】 全年，清理乱堆乱放卫生死角 2 800 多处，清运垃圾 1 万余吨；采取设点路查和机动巡察等方式，查处未按规定密封覆盖渣土车辆 1 万余台次；通江路临时垃圾中转站累计转运垃圾 12.4 万吨，守望卡子垃圾处理场和华新水泥厂水泥窑协同处置城区生活垃圾 11 万吨。推进新一轮环卫作业市场化改革。通过政府购买服务公开招聘道路清扫保洁企业，检查考核保洁公司作业质量，处理 4 家保洁公司作业不达标，扣罚 17.94 万元。推动"厕所革命"。建成 126 座无害化公共厕所。开展昭阳中心城区泔水收集工作，累计收集泔水量 1 300 余吨。

【环保督查整改】 完成三善堂存量垃圾堆体地形图测绘、岩土工程勘察、水文地质工程勘察和工程物探等工作，制定存量垃圾治理工艺和渗沥液处置方案，推进可研评审、立项批复、渗沥液处置设施采购和 EPC 整改项目招标工作。承包方于 2019 年 3 月 7 日进场开工。巩固"黑臭水体"治理成果。封堵排污口 140 个，清理河道生活垃圾、白色垃圾、建筑垃圾、漂浮物 653 处 7 600 吨。

【城乡"两违整治"】 下发《限期责令整改通知书》700 份，《行政（当场）处罚决定书》520 份。全区拆除违章建筑 116.72 万平方米，其中"两违"执法大队拆除违法建筑 33.64 万平方米，"两违"执法大队配合乡（镇）和办事处累计拆除违法建筑 83.08 万平方米；整治大棚房 230 余户，下发《责令整改通知书》194 余份，拆除无手续搭建彩钢棚 55 余户，拆除面积为 5 万余平方米。启动昭阳区农村危房拆旧复垦复绿工作，成立 20 个领导小组，配合乡（镇）办事处做好拆旧复垦复绿工作。

【小区物业管理】 规划监察中队共巡查工地 4 375 次，下发《责令改正通知书》15 份、《行政处罚告知书》156 份，发现问题 831 个，叫停工地 510 次，共处罚款 270.55 万元。

【整治城市公共客运】 查处出租车违法违规行为 410 起，查处公交车违法违规行为 249 起，查处违规网约车 117 辆。

【行政执法和"放管服"改革】 全年办理行政处罚案件 7 493 件，其中简易程序案件 7 014 件，一般程序案件 479 件。下达《责令改正通知书》4 018 份，《行政（当场）处罚决定书》2 788 份。完成新招录（协勤）人员换发全国统一制式服装。开展"放管服"工作，10 项行政审批（许可）事项全部进驻"市民之家"，公开审批依据、内容、材料、权限、程序。

【执法队伍建设】 处理"吃、拿、卡、要"

违纪行为，辞退违纪违规协勤人员3人。举办法制培训4期，发放《昭通市城市管理条例》800份、宣传册1.75万余份。

【扫黑除恶专项斗争】　开展扫黑除恶主题宣讲教育活动12场次，悬挂宣传标语160余条，发放资料1万余份，制作公交车车身及公交车站台宣传标语40条、路名宣传牌151块、路边垃圾箱体宣传标语162条，张贴通告600余份，印刷宣传标语墙面90米，印制环卫工人宣传标语反光背心810余件，累计在公交车、出租车LED电子显示屏滚动宣传扫黑除恶宣传语300余天。

【办理投诉及人大、政协建议提案】　全年区城管执法部门共受理各类投诉、举报共771件；承办人大建议政协提案49件，满意率100%。

【脱贫攻坚】　调整充实城市管理综合执法局挂钩扶贫工作领导小组和3个驻村扶贫工作队，主要领导到挂钩村讲专题党课5次，组织全体包保职工入户走访31次4 000余人次，帮助守望卡子村、苏甲梨园村、渔坝村解决工作经费7万元。

军　事

昭阳区人民武装部

【召开重要会议】　1月25日，区人民武装部（以下简称人武部）召开民兵调整改革任务部署会，区政府主要领导、各乡（镇）街道办事处、昭通学院和18个委、办、局领导参加。4月18日，召开昭阳区国防潜力统计调查任务部署会。安排部署国防动员潜力统计工作。12月2日，派人参加昭阳区委、区政府2019年党管武装暨国防动员工作会议，明确加强民兵建设、征兵奖励、拥军工作等事项。

【民兵培训】　3月19～22日，参加昭通军分区地震救援及处置培训。4月1日，昭阳区民兵训练基地正式投入使用，组织第一批基干民兵轮训。5月5日，组织第二批基干民兵轮训。6月10日，组织第三批基干民兵轮训。7月15日，组织第四批基干民兵轮训。11月26日，组织第五批基干民兵轮训。12月6日，组织参谋人员和民兵（共8名）赴昆明参加比武竞赛。

【参与救灾灭火行动】　2月7日上午11点，永丰镇青草坪村发生山林火灾，过火面积约1.3公顷，区人武共出动人员14名，车辆2辆，参与灭火。2月8日13时20分，乐居镇发生火灾，过火面积约4公顷，共出动人员13人，车辆2辆，参与灭火。2月9日17时整，小龙洞乡发生火灾，过火面积约4公顷，出动人员13人，车辆2辆，参与灭火。2月12日16时50分，苏甲乡发生火灾，共出动人员18人，车辆2辆，参与灭火。2月16日15时30分，小闸村发生山火，出动18人，车辆2辆，参与灭火。3月30日，凤凰山发生火灾，出动人员53人，车辆6辆，参与灭火。

【开展国防潜力统计调查工作】　5月3日，

区人武部拟定下发《昭阳区2019年度国防动员潜力统计调查方案》，按计划开展国防潜力统计调查工作。

【建立监察联系点】　6月10日，建立昭阳区基层武装部风气监察联系点。

【征兵工作】　1月26日，开展2019年度兵役登记和征兵宣传工作。4月9日，召开征兵工作领导小组集中办公会。6月17～22日，到辖区5所高中阶段学校开展征兵高中站挂牌和入校征兵宣传工作。7月12日，召开2019年度昭阳区征兵工作推进会暨征兵业务培训会。7月24日，组织召开昭阳区2019年度征兵工作会议。8月6日，组织第一批应征公民上站体检。8月10～25日，开展2019年度新兵征集政治审核工作。8月30日，召开2019年度定兵工作会议。9月4日，组织预定兵役前训练。9月20日，组织昭阳区2019年新兵入伍出征仪式。区长陶毅参加欢送大会。10月29日，召开昭阳区廉洁征兵问题专项排查整治动员部署会。

【学生军训工作】　7月2日，区人武部拟定并下发《昭阳区2019年学生军训方案》。8月23日，组织辖区内高中学校军训。10月22日，组织昭阳区职业中学军训。

【祭奠英烈活动】　4月3日，区人武部组织10名本部人员到昭通市烈士陵园参加"传承·2019清明祭奠英烈"教育活动。

【脱贫攻坚】　1月30日，区人武部到盘河镇五寨村对贫困户进行春节慰问，共慰问80户贫困户。

【荣誉室建设】　12月9日，昭阳区人武部荣誉室重建完成，投入使用。

【表彰】 9月16日，区人武部的《了不起，昭通一家姐弟俩齐赴军营报效祖国》一文荣获省征兵办"征文三等奖"。

周林、陈四江、陈再波，荣获昭通军分区授予的嘉奖荣誉。

昭阳区退役军人事务局

【党建工作】 年度内成立党组、党支部，制定2019年机关工作要点和党建工作要点，坚持周一干部学习晨会制度，先后召开党组中心组理论学习12次，党员大会5次，举办领导讲党课2次。制定局机关党风廉政建设责任分工；签署《党风廉政责任书》；制定局领导班子全面从严治党责任清单；开展"讲纪律，守底线，知敬畏"廉政主题党日活动及形式主义、官僚主义突出问题集中整治活动。

【完善三级服务保障体系建设】 昭阳区有退役军人和优抚对象1.6万余人。成立区退役军人服务中心，办公场所100平方米。全区20个乡镇（街道）184个村（社区）均设立退役军人服务站。

【开展走访慰问活动】 春节、"八一"建军节，组织召开各类重点优抚对象座谈会各410场次，参会人员3.2万余人。慰问昭阳区属部队及优抚对象9 252人，发放慰问金170.52万元、大米5 000千克。

【优抚政策工作】 截至2019年10月，发放各类重点优抚对象生活补助费3 217.9万元，其中，在乡老复员军人生活补助费102.3万元，"三属"生活补助费120.2万元，带病回乡退伍军人生活补助费88万元，烈士子女生活补助费3.3万元，"两参"人员生活补助费1 388.7万元，60周岁以上在乡退伍军人生活补助费380.1万元，1~4级伤残军人护理费341.8万元，在乡伤残军人护理费245.5万元，在职伤残军人护理费479.2万元，下岗困难优抚对象生补助费4.9万元，临时价格补助费50万元。发放2018年度入伍义务兵家庭优待金336户，每户1万余元，共发放337.68万元。兑现2017年现役军人立功受奖奖励资金80人10.47万元（其中，二等功1人3 433.32元，三等功39人，每人1 716.66元，共6.69万元，优秀士兵士官40人3.43万元），解决"三难"问题资金336万元。为1~6级伤残军人和在乡伤残军人旧伤复发报销个人承担医疗费用309人次311.25万元，发放住院期间生活补助费6.7万元。

【退役士兵安置工作】 2019年，昭阳区共接收2018年退役士兵及复员士官和2019年转业士官共224人。城乡居民户籍退役士兵自主就业164人，发放自主就业金172.26万元，城镇户籍退役士兵自谋职业货币补偿安置2人，发放自谋职业金70.86万元；省厅批转转业士官安置60人。清理历年退伍老兵档案7 000份。兑现大学生入伍奖励金91人，专科学历，每人4 000元，本科学历，每人6 000元，共兑现39.8万元。组织退役士兵学历提升、技能培训62人次。

【军休管理服务工作】 昭阳区现有离休干部5人，退休干部23人，离休遗属4人，退休遗属4人，无军籍职工19人。按时发放军休干部离退休费和津贴补贴以及其他补贴费用。按规定落实军休干部各项待遇，帮助符合条件军休干部落实优抚待遇。协调做好军休干部医疗保障工作，建立健康档案，开展医疗保健知识普及活动。重大节日期间开展走访慰问活动。

【信息采集和光荣牌悬挂工作】 截至2019年10月，全区共采集退役军人和其他优抚对象信息16 536条，共悬挂光荣牌16 500多块。

【信访维稳工作】 全年，共接待上访200余批次近千人，信访回复17人。

【祭扫接待及服务工作】 春节、清明节期间，接待省内外烈士亲属，社会各界人士，市、区党政机关，学校共120余家1万余人次。9月30日烈士公祭日，参与组织市、区主办的烈士公祭活动，参加活动人员600余人。"七一"建党节、九月烈士公祭日、十月国庆节期间共接待市、区党政机关单位开展主题党日活动100余家单位1万余人次。

经　济

昭阳工业园区管理委员会

【机构设置】 2019年，昭阳工业园区管理委员会核定编制45名，年末，实有在编在职人数50人，正处级领导2人，副处级领导4人，正科级领导5人，副科级领导5人。

内设机构：内设6个科室，即园区办公室、规划建设科、招商引资办、社会事务科、监察科、中小企业科。

【园区规划概况】 2006年，昭阳工业园区被确定为首批30个省级重点工业园区之一，位于昭通中心城市北部，总体规划经过三轮修编。2018年10月，重新确定为58.57平方千米，由"一园四片区"组成，其中，箐门片区规划面积8.6平方千米，产业发展规划为生物制药、农产品加工、商贸物流、电子产业、轻工业及其他相关产业；海坝片区规划面积6.87平方千米，产业发展规划为绿色建材及能源发展产业；白沙片区规划面积36.74平方千米，产业发展规划为以铝产品及下游产业链延伸配套产业为主的新型载能产业；后海片区规划面积6.36平方千米，产业发展规划为机械加工等制造业。

【园区经济运行情况】 2019年，在水电铝项目拉动下，纳入园区管理80家企业实现工业总产值214.49亿元，同比增长63.75%，主营业务收入226.34亿元，同比增长72.67%，工业增加值107.59亿元，同比增长26.19%，园区成为昭阳区工业经济的引擎和助推器。

【园区企业情况】 2019年，昭阳区规模以上企业29家，新增规模企业4家。园区规模以上企业22家，新增规模以上企业1家（汉木森）。产值超亿元企业有昭通烟厂、云南侨通、华新水泥、得云建材、高桥电站、昭通供电局、永孜堂

制药、建投建材、海鑫铝业9家；产值超30亿元企业有海鑫铝业1家；产值超50亿元企业有昭通烟厂、昭通供电局2家。

【非公党建】 园区健全工作机制，形成党工委领导，企业党委抓非公党建，挂钩领导具体负责，支部书记为责任人的工作机制，实行党工委委员、园区内设机构党员领导干部挂钩联系支部党建工作制度。结合非公党建工作要求，设立园区企业党委，选派6名党建指导员挂钩10家无党员非公企业，实现非公企业党建工作全覆盖，对照非公有制经济组织党支部规范化建设标准，巩固3个党支部达标成果，5个党支部在2019年完成支部规范化达标创建，园区支部规范化建设得到提升。

【制度建设】 修改完善《昭阳工业园区工作规则》《园区标准厂房管理办法》等规章制度，研究部署重点工作，坚持问题导向，推进整改工作；管理园区标准厂房，增强招商引资活力，淘汰旧产能，扶持新产业，提升经济效益；理顺昭阳工投公司人员管理机制及园区机关食堂管理，推行制度"管人、管事"，规范运行管理。

【招商引资】 2019年，采取主要领导挂帅精准招商和产业链招商等方式，整合扶贫资金、组建要素保障服务平台和劳动力培训转移就业中心，实行要素保障、劳动力就业一站式代办服务，先后引进讯尔、立勤、立新、时瑞等7家劳动密集型企业入驻园区，签订招商引资协议7份，资金43.12亿元。其中，昭通立时技术有限公司手机周边配件和数码产品生产项目、鸿宝科技股份有限公司智慧照明生产项目、湖北欢聚堂生物科技有限公司昭通优质农特产品出口加工项目、云南滇秋实业有限公司苹果酒生产项目和昭通巨溁鞋业有限公司皮鞋生产项目5个招商项目实现当年签约当年入驻。围绕70万吨水电铝项

目一期建成投产，园区配套相关产业招商，中天科技、西南铝业、四川美裕铝业等铝企走进昭通洽谈投资合作，短时间内建成投产，至2019年末，入驻企业可解决5 000人就业。

【提升服务质量】　按照"一个项目，一名领导，一个服务团队，一套服务方案"工作的思路，明确重点项目挂钩领导，为企业提供"零距离、无缝隙、保姆式、一条龙"服务。以企业集聚双创园区企业服务中心为依托，整合资金，重建党群活动服务中心，把党建与服务企业结合起来，打造"十分钟工作圈"（即步行十分钟可到达服务中心）；园区与区人社局、区人力资源办以及各乡镇协调，在园区服务中心设立劳动力就业服务办公室，采取部门联动、现场办公方式，发挥园区企业带动性，协调入园企业提供就业岗位，推动贫困人口转移就业；围绕70万吨水电铝、扶贫产业园等重点产业项目建设，工地建立服务办公点，实行一线工作法。2019年，实现工业总产值132.29亿元。

【扶贫产业园】　围绕"产业发展助推脱贫攻坚"主线，建立扶贫产业园，协调入园企业提供一定比例就业岗位，帮助贫困人口转移就业。2019年，扶贫产业园集群发展平台形成以生物制药、电子信息产品加工、服装鞋帽加工、农特产品加工为主的18家企业入驻生产，建立扶贫车间，通过技术培训，实现留守劳动力在家门口就业。根据招商情况，有山东电子商会、深圳立佳智能、盐城合众科技等11家沿海电子企业拟进驻昭阳区，解决就业近3 000人。讯尔科技和立勤电子新增就业岗位2 000余个，促进贫困人口转移就业。

【理顺投资开发经营有限公司管理体制】
昭阳工业投资开发经营有限公司于2009年经区政府批准成立，为全区工业经济发展融资平台、园区发展和基础设施建设提供保障。园区依托原昭阳工投公司，注册成立"昭通市昭阳产投发展有限公司"，与原公司实行两块牌子一套班子，新公司作为承贷主体向银行融资推进园区相关项目建设。公司根据区政府第17次常务会议精神，所有人员调回公司工作，实行公司运作，严格考勤、绩效考核制度。

【环保督查整改】　根据国家环保部成都土地督察局和国家环保部对昭通市土地和环保督查相关要求，向市、区两级提交问题清单。做好各项督查整改工作。

土地方面整改：园区范围内闲置待认定宗地数43宗，低效利用土地3宗。督促园区国土分局，清理园区范围内土地，上报整改情况，筹措资金，约谈用地企业，推进整改工作。

环保督查方面整改：园区建设污水处理站，2019年5月28日整体验收，在线监测联网设备安装完毕，相关设备已投入使用。在双创园区建设占地约0.1公顷的危险废弃物暂存库，建成并通过验收，正式投入使用。

【园区总体规划修编】　2019年，根据国家发改委、国土资源部、住建部、环保部等六部委公告目录，园区总体规划存在绝大部分规划区超出城市总体规划范围问题。园区协调国土分局、发改局、规划局、林业局、水务局、安监局等部门，推动园区总体规划修编工作，整理完善相关资料，通过市级评审，由市工信委上报省工信委。

昭阳区发展和改革局

【机构设置】　2019年3月，机构改革前，昭通市昭阳区发展和改革局（以下简称区发改局）为政府工作部门，正科级，加挂昭阳区粮食局牌子，行政编制人员37名（发改局29名，粮食局8名），设局长1名（正科级），副局长4名（副科级）。机构改革后，昭通市昭阳区发展和改革局为政府工作部门，正科级，加挂昭阳区粮食和物资储备局牌子，行政编制人员32名，设局长1名（正科级），副局长4名（副科级），其中1名兼任区粮食和物资储备局局长。

内设机构：改革前，内设17个科室（股所级），改革后，内设14个科室。

改革前内设机构：内设17个科室（股所级），即办公室、综合经济与规划科、固定资产投资科（代建办）、基础产业科（加挂昭阳区国民经济动员办公室牌子）、能源发展科（加挂昭阳区店里协调领导小组办公室牌子)、农村经济科、社会发展科(加挂昭阳区深化医药卫生体制改革领导小组办公室牌子)、重点项目稽查办公室、铁路建设协调办公室、收费管理科、价格调控检测管理科、物价监督检查所、价格认证中心、粮食综合科、粮食监督监察科、粮食储备军供科。

改革后内设机构:内设 14 个科室,即办公室、综合经济与规划科、固定资产投资科、基础产业商贸科、能源发展科、资源节约和环境保护科、农村经济科、社会发展科、价格收费管理科、价格认证中心、物资能源储备科、粮食物资监督检查科、粮食储备军供科、行政审批科。

【党建及党风廉政建设】 2019 年机构改革,昭阳区粮食局并入区发改局,年内,完成党员转隶安置及新党组织班子搭建工作。逐级签订《2019 年党建工作目标责任书》《党风廉政建设责任书》,履行基层党建工作第一责任人职责,开展机关党建“灯下黑”专项整治工作。强化国有企业党建工作,执行党风廉政和作风建设各项规定,执行党内生活、“三会一课”“三重一大”、末位表态、党员发展、党费日、积分制管理等制度,按照一月一主题要求开展支部主题党日,组织党员过“政治生日”。利用“互联网+”促进党建与业务工作;2019 年 9 月,如期转正 6 名预备党员。利用每周五例会、党员大会、“不忘初心、牢记使命”主题教育、“万名党员进党校”集中学习培训,教育党员,增强党员意识,夯实意识形态引领。

【计划编制】 纳入国家“十四五”规划《基本思路》的有 3 项(长江经济带上游生态—河库生态治理与修复、云南省昭通市昭阳区打造成中国南方最大的苹果规范化种植示范基地、千人以上农村饮水安全工程水源地保护建设),纳入省“十四五”规划《基本思路》的有 11 项。完成《昭阳区 2018 年国民经济和社会发展计划执行情况与 2019 年国民经济和社会发展计划草案的报告(书面)》,在区五届人大三次会议上通过;完成《昭阳区 2019 年上半年国民经济和社会执行情况的报告》,在五届人大常委会第 20 次会议上通过。

【计划执行情况评估分析】 2019 年 1~12 月,预计实现生产总值 334.5 亿元,同比增长 10%。其中,第一产业增加值 31.7 亿元,同比增长 5.6%;第二产业增加值 150.6 亿元,同比增长 11.5%;第三产业增加值 152.2 亿元,同比增长 11.6%。规模以上固定资产投资完成 241.68 亿元,同比增长 18.08%。地方公共财政预算收入完成 14.04 亿元,同比增长 7.2%。规模以上工业总产值完成 245.3 亿元,同比增长 13%。社会消费品零售总额 121.6 亿元,同比增长 11%。金融机构人民币存贷款余额 1 066.12 亿元,同比增长 26.54%。其中,存款余额 640.82 亿元,同比增长 12%;贷款余额 425.3 亿元,同比增长 48.46%。区级财政八项支出 48.61 亿元,同比增长 20%。城镇常住居民人均可支配收入同比增长 8%以上,达到 34 420 元。农村常住居民人均可支配收入同比增长 9%以上,达到 11 467 元。

【固定资产投资项目】 2018 年,建立乡镇、行业、区三级项目库体系,2019 年 1 月 28 日,正式上报区级项目库储备项目 620 个(2019~2023 年),总投资 2 603.52 亿元,2019~2023 年,预计完成投资 2 349.16 亿元,按照项目库管理规定,建立健全项目储备进出库机制,定期更新完善。2019 年,全区实施在建项目 137 个,完成规模以上固定资产投资 241.68 亿元,同比增长 18.08%。推进昭通吾悦广场、融创·九棠府、紫光小区三期、盐津路提升改造工程等 79 项续建项目,完成投资 124.26 亿元;新开工建设昭通正道教育翰林书院、区二中教学综合楼、昭通中心城市 G356 线市政段绿化亮化项目、2019 年昭阳区农村饮水安全巩固提升工程、靖安城区供水、昭通市城市黑臭水体治理示范城市建设项目、金科集美天樾等 58 个项目,完成投资 117.43 亿元。推进地方政府新增专项债券申报,申报润昭引水工程(一期)、黑臭水体治理示范城市、渝昆高铁昭通东站站前广场综合体系、工业园区配套基础设施等 32 个项目,申报专项债券 85.52 亿元。其中,第一、第二批申报 3 个项目,申报专项债券 11.72 亿元,第三批申报 29 个项目,申报专项债券 73.8 亿元。

【跨省搬迁】 制定《昭阳区跨省搬迁安置

试点工作方案》，成立以区委书记江先奎、区长陶毅为双组长的昭阳区跨省搬迁安置试点工作领导组，明确区发改局作为牵头部门，统筹协调跨省搬迁安置试点工作。区委、政府召开宣传动员会，发放跨省搬迁安置试点工作宣传手册和宣传光碟到村（社区），摸底调查群众搬迁意愿。组织区、乡、村、组干部和有搬迁意愿群众代表38人到新疆生产建设兵团第一师阿拉尔市实地考察，了解新疆阿拉尔市相关情况。昭阳区有搬迁意愿户1 269户5 537人，涉及9个乡镇。

【粮食工作】 做好粮食基础设施建设，监督管理政策性粮食储备、轮换等，确保粮食安全。按照机构职能划转做好与民政局物资移交工作。规范开展军粮供应工作，严格执行军粮供应政策。管理国有粮食企业，坚持每月一次安全生产检查工作，督促区粮油储备购销公司做好各级储备粮轮换、库存、质量安全、储粮药剂等管理工作，严防安全事故发生。根据市场需求，指导区粮油储备购销公司入市收购和向外采购粮油，掌握粮源，保障粮油有效供给和市场基本稳定。宣传粮油安全，依托"2019全国食品安全宣传周，暨食品安全万里行走进昭通"宣传活动启动仪式，利用制作展台、发放宣传材料等形式，向广大市民宣传食品安全，增强自我保护意识和维权意识。

【价格、收费管理】 完成2019年度行政事业性收费数据统计上报。配合区住建局认定温泉静园、碧桂园、交运住宅小区物业管理等级，制定收费标准和调整昭阳区腾森屠宰有限公司生猪屠宰加工服务收费。初步拟定《昭阳区非居民用水超定额累进加价制度》。配合房管局审核碧桂园一期、乌蒙古镇、紫光三期、中梁壹号院、昭阳湖畔、圣桦·锦悦府一期、融创·九棠府一期、北港新城、红星·美凯龙、鹤州庄园、金沙湾等住宅小区开发商申报房价备案。完成昭阳区水、电、气、暖在报装、管道铺设、供应等环节涉及的收费项目、服务内容、收费标准、政策依据、行业管理等调研工作和相关职能部门调解价格纠纷工作。报送清理转供电环节收费及农业水价改革材料。接受价格认定案件285件，认定标的价值1 436.3万元，其中刑事案件109件，涉案金额1 026.85万元；行政案件14件，涉案金额2.44万元；涉烟案件162件，涉案金额407万元，为司法、行政执法机关办理案件提供重要依据。

【国有企业及事业单位公车改革】 全区涉改车辆260辆，其中，事业单位用车176辆，拟保留车辆104辆，作为必要业务用车、特种专业技术用车等；拟取消车辆72辆，主要为一般公务用车、业务用车等；企业车辆84辆，拟保留车辆28辆，拟取消车辆56辆。国有企业、事业单位车改工作全面完成。

区内改革前情况：应参加车改区级事业单位有306家，实际参改298家，其中事业全额单位290家、事业差额单位3家、事业自收自支单位5家；直属事业单位5家、正处级事业单位3家、正科级单位3家、副科级单位8家。有8家幼儿园正在拟建或属公办民营，无在职在编教师，未纳入本次车改，待成立后，符合车改条件再纳入车改。参改人员情况，参改实有11 483人，在编在岗11 483人。其中，管理岗629人（处级5人、科级42人、科级以下582人），专技岗9 719人（正高职24人、副高职3 047人、中级及以下6 648人），工勤岗1 135人。

区内改革后情况：改革后，改革方式涉及11 507人，其中发放补贴28人、实报实销2 037人、维持原状9 442人。参改司勤人员37人，其中在册正式人员19人，非在册正式人员18人。拟设置司勤人员岗位10个，通过竞聘上岗安置19名在册正式人员，其余9人通过内部转岗安置（司勤人员岗位类别为工勤岗位10人）。非在册正式司勤人员18人，按照所签订合同约定继续使用18人。

县属国有企业参改：区内有12家县属国有企业参改，涉及参改人员410人。改革前，公司正职12人、公司副职5人、其他人员5人、工勤人员388人。改革后，领取车补人员14人、实报实销人员242人，维持现状154人。参改司勤人员11人，留用8人，单位内部转岗3人。

【脱贫攻坚】 2019年机构改革后，区发改局挂钩村为大寨子乡车德村和盘河镇新华村。择优选派第一书记及驻村工作队员驻村帮扶，调换年满 53 岁及身份属性为机关工勤人员的驻村工作队员。按时足额拨付驻村工作队相关工作经费，落实驻村队员工作生活补贴、差旅报销、健康体检、人身意外伤害保险等保障制度，督促驻村工作队员严格遵守各项工作制度。局党组适时与区驻村办、联系办、挂包的大寨子乡、盘河镇配合，对驻村工作队员采取集体谈话谈心、个别交谈、召开会议等方式，做好驻村扶贫工作队员思想工作，遵守驻村纪律、激励其克服困难，树立服务脱贫攻坚大局意识。局班子领导每月 5～7 日、15～17 日、25～27 日分三批次带领局机关包保干部分别到挂包帮扶的盘河镇新华村、大寨子乡车德村集中入户，与包保群众同吃同住同劳动，落实"住两晚""三个一""四个必须"，做到入户全覆盖。全区脱贫摘帽冲刺 60 天誓师大会后，区发改局制定《昭阳区发展和改革局脱贫摘帽冲刺 60 天行动方案》，全局包保干部分为两组，从 2019 年 10 月 21 日开始，10 日一换，驻村入户开展帮扶工作。配合区搬迁安置局做好易地搬迁工作。

昭阳区工科局

【主要指标概况】　2019 年，全区实现工业总产值 304.26 亿元，增长 14.8%。其中规模以上工业产值 245.30 亿元，增长 15%；规模以下工业产值 58.96 亿元，增长 8%。

社会消费品零售总额 122.45 亿元，增长 11.8%；批发业销售额 184.14 亿元，增长 7.72%；零售业销售额 131.63 亿元，增长 12.2%；住宿业营业额 4.87 亿元，增长 13.52%；餐饮业营业额 20.16 亿元，增长 17.2%。完成出口 7 479 万元，同比上年的 4 080 万元增长 83.31%，完成全年目标任务的 105.34%。

全年煤矿发生 1 起顶板事故，死亡 1 人；其他非煤工贸企业未发生生产安全事故，零伤亡。

【主要工作概况】　宣传《云南省人民政府关于促进经济持续健康较快发展 22 条措施的意见》《昭通市人民政府关于促进全市经济持续平稳健康发展的意见》《昭阳区人民政府关于促进经济持续平稳发展的意见》等工贸企业稳增长政策。做好工贸经济运行调度和服务工作、2018 年

昭阳区省级工业和信息化资金项目验收和资金拨付工作、区级财政专项资金绩效评价、2019 年昭阳区省级工业和信息化资金、省级中药饮片产业发展专项资金项目组织申报审核、实地核查及向上级工信部门转报工作。做好 2018 年第 4 季度至 2019 年 1～3 季度昭阳区微型企业培育工程贷款及贴息审核、上报及资金拨付工作。做好全区民营中小企业账款清欠相关工作。摸底排查及整治落后产能、"散乱污"企业、固体废物产出及综合处置等。责令昭通市森隆经贸有限责任公司关闭退出。排查 25 家规模以上工业企业及混凝土企业，汇总分析上报。做好工业企业节能、环保、清洁生产相关工作。组织企业自查 2018 年水泥行业能源利用节能，华新水泥及昭通得云建材公司两家企业完成节能检察自评工作，自评材料报送至省、市工信部门；组织云南侨通包装印刷公司、云南凤凰纸制品公司等企业开展清洁生产审核工作，组织相关企业参加省工信厅清洁生产审核培训；排查昭通交投报废汽车拆解公司及新源报废汽车拆解公司两家企业安全及环保硬化建材，向昭通交投报废汽车拆解公司下达隐患整改通知。2019～2020 年，核查上报年内新建成年消耗 1 万吨以上标准煤的云南云铝海鑫公司能源消耗。监督检查加油站、食盐市场。组织企业参加展会，配合做好 2019 年南亚博览会协调组织工作，办理车证及工作人员入场证签约工作证，组织 8 家企业参加市级签约，签约总额达 2 080 万元。

【煤矿安全生产】　围绕"防风险除隐患遏事故"主题，开展隐患排查整治工作。针对专家组对广丰煤矿排查出的隐患及煤矿安全"体检"查出的 78 条安全隐患，昭通煤监分局查出的季家老林一煤矿 23 条安全隐患，以这"101 条隐患"为标准，要求煤矿按照"照镜子—点对点"开展自检自查，找出安全管理差距和不足，制定整改措施，消除隐患。运用煤矿隐患排查成果，在区域内开展警示教育。2019 年第三季度开始，在全区煤矿开展"煤矿企业习惯性违章行为"专项整治行动，督促企业落实企业安全生产主体责任，建立健全安全生产管理制度和操作规程，提升安全管理能力，全区煤矿安全生产形势持续稳定好转。从严监管执法。2019 年，监管人员到矿

检查266次，检查出安全隐患245条，已整改240条，整改率97.9%。督促煤矿开展隐患排查50次，查出隐患1250条，整改1245条，整改率99.6%。行政处罚季家老林、延吉、石垭口煤矿，处罚金额76.46万元。

【产业助推脱贫】 2019年，通过通信网络建设、资产收益项目、电商进农村等，助推脱贫攻坚。

网络宽带、无线通讯网络建设：2017年3月，全区贫困村村委会、学校、卫生院实现网络宽带全覆盖。2019年1~10月，全区通信基础设施建设完成投资6814.3万元，新建改造通信站1060个，基站铁塔657个，新建改造光纤1084.48千米，新建改造端口44085个。行政村（社区）光纤宽带网络、4G移动通信网络100%覆盖；自然村（村民小组）4G移动通信网络覆盖率达92%，光纤宽带网络覆盖率达84%。

资产收益项目：2019年6月1日，启动炎山镇花椒、红糖加工业资产收益项目建设。年末，项目建成投入使用。区工科局累计拨付炎山镇政府花椒、红糖加工业资产收益项目资金300万元，拨付率100%。

电商进农村助推产业扶贫：按照"贫困户+合作社+平台+电商企业"模式，开展农村电商人才培训，带动创业就业，累计培训11780人次，其中培训贫困人口4320人次。培训创业就业3725人，开设网上店铺1208家。建成昭阳区"特色产品公共资源库""网货供应共享仓"，产品317款，其中支持一键代发产品86款，在天猫、京东、淘集集、本来生活、有赞微商城、点筹网APP平台开设线上店铺电商销售，解决农产品销售难问题，增加贫困群众收入。孵化本地电商企业和创客，提供运营服务企业128家、美工摄影服务196家，与创业者和企业签订服务协议196份，电商创业园区入驻企业31家，总销售额6000万元。协助10家企业、合作社申报"三品一标"认证，打造区域公共品牌。2019年，全区电子商务网络交易额23.15亿元，同比增长34.03%，网络零售额8.73亿元，同比增长47.68%。

【科技创新工作】 2019年，向省市科技主管部门争取科技项目，做好科技项目上报和科技型中小企业、高新技术企业认定工作。

科技项目申报：在苹果、马铃薯、生物制药等产业领域引进培育院士专家团队，构建以院士专家为主导、企业为主体、市场为导向、产学研协同的自主创新体系。2019年，向省市科技主管部门争取科技项目资金690万元，提升全区科技创新能力，推进科技成果转化。引导企业加大研发经费投入。通过研发经费投入（R&D）专题培训和相关政策宣传，云南建投绿色高性能混凝土股份有限公司、云南侨通包装印刷有限公司、云南中骏生物科技有限公司、昭通市三艾有机魔芋发展有限责任公司获2019年研发经费后续补助254万元，激发提升企业科技创新能力。

企业认定工作：2019年，昭通市昊然农业开发有限责任公司、昭通市芸勇养殖有限公司、昭通市润林农业科技有限公司、昭通市汉朔农产品有限公司、昭通碧野农业科技有限公司、昭通市顺华科技有限公司6家企业被云南省科技厅认定为科技型中小企业。昭通市顺华科技有限公司、云南云铝海鑫铝业有限公司、昭通安通包装材料有限公司被认定为高新技术企业。引进科技人才，为全区优势特色产业发展提供人才支撑。推荐选派"三区"（边远贫困地区、边疆民族地区、革命老区）科技人才36名服务辖区。在优质种业基地、农业科技示范园、农产品深加工科技型企业、科技型中小企业、高新技术企业、创新型（试点）企业，组织开展科技服务和科技创业。

【其他工作】 综治维稳和信访工作，以黏土砖关闭取缔后引发原业主上访、煤炭行业去产能工作及关闭煤矿遗留问题信访问题为重点，落实包保工作责任，做好稳控工作；以重点时段"零报告"和信访信息系统来访件办理为核心，抓好日常工作。开展日常自查自检，落实保密责任。做好改制企业后续服务工作；开展"不忘初心、牢记使命"主题教育、贯彻落实中央"八项规定"和反对"四风"，落实党建和党风廉政建设主体责任。以宣传和线索排查工作为重点，抓好扫黑除恶专项整治工作。

【表彰】 孙华金、汤朝兵、陆光勇获区政府授予的"2018年安全生产工作先进个人"称号。

昭阳区财政局

【机构设置】　2019 年机构改革后，昭阳区财政局原内设机构农业开发办公室合并至区农业农村局；核定编制人员 86 名，其中公务员编制 34 名、事业编制人员 52 名。设局长 1 名，副局长 4 名。

*内设机构：*机构改革后，内设机构 23 个科室，即办公室、研究科、综合科、预算科、债务管理科、基层财政科、绩效管理科、国库科、经济建设科、行政科、政法科、科教文化科、社会保障科、资源环境科、农业农村科、资产管理科、对外合作和金融科、政府采购管理科、会计科、法规和财政监督科（行政审批科）、科技科、人事教育科、非税收入管理科。

【经济财政概况】　2019 年，全区生产总值（GDP）完成 255.87 亿元，同比增长 9.2%。其中，第一产业增加值 28.48 亿元，第二产业增加值 126.09 亿元，第三产业增加值 101.31 亿元，同比分别增长 6.0%、8.7%、10.7%。固定资产投资完成 244.38 亿元，同比增长 20.28%。社会消费品零售总额实现 1 078.00 万元，同比增长 12.2%。

【财政收支】　全区地方公共财政预算收入完成 14.04 亿元，同比增收 0.94 亿元，增长 7.2%，其中，税收收入 11.93 亿元，同比增收 1.37 亿元，增长 12.9%，非税收入 2.1 亿元，同比减收 0.42 亿元，下降 16.75%。地方公共财政预算支出完成 85.36 亿元，同比增收 23.02 亿元，增长 36.9%。全区政府性基金预算收入完成 34.44 亿元，同比增收 1.66 亿元，增长 5.1%；政府性基金预算支出完成 32.3 亿元，同比增支 2.92 亿元，增长 9.9%。

【财政经济调控】　2019 年，科技研究创新支出 1 382.8 万元，国有资本及权益总额 8.73 亿元，净利润 - 683 万元。财政支持企业发展 14 905 万元。再融资债券资金 1.91 亿元，新增一般债券资金 12.16 亿元。国有土地价款收入为 34.35 亿元，土地出让平均纯收益 3 560 万元。

【财政民生保障】　全年，在扶贫、产业发展、教育文化、社会保障等方面给予资金支持，保障民生。

*扶贫支持：*2019 年，统筹整合资金 93 069.66 万元，用于农业生产发展 39 197.29 万元，农村基础设施 49 297.75 万元，"雨露计划"和其他资金 4 574.62 万元。

*小额担保贷款：*2019 年，发放创业担保贷款 1 050 户，金额 11 838 万元，带动就业 3 153 人；劳动密集型小微企业发放 1 户，金额 200 万元，全年产生财政贴息资金 2 371.77 万元。支持辖区内 9 家银行在新增贷款、涉农贷款、小微企业贷款、重点项目贷款、设立分支机构等方面对脱贫攻坚、中心城市、综合交通、产业发展、社会事业、民生保障、生态环境工作给予支持和倾斜，截至 12 月末，银行业金融机构人民币存贷款余额 1 066.12 亿元，同比增加 207.47 亿元，增长 24.16%。

*教育文化保障：*2019 年，全区教科文化事业总支出 129 315.25 万元，重点用于人员经费、资助家庭经济困难学生、维修改造贫困地区校舍、艰苦地区教师生活补助、建设公共文化服务体系等。

*农村综合改革：*完成 2017 年 19 个农村综合性改革试点试验项目验收，投入试点资金 3 000 万元；完成 2017 年 15 个扶持村集体经济发展试点项目验收，投入试点资金 1 000 万元。2018 年，投入农村综合性改革试点试验项目资金 2 250 万元，实施试点试验项目 7 个，现已完工 6 个，未完工 1 个。2018 年，投入"美丽乡村 + 文化"及乡村振兴项目资金 900 万元，永丰镇绿荫社区绿荫文化广场建设及道路建设 400 万元，项目已完工未验收；靖安镇大耆老村乡村振兴项目资金 500 万元，主要用于滴灌建设、污水处理、绿化及道路建设，项目建设已完成并通过区级验收。

*社会保障体系：*2019 年，全区社会保障支出 17.96 亿元，重点落实企业退休人员养老金，城镇居民低保，职工医疗保险、失业保险等民生政策。加强社保体系建设、社会救助能力，完善城乡居民医疗制度，贯彻落实健康扶贫政策，实施农村危房改造工作，深化医药卫生体制改革等。

*基础设施建设：*落实城镇保障性安居工程建

设资金 11 876 万元，支持全区城镇保障性安居工程建设；支持全区生态修复建设，落实生态建设资金 4 259.9 万元，保证退耕还林还草、水污染防治、石漠化治理等项目资金需求和工程建设实施；推进交通基础设施建设，落实交通建设项目资金 12 158 万元；落实易地扶贫搬迁资金，2019 年，拨付中央预算内资金 36 112.8 万元至区搬迁安置局，推进红路安置区、靖安安置区、洒渔安置区工程进度建设、教育卫生配套基础设施建设；争取昭通中心城市黑臭水体治理示范项目资金 2 亿元；落实其他项目资金 10 014 万元（农村饮水安全巩固提升工程中央资金 2 014 万元、全民健康保障工程中央资金 5 000 万元、教育现代化推进工程中央资金 3 000 万元）。落实国家石油价格补贴政策，2019 年兑付油价补贴资金 1 844.71 万元。

减费降税：全年减税降费 33 511 万元，其中，税收收入 30 344 万元（区级收入 12 441 万元），社会保险费 3 167 万元。区税务局减税降费 27 429 万元，其中，税收收入减免 24 432 万元（区级收入 9 829 万元），社会保险费 2 997 万元；市税务局第一分局减免税收 3 027 万元（区级收入 1 091 万元）；昭阳工业园区税务局减税降费 3 055 万元，其中，税收收入减免 2 885 万元（区级收入 1 521 万元），社会保险费 170 万元。

【财政改革管理】　推进国库管理改革，完成"昭阳区财政工资统发流程变更"工作，全区全额拨款行政事业单位和乡镇街道办事处实行国库集中支付，实现"横向到边，纵向到底"全覆盖管理改革，促进资金集中管理，促进财政资金高效利用；2017 年，新会计法施行，昭阳区参加会计职称考试人员人数上升，中介机构从事代理记账业务监管工作得到加强，行政事业单位内部控制报告编报工作得到夯实。

【财政法制建设】　2019 年，执行政府采购、完成财政评审、强化国有资产管理、控制财政支出、健全财政法制建设。

政府采购：全年政府采购预算金额 22 806.43 万元，采购金额 21 415.18 万元，节约资金 1 391.25 万元，资金节约率 6.1%。

财政评审：以财政投资评审作为履行财政监管职能手段，2019 年，完成招标控制价评审项目 38 个，送审金额 57 035.05 万元，审定金额 56 212.01 万元，审减金额 823.04 万元；结算评审项目 22 个，送审金额 31 254 万元，审定金额 28 661.94 万元，审减金额 2 592.06 万元。

国有资产管理：全年监管企业资产总额 453 318 万元，负债总额 366 088 万元，所有者权益 87 231 元，资产负债率 80.75%。严格落实中央"八项规定"，严控"三公经费"支出，公务接待费、因公出国（境）费用、公务用车购置运行维护费等实现零增长；会议费、培训费控制良好，未突破上年实际支出数。全区"三公"经费预算数 1 914.26 万元，其中，因公出国（境）20 万元，公务接待费 353 万元，公务用车购置 353.8 万元，公务用车运行维护费 1 187.46 万元，同比"三公"经费预算数下降 10.51%。2019 年，全区"三公"经费决算支出数 1 657.16 万元，其中，因公出国（境）0 万元，公务接待费 342.47 万元，公务用车购置 217.97 万元，公务用车运行维护费 1 096.72 万元，"三公"经费支出同比下降 12.97%。

财政支出监督：监督检查全区乡镇及部门的财务管理、会计核算以及财政资金使用、差旅费、会议费、到基层交纳伙食费和住宿费，以及预决算公开动态、区级专款等政策落实情况。培训一级核算单位，预决算公开平台操作业务，在公开过程中督促业务科室联系相关业务部门将预决算信息公开面和及时率作为监督重点，跟踪督促一级预决算部门推进工作，确保全区预决算公开在规定时限内全部完成。

【表彰】　杨斌获云南省人民政府授予的"云南省第六届人民满意的公务员"称号。

昭通市昭阳区自然资源局

【机构设置】　2019 年 3 月机构改革后，昭通市国土资源局昭阳分局更名为昭通市昭阳区自然资源局，属政府工作部门，正科级。行政编制人员 19 名，设局长 1 名（正科级，兼任自然资源总督察），副局长 4 名（副科级，自然资源副总督察、城乡规划委员会办公室主任由副局长兼任），专职区自然资源副总督察 1 名（副科级），科级以上干部9人。

内设机构：内设16个科室，即综合办公室、自然资源总督察办公室、法规科、自然资源调查测绘和地理信息管理科、自然资源确权登记科、自然资源开发利用权益和行政审批科、国土空间规划科、乡村规划科、规划技术科、建设项目工程规划科、国土空间生态修复科、耕地保护监督科、地质勘查管理科、矿产资源管理科、执法监督科、监察监督协调科。

所属昭阳区土地储备交易中心更名为昭通市昭阳区自然资源储备中心，昭通市国土资源局昭阳分局不动产登记中心更名为昭通市昭阳区自然资源局不动产登记中心，昭通市国土资源局昭阳分局执法监察大队更名为昭通市昭阳区自然资源局执法监察大队，昭通市国土资源局昭阳分局（凤凰办事处、龙泉办事处、太平办事处）、国土资源管理所（旧圃镇、洒渔镇、乐居镇、布嘎乡、炎山镇、大寨子乡、永丰镇、小龙洞乡、青岗岭乡、田坝乡、苏家院镇、苏甲乡、守望乡、大山包镇、盘河镇、靖安镇、北闸镇）更名为昭通市昭阳区自然资源局（凤凰办事处、龙泉办事处、太平办事处）、自然资源所（旧圃镇、洒渔镇、乐居镇、布嘎乡、炎山镇、大寨子乡、永丰镇、小龙洞乡、青岗岭乡、田坝乡、苏家院镇、苏甲乡、守望乡、大山包镇、盘河镇、靖安镇、北闸镇）。

【党建工作】　2019年，优化党组织设置，理顺党组织隶属关系，撤销原昭阳区国土资源局党总支及下属支部，成立昭通市昭阳区自然资源局党总支及下属3个机关支部，举行换届选举，选举总支及下设3个支部委员人选，完成机构改革中基层党组织设置转隶工作。落实"三会一课""党费日""党员政治生日"、民主评议党员等组织生活制度，开展"不忘初心、牢记使命"主题教育活动。排查系统内90名党员信息，建立党员数据库。推进"两学一做""万名党员进党校"等工作，运用"互联网＋党建"系列平台，实现"云岭先锋""学习强国"手机APP全覆盖，总支建立"昭阳区自然资源局党建工作群""云岭先锋"网上党支部，各支部建立并管理各自微信支部群、党建业务交流群，实现党建工作智慧化。

【党风廉政建设】　2019年3月，机构改革后，新组建成立昭通市昭阳区自然资源局党组。局党组领导班子全面落实从严治党主体责任。学习贯彻习近平新时代中国特色社会主义思想，中央、省、市等会议精神。先后召开4次专题会议研究党风廉政建设和反腐败工作，层层签署《昭通市昭阳区自然资源局2019年度党风廉政建设责任书》，开展扶贫领域腐败和机关作风建设专项整治行动。成立专项整治形式主义、官僚主义突出问题领导小组，在系统内开展专项整治，制定并印发《开展形式主义、官僚主义突出问题专项整治行动实施方案》。全年无违反党纪党规行为，无人被问责或处分。

【增减挂钩项目】　2017年，启动增减挂钩工作，编制上报18个项目方案，涉及16个乡镇113个村民委员会1 841个地块。2019年10月18日，18个项目通过省厅审批，拆旧区总规模607.53公顷，建新区总规模119.73公顷，可节余指标7 298公顷。

【项目流转收益】　增减挂钩节余指标486.53公顷，若全部流转，按每公顷450万元计，可获得21.9亿元流转收益用于脱贫攻坚。2018年，省厅下达跨省流转任务96.53公顷，可产生4.64亿元流转资金，年内，省厅按70%比例拨付3.25亿元到区财政；按照市局拟下达昭阳区2019年93.33公顷跨省任务，可产生4.2亿元流转资金；2017年7月至2018年6月，商住用地需使用增减挂钩节余指标15.2公顷，按每公顷375万元计，提5 700万元到区财政扶贫专户，用于脱贫攻坚工作。

【项目用地保障】　区内易地扶贫搬迁集中安置点15个，面积231.87公顷，省发改委反馈清单（以下简称发改清单）确定14个，面积91.87公顷。截至2019年2月，省自然资源厅全部审批14个安置点用地手续。靖安安置点（发改清单未确定）属2018年新增安置点，面积140公顷，其中基本农田115.4公顷，通过调规及编制基本农田补划方案上报审批，踏勘论证已经过专家审核，正组织相关报件上报自然资源部审批；占用一般耕地部分19.2公顷纳入2019年编制的5个实施方案上报，已通过省自然资源厅审批。其他安置点用地按照区委、政府安排，除保障易地扶贫搬迁安置点用地外，太平3、4号安置点一般耕地部分、旧圃镇后海村肖家冲安置点、苏甲梨园安置点共15.93公顷纳入增减挂钩项目予以保障。

【用地报批及供地】 2019年，获得土地征收批复2个，用地面积38.47公顷，保障昭通垃圾焚烧发电项目、市纪委留置点用地。组件上报省自然资源厅审批3个城市批次，拟用地面积82.67公顷，保障省工置换换地块、海鑫公司水电铝生活区、云南农垦昭通农业投资有限公司苹果气调库、凤凰荷花二小、区二院南边、公交南部中心站场、云南建设绿色高性能混凝土、龙山寨社区拆旧建新安置点等项目用地。2019年度，计划新增储备土地4个片区，18宗地块，面积196.01公顷。其中，凤凰片区9宗，面积46.63公顷，太平片区3宗，面积57.63公顷；龙泉片区5宗，面积30.79公顷；规划区外1宗，面积60.96公顷；合计241.56公顷。2019年度，计划供应地块30宗，面积239.64公顷。其中，凤凰片区13宗，面积81.97公顷；太平片区8宗，面积103.61公顷；龙泉片区9宗，面积54.06公顷。截至2019年9月12日，处置土地20宗，面积77.21公顷，出让价17.08亿元。公告拍卖出让2宗，面积15.18公顷，公告挂牌1宗，面积5.62公顷，3宗土地预计可收取土地出让金3.81亿元。

【土地整治项目】 2019年，实施土地整治项目3个，即乌蒙山片区昭阳区乐居等4个镇8个村土地整治项目、土地开发整理（补充耕地）项目、田坝乡酒房等2个村土地整治项目。

乌蒙山片区昭阳区乐居等4个镇8个村土地整治项目：该项目包括地平整工程和田间道路工程。

土地平整工程：田块平整面积68.03公顷，田块土方平整8.50万立方米，表土剥离20.41万立方米；其他草地平整面积14.60公顷，土方平整0.61万立方米，表土剥离及回覆1.47万立方米。灌溉与排水工程，新建泵站3座，1 000立方米蓄水池4座，500立方米蓄水池3座，新建引水管道7条13 340米；新建农渠1条总长469米，修建农沟26条总长9 222米；路边排水沟18条，总长11.1千米；改建生态斗沟9条总长5.76千米；水闸12座，盖板涵55座，管涵42座，农桥7座。

田间道路工程：新建田间道12条，总长9.32千米，改建田间道20条，总长19.13千米；新建生产路31条，总长17.49千米，改建生产路20条，总长12.22千米；田间道错车道23座，生产路错车道98座。农田防护与生态环境保持工程，建设护路林，种植乔木（桃树、梨树、柿子树）7 805株；改建生态排洪沟3条总长798米。

其他工程：修建风雨亭4座，修建生物通道及生物池68个，修建生态景观步道3条1.99千米。亩均投资2 645.06元。工程已全部完工。

土地开发整理（补充耕地）项目：贯彻落实7月10日区常务会议要求，牵头拟定《昭阳区土地整治（补充耕地）项目建议书》《昭阳区引进社会资金参与土地整理实施方案》《昭阳区引进社会资金投资土地开发整理（补充耕地）项目实施招标工作方案》和《昭阳区土地整治（补充耕地）项目投资合作协议书》等文件，经区政府专题办公会议同意后组织实施。全区实施5个引进社会资金参与土地整治（补充耕地）项目，项目总投资2.5亿余元，建设规模1 533.33余公顷，实施后预计可新增耕地826.67余公顷。5个项目已完成总工程量80%以上。

田坝乡酒房等2个村土地整治项目：立项实施昭阳区田坝乡酒房等2个村土地整治项目，建设总规模169.4公顷，总投资1 052.11万元，建设内容包括土地平整、灌溉与排水、田间道路和其他工程。该项目已完工并投入使用，解决田坝乡二坪、水屯、田坝和酒房4个村55个村民小组2 448户11 121人、3 117头牲畜及79.72万株花椒生产生活用水问题，花椒产值在原基础上翻五番，告别"靠山吃山，靠天吃饭"历史，改善项目区农田灌溉和交通条件，提高土地综合生产能力。

【不动产登记】 2019年，不动产一般登记、抵押登记业务办理分别压缩在7个、3个工作日内。查封、注销等登记业务即时办结。年度内，审核不动产登记 4 414 宗。

不动产登记：2019 年 1～11 月，办理不动产登记 19 500 宗，其中，首次登记 4 455 宗，转移登记 7 124 宗，抵押登记 6 770 宗，查封登记 136 宗，注销登记 58 宗，变更登记 73 宗，更正登记 330 宗，其他登记 554 宗。向群众提供各类不动产档案查询 2 563 件，收取不动产登记费 143.30 万元。

数据库建库：经存量数据整合招投标后，采取单件整合和批量整合方式开展数据整合建库。三个标段完成存量档案扫描 795 210 页，存量数据整合 75 537 件。

数据查询：2019 年，查询脱贫出列风险户涉及危房改造 12 638 人，四级联动核查 3 人，市直困难职工基础信息查询 7 351 人。2019 年，农村危房清零四类、非四类数据比对核查 86 054 人，危房存量数据比对核查 125 276 人，省级精准扶贫数据比对核查 214 184 人，租赁补贴核查 19 384 人，上访企业下岗职工信息查询 416 人。

【确权登记】　2019 年 5 月 27 日至年末，办理土地出让 282 宗，收缴土地出让金 1 016.16 万元。

【土地变更与遥感监测】　核查及举证 2018 年土地变更与遥感监测 824 个图斑外业。2019 年 1 月 29 日，通过省厅一次性验收，上报自然资源部，8 月，变更资料下放使用。

【第三次全国国土调查】　2019 年 1 月 24 日，省公共资源交易中心完成招投标工作，确定中标单位为速度时空信息科技股份有限公司。2 月 16 日，中标单位进驻昭阳区，投入人力 34 人，收集整理相关单位资料，基本满足工作开展，完成内业解译 647 平方千米。3 月 7 日，区政府召开第三次国土调查推进会，区内第三次全国国土调查（以下简称三调）工作进入实施阶段。3 月 12 日，作业单位进入凤凰街道办事处正式开展工作。4 月 30 日，区自然资源局召开三调工作攻坚推进会，成立工作督导组。5 月 20 日，完成区内三调工作外业举证任务，进入建库工作。5 月 30 日，数据上报省测绘工程院进行质检。4 次反复修改举证，9 月 26 日，上报自然资源部进行国家

质检；10 月 28 日，国家质检反馈，与全市其他县市相比，调查质量排在前列。

【测绘管理工作】　2019 年，完成具体项目和勘测定界审核 25 宗。

【第二次土地调查数据利用】　向需要第二次土地调查成果的单位和企业，在做好保密工作的前提下，提供利用土地调查成果，共享调查成果资料。向 10 余家公司或企事业单位提供所需数据、数据库、JPG 格式图纸。

【地质灾害防治】　截至 2019 年 10 月 31 日，区内有地质灾害隐患点 312 个，受威胁人口 34 905 人，威胁财产 19 214 万元。全年，共发生 10 起地质灾害隐患，受威胁农户 129 户，受威胁人口 593 人。

地质灾害防治宣传：2019 年，开展防治宣传培训 6 次，参加人员 1 182 人，增强群众防灾意识，地质灾害应急、避让知识。

群测群防体系建设工作：与各乡、镇、办事处和各监测员签署《地质灾害防治责任书》，把地质灾害监测、防治任务落实到责任单位、责任人，加强地质灾害群测群防体系建设。实施工程治理项目和搬迁避让项目，完成盘河镇大花树村宋家沟、新店村噜家沟、三寨村小河沟泥石流沟勘察可研、施工图设计评查、招投标等工作。

【执法监察】　开展土地、矿产日常巡查、查处工作。共巡查 600 余次，出动人员 1 900 余人次，下发《责令停止国土资源违法行为通知书》360 余份。立案查处违法案件 336 件，其中土地违法案件 331 件、非法采矿案件 5 件。"大棚房"问题专项清理整治整改 9 宗，涉及 5 个乡镇（办事处），面积 5.18 公顷。年末，9 宗"大棚房"已全部整改到位，整改率 100%，其中应拆除地上建筑物 8 宗，建筑垃圾全部清运完毕，应复耕面积全部复耕，完成率 100%；应整改完善设施农用地手续 1 宗，整改率 100%。依法查处整改审计厅审计企业违法用地案及昭阳区审计局审计企业越界开采案，依法查处处罚越界开采矿山企业，及时整改退回矿区范围内开采。另备案查处 384 宗违法案，其中设施农用地备案 73

宗，其他备案手续在完善过程中；合法举证 4 宗，调查时已关闭拆除 4 宗；正在调查 1 宗（交投驾校）；上报错误 4 宗；有相关合法手续 3 宗；民房 2 宗（未调查）；查处违法用地 293 宗。对查处违法用地 293 宗，全部下发处罚决定书，下发催告 43 宗，移送法院裁定 13 宗，现已拆除 79 宗，拆除复耕 24 宗。

扫黑除恶案件调查核实： 上级交办和群众举报涉嫌扫黑除恶案件共计 19 条线索，完成相关调查核实工作，在规定时间内上报相关部门及科室。

外业核查： 2019 年上半年，核查卫星遥感监测图斑（以下简称卫片图斑）961 个。其中土地卫片图斑 952 个（2018 年度卫片图斑 824 个、2019 年第一季度和第二季度卫片图斑 128 个）、矿产卫片图斑 9 个。

违建 BS 清理排查： 确定为违建 BS 的有 2 处（大山包镇合兴村民委员会 18 组耿某华等 4 人修建房屋；永丰镇钱某林修建 3 栋房屋）。永丰镇钱某林修建 3 栋房屋于 8 月 17 日开始拆除，房屋主体全部拆除，占地面积 506.67 平方米，建筑面积 2 026.68 平方米；大山包镇合兴村民委员会 18 组耿某华等 4 人修建房屋，于 2019 年 10 月 22 日，向大山包镇人民政府和大山包黑颈鹤国家级自然保护区管护局下发拆除通知书。

【维护社会稳定】 2019 年，接待来信来访 400 余人次。包案化解市局下达昭阳区 12 宗积案。梳理分办 40 余宗网上上访事项和省厅微信留言 20 余条，全部回复处理完毕。配合上级复查 7 宗信访案件。在"地球日"、6·25 国土日、宪法日、测绘日、扫黑除恶、平安创建期间，采取宣传车或办咨询台等多种方式，发宣传资料 5 万余份，悬挂标语横幅 160 余幅，宣传受众 20 余万人。配合市局和区政府完成 6 宗行政复议案件。完成 2018 年度土地 824 个、矿产 15 个卫片执法检查工作，完成系统填报，立案查处 79 个违法土地图斑，3 个违法矿产图斑。排查扫黑除恶方面 20 余条线索，完成材料报送等工作。自然资源领域未发生重大安全事故。

【土地例行督察挂账问题整改】 根据《国家土地督察例行督察意见书》，区内前期整改问题 7 方面 16 类 809 个，后期整改 2 方面 2 类 273 个，已整改完毕。完成问题整改 651 个，达到整改比例要求，2017 年 12 月 20 日，通过国家土地督察成都局检查验收，前期整改剩余问题 158 个列入挂账整改，已整改 139 个，剩余 19 个正在整改中。

违法批地： 违法批地 3 个，中国移动昭通分公司位于苏甲乡苏甲村 2 组、旧圃镇旧圃村 1 组、小龙洞乡小龙洞村 20 组 3 个移动基站用地，纳入增减挂钩解决。

社保资金统筹不到位： 社保资金统筹不到位 2 个 322.51 公顷（国家高速公路网 G85 渝昆高速昭通至会泽段建设项目、国家高速公路网 G85 渝昆高速麻柳湾至昭通段建设项目），欠缴社保资金 1.45 亿元，属市级统筹整改，还未整改到位，需区政府联系市政府将两条高速公路所欠社保资金缴纳入专库。

土地出让收入逾期未征收： 土地出让收入逾期未征收到位 4 个（马彭驰 1 宗及农机公司 3 宗），面积 6.01 公顷，3 390.25 万元，位于太平办事处。截至年底，已征地拆迁完毕，具备土地移交条件，但是企业不接收。

土地闲置： 土地闲置 7 个，盛祥塑胶、中国石油天然气、健泰商贸 3 宗规划手续区规委会已通过，待市规委会审批。金鹏矿山 1 宗 YQ13－2 土地，企业坚持要地，线内 3 户农户不同意土地征用，正做群众思想工作，含线外面积已征用土地 5.44 公顷，正在与区整改办协商处理，款未兑付，剩余未拆迁约 25 户，正在全力推进拆迁中。益雄药业 1 宗 YQ13－14 土地已征收，款已兑付（经多次与社区、小组、工业园区工作人员核实）。2018 年 10 月，项目内需迁坟，发出迁坟公告，登报告知农户，拆迁剩余 41 户，经协商如不能交地，企业请求区政府就近找相同条件地块置换。马彭驰 ZC11－13、农业机械 ZC11－23 共 2 宗征地拆迁完毕，具备移交条件，符企业接收。

违规以地融资： 违规以地融资 2 宗，面积 57.68 公顷（昭通市城市建设投资开发有限公司 1 宗、云南省城乡建设投资有限公司 1 宗），成都局已同意抵押期限届满后，解除抵押。

【规划审查审批】 2019 年，办理建设工程规划许可证 56 件；核发 7 个建设项目《建设工程规划核实意见》；2019 年 1～10 月，收缴 16 个项目基础设施配套费 1 255.55 万元；组织报审 11 个建设项目航空测评资料；组织验收 4 个超限高建设项目航空障碍灯。办理核发选址意见书 9 个、用地规划许可证 39 个、规划设计条件 24 个；核发综合类文件 90 个、请示文件 18 个；办理备案规划设计条件 15 个；回复市级人大、政协提案 5 个。

2019 年 10 月，共计受理 80 个方案，完成 56 个方案审批及审查。组织召开 6 次建设项目专家审查会，审查 29 个项目。组织召开 3 次建设项目听证会。召开 2 次区规委会，提请审议 56 个项目（其中，建筑设计方案 33 个，夜景亮化方案 13 个，改造方案 10 个）。剩余 24 个方案于 11 月 2 日经昭阳区 2019 年第三次规划委员会全体会议审议通过，按审批流程报市规委会审批。

【规划编制和生态红线划定】　牵头负责永丰苹果文化旅游小镇、苹果森林公园、《昭通市昭阳区靖安易地扶贫搬迁安置区建设项目土地利用总体规划修改方案暨永久基本农田补划方案》《昭阳区小龙洞回族彝族乡、靖安镇、洒渔镇、苏甲乡、炎山镇、永丰镇、太平街道办事处土地利用总体规划（2015—2020 年）修改方案》等规划编制工作。完成规划初稿，提出修改意见，交设计单位修改完善。

生态红线划定：2019 年 8 月 12 日，启动生态保护评估工作，9 月初完成初步成果编制，上报市自然资源和规划局。9 月 30 日，省自然资源厅、省生态环境厅、省林业和草原局召开全省生态保护红线评估工作培训电视电话会议，对生态保护红线评估工作提出要求。根据会议要求，重新梳理完善生态保护红线评估成果，截至年末，还在修改完善中。

【基本农田补划】　2019 年 5 月，开展永久基本农田储备区划定和永久基本农田核实整改补划工作。上级下达昭阳区永久基本农田储备区划定目标任务 867 公顷。结合国家下发昭阳区永久基本农田储备区潜力图斑 4 303 个，面积 11 520.50 公顷。依据国家下发储备区潜力图斑、三调初步成果、永久基本农田划定成果，与生态

保护红线数据、矿权及矿产资源规划、《昭阳区土地利用总体规划（2010～2020 年)》、历年报批数据、昭阳区水利规划、《昭通市"十三五"综合交通发展规划》《昭阳区国民经济和社会发展第十三个五年规划》等相关资料叠加分析后，昭阳区划定永久基本农田储备区 897.14 公顷，238 个图斑，其中划定城镇周边永久基本农田储备区面积 77.80 公顷。划定面积大于上级下达昭阳区永久基本农田储备区目标任务 30.14 公顷。其中，布嘎乡划定 396.93 公顷、永丰镇划定 291.01 公顷、小龙洞乡划定 58.75 公顷、太平街道划定 47.16 公顷、北闸镇划定 43.18 公顷、旧圃镇划定 26.20 公顷、龙泉街道划定 23.90 公顷、凤凰街道划定 6.68 公顷、守望乡划定 3.33 公顷。

【重点项目建设用地】　完成内江至昆明线昭通站扶贫铁路专用线工程建设项目占用永久基本农田补划工作。该项目占用基本农田 14.70 公顷，已补划永久基本农田面积 14.82 公顷，其中水田 2.06 公顷，旱地 12.76 公顷。昭阳区叶家海子水库工程项目占用基本农田 9.39 公顷，全部为旱地。已补划基本农田面积为 9.42 公顷。从数量上看，补划的全域基本农田较全域占用基本农田多 0.04 公顷。

【耕地保护】　根据年度土地变更调查数据，2018 年初，耕地面积 74 531.80 公顷，2018 年末耕地面积 74 327.94 公顷，年内减少面积 203.86 公顷，现有耕地面积大于上级下达耕地保有量面积 3 827.94 公顷。各类建设占用耕地，均足额向市局缴纳耕地开垦费，由市局统筹安排落实耕地占补平衡数量。根据《中共昭阳区委办公室昭阳区人民政府办公室关于印发〈昭阳区 2019 年度综合考评实施办法〉的通知》要求，落实区政府与各乡、镇、办事处签署的《耕地保护目标责任书》，纳入区政府年终综合考核。

【征地拆迁】　2019 年，发出两公告 3 份；审核处理太平街道办事处等 9 个乡镇征地拆迁资金拨付报告，报告请示拨款金额 6 909 万元，自然资源局均按文件处理流程和资金拨付规定处理。

【矿产资源管理】 完成昭阳区第三轮矿产资源规划审核审批和发布实施，发挥规划源头管控作用，依法依规做好矿业权新立、延续、变更、注销等审批登记工作。实行每周二、三矿山集中巡察制度，梳理排查全区矿业权、勘查开采现状，对存在越界开采、无证开采、私挖乱采、拖欠农民工工资等违法违规矿山，责令立即停止勘查开采并立即整改，确保矿山依法依规勘查开采。年内，巡察矿山110余次，发现并督促矿山企业整改违法违规行为10余条，协助相关部门追缴拖欠的农民工工资30余万元。对联勘联审和生态环境综合评估中，未完成转型升级工作的20座非煤矿山，形成初步评估意见并报告区政府。提前介入渝昆高铁压覆矿业权相关管理服务，协助相关科室做好矿业权生态红线调整评估工作。

【脱贫攻坚】 选派10名驻村工作队员，履行驻村职能职责，监管驻村工作队员工作纪律和日常纪律，落实请销假制度，按时报送驻村考勤表，为驻村队员购买意外伤害险、组织体检。开展贫困户入户走访调查，接待来访群众，解决矛盾，解答政策。填写精准扶贫表卡册，整理完善"一户一档"资料。摸排贫困户，开展与卡户同吃同住同劳动、"五查五看一感恩"、脱贫摘帽冲刺60天行动等工作。初步摸排后，田坝乡酒房村和二坪村贫困户817户中，尚有8户人均纯收入达不到脱贫出列标准，尚有10户住房安全达不到脱贫出列标准，与相关部门协调，一对一帮扶达不到脱贫出列标准的18户贫困户，确保2019年底达到脱贫出列标准。

昭通市生态环境局
昭阳分局

【机关建设】 2019年，昭通市生态环境局昭阳分局通过网络、报纸、公示栏等公开政务、财务、建设项目审批事项，宣传排污费征收法规等信息80余条。接受人大和社会各界监督，办理人大建议、政协提案2件，协办2件，邀请人大代表、政协委员召开面商会，回复办理结果，人大代表、政协委员对办理情况表示满意。履行"一岗双责"，支持省、市、区委巡视、巡察工作，完成党支部规范化建设达标创建工作和全年党建、党风廉政建设工作。

【饮用水源保护】 根据《昭通市环境保护局关于开展2019年度饮用水水源环境状况评估和基本信息调查工作的通知》要求，评估渔洞水库、大龙洞饮用水水源地，采集乡镇级及以下饮用水源基础信息。4月，制定《昭阳区饮用水源地保护攻坚战实施方案》，规定饮用水源地保护目标、任务，摸底排查辖区内万人千吨饮用水水源地，完成基本信息收集。完成千吨万人饮用水源地保护区划分技术报告并通过省生态环境厅技术审查，待上报省人民政府批准后，组织实施千吨万人饮用水源地保护区整治工作。

【水污染防治】 根据《昭通市环境保护局关于加强加油站和地下油罐防渗改造工作的通知》要求，会同区安监局、区国土分局、区工科局，2月19日至3月4日，检查全区加油站是否安装油气回收装置和地下油罐防渗改造70座，完成油气回收65座，未完成5座；完成地下油罐防渗改造65座，未完成5座。其中，私人加油站25座，完成油气回收和地下油罐防渗改造；中石化加油站23座，完成18座油气回收，5座未完成，完成地下油罐防渗改造13座，10座未完成；中石油加油站19座，完成油气回收和地下油罐防渗改造；中海油加油站3座，完成油气回收和地下油罐防渗改造。根据《昭通市水污染防治专项小组关于继续开展水污染防治重点工作调度的通知》要求，每月上报《水污染防治重点工作调度系统表格》。

【大气污染防治】 截至2019年11月8日，区内地级及以上城市环境空气质量监测有效天数312天，空气质量优166天、良143天、轻度污染3天，城市空气质量有效优良天数达99.03%，细颗粒物（PM2.5）平均浓度18微克/立方米，可吸入颗粒物（PM10）平均浓度40微克/立方米，二氧化硫平均浓度11微克/立方米，二氧化氮平均浓度16微克/立方米，一氧化碳平均浓度0.6微克/立方米，臭氧8小时平均浓度96微克/立方米。

整治"散乱污"企业：制定《昭阳区"散乱

污"企业综合整治实施方案》，地毯式排查"散乱污"企业，建立台账，在区工科局、区发改局、区市场监管局、区国土局及各乡镇配合下开展摸底排查，报送市局。升级改造 52 家，整合搬迁 5 家，关闭取缔 13 家。年内，完成 24 家，完成率 34.29%。

大气污染源解析：根据《昭通市人民政府办公室关于印发昭通市 2017 年度空气质量改善目标考核结果问题整改方案》，区委、区政府安排 370 万元用于大气污染源解析工作。由第三方昆明理工大学开展大气污染源解析工作。完成《昭阳区中心城市颗粒物及臭氧污染源解析工作报告》初稿，进入专家审核阶段，待审核通过后上报市、省生态环境部门备案并按解析结果开展大气污染防治工作。

机动车污染防治：明察暗访辖区范围内 5 家机动车检测站排污存在问题，调查天豪、金塔、安通三家检测站，发现有 17 辆车存在问题，督促整改，5 家机动车检测站均按照整改要求完成整改。

【固体废物污染防治】　根据《云南省环境保护厅关于印发云南省固体废物污染治理攻坚战实施方案的通知》《中共昭通市委　昭通市人民政府关于全面加强生态环境保护坚决打好污染防治攻坚战的实施意见》《昭通市人民政府办公室关于调整昭通市环境污染防治工作领导小组的通知》《昭通市固体废物污染治理攻坚战专项小组办公室关于印发昭通市固体废物污染治理攻坚战实施方案》要求，2019 年 4 月 10 日，印发《昭阳区固体废物污染治理攻坚战实施方案》。按照要求开展全区固体废物污染防治工作，通过"清废行动"专项治理，完成 6 个固体废物堆放点整治工作。

【第二次全国污染源普查】　全面查清区内工业、集中式污染治理设施、生活源锅炉、入河排污口、畜禽养殖五类污染源的数量和分布，按照全国、省、市污染源普查工作会议部署，开展污染源清查工作。根据第二次全国污染源普查工作推进要求，2018 年 12 月 8 日，基本完成入户调查数据审核，纳入污染源普查对象 578 个，其中工业源 337 家（新增 1 家）、农业源 35 家、集

中式污染治理设施 6 家、移动源 72 家、生活源（行政村）128 个。将工业源、农业源、集中式污染源治理设施和移动源数据提交专网，入网率 100%。2019 年 4 月，完成五大源核算工作，后转入数据核查、整改、工作总结及技术报告初稿编制阶段。

【排污许可证核发】　按照《固定污染源排污许可分类管理名录》，核发华新水泥（昭通）有限公司、昭通得云建材有限责任公司、云南云铝海鑫铝业有限公司、云南汉木森生物科技有限责任公司、昭通市昭阳区腾森屠宰有限公司、昭通市益祥食品有限公司、昭通市永祥商贸有限公司 7 家公司排污许可证。2019 年，完成污水处理厂、通用工序（锅炉）、白酒制造、人造板制造等 14 个行业排污许可证核发工作。

【危险废物管理】　2019 年，危险废物申报办结 210 家，转移量 1 180.57 吨；危险废物管理计划备案 60 家。核发昭通市泽仁清运服务有限公司昭通二分公司、云南皓翔再生资源有限责任公司 2 家危险废物收集经营许可证。

【建设项目环境影响评价】　2019 年，执行建设项目环境影响评价制度，为项目建设方提供环境影响评价服务。

执行建设项目环境影响评价制度：杜绝高污染、高耗能、低产值"两高一低"项目进入昭阳区。不予审批国家明令禁止建设、淘汰、不符合国家产业政策、环境污染严重、产品质量低、能耗高、污染物不能达标排放、没有总量指标的项目。2019 年，窗口受理 90 件，审批完成 67 件，其中区级审批建设项目 67 件，包括环境影响报告书 13 件、环境影响报告表 54 件，转报市局审批意见 14 件；正在受理审批 9 件。企业自主通过网上系统填报环境影响登记表备案 406 个。缩短办件时限，按时办结窗口受理的所有项目。

网上环境影响评价申报服务：执行《建设项目环境影响登记表备案管理办法》，在政府信息网站（生态环境分局）、昭阳区行政审批网上服务大厅公布《实行建设项目环境影响登记表网上备案的公告》，公示备案网址、公示网址及相关法律、法规，提供办事流程。政务大厅窗口对环

境影响登记表网上备案事项提供现场咨询和指导。加强备案项目查处力度，对建设单位违法行为，依法予以处罚，涉嫌构成犯罪的，依法移送司法机关。

信息系统服务： 实现全省环评审批信息系统实时报送。为企业使用系统及时注册申报提供服务，联系区市场监督管理局，建立互通信息管理联动机制，避免项目建设申报互为前置的现象发生，为企业申报理顺关系、节约时间。编制《环境影响评价管理系统环评及验收网上申报系统操作指南》，方便企业了解、掌握申报系统流程。

审批制度改革： 优化审批流程，提高审批效率，建设项目环评报告书、报告表审批时限由30、60个工作日均压缩到10个工作日。按照《建设项目环境影响评价政府信息公开指南》要求，推行建设项目受理、审批、环境影响评价报告（全本）信息公开。受理项目公开59个，拟作出审批意见公开59个。

【"双随机"监察和不定期巡查】 日常监察和不定期现场检查辖区内各污染源执行环境保护法律法规的情况，除环保部门"双随机"抽查，还联合其他部门开展"生态环保领域，跨部门双随机"抽查。2019年，出动执法人员800余人次，检查企业300余条，现场提出监察建议210余家次。及时制止违法行为，根据实际情况作出处理意见，督促各污染源单位建立污染治理设施运行台账，确保全区各污染源治理设施正常运行。

【环境信访案件】 建立办理信访工作制度、接访工作制度、紧急信访事件处置制度、信访登记归档制度等信访工作制度。全年，接待信访案件160件，除2件重复投诉外，其余案件均已办理。

【"非煤矿山整合"环境执法检查】 成立工作小组，组织力量检查全区非煤矿山整合后环保手续办理及环保设施建设情况。2019年，出动执法人员76人次，检查企业23家，现场提出监察建议25条。整合过程中办理环境影响评价报批手续，落实各项污染治理设施建设，行政处罚检查过程中存在环境违法行为的5家企业，处罚金44万余元。

【环境监管执法】 2019年以来，立案查处31家，下发处罚决定书34份，处罚金298万余元，涉及非煤矿山、医疗机构、危险废物收储等行业。

【饮用水水源地环境安全专项检查】 按照环保部饮用水水源地要求，专项检查渔洞水库饮用水水源地、大龙洞饮用水水源地环境安全，水源保护区内无工业污染源，水源保护区标识、界桩、界碑、隔离栏等设施相对健全。完成渔洞水库饮用水水源地库以及保护区内居民搬迁工作，清理铲除一级保护区内种植的农作物。

【环保督察整改】 2015～2018年，四轮督察交办问题332件（信访转办件241件，反馈问题及现场交办问题91件），整改后，验收销号124个问题（不计重复97个问题）。截至2019年7月底，通过市级验收销号（不计重复71个问题），剩余26个问题待验收（其中2件超期未完成整改，其余未到期）。2019年，省委、省政府第一生态环境保护督察组进驻昭通市开展"回头看"期间，昭阳区共接到信访转办件36件，其中11件涉及环保问题，全部办理并上报办理报告，立案查处5家，处罚款16万余元。

【环境监测能力建设】 按照《检验检测机构资质评审准则》要求，整改完善实验室内部存在问题；按照管理体系要求，提高人员素质，开展单位考核、计量认证考核，个人持证上岗。制定日常监测质控计划和年度质控计划。实行采样器具准备、采样过程、添加固定试剂、运输、样品预处理、分析测定、校核、报告编写、审核批准等监测全过程质量控制措施，采用多种质控方法确保数据准确，如平行双样、空白试验、标准曲线绘制与检验、实验室内精密度与准确度控制、加标回收率等。重视外部质量控制，参加外部权威机构组织的能力验证，市站、省站组织的实验室间比对等。2019年，9名专业技术人员参加100项盲样考核、实操考核及理论考核，顺利通过94项；2名技术人员参与检验检测机构资质认定内审员培训并获得证书。参加省生态环境监测专业技术人员大比武。王茂龙在第二届云南省生态环境监测专业技术人员大比武昭通预赛比赛中荣获个人"三等奖"，被选拔参与第二届云南省生态环境监测专业技术人员大比武决赛，在决赛中表现突出，昭通市环境监测团队荣获"团体三等奖"。

【中心城市黑臭水体整改销号】 辖区内，被国家相关部门认定的黑臭水体为利济河、东门小河及秃尾河。根据黑臭水体实际情况制定监测方案，开展每月两次34个监测点主要9项监测因子监测工作。

【水、气、声环境常规监测】 2019年，完成辖区水、气、声环境常规监测工作。

水环境常规检测：完成饮用水水源地渔洞水库、大龙洞水质监测（包括加密监测）11次，出具监测报告11份；地表水洒渔河靖安桥、北闸水库、永丰水库、利济河母鹿社区、秃尾河凤凰闸断面水质监测（包括加密监测）11次，出具监测报告11份；三善塘周边地下水监测、守望垃圾填埋场地下水监测；临时性指令性监测14次，出具监测报告14份；长江及重要支流昭阳区境内水环境质量监测11次，出具监测报告11份；昭阳区流域横向生态补偿水质监测3次，出具监测报告3份。

气、声环境常规监测：完成1～11月降尘、硫酸盐化速率、降水监测工作11次；完成一、二、三季度昭苑小区、市环保局、畜牧站、卷烟厂、一环城西路5个功能区噪声监测；完成昭阳区建成区109个点区域噪声昼夜监测工作。

【污染源监测】 全年完成华新水泥（昭通）有限公司、昭通得云建材有限责任公司一、二、三季度监督性废气监测工作，撰写监测报告。完成国控废水企业昭通市供排水公司污水处理厂监督性监测13次。

【县域生态环境质量监测评价与考核】 根据《云南省县域生态环境质量监测评价与考核办法》《2017年云南省县域生态监测工作方案》要求，完成昭阳区县域生态环境质量监测评价与考核工作。

【农村环境综合整治项目】 2019年，全区完成4个建设项目，即昭阳区农村环境连片整治整区推进试点项目、昭通市渔洞水库饮用水水源地保护区（昭阳片区）环境综合治理工程、昭阳区南方优质苹果生产基地土壤修复示范项目、昭阳区洒渔镇巡龙村传统村落环境综合整治工程全部投入试运行，移交乡镇管理。正在建设项目1个昭通市渔洞水库径流区渔坝村土壤污染防治示范工程，因群众阻工，项目处于停工状态，已与相关部门共同协调解决群众阻工一事。

新增项目：2019年，新增项目2个，一是昭通市昭鲁大河水污染防治工程（昭阳段），工程投资1675万元，已完成招投标，与施工方签订施工合同，正在做进场准备。二是2018年中央水污染防治，投入资金256万元，正在联系有资质的公司编制项目实施方案。

项目申报：2019年，结合昭阳区实际情况，多次现场踏勘，经研究论证，上报金沙江流域（昭阳区段）水污染防治工程，拟计划总投资6755万元，建设内容：村落生活污水收集及处理设施工程、村落生活垃圾收运及处置设施工程。年内，已完成项目可行性研究报告编制工作，通过市级专家评审。

县域农村生活污水现状和治理需求调查：根据《云南省农村人居环境整治工作领导小组办公室关于组织开展县域农村生活污水治理专项规划的函》，各县以自然村为单位，完成县域农村生活污水现状和治理需求调查，2020年3月30日前，编制完成县域农村生活污水治理专项规划，完成区内生活污水现状及治理需求填报，提交昭通市生态环境局进行审核。

【生态区、生态乡镇建设】 2015年以来，92个村被评为昭通市生态文明村，4个乡镇被评为生态文明乡镇，10个乡镇拟被评为生态文明乡镇。余下靖安镇、旧圃镇、田坝乡，按照省厅专家意见整改，其中，靖安镇、旧圃镇通过省厅审查，田坝乡继续整改。编制《昭通市昭阳生态区建设规划》，2017年12月，通过云南省环保厅专家技术审查，并通过昭阳区人大常委会审议。昭阳区已达到创建省级生态文明区条件，按要求准备申报材料，2019年11月15日，通过昭通市生态环境局组织专家审查，正在根据专家意见修改申报材料。

【保护生态红线】　执行《云南省生态保护红线划定方案》，年内，依据省生态环境厅发布工作动态、有关要求及《昭通市生态环境局关于生态保护红线相关管理职责变动的函》，将区环保局作为昭通市生态保护红线牵头单位的主体及行政管理相关工作移交昭阳区自然资源局。

【土壤污染状况详查】　根据文件要求、时间节点，与相关部门及科室配合，完成昭阳区疑似污染地块筛查、调查等工作。

【环境整治】　开展饮用水水源地保护区环境综合整治、农村环境连片整治整区推进试点项目推进工作。迎接省委、省政府环境保护督察"回头看"。办理信访转办件36件，基本办结。

【环境保护宣传】　以"6·5"世界环境日、昭阳环保世纪行等活动为载体，运用新型媒体、网络媒体等，宣传环境保护法律、法规政策。开展新《环境保护法》及相关配套办法宣传教育，推进"十个一"活动。发放环保知识手册、环保法律法规选编，环境宣传教育向农村、学校、居民小区延伸，提高全社会环境保护意识。利用"6·5"世界环境日、宪法法律宣传月、安全生产月等节点，开展环保宣传教育活动。配合市局组织在清官亭广场举行世界环境日宣传教育：广场现场宣传、标语、展板、广播宣传，发放宣传资料等。悬挂标语横幅3条、摆放宣传展板20块、发放环保法制宣传手册3 000余本、环保法制宣传单1 000余张、环保手提袋1 000余个，营造环境保护宣传氛围。

【脱贫攻坚】　2019年，开展扶贫对象动态管理和贫困退出工作分析研判，采集贫困户、边缘户家庭人员等信息，完善相关表册工作，已完成420户。宣传各项扶贫政策。完善小田村2019年农村危房标识牌、危房改造标识牌和住房安全认定牌挂牌工作。完善小田村2019年易地搬迁户房屋认定及"易拆"字样标识工作。

人居环境提升：以"三清一改一提升"为工作重点，推进本村规划，做好生活垃圾、废水治

理和农村"厕所革命"等工作。形成保洁员开展村组路段清理工作长效机制。到户宣传落实"门前三包"，教育引导群众维护环境卫生。做好易地搬迁户、拆除重建户的拆旧复耕复垦工作。

脱贫政策宣传：以"不忘初心、牢记使命"主题教育为契机，开展"三讲三评""五查五看一感恩""自强、诚信、感恩"等活动，增强群众内生动力，提高群众满意度、认可度，实现思想、工作和情感"三认同"。入户宣传"控辍保学"和教育扶贫政策，确保义务教育阶段零辍学。

迎检工作：梳理、完善脱贫攻坚档案，确保与全国扶贫开发信息系统数据一致，整理历年村级脱贫攻坚和党建工作档案。完善佐证资料，按照《昭阳区脱贫攻坚指挥部关于印发脱贫攻坚佐证资料收集整理工作方案的通知》要求，紧盯疑似错退户和疑似漏评户等对象，围绕"两不愁三保障"达标情况，佐证人口、住房、收入、饮水、教育、医疗、产业、低保、养老保险等情况，分类收集、建立、归档佐证资料，确保佐证资料真实、合法。

【扫黑除恶专项斗争】　对辖区接受监督的工程，开展一次生态环境工程建设招投标领域"扫黑除恶"和"深挖彻查保护伞"专项检查。截至年末，涉及生态的工程项目建设未发现黑恶势力。全年，规范生态环境建设工程招投标工作，监管招投标过程，不存在违反法律法规项目、未发现恶意竞标、暴力围标等黑恶势力。向企业、群众宣传扫黑除恶工作，提醒、监督、教育在职干部职工不涉黑涉恶。

昭阳区住房和城乡建设局

【机构设置】　2019年3月，机构改革后，原昭通市昭阳区住房和城乡建设管理局挂牌为昭通市昭阳区住房和城乡建设局（以下简称区住建局），是政府工作部门，正科级，加挂昭阳区人民防空办公室和昭阳区城市公共资源服务管理局牌子，启用昭通市昭阳区住房和城乡建设局印章1枚，办公地点昭阳区迎丰路59号。行政编制人员26名，实有公务员26人，设局长1名（正科级），副局长4名（副科级），其中1名兼任人民

防空办公室主任，1 名兼任城市公共资源服务管理局局长。

内设机构：内设 9 个管理所（站）。即房屋交易评估管理所编制 23 名，实有 20 人；路灯管理所编制 16 名，实有 14 人；建设工程安全生产监督站编制 26 名，实有 20 人；保障性住房管理中心编制 28 名，实有 22 人；房屋租赁管理所编制 33 名，实有 30 人；园林绿化管理局编制 77 名，实有 68 人；工程质量监督站编制 29 名，实有 25 人；工程建设标准定额管理站编制 7 名，实有 5 人；人防质监站编制 8 名，实有 7 人。

【城市建设】 2019 年，昭阳区建成区面积 44.5 平方千米，拥有城市道路 132 条，城市道路总长 176.5 千米，城市桥梁 36 座；建成区道路面积 503.44 万平方米，人均道路面积 15.74 平方米；城镇人口 45.52 万人（其中城区 26.56 万人，暂住人口 5.14 万人，镇人口 13.82 万人），城镇化率 47.94%；供水普及率 100%，污水处理能力 8 万吨/日，污水处理率 91.19%；建成园林绿地 1 260 公顷，有公园 6 个，总面积 148.57 万平方米；广场 5 个，总面积 5.31 万平方米，建成区绿地率 26.52%，人均公园绿地 12.76 平方米，绿化覆盖率 32.5%；建成区生活垃圾无害化处理率 46.58%；完成路灯集中控制室建设和古城路灯节能控制体系建设，敷设地下线路 238 千米，架设路灯空明二线线路 73 千米，安装节能节电设施 9 台，管护路灯总量 40 621 盏；燃气管网覆盖率 80%，建成城市天然气供气管道 83 千米，燃气管网 104 千米，日供气量 8 500 立方米，燃气普及率达 71.26%。

【保障性住房建设】 全年，发放租赁补贴 5 792 户 1 823.37 万元，收取直管公房租金 135.78 万元、公共租赁住房租金 2 707.01 万元。完成昭交集团保障房绿化工程审计结算及交付实施管理、昭阳工业园区 544 套保障房绿化工程审计结算、锦绣朝阳公租房小区三小南校区道路工程竣工验收和审计结算、锦绣朝阳公租房小区周边道路硬化、祥和家园公租房周边绿化工程审计结算、全区 10 个乡镇公租房项目决（结）算审计等工作。大山包镇公租房三片区一标段配套附属设施施工，2020 年完工进入结算审计。

【棚户区改造】 项目总投资 151.95 亿元。其中，土地整理项目 73 亿元，规划用地面积 545.38 公顷，拆迁改造户数 3 万户，改造面积 330 万平方米；配套市政道路建设投资 8.52 亿元；安置房建设投资 54.7 亿元，安置房用地 61.73 公顷，计划建设安置房 14 078 套，停车泊位 8 662 个，幼儿园 4 所及相应配套设施，建筑面积约 190.78 万平方米（其中，住房 153.20 万平方米、商业配套 8.59 万平方米、幼儿园 1.32 万平方米、其他配套设施 3.03 万平方米、地下车库 24.64 万平方米）；货币化安置任务 3 892 户，投资 15.73 亿元。项目计划征地 545.38 公顷，征地资金 5.78 亿元，完成征地 400.74 公顷，使用征地资金 4.33 亿元，未征地 144.64 公顷。

拆迁情况：计划拆迁 3 万户，拆迁面积 330 万平方米，拆迁资金 49.3 亿元，完成拆迁 28 665 户，拆迁面积 337.68 万平方米，使用资金 47.53 亿元，未拆迁 2 213 户。货币化安置 3 892 户，到位资金 15.70 亿元，三城办事处实际完成 2 811 户，支付资金 6.90 亿元。其中，太平办事处 132 户，支付金额 0.45 亿元；龙泉办事处 2 343 户，支付金额 5.32 亿元；凤凰办事处 336 户，支付金额 1.13 亿元。剩余 8.8 亿元全部调入棚改指挥部用于征地拆迁等项目支出。安置点建设，分 3 个片区 9 个安置点，共有 14 078 套安置房，可研总投资 54.70 亿元，截至 10 月 15 日，已完成投资 36.40 亿元，完成彩云小区 2 747 套、龙泰家园 801 套、欣盛家园 117 套、泉和家园 524 套、景秀·蒙泉 1 400 套安置房分配；完成景秀·双院、桃源小区 2 个安置点房屋移交；景秀·温泉房屋进行整改中，正在筹备房屋移交工作；启动学府小区，主体已完成，正进行室内装修工程。棚改配套道路，13 条棚改配套市政道路中，昭阳大道西延线、祥和路（二标）、祥云街、纬八路、锦屏路 5 条道路竣工通车，其余 8 条棚改配套道路建设情况：翰林路准备竣工验收；通海路、纬九南三路正在进行人行道及绿化工程施工；学庄路、经十五路侧路完成竣工验收；纬三路、金鹰大道正在进行交安工程；敦煌路（三标）正在进行雨水管预埋和水稳层铺设。新纳入的城二路、纬九路、彩云路北段 3 条配套道路可研批复，正在进行前期工作。2017 年 11 000 户棚户区改造项目融资，于 2018 年 7 月底，完成凤凰片区 4～

7组（城中村）棚户区改造项目 1 974 户 10.59 亿元（银行贷款 8 亿元，企业自筹 2.11 亿元，中央和省级补助资金 0.48 亿元）融资任务。2018 年 12 月 5 日，预拨拆迁款 1 亿元到凤凰办事处，启动凤凰片区四至七组（城中村）棚改项目 1 974 户 32.02 万平方米拆迁工作，现已拆迁 704 户，拆迁面积 7.57 万平方米；2018 年 10 月中旬，因国家政策调整，农发行叫停政府购买服务模式，致使 2017 年 11 000 户棚户区改造项目剩余 9 026 户融资工作暂停。2017 年 11 000 户棚改任务，正在申报剩余 9 026 户融资专项债券。

【农村危房改造】 2019 年，省级下达昭阳区农村危房改造任务数 13 016 户，其中，四类重点对象 6 122 户，无力建房非四类重点对象 6 850 户，享受过政策又成危房 44 户，截至 2019 年 12 月底，以上 13 016 户全部竣工入住，基本实现农村危房改造"清零"目标。

【人居环境提升】 2019 年，实施厕所革命，建设垃圾处理设施等，提升全区人居环境。

"厕所革命"：昭阳区 9 个乡镇新建 13 个水冲式镇区公共厕所，青岗岭乡青岗岭村 1 个；守望乡水井湾社区改造 2 个、布嘎乡布嘎村新建 1 个、北闸镇北闸社区 1 个、旧圃镇 2 个、苏家院 1 个、炎山镇 1 个、大寨子乡 2 个、盘河镇 1 个，已启动建设。

垃圾处理设施建设：2019 年度内，完成部分乡镇垃圾处理设施建设。

田坝乡集镇污水处理项目：该项目可研批复，进入勘察设计阶段。

炎山镇垃圾收运设施：总投资约 120 万元。规模为日收、转运 20 吨。苏甲乡垃圾收运设施：总投资约 98 万元，规模为日收、转运 16 吨。

小龙洞乡垃圾收运设施：总投资约 76.19 万元，规模为日收、转运 16 吨，正在进行招投标。田坝乡垃圾收运设施：总投资约 74.78 万元，规模为日收、转运 15 吨，正在进行招投标。

大寨子乡垃圾收运设施：总投资约 74.78 万元，规模为日收、转运 15 吨，正在进行招投标。

永丰镇、旧圃镇垃圾无害化处理场：在守望卡子建成日处理量 110 吨的垃圾处理场，库容 60 万方，使用年限 11 年，概算总投资 2 852.94 万

元，2016 年 12 月初，确定用昭通浦发乌蒙山片区扶贫投资发展基金，采用提款报账方式建设，2016 年 12 月 15 日，正式开工建设。2017 年 11 月 30 日，完成库区主体验收，2017 年 12 月 5 日，移交环卫所管理。由于渗滤液 COD 值超过设计值，增加渗滤液预处理设备，2018 年 9 月 7 日，完成验收投入使用。2019 年 1 月 27 日，召开环保专项验收会议，专家提出意见后，组织人员对现场标示牌、相关制度等进行上墙、贴附，整改完成通过网络公示，2019 年 3 月 15 日，在中华人民共和国环境保护部"建设项目环境影响评价信息平台"完成备案。

2018 年脱贫攻坚生活垃圾热解项目：选址在炎山镇炎山村大火地，投资 2 100 万元，建设日处理 60 吨生活垃圾热解项目，解决西凉山 4 个乡镇生活垃圾问题。2018 年 12 月 14 日，签订 EPO 总承包合同，已完成项目建设，正处在试运行阶段。

苏甲乡生活垃圾无害化处理项目：选址在苏甲乡瓜寨村甲寨社漆树湾垭口，建设日处理 15 吨的生活垃圾无害化处理项目，投资 278 万元。2018 年 12 月 17 日，设备采购安装完成招标，设备安装完毕，运行正常并移交乡镇。

乐居镇生活垃圾资源化处理项目：选址在乐居镇上街村，投资 258.17 万元，建设 10 吨生活垃圾低温碳化及 2 吨有机处理项目，2019 年 1 月 9 日，签订合同，因设备安装设计变更，6 月底设备安装完成，现正在试运行。

昭通市生活垃圾焚烧发电及配套无害化填埋场项目：选址永丰镇海边村，总投资约 5.2 亿元，其中，生活垃圾焚烧发电项目，占地 5.6 公顷，建设 2×400 吨/天焚烧炉 +15MW 汽轮发电机组，日处理垃圾 800 吨，投资约 4.8 亿元；配套填埋场项目，占地 8 公顷，设计库容约 60 万立方米，投资约 4 000 万元。2018 年 11 月 5 日，开始场地三通一平工作；2019 年 2 月 27 日，通过公开招标选择华西能源工业股份有限公司作为合作人，3 月 20 日，签订特许经营权协议，现在正完善土地手续，施工建设基础部分。

【房地产业管理】 2019 年，办理商品房预售许可证 76 个，预售面积 137.65 万平方米，其中市局审批发证 4 个，区局审批发证 72 个，预售

面积 62.01 万平方米。房地产交易管理，完成存量房交易 2 352 户，建筑面积 29.64 万平方米（住宅 28.70 万平方米，非住宅 0.94 万平方米），房地产评估价值 8.03 亿元（住宅 7.46 亿元，非住宅 0.57 亿元）；办理新建商品房不动产权证 1 066 户；销售建筑面积 12.90 万平方米，销售金额 4.44 亿元；完成房地产抵押登记 1 366 件，建筑面积 51.77 万平方米；房地产评估价值 32.61 亿元，贷款金额 18.12 亿元。2019 年 1～10 月，房地产投资累计完成 55.7 亿元，同比增长 60%；2019 年 1～10 月，销售新建商品房面积 138.3 万平方米，同比增长 83%，销售金额 94.3 亿元；其中住宅销售 9 492 套、124.9 万平方米，同比增长 120%，销售金额 82.6 亿元，住宅销售均价约为 6 622 元/平方米。2019 年 1～10 月，二手房成交面积 18.7 万平方米，同比下降 10.8，销售金额 7.78 亿元；其中住宅销售 1 538 套 16.7 万平方米，同比下降 0.001%，销售金额 6.8 亿元，住宅成交均价约 4 081 元/平方米。累计监管住宅专项维修资金 3.14 亿元缴存至指定银行专户，累计使用住宅专项维修资金 14 笔合计 479.99 万元。

【建筑业管理】　2019 年，建管科办理项目报建 63 件，招标备案 79 件，办理施工许可 48 件，开展建筑市场巡查 90 次，下发整改通知书 32 份，案件移交综合执法局 2 件，调处农民工工资 30 余起，办理初设批复 33 个。质量与安全监管，开展在建工程质量大检查 4 次，监督巡查 80 次，质量整改通知 80 份，开展"房屋建筑和市政工程质量安全三年提升行动" 4 次，"住宅工程质量治理专项活动" 2 次。年末，在建房屋建筑和市政工程报监 72 个项目，面积 304.08 万平方米，竣工备案项目 33 个，面积 62.04 万平方米。易地扶贫搬迁项目 3 个，下发检查记录 30 份；全区在建房地产开发项目 33 个（其中在建项目 21 个，异地扶贫安置点 3 个）。联合应急管理局和城市管理综合执法局成立联合检查组，检查房地产开发项目 14 个、易地扶贫项目 3 个、房屋建筑施工企业 22 家。下发昭阳区房地产开发项目联合检查表 15 份，昭阳区房地产开发项目联合检查限期整改通知书 15 份，安全管理检查评分表 17 份。检查出安全隐患 81 条，已整改完

毕；开展专项整治 1 次、起重设备专项整治 1 次、消防专项整治 1 次，排查火灾隐患 6 条，收到消防安全自检情况 34 份，开展演练 1 次；开展查大风险、防大事故百日专项行动 1 次；在建房屋建筑和市政工程 57 个，易地扶贫搬迁项目 3 个。下半年，下发检查记录 43 份，限期隐患整改通知书 12 份，停工整改通知书 4 份，强制拆除塔式起重机 1 台，封停使用塔式起重机 5 台（已消除隐患投入使用 2 台），检查出安全隐患 253 条，督促整改 249 条，整改率 94%。

【市政基础设施建设、维护管理】　2019 年，完成市政基础设施建设、维护管理。

城市设施建设：更换破损青石板 5 142.1 平方米，更换破损花岗石板 922.82 平方米，更换路沿石 586 米，修复破损花池 55 个，修补沥青砼路面 4 516.19 平方米，埋设排污管 22 米，更换各类窨井盖 787 块，雨水栅 938 块。城市雨污管网清掏 151 条街次，总长度 20.12 万米，总量 21 339.5 立方米。审批城市道路开挖 23 件（道路开口 16 件），完成利济河、东门小河、秃尾河工程整治。完成 22 座市政桥梁首批检测工作。第二批 38 座市政桥梁检测工作正逐步实施。完成老旧小区改造前期准备工作。

燃气管理：2019 年，排查出 150 条隐患问题，完成整改 150 条，整改率 100%，发放《责令整改通知书》 4 份，告知函 1 份。

供水情况：完成供水量 905 万吨、售水量 825 万吨，营业收入 4 055 万元，上缴国家税收 221 万元，实现利润 403 万元；公司总资产 2.46 亿元，负债 7 524 万元，净资产 171 万元，负债率 31%，收入增长 –11%。

污水处理：日均向昭鲁河排放 7.2 万吨合格再生水。

城市美化亮化：2019 年，昭通中心城市共增加绿地面积 86 余万平方米，绿地面积达 1 226 万平方米，绿地率 27.58%，绿化覆盖率 32.95%；管护维修城市主要干道和支路路灯照明设施 2 800 多盏，更换各型钠灯 1 976 只、镇流器 1 302 只、触发器 890 只、LED 节能灯 780 只、路灯井盖 85 块，亮灯率标准超 95% 建筑。

【重点项目建设】　第一污水处理厂建设进

度：完成可研批复等相关合法性手续和施工围挡搭设、临时道路铺设、临时活动板房、用电用水搭接。完成施工用地平整 20 000 平方米、土方外运 600 立方米、水缓冲池基坑开挖 1 008 立方米、土方回填 900 立方米、进出水泵房基坑开挖 672 立方米。完成设备更换量清点、人员接收安置方案编制等。

新建第二污水处理厂进度情况：完成施工围挡搭设 560 米、回填临时道路 2 568 立方米，编写临时桥梁铺设方案、电力迁改方案。完成地下综合管廊相关报告和实施方案编制和审批；进入预审和公开招标，已完成首轮和第二次协议谈判工作，签署备忘录并发布公示。待政府会议通过后签署 PPP 协议与合同。敦煌路管廊工程取得审查合格证（K0＋024－K2＋830）；控制中心建筑方案已完成。

昭阳区交通运输局

【机构设置】 2019 年，昭阳区交通运输局核定机关行政编制 14 名。

内设机构：内设 8 科室，即办公室、综合规划科、安全监管科、政策法制科、总工办、交通基本建设科、资产财务科、综合运输科。

【党建、党风廉政建设工作】 2019 年，贯彻落实《关于进一步激励广大干部新时代新担当新作为的意见》和中央"八项规定"精神，解决干部"不作为、慢作为、乱作为"问题；履行党建主体责任，执行党内政治生活，开展"基层党建创新提质年"活动、专项整治机关党建"灯下黑"和"两张皮"；开展"万名党员进党校活动""两学一做""不忘初心、牢记使命"主题教育等活动；抓意识形态和宣传思想工作，转变作风、提高效能。完成全年党建、党风廉政建设工作。

【综合交通建设】 2019 年，做好重点项目援建，国道改造和村组道路硬化。

重点项目援建：做好宜昭高速、都香高速、西绕城高速、渝昆高铁、新机场迁建等国家、省、市重点项目援建。宜昭高速、都香高速进展顺利；西绕城高速除北闸外，完成征地工作，正

在开展房屋拆迁工作；渝昆高铁、新机场迁建按市委、市政府要求加快推进。

国省道改造项目（G356）：G356 鲁甸县新街至昭阳区通阳大桥 79.92 千米，总投资 10.09 亿元，中央车购税资金 3.90 亿元，已下达 2.60 亿元，2018 年 10 月，启动建设，完成投资 4.84 亿元。

道路硬化：2018～2019 年，根据省、市下达昭阳区 50 户以上不搬迁自然村村组公路硬化项目 1 443 千米，通过国开行贷款资金、财政统筹涉农资金及省级资金已启动 793 千米，年内完成建设。2019 年，统筹整合资金 3 231.61 万元，在建制村通硬化路危险路段完成生命安全防护工程 322.97 千米。

【公路管养】 年内，全区列养农村公路 1 613.14 千米，其中，国道 131.69 千米、省道 159.60 千米、县道 589.95 千米、乡道 671.8 千米、村道 60.08 千米。坚持"建设是基础，管养是关键"原则，投入日常养护资金和大中修资金 856 万元，主动养护、超前防范，早发现、早治理、早修补公路病害。

【客运物流】 采取坝区公交、山区农村客运方式，由昭通市公交公司、昭阳区正宇农村客运有限公司和昭南车队 3 家公司经营。年内，有公交线路 45 条，覆盖 3 个城区办事处和 13 个乡镇。规范货运物流，昭阳区物流企业主要分布在城区，有普通货运物流企业 85 家，运营车辆 1 091 辆。全区具备条件建制村已通客车。

【安全生产】 抓好在建工程安全生产管理，制定并落实管理人员和管理制度，按工序施工，确保施工机械、驾驶人员符合、遵守相关规定。以"安全生产大检查"和"1＋7"专项整治行动为契机，联合区运管分局落实运输企业源头安全生产管理和运输企业安全生产主体责任，排查治理大道路运输企业安全隐患，保障道路运输企业安全状况持续稳定。定期或不定期检查施工现场、车站、辖区水域等重点位置安全，落实安全生产责任制。

【交通运输行政审批】 2019 年 8 月 1 日，

承接昭通市交通运输局移交的行政决定、行政许可、行政裁决等行政职责 26 项，开展行政审批 35 项。2019 年 8 月 19 日，入驻昭通市民之家开展交通运输行政审批工作。

【交通运输"十四五"发展规划】　聘请安徽设计院编制《昭阳区综合交通运输"十四五"发展规划》，完善昭通中心城市综合交通枢纽规划、渝昆高铁昭通站周边综合交通枢纽规划、昭通新机场周边综合交通枢纽规划、昭阳区乡镇通高等级公路（二级公路）路网规划、昭阳区道路提级改造路网完善规划、昭阳区"四好农村路"建设及完善农村公路生命安全防护工程规划等融入"十四五"规划。

【脱贫攻坚】　区交通局挂钩帮扶村，靖安镇大耆老村，驻村工作队员 2 名；靖安镇松杉村，驻村工作队员 3 名；盘河镇油榨房村，驻村工作队员 3 名。各驻村工作队配合村三委开展工作。组织 56 名干部职工到村一线，开展"同吃同住同劳动"工作，完成全年扶贫工作。

昭阳区农业农村局

【机构设置】　2019 年 3 月，原农业局拆并后设立农业农村局，3 月 16 日正式挂牌。核定机关行政编制 19 名，局办公室 7 名（含领导），其余 12 个科室每个科 1 名。实有工作人员 23 人，其中，公务员 19 人、机关工勤人员 4 人。核定领导职数 1 正 4 副，实配 1 正 5 副（其中，副职 3 名享受正科级待遇，2 名享受副科级待遇），另配党组成员 1 名（保留正科级待遇）。

内设机构：内设 13 个科室，即办公室、政策法规行政审批科、乡村产业发展规划科、农田建设管理科、计划财务科、农村环境整治科、改革与农村合作经济指导科、市场和信息化科、科教人事科、农产品质量安全监管科、种植业与农资管理科、畜牧渔业兽医科和农业机械化管理科。

直属事业单位：2019 年，按机构改革要求，撤并 2 家直属事业单位。按照《中共昭阳区委办公室、昭阳区人民政府办公室关于印发昭阳区机构改革实施方案的通知》要求，昭阳区农业广播

电视学校更名为昭阳区苹果产业发展中心，政府直属正科级事业单位，事业编制从农业农村局 10 家事业单位划转 50 名、人员划转 28 名到苹果发展中心（现有在岗工作人员 19 人）。渔业站渔船检验和监督管理职责划入区交通运输局，其余职责、编制和人员划入畜牧兽医技术推广中心，不再保留昭通市昭阳区渔业站。撤并后，直属管理 10 家事业单位，核定事业编制 203 名，实有工作人员 197 人：园艺技术推广所事业编制 19 名，实有 18 人；农业技术推广中心事业编制 26 名，实有 26 人；农村合作经济经营管理站事业编制 8 名，实有 8 人；种子管理站事业编制 22 名，实有 20 人；植保植检站调减事业编制 17 名，实有 17 人；农机安全监理站事业编制 11 名，实有 11 人；畜牧兽医技术推广中心事业编制 48 名，实有 48 人；动物卫生监督所事业编制 34 名，实有 32 人；农业环境保护监测站事业编制 7 名，实有 7 人；农机管理服务中心事业编制 11 名，实有 10 人。

【党建、党风廉政建设】　贯彻执行中央、省、市、区委决策部署，落实党组主体责任，履行"一岗双责"，局党组与部门签订《党建和党风廉政建设目标责任书》。开展"两学一做""不忘初心、牢记使命"主题教育、"基层党建提质年"等活动，转变工作作风，为推动现代农业实现新跨越提供保障。

【文明单位创建】　按照"指导思想好、志愿服务好、道德风尚好、文化体育好、公共环境好、示范作用好"六个好标准，组织干部职工参与，持续保持区级文明单位光荣称号，争创市级文明单位。

【农业概述】　2019 年，农畜渔业总产值 64.5 亿，同比增长 9%；农牧渔业增加值超 31.69 亿元，同比增长 7%；粮食产量 34.93 万吨，同比增长 1.6%；农民人均可支配收入 10 699 元，同比增长 11.04%。

【重点工作】　全年投入农业产业扶贫资金 23 425.42 万元，受益卡户 29 552 户 119 121 人。涉及马铃薯产业、苹果产业、生猪肉牛养殖、苹果示范园资产收益等项目。

马铃薯基地建设项目：建设马铃薯种薯基地4 520公顷，其中，原种基地66.67公顷、一级种基地666.67公顷、二级种基地3 786.66公顷。

高标准苹果示范园建设：新建3 333.33公顷高标准苹果示范园，推广新品种、新技术，格架系统设施栽培技术，科学配方施肥，高效节水灌溉及生态防控栽培技术。

草原生态惠农政策落实：落实2019年草原生态保护补助奖励政策。草原补奖面积11万公顷，其中实施禁牧草原面积1.43万公顷，每公顷补助112.5元；草畜平衡草原面积9.57万公顷，每公顷补助37.5元，补助奖励资金519.6万元。

粮食绿色高产高效样板建设：粮食绿色高产高效样板建设18片12 020公顷。其中，玉米2片1 346.67公顷、马铃薯13片8 666.67公顷、水稻2片1 333.33公顷、荞麦1片673.33公顷。

高标准农田建设项目：2019年，下达昭阳区高标准农田建设任务2 207.67公顷，计划投资6 609.44万元。通过区国土分局、水利局、农发办、烟办、农投公司等部门争取，全年整合资金10 435.25万元，建设高标准农田2 416.98公顷。

能源沼气池工程建设：完成市发改委、市农业农村局下达的2017年度2个大型农村能源沼气池工程建设任务。

【粮食产业】 2019年，粮食种植面积6.53万公顷，总产34.93万吨，因此增长1.6%。大春粮食作物种植6.2万公顷。其中，玉米2.14万公顷，薯类3.36万公顷（马铃薯3.30万公顷、红薯666.67公顷），水稻0.35万公顷，荞麦0.2万公顷，豆类0.15万公顷。小春粮食作物3 346.67公顷，产量0.62万吨，其中，蚕豆680公顷，产量0.13万吨；杂粮豆2 666.67公顷，产量0.49万吨；小春油菜籽种植666.67公顷，产量0.15万吨。冬蔬菜2 073.33公顷，产量4.12万吨。

科技增粮措施：推广杂交玉米2.20万公顷，地膜玉米2万公顷，单株定向密植2万公顷；水稻良种推广0.35万公顷，规范化条栽0.35万公顷，精量播种0.13万公顷，水稻旱育稀植0.27万公顷；马铃薯良种推广3.30万公顷（二级以内脱毒良种推广2.14万公顷），优质种薯基地建

设4 520公顷（原种扩繁基地66.67公顷、一级种薯基地666.67公顷、二级种薯基地3 786.66公顷），晚疫病统防统治千亩示范样板1片，地膜马铃薯0.87万公顷；主要粮食作物新品种更换0.56万公顷：杂交玉米0.42万公顷，水稻0.14万公顷。测土配方施肥5万公顷；生物多样性间套种技术推广4.84万公顷：马铃薯间玉米2.13万公顷、玉米套红薯673.33公顷、玉米间豆类3 340公顷、玉米套蔬菜2 333.33公顷、果间粮食3 353.33公顷、玉米套秋豆666.67公顷、玉米套秋蔬菜1.6万公顷。

粮食技术创新试验示范区：千亩极量创新试验区2个：苏甲乡玉米千亩极量创新示范区、靖安镇马铃薯示范区；"早春马铃薯＋夏播玉米或特色经作"两季净种模式千亩示范样板3片：布嘎、小龙洞乡、乐居镇；苏家院镇建设稻田综合种养示范区1片13.33公顷。

马铃薯产业助推脱贫攻坚：11个乡镇完成扶持卡户种植马铃薯1 210.13公顷。靖安镇松杉村西魁梁子建设马铃薯基地1个，面积566.67公顷；建设库容200立方米储藏库1个。

【惠农政策落实】 2019年，发放中央农业生产发展耕地地力保护农业生产支持补贴项目资金5 676万元，补贴面积8.10万公顷，受益农户152 227户。

【两区划定】 两区（玉米和水稻保护区）划定2.71万公顷，其中，玉米保护区2.14万公顷，水稻保护区0.57万公顷。2019年9月18日，两区划定工作通过市级验收，提交省厅待验收。

【休耕工作】 在大山包镇开展休耕工作，休耕666.67公顷，休耕补贴由大山包镇政府兑付到休耕群众手中。

【苹果产业】 苹果种植面积4万公顷，投产果园2.4万公顷，总产60万吨，总产值45亿元。围绕苹果老果园标准化提升改造、新植果园建设、示范园建设和昭通苹果品牌创建等，打造昭通"苹果之城"。全年新植苹果3 613.62公顷，其中，标准化种植1 133.62公顷、高标准核心示

范园 2 480 公顷。标准化提升改造 1.13 万公顷（核心区 0.33 万公顷，示范带动 0.8 万公顷）；2019 年 9 月 20～27 日，在昭通国际会议会展中心召开"昭通苹果展销会暨品牌创建会"。宣传"昭通苹果展销会"为昭通苹果线上线下销售搭建新平台，打通果农和商家产销对接最后一公里。推进省级现代农业产业园，投资 9.03 亿元（财政扶持资金 0.9 亿元，企业自筹资金 8.13 亿元），实施"一县一业"示范县苹果产业创建项目建设。创建方案已报送至省"绿色食品牌"打造领导小组办公室，待正式批复后实施。

【畜牧产业】　2019 年，全区畜牧业产值 14 亿元，同比增长 6.06%。生猪存栏 36.73 万头，同比减少 6%；出栏 44.32 万头，同比减少 5%。牛存栏 5.6 万头，同比增长 20.69%；出栏 1.75 万头，同比增长 4.62%。羊存栏 8.8 万羽，同比增长 8.1%；出栏 6.5 万头，同比增长 4.84%。家禽存笼 64 万只，同比增长 11.3%；出笼 82 万只，同比增长 4.46%。肉奶蛋总产量实现 3.6 万吨，同比减少 0.82%，水产养殖 2 233.33 公顷，其中池塘养殖 86.67 公顷，渔业产量 6 317 吨，产值 3.22 亿元。

动物疫病防控：区人民政府与各乡（镇）人民政府、街道办事处、区农业农村局，各乡（镇）人民政府、街道办事处与村委会（社区）和畜牧兽医站签订《动物防疫责任制》。制定《昭阳区动物防疫考核办法》《昭阳区动物防疫奖励办法》《昭阳区村级动物防疫人员管理办法》《昭阳区畜禽强制免疫应激反应死亡报告制度》等，春秋两季防疫检查结果全区通报。

免疫工作：完成猪口蹄疫、猪蓝耳免疫 69.93 万头，免疫密度 105.9%；禽流感 131.23 万羽，免疫密度 107.1%；牛 O 型、A 型口蹄疫 11.45 万头，免疫密度 106.1%；羊口蹄疫 18.94 万只，免疫密度 108.5%；鸡新城疫 138.53 万羽；犬狂犬病 1.11 万只；牛炭疽 1.23 万头；牛气肿疽 1.23 万头；羊气肿疽 4.02 万只；山羊传染性胸膜肺炎 3.52 万只；猪肺疫 12.14 万头；猪副伤寒 5.83 万头；鸡传染性法氏囊病 5.83 万羽；鸡痘 71.98 万羽；鸡传染性支气管炎 84.18 万羽。免疫小反刍兽疫 18.12 万只，免疫密度 107.2%。免疫抗体检测，采集畜禽样品 1 134 份。其中，

猪血清 231 份、牛血清 211 份、羊血清 200 份、鸡血清 300 份，采集猪脾肺 50 份、猪肛门棉拭子 40 份、鸡喉气管 60 份、羊眼结膜棉拭子 42 份。监测工作尚在开展过程中。

非洲猪瘟防控：成立领导组、制订应急预案，开展非洲猪瘟疫情防控。截至 2019 年 11 月 8 日，各乡（镇）办事处出动 3 000 余人次，排查生猪养殖场（户）298.93 万场（户），排查生猪 1 128.14 万头（次）。重点监测出现生猪不明原因发病和异常死亡的 11 个乡镇（办事处）35 个行政村有餐厨剩余物饲喂史养殖场（户）、屠宰场点、规模养殖场等，并采集样品 1 823 份；排查使用餐厨剩余物饲养生猪养殖户，张贴、发放告知书，签订责任书，签订承诺书 63 份，发放告知书 63 份，下达责令整改通知书 3 份，立案处罚 1 户。设立临时公路检查站 32 个，其中，省级指定通道 1 个，乡镇级 31 个。检查消毒车辆 10 508 辆（次），其中运输生猪车辆 502 辆、生猪 14 988 头，运输生猪产品车辆 106 辆 169.8 吨，查获非法或违规调运生猪 51 车次 1 454 头、生猪产品 5 车次 0.14 吨，检测非洲猪瘟实验室，检测合格补检就近屠宰，不合格作深埋无害化处理，未取得动物检疫合格证明调运依法立案查处。印发明白纸、告知书、挂图，利用 QQ、微信等，加大非洲猪瘟防治知识宣传力度，指导养猪场户做好生物安全管理。发放防控知识挂图"非洲猪瘟" 2 615 份，发放、张贴告知书 4.2 万份。组织 20 个乡镇（办事处）100 余人召开非洲猪瘟防控专题会议，排查入场生猪 23 848 头，利用电子出证平台排查出省外购猪到巧家县途径昭阳区仔猪 2 头，无害化处理仔猪；堵回疫区运往昭阳区猪肉产品 39.5 吨，没收销毁疫区运往昭阳区猪肉产品 32.8 吨，并进行无害化处理，降低非洲猪瘟疫情风险。从 10 月 23 日起，每周抽样监测进入屠宰场生猪 1 次，采集有效血液样本 171 份，淋巴结样本 173 份，脾脏样本 173 份，屠宰车间内外环境采集样本 161 份进行非洲猪瘟应急监测，未发现非洲猪瘟病毒。截至 2019 年 4 月，投入 116 人（次）参与运输车辆备案登记，发放《昭阳区活畜禽备案登记须知》《昭阳区运输活畜禽车辆备案程序》500 余份，备案登记生猪运输车辆 196 辆、活畜禽承运车辆 59 辆，签署《昭阳区畜禽承运车辆备案承诺书》255 份。开

展生猪屠宰环节"两项制度"百日行动。昭阳区仅昭通市腾森屠宰公司取得工商营业执照、动物防疫条件合格证、生猪屠宰许可证、排污许可证，开展非洲猪瘟PCR自检工作，与动物卫生监督所签署《生猪屠宰质量安全承诺书》，落实食品安全责任。派驻官方兽医12名实施生猪屠宰检疫工作，检疫申报率和检疫受理率100%，督促公司按屠宰生猪量的2%～3%进行"瘦肉精"抽检，确保出场生猪产品100%合格。

畜牧项目建设：畜牧兽医技术推广中心及项目实施乡镇畜牧兽医站抽调人员组成技术实施组，负责项目示范基地、示范户、规模养殖场（小区）进行标准化猪舍建设、科学饲养管理、饲料种植、品种改良等技术指导和监督。

2018年石漠化综合治理草食畜牧业建设项目：建设地点洒渔镇巡龙村，人工种草210公顷。实际完成210.73公顷，完成率100.3%。年可减少水土流失8 000余吨。

2018年退耕还草工程：建设地点靖安镇大坪子村，退耕还草333.33公顷。实际完成333.33公顷，完成率100%。年可减少地表径流11 500吨，减少土壤流失2 215吨。

2019年草原生态保护补助奖励政策落实：涉及17个乡镇、办事处，草原补奖面积11万公顷，其中实施禁牧草原1.43万公顷，每公顷补助112.5元；草畜平衡草原9.57万公顷，每公顷补助37.5元，补助奖励资金519.6万元。工作有序开展中。

大山包牧草适应性试验工作：技术支撑草原生态保护建设，引种牧草适应性试验。2018年9月以来，试验地选址、地面处理、草种购置、试验地围栏，截至2019年11月15日，完成引进11个牧草品种种植试验，正进行试验结果分析和试验工作情况总结。

云南省草产业技术体系昭阳试验站工作：昭阳区被列入2019年草产业技术体系试验站建设县（区）。按时完成土地翻垦、基地防护设施建设和试验牧草种植，开展田间观测等工作。

畜牧业培训：采取集中培训、入户指导、专题培训、以会代训等形式，邀请专家对畜禽品种改良、疫病防制、饲养管理等作技术培训。

生猪生产科技：全年培训9期，培训人员850人次，饲养5头以上母猪农户407户。举办肉牛良种补贴项目技术培训12期，培训牛冻精改良技术人员和养牛农户980人（次）。

保护水域宣传：沿江重点水域张贴长江禁渔标语500条，出动宣传车22辆次、渔政执法人员80余人次，深入沿江3个村召开培训动员会9次，受训人员165人次，发放宣传资料2 300份。辖区内溪洛渡昭阳库区、渔洞水库等召开渔业船舶业主安全生产会议7次，培训人员65人次，签定安全生产责任书10份，印发宣传资料500份。

畜牧从业人员培训：召开生猪定点屠宰场负责人、生猪收购经济人、驻场官方兽医和乡镇畜牧兽医站负责人扫黑除恶专题培训会和非洲猪瘟防控培训会，与腾森屠宰有限公司签订《扫黑除恶专项整治承诺书》，发放《非洲猪瘟防控告知书》215份。推广渔业养殖技术，包括清塘消毒、增大放养规格、合理搭配混养、投喂配合饲料。培育河蟹养殖苗种，建设河蟹综合种养试验示范、河蟹养殖专家工作站。

动物卫生执法：6月26日，组织兽药和饲料经营企业98家、饲料生产企业2家，开展扫黑除恶专项斗争培训和兽药饲料安全生产经营培训，现场培训指导全区55户乡镇兽药经营企业，对100家兽药经营企业和饲料经营及生产企业发放《昭阳区动物卫生监督所扫黑除恶专项斗争告知书》，与85家兽药经营负责人签订《昭阳区依法依规经营兽药承诺书》，与59家饲料经营企业负责人签订《昭阳区饲料经营企业承诺书》。开展兽药质量抽检和"检打联动"，出动执法人员154人（次）、执法车辆76台（次），没收假、劣质兽药255袋（瓶、支），饲料及饲料添加剂112件（5千克/件），检出发现假劣兽药饲料依法立案6起，全部结案。

畜禽及产品检测：2019年1～10月，浙江省兽药饲料监察所、红河州畜禽产品安全监督检测中心两次检测昭阳区畜禽及产品，全部合格。在11个乡镇（办事处）41户规模养殖场（大户）和生猪屠宰环节抽检789头（份），进行"瘦肉精"采集屠宰生猪膀胱尿液检测，结果均为阴性，全区未发现动物投入品中添加"瘦肉精"行为。

动物及动物产品检疫及电子出证：全区有18个乡镇开展动物产地检疫工作，开展面达90%（田坝、苏甲乡因没有官方兽医未开展），符合申报条件动物检疫率达100%；全区完成牲畜动物标识佩戴23.13万头（只），其中猪17.88万头、牛2.5万头、羊2.75万只，录入上传9 888头（只）牲畜戴标和免疫信息2 706条。实行证章标志管理，1~10月，审核年检动物防疫条件合格证15个，新办兽药经营许可证2个。未出现倒卖、借用动物检疫证章标志违法行为。

动物卫生监督执法：动物卫生监督所立案调查处理43起监督检查中达到立案条件的案件，超额完成市级下达任务10起。其中动物卫生监督案件37起，结案23起，14起正在立案调查中；兽药、饲料监管一般程序案件立案6起，查处结案6起，全部结案。全区未因零星动物疫病造成大范围传播、未发生重大动物食品安全事故。

畜禽粪污资源化利用：2019年，畜牧兽医技术推广服务中心人员挂钩畜禽养殖场（户），指导猪、牛、羊、禽、兔、蜂养殖技术、草料生产。跟踪监测禽粪污资源利用及管理，指导畜禽养殖场（户）开展畜禽粪污资源"雨污分流、干湿分离"工作；技术指导覆盖20个乡镇（办事），印制发放畜禽规模养殖场粪污资源化利用台账表册。保护生态环境，打造绿色健康畜牧业发展方式。

【蔬菜产业】　2019年，蔬菜播种面积2.67万公顷，总产量约80万吨，总产值7亿元，其中，冬早蔬菜0.27万公顷，大春蔬菜0.73万公顷，晚秋蔬菜1.67万公顷。平均单产2吨。露地蔬菜种植种类20余种，其中叶菜类、花菜类、瓜类、萝卜类、茄果类、葱蒜类、菜用豆类等种植面积上千亩。特色蔬菜种植：旧圃镇、永丰镇发展旅游观光莲藕特色种植266.67公顷，以水旱轮作种植水果豌豆1 333.33公顷。至2019年10月9日，有蔬菜大棚7 000余个，占地233.33公顷，种植品种：黄瓜、番茄、礼品西瓜、辣椒、西葫芦等，平均每公顷收入可达15万元。2019年，恒大援建大棚2 200个，靖安片区建设1 400个，现由江夏吉之汇公司种植菜薹、芥蓝菜。

新型经营主体培育：2018年，招商引资结合扶贫产业园区建设引进陕西海升、重庆吉之汇、西充百科等企业建设蔬菜产业园。至2019年末，

陕西海升种植胡萝卜133.33公顷，吉之汇种植蔬菜266.67公顷，百科公司蔬菜示范基地133.33公顷。有效期内"三品一标"蔬菜产品29个，其中无公害农产品认证11个，绿色食品认证18个，认证面积557公顷、实物量18 215吨。全区无蔬菜加工企业，产品为鲜菜。

【天麻种植】　全区3个天麻种植公司和3个天麻专业种植合作社为种植大户，采取"公司+基地+贫困户"经营模式，完成种植166.66公顷（2018年留存33.33公顷）。其中，无性繁殖96公顷，有性繁殖37.33公顷，配套建设菌材林533.33公顷，推广"两菌"35万袋。分布在盘河镇27.33公顷、青岗岭乡53.33公顷、苏家院镇6.67公顷、大寨乡24.67公顷、苏甲乡19.33公顷。实现产量450吨，产值4 500万元，同比增长12.5%。

【中药材种植】　种植面积218公顷。种植以昭通市益雄药业有限公司、昭通市茂通贤富生物开发有限公司为主，加工以乌蒙健尔中药饮片有限责任公司、云南永孜堂制药有限公司为主。种植品种有黄精37.33公顷、牡丹40公顷、党参30.67公顷、当归36.67公顷、桔梗46.67公顷。全区中药种植总产量370吨，总产值1 600万元，同比增加12.5%。

【花卉种植】　昭阳区野生高山杜鹃（木耳花）有2 000余公顷，主要分布在青岗岭、小龙洞等乡（镇）。全区花卉栽培面积153.33公顷，6家公司、3家专业合作社为种植大户。加工产值150万元，种植产值650万元，花卉旅游产值7 500万元，总产值8 300元，同比增加7.4%。

【庄园、园区经济】　2019年，庄园、园区经济主要以发展马铃薯、苹果、蛋鸡、生猪、蔬果、中草药等产业为主。

马铃薯产业：培育马铃薯生产、销售企业、种植大户22户，建立马铃薯专业合作社108个，实现村党组织主导农民专业合作组织全覆盖，构建"企业+基地+专业合作社+建档立卡贫困户"产业支撑模式。

苹果产业：推进、完善苹果示范园区（庄

园）建设和家庭农场建设，围绕"一区两带多园"苹果产业发展规划建设，新建北闸镇国家级现代农业苹果产业园 666.67 公顷、永丰昭通超越现代农业苹果示范园 3 333.33 公顷，苹果专业合作社 101 个，基本做到良种良法和组织化、"党支部+合作社+农户全覆盖"。

蛋鸡、生猪产业：推行"党支部+合作社+农户全覆盖"或"企业+合作社+贫困户""双绑定"发展模式，发展规模养殖、生态养殖。探索成立昭通华曦生态牧业有限公司、昭阳区绿众蛋鸡养殖场、咏赞生猪养殖专业合作社等 37 家企业（合作社）。

蔬果产业：推进昭阳区龙卢故里·万亩荷苑现代田园综合体、秋甸蓝莓现代农业庄园等 8 个高原特色农业产业示范园、田园综合体示范园建设。

中草药及其他产业：推进洒渔中药材产业园、名樱樱花产业园、昭阳区鑫兴中草药 3 个产业园建设。

【脱贫攻坚】 区委、区政府成立副区长任组长、相关行业部门为成员单位的产业扶贫领导小组，设办公室在区农业农村局，负责日常工作。各乡镇实行党政主要领导负责制，"村两委"负责同志抓产业到村到组到户落实。

产业扶贫：深化农业供给侧结构性改革，创新农业农民经营方式，以苹果产业"一县一业"示范县创建为引领，探索农村经营和增收模式，发展特色产业助推脱贫攻坚。产业覆盖贫困户40 567 户 164 198 人、新型经营主体带动贫困户40 567 户 164 198 人，"两个全覆盖"。2019 年，贫困户人均纯收入达 11 680 元。改善优势产业区水利、交通、电力设施，提高农业综合生产能力和抗灾能力，投资 48 991 万元，完成 0.47 万公顷农业基础设施建设。建立挂靠帮带利益联结机制。坚持贫困户自愿、市场化运作原则，引导和鼓励贫困群众参与企业和集体经济公司发展产业，昭阳区农投公司、昭阳区易迁公司、昭通超越农业有限公司、百昭有机农业发展有限公司、江厦吉之汇农业开发有限公司、远智农业科技开发有限公司、134 个种养殖合作社及 70 个贫困村集体经济公司成为带动贫困户增收致富重要载体。新型经营主体与贫困户联动发展，达到有劳动力、有产业发展意愿、有耕地或其他资源贫困户至少与 1 个新型农业经营主体建立合作关系。

产业扶贫政策保障：2018～2019 年，全区投入产业扶持资金 63 969.38 万元，占财政整合扶贫资金 48%。落实政策性农业保险构筑产业扶贫风险防线，为 20 个乡镇办事处、6.5 万余户群众提供风险保障，其中由保险公司承担 3.6 万余户，卡户自缴保费 100 余万元。

特色种植助脱贫：昭阳区苹果面积 3.87 万公顷，户均苹果年收入达 2.5 万元以上，涉及卡户 16 900 户 61 591 人；马铃薯种植 0.29 万公顷，涉及卡户 7 803 户 31 941 人；建设马铃薯储藏室 200 立方米、马铃薯基地 1 566.67 公顷，涉及卡户 645 户 2 712 人；冷凉蔬菜种植 0.16 万公顷，涉及卡户 2 167 户 9 200 人；实施中草药、水果豌豆、车厘子、食用菌、天麻、甘蔗等特色经作项目 0.25 万公顷，涉及卡户 1 157 户 4 776 人。

特色养殖助脱贫：4 968 头生猪养殖项目带动卡户 745 户 3 169 人，2 579 头肉牛养殖项目带动卡户 2 579 户 10 587 人，3 个万羽养鸡场 13.63 万羽养殖项目带动卡户 414 户 1 602 人，500 箱生态养蜂项目带动卡户 125 户 635 人。

资产收益扶贫：2018～2019 年，集体资产收益分红，覆盖卡户 16 434 户 59 442 人。

【维护社会稳定】 与区政府签订《安全生产目标责任书》《综治维稳目标责任书》，与局属 13 个站所签订《安全生产目标责任书》《综治维稳目标责任书》，全年无安全生产事故发生。开展禁毒防艾反恐防范工作，全年无职工上访，调查、办理、反馈群众来信来访，接到群众来信 4 件，办结 4 件；抓好保密工作，完善领导机构，落实工作人员，保密工作未因人员变化停滞，配备保密硬件设施。

【表彰】 杨云跃获昭通市人力资源和社会保障局授予的"昭通市脱贫攻坚个人记功"称号。

昭阳区苹果产业发展中心

【机构设置】 2019 年 5 月，根据《中共昭阳区委办公室 昭阳区人民政府办公室关于印发昭阳区机构改革实施方案的通知》《中共昭阳区委办公室昭阳区人民政府办公室关于印发〈昭通市昭阳区苹果产业发展中心职能配置、内设机构和人员编制规定〉的通知》，昭通市昭阳区苹果产业发展中心成立，核定事业编制 50 名，年末，在岗工作人员 19 人。

【苹果种植】　2019 年，苹果种植规模 4 万公顷，其中，已投产果园面积 2.53 万公顷，总产量 80 万吨，综合产值 70 亿元（其中农业产值 32 亿元，加工产值 38 亿元，比值 1∶1.19）。产业涉及 15 个乡（镇）、办事处，种植农户 11.7 万余户，受益人口 35 万余人，户均苹果年收入 3.5 万元以上，人均苹果年收入 1.2 万元以上，覆盖卡户 1.1 万余户 3 万余人。昭阳区生产的苹果具有"早、甜、香、脆、艳"的地域特点，产品销往云、贵、川及两广、北京、上海、浙江、江苏、福建及东盟国家。

【苹果新植】　2019 年春，计划新植苹果 3 613.62 公顷，其中，标准化种植 1 133.62 公顷，高标准核心示范园 2 480 公顷。3 月 19 日，苗木采购开标，因供苗时间与种植节令偏晚，实际完成 1 133.62 公顷，完成率 78.41%。

标准化种植：统一发放苗木 606 850 株（华硕 197 450 株、红露 56 280 株、新红将军 145 830 株、新 2001 富士 31 620 株、烟富 3 号 69 200 株、烟富 8 号 106 470 株）；完成种植 672.59 公顷：洒渔镇 179.65 公顷、永丰镇 155.93 公顷、乐居镇 15.33 公顷、旧圃镇 20.33 公顷、布嘎乡 45.33 公顷、北闸镇 72.37 公顷、苏家院镇 31.49 公顷、龙泉办事处 13.33 公顷、小龙洞乡 57.44 公顷、太平办事处 27.44 公顷、青岗岭乡 42.62 公顷、守望乡 11.33 公顷；覆盖 6 个乡镇卡户新植苹果 55.79 公顷。受种植节令影响，部分群众在苗木统一采购前自行购苗种植 459.33 公顷。其中：洒渔镇 166.67 公顷、乐居镇 140 公顷、旧圃镇 44 公顷、布嘎乡 33.33 公顷、苏家院镇种植 33.33 公顷、苏甲乡 26.67 公顷、龙泉办事处 0.67 公顷、太平办事处 1.33 公顷、青岗岭乡 13.33 公顷。

高标准核心示范园建设：2019 年春，计划建设苹果高标准核心示范园 2 000 公顷，苗木由企业、合作社或种植大户自行采购，政府一企一策扶持。实际完成 2 480 公顷苹果高标准核心示范园土地流转、深翻整治改良、果树定植及配套设施建设。其中：昭通超越农业有限公司在永丰镇、布嘎乡 2 000 公顷、云南国投中鲁果汁有限公司在苏家院镇坪子村 100 公顷、昭通远智农业投资发展有限公司在苏家院镇苏家院村 200 公顷、昭通市东晨农业发展有限公司在洒渔镇弓河村 106.67 公顷、昭通市伟森农业科技开发有限公司在守望乡马贵闸村 40 公顷、昭通田源农业科技开发有限公司在永丰镇元龙村 33.33 公顷。

【老果园标准化改造】　围绕市委、市政府打造"昭通苹果之城"思路和苹果良种良法、苹果主产区农民专业合作组织全覆盖目标，结合实际，实施苹果老果园标准化提升改造 1.13 万公顷（核心区 0.33 万公顷，示范带动 0.8 万公顷），推广整形修剪、高接授粉品种、改良土壤、疏花疏果、夏季拉枝和摘叶露果六大技术。完成 1.13 万公顷整形修剪、花前灌水追肥、改良土壤、高接授粉品种、疏花疏果。

【示范区良种良法全覆盖】　按照"三覆盖"要求，现有苹果专业合作社 100 余个，实现老果园标准化提升改造示范区良种良法全覆盖、专业合作组织全覆盖。苹果老果园标准化提升改造示范区以村级党组织主导农民专业合作组织全覆盖，不让一户苹果种植户游离于合作组织外。依托国家院士专家工作站、国家苹果产业体系云南昭通综合试验站、云南水果产业技术体系昭通试验站、昭通市苹果产业发展中心等部门，成立 6 个技术实施小组，分片区挂钩联系，为新植果园建设提供技术保障。

【技术培训】　印发《关于抓好昭阳区 2019 年春季新植苹果项目建设相关工作的通知》《昭阳区新植苹果标准化栽培技术操作规程》《昭阳区矮化密植苹果栽培技术操作规程》《昭阳区乔化苹果栽培技术操作规程》《昭阳区苹果抗旱技术指导措施》《关于加强 2019 年苹果生产技术培训工作的通知》，为新植苹果提供标准化建设支撑。围绕苹果新植规划、土地深翻整治改良、打塘、基肥准备、栽植后生产管理及老果园标准化改造技术，挂钩指导组进行室内及现场培训指导，督促栽植进度及质量，确保完成定植任务，提高栽植成活率；举办技术培训班30余场，培训果农4 500余人次，印发技术资料2 600余份。2017年，新型职业农民培育项目于2019年3～10月完成，培训新型职业农民220人（生产经营型60人，专业技能型和专业服务型160人）。

【苹果展销会】 2019年9月20～27日，在昭通国际会议会展中心召开"昭通苹果展销会暨品牌创建会"。会前，制订方案，领导组统一领导，成立3个工作小组；印发《昭阳区2019年苹果展销会招展、现场组工作细化方案》，组织A、B馆合计68家公司、7个苹果主产乡镇、112家苹果生产企业、种植大户、专业合作社、电商平台、苹果产业链延伸企业以及12家优质房地产企业参展；印制、发放《秋韵昭通、苹果之城》宣传画册5 150册。通过百家新零售渠道产销对接专场、行业专家共论昭通苹果产业转型升级、百家新零售商昭通苹果产地行和"昭阳红"品牌发布会以及媒体网红主播产地行等活动，搭建苹果线上线下销售平台，打通果农和商家产销对接最后一公里。

【病虫害防治】 2019年，印发《关于上报桔小实蝇危害情况的紧急通知》《关于印发〈昭阳区苹果桔小实蝇综合防治技术措施〉的通知》至苹果主产乡镇，抽调24名专业技术人员，组建4支专业防控指导组到洒渔、乐居、苏家院、永丰、太平、龙泉、小龙洞、北闸、旧圃、青岗岭、苏甲11个苹果主产乡镇开展培训、指导；在11个苹果主产乡镇召开桔小实蝇综合防治专题培训会、专项推进会，截至11月，开展苹果桔小实蝇统防统治、群防群治专题培训会33场，培训农户、种植大户、生产企业3 600余人次，发放宣传资料6 000余份，指导防治面积2 866.67余公顷；在苹果主产乡镇布设监测点32个，其中洒渔6个、乐居2个、苏家院4个、旧圃3个、永丰4个、布嘎1个、守望2个、小龙洞3个、北闸2个、龙泉2个、青岗岭2个、苏甲1个；苏家院镇东达、绿健举办"糖酒醋液"诱杀防治示范区1.33公顷，洒渔弓河村挂实蝇粘胶板诱杀示范样板6.67公顷，挂诱捕器诱杀示范样板6.67公顷。

【省级现代农业产业园项目】 昭阳区省级现代农业产业园创建项目包含标准化种植示范区建设66.67公顷、老果园提升改造示范区建设2 666.67公顷、综合服务中心建设、苹果生产区建设、苹果品牌创建和苹果产业技术体系建设六个部分，总投资16 707万元（省级财政补助资金1 000万元、其他资金15 707万元），建设主体昭通农投公司。

标准化种植示范区位于永丰镇新民村、守望乡甘河村、苏家院镇迤那村，至年末，建设完成土地流转26.67公顷，完成示范区设施建设、物资采购、滴灌控制设备采购招标；老果园提升改造示范区建设全部完成；综合服务中心完成管理房建设，农残速测设备、产品检测辅助设备、农户利用联系机制设备、培训基地设备、溯源系统和公共交易系统采购招标；苹果生产区建设与苹果品牌创建完成；苹果产业技术体系建设完成，组建市区苹果产业发展中心、束怀瑞院士工作站，完成中国农大科技小院建设，启动苹果辅导员技术服务队伍建设。

【"一县一业"示范县苹果产业创建项目】 根据《云南省人民政府办公室关于公布云南省"一县一业"示范县和特色县名单的通知》文件，正式批准昭阳区为全省"一县一业"示范县之一，创建方案经区政府审核报送至云南省"绿色食品牌"打造领导小组办公室，待正式批复后即实施。项目总投资90 300万元（财政扶持资金9 000万元，企业自筹资金81 300万元）。

昭阳区水务局

【农田水利基本建设】 开展农村饮水安全工程、小农水重点县建设、昭鲁大型灌区（昭阳片区）等农田水利基本建设工作，提高水利工程抗灾减灾能力，为粮食增产、农业增效、农民增收提供支撑。配合农开办烟草等部门做好农业综合开发、烟水配套工程等项目水利相关工作。

【防汛抗旱】 树立防大汛、排大涝和抗洪保平安、抗灾夺丰收指导思想。严格值班值守，防汛期，24 小时值班人员在岗；检查汛前和汛期防汛抗旱工作，完善各类预案，建立预报和预警机制；落实度汛措施，科学调度，做好防汛减灾技术指导和服务；依法防洪、科学防洪，优化调度方案，确保安全度汛。

【贫困村脱贫饮水工程】　2019 年，脱贫攻坚农村饮水安全工程总投资 11 529.89 万元，拨付乡镇项目资金 11 528.34 万元，占总投资的 99.99%。计划建设工程 98 件，安装消毒设备 148 套，总投资 11 529.89 万元，涉及 20 个乡（镇）、办事处 24.24 万人（其中卡户 4 535 人），新建取水建筑物 6 座、水厂 2 座、预处理池 3 座、取水池 93 个、供水池 321 个，维修供水池 43 个、水窖 334 个、输配水及入户管道 1 617.48 千米、入户配套设施 22 649 套、打深井 11 口、建提水泵房 6 间、提水设备 8 套、水处理设备及消毒设备管理房 137 间、净水设备及消毒设备 157 套、闸室 463 个。

2019 年末，工程建设任务总进度完成 99.9%（旧圃镇完成 98%，北闸镇完成 99%，其他乡镇已完成）。开挖深井 12 眼，取水池 235 个，供水池 286 个，安装 PE 管道 1 089.29 千米，开挖土石方 751 492.15 立方米，土方回填 619 174.19 立方米，混凝土 23 858.06 立方米，安装消毒设备 70 套。按照全区脱贫攻坚农村饮水安全保障工作第五次推进会要求，经核实确认，存在补短板项目涉及 14 乡（镇）、办事处，计划投资 3 089.84 万元。已安排行业饮水安全建设专项资金 1 566.01 万元投入补短板项目，余下 1 523.67 万元申请扶贫资金解决，资金全部到位、乡镇启动补短板项目建设。2019 年末，项目建设主体工程基本完成，进入扫尾通水阶段。

【重点水源工程建设】　2019 年，重点水源工程完成边箐水库工程、叶家海子水库工程可行性研究报告。

边箐水库工程：根据批复项目划分，分为 4 个单位工程，29 个分部工程，完成 19 个，评定 8 个；2 079 个单元工程，完成 1 112 个，评定 779 个；工程验收及档案资料与建设同步。12 月底，边箐水库主体工程完工，完成投资。

叶家海子水库工程：列入云南省 2018 年重点水源工程建设项目并已纳入《云南省水利发展规划（2016～2020 年)》。委托昭通市水利勘测设计研究院编制《昭通市昭阳区叶家海子水库工程可行性研究报告》，2019 年 6 月 11 日，上报市发改委，6 月 13 日市发改委组织专家审查，选址意见、水土保持方案、用地预审得到批复，地质灾害影响评估和矿产资源压覆调查待完成后批复。委托有相关资质的公司开展叶家海子水库地质灾害影响评估和矿产资源压覆调查等工作。

【润昭引水工程】　2017 年 11 月 29 日，省烟草公司、昭通市政府和相关部门、昭阳区政府和相关部门协商研究，决定将润昭引水工程分为润昭引水主管工程、润昭工程、守望布嘎烟区供水工程 3 个项目，分别筹措资金建设。2018 年 11 月，向省烟草公司递交《昭阳区人民政府关于调整昭阳区润昭工程建设规模和申请烟草援建资金的请示》及相关报件。2018 年 11 月 23 日，省烟草公司以《关于申请援建昭通市昭阳区润昭工程的请示》上报中国烟叶公司。2019 年 2 月 21 日，中国烟叶公司以润昭引水工程提报送审材料存在不符合烟草行业水源工程援建要求为由，予以退回。根据中国烟叶公司反馈意见和省烟草公司建议，修改相关报件，2019 年 5 月 24 日，上报省烟草公司，省烟草公司 5 月底上报中国烟叶公司审查。年内，项目前期设计工作完成初步设计报告批复、招标控制价审计、招标方案制作。待区委、区政府确定方案后启动招投标。

【2017 年度中央财政小型农田水利重点县建设项目】　昭阳区 2018 年度洒渔镇高效节水灌溉工程于 2018 年 5 月 29 日公开招标，2018 年 6 月 6 日开工建设，2019 年 3 月完工。根据省水利厅要求，苏甲乡布初生态清洁小流域治理工程，项目设计变更后概算总投资 1 197.50 万元，土地总面积 26.55 平方千米，水土流失面积 22.79 平方千米，水土流失治理面积 22.40 平方千米，综合治理 98.3%。各项治理措施：2019 年修建排污沟 3.56 千米、3 级排污管 8.4 千米；增加人工湿地 2 处，村容村貌改造 1 项，休闲文化广场 1 个，公共厕所 1 个，移动式垃圾桶 125 个，道路工程 2.46 千米，河道整治工程 1.81 千米；新建堆肥池 80 个，清洁能源工程 15 盏；种植水保林

45.16公顷，封育治理1 382.23公顷，保土耕种面积803.14公顷，新建标志碑1座，管护碑13块、水质取样点标志设施3个。2020年修建排污沟3.67千米、3级排污管4千米，增加人工湿地1处，厕所改造85个，垃圾处理工程1项。2019年5月16日，签订施工合同，开工建设，年末完成工程量90%。

【河长制工作】 2019年，区、乡、村三级河湖长巡河次数1 934人次，其中，区级28人次、乡级464人次、村级1 442人次。

河长清河行动：截至2019年10月，投入整治人力5 638人次，出动整治车辆及机械291辆次，投入整治资金61.7万元，清理河道439.9千米，清除河道垃圾淤泥12 802.8吨，拆除侵占水域岸线建筑3 408.02平方米，开展联合执法99次，出动执法人员1 164人次，打击取缔非法采砂点4处，处置非法排污口21起，整治非法网箱养鱼捕鱼13起。

河道采砂清理整治行动：组织乡、镇（街道）调查摸底辖区内金沙江、牛栏江、洒渔河、昭鲁大河等河库和水域，经排查，无非法采砂点。

水库垃圾围坝专项治理行动：区河长办排查全区64座水库，卡户，建立名册，未发现垃圾围坝现象。

"清四乱"专项行动：经摸底调查，20个乡、镇（街道）排查出"四乱"问题27个，其中乱占问题4个，乱堆问题11个，乱建问题4个以及其他违法违规问题8个，已全部整治销号。

河库渠环境卫生整治行动：守望乡投入人力236人次，投入六轮拖拉机10辆，资金6 250元。清理水库2个、河道7条，清除垃圾和秸秆等86吨；龙泉办事处清理大沙沟官坝段龙泰家园，清除白色垃圾、淤泥约7吨，出动挖机1台，运输汽车1辆，人员5人，投入资金4 500元；小龙洞乡整治虹桥河，出动人员105人，车辆4辆，清理垃圾40余吨，清理河道2.5千米，投入资金5 000元；永丰镇整治排查出永丰水库坝埂周边6户违规摆摊设点，组织人员拆除水库周边简易棚摆摊设点4家约120平方米，2家租售轮胎摊点约80平方米。

【水政水资源工作】 宣传《水法》《防洪法》《水土保持法》《河道安全管理条例》等法律法规；查处水事违法案件，遏制人为造成水土流失违法案件发生；参与调查非法黏土砖厂，结合《中华人民共和国水土保持法》相关规定，提出建议和政策措施，取缔关闭非法黏土砖厂。加强制度建设，规范水政执法人员执法行为，工作中"亮证执法，亮证收费"，做到"有法可依、有法必依、执法必严、违法必究"。

昭阳区应急管理局

【机构设置】 2019年3月，机构改革，以原昭阳区安全生产监督管理局为主，整合区防震减灾局、林草局、应急办等职能职责，组建昭阳区应急管理局。核定行政编制12名，设局长1名、副局长4名、政工科长1名。下设昭阳区安全生产科学技术中心，事业编制33名。

内设机构：内设10个科室，即办公室、应急指挥中心、火灾救援管理科、水旱灾害应急救援管理科、科技信息和地震地质灾害救援科、危险化学品安全监管管理科、安全生产基础科、安全生产执法科、安全生产综合协调科和非煤矿山科。

增设科室：增设1个科室，即政工科，配置为副科级。

下属机构：下设1个事业单位，即昭阳区安全生产科学技术中心。

【安全生产概况】 2019年，全区发生安全生产事故3起，死亡5人，直接经济损失697.4万元，与同期相比，事故起数下降25%、死亡人数上升25%、受伤人数下降100%、经济损失同比上升597%。非煤矿山、危险化学品、特种设备、商贸企业等行业未发生事故；建筑行业发生安全生产事故1起，死亡3人，直接经济损失380万元；煤矿发生安全生产事故1起，死亡1人，直接经济损失179.4万元。其他行业发生安全生产事故1起，死亡1人，直接经济损失138万元。

【安全生产综合监管】 分解安全生产工作目标到各单位、部门，下发、上报安全生产综合性重要文件、报告 150 余篇，拟定《安全生产责任书》54 份。协助区政府召开全区 4 个季度安全工作会议，协助区政府组织 13 次全国、全省和全市安全生产工作视频会议。组织安全生产专项督查检查，专项督查检查春运安全；联合区住建局、区综合执法局专项整治房屋建筑安全；配合完成区道路运输分局，交警一、二大队开展全区"两客一危"安全工作督查检查；做好迎接国务院考核组对云南省 2019 年度政府安全生产和消防工作考核相关工作延伸县区准备工作；配合市道路交通及道路交通施工安全专项督查组第一组开展督查检查；督查危险化学品行政管理部门和企业；配合市安全生产专项督查组第一组开展汛期安全、安全生产督查检查，查出的安全隐患全部整改到位。指导、督促部门建立安全生产大检查长效机制，排查治理安全生产隐患。完成省政府对市政府安全生产考核延伸昭阳区考核工作。省考核组对昭阳区 2019 年度安全工作给予肯定，市考核组对昭阳区 2019 年度安全工作免考核，定为优秀。

【宣传教育培训】 开展全区"安全生产月""防范风险化工行"活动。印发《昭阳区安委办 2019 年"安全生产月"和"防范风险化工行"活动方案》，细化分解安全生产月期间活动方案。以"防风险、除隐患、遏事故"为主题，组织安委成员单位以及企业 300 余人参加在罗炳辉广场举办的安全生产月咨询日活动。设立行业主管部门、企业展台和消防 VR 体验等 38 个展棚和站台，宣传讲解交通安全、消防安全、用电用气安全、建筑安全、烟花爆竹安全、天然气使用安全等，发放宣传资料 11.45 万余份，现场咨询 200 人次。开展"迎接新中国成立 70 周年安全生产系列宣传教育"活动。编制监督检查计划，组织开展安全生产行政执法案件审核和涉民营企业执法卷宗评查工作，制订实施方案，清理整治无证无照经营，检查企业 1 152 户次，随机抽查 351 户，立案 37 件，行政罚款 237.12 万元，审核行政案件 14 件，提出修改建议 32 条，出动执法人员 186 人次，开展宣传活动 2 次，发放资料 5 000 余份。

【非煤矿山安全管理】 2019 年，召开 4 次非煤矿山安全生产工作会议，警示约谈涉及重大安全隐患企业 5 次，明确非煤矿山安全生产目标达到"零事故"，每月制定工作计划，严格日常执法检查。开展"查大风险、防大事故"专项行动，企业自查上报安全隐患 369 条，整改 360 条。确保重点时段十天一报，督促矿山 10 天安全生产报送，跟踪企业安全生产投入和保障措施的落实。综合调研非煤矿山，对非煤矿山分布、产能、市场供给及需求调查，形成报告，39 个矿山企业签订《非煤矿山安全生产承诺书》《安全生产投入到位、不哄抬砂石料市场价格保证书》。推进监管执法，全年检查矿山企业 123 座次 453 矿次，出具日常执法文书 237 份。其中现场检查记录 123 份，下达整改指令书 81 份，下达复查意见书 26 份，下达现场处理措施决定书 7 份；排查安全隐患 937 条，现场督促整改 236 条，责令限期整改 701 条。依法立案处罚 26 座矿山，处罚金额 86.2 万元。处置安全生产领域矛盾纠纷。创建"平安（非煤）矿山"，完善责任体系，健全机构和制度，加强矿山治安管理。开展平安建设和宣传教育活动。推行"一线工作法"，隐患在一线排查，问题在一线解决，矛盾在一线化解。做好矿山防汛工作、应急救援预案，预防事故发生。

【危险化学品和烟花爆竹安全管理】 整体谋划危险化学品安全监管、上下联动，开展危险化学品（以下简称"危化"）大排查、危化品领域"查大风险、防大事故"百日行动、"防风险、保安全、迎大庆"大排查以及危化品安全工程四大战役。完善安全风险管控责任清单、重点监管对象清单以及高风险单位监管责任清单，落实事故风险防控责任，推动危化品领域安全生产形势好转。开展风险研判，落实隐患治理闭环。采集汇总危化企业安全生产基础信息，建立安全风险数据库，督促企业坚持风险研判和安全承诺公告，落实风险管控责任和措施。要求企业制定、实施《隐患排查治理制度》，规范隐患排查、整改、验收环节，做好隐患排查治理台账，落实隐患排查治理闭环。补齐危化品安全监管力量薄弱、专业知识缺乏、能力不足短板，在省厅、市局聘请专家提供技术服务，开展危化企业安全"专家会诊体检"，根据会诊结果下达《责令限期整改指令书》，限期整改，跟踪督办。会诊体检危化企业16家次，发现隐患项169项，已整改，通过复查验收。不定期暗查暗访和随机检查企业，树立事前服务到位、事中监管到位、事后隐患问题处理到位"三到位"思路。联合乡镇应急办开展联合检查，实行"网格化"管理，安全生产监管体系延伸到基层，倒逼企业落实安全生产主体责任。

【理顺应急管理体系】 成立应急办，组织召开工作部署会，以龙泉、凤凰、太平办事处为示范单位，制订方案、灾害信息报送流程图、工作职责规定、档案规定，下发各乡（镇）、街道办事处，科室人员帮助指导乡（镇）、街道办事处。20个乡（镇）应急办有序开展工作，完善职能制度。工作在全市走在前列，得到区委、区政府好评。编制《安全生产应急救援预案》《非煤矿山安全生产专项应急预案》《危险化学品及烟花爆竹专项应急预案》各1个，辖区内非煤矿山企业、危化企业、烟花爆竹销售企业编制《应急预案》91个。

【演练活动】 2019年，相关企业不同层次组织演练活动，46家危化企业投入资金2万余元开展演练活动。

【救助工作】 开展因灾造成困难群众救助工作，投入冬春救助资金390万元（其中2018年区民政局投入冬春救助资金370万元，2019年4月下达区应急管理局投入冬春救助资金20万元），帮助29 118人解决实际困难。

【扶贫攻坚】 派出1名同志（任驻村第一书记），派出2名驻村队员，开展扶贫攻坚。为驻村队员购买意外伤害险，安排驻村扶贫工作经费1.5万元，拨付2.5万元为冷家坪村活动室更新办公设备。

感恩教育活动：结合"三讲三评"，协调爱心企业争取3万元启动资金，创建"感恩超市"。

基础设施建设：解决群众出行难、道路安防设施隐患问题。协调相关部门修复增设900余米，投入约80万元。

其他扶贫工作：扶贫攻坚冲刺60天工作中，到扶贫村一线蹲点，采集帮扶个人信息，完成"十三清"信息采集，做好易地搬迁、人居环境提升和扶贫信息收集录入工作，扶贫工作稳步推进。

【表彰】 耿礼鹏，其论文作品《昭阳区安全生产大检查长效机制工作探索》入选云南省安全生产优秀论文奖，颁奖单位为云南省安全生产委员会办公室。

昭阳区审计局

【机构设置】 1984年4月成立，核定人员编制20名，实有干部职工11人，内设办公室、工交审计科、商粮审计科和行政事业审计科；1993年5月，增设综合科，人员编制30人，实有干部职工28人，下设办公室、工交审计科、商粮审计科、行政事业审计科、综合科。1994年8月，工交审计科和商粮审计科合并，设置企业审计科；1996年，人员编制26人，设置办公室、综合科、财金审计科、企业审计科、行政事业审计科、基建审计科。2001年，原县级昭通市审计局改为昭通市昭阳区审计局，行政编制20名，工勤人员1名，老干部管理人员1名。设办公室、财政金融审计科、行政事业审计科、固定资产投资审计科、农业与资源环保审计科、经济责任审计科。2011年，机关行政编制22名，其中，工勤人员1名，设局长1名（正科级），副局长3名（副科级），机关内设办公室、财政金融审计科、行政事业审计科、农业与资源环保审计科、固定资产投资审计科、经济责任审计科6个科（室）为股所级。2012年，增设昭阳区投资审计中心和昭阳区审计计算机技术中心，分别下达事业人员编制3名。2016年，两个中心各增加事业编制2名，增加后编制分别为5名。2017年1月，审计改革，实施省级"人、财、物"三统一管理。

2019年，审计职能改革，下设中共昭阳区委审计委员会办公室在区审计局，根据区委办公室、区政府办公室关于印发《昭通市昭阳区审计局职能配置、内设机构和人员编制规定的通知》，核定人员编制32名：行政21名，工勤人员1名，事业编制10名。设局长1名（正科级），副局长

4 名（副科级），经责办主任 1 名（副科级），总审计师 1 名（副科级）。年末实有干部职工 29 人：行政 19 人，事业 10 人。

内设机构：下设 8 个业务科（室），即：办公室、法规科、电子数据审计科、财政审计科、农业与自然环境审计科、固定资产投资审计科、社会保障审计科、经济责任审计科。

【党建、党风廉政建设】　年内，专题研究党建暨党风廉政建设工作，调整领导小组，落实"一岗双责""谁主管、谁负责"工作要求。召开工作部署会，层层签订责任书，党组会专题研究党建、党风廉政建设工作。全年组织党组理论中心组学习 11 次、"万名党员进党校"培训 13 期、"三会一课"12 次、主题党日 14 次、党员志愿服务活动 2 次；"不忘初心、牢记使命"主题教育，读书班学习 5 次、学习交流研讨 1 次、学习"党史、新中国史"2 次、先进模范学习 2 次、警示教育 2 次。党组书记讲党课 3 次，其他党组成员讲党课 5 次、支部书记讲党课 2 次、党组书记讲廉政党课 3 次、班子成员讲授专题党课 2 次；党员集中学习时间 60 个学时，撰写读书笔记 27 本、心得体会 30 余篇。组织干部职工参加审计署"审计大讲堂"专题讲座 6 场次。组织 1 人到南京审计学院学习综合业务，组织 5 人到延安市委党校培训，组织 4 人到清华大学培训审计业务知识，机关党员干部到扎西干部学院开展红色专题教育。在挂钩帮扶青岗岭乡新桥村开展党建共建、走访慰问、环境整治等活动。

【精神文明建设】　落实"抓短板、提振审计精神，抓精品、提高审计质量，抓创建、提升审计形象"工作思路，开展爱国主义、集体主义、社会主义、诚实守信、道德品质等主题教育，结合审计工作特点和行业特色，建设学习型机关。组织"道德讲堂"2 场次，参加全省审计机关"道德讲堂"16 期次，开展"四城同创"卫生清扫活动 1 场次、学雷锋志愿服务活动 3 场次、"诚信、感恩"活动 3 场次。参与"我们的故事、笔墨"系列主题宣传活动，庆祝中华人民共和国成立 70 周年"我和我的祖国"合唱及演讲。组织干部职工到村组开展"一对一"结对帮扶，为贫困群众办好事、办实事。组织义务献血 2 人，提升文明单位创建水平。

【审计职能优化改革】　贯彻落实党中央、省、市、区委关于构建集中统一、全面覆盖、权威高效的审计监督体系要求，支持配合审计职能优化改革。昭阳区委组建区委审计委员会，作为区委议事协调机构，在区审计局下设办公室，发挥审计监督作用。审计委员会办公室与审计局组织完成领导干部经济责任审计 2 项，自然资源资产管理责任和生态环境审计 1 项。

【审计工作】　2019 年，组织完成审计项目 38 项（其中，政策落实跟踪审计 6 项、预算执行审计 1 项、财政决算审计 2 项、专项资金审计 17 项、经济责任审计 6 项、投资审计 4 项、企业审计 1 项、信息系统审计 1 项），审计查出问题金额 125 438 万元（其中，违规金额 655 万元，管理不规范金额 124 783 万元），审计处理处罚金额 64 132 万元（其中，应归还资金渠道 10 328 万元，应上缴财政 45 万元，应调账处理 53 759 万元），作出审计决定 2 项，提出审计建议 75 条。跟踪问效审计发现问题的整改，建立问题整改责任清单，逐项整改落实。

【脱贫攻坚】　选派驻新桥村第一书记；抽调 3 名业务骨干，增援新桥村，聚焦数据精准，完善数据关联闭环；开展走访调研、召开院坝会，与乡村干部职工共同商讨存在问题及解决办法。投入扶贫资金 80 万元（其中，拨付工作经费 19 万元，协调争取水塘坝社区人居环境整治工作经费 5 万元，帮助新桥村购置垃圾车一辆 10 万元，帮助解决新桥村厕所建设经费 10 万元，拨付人居环境整治垃圾集中清运费用 5 万元，投入硬化 1 至 6 组村组道路和 8、9 组主干道未修通部分建设资金 31 万元）。开展"自强、诚信、感恩"教育和"不忘初心、牢记使命"活动，向群众宣传党的政策，确保新桥村顺利脱贫出列。

昭阳区市场监督管理局

【机构设置】　2019 年，昭阳区市场监督管理局核定人员编制 176 名，其中：行政编制 141 名，行政工勤编制 11 名，事业编制 24 名。年末，实有人员187人，其中：公务员157人，行政工勤人员11人，事业人员19人。公务员超编16人，事业缺编5人。设局长1名、副局长5名；党委书记1名、党委委员6名（其中1名为事业编制人员）。

内设机构：内设科室19个，执法大队1个，市场监督管理所20个。

科室：办公室、综合规划科、法规科、行政许可审批科、信用监督管理科、人事教育科、价格监督检查科、网络交易监督管理科、市场规范管理科、商标广告专利监督管理科、消费者环境建设指导科、食品安全协调科、食品生产安全监督管理科、食品餐饮流通安全监督管理科、药品医疗器械监督管理科、化妆品监督管理科、质量计量标准化认证认可科、特种设备安全监察科、计划财务科。

执法大队：市场监督管理行政执法大队。

市场监督管理所：昭阳区市场监督管理局凤凰市场监督管理所、昭阳区市场监督管理局太平市场监督管理所、昭阳区市场监督管理局龙泉市场监督管理所、昭阳区市场监督管理局永丰市场监督管理所、昭阳区市场监督管理局旧圃市场监督管理所、昭阳区市场监督管理局北闸市场监督管理所、昭阳区市场监督管理局洒渔市场监督管理所、昭阳区市场监督管理局乐居市场监督管理所、昭阳区市场监督管理局靖安市场监督管理所、昭阳区市场监督管理局大山包市场监督管理所、昭阳区市场监督管理局布嘎市场监督管理所、昭阳区市场监督管理局守望市场监督管理所、昭阳区市场监督管理局小龙洞市场监督管理所、昭阳区市场监督管理局盘河市场监督管理所、昭阳区市场监督管理局苏家院市场监督管理所、昭阳区市场监督管理局苏甲市场监督管理所、昭阳区市场监督管理局田坝市场监督管理所、昭阳区市场监督管理局炎山市场监督管理所、昭阳区市场监督管理局大寨子市场监督管理所、昭阳区市场监督管理局青岗岭市场监督管理所。

【党建工作】 围绕"基层党建创新提质年"要求，健全基本组织，16个党支部优化为10个。建立学习型党组织，采取"三会一课"、前沿知识讲座、网上在线学习、干部自主选学等方式，组织干部学习《习近平新时代中国特色社会主义思想学习纲要》《习近平关于"不忘初心、牢记使命"论述摘编》等书目。开展"不忘初心、牢记使命"主题教育活动，党委理论中心组集中学习9次，班子成员讲党课13次，作风建设专题研究会1次。开展"双报到"，融入驻地党建工作，共驻共建效果明显。

【党风廉政建设】 全年，开展警示教育、廉政谈话等工作，促进干部履责担当。开展"定制赠送收受高档酒茶及其他特殊定制品"清查上报2次、纪律作风督查51次、会风会纪督查4次，约谈未参加会议职工5人，责令1个部门负责人作出检查。在"不忘初心、牢记使命"主题教育活动中，专题整治漠视群众利益问题，落实食品药品安全"四个最严"要求，提升窗口服务质量；严格财务制度、严肃财经纪律，严格控制公务接待费用支出和公车管理。检查、登记并上报11名干部《婚丧事宜情况报告》。

【"放管服"改革】 2019年，全区市场主体总量40 176户，同比增长5 589户；内资企业新登记2 524户，农专新登记124户；企业变更登记1 611户，备案157户，简易注销731户。企业食品经营许可申请206件，新办《食品经营许可证》175件，注销17件，变更31件；受理转报食品生产许可申请15件。办理动产抵押登记25起（企业23起25 690万元，个体2起564万元），实现融资26 254万元，变更登记1起；完成"贷免扶补"30户，放款300万元。完成企业年报公示率96.78%，农专97.93%，个体工商户94.14%。

"双随机一公开"工作：参与市政府主导，市区两级协同开展苹果种植销售跨部门"双随机一公开"联合抽查，抽查企业12家；开展跨三个领域部门内部"双随机一公开"联合抽查，完成上级主管部门安排的抽查任务。按照企业5%、个体工商户3%比例开展"双随机一公开"工作，抽查各类主体1 559户，缓解执法人员严重不足，减轻企业承担压力。

推行"一部手机办事通"：在全区宣传和推行"一部手机办事通"APP平台的使用，方便办事群众。

企业登记注册"全程电子化"： 全年，全区实现网上申请、网上受理、网上审核、网上公示，商事登记管理信息化、便利化、规范化，方便企业登记注册。

【质量标准建设】 开展工业产品生产许可证获证企业巡查和分类监管，巡查企业 7 家，备案 1 家，实施分类监管 7 家，评定 AA 级 1 家、A 级 2 家、B 级 4 家。监管工业产品生产许可证取证范围内危险化学品，取缔 1 个非法生产乙炔黑窝点。监管安全帽、安全带、安全网、防护服等特种劳动防护用品质量安全，出动执法人员 110 人次，检查经营户 116 户、市场 17 个，未发现问题。开展儿童和学生用品安全守护行动，检查 1 家校服生产厂家、1 家充气玩具跳床生产企业。

【知识产权保护】 全区注册基础商标 2 646 件，地理标志商标 4 件。全年申请 1 117 件，待审查 838 件，通过初审 186 件，核准注册 93 件。受理办结广告投诉 15 件，罚没金额 80.8 万元。监测互联网广告 850 次，检查广告经营者 13 家，检查广告信息 86 条，查处互联网违法广告 5 件。完成"国家市场监督管理总局广告业统计系统"平台数据核实录入。监管农村市场和宣传商标保护，提高消费者商标品牌意识和识假辨假能力；加强展会知识产权执法保护和电子商务领域知识产权执法保护工作，引导电商平台开展自查自律工作，保护民营企业知识产权，打击知识产权侵权假冒行为。

【食品安全监管】 调整领导机构，与 20 个乡（镇）、办事处、区食安委成员单位签订《2019 年度食品安全目标责任书》，将食品安全工作纳入全区经济社会发展目标管理考评体系，健全区、乡、村三级食品监管网络。做好食品安全应急处置、风险评估标准体系建设，拟定《2019 年食品安全应急演练脚本》，11 月 16 日，在凤凰中学开展食品安全应急演练。监督管理 406 所学校食堂。日常监管、专项整治相结合，检查学校食堂和校园周边餐饮单位，建立完善校园及周边食品经营户档案。规范农村自办宴席，保障自办宴席食品安全。培训食品安全信息员业务，提升监管水平。落实农村自办宴席备案管理制度，加强自办宴席厨师资质管理，发挥村级信息员宣传、指导作用，推行农村自办宴席常态化管理。全区未发生一起自办宴席食品安全事故。监管畜禽水产品安全。严厉打击畜禽水产品中违规使用抗生素以及非法使用"瘦肉精"等禁用物质、水产品中非法使用孔雀石绿等禁用兽药及化合物、超范围超剂量使用兽药等行为，维护群众食品安全。动态巡查食品生产、流通、餐饮环节食品安全，确保来源清、去向明、可追溯。出动执法人员 2 025 人次、执法车辆 356 车次，检查食品生产经营户 2 000 余家，责令整改 50 户，处理违法违规经营户 16 户，扣留或现场销毁违法食品 300 余包（袋），抽检食品 15 批次，立案查处 14 起，罚没收入 27.5 万余元。以示范乡（镇）、示范街、示范店和示范食堂为引领，完成"明厨亮灶"改造，实施视频厨房 70 家，其他形式明厨亮灶 800 余户。落实"四有两责""双随机一公开"抽查制度。突出靶向抽检，点面兼顾，实现区域、企业、品种、项目、环节及业态覆盖。监督和抽检食品安全。全年开展 30 个类别抽检，完成国抽 59 批次、省抽 97 批次、食用农产品 240 批次、风险监测 22 批次。

【药械、化妆品市场安全】 实行日常监督检查、专项检查、认证检查、监督（计划）抽样四项监测结合，从药械购进、验收、储存、养护、使用、再评价进行监管，保障全区药械安全。

药械市场监管： 新办药品经营企业 26 家，变更 31 家，注销 3 家。新办医疗器械 37 家，二类备案 64 家，注销 3 家，变更 9 家，认证药品零售企业 41 家，检查药品零售企业 27 家。完成国抽医疗器械 3 批次，省抽 12 批次。抽检药品 102 批次，不合格 8 批次，上报药品不良反应 390 例，上报可疑医疗器械事件 90 例，药物滥用 140 例；检查药械经营企业及医疗机构 900 余家，查处案件 33 件（药品案件 28 件、医疗器械案件 5 件），其中一般程序 28 件，简易程序 5 件，罚没款 21 万余元；开展执业药师"挂证"整治，检查企业 200 余家，责令整改 22 家，未发现执业药师"挂证"行为。开展中药材市场整治，检查 200 余家，责令整改 12 家，抽检中药饮片 32 批次，不合格 1 批次。查处经营无证、翻新、淘汰医疗设备违法行为；整治互联网医疗器械经营隐形眼镜和避孕套行为；开展角膜塑形用硬性透气接触镜、互联网医疗器械销售、大型医疗器械检查，无菌和植入性医疗器械、医疗器械交叉检查及整治工作；严查贮存和运输有特殊要求产品（包括冷链医疗器械产品）储运管理，严查运输环节责任落实。查处医疗器械案件5起，其中无证经营3起，使用过期医疗器械2起，罚款近13万元。检查冷藏药械、疫苗等，建立冷藏药械、疫苗等途中运输温度记录和存储温度记录，确保途中运输和存储符合温度要求，降低风险，保证安全。查处无证经营药械企业1家，查处使用假药案件1起，查处无证经营医疗器械案件3起，调查处理投诉举报案件28个。

化妆品市场监管：开展化妆品经营使用环节监督管理，完成抽检国抽任务9批次，省抽任务5批次，检查保健食品经营企业100余家，化妆品经营企业200余家，上报使用化妆品不良反应18例。

【特种设备安全管理】 办理特种设备登记380家，设备904台；安装告知98家，设备340台；办理压力管道40 408米。办理报停手续36家，设备51台；注销手续192家，设备346台。检查重点区域为：住宅小区、医院、商场超市、学校、宾馆酒店、车站、风景区等人员密集场所使用的各类设备、液化气瓶充装站等。重点行业监督检查的重点是电梯、油气输送管道和城镇燃气压力管道、食品生产企业各类特种设备、气瓶检验单位和各类气瓶等。全年检查特种设备使用单位120家，设备1 051台，发现安全隐患144项，现场整改105项，下发指令书18家39项，已整改18家36项，立案调查2家3项，罚款21万元；检查钢瓶检验单位2家，加气站3家，充气站5家，使用压力容器31台、压力管道135.4千米、安全附件27只，指导消除安全隐患10条。全区保持特种设备安全"零事故"态势。

【市场整治】 2019年，开展校园周边电子产品市场、文化用品市场、小食品摊点等的整治，打击销售作弊器材和假冒伪劣考试用品。配合文化部门加强网吧、电子游戏经营场所、台球厅等监管。推进大气、水、土壤污染防治，参与

环保部门对影响环境和安全问题、群众反映无证从事废旧回收的调查处理。开展"查大风险、防大事故"百日行动，组织实施汛期安全生产检查和"防风险、保平安、迎大庆"消防安全执法检查。配合消防部门开展企业消防隐患排查和承诺书签订收集，上报安全生产各项工作及报表。开展拍卖市场、盐务市场监管及利用合同格式条款侵害消费者权益违法行为专项整治，苹果市场、电动车市场、验光配镜市场专项整治，维护市场秩序。

【消费者权益维护】 全年审核一般程序案件68件，罚款270余万元。组织70余人普法培训，组织法律"六进"15次，提供法律咨询3 223次，投入经费10.75万余元。提高消费维权效能。受理消费投诉1 346件，办结1 240件，同比增长168%，挽回经济损失160万余元。接待来人来访、咨询5 000余人，接听来电360余个，受理"一部手机游云南"投诉并办结9件。开展"信用让消费更放心""3·15"主题活动，引导经营者诚信、守法经营，提升公众消费维权意识。组织普法活动2场次、各类会议6场次，大型咨询活动6场次、播放公益宣传广告20条，组织"12315"开放活动5场次，发放宣传资料2万册，经营者参与300余户，消费者参与4 000人次。关注热点、调解纠纷、为民解难，调查昭通碧桂园部分业主投诉12项内容28件，联系相关部门和业主进行调解，化解矛盾。

【扫黑除恶专项斗争】 扫黑除恶专项斗争和日常监管工作结合，配合有关部门依法从严、从重、从快打击违法犯罪活动，分析排查是否存在欺行霸市、强买强卖、收保护费"行霸""市霸"黑恶势力。排查集贸集市、批发市场、车站码头、旅游景区涉黑、涉恶案件线索。建立台账，摸清动态信息，"底数清、情况明"。与市场开办方签订《扫黑除恶责任书》70余份、与行业经营者签订《扫黑除恶责任书》320份，签订承诺书520份，发放问卷调查600余份，公布举报电话，设立26个举报箱，制作3万余张扫黑除恶联系卡，在人口聚集场所张贴宣传画2 000余张，投入经费26万余元。全年接上级部门、区扫黑办、市公安局昭阳公安分局移交线索8件，

全部办结反馈。打击传销，规范直销，开展打击传销宣传，乡镇、街道、学校设立咨询点，接受市民咨询700余人次，发放宣传材料3 000余份。配合公安机关成功端掉8个涉嫌传销窝点，遣散10人，遣送74人。

【脱贫攻坚】　挂钩帮扶乐居镇中河村、仁和村、新河村和上街村。其中，中河村挂钩帮扶634户，仁和村挂钩帮扶195户，新河村挂钩帮扶106户，上街村口户。以"两不愁、三保障"为中心，扶智扶志。落实"住两晚""三个一""四必须"，做好"五查五看"。脱贫摘帽冲刺60天，安排82%干部职工到村，核查落实收入、人口变化，住房安全、教育、医疗、饮水保障等。为驻村工作队员购买保额为100万元的人身意外保险，拨付工作经费4万元到挂钩帮扶村，安排驻村工作队员健康体检，更换5名驻村队员。跟踪问效驻村队员，每月1~2次纪律作风督导检查，确保在岗履职。建立脱贫攻坚工作沟通机制，与行业部门联系，为其他行业部门提供经营实体数据比对核查。比对扶贫领域163.95万人次，反馈经商信息48 880个次。

【表彰】　崔凤鸣，获中国电子商会授予的"'2018~2019华夏银行杯全民普及《消费者权益保护法》答题赢大奖'活动全国亚军"称号。

钟顺敏，获区人大常委会授予的"2018年度履职'先进工作者'"称号，昭阳区委、区政府授予的"昭阳区2018年度脱贫攻坚先进个人"称号。

崔凤鸣、马锷、郑昌发，获昭阳区委、区政府授予的"2018年度安全生产工作先进个人"称号。

唐鸿，获昭阳区委、区政府授予的"2018年度禁毒工作先进个人"称号。

昭阳区林业和草原局

【机构设置】　2019年3月5日，根据《昭阳区机构改革实施方案》要求，原区林业局职责、区农业局草原监督管理职责，市国土资源局昭阳分局、区住房和城乡建设管理局、区环境保护局、区水务局、区农业局等部门自然保护区、风景名胜区、自然遗产、地质公园管理职责等整合，组建昭阳区林业和草原局。区森林公安局（区公安分局森林警察大队）更名为区自然资源公安局（区公安分局自然资源大队），由区林业和草原局、市公安局昭阳分局实行双重管理。

机构改革后，昭阳区林业和草原局是政府工作部门，正科级，由昭阳区自然资源局统一领导和管理。负责全区林业、草原及其生态保护与修复；荒漠化防治；森林、草原、陆生野生动植物资源、自然保护地、湿地资源的监督管理；推进林业和草原改革和产业发展；组织编制林业和草原火灾防治规划和实施等相关工作。设行政编制11名。局长（区自然资源局副局长）1名（正科级），副局长4名（副科级）。

2019年7月31日，区自然资源公安局（区公安分局自然资源大队）更名为区森林公安局（区公安分局森林警察大队），由昭通市公安局昭阳分局直接领导管理。

内设科室：内设行政科室7个，即：办公室、计划财务科、生态保护修复科、林草资源和国有林场管理科、草原和湿地管理科、自然保护地管理和野生动植物保护科、林业草原改革与产业发展科。

下属机构：下设8个事业单位（1个正科级，7个股所级），即：区国有林场（正科级）、区长江中上游防护林工程指挥办公室、区林木种苗质量监督检验站（加挂林木种苗管理站牌子）、区农村能源工作站、区林业和草原技术推广站、区林权管理服务中心、区森林经济民警中队、森林和草原病虫害防治检疫站（参公）。

【脱贫攻坚】　抽调13人驻苏甲乡布初、新店子、车噜、瓜寨、水井5个村扶贫，5人任第一书记（含队长），职工134人挂包贫困户541户。2019年度，聘用生态护林员3 099人，补助标准8 000元/人/年。1月，续聘837名；5月，补聘275名；7月，增聘1 987名，覆盖20个乡镇（办事处）和大山包自然保护区。履行护林职能3 075名，履行大山包湿地管理职能24名。涉及卡户3 099户，脱贫人数13 472人。通过惠农"一折通"兑付到户公益林生态补偿面积5.40万公顷，金额810.4万元，其中：卡户19 447户、84 074人，2.09万公顷，补偿资金313.4万元；

培训卡户 1 200 人次，发放青花椒丰产栽培技术管理年历 1 200 余份，青花椒夏季修剪技术要点 1 200 余份，果后肥追施技术须知 1 430 份。脱贫摘帽冲刺 60 天誓师大会后，抽调 80% 以上干部职工下沉驻村扶贫。

【造林绿化】 实施青岗岭乡乡村振兴绿化造林项目，投入 50 万元，沈家沟村民居道路旁种植绿化树木 405 株；实施昭彝路昭阳段绿化造林项目，投入 92.06 万元，种植雪松 2 563 株；实施靖安新区面山坟地及河道绿化项目，投入 298.15 万元，绿化坟山及河道；盘河镇、靖安镇、青岗岭乡异地造林 214 公顷，使用森林植被恢复费 270 万元；北闸镇、大山包镇、大寨子乡、苏甲乡、田坝乡、小龙洞乡、炎山镇 7 个乡镇实施草原监测项目，设置监测样地 12 个，样方 36 个。

【天保工程】 完成天保管护 7.38 万公顷，其中国有林 0.86 万公顷，集体林 6.52 万公顷，计 19 个实施单位，统一管护。管护人员 479 名，补助标准 8 000 元/人/年，管护劳务费 381.6 万元。管护责任制落实率 100%，完成率 100%；完成 2018 年度（跨年度实施）0.13 万公顷森林抚育工作。

【退耕还林】 通过乡镇、村组"一事一议"，完成 2014、2016 两个年度 1 480 公顷退耕还林存在问题整改；初级验收 2018 年度 4 666.67 公顷退耕造林项目。结合"三块地"规划 2019 年度 606.67 公顷退耕还林项目，兑现 2020 年造林农户补助。

【石漠化综合治理】 完成 2019 年度石漠化治理项目人工造林 413.27 公顷，封山育林 1 538.8 公顷，分布在北闸镇、盘河镇、大寨子乡、乐居镇、苏甲乡、洒渔镇，占任务 100%。

【林业产业】 完成田坝、炎山、大寨子卡户花椒提质增效 258.73 公顷，投入 232.86 万元，涉及卡户 1 125 户 4 671 人，其中炎山镇改造 38.78 公顷，田坝乡改造 209.68 公顷，大寨子乡改造 10.27 公顷。实施苏甲乡卡户核桃高枝换优

39.8 公顷，投入 35.82 万元，涉及卡户 233 户 930 人。

【林木种苗管理】 调运检验各类林木种苗 3 800 余万株。其中花椒 2 500 万株、牡丹 185 万株、西南桦苗 120 万株、苹果 200 万株、华山松 500 万株、女贞 20 万株、楤木 20 万株、竹子 15 万株，其他如桃、李、梨、杏、柿子、樱桃、板栗、无花果、桂花、侧柏、雪松、杜仲、银杏、毛叶山桐等 240 万株。新办《林木种子生产经营许可证》24 个，到期换证 48 个。全年辖区内办理《林木种子生产经营许可证》139 个，依法注销 10 个。办证程序公开化、标准化，网上申办，网上审批，申办资料审查合格三天内发证。

【资源林政管理】 完成 2019 年省级公益林区划落界、森林核查、森林资源管理"一张图"年度更新，完成森林湿地资源监测工作，工作成果通过市林草局审核上报；配合环保、水利、国土、工信、安监等部门完成小水电站清理整改、非煤矿山转型升级、煤窑整治关闭、中央环保督查"回头看"整改落实检查验收工作。签发木材运输证 166 份，运输木材 2 167.63 立方米。办理林木采伐许可证 143 份，采伐林木蓄积 7 779.66 立方米。受理办结征占用林地 10 起，使用林地面积 24.33 公顷。

【林业有害生物防治】 普查 20 个乡镇、办事处和国有林场 154 个村 3.4 万公顷松林，发放诱捕器 28 套，未发生松材线虫病；在大寨子、田坝、炎山 3 个乡镇开展花椒蚜虫防治 0.14 万公顷。办理森林植物检疫证 328 份，其中木材 1 920.83 立方米，苗木 1 244.2 万株；检疫种苗花卉基地 30 个，苗木 2 430.14 万株；复检 29 批次，木材 10 486.2 立方米，苗木 1 186.72 万株。有害生物成灾率 1.69‰，无公害防治率 92.2%，测报准确率 98.8%，种苗产地检疫率 100%，完成上级下达防控指标。

【森林防火】 全年发生森林火灾 2 起，过火面积 35.43 公顷，受害面积 2.48 公顷，森林火灾受害率 0.03‰，火情或荒火 13 次，无重大、特大森林火灾发生，无人员伤亡；三甲、绿荫

凤凰山、花果山、大龙洞等林区割除干枯杂草200余公顷，烧除枯枝落叶13.33公顷，维修林区公路及防火通道15千米；成立扑火应急队伍25支750余人，义务扑火队147支2740人；森林防火宣传，发放森林防火户主通知书3万余份、防火宣传卡片3万余张、《森林防火》宣传语音文件4个、五彩旗500套，张贴省、市、区森林草原防灭火命令各6500份；排查森林防火隐患3500次，查处违规用火71起，刑事处罚4起。

【野生动植物保护】 做好野生动物疫源疫病防控，全年没有发生野生动物疫情；防控非洲猪瘟，清理整顿野生动物驯养繁殖场所，注销17家未养殖和没有按规定养殖驯养繁殖经营许可证。配合保险公司开展2018年度野生动物肇事案件赔偿及2019年野生动物肇事上报工作；编制《昭阳区湿地修复方案》，监测5466.55公顷湿地。

【生态安全和林区稳定】 区森林公安局开展"森林督查""打击野生动物资源违法犯罪""打击整治象牙等珍贵濒危物种及其制品走私"等专项行动，维护林区治安稳定。全年收缴野生动物223只：活体181只（环颈雉37只，白腹锦鸡8只、隼1只、果子狸1只，蓝孔雀1只、云雀133只）、死体42只（斑鸠37只，猪獾2只、鸟3只）。收缴野生动物制品3件（鵟标本2件，红腹角雉标本1件）；收缴猎捕工具电瓶1个、升压器1个、电线1圈、鸟笼73个；收缴檬子木等野生植物制品123件；收缴野生植物黄杨、杜鹃、鼠李属植物、荀子、马樱杜鹃、映山红、白马鬃铃花、野桂花、小铁仔等树苒1000余株。全年，受理森林案件241起，查处238起。其中刑事案件28起，查处25起；林业行政案件212起，治安案件1起。

【扫黑除恶专项斗争】 成立扫黑除恶专项斗争领导组，召开专题会议研究部署，拟定行动方案。制作宣传标语16条，发放宣传资料200余份。接转办线索7条，核实上报7条，协助公安分局办理涉黑案件1件。排查林地、草地、湿地范围内违法违规私建"住宅式"墓地，全区无"住宅式"私建墓地。排查行业监管漏洞，排查出1起，涉及退耕还林项目，涉案当事人已被区纪监委留置调查，2019年12月18日，依照相关法律、法规开除该当事人党籍，2019年12月31日，开除公职；清理林地范围内违建别墅，发现1起，位于大山包自然保护核心区范围，建筑面积约2000平方米，按照区违建别墅清理领导小组办公室要求，2019年11月27日拆除，恢复原样。

【"放管服"改革】 指定3人负责行政审批工作管理，入驻"市民之家"，方便群众办事；清理林业和草原行政职权，机构改革后，根据省市职能调整，区林草局涉及22大项27小项，其中行政裁决2大项2小项、行政许可20大项25小项，入驻行政许可6大项，10小项。压缩现有审批事项承诺时间，精简程序，简化办事流程，缩短审批时限。

大山包保护区管护局

【机构设置】 根据昭通市机构编制委员会批复规定："云南大山包黑颈鹤国家级自然保护区管理局（大山包景区管委会）"更名为"云南大山包黑颈鹤国家级自然保护区管护局，加挂大山包景区管委会牌子，正处级财政全额预算公益一类事业单位"。核定事业编制35名，其中：局长1名（正处级），副局长2名（副处级），科级领导职数14名（11正3副）。年末有事业人员27人：九级职员15人，专业技术人员9人，工勤人员3人。空缺事业编制8人。正处级1人，副处级1人（编制不在本单位），正处级调研员1人。

内设机构：内设5个职能科室和1个科学研究所。

科室：办公室（含计划财务）、资源保护科、科普宣教科、社区科、生态旅游管理科5个职能科室。

科学研究所：1个科学研究所，下设5个管护站（大海子、跳墩河、长会口、勒力寨、大河边）。

【党建工作】 保护区管护局党支部2003年

成立。2019年1~5月有正式党员27人,其中处级党员领导干部2人,科级党员领导干部5人;2019年7月后,单位机构改革,14名党员组织关系转出,4名党员组织关系转入,现有正式党员17人。

【资源环境保护】

政策保护:发布《关于进一步加强大山包黑颈鹤国家级自然保护区管理的通告》,严禁任何单位和个人擅自进入大山包黑颈鹤国家级自然保护区;严禁外来车辆擅自进入大山包保护区;严禁一切非法载客、拉客过境行为,违者将严厉处罚。需过境人员必须在鲁甸新街酒房驿站接受过境检查,办理换乘手续,统一乘坐换乘车有序过境;过境人员在保护区内必须严格遵守《云南省昭通大山包黑颈鹤国家级自然保护区条例》《云南省湿地保护条例》等规定。对擅自进入或违反规定者处100元以上5 000元以下罚款;对触犯刑律的,移交司法机关处理。

资源环境监管:2019年,查处各类行政案件32件,处罚29人,收缴罚款16.15万元。其中:野外用火案7件,处理4人,罚款2 700元;湿地内放牧11件,处理11人,罚款3 300元;非法收购野生动物8件,处理8人,罚款2 780元;擅自开车进入保护区1件,处理1人,罚款500元;无证运输野生植物1件,处理1人,罚款1 000元;擅自改变林地用途2件,处理2人,罚款38 629.9元;滥伐林木2件,处理2人,罚款112 645元。刑事案件4件:非法猎捕野生动物3件、擅自改变林地用途1件,刑事案件办理中。

【功能区划调整】 2017年8月,市政府启动大山包自然保护区规划修编调整,将大山包集镇及通往昭阳区的公路调出保护区,调出保护区面积480公顷,其中缓冲区56公顷、实验区424公顷,调整后,自然保护区规划面积由192平方千米变为199.1平方千米。2019年3月21日,通过国家专家委员会评审,针对专家提出意见建议完善资料,根据国家林草局和省林草局要求,相关资料已提交上级部门。

【越冬巡护监测】 每年11月至次年4月,属黑颈鹤越冬期,为确保黑颈鹤及其他水禽安全越冬,管护局组建69人综合执法队伍,劝导游客、车辆禁止进入保护区,制止破坏湿地和干扰黑颈鹤活动。成立大山包保护区野生动物疫源疫病监测防控工作领导组,制定监测防控工作方案和"高致病性禽流感监测防控"应急预案,建立监测信息"零报告"制度,3月,候鸟迁徙季节,监测黑颈鹤越冬期4个夜宿点防控,开展野生动物疫源疫病监测防控知识宣传,劝导村民做好畜禽隔离,防止交叉感染,全年无疫病疫情。2019年12月20日,监测到越冬黑颈鹤1 385只。

【环境保护宣传】 开展"世界湿地日""爱鸟周""世界野生动植物日"、湿地管护员培训、扫黑除恶斗争、保密专题教育、中华人民共和国成立70周年、消防安全知识培训等宣传活动,科普宣传60余场,悬挂宣传横幅30条,制作宣传展板12块,发放宣传资料6 000余份,在大山包国际重要湿地网站发表信息46条,向各级媒体投稿科普宣教科创作图文70余件,有50件分别被中央电视台、中央人民广播电台、中国日报、云南自然保护区丛书、云南人民广播电台、昭通电视台、昭通人民广播电台、春城晚报、昭通经济与社会、昭通文学等正规媒体采用刊播。

【湿地生态科研监测】 布设黑颈鹤食物源补充基地野外监测和红外相机16台,监测时间4个月,收集200G红外相机数据。在补偿区大海子、海脑壳2个村民小组,组织问卷调查1次,发放问卷调查表50余份,非补偿区大堡子塘村民小组对照调查20余份。监测大海子湿地植被,布置样方30余个,调查样方内植物种类、株树、盖度、生物量等指标。根据遥感监测报告,核查保护区内人类活动情况,核查耕地、居民点和人工湿地300余个点位,采集现场照片。

【科研监测设备采购】 完成2017年度湿地保护与恢复项目监控系统、水质监测仪、水位监测仪、自动气象站采购,安装调试,安装监控摄像头5个、水质监测仪和水位监测仪3套、自动气象站1座。

【湿地项目工程】 裸地恢复20.29公顷、冲蚀沟恢复35.81公顷、沼泽化草甸植被恢复

256 公顷、草甸植被恢复 300 公顷，建成生态厕所 1 个（80.7 平方米）、投资 3 630 万元。黑颈鹤栖息地（大海子湿地）一次性湿地补偿，完成 22.33 公顷湿地生态效益补偿，兑付资金 696.80 万元，受益 2 个村民小组 63 户 398 人；完成湿地项目分期补偿子项目 133.33 公顷，兑付资金 904.8 万元。

【脱贫攻坚】 成立副局长任组长、各科室负责人为成员的大山包保护区管护局精准扶贫工作领导小组，选派 4 人组建驻村扶贫工作队，局机关 29 名干部职工与大山包村 356 户贫困户建立结对帮扶，建立完善结对帮扶档案，按照精准扶贫要求开展工作。

昭阳区统计局

【经济运行及收入调查】 2019 年 1~3 季度，全区生产总值 159.37 亿元，同比增长 12.1%，其中，第一产业增加值 10.05 亿元，增长 5.5%；第二产业增加值 84.08 亿元，增长 15.1%；第三产业增加值 65.24 亿元，增长 9.4%。工业总产值 211.56 亿元，同比增长 13.4%，其中，规模以上工业产值 181.46 亿元，增长 13.8%；规模以下工业产值 30.1 亿元，增长 2.5%。规模以上工业增加值增长 13.8%。规模以上固定资产投资 130.24 亿元，同比增长 30.6%。农业总产值 16.22 亿元，同比增长 5.5%。地方公共财政预算收入 10.98 亿元，同比增长 19%；地方公共财政预算支出 63.82 亿元，同比增长 36.2%。社会消费品零售总额 93.11 亿元，同比增长 11.5%。金融机构人民币存贷款余额 1 087.08 亿元，同比增长 32.52%，其中，存款余额 689.75 亿元，增长 23.35%；贷款余额 397.33 亿元，增长 48.45%。根据国家统计局云南调查总队反馈，1~3 季度昭通市城镇居民人均可支配收入 21 182 元，增幅 8.6%；农村常驻居民人均可支配收入 7 710 元，增幅 11.9%。昭阳区城镇居民人均可支配收入 24 095 元，增幅 8.9%；农村常驻居民人均可支配收入 10 337 元，增幅 12.4%，均高于全市平均水平。

【经济普查】 全区共普查登记单位 10 291 家，比第三次经济普查增长 205.1%，核查率 100%。其中，一套表法人单位 220 户，上报率 100%；非一套表法人单位 10 071 户，上报率 90.07%，核查率 100%。个体户抽中小区底册数 1 804 户，新增个体户 187 户，普查登记上报 1 987 户，占 99.8%。组织开展 2019 年人口变动抽样调查工作。

【统计服务】 编辑印刷 2017 年、2018 年《统计年鉴》，印制 2019 年《昭阳统计》月度小册子，反映全区每月经济运行情况，小册子及时报送区四套班子和相关部门。撰写经济运行分析材料，报送区委、区政府，提供决策参考。收集数据，撰写 2018 年全区统计公报和执政纪要。

【机关效能建设】 配合区委编办完成机构改革，转变行政职能，精简机构人员，优化、重组部分科室职能职责，提高办事效率。行政编制缩减 10%，内设科室缩减 25%。做好常规工作，贯彻意识形态和宣传思想工作、综治维稳、安全生产、工青妇等工作部署，推进机关效能建设。

【脱贫攻坚】 2019 年，驻村遍访 140 人次，驻村 50 天结对帮扶卡户 324 户，1 389 人，投资 12 万元，其中资金 10.2 万元，物资折合资金 1.8 万元。举办培训班 3 期，培训机关党政干部 23 人，技术人员 15 人，农村致富带头人 8 人，农村劳动力 51 人，购买或帮助销售农产品 3 万余元，组织劳务输出 23 人。已脱贫 265 户，未脱贫 59 户，有安全住房 324 户，无安全住房 0 户，新增人口 47 人，其中：新生人口 25 人，婚入 22 人；全年自然减少 24 人，配合村两委收集务工证明 650 余张，电话访问 115 人次。易地搬迁 63 户，涉及 4 组、12~16 组部分群众，填写完成"一申请三协议"。

每月专题研究本行业部门脱贫工作，做好收入核算、行业认定、资料报送，紧盯经济发展情况，利用扶贫大数据平台核查群众收入测算短板，查找不精准、异常数据，反馈各乡镇、街道办事处。每月组织全局干部驻村遍访和统计调查，汇总存在问题，向苏甲乡党委政府和村两委汇报、协调解决，帮助协调小松树村两委解决困难。脱贫冲刺 60 天，1 名班子成员、20% 干部职工值守，其余班子成员和80%干部职工到村开展脱贫攻坚工作，每月驻村时间不少于15天，每周调度挂包村脱贫摘帽工作不少于1次。

昭阳区供销社

【党建、党风廉政建设】 全年，落实党委责任主体，营造宣传氛围，宣传报道农民专业合作社，完成党报党刊征订任务、学习强国等工作。组织"两学一做""不忘初心、牢记使命"主题学习教育等，党委理论中心组集中学习8次，主题党日活动2次，自学25人次。开展肃清腐败流毒等警示教育。腾出2间办公室，建立党员活动室和职工之家，为退休党员和职工提供活动场所。整顿机关作风，营造政治和廉政文化环境。拨出5 000元经费给昭通市隆亿农业科技有限公司建立昭阳区供销社培训中心。

【全年工作目标】 与市供销社签订《2019年主要工作目标考核责任书》，全年完成国内购进17.94亿元，销售17.53亿余元，其中：农产品销售9.6亿元，消费品销售5.8亿元，农业生产资料销售1.8亿元；实现食用菌产值1.8亿元。新建合作社12家，提升扶贫产业合作社25个，打造专业合作社联合社示范社2个，改造提升基层社3个，改造提升综合服务社3个，教育培训580余人（其中：帮助昭通市隆亿农业科技有限公司培训食用菌技术人才62人）。

【"空壳社"清理注销】 按照《关于建立全区农民专业合作社数据库的通知》要求，据实填报《昭阳区农民专业合作社基本信息采集表》《昭阳区农民专业合作社基本信息采集汇总表》。区内现有农民专业合作社1 073户，联合社17户，其中种植业602户、养殖业409户、流通业62户。2019年，按照《昭阳区人民政府办公室关于印发昭阳区农民专业合作社专项清理整顿实施方案的通知》要求，开展清理整顿。现有合作社中，正常经营613户，需规范提升418户、引导注销42户、整改吊销51户。对要求重点检查的67户合作社开展检查，其中9户年报后移出异常名录，7户已年报正在申请办理移出异常名录，拟吊销51户。按照《农民专业合作社年度报告公示暂行办法》要求，落实合作社年度报告制度。对农民专业合作社申报项目和扶持奖励，严格审查，征求意见，发挥项目和扶持奖励示范引领作用。

【合作社辐射带动作用】 建立合作社与村级党组织、产业龙头企业、入社成员利益"三联结"机制。提高合作社入社率，扩大合作社辐射带动作用。

产业助推脱贫：巩固提高2018年产业脱贫10 800户45 123人（其中种植脱贫8 205户34 188人，养殖脱贫2 595户10 935人）加入合作社。落实苹果（总脱贫2 010户8 529人，2018年脱贫1 061户4 699人）、马铃薯（2018年脱贫5 460户22 922人）、花椒、天麻、板栗、楤木、核桃、魔芋、甘蔗、香蕉、中药材（2018年脱贫1 684户6 567人）、生猪、肉牛、蛋鸡等畜牧养殖类产业（总脱贫5 400户，2018年脱贫2 595户10 935人）贫困户加入合作社。

合作社管理：规范全区153个村（涉农社区）农民专业合作社和农民专业合作社联合社，具备条件的合作社和联合社成立党支部，促进合作社逐步成为村级集体经济发展、龙头企业入股、社员入股的主要新型农业经营主体。实现每个贫困户至少与1个主体建立经营合作关系。规范章程制度、财务管理、利益分配、档案管理，使合作社成为良种良法推广、技术培训、生产经营载体。实行统一良种优仔、技术标准、生产管理、产品营销、生产保险"五统一"工作。建设合作社综合服务中心，开展财务核算、政策咨询、供求信息、业务指导、培训等工作，扩大代理记账服务对象。创建示范社、联合社，培育国家级、省级、市级农民专业合作社示范社。对吸纳带动50户以上卡户当年脱贫的农业经营主体（含农民专业合作社）给予资金扶持；对土地集中连片超过66.67公顷，入股贫困户超过100户的农业经营主体（含农民专业合作社）发展苹果、马铃薯产业，给予扶持资金，发展壮大集体经济。

【"党支部+合作社"全覆盖】 通过提升改造和村"两委"成员领办创办方式新建和规范村级党组织主导的农民专业合作社，覆盖全区153

个村（涉农社区）。符合条件的 45 个合作社组建党支部 27 个，其中单独建 4 个、联合建 23 个。成立农民专业合作社联合社 17 个。2019 年 6 月 10 日前，每个乡镇办事处成立 1 个以上农民专业合作社联合社。党支部宣传讲解、解除群众顾虑，引导群众加入合作社，带领群众发展致富。靖安镇松杉村有土地 686.67 公顷，平均海拔 2300 米，适宜种植马铃薯。西魁马铃薯种植专业合作社经党支部引领，扩大基地规模、解决产业发展小弱散问题，年底，入社贫困户人均收入约 1.5 万元。永丰镇新民社区党总支 4 个月流转土地 333.33 公顷，领办苹果种植合作社，保障群众增收致富。

【脱贫攻坚】　围绕"两不愁、三保障"，开展危旧房升级改造、产业发展和农村饮水工程以及农村小额贷款等工作。机关干部每月 5～6 日、15～16 日、25～26 日"遍访"，落实"同吃同住同劳动"。脱贫冲刺 60 天中，单位留 1 名人员坚守单位，其余人员下沉社区。保障扶贫工作经费、相关补贴、健康体检、人生意外伤害保险等落实到位。协调上级相关部门 190 万元资金帮助集中社区修路，帮助集中小学解决 243 套学生校服，为集中社区解决工作经费 4 万元。利用东西部对口帮扶平台，为农民专业合作社牵线搭桥，帮助合作社销售苹果、党参、马铃薯等农特产品；两个合作社与广东省东莞市供销社签订订单合同。

【巡察整改】　根据中央、省、市巡视反馈意见存在问题涉及区供销社参与或负责的整改问题，及时报送整改情况报告。截至 2019 年 12 月，完成昭阳区 2018 年和 2019 年 9 月以来中央、省、市脱贫攻坚巡察督查发现问题整改进度清单 4 个，完成农工党中央专题调研指出问题及意见、建议清单 1 个。

【维护稳定工作】　区内 14 家基层供销社未进行企业改制，没有经营活动，无力承担职工养老保险集体应缴部分。14 家基层社所欠职工养老保险集体应缴部分已经还清，2010 年以后，集体应缴部分由区财政解决。2019 年，集体欠缴养老保险资金 139 人 96 万余元正在办理中。做好 154 名基层供销社职工个人养老保险费代收和近 400 名供销系统职工参加工会互助医疗代办工作。因基层供销社财产处置、产权明确、房屋安全等因素，形成多群体长时间上访。乐居、旧圃、靖安、洒渔、北闸和原昭阳区农业生产资料公司改制职工上访不断。区供销社协调、调处纠纷、化解矛盾，保证职工和谐稳定。全年接待上访 524 人次，化解矛盾 8 起。

昭阳区烟草专卖局（分公司）

【机构设置】　昭阳区烟草专卖局、云南省烟草昭阳区分公司成立于 1984 年 1 月；2007 年，更名为昭通市烟草公司昭阳区分公司。年末在岗职工 338 人。

*内设机构：*内设 8 个科室，6 个工作站，2 个卷烟片区中心和 1 个卷烟中转站，3 个片区专卖管理所（稽查中队）。

科室：机关设党群办（人事科）、综合办公室、财务管理科、烟叶管理科（现代烟草农业基础设施建设办公室）、专卖管理科（法规办）、安全保卫科、纪检监察审计科、卷烟市场部。

工作站：布嘎、守望、小龙洞、北闸、迎水、苏家院。

片区中心、中转站：北闸、凤凰 2 个卷烟片区中心和 1 个卷烟中转站。

片区专卖管理所（稽查中队）：永丰、凤凰、乐居各 1 个。

【党建工作】　落实主体责任和监督责任，开展"不忘初心、牢记使命"主题教育，"两学一做"学习教育常态化制度化，发放《党支部规范化建设标准（修订）》80 本、《中国共产党支部工作条例（试行）》50 本、《共生》60 本、《习近平新时代中国特色社会主义思想学习纲要》110 本。召开党委中心组学习（扩大）会议 9 次、专题党风廉政建设工作会和党建工作会议各 1 次。支部品牌创建工作讨论会 2 次，反腐倡廉警示教育 2 次 171 人次；党风廉政建设工作集体谈话 8 次 260 人次；3 人新任职民主推荐考察谈话 3 次 37 人次；任前廉政谈话 3 次 3 人次；3 人任职试用期满考察谈话 3 次 38 人次。开展"党建 +

扶贫",派驻驻村工作队7个,18名驻村工作队员,其中6名为驻村第一书记。职工316人挂钩帮扶贫困户卡户2 232户8 070人。按照"主责党支部牵头挂钩一个帮扶联系点,统筹挂钩部门、挂钩帮扶职工协调推进"原则,投入捐赠资金19.8万元,用于驻村工作经费、帮扶社区坝埂修复及看望慰问特困贫困户;梳理完善近10万份卡户户档资料;利用基层新时代讲习所、党建工作群、扶贫工作群、党员主题党日、服务日,参与村党总支党员活动8次,拟写扶贫党建信息32期,树立"责任烟草"形象,确保昭阳烟草脱贫攻坚工作出成效。

【经济效益】 2019年,收购烟叶20.2万担,其中出口备货1.5万担;收购均价26.59元,上等烟比例55.76%。销售卷烟31 346.13箱,有效零售客户2 985户,实现100%电子结算和网上订货。

【专卖管理】 年内,办理涉烟大案要案10起,申办省级网络案件1起(批捕4人),办理无证经营案件20起,办理涉烟行政案件162起,查获涉案卷烟200.69万支,案值233.65万元;涉案烤烟83.9吨,案值287.17万元。上缴国库罚没金34.79万元。

【生产收购管理】 围绕"市场、质量、绿色、生态、安全"工作方针,开展网格化管理,通过全年"五个狠抓一个示范"(狠抓合同管理,优布局留足地;狠抓梯度育苗,培育适栽小苗;狠抓品种管理,优化品种布局;狠抓小苗移栽,栽纯烟、栽好烟;狠抓技术落地,夯实生产基础,以党建工作引领示范);苦战60天,完成收购任务。

【卷烟营销】 围绕"市场、结构、规范、服务"工作重点,开展"一主线一中心一重心一规范"工作。即:以市场为主线,开展市场调查与营销;以销量为中心,销量与品牌共赢;以服务为重心,强化基础管理;严守规范经营,加强自查和自律。卷烟营销工作与党建工作融合,创建与零售客户"共生"氛围,实现与零售客户"共生共赢"。与红塔银行、信用社、工行等配合,为客户办理"香悦贷"183户,解决资金问题1 280万元。

【综合管理】 围绕"效益、责任、成长、规范"工作重心,严格财务规范,严格风险防控,严控成本费用,管理创新,推进精益管理、办事公开、民主管理。2019年,业务招待费开支为零、发文数同比减少8%、服务对象满意度96.81%。

国家税务总局昭通市昭阳区税务局

【机构设置】 2019年,有职工370人,其中在职254人、退休116人;在职干部中研究生16人、本科生149人、大专生75人、中专及以下14人。

内设机构:内设13个股室,1个事业单位,5个派出机构。

股室:办公室、纪检组、人事教育股、收入核算股、风险管理股、征收管理股、税政一股、税政二股、机关党委、法制股、社会保险费和非税收入股、纳税服务股、财务管理股。

事业单位:信息中心。

派出机构:第一税务分局、第二税务分局、龙泉分局、凤凰分局、太平分局。

【收入】 全年收入296 063万元,为上年同期313 730万元的94.37%,同比减收17 667万元,其中税收收入170 751万元,为上年同期202 319万元的84.40%,同比减收31 568万元;出口退税702万元,其中免抵调414万元;社会保险基金收入110 763万元,同比增收25 935万元,为上年同期84 828万元的130.57%;非税收入7 950万元,为上年同期17 938万元的44.32%,同比减收9 988万元;其他收入7 301万元,为上年同期8 849万元的82.51%,同比减收1 548万元。

【收入特点】 全年入库170 751万元,第一产业入库346万元,第二产业入库29 303万元,第三产业入库141 102万元,第二、三产业收入170 405万元占总入库数99.80%,其中房地产业为增收亮点，房地产业入库 67 200 万元，同比增收 28 105 万元。制造业、电力、建筑业、金融业同比下降，主要是受管户划转影响。全年税收收入，随着国家减税降费政策落实到位，以及部分企业划转市局、工业园区局管理，同比大幅下降。

【减税降费】 贯彻落实党中央、国务院减税降费战略部署，按照"四实四硬"要求，落实减税降费政策与推动主题教育相结合，确保减税降费政策落实到位。1 ~ 11 月，减免税费 23 277.92 万元，其中：税收减免 20 698.76 万元（其中：2019 年新出台减税政策减免税收 13 350.19 万元；2018 年到期后在 2019 年延续的减税政策减免税收 10.07 万元；2018 年减税政策在 2019 年的翘尾减税减免税收 7 338.50 万元）；社会保险费减免 2 579.16 万元。

【税收征管】 2 月 1 日完成"金三"系统并库，开展征管数据治理，提高数据质量，参与"一部手机游云南""一部手机办事通"建设，畅通信息共享，构建协同共治机制，提升征管质效奠定信息化基础。开展欠税追缴，营造公平、公正税收环境，保障国家税收安全。

【主题教育】 开展"不忘初心、牢记使命"主题教育活动，成立领导小组及办公室，制定《主题教育实施方案》。7 个支部书记讲 7 堂专题党课，8 名班子成员对所在支部党员干部讲专题党课。举办 5 期读书班，领导班子开展 5 次集中学习研讨会、提交 9 篇调研报告，形成书面交流材料 39 篇，召开 8 次学习成果交流会。组织党员干部职工前往昭通市委党校接受革命传统教育和警示教育、开展"形势政策教育"，在政务网下发"向先进典型和身边先进人物学习"通知，设置意见箱，检视剖析，查找班子问题 10 项、班子成员问题 27 项，"8 + 3 专项整治"任务 39 项。收集整理《昭阳区税务局"不忘初心、牢记使命"主题教育专项整治台帐》39 条，完成 28 条，余 11 条；《昭阳区税务局"不忘初心、牢记使命"主题教育检视问题整改台帐》，检视问题清单 52 条，完成 49 条，余 3 条。

【税收执法】
健全机构： 健全依法行政领导小组机制，机构合并后，拟定依法行政（普法依法治理）工作领导组会议制度和议事规则（试行），依法行政工作领导小组由局长任组长，副局长为副组长，股室负责人为成员。组织培训（会前学法），履行组织税收收入职能。至少每季度召开 1 会。根据每季度工作，筛选培训内容。普法培训与工作实际结合，培训 1 次，收获 1 次。

落实法律顾问制度： 聘请 1 名律师担任单位法律顾问，按照落实税务机关内部重大决策合法性审查要求，讨论、决定重大事项听取法律顾问意见。探索税收执法重大决定法制审核制度，加强内部重大决策法制性审核。

督察税收执法： 结合减税降费重点工作，在宣传培训、个税改革督导、疑点数据核查、第三方巧立名目收费情况排查整治、因政策原因追溯退税、重点群体及退役军人税收优惠政策落实等方面开展督察，建立台账、督察督导、对标对本开展工作，确保减税降费各项工作落实到位。排查整治辖区内违法发票管理乱象，排查出 1 565 户次纳税人违反发票管理办法，处罚 10.26 万元。

【纳税服务】 实施"便民办税春风行动""为民服务解难题"，落实"一厅通办""一网通办"和"最多跑一次"便民措施。派出 12 名业务骨干入驻"市民之家"，实现辖区范围涉税业务一门办，解决纳税人办税"多头跑"问题。按月邀请纳税人参加税企座谈会，听取意见建议，收集问题 12 个，现场研究解决 12 个，收集意见建议 26 条，其中采纳意见建议 9 条。联合信用评价 8 040 户纳税人，A 级纳税人 0 户，B 级纳税人 2 709 户，M 级纳税人 3 694 户，C 级纳税人 255 户，D 级纳税人 1 382 户。为纳税人提供 73 笔信用贷款 2 868.86 万元。按照省局优化完善电子税务局等网上办税渠道，截至 2019 年 12 月 10 日，办理 1 509 次网络税务登记、184 次网络认定、85 次发票申领、169 项优惠办理。

【扫黑除恶专项斗争】 发挥行业部门监管职责，开展打虚打骗两年专项行动，打击造假票和虚开发票、造假账恶意偷逃税等涉税违法行为，排查重点行业和重点领域，特别排查矿产资源开发、沙石料生产经营、娱乐等行业，发现涉黑、涉恶线索移交有关部门，排查税务人员可能存在涉黑、涉恶"关系网""保护伞"情况，严查快处税务干部涉黑、涉恶充当"保护伞"，核查处理情况移送政法机关及纪检监察机关。全年张贴宣传标语60份，悬挂宣传横幅13幅，制作宣传栏4个，印发宣传手册2500份，干部职工签订承诺书266份，编发宣传扫黑除恶专项斗争短信5260条，发放宣传材料3500份。截至2019年10月底，排查非金属采矿业55家、房地产业13家、娱乐业50家、住宿业174家、交通运输业51家、建筑安装21家、餐饮业368家，其他行业99户，合计831户，没有发现涉黑、涉恶情况。

【脱贫攻坚】 召开党委会、职工大会，传达脱贫摘帽冲刺60天会议精神，动员干部职工冲刺60天，完成攻坚任务。区税务局挂钩大山包、炎山、太平、旧圃4个乡镇，老林村、车路村、屋角村、大沱村、中寨村、水平社区、土城村7个村及社区，派驻25名税务干部驻村，特别是对大山包和炎山镇5个村，选派年轻干部驻村扶贫。1名班子成员留守单位，其余班子成员和80%干部下乡开展脱贫攻坚工作，每月入户不少于15天。全年投入扶贫资金230万余元。

【教育培训】 2019年，印发2019年教育培训计划，干部职工培训12期，共15天。实际培训12期（15天），人均培训13.5天。内容涉及重点税源填报、网络安全、运用系统运维、增值税发票风险管理、减税降费知识、个人所得税政策、社保费和非税政策、廉政内容等。

【表彰】 袁涛、魏宝慧、张瑜、孙德莉、陈杉燚、曹仁义，获昭通市税务局授予的"记三等功"称号。

冯泉江、黄丹、吴红、李文平、雷瑜琳、陈让琴、高秀琴、高家鹏、赵声刚、肖艳、李霖、王雄、洪志峰、陆才旺、马玉涛、何益、吴琳、李庆生、季顺德、吕继东、赵国涛、彭钢、龚应兵、胡书田、徐跃、胡华熠、马再恒、余富斌、杨更生、黄智敏、廖继海、赵成秀、吉愈、曾义、钟海波、滕凤、陈世祥、祖正林、刘向友，获昭通市税务局嘉奖。

文　化

昭阳区教育体育局

【机构设置】　2019 年 3 月，昭阳区教育体育局（以下简称教体局）成立。有职工 74 名，其中：行政编制 24 名。昭阳区委教育工作领导小组秘书组设在区教育体育局。

内设机构：内设 12 个科室，2 个直属事业单位。

科室：党工委办公室、行政办公室（行政审批科）、法规监审科、督导办公室、基础教育科、职业教育与成人教育科、教师工作科、招生考试办公室、体科科、计划财务科、基建科、安全管理科。

直属事业单位：电化教育馆、教育教学研究中心。

【概况】　2019 年，昭阳区有幼儿园 145 所，在园幼儿 3.6 万人；义务教育学校 226 所（小学 191 所，初中 35 所），在校中小学生 12.76 万名（其中义务教育阶段卡户学生 33 496 名）；普通高中学校 12 所（市直 4 所、区直 4 所、民办 4 所），在校生 19 735 人。在职在编教师 7 826 人。学前一年入园率 78%、学前三年入园率 67.8%，九年义务教育巩固率 96.8%，高中阶段毛入学率 89.62%。

【学校优化调整布局】　2018 年以来，累计整合各类资金 8 亿元，新建和改扩建城乡学校 14 所，其中：区五小温泉校区、区五小北校区、正道教育已实现入学招生；红路示范小学、实验小学祥和校区、太平桃源示范校、区四小文渊校区、区四小李家花园校区、凤凰荷花二小等 8 所学校新建或改扩建正在加紧推进；区四小北校区、乌蒙水乡校区、区一中分校 3 所学校即将启动建设。

【改善办学条件】　2019 年，完成 C 级危房加固维修和拆除重建项目 122 个，面积 5.8 万平方米，投资 4 607 万元；完成厕所革命改造项目 146 个，面积 1.03 万平方米，学生卫生意识逐步提高，校园卫生环境得到改善。完成义务教育专用网络"千兆到校、百兆到班"建设工作，城乡所有学校实现"校校通"和"班班通"全覆盖。

【落实惠民政策】　对家庭贫困人口做到各类教育资助政策应助尽助，及时兑现资助资金，不因政策的落实影响学生入学，在各类检查中还没有发现资助政策遗漏问题。2019 年春季学期，学前教育学生资助、义务教育学生资助、普通高中学生资助、中职学生资助、普通高校学生资助等政策得到落实，资助总人数 9.8 万人，总资金 0.65 亿元，其中卡户学生 3.8 万人，资助 0.32 亿元。

【控辍保学】　2019 年，压实部门责任，落实双线四级责任制。区委、区政府主要领导带头包保 1~2 名失学辍学学生，其他处级领导带头包保劝返失学辍学学生 3~5 名。乡镇、学校、村组（社区）包干到人。乡、村、组干部和挂包帮扶人员均有包保任务，形成人人身上有责任的控辍保学氛围，教体局领导班子包乡包校，按照"一校一方案，一生一办法"摸清家底，做好行业扶贫，成立 10 个督查指导组，每个督查组包 2 个乡督查指导，做到督查指导无死角。把控辍保学纳入区委督战队督战内容，纳入教体局督查指导内容，实行"一周一督查，一周一问题交办，一周一整改反馈"，追责、问责问题整改不力的相关领导和工作人员。按照云南省教育厅、云南省司法厅联发文件要求，落实依法控辍保学四个步骤，向辍学失学学生家长下达《责令送被监护人接受义务教育通知书》1 894 份、《行政处罚决定书》1 010 份、《履行行政决定催告书》494 份，通过宣传教育，劝返 269 人；发出责令改正通知书 535 份，劝返 178 人；行政处罚 344 人，劝返 178 人；申请强制执行或提起诉讼 79 人，劝返 24 人。实现卡户"零"辍学，小学辍学率控制在 0.6% 以内，中学控制在 1.8% 以内。学校整合各种资源，"一校一方案，一生一办法"等多种形式安置劝返学生，关心关爱劝返学生，发现学生特长，增强学生自信，开展各类兴趣小组活动，增强对学生的吸引力，千方百计留住学生，让学生学到相应知识和技能。

【划片招生】 区教体局坚持以人民为中心，围绕义务教育均衡发展这一目标任务，多措并举优化资源配置，抓入学制度改革，推进阳光招生、阳光入学，较好解决群众反响强烈的小学划片入学招生问题，基本实现广大群众共享城市优质教育资源目标。2019 年秋季学期，没有因划片入学出现围攻事件和扰乱公共秩序等现象，在广泛调研并不断听取各方意见基础上，通过召开听证会等程序后，于 6 月 11 日正式发布《昭通中心城市 2019 年小学划片入学招生方案》。从各校入学招生报名情况看，划片方案体现公平、公开、公正，赢得昭通市委、市政府肯定，得到社会认可，保障 2 600 余名（比去年净增 1 000 人）随迁子女入学，没有一个家长因入学问题到市、区上访。

【教育体制机制改革】 2019 年，区教体局深化教育体制机制改革，按照"质量强校、师德兴校、管理强校"的思路，建立科学教育评价导向，在全市率先出台《昭阳区义务教育学校教育教学质量考核评价方案》《教育体育系统师德师风建设及整治提升专项行动实施方案》《深入推进依法治校工作实施方案》，各校按照时间进度建章立制，理顺学校管理体系，规范办学行为，增强广大师生法制意识，提高法治素养，依法治校水平大幅提升。

【提升教育教学质量】 2019 年，落实立德树人根本任务，根据新时代教育发展要求，推进课堂教学改革，促进学生全面发展，全区 33 个小学优秀率 25%，比 2018 年提高 4 个百分点，总均分及格学校数达到 23 个，比 2018 年增加 3 个。2018 年初中报考考生 13 342 人中，有 7 650

上录取最低投档线，占 57.34%；2019 年初中报考考生 13 162 人中，有 7 930 人上录取最低投档线，占 60.25%，比 2018 年百分比近增 3 个百分点。其中凤凰中学中考成绩尤为突出，达到昭通一中录取线人数比 2018 年增加 35 人。乐居中学比 2018 年增加 10 人。区一中一本上线人数比 2018 年增加 59 人，荣获云南省 2018 年一级高（完）中教育教学质量先进学校三等奖荣誉称号，被评为省级中外人文交流中小学基地学校，发挥基础教学在开展中外人文交流领域的示范作用。

【学校管理】 2019 年，采取以强带弱、资源均衡的发展思路，以区一小为龙头，原北城小学、荷花二小作为区一小分校；以区三小为龙头，原西城小学、朝阳校区作为区三小分校；以区四小为龙头，原南城小学、东城小学、文渊小学、李家花园校区作为区四小分校；以区五小为龙头，温泉校区、北校区作为分校；以实验小学为龙头，太平示范小学、祥和小学作为分校。校本部和分校实行统一管理，统一入学招生。选优配强分校班子建设，做到分校与校本部师资管理和调配深度融合，共同提高、共同进步。

【教师队伍建设】 建立校长、班主任、骨干教师、师德标兵、教学新秀、教学能手、学科带头人等绩效考核机制。推行教师交流制度，缩小城乡校际师资差距，近千名名教师、名班主任、名校长获得区委、区政府表彰奖励，表彰资金达 373 万元，全区又有农村从教 20 年优秀教师 10 人荣获省级表彰奖励；多渠道补充教师队伍，通过特岗、紧缺招聘、定向招聘、免费师范生安置、计划补员招聘和区外引进教师共新增教师 356 人，实现教育 3 年行动计划每年增加 300 名教师的目标。

【教师队伍培训】 区教体局着力培养管理队伍，组织校长"走出去、请进来"研修和培训 10 余次，累计培训管理干部、骨干教师 2 000 人次。整合 277 名教师向薄弱学校流动，实现教师合理化流动。稳定农村教师特别是山区教师队伍，贯彻落实边远农村教师差别化生活补助标准：一类乡镇每人每月 500 元，二类乡镇每人每月 700 元，三类乡镇每人每月 900 元。

【扩大高中阶段教育办学规模】　2019年，扩大高中阶段教育办学规模，补齐高中教育"短板"。启动新建区一中分校、靖安镇高级中学、区二中、北闸中学4所高中建设工作，学校完工后，累计增加学位6 340个，提高高中阶段入学率。

【推进学前教育】　2019年，全面推进学前教育，守望、布嘎、洒渔、乐居等乡镇中心幼儿园投入使用，新建凤凰街道办事处第二幼儿园、昭阳区炎山镇中心幼儿园、昭阳区青岗岭乡中心幼儿园、昭阳区大寨子乡中心幼儿园、昭阳区田坝乡中心幼儿园5所幼儿园相继启动建设，共计新增学位1 260个，总投资6 774万元，实现全区一乡镇一中心幼儿园全覆盖。全面完成班改幼项目，争取投资1 420.06万元，将62所学校共4 770.04平方米空置和闲置校舍改为幼儿园，解决学前教育教学设施"短板"问题。查处无证幼儿园，规范全区幼儿教育办学行为。特殊教育、继续教育稳步发展。

【职业教育】　2019年，加强东西部扶贫协作，区教体局与长兴县2所职业院校以及滇川渝31所职业院校签订《扶贫协作协议》。超额完成7 455人就读职业学校任务，其中东莞职业教育扶贫协作招生446人（完成率达111.5%）；其他扶贫协作职业学校招生3 331人；市职教中心等其他职业院校招生3 678人。年度就业人数410人，就业率99%，对口就业率83%，用人单位满意度97%。毕业3年职位晋升比例38%。职业教育逐步成为减轻家庭负担的一个支撑点，改变了家长对职业教育的认识。

【民办教育】　区教体局探索多元化办学模式，吸引社会资金以多种方式进入教育领域，华宇、仁德、鑫华、明达等民办学校成效显著，同时，与正道教育、重庆新鸥鹏、成都外国语学校、建水实验中学4家教育集团洽谈办学事宜，其中与新鸥鹏达成初步框架协议，激发教育活力，提高质量、办出特色，办好一批高水平民办学校。

【体育活动】　2019年，开展各类体育竞技比赛活动，完善群众体育设施建设，促进全民健身有序开展，完成全国体育场地调查工作，建成村级文化体育小广场27个，七彩云南全民村级健身广场82个，灯光球场6个。开展体育课程，全区被教育部确定为全国青少年校园足球达9所。校园艺术、卫生、国防教育等活动正常开展。

【校园安全】　2019年，加大地震应急演练、各类安全、校园暴力及校园欺凌等工作的督查处理力度，有效遏制各类安全隐患发生。2018年以来，创建省级禁毒教育示范学校4个，市级2个，县级1个，创建禁毒防艾图书角23个，实现学校、教师、家庭禁毒教育全覆盖。推进扫黑除恶专项斗争工作，与师生签订扫黑除恶专项斗争承诺书16 369份（其中教师7 000多份）；张贴国家公告664张，设置举报信箱124个，发放《致家长的一封公开信》10万余份，开展法制教育50余次，提高师生、家长对扫黑除恶斗争的知晓率。区政府每年投入200多万元，配备94名学校安保人员。建立56所现代信息化管理试点学校，学校男女生宿舍等重点部位安装监控设备。

昭阳区文化和旅游局

【机构设置】　2019年3月，根据《中共昭通市委办公室、昭通市人民政府办公室关于印发〈昭通市昭阳区机构改革方案〉的通知》《中共昭阳区委办公室、昭阳区人民政府办公室关于印发昭阳区机构改革实施方案的通知》，组建昭阳区文化和旅游局（以下简称文旅局），撤销昭阳区旅游局，加挂昭阳区文物局牌子。有行政编制14名。有局长1名；副局长4名，其中1名兼任区文物局局长。

*内设机构：*内设9个科室，即：办公室、艺术科、公共服务科、文化遗产科、行业管理科、市场管理科、资源开发科、产业发展科、宣传交流科。

【旅游】　2019年，区文旅局围绕区委、区政府年初确定的工作目标，以市场为导向，以改革为动力，优化产业结构，完善基础设施，按照

"丝路重镇·秋韵昭阳·苹果之城"的主题定位开展宣传促销。全年,全区共接待海内外旅游者558.6万人次,同比增长18.61%;实现旅游综合收入42.79亿元,同比增长1.42%。

【"一部手机游云南"昭阳板块】 2017年,云南省提出打造"一部手机游云南"平台,经过两年多的建设,"一部手机游云南"APP正式上线并正常运营。云南省制定下发《"一部手机游云南"昭阳区工作任务分解表(第二批)》。根据任务分解表,全面开展城市名片、景区名片、导游导览、旅游投诉、旅游厕所、行业企业诚信评价、旅游产品六大板块的信息采集、资料编撰、影像拍摄、讲解录制等上报工作。完成昭阳区城市名片、龙氏家祠景区、市博物馆、名樱庄园、彝族六祖文化广场数据资料的文字采集和编制;城市、景区名片视频,景区解说词英文翻译工作;完成旅游厕所数据上传、旅游投诉负责人及联系方式上报、涉旅经营单位诚信评价、投诉系统激活、旅游扶贫村旅游资源禀赋情况和旅游扶贫示范户报送等工作。

【智慧景区创建】 2019年,区文旅局完成渔洞名樱庄园和彝族六祖分支景区国家3A级旅游景区智慧景区创建工作,完成龙氏家祠和昭通博物馆的智慧景区创建。申报云南省旅游扶贫示范县和云南省旅游扶贫示范村。组织开展商品零售经营户诚信评价和上线推荐以及旅游精品线路上线等工作。

【文旅宣传】 5月19日,区文旅局在主席像广场参与"昭通市2019年中国旅游日暨全市民族赛装文化节集中宣传展示活动"。活动期间发放手绘地图、旅游宣传资料3000余份,开展旅游咨询500人次;昭阳区选送的《苗绣》苗族服饰7号和9号作品荣获"十佳传统服饰",点蜡桌布获蜡染类铜奖,区文旅局获得组织一等奖。

【旅游促销】 6月11~19日,2019南亚东南亚国家商品展暨投资贸易洽谈会在昆明举办。昭阳区文化和旅游局组织渔洞·名樱庄园、云南滇秋实业等涉旅企业30余人携带旅游宣传画册

和旅游地图等宣传资料参加会展。在商洽会期间,共计发放旅游宣传折页3000余份、地图2000余份,用多种新颖、生动的方式全方位宣传推介昭阳的自然风光、历史文化和人文风情。

【"远离非法集资,共创美好昭阳"】 2019年,区文旅局组织"远离非法集资,共创美好昭阳"集中开展防范非法集资宣传活动。共计发放各类宣传资料3500余份,开展旅游咨询600人次。

【新节目展演】 2019年,在昭通市第四届新节目展演中,昭阳区选送的音乐类节目《宏图》获音乐类一等奖;舞蹈《高原的守候》获舞蹈类三等奖;昭阳区文化和旅游局获优秀组织奖。

【文旅市场秩序整治】 2019年,区文旅局按照"三个必须"和"全覆盖、零容忍、严执法"要求,对辖区星级宾馆、旅行社、旅游客运企业、景区景点开展安全生产大检查及旅游市场秩序整治,重点查处、打击破坏旅游市场秩序行为,整治无证经营,超范围经营、虚假宣传、不合理低价游、零负团费、黑车、黑导等旅游市场乱象情况。排查和整治9家旅游企业安全生产隐患,排查出安全隐患5条,督促企业落实整改4条,专项督查3家旅行社超范围宣传行为,责令现场整改。

【旅游安全生产检查】 区文旅局与区市场监督管理局、区交运局、区林业局、区安监局、区综合执法局、区卫计局等部门组成联合检查组,在春节、五一两个重大节假日前期开展旅游安全生产检查与市场规范检查工作,引导旅游企业增强诚信意识,规范旅游服务行为,共检查旅游企业33家。提高各企业负责人以及员工安全意识,杜绝一切安全隐患。

【文化经营许可证管理】 2019年,办理网络文化经营许可证网吧138家,在营业46家;办理娱乐经营许可证歌舞娱乐场所58家,在营业44家;办理电子游戏室娱乐经营许可证20家,在营业7家。实现网吧、娱乐行业等经营单位一

户一档。结合扫黑除恶专项斗争，开展网吧等文化市场专项整治、禁毒宣传教育和校园周边环境整治工作。编排一系列小品、三句半、舞蹈等节目，让群众了解政策和"扫黑除恶"专项斗争工作。

【提高旅游服务质量】　2019年4月，组织辖区旅行社、星级宾馆、景区（点）等旅游企业负责人和安全管理人员参加旅游行业安全生产培训，签订《昭阳区2019年旅游企业安全生产工作责任书》23份，并要求各旅游企业组建抗洪抢险应急义务救援队，建立健全《暴风雨防汛应急预案》《防山体滑坡事故应急预案》《防溺水事故预案》。

【"文化惠民"工程】　区文旅局围绕春节、元宵节、三八节等节日举办2019年昭阳区"迎春杯"象棋赛、昭阳区2019年拔河比赛；举办昭阳区2019年"我们的中国梦——迎新春乒乓球邀请赛"；举办昭阳区2019年闹元宵广场演出活动；举办数字图书馆体验展，新春走基层猜谜送图书、送春联等活动。完成"筝和谐、献爱心、育童魂"昭阳区2019年庆"六一"古筝专场展演；组织"远离非法集资，共创美好昭阳"防范非法集资宣传活动。完成"千场演出进千村"63场，观众达8.22万人；组织"万场演出进村组"1102场，观众达41.88万人。

【举办培训班】　2019年，区文旅局举办昭阳区2019年非物质文化遗产培训班、花灯培训班、花灯歌舞唱腔培训班、业余文艺骨干培训班、快板培训班；举办昭阳区2019年图书馆总分馆制建设暨全民阅读推广工作业务培训班。举办昭阳区2019年"文化能人、非物质文化遗产传承人"培训班。共有70余人参加培训。举办改革开放40周年摄影展、2019年西安碑林拓片展。

【文体活动】　2019年，区文旅局参与完成"唱游云南"中国好声音昭通赛区，海选资格赛12场、晋级赛6场、半决赛2场、决赛1场。与大山包旅投公司（昭璞绿道经营部）、北京青旅江山户外运动俱乐部共同举办1450人参与

"2019昭璞绿道山地马拉松赛"。协助区委宣传部完成60余辆自驾车参与的"人文自驾昭阳旅游扶贫·樱桃季"活动。完成《壮阔东方潮　奋进新时代——庆祝新中国成立70周年》主题展；举办精准扶贫暨"自强　诚信　感恩"主题实践教育活动；举办"昭阳区2019迎国庆系列活动之昭通清拳"——彭家拳展示。2019年9月18日，昭阳区文化馆分别在省耕公园、金池购物中心组织开展唱响《我和我的祖国》快闪活动。成功举办"迎国庆　庆丰收　战脱贫　昭通600万儿女即将告别贫困奔向小康共同唱响《我和我的祖国》群众歌咏会"。

【文化遗产保护】　2019年，区文旅局参加第三个"文化和自然遗产日"宣传活动。开展全区文物消防安全大检查；发掘研究昭通水塘坝古生物遗址，继续修整复原古象化石、水塘坝古生物螺壳蚌壳研究采集取样及地层取样工作；申报非遗保护。自查省级项目—文化馆保护情况，规范整理相关资料。管理龙氏家祠、姜亮夫故居。开展信息记录工程，借助数字多媒体等现代信息技术手段，全面、真实、系统地记录非物质文化遗产在昭阳的传承。昭阳区四筒鼓非遗项目正在申报中，文化馆将根据申报非遗所需要求做好后续相关工作。

【文化稽查】　2019年，区文旅局根据"放管服"改革要求，加强事中事后监管部署，推行文化市场监管领域"双随机，一公开"抽查。成立"双随机，一公开"工作领导小组，制定并下发《昭阳区文化和旅游局文化市场管理工作方案》《文化市场稽查队文书档案管理制度》《文化市场稽查队长效管理机制》，与互联网上网服务营业场所经营者签订《经营承诺书》，建立抽查对象名录库和执法检查人员名录库，共检查网吧621家次、歌舞娱乐场所308家次、游艺娱乐场所14家、各类型马戏演出监管13家次、书报刊经营单位43家次、印刷经营单位17家次、文物33个点，共出动执法人员5 613人次。罚款8.3万元，停业整顿2家次。发现并取缔"黑网吧"5家，处以没收其所有经营设备80余套的行政处罚。

昭阳区卫生健康局

【机构设置】 2019年3月，根据《昭阳区机构改革实施方案》组建区卫生健康局（以下简称卫健局），作为区政府工作部门，加挂昭阳区中医药管理局、昭阳区防治艾滋病局牌子。

内设机构：内设14个科室，即：办公室、人事教育科、规划财务科、基妇科、政策法规科、中医药管理科、医政药政管理科、老龄健康科、党委办公室、健康扶贫办、爱卫办、疾控科、艾滋病防治服务中心、政务服务中心窗口。

【概况】 2019年，昭阳区有医疗卫生机构327家，其中区直医疗单位5家、社区服务中心3家、乡镇卫生院17家、村卫生室155个，民营医院（诊所）147个。全区卫生计生系统核定事业编制1410名，区乡医疗卫生机构实有在岗人员2405名，其中：编内人员1286名，空编124人，编外人员1119名。

【区乡村三级医疗机构标准化建设】 2019年，区市二院和区中医院在业务用房、住院床位、人员配置等要求均已达标，20个乡镇卫生院（社区卫生服务中心）、145个贫困村卫生室在建筑面积、人员配置、科室设置等均已达标。

【大病专项救治】 截至2019年12月31日，国办系统统计"患有大病"人员3563人，"残疾、患有大病"965人，合计大病患者4528人，其中32种大病共计3767人，已全部救治，救治率100%；全区卡户高血压、糖尿病、结核病、严重精神障碍等长期慢性病患者规范管理率均达90%以上。

【落实"四重保障"政策】 区医疗机构履行好"先诊疗后付费""一站式"即时结报工作，为卡户贫困人口方便看病、看得起病、看得上病提供保障。落实"四重保障"政策。2019年1月1日至12月31日，全区卡户贫困人员就医（不含普通门诊）64096人次，产生医疗总费用29957.01万元，基本统筹支付20005.56万元，大病赔付2893.31万元，医疗救助1952.28

万元，兜底保障813.56万元，符合转诊转院规范的报销比例90%。在统筹区内二级及以下定点医疗机构住院和统筹区内三级医疗机构及统筹区外住院符合转诊转院规范的报销比例达90%以上。

【家庭医生签约服务】 区卫健局按照重点病种、重点人群"签约一人、履约一人、做实一人"原则。截至12月31日，全区由832人组建218个家庭医生团队（其中国办145个贫困村由702名家签医生，组建193个家签团队）开展签约服务。根据系统统计：已续签和新签127792人，其中，65岁以上老年人签约服务29780人，孕产妇签约服务1928人，0~6岁儿童签约服务18010人，高血压患者签约服务31770人，糖尿病患者签约服务7302人，肺结核患者签约服务248人，严重精神障碍患者签约服务2668人，残疾人签约服务1790人，卡户贫困人口签约服务70662人，计划生育特殊家庭签约服务57人。

【基础设施建设】 区卫健局抓住卫生项目建设的主线条，做好项目储备、申报、落实、实施、监督等工作。完成"8·03"地震恢复重建审计及问题整改、东西部协作村卫生室能力提升建设任务。配合相关部门开展区二院项目建设和区域医疗中心前期相关工作。按要求开工建设中央预算内投资建设项目（昭阳区中医医院业务用房建设项目），截至2019年12月底，完成项目投资4785万，实际建设规模12500平方米，正在进行室内装修、专业设施设备安装、室外配套工程施工，建设进度达76%。2019年，昭阳区新增健康产业2000万元以上招商引资靖安新区人民医院项目1个。

【医疗机构能力提升建设】 县级公立医院提质达标晋级行动有序开展，区级卒中心、区级胸痛中心、危重孕产妇救治中心、危重儿童和新生儿救治中心建设任务完成。2019年，按照填平补齐原则，为所有乡镇卫生院、分院配齐DR，为辖区内部分安置点、医务室配备DR。

【提高公共卫生水平】 2019年，昭阳区基本公共卫生服务均等化稳步推进，儿童疫苗接种工作顺利开展，超额完成老年人健康管理、高血压患者管理、糖尿病患者管理任务。2019 年，全区无甲类传染病报告，乙类传染病在可控范围；艾滋病得到有效防治；中医事业创新发展；妇幼保健工作成效明显。截至 2019 年 12 月 31 日，孕产妇系统管理 13 331 人，系统管理率 86.25%；新生儿死亡 66 人，死亡率 4.27‰；婴儿死亡 87 人，死亡率 5.63‰；孕产妇死亡 3 人，孕产妇死亡率 19.41/10 万。

【全民健康生活方式行动】 昭阳区开展全民健康生活方式行动。打造清官亭公园和望海公园 2 个健康主题公园，宣传提倡健康生活，促进全民共建共享；推进建立健康社区、健康单位、健康学校、健康食堂、健康餐厅。各乡镇卫生院、社区卫生服务中心通过现场发放宣传折页、开展一对一咨询积极开展"三减三健"宣传活动。

【"三医联动"改革】 2019 年，辖区内开展薪酬制度改革试点的公立医院落实"两个允许"要求工作。统筹调配使用区域内医疗卫生人员编制，由区卫健局报区委编办研究同意后使用，实行总量控制，动态管理，盘活存量，适时调整。通过优秀紧缺人才招聘、补员考试、订单定向培养、三支一扶等方式招聘医学专业技术人员 61 名，缓解区乡医院人才匮乏状况。深化医疗服务价格改革，推进医保支付方式改革，昭阳区按病种付费不少于 100 个病种。做好药品采购配备，按要求开展短缺药品监测上报工作。

【计划生育服务】 2019 年，全区登记一孩《生育服务证》2 248 本、二孩《生育服务证》2 437 本，网上预约（"一部手机办事通"）办理 27 本。2019 年 1 月至 12 月，全区出生人口 11 302 人，出生率 12.78‰，死亡 3 343 人，死亡率 3.78‰，自然增长率 9‰；其中计划内出生 9 049 人，计划生育率 80.07%，综合避孕率 77.23%。计划生育各项奖励扶助政策得以落实，计划生育特殊困难家庭思想稳定。

【表彰】 苏甲乡卫生院吕昌国，被昭通市总工会、昭通市卫生健康委员会授予"昭通市第六届职工技术技能大赛（昭通市基层卫生技能大赛）技术能手"称号。

区疾控中心宋贤巧、黎兴颐，被昭通市疾控中心授予"先进个人"称号。

区疾控中心李才列，被云南省疾控中心授予"食源性疾控监测先进个人"称号。

昭阳区融媒体中心

【机构设置】 3 月 16 日，昭阳区融媒体中心正式挂牌成立。2019 年 8 月，昭阳区融媒新媒体宣传平台"昭阳云"APP 开始试运行。有人员 45 人。

内设机构：内设 11 个部室，即：综合办公室、总编室（新媒体中心）、编辑技播部、专题片编辑部、记者部、鹤乡圣果编辑部、昭阳融媒编辑部、昭阳信息网编辑部、掌上秋城 APP 编辑部、昭阳云客户端编辑部、秋城之声编辑部。

【"123"工作思路】 区融媒体中心以"123"工作思路为建设主线，打造全媒体队伍素质。在昭阳区融媒体中心形成"1 个中心"即昭阳区融媒体指挥中心，"2 个协会"即昭阳区新闻工作者协会和昭阳区新媒体协会，3 个品牌活动即"单车记者走基层"主题采访活动、"昭阳新闻宣传大讲堂"和"昭阳新闻讲坛"。在此基础上，发挥昭阳区融媒体中心指挥调度作用，整合各类信息资源，一采多编，采取"1＋N"的融合模式，对新闻信息进行采编，实现资源共享；开展新媒体培训、考察、研讨、交流活动，团结全区新媒体人及新媒体平台，为讲述昭阳好故事、传递昭阳好声音献策出力；以"走出去""请进来""内部学""自己学"方式，学习央视、省台和市台以及其他先进媒体的先进手法，取长补短，提升身业务能力，服务好相关新闻宣传工作。

【"12 个媒体"矩阵】 区融媒体中心以"12 个媒体"矩阵为导向，促进媒体深度融合。12 个媒体矩阵，即："1 屏、1 网、2 微信、4 端、4 微博"。1 屏：昭通电视台公共频道（昭阳频道），1 网：昭阳信息网，2 微信：昭阳融媒微信公众号、鹤乡圣果微信公众号，4 微博：单车记者、新闻昭阳（视频、广播）、黑颈鹤之声、苹果之城（抖音），4客户端：昭阳云（云报智慧云）、云南通·昭阳区（新华社云融平台）、一点关注（都市时报）、掌上秋城（昭通日报）。工作中，立足于微信、微博、APP等12个融媒体平台基础上，开通今日头条、新浪微博、腾讯微博、搜狐号、企鹅号、百家号、大风号、抖音等30余个宣传通道，并加强栏目包装，增强电视、新媒体、网站、抖音、微博等平台的可看性、可读性，吸引受众，促进媒体深度融合。

【重点工作宣传】　在宣传中，紧紧围绕区委、区政府工作方针、政策，从城乡人居环境提升工作、"扫黑除恶""拆旧复垦""脱贫攻坚""产业发展""城市建设与管理"等方面进行宣传。先后在昭通电视第二频道《昭阳新闻》时段围绕城乡人居环境提升工作、"扫黑除恶""拆旧复垦""脱贫攻坚""壮丽70年　奋斗新时代""不忘初心、牢记使命"主题教育等区委、区政府重点工作拟定采访选题，先后开辟"决胜全面小康""扶贫路上""拆旧复垦美乡村""脱贫攻坚光荣榜""壮丽70年　奋斗新时代""不忘初心、牢记使命"等子栏目。结合新形势新要求，探索、创新工作思路，在昭阳信息网新开辟"决胜全面小康""新中国峥嵘岁月""不忘初心、牢记使命""建国七十周年""听党话　感党恩　跟党走""扫黑除恶""点赞台""曝光台"等专题。

【昭阳融媒】　2019年6月14日，"微昭阳"正式更名"昭阳融媒"，作为昭阳区融媒体的官方账号，每天按时推送最新新闻，每天坚持更新，全年无休。在"鹤乡圣果""昭阳融媒"两个微平台上开设"时事新闻""果城影像""文艺秋城""记者观察""扶贫日记""周末时光""拆旧复垦""脱贫微课堂""爱国歌曲展播""昭阳联播""小作家作品展""昭通百年优秀人物""扶贫先进人物事迹""脱贫攻坚知识""父母课堂""金曲分享"等多个时事、服务、文学类专栏。

【新闻宣传】　2019年，区融媒体中心在昭阳新闻、昭阳信息网、昭阳融媒、鹤乡圣果、掌

上秋城、昭阳云客户端上，编辑上传新闻及公告4 684条，上传电视上播放过的昭阳新闻124个，制作上传《昭阳联播》61期，《小作家作品展》40期，《昭通百年优秀人物》9期，《扶贫先进人物事迹》9期，《脱贫攻坚知识》6期，《父母课堂》17期，《金曲分享》11期，制作播出58个小视频，通过各平台转载的新闻1 260条，上传单个新闻视频1 120个，昭阳信息网月平均浏览量达到20万多万人次。其中，《幸福昭通吹来减税降费春风》点击量达到30.8万，《索玛樱桃谷的樱桃熟了》点击量达到13.2万，《昭阳融媒单车记者颂祖国》《昭通昭阳被授予"中国天气·避暑秋城"称号》等小视频均突破3万点击量；昭阳融媒共发布2 365条，累积关注人数39 046人，每日平均阅读量1 200次，鹤乡圣果约发布1 800条，累计关注人数6 589人，阅读量平均每天1 640次。

【"单车记者"走基层活动】　区媒体中心结合单车记者"穿街过巷抓新闻、走村入户找新闻"要求和思路，到一线、到基层，贴近实际、贴近生活、贴近群众，开展采访报道，全方位展现昭阳发展变化、广大干部干事创业精神和群众生活变迁，树立新闻工作者新形象。在此期间，单车记者走进省耕文化公园、乌蒙水乡公园进行采访拍摄，展现城市发展变化；单车记者走进旧圃镇三棵树村，看当地产业发展；单车记者走进名樱山谷，采访人文自驾游等大型采访活动。先后安排单车记者90余人次前往各乡镇，围绕乡村振兴、脱贫攻坚等工作，走进百姓家中，看产业发展，看百姓生活变迁，并通过镜头和文字展现发展产业促农增收，群众生活、思想观念转变，采写主体性新闻近60篇，分别在昭阳频道《昭阳新闻》、昭阳信息网、昭阳融媒、鹤乡圣果等媒体播出。

【主题报道】　2019年，区融媒体中心策划完成"昭阳红风雨兼程一路红""党建，让城市有温度；城市，让生活更美好"等主题报道，宣传报道"庆祝中华人民共和国成立70周年"等大型活动。宣传报道2019昭通苹果展销暨"昭阳红"品牌发布会，助推苹果产业发展，增加农民收入。完成昭阳区2019年脱贫摘帽冲刺60天

誓师大会的宣传报道，推动昭通苹果产业大发展；完成永丰安置点、红路安置点乔迁入驻等重大活动的采访报道及后期稿件编辑工作；参与完成全省老干部调研现场解说、苹果展销会随车解说、"一县一业"现场会随车解说、工会慰问演出主持、"昭通600万贫困群众即将告别贫困"大型群众歌咏会主持，其中，外出解说6次；活动晚会主持2次共4场次。在开展的大型会议、活动报道中，特别是昭通苹果展销暨"昭阳红"品牌发布会前期，记者编辑到洒渔、苏家院等苹果种植乡镇采访撰写《洒渔镇创意打造网红路服务昭阳红》《佳果天成昭阳红　半城苹果满城香》《千颗红心向祖国　打CALL家乡昭阳红》《2019年昭通苹果展销会准备工作有序推进》等新闻，为苹果展销会的召开营造氛围。

【专题片制作】　2019年，昭阳区融媒体中心为中央扫黑除恶督导组进驻云南昭通制作《亮剑黑恶势力　共建平安昭通》昭阳市政法委扫黑除恶等专题片4部，为迎接省级黑臭水体检查工作制作《守护一河清水》专题片1部，为迎接全市中心学习组现场会制作《靖安易地扶贫搬迁安置区汇报》《昭阳区万亩果园扶贫产业园汇报》等专题片5部，为配合央视"发现之旅"栏目组制作《半城苹果　满城香》等专题片4部。此外，还为区直各职能部门制作《品天下苹果　还看今昭》《易地搬迁走上幸福路》《单车记者MV》《索玛樱桃谷MV》《共建平安校园　远离黑恶势力》《一腔热血耀警徽》等各类专题片、宣传片、MV37部。昭阳区融媒体中心共制作各类专题片、汇报片、宣传片、MV共计50余部。

【对外宣传】　2019年，区融媒体中心报道重大事件发生、上级领导来昭调研等，上央视1条，央视移动网100余条，云南电视台10余条，省级其他媒体200余条。其中，《50万亩苹果丰收　高原喜看昭阳红》在央视第二频道第一时间播出，《昭通努力打造优势高端苹果的"塔尖"》在云南卫视《云南新闻联播》播出。编辑制作公告300余条，公益广告、宣传标语等200余条。

【脱贫攻坚】　区融媒体中心4月26日组织全区作家、艺术家、摄影家开展走进脱贫攻坚大型采访采风活动，到各乡镇、部门对在扶贫工作中涌现出的先进典型及其经验进行宣传报道。5月23日，发挥单位党支部带头作用，组织干部职工到挂包村三棵树开展"壮丽70年奋斗新时代"主题采访活动，在三棵树水果豌豆点拍摄小视频，帮助老百姓宣传，向外推介特色产业，助推产业发展。5月30日，联合昭阳区检察院组织职工走进三棵树小学开展"感党恩、听党话、跟党、走主题"教育活动，组织职工到贫困户家中发放扫黑除恶工作小册子，开展扫黑除恶宣传等工作。6月19日，组织职工携手共青团昭阳区委邀请青岗岭乡的"公益先锋"马春香和幸福馨居的靖安搬迁群众代表肖申文在三棵树村开展脱贫攻坚"乌蒙青年先锋"宣讲。11月20日，组织全体党员及职工到三棵树社区开展以"靓家园　美乡村　助力脱贫攻坚"提升人居环境志愿服务活动，到卡户家中帮助整理家务，沿途打扫村庄道路，清理部分垃圾。另外，中心发挥协会作用，组织全区作家、艺术家、摄影家开展"走进脱贫攻坚"大型采访采风活动多次，到各乡镇、部门对在扶贫工作中涌现出的先进典型及其经验进行宣传报道。

中共昭阳区委党史研究室

【机构设置】　昭阳区委党史研究室属于昭阳区委直属事业单位，核定编制7名（含领导职数3名），2019年末实有7人（含领导3人）。

内设机构：无内设科室。

【《中共昭阳区委2017年执政纪要》编纂】2019年，区委党史研究室完成《中共昭阳区委2017年执政纪要》编纂工作。《中共昭阳区委2017年执政纪要》全书共90余万字，全面真实地记录和反应2017年昭阳区委团结带领全区各族人民开拓创新、锐意进取，全面推进"五位一体"总体布局和协调推进"四个全面"战略布局所取得的丰硕成果。

【《中共昭阳区委组织史（1987.10—2012.12）》编纂】　2019年，区委党史研究室完成《中共昭阳区委组织史（1987.10—2012.12）》资料编纂。该史资料约20万字，是继原县级《中共昭通市委组织史（1928.01—1987.10）》的续篇。该书记录改革开放后自1987年10月至2012年12月期间，昭阳区党委、政府、统战、军事、群团系统的组织机构沿革和领导干部任职名录和任职时间。

【编纂《中国共产党昭阳区历史（第二卷）》】　2019年，区委党史研究室继续编纂《中国共产党昭阳区历史（第二卷）》。初稿已完成，再审核、校对、修改完善"文化大革命"的相关史事资料。

【党史征集】　2019年，区委党史研究室继续征集"昭阳区土地改革专题""昭阳区文化大革命专题""昭阳区家庭联产承包责任制专题"等历史资料。同时，重点征集昭阳区历届党委在改革开放40年来特别是党的十八大以来的历史资料。在重大党史事件、人物纪念、革命遗址保护利用、党史教育基地功能发挥等方面，发挥区委党史研究室的职能作用。

昭阳区科学技术协会

【机构设置】　根据昭区编〔2009〕20号文件，昭阳区科学技术协会（以下简称区科协）机构规格为正科级，核定事业编制6名，设领导职数3名，其中主席1名，副主席2名。2019年末，实有人员10人，其中主席1人，副主席2人。

内设机构：内设1个科室，即：综合业务科。

【科技"三下乡"】　2019年1月23日，由昭通市委宣传部主办，昭阳区委宣传部承办，区科协、区文联、区社科联、团区委等单位协办的"实施乡村振兴战略，助推精准扶贫"活动在昭阳区洒渔镇举行。活动主要围绕科技"三下乡"开展，包括科普宣传、文艺演出、义诊等。活动现场，区科协通过发放科普宣传资料、科普知识猜灯谜、科学知识问答送福字、专家咨询等开展科普宣传，同时为现场1000多名群众发放《全民科学素质宣传册》《科普笔记本》《昭通科普》《昭阳科普》《科普知识读本》5大类宣传手册

3000余册。用群众喜闻乐见的方式宣传"乡村振兴战略"。

【"科普宣传日"活动】　9月21日，由昭通市科协主办以"礼赞共和国　智慧新生活"为主题的2019年全国科普日活动启动仪式在昭阳区望海公园举行。区科协组织区药学会、区老科协和全区4所小学、4所中学、3个社区共计500人参与并开展相关活动。活动通过航模（无人机）表演（含实物静态展示），海模表演，机器人表演，AI、VR展演，智慧医疗云平台展示，现代先进医疗器械展示，5G技术展示，现代农业科技展示等现场科普活动，向广大市民和青少年普及科学知识。

【科普大篷车进校园】　5月16日，由云南省、昭通市、昭阳区科协联合举办"科普大篷车进校园"活动走进洒渔镇中学，4辆科普大篷车向广大师生展示科普知识，参与师生共计2800余人。活动中组织学生亲自动手体验"电磁现象""运动与力""机械传动""视觉体验""数学思维""材料科学"等展教具，让学生思考理解其中的科学原理，并向学生发放科普宣传资料、趣味科普小手册等宣传资料。

【中国科协大手拉小手科普报告希望行】　4月22日，"中国科协大手拉小手科普报告希望行云南省巡讲活动暨云南省大手拉小手——青少年科技传播行动"昭通站首场活动在昭通市实验中学启动。活动进入昭阳区6所中学开展科普报告讲座，受益师生2000余人。活动旨在为进一步宣传贯彻《中华人民共和国科学技术普及法》，贯彻实施《全民科学素质行动计划纲要》，努力提高青少年的科学素质，使青少年有更多的时间和机会接触科学，帮助青少年树立正确的世界观、人生观和价值观，让青少年热爱科学、关注身边科学。

【科普特色小镇创建】　2019年，区科协以《全民科学素质行动计划纲要》为主线，以科技创新为导向，以科普信息化为手段，把洒渔镇创建成为昭阳区第一家苹果特色"科普小镇"，并围绕培养新型农民、提升城乡居民科学素质的工

作重心，把洒渔镇中学打造成微型科技馆和青少年科普示范学校，利用学校现有场地，购置一批科普器械和科普类书籍，向全镇师生免费开放和组织相关教学，增长学生见识，培养学生兴趣，提升素质教育成果；并依托洒渔镇已有基础网络、阅读终端和文化活动场所等设施，在洒渔镇政府建立科普活动室、科普图书室等，向城镇居民免费提供农业科技、科学生活、市场供销、扶贫惠农政策等数据信息。区科协在全区建立北闸中学和洒渔中学2所青少年微型科技馆，并把洒渔镇中学建立成全区唯一的一所青少年科普示范学校。8月23日，区委宣传部、区科协在洒渔镇联合召开"昭阳区洒渔镇科普小镇苹果营销培训会"，210名果农参加培训，提升广大果农苹果营销的技巧，让洒渔镇的苹果产业再上一个新台阶，努力打造昭阳苹果品牌。

【就业技能培训】 8月9日，区科协联合区卫健局在昭通市委党校开展昭阳区医疗界专家交流会，各乡镇、办事处卫生院人员共计84人参加。交流会上，5位专家分别对抗菌药物临床应用的基本原则、适应证及注意事项，治小儿呼吸系统疾病勿忘脾胃调理，前列腺外治法，中医养生与保健作经验交流。

【全民科学素质工作培训会】 6月18日，区科协组织全区20个乡镇、办事处分管领导、教办主任、中心校校长40余人在昭通市委党校召开昭阳区全民科学素质工作培训会。培训会上昭通市科协的老师针对农村科普、青少年科普进行业务培训，并对《昭阳区科协提升基层科协组织力"3+1"工作方案》作讲解；市委党校陶永强副校长讲解《习近平新时代中国特色社会主义思想学习纲要》。

【农民科技培训】 2019年，区科协围绕农民群众实际需要，本着"缺什么培训什么，哪里需要到哪里培训"原则，培训农民实用技术，帮助农民群众解决学科技、用科技难问题，全年开办苹果管理、天麻育种管理、草莓种植、肉牛养殖和养蟹管理等专业培训，共计培训500余人。培训使广大农民群众的科技文化素质、实用技术普及率得到提高，为农村经济发展提供科技支撑。

【脱贫攻坚】 2019年，区科协按照昭通市科协，昭阳区委、区政府的统一安排部署，贯彻《昭阳区科技助力精准扶贫方案》，开展入户调查走访，了解、熟悉情况。拨付1万元工作经费给挂钩村开展工作。

昭阳区文联

【机构设置】 昭阳区文联属于正科级单位，核定编制11名，其中：行政编制7名，事业编制4名，设驻会主席1名，驻会副主席2名，兼职副主席3名，驻会秘书长1名。2019年末，实有行政编制4人，事业编制3人。

内设机构：内设3个科室，即：办公室、网络部、乌蒙山编辑部。

下属群众团体：下属6个区级文艺家协会、2个文艺团体、2个行业文联。

区级文艺家协会：作家协会、书法家协会、美术家协会、摄影家协会、音乐舞蹈戏剧协会、区小作家协会。

文艺团体：锦逸书画院、瀚博书院。

行业文联：区教育文联、区公安文联。

各文艺家协会班子成员均属兼职，共有各类会员500余名。

【内刊出版】 2019年，编辑出版内部文学双月刊《乌蒙山》6期，即总第85~90期。结合脱贫攻坚和苹果产业等开辟特刊和专栏，组织对外推介区内各类文艺作者作品100余件（篇）40余人次。

【文学活动】 2019年，区文联举办不同形式文学活动，坠入低谷的文学创作有了新变化，推进青少年作为文学后盾的培养。配合开展围绕脱贫攻坚为主题的2次作家、记者、摄影家采风活动；开展围绕中国作协调研，中国作家走进昭阳区2次文学活动；配合云南省作协开展报告文学研讨活动；承接东川文联、泸西文联到昭阳区互动交流，配合成都作家考察团到昭阳区考察采风活动；举办小作家之星颁奖活动，举办"我和我的祖国"中小学生作文大赛并开展颁奖活动。

【艺术活动】 2019 年，区文联创新开展元旦春节期间文艺下乡、走基层、进社区服务系列活动和脱贫攻坚迎春摄影展；举办吴家林摄影讲座和影友联谊会，举办走进樱桃小镇杨家湾专题摄影展，举办光影助学工程暨王瑶摄影讲座；举办中国摄影报社走进昭阳系列活动，举办摄影家走进扶贫点系列采访活动；开展书画进校园进社区系列活动，先后走进明德小学、永丰中学、区五小、职业中学和花苑社区，承办"中华文化边疆行——走进昭通书画展"；主办纪念中华人民共和国成立 70 周年大型书法、美术、摄影系列展览，承办区人大主办的庆祝中华人民共和国成立 70 周年书画展，参与区政协组织的"我和我的祖国"系列活动和多次调研活动。

【组稿】 2019 年，区文联组稿参加云南省政协、云南省总工会、云南省纪委、云南省事务管理局举办的多个书画摄影展和配合完成市属的纪念中华人民共和国成立 70 周年展览；配合做好地方志组稿、区政协《奋进的昭阳》的编撰组稿排版设计工作，配合区政府完成《雨露乡村芬芳昭阳——昭阳村级集体经济印象》画册策划编撰工作；配合 2019 苹果展销会完成相应任务。

昭阳区社会科学界联合会

【机构设置】 2013 年 8 月，昭阳区社会科学界联合会（以下简称区社科联）批准成立，为正科级群团机关。2014 年，核定编制 3 名（含领导职数 1 名）。2019 年 7 月，划为事业单位，原有人员调至区委宣传部。

内设机构：无内设机构。

下属社团：下属 12 个社团，即地方志协会、区计生协会、区人民调解员协会、区法学会、区人民检察院检察官学会、区会计学会、区公共文化服务学会、区反邪教协会、区警察学协会、区人民法院法官协会、区户外运动协会、区苗族学术研究会。

【理论成果征集】 2019 年，区委宣传部联合区社科联组织开展庆祝"中华人民共和国成立 70 周年"征文活动，覆盖面涉及全区各乡镇（街道）、区直各单位、各协会（学会），共收集整理文章 50 篇，近 20 万字，评选收到的征文。优秀作品将结集成书，在区级媒体推送，并选出部分优秀文章以专辑的方式在市级刊物上发表。对特别优秀、具有较强参考性的论文将整理后报区委、区政府领导参阅。

【社会科学助推新时代党建】 2019 年，区社科联围绕习近平总书记在纪念马克思诞辰 200 周年大会上的讲话精神和在哲学社会科学工作座谈会上的讲话精神，配合做好征集优秀理论文章送相关杂志刊发，并结集成册编辑出版；配合组织开展弘扬"跨越发展、争创一流；比学赶超、奋勇争先"精神大讨论征文活动；发动社科学者推出一批理论文章、智库报告。

【理论学习】 2019 年，区社科联开展"十九大精神"进基层活动，组织社科专家全面准确解读党的十九大精神，组织社科普及志愿者到机关、企业、学校、农村、社区开展"微宣讲"；运用"昭通人文社科网"及微信公众平台，开辟专栏、专版、专题等，宣传普及好新时期中国特色社会主义思想精髓；增强阵地意识，发挥社科基地作用，指导学会（协会）扩大理论宣传。面向社会、面向基层宣传普及党的十九大精神，把理论武装群众工作做到群众身边，让更多群众享受到区社科联组织开展的理论普及成果。

【办好"一网、一刊、一基地"】 办好一网（昭通人文社科网）、一刊（社科专刊）、一个基地（省级社科普及示范基地）是反映昭阳区社科学术水平和社科工作的窗口，区社科联依托网站先后开展"网上科普""基地科普""媒体科普""科普讲堂"等社科普及面对面活动。

昭阳区地方志办公室

【机构设置】 昭阳区地方志办公室（以下简称区地方志办）成立于 1983 年 4 月 5 日，隶属于昭阳区人民政府，属参公管理事业单位。2019 年 3 月机构改革后，属昭阳区政府下属事业单位。2019 年，核定编制 8 名（含领导职数 3 名），年末实有 8 人（含领导 3 人），其中，行政工人 1 人。

内设机构： 内设 3 个科室，即：办公室、志书总纂室、年鉴编辑室。

【党建工作】　区地方志办有 1 个党支部，隶属于昭阳区直属工委，2019 年末，有党员 7 名。全年组织各种学习，"两学一做" 12 次，领导班子理论学习 9 次，"万名党员进党校"培训，在职党员累计学时 199 小时，召开党员大会 4 次，组织 7 名党员过"政治生日"，每年组织 3 次走访慰问活动，看望退休职工、老党员、困难户等。开展"不忘初心、牢记使命"教育活动，组织"十八个是否""五个敢不敢"等 11 个专题学习，读书班学习 9 次，干部职工学习累计完成笔记 10 册。撰写调研报告 3 篇，召开专题民主生活会 3 次。完成全年支部规范化建设。

【党风廉政建设】　全年，学习贯彻党的十九大、十九届四中全会精神和中央纪委三次全会、省纪委十届四次全会、脱贫攻坚摘帽冲刺 60 天誓师大会等会议精神 7 次。将在巡察中反馈的党的政治建设等四类问题细化为 15 个问题，加以整改，通过区委巡察办验收。层层签订《党风廉政建设责任书》，履行"一岗双责"，贯彻落实中央"八项规定"、六条禁令，执行办公用房规定、"三公"经费预决算管理，规范公务用车、公务接待等，开展反腐败斗争及扫黑除恶专项斗争等工作，领导班子分别与职工谈话 4 次、专项清理整治 9 次、警示教育 7 次。全年，无违纪违规违法现象发生。

【脱贫攻坚】　区地方志办在脱贫攻坚工作中，挂钩龙泉办事处集中社区 65 户卡户，单位派出 1 名大学生驻村扶贫。在全区脱贫攻坚 60 天摘帽冲刺期间，每天保证 80% 人员下到社区，走访挂钩户，开展脱贫摘帽工作。年度内拨付 5 000 元支持社区工作，为驻村队员购买保险等。春节期间，购买食用油慰问 65 户挂钩卡户。

【编纂年鉴】　2019 年，编纂完成 2015 ~ 2019 卷 5 年《昭阳年鉴》。每卷大概有 60 万 ~ 70 万字。

【编修地方志】　2005 年，全区启动《昭通市昭阳区志》（1978 ~ 2005）编修，2007 年初开始编纂，由于征集资料难度大，编修滞后。2019 年，加快编纂工作进度，3 月 1 日完成初稿，5 月 28 ~ 31 日，在昭通市委党校召开有全市 10 市县方志系统专家参加的评议会议，11 月中旬正式公开出版。全书共 25 卷，142 万字，有表格 150 个、图片 282 幅。

社　会

昭阳区民政局

【机构设置】　昭阳区民政局为正科级单位。核定编制12名，其中：行政编制12名（含领导职数5名），年末实有17人（含领导5人），5个聘用个人。

内设机构：内设7个科室，即：办公室、社会组织登记管理科、社会救助科、基层政权建设和社区治理科、区划地名科、社会事务和儿童福利科、养老服务科。

【城市低保】　截至2019年12月，全区有城市低保对象3 447户6 602人，城市低保保障标准从2019年7月提高到月人均收入610元。城市低保补差标准由A档530元、B档450元、C档375元、D档300元、E档225元，调整为A档560元、B档480元、C档400元、D档330元、E档270元。人均提高30元/月。全年共发放城市低保金1 348.93万元。

【农村低保】　截至2019年12月，全区共有农村低保对象25 378户46 016人，农村低保保障标准从2019年7月提高到年人均收入4 200元，农村低保补差标准由A档265元、B档215元、C档200元，调整为A档350元、B档260元、C档230元。人均提高40元/月。全年发放13 383.75万元。

【临时城乡困难救助】　2019年，共救助困难群众28 057户65 287人，发放临时救助金2 910万元，其中救助卡户22 196人，发放救助金2 394万元。

【农村特困人员供养】　2019年，全区共有特困供养对象1 773户1 875人，其中城市特困供养70户73人，农村特困供养1 703户1 802人，

从2019年7月起城乡特困供养标准不分城乡、集中和分散，均由665元/人/月调整为732元/人/月。集中供养特困人员照料护理补贴调整为：一档835元/人/月，二档418元/人/月，三档251元/人/月；分散供养特困人员照料护理补贴调整为：一档151元/人/月，二档88元/人/月，三档不予补助。精准认定特困供养对象，全年共发放特困供养救助资金1 798.73万元，特困供养中卡户533户626人，实现"应保尽保"。

【孤儿及事实无人抚养儿童工作】　2019年，全区享受孤儿、事实无人抚养儿童、艾滋病毒感染儿童等基本生活保障补助455人，卡户纳入94户124人。全年，发放孤儿等基本生活保障补助资金778.48万元。

【残疾人工作】　动态管理贫困残疾对象，及时掌握卡户贫困残疾人享受"两项补贴"情况，资金按季度及时足额发放到位。全年共发放残疾人"两项补贴"145 183人次，发放资金740万元。

【农村低保和精准扶贫"两线合一"工作】　2019年，全区贫困人口脱贫出列标准提高至3 750元/人/年，预计从2020年7月起将农村低保保障线标准调整为4 200元/人/年

【兜底保障】　2019年，全区将卡户中完全丧失劳动能力或部分丧失劳动能力且无法依靠产业就业帮扶脱贫的贫困人口，全部纳入农村低保、特困供养、孤儿补助范围，通过发放低保金、特困供养、孤儿补助金，确保其基本生活。全区兜底保障1 260户2 251人，其中：低保兜底保障619户1 483人，特困兜底保障545户641人，孤儿兜底保障96户127人。

【殡葬改革】　2019年，全区火化遗体2 381

具，同上年比增加 506 具，增长率 27%，节地生态安葬 624 具。巡查 80 余次，联合乡镇、街道阻止违规土葬 20 余起，成功处理"土葬后起棺火化"事件 7 起（其中跨省取缔 1 起）。发放宣传资料 6 万余份，宣传车进村（社区）宣传 200 余次，组织大型现场宣传活动 5 次。减免和发放相关费用 1 873 人次，补助资金 434 万元。

【救助站救助管理】　2019 年，救助流浪乞讨人员 855 人次，其中：成年人 703 人次，未成年人 152 人次；男性 679 人次，女性 176 人次；本省 663 人次，外省 174 人次，外籍 1 人，无法查实信息 17 人；危重传染病 7 人，精神病 182 人；60 岁以上 62 人。送医救治 14 人，护送返乡 442 人，购票返乡 146 人。

【社会福利】　2019 年，集中供养人员 282 人，其中失能 127 人，半失能 132 人，平均年龄 65 岁，最大 93 岁。全年组织护理人员业务培训 2 批 50 余人次，入户动员 80 余人次。完善基础设施建设，建立特困人员个人资料档案和健康档案。

【基层政权建设】　2019 年，享受正常离任村（社区）干部 556 人，发放补助金 410.75 万元。排查基层群众性自治组织问题线索；指导村（社区）干部任职资格联审和清理补齐工作，配合区级联审小组对全区 1 212 名村（居）委会、村（居）财务监委会在职干部和 2 940 名在职村（居）民小组长及 600 余名村组缺额职数候选人预备人选进行任职资格联审。拟定《关于易地扶贫搬迁安置点社区居委会设立推进工作方案》上报区政府。筹集资金 165 万元，启动北闸镇白坡塘社区、塘房村、红路社区、海子村、北闸社区、新田村、太平街道水塘坝社区、凤凰街道昭苑社区、画苑社区、大寨子乡大寨子村及青岗岭乡乐德村村级活动场所改扩建工作。指导各村完善村规民约修订工作，将扫黑除恶、扶贫扶志、人居环境提升等有关内容融入村规民约，教育引导村民"感党恩、听党话、跟党走"，抓好家风家教，移风易俗，尊老爱幼等精神文明建设，倡导文明新风尚，营造自治、法治、德治相结合的乡村社会治理模式。

【婚姻登记】　2019 年，全区办理结婚 9 270 对、离婚 3 168 对，补发结婚 2 288 对、离婚 456 人次。

【收养行政审批】　2019 年，办理收养登记手续 26 件，解除收养关系 1 件，一次性抚恤手续 113 件。

【区划地名管理】　2019 年，区民政局与地名普查技术服务单位云南省遥感中心签订购买行政区划图、城区图、乡镇图合同，样稿已完成，交由全区 20 个乡镇办事处信息核对。变更、补办门牌证 8 000 余本。设置交运小区、省耕山水、碧桂园、市委党校、卫生学校、公路管理局等小区、单位门牌。完成"昭鲁线""昭巧线"第 4 轮县级边界联检工作。

【民间组织登记管理】　2019 年，全区新注册登记社会组织 52 家，其中民办非企 48 家，社会团体 4 家；变更登记 16 家，注销登记 5 家。区民政局登记在册社会团体 236 家，其中民办非企业 138 家，社会团体 98 家。

【老龄工作】　2019 年，昭阳区共有 60 岁以上老年人口 16.2 万人，其中城市 3.9 万人、农村 12.3 万人。60 岁以上老年人口占总人口 16.63%，其中城镇老年人口占总人口 4%，农村老年人口占总人口 12.63%。全区养老机构共有 1 678 张床位。现有城市公办养老机构 1 家，已集中入住特困人员 286 人；民营养老机构 1 家（正在完善手续、老人未入住）；社会兴办养老机构 1 家，入住老人 213 人；农村敬老院 2 个（在建）；城乡居家养老服务中心 16 个。

全区 80 周岁以上老年人有 13 144 人，其中 80～99 岁老年人有 13 124 人，100 岁以上老年人 20 人。80～99 岁老年人保健补助：50 元/人/月，每人每年 600 元，合计 787.44 万元；100 岁以上长寿补助：300 元/人/月，每人每年 3 600 元，合计 7.2 万元。全年发放高龄补贴 798.66 万元。

【表彰】　昭阳区民政局，被云南省民政厅授予"全省民政系统先进集体"称号。

昭阳区人力资源和社会保障局

【机构设置】 昭阳区人力资源和社会保障局（以下简称区人社局）为正科级单位。

内设机构：内设1个行政机关、下属2个参公管理单位、4个事业单位。

行政机关：核定行政编制24名，领导职数5名（1正4副）。2019年末，实有20人，机关工勤人员3人。

下属参公管理单位：人社局下属参公管理单位2个，即昭阳区社会保险事业管理局、昭阳区劳动保障监察大队。

昭阳区社会保险事业管理局，属副科级单位。核定编制33名，领导职数3名（1正2副）。2019年末，实有事业20人，工勤人员2人。

昭阳区劳动保障监察大队，属参公管理事业单位，股所级单位。核定编制10名，领导职数3名（1正2副）。2019年末实有5人，工勤人员2人。

下属事业单位：人社局下属事业单位4个，即昭阳区劳动就业服务局、昭阳区劳动人事争议仲裁院、昭阳区城乡居民社会养老保险局、昭阳区农村劳动力职业技能鉴定工作站。

昭阳区劳动就业服务局，属于副科级事业单位，核定编制45名，领导职数3名（1正2副），2019年末，实有38人。

昭阳区劳动人事争议仲裁院，属于副科级事业单位，核定编制9名，领导职数1名（1正），2019年末，实有事业6人。

昭阳区城乡居民社会养老保险局，属于股所级事业单位，核定编制75名，领导职数4名（1正3副），2019年末，实有事业66人。

昭阳区农村劳动力职业技能鉴定工作站，属于股所级事业单位，核定编制12名，领导职数1名（1正），2019年末，实有事业9人。

【落实就业创业政策】 2019年，昭阳区发放小额担保贷款375户5 199万元，带动就业1 125人；发放"贷免扶补"90户1 093万元，带动就业270人。登记就业、失业人员2 698人次。城镇累计新增就业6 035人，725名失业人员实现再就业，718名困难人员实现就业，城镇登记失业率控制在3.76%以内，安排高校未就业毕业生就业见习50人，开发公益性岗位357人。

【乡村公共服务岗位】 2019年，总共开发5 089个乡村公共服务岗位，解决5 089名卡户劳动力就业难题，清理5 089名乡村公共服务岗位人员，确保岗位集中用于残疾家庭、重病家庭及"一有两无"劳动力，全面清理一人多岗、一户多岗、优亲厚友、非卡户占用岗位、挤占挪用套取岗位资金等问题。共发放乡村公共服务岗位补贴2 160.7万元。开发公益性岗位357个。

【教育帮扶】 开展东莞技师院校招生政策宣传活动，协同区教育体育局将69名昭通籍学生安全送到东莞技师院校就读，其中初中67人，高中2人。

【转移就业帮扶】 按照"有培训意愿的建档立卡贫困劳动力实现100%培训、有转移就业意愿的贫困劳动力100%推荐岗位、易地扶贫搬迁劳动力100%充分就业、普通贫困劳动力80%转移就业，建档立卡贫困户有劳动能力的家庭至少1人就业"，实现贫困劳动就业率89.22%，易迁劳动力就业率86.85%，全面消除"零就业"家庭。

转移就业宣传：2019年，举办就业招聘23场（幸福馨居组织招聘会6场、11个乡镇组织招聘会12场、职教园区举办招聘会1场、昭阳工业园区举办招聘会4场），与252家区内外企业联系，收集岗位45 541个。印制成5期宣传册下发到各乡（镇）街道，9月起，逢赶集时间轮流到守望乡、布嘎乡、小龙洞乡、盘河镇、北闸镇、永丰镇、旧圃镇、苏家院镇等乡镇和永丰、红路搬迁安置点推送就业岗位，推动全区贫困劳动力和易地扶贫搬迁劳动力应转尽转。

困难卡户就业帮扶：针对卡户中有劳动能力，因照顾家庭等特殊情况无法离乡、无业可扶的"一有两无"及大龄劳动力等就业困难人员，通过开发保洁员、劳务信息员、护路员等乡村公共服务岗位吸纳其就近就业。全区开发公益公服岗位5 089个，实现重病、残疾和"一有两无"家庭就业。

【创业培训】　2019年，创业培训学员7期9个班267人。

【城乡居民基本养老保险】　2019年，全区城乡居民养老保险参保460 824人，应缴费339 387人，已缴费327 985人，完成目标任务96.64%，其中补缴2 092人，缴费保费122.44万元。为重残人员、计生人员、重点优抚人员共6 716人代缴保费91.52万元。核定发放待遇3 378人，月人均发放养老金111.19元，发放率100%，累计发放养老金10 239.2万元。全区有卡户201 222人，符合城乡养老保险参保条件有135 750人，参保135 750人，参保率100%，符合缴费条件117 598人，代缴117 598人。

【机关单位养老保险】　机关事业单位职工参保14 484人，征缴保费28 997.23万元，发放机关事业单位退休人员养老金3 923人20 855.2万元。企业职工参保26 970人，征缴保费23 356.77万元，发放企业离退休人员养老金7 484人24 682.32万元。发放区统筹退休人员10人养老金7.3万元。

【基金收缴和财政补贴】　2019年，收缴城乡养老保险基金4 740.31万元。财政补助到账11 112.52万元。其中中央政府补助8 399万元，省级政府补助1 315万元，市级政府补助22.42万元，区级政府补助169.88万元。转存定期0万元（累计转存定期26 590.82万元），确保城乡养老保险基金的保值增值。

【企业职工退休管理】　2019年，共认证7 706人，其中视频认证1 063人，人脸识别APP认证60人。电话抽查2 389名离退休人员，核实125名联系不上人员信息，取消失去社会保险待遇领取资格人员的待遇。

【工伤保险】　全区755个参保单位，参保人数45 686人，征缴收入2 017.63万元，基金支出910万元。

【失业保险】　全区参保18 464人（机关事业单位参保11 186人，企业参保3 298人，个体工商户等单位参保3 980人），截至12月31日，失业保险基金收入合计1 530.02万元，其中失业保险费收入1 245.81万元、利息收入0.91万元（包含财政专户利息及支出户利息）、转移收入40.30万元、上级补助收入243万元；失业保险基金支出合计1 530.02万元，其中失业保险金支出111.09万元，基本医疗保险费支出14.22万元，上解上级支出1 288.85万元，稳岗补贴支出94.45万元，技能提升补贴17.31万元，其他支出4.1万元。本年领取失业保险金156人，人均领取失业保险金金额1 366元/人/月。

【基金监管】　通过现场和非现场监督检查60次，发现问题46个，下达整改意见38条，追回社保基金21.43万元。发现和查处医疗机构违规25件，问题线索移交公安机关处理1件，核实办结社保基金监管系统预警疑点信息8条。

【招聘录用】　2019年，组织高校招聘会，采取面试考核方式招聘急需优秀紧缺专业技术人才45人。昭通市第一批公开招聘事业单位工作人员154人，其中，昭阳区设置招聘岗位24个招聘30人。年度内，办理各年招聘人员手续106人，其中：2014年服务期满特岗全科医生定向招聘2人，昭阳区2018年中专、中小学、幼儿园教师招聘10人，2017年招募的服务期满"三支一扶"高校毕业生聘用19人，2016年招募的服务期满"特岗教师"聘用17人，定向培养免费师范生聘用42人，农村订单定向免费培养医学生聘用7人，定向招聘大学生村官设置岗位8个招聘9人。

2019年，事业单位第二批公开招聘中昭阳区设置招聘岗位45个拟招聘119人。按照"有编有岗"要求，开发岗位，实施高校毕业生"三支一扶"计划，优化全区偏远山区乡镇事业单位人员结构，增加扶贫人才队伍，2019年，招募7人，其中：扶贫4人、社保3人。设置鼓励专业技术人员到乡镇基层服务岗位92个111人。办理事业单位聘用合同签订、续签、变更、解除6 247份。

【人事档案管理】　接收人事调入档案119册，转出档案71册；协助各单位查阅人事档案

1 635 册；查阅职级职务晋升查档 5 家单位 5 人；审核办理学历学位变更 460 人。

【职称管理】 职称实行推荐评审。脱贫攻坚一线专业技术人员执行倾斜规定，不再把论文作为职称申报评审硬性条件，放宽乡镇高级职称评聘岗位数额限制，不再把外语和计算机应用能力作为职称评定必备条件。实施乡镇基层卫生高级职称评聘制度，稳定基层卫生人才队伍。审核职称推荐 721 人，其中正高级职称评审 13 人、高级职称评审 359 人（其中基层卫生 28 人）、中级职称评审 222 人、初级职称评审 127 人。评审通过正高级职称 6 人、高级职称 285 人（其中基层卫生 16 人）、中级职称 192 人、初级职称 105 人。考核认定初级职称 166 人。做好专业技术职称评审与聘用分开管理，核准 44 家单位中高级岗位聘用 110 个。

【劳动监察】 全区，共查处工资类案件 37 件，办结 37 件。帮助 385 位农民工追发工资待遇 347 万余元。协调办理各级督办件 9 件，其中拖欠工资 8 件，缴纳社会保险 1 件，涉及劳动者 66 人，涉案金额 162 万余元。各行业主管部门报送的 92 个在建工程项目中，"五员"监管落实到位，均为 100%；实行农民工工资实名制工程项目 86 个，占 93.47%；设立双"公示"牌 90 个，占 97.8%；实行分账管理 48 个，占 52.17%；实行按月支付 88 个，占 95.6%；实行银行代发 50 个，占 54.3%；缴纳农民工工资保证金 80 个，占 87%。农民工工资保证金滚动结余 6 886 万元。

【劳动仲裁】 全年办理劳动争议案件 185 件，其中裁决结案 62 件，调解结案 123 件。完成劳动合同备案约 26 000 余人次。审批 5 家企业部分岗位实行不定时工时制和综合计算工时工作制。审批通过 8 家单位经营劳务派遣业，发放劳务派遣经营许可证 16 份（含正本、副本）。完成退休初审通过 242 人。

【"放管服"工作】 区人社局编制符合规定的《办事指南》与《业务手册》，入驻昭阳区政务服务中心共计 5 类事项，入驻事项能完成一站式办结。确定第一批入驻 111 个事项，安排 3 名职工负责业务咨询及办理。在政务服务平台设置 5 名系统监督员，针对网上投诉建议，第一时间给予回复。

昭阳区医疗保障局

【机构设置】 昭阳区医疗保障局（以下简称医保局）于 2019 年 3 月挂牌成立。核定行政编制 7 名，其中局长 1 名，副局长 3 名；医疗保障服务中心核定参公的事业编制 39 名（含副科级领导 1 名）。实有在职在编人员 31 名，其中行政人员 7 名（含领导 4 名），参公管理的事业人员 24 名（含工人 4 名）。

内设机构：内设 3 个科室，下属 1 个中心。

内设科室：办公室、医药服务与价格管理科、基金监督管理科。

下属机构医疗保障服务中心：基金财务科、待遇审核科、参保登记管理科、结算管理科。

【征缴工作】 2019 年，全区城乡居民基本医疗保险参保 784 819 人，参保率 95.5%；完成生育保险与城镇职工医保合并征缴工作，城镇职工医保参保 35 374 人，生育保险参保 29 472 人；完成基金征缴，其中职工基本医疗保险征缴收入 16 291.25 万元，居民基本医疗保险征缴收入 13 500.51 万元（个人缴纳部分），生育保险征缴收入 1 318.81 万元。

【医保扶贫】 全区卡户 201 222 人全部参加城乡居民医保和大病补充保险；对卡户贫困人口按照每人每年 180 元标准资助参保，实行普通门诊、特慢病门诊、普通住院及大病医保倾斜政策，做好"四重保障"医疗待遇"一站式"即时结报，落实贫困人员医疗待遇。2019 年，昭阳区卡户贫困人员就医 1 019 816 人次，产生医疗总费用 34 051.03 万元（其中：门诊 4 684.38 万元，住院 29 366.65 万元），"四重保障"共报销 28 285.49 万元（其中：基本医疗统筹报销 22 694.66 万元，大病保险理赔 2 832.35 万元，医疗救助 1 951.29 万元，兜底保障 807.19 万元），符合转诊住院规范的卡户贫困人员实际报销比例达 90%。

【推进持卡就医】 推进二代金融社保卡的信息采集、制卡工作。全区导入制卡829 862人，制作成功并已发放782 507人，制卡发放率94.3%。

【落实医疗待遇】 2019年，昭阳区定点医疗机构收治参保患者3 485 637人次（其中居民3 391 800人次、职工93 837人次），产生医疗总费用65 041.79万元（其中居民60 771.25万元、职工4 270.54万元），合计报销47 011.49万元（其中居民44 548.1万元、职工2 463.39万元）；零星报销5 641人，总费用5 717.23万元，合计报销2 778.58万元；审核离休干部门诊及住院324人次，医疗总费用137.3万元，统筹支付费用136.3万元；审核职工生育保险1 015人次，报销待遇金额1 019.21万元。

【便民服务】 2019年8月19日，医保局服务窗口入驻昭通市"市民之家"，集中办理参保信息变更、转诊转院、异地就医备案等44项公共事项业务，累计变更职工医保信息8 709人次、职工特殊慢性病申报222人、居民特殊慢性病申报1 730人、转诊转院备案377人、无卡结算70人、电话接办事项2 765人。

【规范定点机构管理】 2019年，与全区273家定点医疗机构签订《医保服务协议》，其中公立医疗机构22家，民营医疗机构26家，诊所16家，零售药店209家。将符合申报条件的3家定点机构、16家零售药店纳入定点管理。完成2020年"4＋7"药品集中采购任务分配、医保编码转换、基层公立医疗机构药品招标采购调研、药品服务价格调查等工作。

【维护医保基金安全】 基金监督管理科检查协议定点机构114家次，完成市局交办投诉4起、县区转办投诉1起、辖区内投诉2起。处理违规医院55家次，违规药店21家，扣除违规费用311.68万元。调查外伤430件，对符合报销的338件及时纳入报销；对存在第三方责任人以及有政策规定不予纳入报销的92件，涉及金额351.75万元，已及时拒付。

昭阳区扶贫开发办公室

【机构设置】 区扶贫开发办公室（以下简称区扶贫办）核定编制47名，其中：行政编制11名（含领导职数5名）、事业35名、工勤人员1名。年末实有45人，其中：行政15人，事业28人，工勤人员2人。

内设机构：内设9个科室，1个下属机构。

科室：综合科、行业扶贫科、政策法规科、计财科、易地扶贫搬迁科、产业金融科、社会帮扶科、信息网络宣传科、督查考评科。

下属机构：昭通市昭阳区人民政府扶贫开发办公室信息网络宣传中心。

【党建工作】 2019年，区扶贫办召开支部委员会12次、党员大会4次，开展"支部主题党日"活动11次和"党员政治生日"4次，完成"万名党员进党校"培训任务。运用"云岭先锋"APP、微党课、故事党课等形式，推进"两学一做"学习教育常态化制度化，组织学习《习近平关于"不忘初心、牢记使命"论述摘编》《习近平新时代中国特色社会主义思想学习纲要》等重要书籍，订阅《中国扶贫》《云南摆脱贫困》《云南省脱贫攻坚典型案例汇编》等刊物。党组理论学习中心组共组织集体学习12次，开展读书班集中学习活动8次。

【概述】 2019年，全区有卡户贫困人口48 695户201 222人。其中，年内全区实现减贫9 902户41 785人（累计减贫46 914户194 778人），70个贫困村脱贫出列（累计全区145个贫困村已脱贫出列），全区综合贫困发生率1.27%，达到贫困县摘帽标准。

【构建联动体系】 成立区委书记、区长任双组长的扶贫开发领导组，设立由区委副书记、常务副区长任双指挥长的指挥部。成立20个由区级领导挂帅的乡镇（街道）战区指挥部，设立23个由区级领导挂帅的行业部门战区指挥部。成立153个村（社区）作战指挥部，全区54名处级及以上领导"挂乡盯村"，70名驻村督导员驻村督导，1个中央单位、5个省级单位、7个市级单位和 87 个区直部门包村到户，145 支驻村扶贫工作队、482 名队员驻村扶贫，7 273 名党员干部职工联户帮扶。

【压实脱贫责任】 区委、区政府班子成员，各乡镇（街道）、行业部门主要负责人向区委递交《脱贫攻坚军令状》；乡镇（街道）党政班子成员、站（所）长，各村（社区）党组织书记、主任和驻村第一书记与乡镇党委签订《脱贫攻坚承诺书》。明确第一指挥长每月驻乡镇时间不少于 10 天；其余处级领导、区直部门主要负责人、乡镇挂村干部、帮扶干部每月驻村时间不少于 15 天，区直部门日常要保证 80% 的职工下乡到村开展脱贫攻坚工作，乡镇干部每月驻乡镇时间不少于 25 天。

【社会帮扶】 近年，东莞市及其对口帮扶镇（街）发动社会捐款捐物累计 8 743 余万元，引进恒大集团援建蔬菜大棚 2 200 个，争取三峡集团帮扶资金 9 816 万元。在"中国社会扶贫网"累计注册贫困户 46 188 人，接受社会捐赠资金 9.52 万元。签订"1 + N"协议 30 余项，组织各类培训 20 余场次，培训教师和医生共 300 余人次。2019 年，对口帮扶组织贫困学生 424 人到广东职业院校就读；组织劳务输出共 20 余批次，培训贫困劳动力 1 667 人，帮助贫困人口稳定就业 28 561 人。截至 2019 年 7 月底，捐款捐物累计达 2 546.93 万元，其中资金 2 145.97 万元、物资折资达 400.96 万元。

【精准施策"五个到户到人"】 精准施策，开展"五个到户到人"工作。

宣传培训到户到人：开展"五查五看一感恩"活动和"感党恩、听党话、跟党走"主题教育活动。印制《昭阳区脱贫攻坚知识要点》2 万册、《昭阳区脱贫攻坚政策知识简明读本》9 000 册、《脱贫攻坚口袋书》1 万册和《扶贫政策知识汇编》5 万余份，提高扶贫干部熟悉、运用脱贫攻坚政策知识。区法院、区检察院、区司法局、区公安分局 4 部门联合印发《关于依法打击扶贫领域违法犯罪行为的通告》和《关于依法打击整治子女侵犯老年人合法权益的通告》各 3 000 份，张贴在各村组广泛宣传教育。印制《脱贫光荣证》5 万本、脱贫"四不脱"原则，提高群众知晓率。

精准识别到户到人：由区级领导牵头，按照"五查五看""三评四定""两公示一比对一公告"标准和程序，在有贫困人口的 153 个村委会开展"大调研、大遍访"工作。

精准施策到户到人：开展"十大脱贫行动"，推进"十大脱贫歼灭战"；编制《昭阳区 2018 年至 2020 年脱贫攻坚区级项目库规划方案》，实现"一户一策"精准治贫；采取"龙头企业 + 基地 + 党支部 + 合作社 + 贫困户"等模式，提高产业组织化、科技化水平，拓展群众增收渠道。

项目实施到户到人：推进水、电、路等基础设施建设和宽带网络、广播电视、活动场所等公共服务以及普惠脱贫项目建设，推进农业基础设施、产业体系建设，确保项目建设到村、到户，改善乡村生产生活条件。

资金落实到户到人：健全脱贫攻坚财政投入保障机制，2016 年以来，投入各类扶贫资金 108.29 亿元（2016 年 20.93 亿元，2017 年 26.15 亿元，2018 年 17.66 亿元，2019 年 43.55 亿元），向已出列贫困村平均每村投资 0.75 亿元。

【扶贫对象动态管理】 突出动态管理工作目标、内容、节点、程序、质量 5 个重点，开展动态管理示范村建设，利用"昭通扶贫核查"APP，"自查""互查"，逐一核实，逐一整改，确保村村、户户、人人、事事达标。2019 年，经过两轮扶贫对象动态管理，全年，累计整户清退 602 户 2 216 人，人口清退 89 人，新识别 59 户 235 人，整户补录 20 户 72 人，家庭成员补录 860 人，自然增加 6 657 人，自然减少 6 437 人，返贫 6 户 28 人。

【脱贫人口"回头看"】 围绕"7 + X"（即产业带贫机制强不强、就业是否持续稳定、饮水是否达标安全、住房是否安全稳固、义务教育是否有辍学、基本医疗是否有保障、内生动力是否有效激发等 7 个方面以及其他方面存在的短板问题）重点内容，以行政村为基本单元，建立乡镇（街道）挂村负责人为组长的综合分析研判组，整合驻村督导员、乡村干部、驻村扶贫工作队员、挂钩帮扶干部等力量，开展脱贫人口"回头看"工作,查找稳定脱贫存在的风险点,建立问题清单、措施清单、整改清单,采取措施,巩固提升脱贫质量。

【数据闭环工作】　紧盯"账账相符""账实相符"工作目标,坚持"1245"的工作方法,即建立一个数据质量作战指挥部,建立行业部门和乡镇两级数据质量作战室,坚持"块条结合""周比对、周反馈、周调度"的工作机制、"面对面、点对点"的沟通交流机制和"定期监控、隔期通报"的监督机制,瞄准贫困对象及扶贫主体基础信息、严把基础数据采集录入关、严把措施数据真实准确、持续开展数据比对核实清洗、着力档案完整收集和规范管理五个工作内容。制定《昭阳区扶贫开发领导组关于印发〈昭阳区脱贫摘帽冲刺 60 天打赢基础信息战工作方案〉的通知》,召开扶贫与行业部门数据闭环工作联席会 10 余次,核实问题数据比对 20 万条,发布数据质量通报 5 期,确保卡户数据一致、扶贫对象信息精准、扶贫数据与行业数据关联闭环,夯实脱贫摘帽信息数据基础。

【项目库建设】　《昭阳区 2018 年至 2020年脱贫攻坚项目库实施方案》总投资 119.15 亿元,统筹整合行业部门、贷款、社会援助、东西协作等资金,投入扶贫项目建设。2019 年,投入农业产业扶持资金 2.32 亿元,扶持卡户 25 586户 103 672 人。省级下达危房改造 13 016 户,已全部竣工验收并投入使用。实施农村饮水安全巩固提升项目 98 件。完成用电、广播电视和网络通讯、公共服务和活动场所等基础设施建设。

【精准排查、补齐短板】　重点围绕"两不愁、三保障"突出问题整改,制定整改方案措施,聘请社会组织专项调研昭阳区脱贫攻坚工作。乡镇为主体、村为基本单元、户为基本对象,由区乡包村领导和村级指挥部指挥长共同负责,村"两委"、驻村扶贫工作队具体实施,驻村督导员全过程监督复核,自下而上全面开展精准排查,逐项补齐脱贫退出短板,确保"七个不落",即:"贫困退出不落一人,扶贫资金不落一分,政策保障不落一项,健康扶贫不落一家,危房改造不落一宅,义务教育不落一个,挂包帮扶

不落一户"。

【后续巩固】　区扶贫办制定《昭阳区打赢精准脱贫攻坚战三年行动实施方案》《昭阳区 2018 年至 2020 年脱贫攻坚项目库实施方案》《昭阳区贫困退出后续巩固提升措施方案》等方案,建立健全稳定脱贫长效机制,巩固脱贫成果,提升脱贫质量。

【表彰】　马孝江,被昭通市人力资源和社会保障局授予"个人记功"奖。

阳廷安,被中共昭通市委宣传部、昭通市社会科学界联合会授予"昭通市第五届社科学术年会征文三等奖"。

昭阳区搬迁安置局

【机构设置】　昭阳区搬迁安置局于 2019 年3 月 20 日挂牌成立,办公地址在昭阳工业园区内,为正科级单位。

核定行政编制 11 名(含领导职数 5 名),年末实有 10 人(含领导 5 人)。

*内设机构:*内设 4 科室,即:党政综合办公室、规划发展科、项目管理科、社会事务信访维稳科。

【安置点建设】　完成 2018 年、2019 年永丰、洒渔、红路易地扶贫搬迁安置点住房及配套设施建设,住房 7 717 套,建筑面积 710 688 平方米;完成永丰、红路安置点卫生所、学校、幼儿园、社区服务中心等基础公共服务设施建设。完成 2018 年、2019 年永丰、洒渔、幸福馨居、红路、靖安新区昭阳安置区安置点抽签分房 6 351户 27 322 人搬迁入住。完成安置点道路、绿化、亮化、一水两污、商业农贸等基础设施建设。

*永丰易地搬迁安置点建设:*昭阳区永丰安置点由中国十七冶集团有限公司建设,该项目于2018 年 8 月开始动工建设,于 2019 年 9 月完成工程建设并达到搬迁入住标准,项目建设点位于永丰镇新民村,总投资 3.01 亿元,规划用地总面积 4.78 公顷,建筑总面积达 9.84 万平方米。其中,住宅楼 11 栋,共 755 套住房,7.37 万平方米;商业用房 1 栋,建筑面积 1.12 万平方米,

同时配套社区、物管、地下车库等用房和扶贫车间。共安置大山包镇建档立卡贫困户742户3315人。9月30日,永丰安置点搬迁群众完成搬迁入住。

靖安安置点新区建设:靖安新区,是全国最大跨县易地扶贫搬迁安置点。靖安新区占地145.07公顷,总投资43.6亿元,总建筑面积130万平方米,建设安置房9256套,学校、医院、道路、活动中心等配套设施齐全,项目于2018年10月启动建设,计划于2019年12月达到搬迁入住条件,EPC总承包单位为中国建筑股份有限公司,项目承接大关、永善、彝良、盐津、镇雄、昭阳5县1区、39个贫困乡镇、229个贫困村9256户40549名搬迁群众,其中,建档立卡6976户31160人、同步搬迁2280户9389人。安置区建设有幼儿园4所、小学2所、完全中学1所,9.7万平方米,满足8742人就学;二级综合医院1所、社区卫生室6个,3.34万平方米。同步配套市政道路、一水两污、燃气等设施。靖安新区分为滨江社区、惠民社区、合顺社区、康庄社区、福兴社区、思源社区六个社区。12月18日靖安新区首批近千户群众搬迁入住。在实施易地扶贫搬迁的过程中,同步规划建设了完善的产业支撑项目,确保搬迁群众做到挪穷窝、断穷根,搬得出、稳得住、能致富。靖安安置区采取"龙头企业+基地+支部+合作社+贫困户"的模式,引进了陕西海升、江厦吉之汇、广东粤旺等龙头企业,利用恒大集团援建项目,建设蔬菜大棚1万个,建成水果胡萝卜基地133.33公顷、马铃薯良种扩繁基地1000公顷,为搬迁群众提供就业岗位。12月18日,靖安易地扶贫搬迁安置区举行搬迁启动仪式。昭通市领导杨亚林、王忠、张绍雄、江先奎、陈真永、朱家伟、尹朝禹、保明康等市四套班子领导到安置区惠民社区,看望、慰问搬迁群众。

红路安置点建设:红路安置点规划安置昭阳区13个乡镇5960户25237人,其中,卡户5099户21822人,同步搬迁户861户3415人。红路安置点分两期施工,一期于2018年8月底动工建设,EPC总承包单位为广西建工。建设住宅13幢,层数均为11层,13栋安置房已全部装修完成。二期分别由云南能投、云南建投、广西建工为EPC总承包单位。规划修建85栋安置房,

年内,基础施工32栋,正负零以上主体施工52栋,配套实施的市政道路、燃气、卫生、给排水、强弱电、社区综合服务中心项目正在同步推进。昭阳区红路安置点主体工程及配套项目设施于9月30日完成竣工验收并达到搬迁入住标准,计划搬迁群众于11月30日全部完成搬迁入住工作。7月26日,昭阳区红路安置点开始组织部分群众搬迁入住。

【招商引资】 引进深圳隆讯视通、江西立时、菏泽韩升元、深圳立佳智能、香港瑞邦入驻扶贫产业园区,已投产;与深圳彩视签订合作协议;与昭通志远、深圳立佳、深圳日永光电科技正在洽谈合作事宜。

【就业安置】 在永丰、红路安置点周边配套建设就业扶贫车间标准厂房,引进农产品加工、电子元器件加工、液晶电视机生产、耳机生产等劳动密集型企业,带动就业;利用各安置点商铺、农贸市场发展第三产业,群众自主创业就业;开展劳动力培训转移就业工作,在安置区设立就业服务机构,建立岗位信息常态化推送机制,送政策、送岗位、送服务,确保未就业的搬迁群众获得岗位信息。截至11月,全区易迁劳动力实现就业18863人,开发公益岗位,解决1341人就近就业。培训易迁劳动力5370人,其中技能培训2429人、引导培训1941人、现场培训1000人。

【产业配套】 配套完成2016年、2018年、2019年安置点产业发展项目。红路一期卡户搬迁群众864户3589人配套苏家院镇86.67公顷苹果示范基地项目和靖安镇77.67公顷高山冷凉蔬菜基地项目;红路二期卡户搬迁群众4230户18209人配套太平黄竹林133.33公顷有机蔬菜基地项目、立时电子信息产业园项目、彩视包装彩印项目、立勤液晶显示设备终端产品生产项目和智能物联扶贫产业园生产项目;幸福馨居69户277人卡户搬迁群众配套苏家院镇86.67公顷苹果示范基地项目;永丰安置点卡户搬迁群众741户3315人配套永丰镇32.20公顷现代农业园蔬菜种植项目和靖安镇77.67公顷高山冷凉蔬菜基地项目;洒渔集中安置点卡户搬迁群众80户364

人配套智能物联扶贫产业园生产项目；靖安新区安置点搬迁安置卡户 6 981 户 31 184 人，其中昭阳区区内安置 367 户 1 568 人，跨县区安置 6 614 户 29 616 人，配套讯尔手机耳机生产项目和 1 168 个食用菌大棚产业项目。通过搬迁安置产业配套资金入股产业投资公司项目，入股分红 6%，卡户搬迁群众享有一年两次入股收益分红，收入有保障。

【社区治理】　永丰、红路、幸福馨居安置点分别设立安置点工作站，全面负责易地扶贫搬迁过渡期的各项工作。与区民政局、区委组织部对接，在幸福馨居成立幸福馨居社区及委员会，在永丰安置点成立虹桥馨居社区及委员会，在红路安置点成立同乐社区、同心社区、同源社区 3 个社区及委员会。按照易迁群众 300∶1 从镇村干部抽调优秀人员到工作站工作，其中幸福馨居社区工作站配备工作人员 9 名，红路安置点和永丰安置点每个社区配备工作人员 12 名。对接各相关职能部门，登记搬迁入住群众信息，办理接续学生就读、群众就医、住房产权办理等相关事务。

【精神文明建设】　围绕昭阳区脱贫目标，宣传、教育、培训、引导搬迁群众"感党恩、听党话、跟党走"。开展"改变思想观念　共建幸福家园""七彩课堂""爱心书屋""亲情视频""外出务工青年经验演讲""自强诚信感恩，争做时代新人宣讲"等主题活动，将扶贫与扶志、扶智融合，提升搬迁群众思想道德、文明礼仪、遵纪守法等综合素质，引导搬迁群众就业、感恩、自强、诚信、操理家务、家庭教育、邻里互助、安全生产，转变思想观念，融入城市生活。整合工会、共青团、妇联、"安然公益"及广大青年志愿者力量，组建志愿队伍，参与到易地扶贫搬迁，提供调适关系、资源链接、社会支持等服务；为留守儿童课后及节假日照看、学习辅导、兴趣培养等方面提供关爱志愿服务。

昭阳区水电移民服务中心

【机构设置】　根据《中共昭通市委办公室、昭通市人民政府办公室关于印发〈昭通市昭阳区机构改革方案〉的通知》，撤销昭阳区移民安置局，成立昭阳区水电移民服务中心。其隶属于昭阳区人民政府直属财政全额预算公益一类事业单位，机构规格为正科级。核定编制事业编制 20 名。其中：主任 1 名（正科级），副主任 4 名（副科级）。年末有在职在编及临时人员 25 人，1 名主任，2 名副主任。

内设机构：内设 8 科室，即：办公室、规划安置科、计划财务科、后期扶持科、政策法规科、信访科、党建科、档案科。

【党建、党风廉政建设工作】　以 2018 年度党建、党风廉政建设和意识形态等责任制考核和区委第一巡察组反馈问题为重点，着力开展好 2019 年党建工作。一是狠抓全体干部职工作风建设，从日常上下班、请销假、履行岗位职责等方面进一步解决不作为、慢作为等"顽疾"。针对个别同志未请假，无故不参加会议、不来上班的问题，党组指派支部书记以组织的名义找其谈话，督促其认识到错误，写下检查书责令整改。二是拟定 2019 年《党建工作计划》《党风廉政建设工作方案》《意识形态工作方案》，列出具体的时间表、路线图。三是全年召开支委会 10 次、党员大会 4 次，上党课 5 堂，开展"支部主题党日" 10 次，集中为党员过"政治生日" 4 次，按月交纳党费，组织每月 1 次"支部主题党日"、支委会，每季度 1 次党员大会等活动，学习党章党规、《中国共产党纪律处分条例》《党支部规范化建设（试行）》《廉政准则》等，落实"党费日"、党员"政治生日"、"支部主题党日""党员积分管理"等制度。开展谈心谈话，集体谈心谈话 2 次，科室谈话和个别谈话 40 余次。四是开展"不忘初心、牢记使命"主题教育。按照规定和时间要求，完成全部活动内容，取得圆满成功。

【移民搬迁安置工作】　2019 年，做好溪洛渡水电站昭阳库区移民搬迁安置扫尾工作和新增地质影响区移民安置工作、黑石罗水库移民搬迁安置工作。完成年度内工作任务。

黑石罗水库移民搬迁安置：黑石罗水库淹没处理及征地涉及区内苏甲、洒渔 2 个乡镇、4 个村民委员会、18 个村民小组，需搬迁安置 184 户

749人。其中自行安置121户512人，分别安置在洒渔、苏甲、旧圃、永丰、凤凰、乐居、太平乡（镇）办事处和永善、鲁甸两县。集中安置63户237人，全部安置在永丰镇下闸村安家营安置点，并已纳入后期扶持对象，直补资金正在办理中。截至2019年11月7日，完成安家营安置点设计变更的排水沟、门前道路硬化、耕地提升及排污出口处理四项工程建设。完成苏甲到洒渔、青岗岭、靖安的渠系工程及现场道路共80余千米征地拆迁及补偿兑现工作。

溪洛渡水电站新增地质影响区移民安置： 金沙江溪洛渡水电站昭阳库区新增影响区涉及炎山、田坝2个乡镇3个行政村、8个村民小组194户827人。一是炎山镇烂田坝93户333人，大沱八组45户201人和田坝乡水屯村石格闹56户293人。年度内，完成实物指标调查复核、移民意愿调查及移民人口界定，督促炎山镇兑付补偿补助资金到户到人。二是炎山镇和田坝乡本着"应纳尽纳"原则，给移民提供平台，切实解决远迁到北闸幸福新居等集中安置点移民住宿和发展问题。11月底，新增影响区移民均远迁到幸福新居等集中安置点后，完善搬迁安置协议，完成政府审核、公证处公证、归档入卷等工作，新增影响区移民搬迁安置工作全面完成。

溪洛渡水电站昭阳库区移民安置工作： 溪洛渡水电站移民搬迁安置涉及昭阳区炎山、田坝、大寨子3个乡镇、5个村、35个村民小组，移民1 097户4 893人。其中：区内集中安置在龙汛安置点（金江社区）654户2 979人；分散安置51户248人；自行安置15户47人；纯生产安置127户558人；外迁玉溪市峨山县化念镇安置56户234人；新增影响区194户827人。

梳理缺口资金：根据云南省移民开发局《溪洛渡向家坝水电站移民安置收口工作专题协调会议纪要》《云南省移民工作领导小组关于印发协调督导工作组工作方案的通知》，区水电移民服务中心逐项研究和梳理，全面理清资金缺口，分类争取解决。年度内，全区移民搬迁安置缺口资金49 449.91万元。成勘院初步纳入缺口一类47 754.4万元、二类1 584.17万元、三类111.34万元。待三峡移民局最终认可并拨付资金后，就能处理金江社区后续问题和遗留问题，验收房建和配套设施，完成收口工作。

沿江三座大桥项目建设：多次召开调度协调会推进云南建投加强组织施工，助推烂田坝、大坟包两座沿江跨沟大桥建设。完成烂田坝跨沟大桥项目建设下部结构和10片预制T梁，11月底完成10片T梁吊装工程；完成大坟包桩基浇筑，2、3、4号墩柱和系梁、承台及5号桥墩建设和4片T梁浇筑，12月中旬完成10片T梁吊装工作。正在协调、督促云南建投尽快启动锌厂沟跨沟大桥正式进场施工，3座大桥力争2020年6月底前全部竣工。

【后扶项目实施】 2018年12月26日，根据《昭通市财政局昭通市移民开发局关于下达2018年省级库区基金的通知》《昭通市财政局昭通市移民开发局关于提前下达2019年中央水库移民扶持基金的通知》，合计下达46个项目，总投资3 769.7万元。该批项目在2019年6月底已竣工44个项目，未竣工的2个项目1个正在实施中，另1个项目实施点转交通局实施。2015年至2018年的项目结余资金376万元，用作3个项目的工程建设，施工方已进场施工。后期扶持直补到人资金1 375.62万元。

2019年2月19日，《昭通市移民开发局昭通市财政局关于下达2018年大中型水库库区基金移民后期扶持资金项目计划的通知》，合计下达9个项目，总投资1 850万元。该批项目在2019年7月已竣工。按照项目管理相关规定，做好2018年度3批计划共计75个项目，总投资3 541万元后期扶持项目的结算验收和移交管理工作；2019年10月11日至18日，配合昭通市水电移民工作办公室完成2008年至2018年后期扶持项目50万元以上46个项目的实地终验工作。2020年度计划项目49个，总投资4815万元，前期工作（项目测设、编报可研、实施方案等）已完成60%。

【第二批避险解困项目】 第二批避险解困项目规划投资13 080万元，批复实施889户3 270人。其中：大山包镇集镇安置137户313人（已实施27户82人），洒渔镇安置218户743人（已实施148户533人），苏甲集中安置29户114人（已实施22户69人），乐居安置25户101人，永丰安置480户1 998人（已实施198户710人）。

洒渔镇避险解困项目：洒渔镇安置148户533人，其中大桥村安置点安置63户186人。年内，移民群众房屋5～10号楼全部完工，场平、挡墙、污水管网、广场建设已完成，围墙、绿化亮化工程正在施工。安置点以外的85户347人帮扶对象房屋已全部建设完成。

苏甲梨园村避险解困项目：苏甲梨园村安置点安置22户69人房屋建设，水、电、路等基础设施建设均已完成，绿化亮化工程12月底完成。

乐居镇避险解困项目：乐居镇安置25户101人房屋主体工程已完成，外观风貌12月底全部完成。

大山包镇避险解困项目：大山包镇移民137户313人因黑颈鹤国家级自然保护区大山包群众搬迁及原安置点变更等影响，经乡镇对移民帮扶对象重新甄别核实，现有27户82人愿意选择进城入镇（北闸镇红路安置点）安置，已完成搬迁安置协议签订。

永丰镇避险解困项目：永丰镇安置198户710人，其中元龙村安置点安置144户543人，房屋主体已完工98户，安置点以外的移民帮扶对象54户167人房屋主体12月底全部完成。

【第三批避险解困项目】　第三批避险解困项目规划投资16 880万元。批复实施帮扶1 359户4 220人。其中：北闸镇68户202人（已实施29户83人）、布嘎乡174户419人（已实施171户412人）、靖安镇6户21人、洒渔镇240户949人（已实施134户529人）、守望乡301户663人（已实施53户146人）、苏家院镇47户143人（已实施49户171人）、苏甲乡61户221人（已实施35户138人）、田坝乡51户136人（已实施14户38人）、小龙洞乡258户952人（已实施145户360人）、炎山镇23户44人（已实施2户2人）、旧圃镇130户470人（已实施199户592人）。自2019年1月31日批复以来，实施进展正常。

北闸镇避险解困项目：北闸镇安置29户83人，房屋主体完工24户70人，风貌建设完成10户29人，12月底全部完成。

布嘎乡避险解困项目：布嘎乡安置191户412人，房屋建设完工8户（风貌改造完成7户），基脚建设完成13户，进城购房手续完成19户，布嘎迎水村长房子安置点基础设施建设进入招投标前期准备工作，12月底全部完成。

靖安镇避险解困项目：靖安镇安置6户21人，房屋主体全部完工。

洒渔镇避险解困项目：洒渔镇安置134户529人，房屋主体完工120户，12月底全部完成。

守望乡避险解困项目：守望乡安置53户146人，房屋主体完工18户，进城购房手续完成19户，12月底全部完成。

苏家院镇避险解困项目：苏家院镇安置49户171人，房屋主体完工25户85人，12月底全部完成。

苏甲乡避险解困项目：苏甲乡安置35户138人，房屋主体完工33户128人（风貌建设完成29户118人），12月底全部完成。

田坝乡避险解困项目：田坝乡安置14户38人，房屋主体完工7户17人，12月底全部完成。

炎山镇避险解困项目：炎山镇安置2户2人已全部完工。

旧圃镇避险解困项目：旧圃镇安置199户592人，房屋主体完工74户（风貌建设完成8户），12月底全部完成。

小龙洞乡避险解困项目：小龙洞乡安置145户360人，房屋主体完工55户195人，中营村安置点基础设施建设已进场施工，12月底全部完成。

【金江社区改水改电工作】　从2019年1月起，金江社区改水工程全面结束，移民缴费用水逐步正常化，规范化。期间，由于电力改造过程中，施工方施工不严谨，细节不注意，电力公司收取电费不及时，导致2019年5～6月再次组织施工队入户纠错，规范完善电表和线路等。中心为平稳过渡电费收缴工作，再次垫支2019年1～6月产生电费60余万元。明确规定，从2019年7月1日起，移民产生的电费自行缴纳。督促电力公司更换金江社区654户移民电表，更换为智能电表，通过系统远程控制断电，督促移民缴纳电费，彻底解决移民多年来不缴纳电费的问题。

【脱贫攻坚】　机构改革后，区中心挂包对象调整为旧圃镇红泥闸1个村。一是全中心只有15人，符合选派条件的9人，到挂钩联系的旧圃镇红泥闸村驻村参加扶贫工作；二是全体干部职工每人结对帮扶2户贫困户。中心14名干部职工共结对帮扶28户建档立卡户，其余10户由旧圃镇挂钩工作人员结对帮扶；三是每周一例会专题听取分管领导和部分干部开展脱贫攻坚工作汇报，每月主要领导和分管领导专题听取驻村工作队长工作汇报不少于2次，每月指导督促中心干部职工深入包保卡户家中宣传政策、遍访结对帮扶贫困户不低于1次，电话访谈不低于1次，实时掌握贫困户动态信息；四是配合镇、村管理好驻村工作队员考勤、请销假等；五是主要领导和分管领导每月深入旧圃镇、红泥闸村开展工作不少于7天；六是中心为3名驻村工作队员购买126万元人身意外伤害险，提供驻村行李和办公基本设备，下拨红泥村脱贫攻坚工作经费3万元、驻村队员工作经费1.5万元，以报销工作队员驻村生活补助和通信补贴。七是脱贫摘帽冲刺60天，中心只留1名副职和2名工作人员，其余10名干部职工直接驻村工作。成立红泥村脱贫攻坚冲刺60天指挥所，制订工作方案、细化工作措施、压实责任，为红泥闸村脱贫攻坚冲刺60天奠定基础。

住房保障：2019年，实施农村危房改造578户。四类重点对象40户，其中拆除重建2户，每户补助2.5万元共5万元；修缮加固34户，每户补助资金2.1万元共71.4万元；兜底帮建4户，每户补助4万元共16万元。非四类重点对象108户，其中修缮加固41户，每户补助1.8万元共73.8万元；享受政策拆除重建9户，每户补助1.8万元共16.2万元。第三批移民避险解困18户61人，每人补助1.6万元共97.6万元。危房改造共投入资金280万元。拆除复垦中拆除重建或风貌改造的412户。

教育保障：2019年，学前教育资助1人，资助金300元。职业教育资助2人，资助金4000元。实施雨露计划资助6人。入户核实10名疑似辍学学生，其中：7名属在校就读，1名无法取得联系（按相关要求收集佐证资料进行销号），其余已劝返就读。全村适龄人员100%入学。

医疗保障：落实卡户全部参加基本医疗保险和大病保险，对建档立卡户每人每年补助180元。对所有卡户人口家庭医生签约服务个人需缴纳的12元，除省财政按照已脱贫卡户人口4∶6和未脱贫贫困人口6∶4的比例承担外，剩余部分由市、县财政按1∶9的比例承担。维修改造现有使用的村级卫生室80平方米业务用房，进行防水施工、更换破旧门窗、内外墙粉糊、统一标识标牌等。所有卡户实施重病兜底保障。

就业扶贫：全村现有劳动力4319人，已就业3516人，务工率81.41%；贫困劳动力68人，已就业68人，务工率100%。一是技能培训。开展劳动技能培训10人次。二是乡村公共服务岗位补贴11人，每个岗位每月补助500元。

产业扶贫：按照"一村一品"产业扶持原则，帮扶卡户种植水果豌豆1.41公顷，补助资金1.06万元。

金融扶贫：实施资产收益项目12户47人，小额信贷8户共36万元，政府贴息，贷款期限3年。

兜底保障：全村纳入低保对象211人，其中卡户22户37人；发放残疾人护理补贴57人，其中卡户3人；发放残疾人生活补贴92人，其中卡户8人；纳入特困供养对象11人；对卡户5户12人实施整户兜底保障。

基础设施建设帮扶：中心向上级协调争取资金584万元，在2020年度内，将硬化红泥闸村四方井至龙公阴河、马厂圩至红地脚、吕家小圩沟、一组水平地、红泥闸小学至牛洒路、大弯子移民新村等6条道路。这些项目已于2019年9月完成实地测设，待上级批复后将组织实施建设。

【维护社会稳定】 一是拟定2019年维稳工作方案，成立维稳工作领导小组。每半年专题研究部署信访维稳工作。二是每周一例会上，由分管领导专题汇报上周信访工作开展情况、存在问题及本周工作安排。三是政策法规宣传。学习宣传渔洞水库、溪洛渡水电站、黑石罗水库等实施细则、实施方案。四是梳理排查。围绕渔洞、永丰、段家石桥、跳蹬河4个老水库和溪洛渡电站、黑石罗水库进行全面梳理。重大信访案件是渔洞"两山"问题。重点信访区域是金江社区（溪洛渡移民集中安置点）、城区（凤凰、龙泉、太平）、溪洛渡库区（炎山、田坝、大寨子），跟当地党委政府（行政）沟通协调、安排部署。重点信访人员是任某云反映渔洞"两山"问题；吕某辉反映"安置补偿"问题；李某发反映未分配龙汛安置房问题；赵某方、黄某柏申请"避险解困"问题等 24 人，一一登记在案、重点关注、重点教育稳控。五是化解信访积案。针对近些年来一直难以处理的信访积案，配合包案市、区领导开展积案化解专项工作。六是在建国 70 周年大庆期间，实行每日"零报告"制度。全年，无重大影响稳定事件发生。

昭阳区计划生育协会

【机构设置】　昭阳区计划生育协会（以下简称区计生协）核定人员编制 6 人，常务副会长 1 名（正科级），副会长兼秘书长 1 名（副科级），工作人员 4 名。实现机构、经费、人员和工作独立。

内设机构：内设 2 个科室，即：办公室，项目科。

【党建和党风廉政建设】　结合"不忘初心、牢记使命"主题教育，共组织集中学习 20 余次，集中研讨 2 次；执行"三会一课"、民主生活会、组织生活会、民主评议党员、"党费日"和"主题党日"等制度；开展廉政谈话 2 次，上党课 5 次，其中廉政党课 1 次，上报廉政工作信息 14 篇。开展七一建党节系列活动；争取资金 15 万元，慰问 135 户困难老党员、失独家庭和困难计生户。落实全面从严治党和"一岗双责"。建立完善上下班考勤、公务用车、"三公"经费管理等制度；落实"两个责任清单""四不直接分管"和"末位表态"制度；执行中央"八项规定"，规范公务接待，严格管理公务用车使用，精减文件简报；及时通报各级纪委作风督查情况，组织观看《反腐的枪声》等影片，开展警示教育。

【全区计生协会概述】　截至 2019 年末，全区共建立区、乡、村三级计生协会 223 个，会员10 650 人，其中：区级计生协 1 个、乡级计生协20 个、村级计生协 183 个、流动人口计生协 16个、企业计生协 3 个，会员小组 2 413 个。

【召开年度计划生育协会工作】　2019 年 2月 28 日，昭阳区召开 2019 年度计划生育协会工作暨计生保险工作会议，区人大、区政协、区政府领导参加会议，会议总结 2018 年协会工作，表彰 5 个先进单位和 22 名先进个人，与 20 个乡镇、办事处签订《计划生育协会目标管理责任书》，安排部署 2019 年全区协会工作。

【开展主题宣传】　利用"5·29""7·11""12·1"重大节日，以"共奋进建新功　喜庆新中国成立 70 周年""扫黑除恶，建设善美昭阳""共享阳光、爱心助行、精准帮扶"为主题，开展送知识、送健康、送温暖、送关怀活动，到乡、村、组以生殖健康知识讲座、义诊、股骨头坏死等关节疾病义诊及筛查活动，普及健康知识，倡导健康生活，引导广大计生家庭树立科学文明健康理念。年内，全区共组织宣传服务活动80 余场，发放宣传资料 10 万余份，发放避孕药具 1 万余盒。

【信息和媒体宣传】　全区各级计生协会共撰写上报工作信息 512 篇，被省、市、区主流媒体及网站采用 54 篇；建立计生协会 QQ 群和微信工作群，发送有关信息、图片资料 421 条。

【"暖心家园"项目实施】　区计生协会争取中国计生协和省计生协项目经费 15 万元，在凤凰办事处实施失独家庭"暖心家园"项目，项目以"搭建一个平台、建好三项制度，强化四条措施、实现四个到位"工作思路，开展春节慰问、座谈、"三八节"联谊、集体生日、端午送情、中秋慰问、才艺表演、健康体检等活动 12 场次。

【实施计生家庭维权项目】　全区 13 个项目点建立健全服务工作体系，为计生家庭维权提供服务保障，服务人群从计生家庭、流动人口拓展到"三留守"和青少年，服务人数达到 27 万余人。截至 2019 年 12 月，共为全区计生家庭提供法律咨询 987 条，及时给予解答 546 个问题，受理计生维权案例 62 例，其中：计生家庭合法 52例，维权成功 46 例，成功率 88.46%，切实维护计生家庭的合法权益。

【公益项目】　2019 年，区计生协会实施"幸福微笑——救助唇腭裂儿童"公益项目，分 4

批组织辖区内 37 名唇腭裂儿童患者分别到云南省第二人民医院、昭通仁安医院接受检查，符合手术条件的 15 名患儿接受免费手术救治，术后，唇腭裂儿童恢复良好。

【计生家庭意外伤害保险】 2019 年，市计生协会下达昭阳区计生家庭保险任务 70 万元，昭阳区实收保费 105.48 万元，占市下达任务 150.69%。全区理赔 246 件，其中死亡理赔 11 件，医疗理赔 197 件，伤残理赔 6 件，其他理赔 32 件，赔付总金额 72.57 万元，赔付率 68.8%。

【失独家庭护理保险】 2019 年，为 73 名失独家庭成员购买护理保险，截至 9 月 30 日，中国人寿保险公司昭阳分公司理赔全区失独家庭共 20 人，赔付住院护理保险金 5.79 万元，理赔失独家庭身故 1 人，赔付身故保险金 0.5 万元，合计赔付 6.29 万元。

【脱贫攻坚】 单位派 1 名副会长到炎山镇庙湾村驻村任第一书记。为庙湾村解决扶贫工作经费 1.5 万元。组织全体党员干部多次到庙湾村开展"大遍访"、信息核实、收入核算、信息录入、人居环境整治等工作，结对帮扶 54 户贫困户。会长协调区计生协、区红十字会、区残联为布嘎乡迎水村 15 组家庭贫困残疾户解决残疾营养费 3.6 万元，其中区计生协会资助 1 万元。争取省计生协养殖项目资金 10 万元为苏甲乡布兴村 25 户"留守老人"搭建鸡舍，发放鸡苗和鸡饲料，通过帮扶，预计可以让每户养殖户每年增收 2 000 元左右，该项目为布兴村集体经济增收 2 万元。

【扫黑除恶专项斗争】 2019 年，区计生协会共开展扫黑除恶专项活动 10 次，发放宣传单 5 000 份。

【表彰】 昭阳区计生协会，荣获"云南省计生保险 10 年县域推广奖"。

周永惠，被区政府授予"昭阳区 2018 年度计划生育协会工作'先进个人'"称号。

昭阳区残疾人联合会

【机构设置】 昭阳区残疾人联合会核定编制 9 名（含领导职数 3 名），2019 年末，实有行政 6 人（含领导 3 人），行政工人 2 人。

内设机构：内设 3 个科室，即：办公室、康复科、教就科。

【党建工作】 全年，制定和完善《昭阳区残联班子成员党建工作责任清单》《2019 年党建工作计划》《残联实施"基层党建巩固年"工作方案》等制度。每半年组织召开 1 次党建工作专题会议，讨论解决党建工作中的重大事项和问题；党支部委员会组织开展 4 次主题教育活动、10 次主题党日活动，坚持和完善基层党组织组织生活会、民主评议党员工作、"三会一课"等制度。区残联党支部于 10 月 20 日完成残联党支部标准化建设。

【党风廉政建设工作】 年初，召开党风廉政建设专题工作会议，安排部署 2019 年党风廉政建设工作行，主要领导与分管领导、分管领导与各科室负责人、各科室负责人与办事人员层层签订《昭阳区残联 2019 年党风廉政建设责任书》。坚持主要领导与分管领导、分管领导与各科室负责人、各科室负责人与工作人员廉政建设谈话制度。

【残疾人社会保障】 2019 年，发放 6 883 名贫困残疾人生活补贴 42.36 万元，5 402 名贫困残疾人护理补贴 31.65 万元。

【农村残疾人实用技术培训】 组织凤凰、太平办事处及洒渔镇 320 名残疾人及其家属参加感恩教育、法律常识教育、家庭教育和残疾人护理、人居环境整治等技术培训。

【残疾学生助学补助】 向全区 38 人考入大专、本科及以上院校及 26 名考入高中的残疾学生及残疾人子女发放一次性助学补助，协调东莞向 22 名残疾学生及残疾人子女发放补助东西部协作资金 2.17 万元。

【残疾人就业基地建设】　年内，德富药材基地建设通过市级验收并申报省级示范基地；量化考核5家盲人按摩店，已达标。

【残疾人就业保障金】　2019年，全区征收残保金299.07万元。

【康复工作】　截至2019年10月30日，精神病人住院救助202人，金额35.14万元；阳光家园项目救助110人，金额16.5万元；脑瘫、智力残疾儿童康复救助101人，金额109.3万元；为59名填报康复需求的肢体残疾人适配假肢60例，发放残疾人辅助器具300余具、适配矫形器40例，为贫困听力患者验配助听器10台。

【脱贫攻坚】　2019年，区残联协调和投入资金打好脱贫攻坚战。

走访工作：每月组织干部职工参与脱贫攻坚"五查五看一感恩"走访工作，帮助解决补短板资金3万元。

项目库建设：在政策范围内实施"两项补贴"，生活补贴60%，护理补贴100%。三年项目库建设资金预计740.09万元。

数据比对工作：区残联主要负责核查贫困残疾人证件等情况，确保相关数据真实性、准确性。昭阳区2019年脱贫出列风险户危房改造2 047户中，贫困残疾人429户450人，其中359人持证，85人残疾人证过期，6人残疾人证被注销。

东西部协作扶贫项目：东西部协作产业扶持资金投入150万元。残疾人事业转移支付资金490.57万元，其中中央安排资金113.75万元，省级安排资金79.57万元，地方安排资金297.25万元。

慰问活动：春节期间，开展送温暖活动，为340名贫困残疾人送棉被，慰问5名残疾人5 000元。

【文体活动】　昭阳区残联组织肖雪娟和吴德雄参加"我和我的祖国"讲故事比赛，获得"全国三等奖"和"全国优秀奖"，以及"单位优秀组织奖"。昭阳区运动员潘世云获得游泳项目1金4银1铜，杨艳、陈大梅获得轮椅篮球铜牌。

【残疾人证"一站式办理"工作】　8月18日，区残联完成搬迁工作，入驻"市民之家"，投资8万元。8月19日，在"市民之家"C区23号和24号窗口正式办公。全年新办残疾人证1 301本、到期换证2 236本。

【评残鉴定及义诊服务】　联系各医院，组织好免费上门评定工作。组织田坝乡210余人参加鉴定，其中有107人评为残疾等级。上门评定昭阳区社会福利院集中供养人员中无证残疾人和需更换残疾人证85名，以及昭阳区儿童福利院无证残疾儿童28名。为全区17个乡镇的卡户残疾人集中上门评定，共鉴定1 686人，符合办理残疾证773人。

【年内要事】　1月14日，中国残联第七届执行理事会副理事长及云南省残联副理事长一行到昭阳区调研视力残疾人就业工作。

【表彰】　昭阳区残联，被省残联授予"省级'残疾人之家'"称号，并被市残联授予"市级残疾人就业工作先进残联"称号。

昭阳区红十字会

【机构设置】　2019年7月以前，昭阳区红十字会核定编制7名（含领导职数1名），其中，事业编制7名。在2019年7月后，实有9人。其中领导1人，其余8人为公务员从事业务工作。

内设机构：内设3个科室，即：办公室、财务室、项目办。

【基层组织建设】　昭阳区20个乡（镇）办事处成立基层红十字会，贯彻《中华人民共和国红十字会法》等有关法律法规，履行各项法定职责：灾后重建、募捐救助、无偿献血、救护培训等方面工作。

【应急救护培训工作】　2019年，共有160名初学机动车驾驶员通过培训、考核取得《卫生救护员合格证》。先后在7个乡镇开展灾后恢复重建技术培训和红十字会基本知识、应急救护知识及避险知识的宣传培训工作，培训 4 494 余人。进学校开展公益培训 1 000 余人。

【系统援建项目监管工作】 2019 年，完成香港红十字会援建 7 个乡镇社区的设施硬件建设，竣工验收；完成总会第一批博爱家园项目和省红十字会博爱家园项目硬件建设竣工验收及拨款工作；总会第二批博爱家园项目 5 个共计 200 万元，分别在靖安镇碧海村、乐居中河村、盘河镇新店村、苏家院迤那村、太平办事处平安社区实施。

【"三救三献"工作】 2019 年，通过东西部协作捐赠、书画义卖捐赠、爱心助学车展等社会爱心力量筹集资金 240 多万元，用于扶贫、助学、助困等方面。爱心助学车展所筹集资金部分用于买棉服捐赠给贫困山区学生，其中捐赠盘河镇大花小学 538 件。申报中国红十字基金会天使阳光基金先心病患儿救助 13 例，申报中国红十字基金会小天使基金白血病患儿救助 1 例。联合区防艾办对学员进行艾滋病筛查应急救护培训。完成 1 例人体器官捐献，注册登记人体器官捐献志愿者 1 人。

【宣传活动】 参加昭阳区各单位组织、发起的公益性活动，围绕红十字会宗旨和任务，传播国际人道主义，宣讲红十字精神，宣传自救互救、造血干细胞捐献、无偿献血等知识，现场模拟演练初级应急救护技能。

【脱贫攻坚】 2019 年，区红十字会挂钩扶贫旧圃镇大村村。年内，以召开群众座谈会等形式，宣传党的扶贫攻坚方针政策及省、市、区、镇有关扶贫工作的各项措施，制定"一户一策"的帮扶方案。全村有卡户贫困户 234 户 951 人，其中单位职工每人帮扶 3 户，共 21 户。帮助大村村建立精准扶贫工作队办公室和精准扶贫档案室，痕迹档案管理到位，规范管理扶贫工作。

昭阳区防震减灾局

【机构设置】 昭阳区防震减灾局为昭阳区人民政府直属事业单位，编制数为 9 人（含领导职数

2 名），2019 年末，实有 11 人（含领导 3 人）。

*内设机构：*内设 4 个科室，即：办公室、检测科、震害防御科、宣传应急科。

【设施建设】 制定《昭阳区地震观测台站管理制度》，争取资金改造巡龙综合监测站，修建围墙，确保地震观测仪器正常运转，监测数据准确。

【地震救援第一响应人培训】 10 月 14～17日，在昭通市委党校举办"昭通市昭阳区地震救援第一响应人培训"。全区各乡镇、办事处分管领导、武装部长以及区抗震救灾指挥部成员单位分管领导、部分中小学校长共 90 余人参加培训。培训内容有灾情信息收集与上报、基本救援技能等 13 个专题。

【健全地震应急管理体制和保障机制】 修订《地震应急预案》，按照新修订的区级应急预案，指导相关职能部门和学校、医院、乡镇完善二级预案修订。建立备案和督查制度，定期检查地震应急工作；管理和维护应急通讯装备和应急供电设备。周期性的维护和故障排查应急电台、应急卫星电话等设备。

【基准站建设】 在大山包镇合兴村、炎山镇松乐村、苏甲乡苏甲村、小龙洞乡小米村和全区 11 所中小学校选点建设地震预警系统，签订《租地协议》。协助管理好成都高新减灾研究所在昭阳区的地震预警系统网络。

【防震减灾科普知识宣传】 区防震减灾局开展防震减灾科普知识进广场、进社区、进学校宣传活动。6 月，到炎山中小学开展地震应急疏散演练。

【落实震情值班制度】 坚持通讯设备 24 小时畅通，值班人员 24 小时值守。坚持周会商、月会商、半年会商、年终会商。

【"三网一员"建设】 培训骨干成员综合业务，及时掌握与地震相关的宏观前兆信息。调查、会商、研判、分析处理和上报各类宏观现象

观测资料。

【脱贫攻坚】　成立部门"挂包帮""转走访"工作领导小组，11 名挂包干部共结对帮扶炎山镇炎山村贫困户 98 户。专门抽派 1 名干部长期驻炎山村开展挂钩扶贫日常工作。协助炎山村编制贫困村"三年行动"方案及到户扶贫措施。为炎山村村民委员会购置沙发 1 套、打印机 1 台，并拨付 5 000 元挂钩扶贫工作经费。

昭阳区气象局

【机构设置】　昭阳区气象局核定编制 9 名（含领导职数 3 名），其中：行政编制 4 名，事业编制 5 名。2019 年末，实有 12 人（含领导 3 人），其中：行政 4 人，事业 4 人，其他聘用人员 4 人。

内设机构：内设 4 个科室，即：办公室、气象台、防灾减灾科、人工影响天气中心。

【基础业务】　2019 年，无使用超检仪器现象，没有发生责任性事故，常规观测资料传输及时率达 99% 以上，国家级自动站资料传输及时率达 99% 以上，区域站观测资料传输到报率达99%，MDOS 反馈及时率达 100%，闪电定位资料传输到报率达 96% 以上。

【气象服务】　重点做好春节期间、春运期间、全区两会、森林防火、春耕春播期间气象服务。执行领导带班和汛期 24 小时无缝隙值守班制度，密切监测天气变化，利用手机短信、传真等多种渠道，及时向区委、区政府和相关部门发布预报预警信息和灾害防御提示，取得良好服务效益。全年，撰写发布《农业气象专题服务》19期、《农业气象旬报》29 期、《农业气象月报》8期、《烤烟气象旬报》23 期、《烤烟气象月报》7期、《烤烟气象专题服务》3 期、《昭阳区苹果气象服务》5 期、《干旱监测报告》4 期，截至 12月 20 日，共发布农气产品 95 期。撰写《气候影响评价》11 期、《气候趋势预测》10 期、《一周天气预报》48 期、《重要天气预报》16 期、《重要天气预警》120 期、《地质灾害气象风险预警》29 期、《气象专题服务》121 期，截至 12 月，共计发布公共和决策气象服务 355 期，发送短信共计 75 万余条。

【人工影响天气工作】　昭阳区人影作业点保护果园面积 1.93 万公顷、烤烟面积 4 733.33公顷。2019 年，昭阳区 14 个人影炮点共计作业247 次，其中防雹作业 201 次，增雨作业 46 次。累计使用人影炮弹 3 762 发，其中防雹炮弹 3 488发，增雨炮弹 274 发。组织建设昭阳区气象局人影指挥业务平台并投入使用；完成守望、布嘎、龙泉、铜店 4 个炮点自动化改造。

【防雷监管】　联合区应急、住建、工信、教育、旅游等部门开展防雷安全大检查，监管辖区 76 家加油站、油库防雷安全 32 次。在永丰万亩苹果园观景台内主导建设 1 套避雷设施，打造气象服务标杆。避雷设施于 11 月底建设完成，助力昭通苹果产业发展。

【重大活动气象服务】　向 2019 昭通苹果展销暨"昭阳红"品牌发布会提供"滚动式"专题气象服务；向区委提供昭通市第四届"体彩杯"篮球轮庄赛专题气象服务。

【科普活动】　3 月 23 日，开展"太阳、地球和天气"为主题的世界气象日气象科普活动。5 月 12 日，开展"提高灾害防治能力，构筑生命安全防线"为主题的全国第 11 个防灾减灾日科普宣传活动。

【祭扫活动】　3 月 29 日，昭通市、昭阳区气象局在昭通市烈士陵园开展"文明祭祀、生态昭阳"清明节祭扫主题活动。9 月 28 日，开展"缅怀先烈、牢记使命"爱国主义教育专题活动。

【脱贫攻坚】　区气象局选派 2 名驻村队员进驻炎山镇庙湾村。走访庙湾村结对帮扶卡户 63户，会同督导员、村干部逐户研判存在的困难，建立相应台账，制定帮助计划。协助村委完成国办系统 2019 年信息核查对照表、2019 年收入核算表、信息采集核查表；同村委、驻村工作队研判 2019 年脱贫户、脱贫监测户、边缘户情况，完善相应表册、台账资料。单位投入扶贫资金 3万余元，走访研判 130 余次。

组织机构及领导名录

中共昭通市委员会
常　委：江先奎

中共昭通市昭阳区委员会
书　记：江先奎
副书记：陶　毅
　　　　周　祥
　　　　梁晓阳（2019.08 止）
正处级：王传斌
常　委：江先奎
　　　　陶　毅
　　　　周　祥
　　　　李大捷（2019.01 止）
　　　　耿礼俊
　　　　陶思茂（2019.08 止）
　　　　刘兴发
　　　　费忠平
　　　　李文明（2019.11 止）
　　　　陈　瑾（女，2019.08 止）
　　　　梁晓阳（2019.08 止）
　　　　黎　勇
　　　　万玉炎（2019.08 止）
　　　　赵玮辛（女）
　　　　沈　洋
　　　　周　弢（2019.08 任）
区委办公室
主　任：费忠平（2019.03 止）
　　　　刘明波（2019.03 任）
常务副主任：王　雄
副主任：陈增瑞（女，白族）
　　　　张朝勇（2019.03 止）
　　　　马凌锋（回族，2019.07 任）
　　　　邓　芳（女，2019.03 任）
区委机要局
局　长：何　梅（女，2019.04 止）
副局长：胡仕金（2019.04 止）

区委督查室
主　任：张朝勇（2019.03 止）
副主任：毛　静（2019.04 止）
区国家保密局
局　长：王　勤（女，2019.04 止）
副局长：陈　青（2019.04 止）
档案局
局　长：陈增瑞（女，白族）
信息科
科　长：张　凌（女，2019.04 止）

昭阳区人民代表大会常务委员会
主　任：罗正国
常务副主任：陈　瑛（女）
副主任：董睿武（女）
　　　　迟焕彩
　　　　马洪斌（回族）
副处级：曾家才
办公室
主　任：杨　明
副主任：李蓓液（女，回族）
　　　　黄　华（女）
　　　　赵建平（彝族，2019.03）
民工委
主　任：锁才芬（女，回族）
副主任：王建军（苗族，2019.05 止）
　　　　马吉祥（回族）
选联委
主　任：郑　景
副主任：曾　洁（女）
法工委
主　任：崔　敏（女）
副主任：李必顺
财经委
主　任：冷崇达
副主任：易莉桦（女）

教科委

主　任：杨　帆

副主任：曹先碧（女）

农工委

主　任：崔讲文

社建委

主　任：贺德芝（女）

副主任：胡声坤（女，2019.08 任）

环资委

主　任：陇　煜（彝族）

　　　　郭世龙（2019.03 任）

预工委

主　任：杨兴华（2019.03 任）

副主任：郭世宏（2019.03 任）

昭通市昭阳区人民政府

区委副书记、区长：陶　毅

常务副区长：费忠平（2019.02 任）

副区长：叶建平（女）

　　　　李大捷（2019.01 止）

　　　　万玉炎（2019.09 止）

　　　　陶思茂

　　　　赵玮辛（女）

　　　　孙成国

　　　　柯大林

　　　　吴　昆（女，回族）

　　　　马贤武（回族，2019.03 止）

　　　　刘凤慧（女，2019.08 止）

　　　　龚　黎（女，2019.09 止）

　　　　张　兴

　　　　钟顺敏（女，2019.11 任）

　　　　王文生（2019.05 止）

　　　　王开伟（2019.05 任）

副处级：郭映辉

　　　　邓发奎

　　　　安启能（彝族）

区政府办

主　任：李林森（回族）

副主任：刘　松

　　　　吴发芬（女，彝族）

　　　　武德群（女，2019.04 任）

　　　　吴　澜（2019.04 任）

政协昭阳区委员会

党组书记、主席：陈光萍（女）

党组副书记：李聪耀（苗族，2019.11 止）

　　　　　　杨连刚

　　　　　　马贤武（回族）

副主席：苏贤瑜（女）

　　　　马仲省（回族，兼任）

　　　　杨连刚

　　　　铁雪梅（回族，2019.08 任）

副处级干部：刘　迪

党组成员、秘书长：梁　婷（女，2019.03 止）

　　　　　　　　　马　兵（回族，2019.03 任）

办公室

党组成员、主　任：蒋忠奎

副主任：黄昌波

　　　　高俊鸿（女，2019.03 任）

研究室

主　任：阳应伟（2019.03 止）

副主任：高俊鸿（女，2019.03 止）

民宗委

主　任：刘继文（苗族，2019.08 任）

副主任：虎朝辉（回族，2019.03 止）

经农委

副主任：杨德昆（2019.06 任）

人资委

主　任：夏　帆

副主任：刘安宁（女，彝族）

教科卫体委

主　任：张正萍（女）

副主任：丁丹阳（女，土家族）

提案委

主　任：孙成彪

副主任：张万荣

港澳台侨联络委

主　任：张　荣（回族，2019.03 止）

　　　　魏正富（2019.03 任）

副主任：赵泽平（2019.03 任）

文史委

党组成员、主任：罗天滑（2019.03 任）

副主任：季心平（2019.03 任）

经农委

主　任：马光孝（回族，2019.03 任）

社法委

主　任：胡秀华（2019.03 任）

委员联络委

主　任：饶俊英（女，2019.03 任）

副主任：徐　燕（女，2019.03 任）

昭阳区纪律检查委员会　区监察委员会

书记、监委主任：陈　瑾（女，彝族，
　　　　　　　　　2019.08 止）
　　　　　　　　　周　弢（2019.08 任）

副书记、监委副主任：岳建伦
　　　　　　　　　　　崔　荣
　　　　　　　　　　　李贵亿（2019.08 止）

纪委常委：孙朝发
　　　　　张祥聪（彝族）

纪委常委、监委委员：李兴友
　　　　　　　　　　　李　健
　　　　　　　　　　　张　勇

监委委员：林光秀（女）

工会主席：陈　敏（女）

机关党总支专职副书记：赵声平

正科级纪检员：陈　群
　　　　　　　曾祥淑（女）
　　　　　　　廖家法
　　　　　　　卓素琼（女，2019.10 止）
　　　　　　　陈　敏（女）

副科级纪检员：谭劲松
　　　　　　　陈国忠

办公室

主　任：张祥聪（彝族）

案管室

主　任：张　勇

副主任：朱兴创（2019.03 任）

组织部

部　长：王章龙

副部长：陈　勇

党风政风监督室

主　任：林光秀（女）

宣传部

部　长：罗　瑜（女，回族）

信访室

主　任：雷　蕾（女）

政策法规室

主　任：张　红

干部监督室

主　任：吴　宏（2019.10 止）

副主任：铁　欢（女，2019.03 任）

宣教中心

主　任：陈志美（女）

案件审理室

主　任：李兴友

副主任：蒋　勇

巡察办

主　任：高　燕（女，2019.03 任）

副主任：邵泽军

第一纪检室

主　任：吴长春

第二纪检室

主　任：施　洋

第三纪检室

主　任：沙祥富（彝族）

第四纪检室

主　任：曾　杭

第五纪检室

主　任：耿世剑

第六纪检室

主　任：贾志光

第一巡察组

组　长：夏文炳

副组长：徐世静（女，2019.03 任）

第二巡察组

组　长：王昭莲（女）

第三巡察组

组　长：杜远坤

副组长：栗　萍（女，2019.05 任）

第四巡察组

组　长：曹德飞

副组长：罗兴文

第五巡察组

组　长：李　勇

副组长：余安兰（女，彝族）

区委办纪检组

组　长：王开华

副组长：虎云威（女、回族）

综合执法局纪检组
组　长：赵庆江
组织部纪检组
组　长：杨小平
副组长：卿　熙（2019.03 止）
政府办纪检组
组　长：郭　君
副组长：高　艳（女）
住建局纪检组
组　长：王开金
工科局纪检组
组　长：张彩虹（女）
财政局纪检组
组　长：马贤翠（女，回族）
交通局纪检组
组　长：徐　敏
直属机关纪检组
组　长：蒋　斌
人社局纪检组
组　长：戴鸿毅
国土分局纪检组
组　长：陈　烬
教育局纪检组
组　长：李　琴（女）
卫健局纪检组
组　长：温　骥
市场监管局纪检组
组　长：林吉府
副科级：陈训承（女）
农业局纪检组
组　长：郭伦燕（女）
林业局纪检组
组　长：沈　涛
水务局纪检组
组　长：邵志敏（女）
发改局纪检组
组　长：赵庆波

区委组织部
部　长：耿礼俊（2018.09 任）
副部长：马　滔（回族）
　　　　罗天滑（2019.03 止）
　　　　高　燕（女，2019.03 止）

　　　　张朝勇（2019.03 任）
　　　　阳应伟（2019.03 任）
正科级组织员：孟学蛟（2019.03 止）
　　　　　　　余开洋（2019.03 止）
　　　　　　　吴智慧（女）
部务委员：单正伟
　　　　　徐安丽（女）
　　　　　余云川（女，2019.03 止）
　　　　　程　菊（女，2019.07 任）
区公务员局
局　长：程　菊（女，2019.07 任）
区委党建办
主　任：徐安丽（女）

区委宣传部
部　长：沈　洋
副部长：许　铭（女）
　　　　蒋世平
　　　　李　斌
文明办
主　任：蒋世平
文产办
主　任：许　铭（女）
新闻出版局
局　长：许　铭（女）
外宣办
副主任：邓龙启
广电局
局　长：李　斌

区委统战部
部　长：马贤武（回族）
副部长：杨绍斌（回族，2019.03 止）
　　　　魏正富（2019.03 止）
　　　　朱显雷（苗族）
　　　　李　梅（女，彝族）
民宗局
副局长：熊启锋（苗族）
　　　　马鹏远（回族）
　　　　龙树毅（彝族，2019.03 任）

区委政研室
主　任：胡秀华（2019.03 止）

梁　婷（女，2019.03 任）

副主任：王庆能

　　　　陈朝富（2019.07 任）

　　　　杨　斌（2019.07 任）

深化改革办

主　任：刘明波（2019.07 任）

副主任：梁　婷（女，2019.03 任）

昭阳区委编办

主　任：曹履端

副主任：刘雪莲（女，苗族）

　　　　陈万敏（女，2019.03 止）

　　　　桂　斌（2019.03 任）

区直属工委

书　记：费忠平

副书记：李新文（女，2019.03 任）

　　　　乔家波

　　　　田率华（2019.03 任）

区信访局

党组书记、局长：张　勇（2019.03 任）

副局长：马培富（回族）

　　　　李建琳（女）

接访劝返中心

主　任：李　飙

昭阳区政务管理局

局　长：庹必恒

副局长：张正洪

　　　　周　刚

　　　　朱明礼（2019.03 任）

昭阳区公共资源交易中心

主　任：张正洪

副主任：李　雪（2019.08 止）

　　　　赵乙谦

区工商联

主　席：苏贤瑜（女）

党组书记、常务副主席：张琪华（女）

党组成员、副主席：冯应学

区总工会

主　席：陈　瑛（女）

党组书记、常务副主席：何　红

　　　　　　　　　　（女，2018.12 任）

副主席：龚建荣

　　　　方建丽（女）

共青团区委

书　记：王　林

副书记：田　芳（女，2019.03 止）

　　　　杨　扬（女，2019.07 止）

　　　　锁才席（回族，2019.07 任）

区妇联

主　席：董睿武（女）

党组书记、常务副主席：范啟梅

　　　　　　　　　　（女，2019.03 任）

　　　　　　　　　　饶竣英

　　　　　　　　　　（女，2019.03 止）

党组成员、副主席：马　莲

　　　　　　　　　（女，回族，2019.03 任）

　　　　　　　　　刘兴惠（女）

副主席：赵声跃（女，2019.03 止）

妇儿工委办公室

主　任：黄　锟

昭阳区政法委

书　记：李文明（2019.11 止）

副书记：王建文（彝族，2019.03 止）

　　　　江　洪（2019.03 止）

　　　　马培忠（回族）

　　　　陈　现（2019.03 任）

　　　　童堂华（2019.07 任）

610 办公室

主　任：王建文（彝族，2019.03 止）

副主任：马誉荣（女，回族，2019.03 止）

综治办

主　任：无实职

副主任：无实职

维稳办

主　任：无实职

副主任：无实职

执法监督室

副主任：无实职

政工科

科　长：李方耀（2019.07 任）

昭阳区检察院

党组书记、检察长：王建雄

副检察长：张洪兵

鄢显浩

纪检组长：李文彦（女）

专职委员：王正琨

政工科

科　长：余世奎

副科长：罗孝群（女）

反渎局

局　长：周清开

教导员：王　雯（女）

反贪局

副局长：窦涧峰

反贪局综合科

科　长：潘云亮

行装科

科　长：曾丽娟（女）

侦监科

科　长：高怀明

研究室

主　任：吴立新

民行科

科　长：罗　芳（女，壮族）

监督办

主　任：陈展红（女）

案管办

主　任：秦开巧（女，彝族）

控申科

科　长：许思英（女）

法警队

队　长：郑方毅

技术科

科　长：王崇康

驻工业园区检察室

主　任：郎学钦（女）

昭阳区人民法院

党组书记、院　长：罗朝碧

党组副书记：王家兴

副院长：王晋东

陈显栋

专职委员：孙华卫

张　云

副处级审判员：邓　林

专职委员：孙华卫

张　云

法　官：程静华

龚　勋

赵声礼

法官助理：迟　谨

王元智

政工科

科　长：殷家敏（女）

副科长：李自萍（女）

执行局

局　长：马贤深（回族）

副局长：金荣辉

周春林

邓尚云

教导员：许　立

立案庭

庭　长：张国平

监察室

主　任：李兴芬（女，回族）

执行裁判庭

庭　长：尤复云

行政庭

庭　长：李建华（女，2019.03 止）

督查室

主　任：潘　荔（女）

刑一庭

庭　长：杨　勇

刑二庭

庭　长：马玉郎（回族）

民二庭

庭　长：潘文才

审判监督庭

庭　长：沈忠详

法警队

指导员：王应五

乐居法庭

庭　长：官先哲

大山包法庭

庭　长：赵勇钊

公安局昭阳分局

党委书记、局长：王开伟（2019.04 任）

党委副书记、政委：李明奎（回族，2019.03 任）

党委委员、副政委：周　航

党委委员、副局长：魏　勇（2019.03 任）

　　　　　　　　代　竹

　　　　　　　　戴　剑（2019.03 止）

　　　　　　　　李明奎

　　　　　　　　（回族，2019.03 止）

　　　　　　　　潘　云

　　　　　　　　洪昌云

　　　　　　　　李兴魏

　　　　　　　　（回族，2019.03 任）

党委委员：彭　松

党委副书记、纪委书记：杨荣兴

　　　　　　　　　　（2019.06 止）

纪检组长：代顺文（2019.07 任）

政治处

党委委员、主任：周　俊

副主任：文　芳（女）

指挥中心

党委委员、主任：代顺文（2019.06 止）

　　　　　　　　付　东（2019.07 任）

安全监察大队

大队长：安金礼（彝族）

特警大队

大队长：潘明繁（2019.06 任）

指导员：欧元甫（2019.07 任）

国安大队

大队长：汪国荣

指导员：虎发斌（回族）

禁毒大队

大队长：赵渝涛

指导员：赵德安（2019.06 止）

　　　　吕继辉（2019.06 任）

经侦大队

大队长：何淑鸿

指导员：杨　昆

刑侦大队

大队长：龚俊东

巡警大队

大队长：陈洪斌

治安大队

大队长：马仲团（回族）

教导员：张冀明（女）

凤凰派出所

所长：付　东（2019.07 止）

　　　白孝邦（2019.07 任）

指导员：无

副所长：李关云

　　　　童贻麟

龙泉派出所

所长：蒋兴文（2019.06 止）

　　　孟　冰（2019.06 任）

指导员：潘忠涛

副所长：王兴开

　　　　王熙格

太平派出所

所长：白孝邦（2019.06 止）

　　　王　华（2019.07 任）

指导员：王　华（2019.06 止）

副所长：何　斌（2019.07 任）

　　　　程　石

北闸派出所

所长：孟　冰（2019.06 止）

　　　赵庆生（2019.06 任）

教导员：吕　智

副所长：陈　现（2019.03 止）

　　　　崔　尧（2019.06 止）

　　　　杨馥顶

大山包派出所

所长：李富坤

指导员：杨兴洪

旧圃派出所

所长：潘　峥

指导员：赵家跃

副所长：付　勇（彝族）

靖安派出所
所长：赵庆生（2019.06 止）
　　　崔　尧（2019.06 任）
指导员：郑权文（回族）
乐居派出所
所长：陈秋甫
指导员：赵庆忠
盘河派出所
所长：臧　颖
指导员：杨　俊
苏家院派出所
所长：陈信昌
指导员：耿　和
洒渔派出所
所长：何　斌（2019.07 任）
指导员：刘绪云（2019.06 止）
　　　　吴　勇（2019.06 任）
副所长：周　云
永丰派出所
所长：邓书军
指导员：铁　帅（回族）
炎山派出所
所长：冷崇磊（2019.06 止）
大寨子派出所
所长：吴　勇（2019.06 止）
　　　肖华兵（2019.06 任）
指导员：肖华兵（2019.06 止）
苏甲派出所
所长：刘阳洪
指导员：陶维波
田坝派出所
所长：柳建成（2019.07 任）
布嘎派出所
所长：周　斌
指导员：陈思章
青岗岭派出所
所长：马府仁（回族）
指导员：宋　雄
守望派出所
所长：李朝吾
指导员：阮　豪（回族 2019.06 止）
小龙洞派出所
所长：马敏赛（回族，2019.06 止）

　　　阮　豪（回族，2019.06 任）
指导员：汪宗礼
蒙泉派出所
所长：夏文正
副所长：马友明（回族）
南城派出所
所长：沈远骥（2019.06 止）
　　　马安骐（2019.07 任）
指导员：马应耿（回族）
副所长：陈继烽
　　　　马玉岗（回族）
　　　　李雪松（白族）
土城派出所
所长：冯全云
副所长：王凤松
　　　　鲁保永
珠泉派出所
所长：潘明繁（2019.06 止）
　　　陈树云（2019.07 任）
指导员：夏连贵
副所长：卯　桦
　　　　邬　俊
　　　　熊　杰
工业园区派出所
所长：吕继辉（2019.06 止）
　　　赵玉琴（女，2019.07 任）
指导员：廖绍松
副所长：赵玉琴（女，2019.07 止）
　　　　李　勇
　　　　杨忠宽
渔洞派出所
所长：褚人林
指导员：张　正
交警一大队
大队长：魏　勇（2019.06 止）
　　　　孙　燊（2019.07 任）
指导员：孙　燊（2019.06 止）
　　　　姚　智（2019.06 任）
交警二大队
大队长：蒋　斌
教导员：雷庆安
高速巡警中队
指导员：龚成波（2019.06 任）

昭阳区司法局

党委副书记、局长：张正刚（彝族）

党委书记、副局长：起 华
（彝族，2019.03 任）

党委委员、副局长：吕道富
沈忠俊
马兴华（回族）
欧昭驿（2019.03 任）

党委委员：杨 平

政工科

科长：马丽芳（女，回族，2019.08 止）

普法办

主任：杨 平

公共服务科

科长：王启锦（女）

办公室

主任：徐家华

龙泉司法所

所长：刘 惠（女）

永丰司法所

所长：马 莎（女，回族）

小龙洞司法所

所长：马俊涛（回族，2019.03 任）

大寨子司法所

所长：赵泽富

田坝司法所

所长：张兴忠

乐居司法所

所长：孔祥源

守望司法所

所长：薛炳辞（回族）

旧圃司法所

所长：刘昌贵

靖安司法所

所长：邓尚利（女）

凤凰司法所

所长：王绍成（回族，2019.03 任）

布嘎司法所

所长：马春验（回族）

炎山司法所

所长：钟明海

苏甲司法所

所长：李 昕

盘河司法所

所长：陈 媛（女）

青岗岭司法所

所长：段竹慧（女，回族）

苏家院司法所

所长：沈家卿

太平司法所

所长：陈仁平

昭阳区综合执法局

党委书记、局长：刘 江

党委书记、副局长：王禄义（2019.04 止）

党委委员、副局长：廖家清（2019.07 止）
彭 松（2019.12 止）
文银华（2019.07 任）
冷崇磊（2019.07 任）

昭阳区搬迁安置局

副处级、局长：邓发奎（2019.03 任）

党组书记、副局长：李剑波（2019.03 任）

党组成员、副局长：文屹梅
（女，2019.03 任）
赵声跃
（女，2019.03 任）
陈明勇
（2019.03 任，2019.06 止）

昭阳工业园区管委员会

书 记：

主 任：叶建平（女）

副主任：蒋仕奇
周廷昆（2019.03 任）
陈 勇
虎尊银（回族）
卯昌平（2019.07 任）

副书记：蒋 平（2019.03 止）

纪委书记：

纪委副书记：田 辉（2019.03 任）
赵庆雄

办公室

主 任：

副主任：马 力（回族）
李德飞（2019.07 任）

招商引资办

主　任：吕维坤

社会事务科

科　长：锁贤云（回族，2019.07 止）

　　　　江文添（2019.07 任）

副科长：陈　静（女，2019.07 任）

规划建设科

科　长：李治华

监察科

科　长：余发敏（女，2019.03 止）

副科长：王永飞

　　　　马　啸（回族）

昭阳区发改局

党组书记、局长：邓光涛

党组成员、副局长：杨　涛（回族）

　　　　　　　　　沈雪景（女）

　　　　　　　　　吴　江

　　　　　　　　　周晓魁（2019.07 止）

昭阳区工科局

党委副书记、局长：马　兵

　　　　　　　（回族，2019.03 止）

党委书记、局长：霍　闻（2019.03 任）

党委委员、副局长：孙华金

　　　　　　　　　刘廷跃

　　　　　　　　（回族，2019.03 止）

　　　　　　　　　杨　波

　　　　　　　　　邹　玫（女）

招商局

局　长：武德群（女，2019.05 止）

昭阳区财政局

党组书记、局　长：杨　斌

党组成员、副局长：冯　焜（2019.03 止）

　　　　　　　　　合宇鹏（回族）

　　　　　　　　　丁　玲（女，2019.07 任）

副局长：王　焜

金融办

主　任：合宇鹏（回族）

副主任：李楚蓉（女）

　　　　钱文艳（女，2019.07 止）

非税局

副局长：邱之平

国有资产管理局

局　长：王　焜（2019.12 任）

副局长：蒋仕跃

会管局

局　长：陈晓云（女）

农业开发办

副主任：万绵忠（2019.03 止）

昭阳区自然资源局

党组书记：刘明波（2019.03 任）

党组副书记、局　长：赵泽卿

党组成员、副局长：陈绍鸿（彝族）

　　　　　　　　　陈美芸（女）

　　　　　　　　　朱　云

　　　　　　　　　锁文彬（回族）

副局长：戈　时

　　　　彭选明

昭通市生态环境局昭阳分局

党组书记、局长：孟世胜（2019.03 止）

副局长：陈昌高（2019.02 止）

　　　　刘宪春

　　　　陈代堂（2019.02 止）

　　　　郭　林（主持工作）

昭阳区住建局

局　长：黄延安

党委书记：李新文（女，2019.03 止）

副局长：陈朝富（2019.08 止）

　　　　徐　涛

　　　　刘　瑾

　　　　陈明勇

　　　　汪　洋（2019.04 任）

城市园林绿化管理局

局　长：秦少闻

住房保障性管理中心

主　任：吴　勇（2019.04 止）

　　　　杨　松（2019.04 任）

供排水公司

总经理：蒋　祥

昭阳区交通局

党组书记、局长：和　葵（纳西族）

党组副书记、副局长：李兴长（回族）

党组成员、副局长：陈家顺

锁培军（回族）

党组成员：赵启富（2019.04 任）

昭阳区农业局

党组书记、局长：马玉平（回族）

党组成员、副局长：郭世龙（2019.03 止）

吴兴祥

（彝族，2019.03 止）

罗荣华（2019.03 止）

陈　刚

王　铸（2019.03 任）

李　静

（女，2019.03 任）

钟代浩

副局长：马　鑫（2019.03 任）

党组成员：万棉忠（2019.03 任）

昭阳区水务局

党组书记、局长：刘　刚（2018.07）

党组成员、副局长：黄泽伟

何兴礼

左开明

马玉华

（回族，2019.04 止）

党组成员、总工程师：唐正贵

河长办

专职副主任：李开峰（2019.01 任）

昭阳区应急管理局

党组书记、局长：霍　闻（2019.03 止）

王禄义（2019.03 任）

副局长：廖家清（2019.07 任）

彭　奇（2019.03 止）

贾德宪（2019.03 任）

李文陆（2019.03 任）

官德云（2019.03 任）

昭阳区审计局

党组书记、局长：曾家正（2019.08 止）

李贵亿（2019.08 任）

党组副书记：蒋开学（2018.08 止）

副局长：邱其萍（女）

丁　玲（女，2019.07 止）

徐　骋

钱文艳（女，2019.07 任）

昭阳区市场监管局

党委书记、局长：钟顺敏（女，2019.03 止）

马玉华

（回族，2019.03 任）

党委委员、副局长：崔　华

（女，2019.03 止）

闫　峰

马　锷（回族）

孙　军

朱仁强（2019.03 任）

耿玉坤

（彝族，2019.03 任）

苏家院监管所

所　长：陈文明（2019.07 任）

守望监管所

所　长：付再平（2019.07 任）

靖安监管所

所　长：李　洋（2019.07 任）

大山包监管所

所　长：李智敏（2019.07 任）

布嘎监管所

所　长：马　昆（回族，2019.07 任）

太平监管所

所　长：撒兰忠

（回族，2019.07 任，2019.12 已故）

盘河监管所

所　长：王顺宏（2019.07 任）

乐居监管所

所　长：伍　娴（女，2019.07 任）

凤凰监管所

所　长：祖廷平（2019.07 任）

炎山监管所

所　长：洪琼昌（2019.07 任）

昭阳区林草局

党组书记、局长：吕大勇（2018.07 任）

党组成员、副局长：马吉祥
　　　　　　　（回族，2019.03 止）
　　　　　　彭　奇（2019.03 任）
　　　　　　陈　茂（2019.03 任）
党组成员：洪昌云（2019.03 任）
副局长：周　杰
　　　　马　鑫（2019.03 止）

长防办
主　任：李　春（女，2019.07 止）

国有林场
场　长：李　春（女，2019.07 任）
副场长：张永志（2019.07 任）
　　　　谢德荣（2019.12 任）

森林防火
专职副指挥长：李文陆（2019.03 止）

森林公安局
党组书记、局长：龚梅松（女，2019.03 止）
　　　　　　　　洪昌云（2019.03 任）
政委、党组副书记：杨树良
党组成员、副局长：周正荣
　　　　　　　　　朱　昆
党组成员：王　蓉（2019.03 任）
　　　　　朱　勇（2019.03 止）

洒渔派出所
所　长：刘兴平
指导员：王　昆

苏家院派出所
所　长：赵庆国
指导员：耿令忠

苏甲派出所
所　长：陶永贵
指导员：林　海

靖安派出所
所　长：王　祥
指导员：曹远飞

大龙洞派出所
所　长：蒋德平
指导员：高　枫

大山包自然保护区派出所
所　长：陈　峻

大山包黑颈鹤保护区管护局
党委书记：党兴阳

副局长：孙　荣（彝族）
调研员：钟兴耀

昭阳区统计局
党组书记、局长：杨兴华（2019.03 止）
　　　　　　　　马昌宇
　　　　　　　　（回族，2019.03 任）
党组成员、副局长：田盛钧（2019.03 止）
　　　　　　　　　周春明
　　　　　　　　　李怀勇
　　　　　　　　　李才勇
　　　　　　　　　（回族，2019.03 任）

昭阳区供销社
党委书记、主任：郭世宏（2019.03 止）
　　　　　　　　孟世胜（2019.03 任）
党委委员、副主任：李才永（回族）
　　　　　　　　　崔　毅（2019.07 任）

烟草专卖局昭阳区分公司
党委书记、局长、经理：吕道林
党委委员、纪委书记、工会主席：范荣平
　　　　　　　　　　　　　　（2019.04
　　　　　　　　　　　　　　止）
党委委员、副经理：李锦涛
　　　　　　　　　赫劭松
副局长：马玉黔（回族）

昭阳区城管委
主　任：刘兴发
常务副主任：陶思茂
纪委书记：和　葵（纳西族）
副主任：高　云
　　　　马玉敏（回族）
　　　　虎恩部（回族）
　　　　黄延安
　　　　刘　江
副处级领导：汪志刚
　　　　　　牛　林

棚改工程处
处　长：马玉敏（回族）

监察室
主　任：邓　鹏（2019.03 任）

副主任：马孝宽（回族，2019.03 任）

管理科

副科长：孙继权（2019.03 止）

投融资科

副科长：贺声高（2019.03 止）

吴　勇

征地拆迁安置科

副科长：丁华文（2019.03 止）

孙显智

马　驰（回族，2019.07 任）

综合办公室

副主任：薛维彪（回族，2019.03 止）

代余东

苏龙云（2019.03 止）

城市建设科

副科长：李章静（女）

陈府清（2019.03 任）

规划科

副科长：余文燕（女）

政策法规科

副科长：时　璐（2019.07 止）

雷家金

李梦君（女，2019.12 任）

城管科

副科长：洪　志

昭阳区税务局

党委书记、局长：付忠志（2019.03 止）

母碧友

（彝族，2019.03 任）

党委副书记、副局长：胡　伟（2019.05 止）

党委委员、副局长：曹仁义

邓荣宣

陈滟滟（女）

胡选高

陇　云（彝族）

陈仲贵

党委委员、纪检组长：夏艳萍（女）

社保和非税收入股

股　长：李文平

机关党委股

股　长：宋　雁（女）

第一税务分局

局　长：耿昭飞

第二税务分局

局　长：李跃雄

凤凰税务分局

局　长：唐绍平

龙泉税务分局

局　长：黄智敏（女）

太平税务分局

局　长：丁　志

昭阳区教育局

党组书记、局长：曹玉树

党组副书记、副局长：杨兴玺（2019.03 止）

李大祥

副局长：傅再萍（女）

周开勇（2019.03 止）

刘建荣（女，2019.03 任）

李　昆（2019.09 任）

政府教育督导室

副主任：刘建荣（女，2019.03 止）

马洪彦（回族，2019.03 任）

昭阳区文旅局

党组书记、局长：李　战

（白族，2019.03 任）

党组成员、副局长：文屹梅

（女，2019.03 止）

曾家发（2019.03 任）

杨兴玺（2019.03 任）

周开勇（2019.03 任）

马娅娜

（回族，2019.03 任）

昭阳区卫健局

党委书记、局长：周清煊

党委委员、副局长：文贤毅（彝族）

高荧浩

田　辉（2019.03 止）

刘本华（2019.03 止）

周　兰

（女，2019.03 止）

刘　琳

（女，2019.03 任）

韩晓玲

（女，2019.03 任）

区中医药管理局

局　长：李　琼（女，2019.06 止）

区防艾局

局　长：李　雪（2019.07 任）

区爱卫办

主　任：王　玲（女）

昭阳区科协

主　席：徐　慧（女）

副主席：虎学恩（回族）

彭开燕（女）

昭阳区文联

主　席：彭　静

副主席：汪中森

王忠文

昭阳区社科联

主　席：李文献

昭阳区民政局

党组书记、局长：谢玉平

副局长：董学梅（女，彝族）

马　罡（回族）

史　翔

赵　荣（2019.09 任）

昭阳区人社局

党组书记、局长：王春清（2019.03 止）

钟顺敏（女，2019.03 任）

党组成员、副局长：张顺荣（2019.03 止）

王凤林

（女，2019.07 止）

王兴林（回族）

张家贵

吕建华

庞　晔

（女，2019.07 任）

党组成员、党总支书记：陈大才

职改办

主　任：郑荣飞

劳动人事仲裁院

院　长：蒋　彪

就业局

局　长：陈汶健

昭阳区医保局

党组书记、局长：王春清

党组成员、副局长：阮金祥

王立春

李　琼（2019.07 任）

昭阳区退役军人事务局

党组成员、局长：袁　伟（2019.03 任）

党组成员、副局长：黄清国（2019.03 任）

卯洪播（女）

昭阳区扶贫办

党组书记、主任：范　雪

党组成员、副主任：陈　斌

刘萍惠（女，回族）

朱凤鹃

王富奎（彝族）

邓炳炎

杨　扬

（女，2019.07 任）

昭阳区计生协会

会　长：郭映辉

常务副会长：王菊瑟

（女，回族，2019.03 止）

周　兰（女，2019.03 任）

副会长：马　荣（回族）

昭阳区残联

主　席：郭映辉

理事长：曾　聪

副理事长：牛　咏

张　炜（女，回族）

昭阳区红十字会

常务副会长：赵　荣

昭阳区气象局
    局　长：牛贵成
    副局长：崔清章
          刘文滔（2019.11 止）
          赵庆慧（2019.11 任）

昭阳区委党史办
    主　任：刘平勇
    副主任：刘太忠
          张春城（苗族）

阳区融媒体中心
    主　任：杨玉昆（2019.03 任）
    副主任：杨　琼（女，2019.03 任）
          张国华（2019.03 任）
          田　芳（女，2019.03 任）
          王定波（2019.03 任）

昭阳区地方志办公室
    主　任：张　宁
    副主任：马　娟（女，回族）
          王立俊（女，2019.03 任）

昭阳区防震减灾局
    局　长：袁　伟（2019.03 止）
          赵庆萍（2019.03 任）
    副局长：李　倩（女，2019.03 任）
          徐孝芳（女）

昭阳区水电移民中心
    党组书记、主任：锁贤云（2019.03 任）
    党组副书记、副主任：邬胚云（2019.03 任）
    副主任：温　刚（2019.03 任）

昭阳区机关事务服务中心
    主　任：时　璐（2019.07 任）
    副主任：李蓓液（女，回族，2019.03 任）
          徐本维（2019.03 任）
          杜　敏（女，2019.03 任）

昭阳区苹果产业发展中心
    主　任：马玉平（回族，2019.03 任）
    党组成员、副主任：罗荣华

          温艳华
          （女，2019.03 任）
          杨龙江（2019.03 任）
    副主任：蒲荣华（2019.07 任）

昭阳区规划编制服务中心
    主　任：刘明波（2019.03 任）
    副主任：苏龙云（2019.03 任）
          吕　彪（2019.03 任）
          毕　宇（2019.03 任）

凤凰街道办事处
    党工委书记：高　云
    人大工委主任：王　勇（2019.03 任）
    行政主任：夏凤祥
    纪工委书记：王本忠
    党工委副书记：夏凤祥
              徐仁丁（2019.03 止）
              吴道群（2019.03 任）
    党工委委员、副主任：刘永令（回族）
    副主任：马永前（回族）
          马　辉（回族）
          陈　昆（彝族，2019.03 止）
          陈光昭（2019.03 任）
    武装部长：陈光昭
    党工委委员、党政办主任：马　韬（回族）
    经济发展办主任：张　浩（2019.03 止）
             马琼会
           （回族，2019.03 任）
    城管办主任：李寿涛
    社会事务办主任：张福盖
    综治办主任：余开俊
    组织委员：吴　梅（女）
    宣传委员：陈光昭（2019.03 止）
             马婷婷（回族，2019.03 任）
    司法所长：严文新（2019.03 止）
             王绍成（回族，2019.03 任）

龙泉街道办事处
    党工委书记：赵泽云（2019.03 任）
    人大工委主任：黄　琨（2019.01 任）
    行政主任：赵泽云（2019.03 止）
          成太锷（2019.06 任）

纪委书记：陶邦花（女，苗族）

党工委副书记：赵泽云（2019.03 止）

成太锷（2019.06 任）

杨太云（2019.02 任）

耿玉坤（彝族，2019.03 止）

政法专职副书记：陈 现（2019.04 止）

副主任：甄朝刚（回族）

黄 琨（2019.01 止）

陶 锐（2019.10 月止）

李 静（女）

黄 刚（2019.03 任）

黄太松（2019.10 任）

武装部长：黄德明

武装部副部长：王云天（彝族）

党政综合办主任：李 昆（2019.10 月止）

经济发展办主任：冯玉龙

城市管理办主任：空缺

社会事务办主任：耿道刚

综治办主任：吴金平

组织委员：季心平（2019.03 止）

马丽芳（回族，2019.03 任）

宣传委员：黄必琼（女）

司法所长：刘 惠（女）

财政所长：张毓璠（女）

太平街道办事处

党工委书记：蒋仕新

人大工委主任：范怀斌（2019.04 止）

崔 华（2019.04 任）

行政主任：范怀斌

纪委书记：李怀欣

党工委委副书记：范怀斌

谭亚翔（2019.12 止）

余阳锋

（挂职，2019.04 任）

政法专职副书记：赵庆萍（女，2019.03 止）

副主任：王 勇（回族，2019.04 止）

王 华（2019.07 任）

李兴魏（回族，2019.04 止）

白孝邦（2019.07 止）

林吉国

陈 青（2019.04 任）

蔡凤龙（2019.04 任）

马敏剑（回族，2019.04 任）

武装部长：鲁荣琳（女）

经济发展办主任：马关早（回族）

社会事务办主任：虎云松

（回族，2019.04 止）

彭 静

（女，2019.04 任）

综治办主任：杨金铼（2019.04 止）

宣传委员：陈 玲（女）

组织委员：吴卓静（2019.04 任）

城管办主任：常晓磊（2019.04 任）

司法所所长：陈仁平（2019.07 任）

北闸镇

党委书记：赵 鑫

人大主席：黄文亮

镇 长：李剑波（2019.03 止）

卢 春（2019.07 任）

党委副书记：李剑波（2019.03 止）

卢 春（2019.03 任）

赵庆冲

纪委书记：马仪鹏（回族）

副镇长：赛贤东（回族）

赵庆生（派出所所长 2019.06 任）

欧昭驿（2019.03 止）

张 浩（2019.03 任）

钟 琦（女）

武装部长：刘玉会（女）

组织委员：崔 毅（2019.06 止）

马丽江（回族，2019.07 任）

宣传委员：杨薛夫（彝族）

司法所长：陈绍斌（2019.03 止）

大山包镇

党委书记：孙 荣（彝族）

人大主席：李怀友

镇 长：张 炅

纪委书记：游德为

党委副书记：张 炅

周 雄（2019.08 任）

副镇长：王 璨（2019.06 任）

李胜盛（苗族）

文银华（2019.07 止）

武装部长：周　斌

组织委员：迟　斌

宣传委员：马文茂（回族）

旧圃镇

党委书记：吕大勇（2019.03 止）

　　　　　余廷星（2019.03 任）

人大主席：周吉金

镇　　长：马　腾（回族，2019.03 任）

纪委书记：聂　秘（女）

党委副书记：余廷星（2019.03 止）

　　　　　马　腾（回族）

　　　　　徐　燕（女，2019.03 止）

　　　　　钟　睿

　　　　　陈　昆（彝族，2019.03 任）

副镇长：陈康金（彝族）

　　　　梁　玻

　　　　张　埌

　　　　潘　峥（派出所所长）

武装部长：任天沛

组织委员：郝兴雄

宣传委员：田　聪（2019.03 任）

财政所长：王天巧（女）

土城派出所所长：冯全云

司法所所长：刘昌贵

靖安镇

党委书记：李文韬

人大主席：林吉春

镇　　长：唐章雄

纪委书记：方明晖（2019.03 止）

　　　　　陈善均（2019.05 任）

党委副书记：唐章雄

　　　　　袁永坤

副镇长：徐世静（女，2019.03 止）

　　　　锁　庄（回族，2019.07 止）

　　　　马锐锋（回族）

　　　　马永明（回族）

武装部长：迟绍平（2019.06 止）

组织委员：王朝伟

宣传委员：马永明（回族）

司法所长：邓尚利（女）

财政所长：臧永佳（女）

乐居镇

党委书记：陈勇昌

人大主席：邓朝阳（2019.12 止）

　　　　　卿　熙（2019.12 任）

镇　　长：成泰锷（2019.06 止）

纪委书记：邓润祥（2019.04 止）

　　　　　王　佳（女，彝族，2019.04 任）

党委副书记：成泰锷（2019.06 止）

　　　　　谭亚翔（2019.12 任）

政法专职副书记：邓廷明（挂职）

副镇长：徐　燕（女，2019.04 止）

　　　　杨　铭

　　　　王祖江

　　　　陈秋甫（派出所所长）

　　　　马行键（回族，2019.04 任）

武装部长：刘　洪

组织委员：王安辉（2019.12 止）

　　　　　马　鑫（2019.12 任）

宣传委员：蒋浩忠（2019.07 止）

　　　　　杜江艳（2019.07 任）

司法所长：孔祥源

盘河镇

党委书记：周　飞

人大主席：胡声坤（2019.10 止）

　　　　　崔大超（2019.12 候选人）

镇　　长：朱家鹏

纪委书记：何　军

党委副书记：朱家鹏

　　　　　王安辉（2019.11 任）

　　　　　常　岭（2019.03 挂职）

副镇长：谢　天

　　　　杨　武

　　　　臧　颖

　　　　吴昌全（2019.03）

武装部长：余　波（2019.03 任）

组织委员：赵　彪（2019.03 止）

　　　　　孙义洁

宣传委员：刘　越

司法所长：陈　媛（女）

苏家院镇

党委书记：张刚柱

人大主席：杨太云（2019.11 月止）
　　　　　兰鹏飞（2019.11 候选人）
镇　　长：刘　俊
纪委书记：胡　雷（2019.03 止）
党委副书记：刘　俊
　　　　　　赵佳媛（女，2019.11 任）
政法专职副书记：邹继勇
副镇长：顾邦朝
　　　　王　军
　　　　孔　斌（2019.02 止）
　　　　陈信昌（派出所所长）
　　　　陈绍斌（2019.03 任）
武装部长：孔　斌
宣传委员：张兴平（2019.06 止）
　　　　　撒招磊（回族，2019.06 任）
组织委员：赵佳媛（女）
司法所长：沈家卿（2019.03 任）
财政所长：沈家健（女，2019.03 止）

洒渔镇

党委书记：崔汝山
人大主席：沈忠辉
镇　　长：罗正能
纪委书记：葛　玲（女）
党委副书记：罗正能
　　　　　　刘志诚（2019.03 任）
副镇长：毛　静（2019.03 任）
　　　　刘国梁
　　　　陈　霄
武装部长：空　缺
宣传委员：杨仕雄
组织委员：赵世东
司法所长：王绍成（回族，2019.03 止）
财政所长：无实职

永丰镇

党委书记：马昌化（回族）
人大主席：朱荣明
镇　　长：耿昭富（2019.04 任）
　　　　　卢　春（2019.04 止）
纪委书记：李保辉（2019.07 任）
　　　　　张亚东（回族，2019.07 止）
党委副书记：耿昭富

　　　　　郭　佳
　　　　　张亚东（回族，2019.07 住）
政法专职副书记：铁　帅（回族，挂职）
副镇长：黄　明
　　　　李德银
　　　　张钰雯（女）
　　　　邓书军（派出所所长）
武装部长：袁春林（2019.03 任）
宣传委员：赵雪威（女，2019.03 止）
　　　　　马丽娟（女，回族，2019.03 任）
组织委员：李永燕（女）
司法所长：马　莎（女，回族）
财政所长：杜光春（女）

炎山镇

党委书记：周　斌
人大主席：赵　强（2019.04 任）
镇　　长：黄训练
纪委书记：王　璨（2019.04 止）
　　　　　李　松（2019.03 任）
党委副书记：黄训练
　　　　　　陈　力（彝族）
副镇长：邓兴奎
　　　　曾凡华
　　　　王明飞
武装部长：余　波（彝族）
宣传委员：柳　松
组织委员：代　君
司法所长：钟明海

大寨子乡

党委书记：秦绍彬
人大主席：周家明
乡　　长：徐国权
纪委书记：陈　立
党委副书记：徐国权
　　　　　　迟焕雍
副乡长：刘明星
　　　　赵泽平（2019.04 止）
　　　　龙　靖
武装部长：刘　进
宣传委员：安顺银（彝族）
组织委员：谷鸿芳（女，2019.07 止）

冯潇贤(女,2019.07 任)

司法所长:赵泽福

苏甲乡

党委书记:李　波

乡　　长:熊　雷(苗族)

人大主席:朱凤江

纪委书记:徐家斌

党委副书记:熊　雷(苗族)

　　　　　　马俭维(2019.03 任)

　　　　　　赵　强(2019.03 止)

副乡长:钟佑文

　　　　张　亮

　　　　赵家宝(2019.03 任)

武装部长:任习云

宣传委员:钟佑文

组织委员:范　玲(女)

司法所长:李　昕

田坝乡

党委书记:赵声斌

乡　　长:刘平爱

人大主席:杨　猛

纪委书记:贺帮友

党委副书记:刘平爱

　　　　　　王　雷

副乡长:迟学剑

　　　　唐禄忠

　　　　柳建成(派出所所长,2019.07 任)

武装部长:李　虎

组织委员:刘　勇(彝族)

宣传委员:迟学剑

司法所长:张兴忠

布嘎回族乡

党委书记:铁雪梅(女,回族)

人大主席:陈　茂(2019.04 止)

　　　　　　马　俊(回族,2019.04 任)

乡　　长:马添翼(回族)

纪委书记:任文松

党委副书记:马添翼(回族)

　　　　　　兰鹏飞(2019.04 止)

　　　　　　方明晖(2019.04 任)

副乡长:马　俊(回族,2019.04 止)

　　　　马敏华(回族)

　　　　马琼会(女,回族,2019.04 止)

　　　　赵　彪(2019.04 任)

　　　　虎元熙(回族,2019.04 任)

武装部长:李才陇(回族)

宣传委员:李兴群(回族)

财政所长:张桂彩(女,回族)

司法所长:马春验(回族)

青岗岭回族彝族乡

党委书记:马　赛(回族)

人大主席:马关速(回族,2019.04 任)

乡　　长:李绍宏(彝族)

纪委书记:赵　勉

党委副书记:李绍宏(彝族)

　　　　　　马　涛(回族)

　　　　　　马关速(回族,2019.04 任)

副乡长:马　波(回族)

　　　　陈雄权(彝族)

　　　　刘　玉

　　　　马府仁(回族,派出所所长)

武装部长:张兴平(2019.08 任)

宣传委员:彭　川

组织委员:马安瑾(回族)

司法所长:段竹慧(女,回族)

财政所长:赵　敏(女)

守望回族乡

党委书记:马维猛(回族)

人大主席:马开文(回族)

乡　　长:马殿稳(回族)

纪委书记:李云鹏

党委副书记:马殿稳(回族)

　　　　　　马良雄(回族)

副乡长:李东云(回族)

　　　　马关令(回族)

　　　　马关速(回族,2019.04 止)

　　　　李朝吾(派出所所长)

　　　　马　雄(回族,2019.04 任)

武装部长:马　雄(回族,2019.07 止)

　　　　　锁　庄(回族,2019.07 任)

宣传委员:马永滔(回族)

组织委员：韩明春（女）

司法所长：薛炳辞（回族）

财政所长：马琼丽（女，回族）

小龙洞回族彝族乡

党委书记：魏龙清（彝族）

人大主席：马鹏飞（回族）

乡　　长：马良猛（回族）

纪委书记：安啟荣（彝族）

党委副书记：马良猛（回族）

　　　　　马兴雷（回族）

副乡长：刘剑锷（回族）

　　　　马　啸（回族，挂职）

　　　　马敏赛

　　　　（回族，派出所所长，2019.06 止）

　　　　阮　豪

　　　　（回族，派出所所长，2019.06 任）

　　　　陈祥洲

　　　　马贵梅（女，回族）

武装部长：龙兴春

宣传委员：蒋浩忠

组织委员：谷鸿芳（女）

附　录

一、通知、方案等

中共昭阳区委办公室　昭阳区人民政府办公室
关于印发昭阳区机构改革实施方案的通知

各乡镇、街道党（工）委、政府（行政），区委各部委办局室，区级国家机关各委办局，区直各人民团体和企事业单位，中央、省、市驻昭阳区单位：

《昭阳区机构改革实施方案》已经区委、区政府同意，现印发给你们，请认真抓好贯彻落实。

中共昭阳区委办公室
昭阳区人民政府办公室
2019 年 3 月 5 日

昭阳区机构改革实施方案

根据《中共云南省委贯彻〈中共中央关于深化党和国家机构改革的决定〉的实施意见》《中共中央办公厅、国务院办公厅关于印发〈云南省机构改革方案〉的通知》和《中共云南省委办公厅、云南省人民政府办公厅印发〈关于市县机构改革的总体意见〉的通知》，结合实际，制定本方案。

一、机构改革的总体部署

深化机构改革，要以习近平新时代中国特色社会主义思想为指导，全面贯彻党的十九大和十九届二中、三中全会精神，深入贯彻落实习近平总书记关于深化党和国家机构改革的重要论述及对云南工作的重要指示精神，全面落实省委十届五次全会精神，牢固树立政治意识、大局意识、核心意识、看齐意识，坚持加强党的全面领导、坚持以人民为中心的发展思想、坚持社会主义市场经济改革方向、坚持优化协同高效、坚持以法治方式推进改革、坚持在中央统一领导下充分发挥地方积极性，按照省委统一部署，突出问题导向，不折不扣落实各项改革任务。

深化机构改革，要紧紧围绕把昭阳建设成为引领省际区域发展的滇川黔省际中心城市、乌蒙山片区区域发展与扶贫攻坚示范区、云南融入长江经济带和成渝经济区的交通枢纽、中国西部新型载能产业和高原特色生物产业基地、昭通优质教育资源聚集地、长江上游生态屏障的目标，改革机构设置，优化职能配置，理顺职责关系，主要机构设置要同中央、省、市保持基本对应。深化转职能、转方式、转作风，提高效率效能，全面推进体制机制创新，促进各项改革有机衔接、协调联动，发挥改革整体效应，为决战脱贫攻坚、决胜全面建成小康社会，奋力续写昭阳新时代振兴崛起历史新篇章提供有力的体制机制保障。

二、调整优化区级机构和职能

（一）深化区委机构改革。深化区委机构改革，要坚持加强党的全面领导，进一步强化区委对重大工作的领导体制机制，加强区委职能部门的统一归口协调管理职能，统筹党政机构设置，推进职责相近的机构合并设立或合署办公，进一步优化组织架构和部门职责，构建党委总揽全局、协调各方的领导体系。

1. 组建区监察委员会。落实党中央、省委、市委关于深化监察体制改革的部署，将区监察局的职责，以及区人民检察院查处贪污贿赂、失职渎职、预防职务犯罪等反腐败相关职责整合，组建区监察委员会，与区纪律检查委员会合署办公，履行纪检、监察两项职责，实行一套工作机构、两个机关名称。

主要职责是：维护党的章程和其他党内法规，检查党的路线方针政策和决定执行情况，对党员领导干部行使权力进行监督，维护宪法法律的权威，对公职人员依法履职用权、廉洁从政和道德操守情况进行监督执纪问责，对涉嫌职务违法和犯罪的行为进行调查处置，组织协调党风廉政建设和反腐败宣传等。

不再保留区监察局。

2. 组建区委国家安全委员会、区委外事工作委员会。加强区委对国家安全、外事工作的统一领导，组建区委国家安全委员会、区委外事工作委员会，作为区委议事协调机构。

区委国家安全委员会办公室设在区委办公室。区委外事工作委员会办公室设在区政府办公室。

3. 调整组建区委全面深化改革委员会、区委全面依法治区委员会。进一步加强区委对重大工作的统一领导，强化统筹协调职责，将区委全面深化改革领导小组、区委依法治区领导小组分别改为区委全面深化改革委员会、区委全面依法治区委员会，作为区委议事协调机构，负责相关领域重大工作的研究部署、统筹协调、整体推进、督促落实。

区委全面深化改革委员会办公室设在区委政策研究室。区委全面依法治区委员会办公室设在区司法局。

4. 组建区委网络安全和信息化委员会，作为区委议事协调机构。区委网络安全和信息化委员会办公室设在区委宣传部。

将区委宣传部的互联网信息管理职责，区工业信息商务科技局的信息化推进、网络信息安全协调职责划入区委网络安全和信息化委员会办公室。

5. 组建区委审计委员会。贯彻落实党中央、省委、市委关于构建集中统一、全面覆盖、权威高效的审计监督体系的要求，加强区委对审计工作的领导，更好发挥审计监督作用，组建区委审计委员会，作为区委议事协调机构。

主要职责是：研究提出并组织实施审计领域贯彻落实坚持党的领导、加强党的建设和中央决策部署的政策措施，审议审计监督区委重大政策和改革方案落实情况，审议年度全区预算执行和其他财政支出情况审计报告，审议决策审计监督其他重大事项等。

区委审计委员会办公室设在区审计局。

6. 组建区委教育工作领导小组。全面贯彻党中央、省委、市委教育工作的方针政策，加强区委对教育工作的统一领导，加强教育领域党的建设，做好学校思想政治工作，深化教育改革，办好人民满意的教育，组建区委教育工作领导小组，作为区委议事协调机构。

主要职责是：贯彻落实中央、省、市关于教育工作的方针政策，研究部署教育领域思想政治、意识形态工作，审议全区教育发展规划、重大政策和体制改革方案，协调解决教育工作中的重大问题等。

区委教育工作领导小组秘书组设在区教育体育局。

7. 区委组织部统一管理区委机构编制委员会办公室。加强区委对机构编制和机构改革的统一领导，理顺机构编制管理和干部管理的体制机制，优化领导体制，将区机构编制委员会改为区委机构编制委员会，作为区委议事协调机构，统筹负责全区党政群机构职能编制工作。

区委机构编制委员会办公室为区委机构编制委员会的办事机构，承担区委机构编制委员会日常工作，作为区委工作机关，归口区委组织部管理。

8. 区委组织部统一管理老干部工作。加强区委对老干部工作的统一领导，将区委老干部局并入区委组织部。区委组织部加挂区委老干部局牌子。

9. 区委组织部统一管理公务员工作。加强区委对全区公务员队伍的统一领导，更好落实党管干部原则和统筹干部管理，建立健全统一规范高效的公务员管理体制，将区人力资源和社会保障局的公务员管理职责划入区委组织部，对外加挂区公务员局牌子。

调整后，区委组织部在公务员管理方面的主要职责是：统一管理公务员录用调配、考核奖惩、培训和工资福利等事务；贯彻落实中央、省、市关于公务员管理的有关政策法规、制度措施，指导全区公务员队伍建设和绩效管理等。

区人力资源和社会保障局不再加挂区公务员局牌子。

10. 区委宣传部统一管理新闻出版和电影工作。加强区委对新闻舆论、电影工作的领导和统筹协调，宣传党的方针政策，发展繁荣出版、电影事业和产业，将市新闻出版广电局昭阳分局并入区委宣传部。区委宣传部对外加挂区新闻出版（版权）局、区政府新闻办公室、区广播电视局牌子。

调整后，区委宣传部在新闻出版和广播电视、电影管理方面的主要职责是：贯彻落实中央、省、市的宣传工作方针和区委决策部署，督促落实中央、省、市的新闻出版业、电影业的管理政策，统筹规划和指导协调新闻出版、电影事业、产业发展，监督管理出版物、电影内容和质量，监督管理印刷业等。

11. 优化区委宣传部职责。将挂靠区委宣传部管理的区对外宣传办公室并入区委宣传部。

不再保留区对外宣传办公室。

12. 区委统战部统一领导区民族宗教事务局。加强区委对民族宗教工作的统一领导，更好贯彻中央、省、市的民族和宗教工作方针政策，协调处理民族和宗教工作中的重大事项，区民族宗教事务局仍与区委统一战线工作部合署办公，列政府工作部门序列。

调整后，区委统战部在民族宗教事务工作方面的主要职责是：贯彻落实中央、省、市民族工作、宗教工作方针政策和区委决策部署，统筹协调民族事务和宗教工作中的重大问题，领导区民族宗教事务局依法管理民族事务和宗教行政事务，全面促进民族事业发展，巩固和发展同宗教界的爱国统一战线。

13. 区委统战部统一管理侨务工作。加强区委对统战工作的统一领导，更好发挥群众团体作用，将区民政局承担的侨务管理职责划入区委统战部，实现侨、港、澳、台等事务统一管理。区委统战部对外加挂区政府侨务办公室牌子。

调整后，区委统战部在侨务方面的主要职责是：贯彻落实党中央、省委、市委统战工作的方针政策和区委有关决策部署，管理侨务行政事务，研究侨务工作有关政策措施，调查研究侨务工作情况，统筹协调有关部门和社会团体涉侨工作；联系有关社团及代表人士，指导推动涉侨宣传，文化交流工作等。

14. 组建区委区直机关工作委员会。在区委组织部的区直机关党的建设工作职责基础上，组建区委区直机关工作委员会，作为区委工作机关。

主要职责是：负责规划、指导所属各党组织，搞好党的思想建设、组织建设、作风建设、制度建设、党风廉政建设和反腐败工作，做好对党员的管理教育、业务培训工作；办理所属各党组织的机构设置，承办所属党组织的党员信息管理、党员统计、党费收缴工作等。

15. 优化区委办公室职责。将区档案局并入区委办公室，区委办公室加挂区档案局、区委机要和保密局、区国家密码管理局、区国家保密局牌子。

区委办公室对外开展工作时，可以使用区委督查室的名义和印章。

不再保留单设的区档案局。将原区档案局承担的公益职能交由区档案馆承担，区档案馆调整为区委办公室所属事业单位。

16. 不再设立区社会治安综合治理委员会及其办公室。加强区委对政法工作和社会治安综合治理等工作的统筹协调，加快社会治安综合防控体系建设，将区社会治安综合治理委员会及其办公室有关职责，交由区委政法委员会承担。

调整后，区委政法委员会在社会治安综合治理方面的主要职责是：负责组织协调、推动和督促全区各有关部门开展社会治安综合治理工作，汇总掌握社会治安综合治理动态，协调处置重大突发事件，研究社会治安综合治理有关重大问题，提出社会治安综合治理工作对策建议等。

17. 不再设立区维护社会稳定工作领导小组及其办公室。加强区委对政法工作的统一领导，更好统筹协调政法机关资源力量，强化维稳工作的系统性，推进平安昭阳建设，将区维护社会稳定工作领导小组及其办公室有关职责，交由区委政法委员会承担。

调整后，区委政法委员会在维护社会稳定方面的主要职责是：统筹协调区级政法机关等部门处理影响全区社会稳定的重大事项，协调应对和处置重大突发事件，了解掌握和分析研判影响全区社会稳定的情况动态，预防、化解影响稳定的社会矛盾和风险等。

18. 将区人民政府防范和处理邪教问题办公室职责划归区委政法委员会、昭通市公安局昭阳分局。加强执政安全和社会稳定工作的统筹协调，建立健全党委和政府领导、部门分工负责、社会协同参与的防范治理邪教工作机制，发挥政法部门职能作用，形成工作合力和常态化工作机制，将防范和处理邪教工作职责分别交由区委政法委员会、昭通市公安局昭阳分局承担。

调整后，区委政法委员会在防范和处理邪教工作方面的主要职责是：协调指导各相关部门做好反邪教工作，分析研判有关情况信息并向区委提出政策建议，协调处置重大突发性事件等。昭通市公安局昭阳分局在防范和处理邪教工作方面的主要职责是：收集邪教组织影响全区社会稳定、危害社会治安的情况并进行分析研判，依法打击邪教组织的违法犯罪活动等。

除以上机构外，保留区委政策研究室、区委巡察工作领导小组办公室，作为区委工作机关。

改革调整后，计入限额的区委机构共 10 个，其中，纪检监察机关 1 个，工作机关 9 个（详见附件1）。

（二）深化区人大机构改革。深化区人大机构改革，要坚持党的领导、人民当家做主、依法治国有机统一，发挥区人大及其常委会的作用，进一步加强监督职能，完善专门委员会设置，更好发挥其职能作用。

1. 组建区人大常委会社会建设工作委员会。加强社会建设，创新社会管理，更好保障和改善民生，推进社会领域法规制度建设，整合区人大常委会法制工作委员会、区人大常委会财政经济工作委员会、区人大常委会教科文卫工作委员会的相关职责，组建区人大常委会社会建设工作委员会，作为区人大常委会工作委员会。

主要职责是：研究拟订和审议劳动就业、社会保障、民政事务、群团组织、安全生产等方面的有关议案。对宪法和法规、上级和本级人大及其常务委员会的决议、决定等的遵守和执行情况进行执法检查和督促检查。

2. 组建区人大常委会预算工作委员会。主要职责是：协助财政经济委员会做好区人民政府提请区人民代表大会及其常务委员会审查的预算草案、决算草案、预算调整方案和预算执行情况的报告，以及关于区级财政预算执行和其他财政收支审计报告的初步审查工作，协助财政经济委员会办理区人民代表大会期间有关预算审查方面的工作等。

3. 调整区人大常委会工作委员会和办事机构设置。对应全国人大、省人大、市人大调整优化机构设置，按照权责一致、关系协调的原则，进一步理顺工作机构与专门委员会的工作关系。将区人大常委会法制工作委员会、教科文卫委员会、农业工作委员会、财政经济工作委员会分别改为区人大监察和司法委员会、教育科学文化卫生委员会、农业与农村委员会、财政经济委员会。

将区人大常委会民族宗教工作委员会更名为区人大常委会民族宗教外事华侨工作委员会。将区人大常委会研究室并入区人大常委会办公室。撤销区人大常委会规范性文件备案审查委员会。

上述专门委员会的调整由区人大依法按程序设立。

机构改革后，区人大设工作机构10个。其中，专门委员会5个：区人大监察和司法委员会、区人大财政经济委员会、区人大农业与农村委员会、区人大社会建设委员会、区人大教育科学文化卫生委员会；区人大常委会工作委员会和办事机构5个：区人大常委会民族宗教外事华侨工作委员会、区人大常委会城乡建设环境资源保护工作委员会、区人大常委会选举联络工作委员会、区人大常委会预算工作委员会、区人大常委会办公室。

（三）深化区政府机构改革。深化区政府机构改革，要进一步转变政府职能，围绕推动高质量跨越式发展，加强和完善经济调节、市场监管、社会管理、公共服务、生态环境保护方面的职能，着力推进重点领域和关键环节的机构职能优化调整，坚持一类事项原则上由一个部门统筹，一件事情原则上由一个部门负责，以问题为导向全面理顺部门职责关系，全面提高政府效能，构建起职责明确、依法行政的政府治理体系，建设人民满意的服务型政府。

1.组建区自然资源局。统一行使全民所有自然资源资产所有者职责，统一行使所有国土空间用途管制和生态保护修复职责，将市国土资源局昭阳分局、市住房和城乡规划建设局昭阳规划分局的职责，区发展和改革局的组织编制主体功能区规划职责，区水务局的水资源调查和确权登记管理职责，区农业局的草原资源调查和确权登记管理职责，区林业局的森林、湿地等资源调查和确权登记管理职责整合，组建区自然资源局，作为区政府工作部门。

主要职责是：对全区自然资源开发利用和保护进行监管，建立空间规划体系并监督实施，履行全民所有各类自然资源资产所有者职责，统一调查和确权登记，建立自然资源有偿使用制度，负责测绘和地质勘查行业管理等。

不再保留市国土资源局昭阳分局、市住房和城乡规划建设局昭阳规划分局。

2.组建市生态环境局昭阳分局。整合分散的生态环境保护职责，统一行使生态和城乡各类污染排放监管与行政执法职责，加强环境污染治理，将区环境保护局的职责，区发展和改革局的应对气候变化和减排职责，市国土资源局昭阳分局的监督防止地下水污染职责，区水务局的编制水功能区划、排污口设置管理、流域水环境保护职责，区农业局的监督指导农业面源污染治理职责等整合，组建市生态环境局昭阳分局，作为市生态环境局的派出机构。省以下环境监测监察机构垂直管理改革，按中央和省有关改革部署实施。

主要职责是：拟订并组织实施全区生态环境政策，规划和有关标准，统一负责生态环境监测和执法监督工作，监督管理污染防治、核与辐射安全，组织开展环境保护督察等。

不再保留区环境保护局。

3.组建区农业农村局。始终把解决"三农"问题作为全部工作的重中之重，坚持农业农村优先发展，统筹实施乡村振兴战略，将区委农村工作领导小组办公室、区农业局的职责，区发展和改革局的农业投资项目管理职责，区财政局的农业综合开发项目管理职责，市国土资源局昭阳分局的农田整治项目管理职责，区水务局的农田水利建设项目管理职责等整合，组建区农业农村局，作为区政府工作部门，加挂区畜牧兽医局牌子。区委农村工作领导小组办公室设在区农业农村局。

主要职责是：贯彻落实中央、省、市关于"三农"工作的方针政策、战略规划，统筹研究和组织实施全区"三农"工作有关政策措施，监督管理种植业、畜牧业、渔业、农垦、农业机械化、农产品质量安全，负责农业投资管理等。

不再保留区农业局。

4.组建区文化和旅游局。充分发挥昭阳文化和旅游资源优势，加快民族文化强区、旅游强区建设，统筹文化事业、文化产业发展和旅游资源开发，强化行业监管，规范市场秩序，将区文化和体育局的文化管理职责，区旅游局的职责整合，组建区文化和旅游局，作为区政府工作部门，加挂区文物局牌子。

主要职责是：贯彻落实中央文化旅游工作方针政策，落实省、市文化旅游工作政策法规，统筹文化旅游事业发展，深入实施文化惠民工程，组织实施文化资源普查、挖掘和保护工作，维护监管各类文化市场和旅游市场秩序，加强对外文化交流，推动文化旅游产业转型升级、融合发展等。

不再保留区旅游局。

5. 组建区卫生健康局。树立大卫生、大健康理念，以人民健康为中心，预防控制重大疾病，加快老龄事业和产业发展，将区卫生和计划生育局、区深化医药卫生体制改革领导小组办公室的职责，区民政局承担的区老龄工作委员会日常工作职责，以及区安全生产监督管理局的职业安全健康监督管理职责等整合，组建区卫生健康局，作为区政府工作部门，加挂区中医药管理局、区防治艾滋病局牌子。

主要职责是：执行卫生健康有关政策法规，协调推进全区深化医药卫生体制改革，贯彻落实基本药物制度，监督管理公共卫生、医疗服务和卫生应急，负责计划生育管理和服务工作，贯彻落实中央、省、市应对人口老龄化、医养结合政策措施等。

不再保留区卫生和计划生育局、区深化医药卫生体制改革领导小组办公室。

6. 组建区退役军人事务局。加强退役军人服务保障体系建设，建立健全集中统一、职责清晰的退役军人管理保障体制，将区人力资源和社会保障局的军官转业安置职责，区民政局的退役军人优抚安置职责，以及军队有关职责等整合，组建区退役军人事务局，作为区政府工作部门，按中央和省有关改革部署实施。

主要职责是：贯彻落实中央、省、市退役军人思想政治、管理保障等工作有关方针和政策法规，负责军队转业干部、复员干部、退休干部、退役士兵的移交安置和服务管理、待遇保障工作，组织开展优待抚恤、拥军优属和荣誉奖励、军人公墓维护、纪念活动等。

7. 组建区应急管理局。提高应急管理和防灾减灾救灾能力水平，整合优化应急力量和资源，进一步健全完善应急管理体制，将区安全生产监督管理局的职责，区政府办公室的应急管理职责，市公安局昭阳分局的消防管理职责，区民政局的救灾职责，市国土资源局昭阳分局的地质灾害、区水务局的水旱灾害、区农业局的草原火灾、区林业局的森林火灾、区防震减灾局的地震灾害等的应急救援有关职责，以及防汛抗旱、减灾、抗震救灾、森林防火等指挥部（委员会）的应急救援职责整合，组建区应急管理局，作为区政府工作部门，按中央和省有关改革部署实施。

主要职责是：组织编制全区应急总体预案和规划，指导各部门应对突发事件。建立全区灾情报告系统并统一发布灾情，统筹应急力量建设和物资储备，组织灾害救助体系建设，承担区级应对重大灾害指挥部有关工作；指导火灾、水旱灾害、地质灾害的防治；负责安全生产综合监督管理和工矿商贸行业安全生产监督管理等。

不再保留区安全生产监督管理局。

8. 重新组建区司法局。全面贯彻落实依法治国基本方略和加强党对法治政府建设集中统一领导的有关要求，统筹行政立法、行政执法、法律事务管理和普法宣传，将区司法局的职责、区政府办公室的政府法制工作职责等整合，重新组建区司法局，作为区政府工作部门。

主要职责是：负责有关地方性法规、政府规章草案起草，负责立法协调和备案审查、解释，负责政府规范性文件合法性审查，综合协调行政执法，指导行政复议应诉，负责普法宣传，负责监狱、戒毒、社区矫正管理，负责律师公证和司法鉴定仲裁管理等。

9. 优化区市场监督管理局职责。将区发展和改革局的价格监督检查、物价执法职责，区工业信息商务科技局的专利执法、盐业执法等职责，划入区市场监督管理局。

主要职责是：负责市场综合监督管理工作，统一登记市场主体并建立信息公示和共享机制，组织市场监管综合执法工作，承担反垄断统一执法，规范和维护市场秩序，负责工业产品质量安全、食品安全、特种设备安全监管，统一管理计量标准、检验检测、认证认可工作，负责商标、专利、原产地地理标志的注册登记和行政裁决工作等。

10. 组建区医疗保障局。建立完善统一的城乡居民基本医疗保险制度和大病保险制度，深化医疗、医保、医药"三医联动"改革，不断提高医疗保障水平，将区人力资源和社会保障局的城镇职工和城乡居民基本医疗保险职责、生育保险职责，以及区发展和改革局的药品和医疗服务价格管理职责，区民政局的医疗救助职责等整合，组建区医疗保障局，作为区政府工作部门。

主要职责是：贯彻落实中央、省、市的方针政策和法律法规，统筹拟订全区医疗保险、生育保险、医疗救助等医疗保障制度并组织实施，监督管理相关医疗保障基金，完善异地就医管理和费用结算平台，执行中央、省、市药品、医疗服务价格和收费标准，组织实施中央、省、市药品和医用耗材的招标采购政策，监督管理纳入医保支出范围内的医疗服务行为和医疗费用等。

11. 组建区林业和草原局。统筹森林、草原、湿地监督管理，加大生态系统保护力度，将区林业局的职责，区农业局的草原监督管理职责，市国土资源局昭阳分局、区住房和城乡建设管理局、区环境保护局、区水务局、区农业局等部门的自然保护区、风景名胜区、自然遗产、地质公园管理职责等整合，组建区林业和草原局，作为区政府工作部门，由区自然资源局统一领导和管理。

不再保留区林业局。

将区森林公安（区公安分局森林警察大队）更名为区自然资源公安局（区公安分局自然资源大队），由区林业和草原局、市公安局昭阳分局实行双重管理。同时，整合基层力量，统筹设置基层公安派出机构。

12. 优化区审计局职责。改革审计管理体制，整合审计监督工作力量，减少职责交叉分散，增强审计监督效能，将区发展和改革局的重大项目稽察职责、区财政局的区级预算执行情况和其他财政收支情况的监督检查、国有企业领导干部经济责任审计、国有企业监事会职责等划入区审计局。

13. 优化区交通运输局职责。加强全区综合交通运输体系建设，进一步理顺交通管理体制机制，将区发展和改革局的综合交通运输体系专项规划职责，区工业信息商务科技局的协调综合运输计划职责，区农业局的渔船检验和监督管理职责等划入区交通运输局。

主要职责是：统筹协调全区公路、铁路、水路、民航等综合交通体系规划，负责交通基础设施建设和交通运输管理工作，组织编制综合交通发展战略、专项规划并组织实施，综合分析交通运输运行状况，负责运政、路政管理和交通行业监督管理工作等。

14. 优化区工业信息商务科技局职责。加强创新体系建设，优化配置科技资源，推动建设高端科技创新人才队伍，健全技术创新激励机制，将区人力资源和社会保障局的外国专家管理职责划入区工业信息商务科技局。区工业信息商务科技局加挂区无线电管理办公室、区中小企业局、区煤炭工业局牌子。

区工业信息商务科技局不再保留区煤矿安全生产监督管理局牌子。

主要职责是：贯彻执行中央、省、市关于工业信息、商务、科技工作的方针政策，加强对外经济合作，推进工业和信息化发展，促进经济贸易，繁荣科技事业，参与拟订并组织实施网络安全和信息化措施，监测、分析经济和市场运行情况并提出有关意见建议，会同有关部门组织实施重要生产资料和商品流通管理等。

15. 优化区发展和改革局职责。将区民政局、区工业信息商务科技局等部门的组织实施重要物资和应急储备物资收储、轮换和日常管理等职责，划入区发展和改革局。区发展和改革局加挂区粮食和物资储备局牌子。

职责调整后，区发展和改革局在粮食和物资储备方面的主要职责是：负责粮食流通行业管理和中央储备粮棉行政管理。根据国家储备总体发展规划，组织实施重要物资和应急储备物资的收储、轮换、管理，统一负责储备基础设施的建设与管理，对管理的政府储备、企业储备以及储备政策落实情况进行监督检查等。

区发展和改革局不再保留区粮食局牌子。

16. 重新组建区政务服务管理局。将区政务服务管理局的职责，相关部门的电子政务管理、行政审批职责，以及行政审批制度改革职责等整合，重新组建区政务服务管理局，作为区政府工作部门，加挂区行政审批局、区公共资源交易管理局牌子。

主要职责是：加强和完善全区政务服务体系建设，建立健全政务服务管理制度并组织实施，负责全区电子政务管理、公共资源交易监管，推进行政审批制度改革，会同有关部门推进审批服务便民化工作，建立健全联合审批制度，优化审批流程，组织协调联合办理事项等。

17. 组建区信访局。加强信访工作的综合协调指导职责，推动建立完善信访工作协调配合机制，规范机构设置，形成做好信访工作的合力，在区委办公室、区政府办公室的信访工作职责基础上，组建区信访局，作为区政府工作部门。

主要职责是：负责处理公民、法人及其他组织的来信来电，接待群众来访；综合研判信访信息，组织协调处理重大及突发信访事件，提出解决信访问题、完善信访政策的有关意见建议，协调、检查和指导全区信访工作等。

18. 将区住房和城乡建设管理局更名为区住房和城乡建设局，加挂区人民防空办公室牌子。

19. 组建区搬迁安置局。在区发展和改革局的易地扶贫搬迁综合协调、规划编制、组织实施职责基础上，组建区搬迁安置局，作为区政府工作部门，由区发展和改革局统一领导和管理。

主要职责是：贯彻落实中央、省、市易地扶贫搬迁政策，推动全区易地扶贫搬迁重大决策部署落实，完成易地扶贫搬迁建设目标，协调解决易地扶贫搬迁实施中的重大问题。

20. 组建区教育体育局。将区教育局的职责，区文化和体育局的体育职责整合，组建区教育体育局，作为区政府工作部门。

主要职责是：贯彻执行中央、省、市教育、体育工作方针政策及规定，拟订全区教育、体育发展规划并组织实施，统筹规划和协调指导全区教育体制改革，负责全区教育行政管理，促进全区教育、体育事业繁荣发展。

不再保留区教育局、区文化和体育局。

21. 优化区水务局职责。将区移民开发局的水库、电站移民后期扶持行政管理等职责划入区水务局。

22. 优化区人力资源和社会保障局职责。将区政府办公室的农村人力资源开发职责划入区人力资源和社会保障局。

除以上机构外，保留区政府办公室、区民族宗教事务局、市公安局昭阳分局、区民政局、区财政局、区城市管理综合执法局、区统计局、区人民政府扶贫开发办公室，作为区政府组成部门。

机构改革后，计入机构限额的区政府工作部门27个。（详见附件2）

（四）深化区政协机构改革。要推进人民政协履职能力建设，加强人民政协民主监督。增强人民政协界别的代表性，加强委员队伍建设，在工作机构总数不变的基础上，优化区政协专门委员会设置，更好发挥其职能作用。

1. 组建区政协经济和农业农村委员会。坚持农业农村优先发展，统筹实施乡村振兴战略，增强农业农村界别委员代表性，在区政协经济建设委员会基础上组建区政协经济和农业农村委员会。

主要职责是：组织委员学习宣传党和国家经济建设和农业农村方面的方针政策和法律法规，就经济建设和"三农"问题开展调查研究，提出意见、建议和提案，团结和联系经济界和农业农村界委员反映社情民意等。

2. 将区政协文史资料委员会更名为区政协文化文史和学习委员会。将区政协教科文卫委员会承担的联系文化艺术界等相关工作调整到区政协文化文史和学习委员会。

主要职责是：组织委员学习宣传党和国家文化艺术文史方面的方针政策和法律法规，就文化艺术文史问题开展调查研究，提出意见、建议和提案，团结和联系文化艺术文史界委员反映社情民意，负责委员的联系和视察组织工作等。

3. 将区政协教科文卫体委员会更名为区政协教科卫体委员会。

主要职责是：组织委员学习宣传党和国家教育、科技、卫生、体育方面的方针政策和法律法规，就教育、科技、卫生、体育问题开展调查研究，提出意见、建议和提案，团结和联系教育、科技、卫生、体育界委员反映社情民意等。

4. 组建区政协社会和法制委员会。将区政协法制民族宗教委员会的社会和法制职责优化整合，组建区政协社会和法制委员会。

5. 组建区政协民族和宗教委员会。将区政协法制民族宗教委员会的民族和宗教职责优化整合，组建区政协民族和宗教委员会。

6. 将区政协人口资源环境保护委员会更名为人口资源环境委员会。

7. 将区政协研究室并入区政协办公室。不再保留区政协研究室。

上述工作机构的调整由区政协按章程设置。

机构改革后，区政协设工作机构10个。其中，区政协专门委员会9个：区政协提案委员会、区政协经济和农业农村委员会、区政协人口资源环境委员会、区政协教科卫体委员会、区政协社会和法制委员会、区政协民族和宗教委员会、区政协港澳台侨联络委员会、区政协文化文史和学习委员会、区政协委员联络工作委员会；区政协办事机构1个：区政协办公室。

（五）深化直属事业单位和承担行政职能事业单位改革。

1. 推进直属事业单位改革。按照精简效能的原则设置区委、区政府直属事业单位。

（1）组建区融媒体中心。整合区新闻中心、内部资料出版机构，以及其他新媒体事业单位等，组建区融媒体中心，作为区委直属事业单位，归口区委宣传部管理。保留电台、电视台名称和呼号。

（2）将区移民开发局更名为区水电移民服务中心，作为区政府直属事业单位。

（3）组建区机关事务服务中心。将区委办公室机关事务管理中心、区政府办公室机关事务管理中心的职责整合，组建区机关事务服务中心，作为区政府直属事业单位。

（4）将区规划管理技术中心更名为区规划编制服务中心，作为区政府直属事业单位。

（5）将区农业广播电视学校更名为区苹果产业发展中心，作为区政府直属事业单位，由区农业农村局统一领导和管理。

机构改革后，区委、区政府设直属事业单位8个，机构规格正科级。其中，区委直属事业单位2个：区委党史研究室、区融媒体中心；区政府直属事业单位6个：区地方志编纂委员会办公室、区防震减灾局、区水电移民服务中心、区机关事务服务中心、区苹果产业发展中心、区规划编制服务中心。

2. 推进承担行政职能事业单位改革。深化区级承担行政职能事业单位改革，要与机构改革统筹推进、同步实施。除行政执法机构外，区级完全、主要和部分承担行政职能的事业单位，都要纳入改革实施范围。全面清理区级事业单位承担的行政职能，按照能转职能的不转机构、确需转机构的实行综合设置的原则，区分情况推进改革，区委区政府直属的完全或主要承担行政职能事业单位，原则上并入相关党政机构，确需单设为行政机构的，纳入党政机构限额管理。部门所属的承担行政职能事业单位，原则上只转职能不转机构，将行政职能划归主管部门，原有事业单位可调整为公益类事业单位或并入其他相关事业单位；确需转为党政机关内设机构的，从严控制、综合设置。行政机关委托事业单位承担的行政职能，由委托机关收回。改革后，除行政执法机构外，不再保留或新设承担行政职能的事业单位。

（六）深化区级群团组织改革。贯彻落实党中央关于群团组织改革的决策部署，健全党委统一领导群团工作的制度，推动群团组织切实增强政治性、先进性、群众性，着力解决"机关化、行政化、贵族化、娱乐化"等问题。改革机关设置、优化管理模式、创新运行机制，将力量配备、服务资源向基层倾斜。支持和鼓励群团组织承接适合其承担的公共服务职能，增强群团组织团结教育、维护权益、服务群众功能，更好发挥群团组织作为党和政府联系人民群众的桥梁和纽带作用。

三、深化综合行政执法改革

深化综合行政执法改革是机构改革的重要任务，要同步研究、同步部署、同步实施。推进相对集中行政处罚权、行政强制权改革，落实属地监管责任。统筹配备行政执法职能和执法资源，大幅减少执法队伍种类。全面改革创新行政执法体制，不断推进政府治理体系和治理能力现代化、推动政府监管方式转型升级，建立权责统一、权威高效的行政执法体制。全面推动执法重心下移、执法关口前移，加强事中事后监管，切实解决长期存在的职责同构、多层执法、多头执法、执法不公等问题。

推进系统内综合执法，整合系统内的执法职责和队伍，同一系统最多保留一支执法队伍；推进跨部门综合执法，整合执法职责交叉、执法方式相近、专业技术要求适宜的不同部门的执法职责和队伍，设置综合执法队伍。全面推进市场监管、生态环境保护、文化旅游市场、交通运输、农业、城市管理、卫生监督、安全生产等领域综合执法改革。加强执法队伍建设，推动人员编制向基层执法一线下沉，科学统筹、合理配置区域内执法力量，逐步形成全覆盖、无死角的执法体系。

加大乡镇（街道）综合执法改革力度，探索实行一支队伍管执法。强化乡镇（街道）对区域内执法工作的统筹力度，上级派驻乡镇（街道）的各类执法队伍，由乡镇（街道）统一指挥调度。

全面清理规范临时人员和聘用人员，严禁使用辅助人员执法。锁定执法人员编制底数，暂保持现状不变，待中央和省统一明确政策后逐步规范。完善执法程序，严格执法职责，加强执法监督，不断提高执法队伍综合素质和执法能力。

推进跨部门、跨行业检验检测机构和职责整合，建立综合性检验检测机构，做大做强检验检测事业，不断提升技术能力、服务水平、规模效益和市场竞争力，完善行政执法技术支撑体系，全面提升行政执法能力。

四、深化乡镇（街道）机构改革

深化乡镇（街道）机构改革，进一步加强基层政权建设，完善基层政府功能，推动治理重心下移，尽可能把资源、服务、管理放到基层，保证基层事情基层办，基层权力给基层，基层事情有人办。

强化基层党建工作。加大乡镇（街道）党组织建设力度，提升组织力、突出政治功能，积极探索党组织发挥作用的有效途径和办法，使之真正成为宣传党的主张、贯彻党的决定、领导基层治理、团结动员群众、推动改革发展的坚强战斗堡垒。

进一步规范乡镇机构设置。乡镇设置党政综合办公室、基层党建办公室、经济发展办公室、社会事务办公室、扶贫开发办公室5个办公室。乡镇设置农业农村和集体经济发展中心、乡村文化服务中心、国土和村镇规划建设服务中心、社会保障服务中心、财政所、扶贫工作站等7个事业单位。

进一步规范街道机构设置。街道设置党政综合（社区党建）办公室、经济发展办公室、城市管理和社区治理办公室、社会事务办公室、扶贫开发办公室5个办公室。人口超过10万人的凤凰街道可增设1个综合办公室。街道设置经济发展中心、社区文化服务中心、社会保障服务中心、财政所、扶贫工作站等7个事业单位。

乡镇（街道）除在规定限额内设置的7个事业单位外，不再保留其他事业单位的牌子、印章和法人资格。

完善乡镇（街道）对村（居）委会的指导方式，促进村（居）民自治良性发展。统筹和规范村（居）委会承担的各类协管事项，规范人员管理和经费使用，推进"多元合一、一员多能"，保证基层一线有钱办事，有人干事。

五、强化机构编制管理刚性约束

全面清理规范合署办公机构、挂牌机构、议事协调机构、临时机构和派出机构，议事协调机构一般不单独设置办事机构，根除挂牌机构实体化和"事业局"。临时机构要在阶段性、临时性任务完成后及时撤销。精简整合规范各类派出机构，区委区政府派出的各类开发区党工委、管委会不纳入机构限额，结合清理规范的要求进一步加强管理。

强化党对机构编制工作的集中统一领导，严格执行机构限额、领导职数、编制种类和总量等规定，不得在限额外设置党政机构，不得超职数配备领导干部，不得擅自增加编制种类，不得突破总量增加编制。全面清理取消各级各部门擅自设立的机构和岗位、擅自配备的职务。严禁上级部门通过项目资金分配、考核督查、评比表彰等各种方式干预下级机构设置、职能配置、领导职数核定和编制配备。严格执行《云南省各级机关机构设置和管理暂行办法》《云南省各级机关领导职数管理暂行办法》的规定。严格按中央和省的政策规定，统筹使用各类编制资源，不得随意调整。积极加大编制管理创新力度，优化编制结构，加强重点领域和基层一线。

六、组织领导和实施工作

深化机构改革，要按照党中央决策部署和省委要求，在市委的统一领导下进行，全面准确贯彻先立后破、不立不破的原则，把握好改革发展稳定的关系，有组织、有步骤、有纪律推进，全面完成机构改革各项任务。

（一）加强机构改革的组织领导。区委成立区深化党政机构改革领导小组，负责全区机构改革的总体部署、统筹协调、整体推进、督促落实。领导小组下设办公室，承担领导小组的日常工作。建立完善机构改革领导协调工作机制，成立工作专班，明确责任主体和工作进度，统筹抓好机构改革调查研究、方案拟定、组织实施、总结验收等各阶段的具体工作，确保机构改革工作顺利推进、相互衔接、有序开展。

（二）周密做好组织实施工作。明确改革任务、时间进度、责任主体、工作纪律，精心组织、周密安排，扎实做好区级涉改部门的机构调整、职责划转、人员转隶、部门"三定"等工作，2019年3月底前基本落实到位。区委办公室、区委组织部、区委宣传部、区委改革办、区委编办、区政府办公室、区财政局、区人力资源和社会保障局、区审计局等有关部门要密切配合、明确责任，研究制定改革配套方案和工作措施，认真研究解决改革过程中遇到的问题，按职责分工抓好贯彻落实。注重加强宣传引导，统一思想，凝聚共识，为推进改革营造良好的社会环境和舆论氛围。

（三）严明政治纪律和政治规矩。坚决维护以习近平同志为核心的党中央权威和集中统一领导，坚持正确的改革方向，把思想和行动统一到党中央决策部署和省委要求上来，把改革各项任务坚决落实到位。要严明机构改革政治纪律、组织纪律、机构编制纪律、干部人事纪律、财经纪律和保密纪律，确保涉改部门思想不乱、队伍不散、工作不断、干劲不减。将机构改革实施情况纳入重大决策部署督察任务和巡察范围，加强监督和执纪问责，确保机构改革各项任务圆满完成。

附件1

中共昭通市昭阳区委机构设置表

纪律检查委员会监察委员会机关	办公室	组织部	宣传部	统一战线工作部	政法委员会	政策研究室	全面深化改革委员会办公室（设在区委政策研究室）	全面依法治区委员会办公室（设在区司法局）	国家安全委员会办公室（设在区委办公室）	网络安全和信息化委员会办公室（设在区委宣传部）	外事工作委员会办公室（设在区政府办公室）	机构编制委员会办公室	审计委员会办公室（设在区审计局）	教育工作领导小组书记（设在区教育体育局）	农村工作领导小组办公室（设在区农业农村局）	区直机关工作委员会	巡察工作领导小组办公室

说明：

计入机构限额的区委机构10个：纪检监察机关1个，工作机关9个。其中，纪律检查委员会与监察委员会合署办公；组织部挂区委老干部局，区公务员局牌子；统一战线工作部挂区委宣传部办公室牌子；宣传部挂区政府新闻办公室，区新闻出版（版权）局，区广播电视局牌子；网络安全和信息化委员会办公室挂区委机要保密局，区国家保密局，区档案局互联网信息办公室牌子。

设在相关部门的区委议事协调机构的办事机构不计入机构限额。

附件2

昭通市昭阳区人民政府机构设置表

政府办公室	发展和改革局	工业信息商务科技局	教育体育局	民族宗教事务局	市公安局昭阳分局	民政局	司法局	财政局	人力资源和社会保障局	自然资源局	市生态环境局昭阳分局	住房和城乡建设局	交通运输局	农业农村局	水务局	文化和旅游局	卫生健康局	退役军人事务局	应急管理局	审计局	市场监督管理局	林业和草原局	政府扶贫开发统计局	信访局	医疗保障局	撤迁安置局	城市管理综合执法局	政务服务管理局

说明：

计入机构限额的政府工作部门27个。其中，政府办公室挂区政府外事办公室，政府办公室挂区政务服务管理局牌子；发展和改革局挂区商务局，区招商局牌子；工业信息商务科技局挂区粮食和物资储备局，工业信息商务科技局挂区无线电管理办公室，区中小企业局，区煤炭工业局牌子；财政局挂区政府国有资产监督管理局，区政府金融办公室，区政府公共资源交易管理局牌子；住房和城乡建设局挂区人民防空办公室，区城市公共资源管理局牌子；农业农村局挂区畜牧兽医局牌子；水务局挂区渔洞水库水资源保护委员会办公室牌子；文化和旅游局挂区文物局牌子；卫生健康局挂区中医药管理局牌子。市场监督管理局挂区政府食品安全委员会办公室；区防治艾滋病局挂区食品药品监督管理局牌子；政务服务管理局挂区行政审批局，区公共资源交易管理局牌子，区防治艾滋病局挂区政府食品安全委员会办公室，列入政府工作部门序列，不计入机构限额。市公安局昭阳分局，市生态环境局昭阳分局分别作为市公安局，市生态环境局的派出机构，不计入机构限额。

昭阳区人民政府关于机构设置的通知

各乡、镇人民政府，街道办事处，区直有关部门：

根据市委、市政府批准的《昭通市昭阳区机构改革方案》和《中共昭阳区委办公室、昭阳区人民政府办公室关于印发昭阳区机构改革实施方案的通知》，以及区人民政府依法报请区人大常委会备案的区人民政府机构设置情况，现将昭阳区人民政府机构设置通知如下：

一、昭通市昭阳区人民政府办公室

二、昭通市昭阳区人民政府组成部门

昭通市昭阳区发展和改革局

昭通市昭阳区工业信息商务科技局

昭通市昭阳区教育体育局

昭通市昭阳区民族宗教事务局

昭通市公安局昭阳分局

昭通市昭阳区民政局

昭通市昭阳区司法局

昭通市昭阳区财政局

昭通市昭阳区人力资源和社会保障局

昭通市昭阳区自然资源局

昭通市生态环境局昭阳分局

昭通市昭阳区住房和城乡建设局

昭通市昭阳区交通运输局

昭通市昭阳区农业农村局

昭通市昭阳区水务局

昭通市昭阳区文化和旅游局

昭通市昭阳区卫生健康局

昭通市昭阳区退役军人事务局

昭通市昭阳区应急管理局

昭通市昭阳区审计局

昭通市昭阳区市场监督管理局

昭通市昭阳区林业和草原局

昭通市昭阳区统计局

昭通市昭阳区政府扶贫开发办公室

昭通市昭阳区信访局

昭通市昭阳区医疗保障局

昭通市昭阳区城市管理综合执法局

昭通市昭阳区搬迁安置局

昭通市昭阳区政务服务管理局

三、昭通市昭阳区人民政府工作部门加挂牌子机构

区政府办公室挂区政府外事办公室、区招商局牌子；区发展和改革局挂区粮食和物资储备局牌子；区工业信息商务科技局挂区无线电管理办公室、区中小企业局、区煤炭工业局牌子；区财政局挂区政府国有资产监督管理局、区政府金融办公室牌子；区住房和城乡建设局挂区人民防空办公室、区城市公共资源服务管理局牌子；区农业农村局挂区畜牧兽医局牌子；区水务局挂区渔洞水库水资源保护委员会办公室牌子；区文化和旅游局挂区文物局牌子；区卫生健康局挂区中医药管理局、区防治艾滋病局牌子；区市场监督管理局挂区政府食品安全委员会办公室牌子；区政务服务管理局挂区行政审批局、区公共资源交易管理局牌子。

四、昭通市昭阳区人民政府直属事业单位

昭通市昭阳区地方志编纂委员会办公室
昭通市昭阳区防震减灾局
昭通市昭阳区水电移民服务中心
昭通市昭阳区机关事务服务中心
昭通市昭阳区苹果产业发展中心
昭通市昭阳区规划编制服务中心

昭阳区人民政府

2019 年 3 月 13 日

中共昭阳区委昭阳区人民政府
关于坚决打赢脱贫摘帽歼灭战的决定

为深入学习贯彻习近平新时代中国特色社会主义思想，坚决落实党中央国务院、省委省政府、市委市政府关于脱贫攻坚的系列部署要求，坚决夺取脱贫摘帽的全面胜利，如期兑现立下的"军令状"，作出如下决定。

一、总体要求

以习近平总书记关于扶贫开发的重要论述为指导，全面贯彻党的十九大和十九届二中、三中全会精神，认真落实中央、省、市关于打赢脱贫攻坚战的决策部署，按照市委四届四次全会以及"133"脱贫攻坚工作思路，坚持党建与脱贫攻坚"双统领""双保障""双推进"，坚持精准扶贫、精准脱贫基本方略，聚焦深度贫困和特殊贫困群体，以脱贫实效为根本，以群众认可为标杆，坚持思想行动全部向脱贫摘帽一线统一、工作重心全部向脱贫摘帽一线转移、项目资金全部向脱贫摘帽一线倾斜、干部队伍全部向脱贫摘帽一线集结、帮扶力量全部向脱贫摘帽一线汇聚、激励问责全部向脱贫摘帽一线聚焦"六大原则"，动员一切可以动员的力量，采取一切可以采取的措施，克服一切必须克服的困难，以党性作保证、帽子作抵押、饭碗作担保，吹响决战冲锋号，发起最后大总攻，坚决夺取打赢脱贫摘帽歼灭战的全面胜利。

二、目标任务

聚焦"两不愁三保障"，围绕"县（区）摘帽5条、贫困村出列10条、贫困户脱贫6条"标准，紧盯2019年70个村退出、42211人的脱贫的任务，确保按时脱贫出列摘帽。

（一）继续巩固提升已出列村和已脱贫人口脱贫成效。

（二）贫困人口减贫任务完成100%。到2019年底，实现精准脱贫42211人以上。

（三）贫困村全部出列。全面完成145个贫困村交通、电力、安全饮水、住房安全、危房拆除、改厕、环境卫生、文化卫生等基础设施和公共服务问题，确保70个贫困村全部出列，贫困发生率控制在3%以内，各村漏评率、错退率均低于1%。

（四）贫困区摘帽。全区"三率一度"达到脱贫标准（即：贫困人口漏评率、错退率均低于2%，综合贫困发生率控制在3%以内，群众认可度（满意度）达90%以上）；人均可支配收入达到标准，所有贫困村全部出列，扶贫政策、项目、资金对建档立卡贫困户100%覆盖，义务教育发展基本均衡，并通过国家督导评估认定，完成全区摘帽退出申报程序并顺利通过验收。

三、工作重点

坚决打赢"十大歼灭战"：

（一）坚决打赢产业脱贫歼灭战。把产业脱贫作为治本之策，重点发展苹果、马铃薯、蔬菜等主导产业，积极发展生猪、肉牛、林产等种养业，按照"大产业＋新主体＋新平台"的思路，全面推行"龙头企业＋基地＋专业合作社＋贫困户"的模式，建设高标准苹果示范基地3万亩，完成苹果种植5万亩，低产苹果园改造2.5万亩；建设马铃薯示范基地0.85万亩，完成种薯扩繁种植2.1万亩；完成胡萝卜、车厘子等蔬菜、水果种植1万亩；完成猪、牛、鸡等生态养殖14.73万头（羽）。建设实训基地（扶贫车间）27个，建设村级光伏电站57个、装机容量总规模5700kw，发展壮大贫困村集体经济18

个。对 2014 年以来，脱贫未享受产业发展项目的 12471 个贫困户，按每户 5 000 元安排产业发展项目资金，确保后续发展有产业支撑。大力挖掘消费扶贫潜力，健全完善区乡村三级电商服务体系，着力发展农村电商，全力推动小农户与大市场深度联接，为全区特色农产品等资源搭建"优质、高效、便捷"网络营销平台。

（二）坚决打赢易地扶贫搬迁歼灭战。建成红路、洒渔、永丰等易地扶贫搬迁安置点 3 个，11 月底前全面完成 5777 户 24325 人易地搬迁任务，其中建档立卡贫困人口 4677 户 20141 人；建成跨县区易地扶贫搬迁安置区 1 个，搬迁安置大关、彝良、盐津、永善、镇雄等 5 县 10197 户 43991 人。同步实施安置点、安置区教育、医疗等配套基础设施和公共服务建设 52 项，同步安排产业就业，同步做实进城进镇搬迁户的承包地、林地、宅基地"三权"处置方案，同步落实安置点社区社会治理工作。落实易迁对象后续帮扶措施，有稳定增收的就业或产业渠道，确保有劳动力的搬迁家庭就业有岗位、创业有门路、增收有渠道，实现搬迁群众搬得出、稳得住、能致富。

（三）坚决打赢转移就业脱贫歼灭战。区级劳动力培训输出就业中心、乡镇街道工作站、村社劳动力就业工作所，要做到无缝对接。要坚持以贫困劳动力和易地扶贫搬迁家庭劳动力为重点，依托广东东莞、中山对口帮扶劳务输出，推动就业意愿、就业技能与就业岗位精准对接，提高劳务组织化程度和就业扶贫覆盖面。采取"结合产业发展就近就业、提高组织化程度转移就业、园区安置就业、巩固自发输出稳岗就业、开发扶贫岗位安置就业"五种方式，全面开展培训转移就业清零行动，有针对性地组织开展"订单式""定向式"输出培训，10 月底前全面完成建档立卡劳动力转移就业培训 1.18 万人，完成建档立卡劳动力转移就业任务；全力做好零就业建档立卡家庭劳动力服务工作，对 0.31 万个"无法离乡、无业可扶、无力脱贫"的农村贫困大龄劳动力、残疾家庭劳动力和重病患者家庭劳动力实施乡村公共服务岗位补贴，鼓励支持通过来料加工等方式居家就业。对三个月以上长期稳定就业劳动力实施稳岗补贴（不含村劳务队、公益性岗位、乡村公共服务岗位安置务工人员），对有组织成建制的集中输出省外稳定务工三个月以上的建档立卡贫困劳动力实施交通补贴，调动劳动力外出务工就业积极性。确保"有条件的建档立卡贫困劳动力实现 100% 就业培训、100% 推荐就业岗位、非易地扶贫搬迁贫困劳动力就业 80% 以上，建档立卡贫困家庭至少 1 人以上就业"，实现"就业一人，脱贫一户，改变一家"目标。

（四）坚决打赢资产收益脱贫歼灭战。持续推进农村"三变"改革，以合作社为支撑，整合产业发展资金，投资入股龙头企业、农民专业合作社等新型经营主体统一经营，以区级平台农投公司和易迁公司为统领，引导新型经营主体与脱贫户建立稳定的产业带动关系，采取"龙头企业 + 贫困户""农民专业合作社 + 贫困户""家庭农场 + 贫困户""龙头企业 + 村集体公司 + 合作社 + 贫困户（托管）"等资产收益扶贫模式，实施好产业化扶贫项目，让贫困群众入股分红和就地务工，使贫困人口"入企（社、场）打工挣薪金、入股参股挣股利"。实施 1.23 万户扶贫小额贷款，对 1.24 万户已脱贫户开展资产收益产业扶持巩固行动。

（五）坚决打赢危房改造歼灭战。全面落实"安全稳固"的农村危房改造基本要求，坚持建改结合、以改为主的改造方式，深入实施农村危房改造工程。保证正常使用安全和基本使用功能，防止大拆大建和扩大建房面积，杜绝因建房致贫、返贫。规范农村住房鉴定和危房危险等级认定责任和程序，建立危房台账并实施精细化管理，认定一户、改造一户、销档一户。10 月底前全面完成"四类"对象危房改造，确保贫困人口住上安全稳固的住房。

（六）坚决打赢生态脱贫歼灭战。全面贯彻"绿水青山就是金山银山"理念，认真落实"把云南建设成中国最美丽省份"的部署要求，科学推动产业和生态和谐发展，"守住一片蓝天、绿化一方群山、护好一江清水、建设一座果城"，着力打造长江上游重要生态安全屏障。创新生态扶贫机制，加大生态保护修复力度，实现生态改善和脱贫攻坚双赢。选聘生态护林员 837 人。

（七）坚决打赢社会保障脱贫歼灭战。统筹各类保障措施，建立以社会保险、社会救助、社会福利制度为主体，以社会帮扶、社工助力为辅助的综合保障体系，为完全丧失劳动能力和部分丧失劳动能力且无法依靠产业就业帮扶脱贫的贫困人口提供兜底保障。建立农村低保和扶贫开发的数据互通、资源共享，统筹协调农村低保标准和扶贫标准，对农村低保对象实行动态管理，做到应保尽保、应退尽退。完善城乡居民基本养老保险制度，继续实施社会服务兜底工程，加快建设为老年人、残疾人、精神障碍患者等特殊群体提供服务的设施。加大贫困家庭"三留守"关爱服务体系建设力度，落实家庭赡养、监护照料法定义务，探索建立信息台账和定期探访制度。加大临时救助力度，及时将符合条件的返贫人口纳入救助范围。积极开展贫困残疾人脱贫行动。

（八）坚决打赢医疗保障脱贫歼灭战。将贫困人口全部纳入城乡居民基本医疗保险、大病保险和医疗救助保障范围。落实贫困人口参加城乡居民基本医疗保险个人缴费财政补贴政策，实施扶贫医疗救助。切实降低贫困人口就医负担，在严格费用管控、确定诊疗方案、确定单病种收费标准、规范转诊和集中定点救治的基础上，对城乡居民基本医疗保险和大病保险支付后自负费用仍有困难的患者，加大医疗救助和其他保障政策的帮扶力度。全面落实农村贫困人口县域内定点医疗机构住院治疗先诊疗后付费，在定点医院设立综合服务窗口，实现各项医疗保障政策"一站式"信息交换和即时结算。加快推进区乡村三级卫生服务标准化建设，加强对贫困地区慢性病、常见病的防治，开展专项行动，降低因病致贫返贫风险。开展地方病和重大传染病攻坚行动，实施预防、筛查、治疗、康复、管理的全过程综合防治。实施妇女宫颈癌、乳腺癌检查和儿童营养改善、新生儿疾病筛查项目，优先为妇幼、老人、残疾人等重点人群开展健康服务和慢性病综合防控，做好高血压、糖尿病、结核病、严重精神障碍等慢性病规范管理。

（九）坚决打赢教育脱贫歼灭战。认真实施教育振兴三年行动计划，调整优化校点布局，强化控辍保学工作，加强师德师风建设，提升教育教学质量，全力推进义务教育由"基本均衡"向"优质均衡"迈进，努力办好人民满意的教育。要以实现义务教育有保障为核心，全面落实教育扶贫政策，巩固义务教育均衡发展工作成果，全面消除义务教育超大班额现象。认真落实控辍保学责任，采取有效措施，对辍学对象全部"清零"，确保贫困家庭适龄学生不因贫失学辍学。全面推进义务教育薄弱学校改造工作。实施好农村义务教育学生营养改善计划。健全覆盖各级各类教育的资助政策体系，全面落实学前教育、高中阶段、职业教育、普通高校资助政策。

（十）坚决打赢基础设施和其他脱贫歼灭战。严格对标对表脱贫出列摘帽标准，按照"缺什么、补什么"原则，全力加快推进水、电、路、网、活动场所等基本公共服务体系建设，多种模式实施补短板工程。加快农村公路安全生命防护工程建设，推进窄路基路面农村公路合理加宽改造和危桥改造，完成通村道路及以上行政等级公路安全隐患治理。10月底前完成建制村安全生命防护工程322.97公里，贫困村居住50户以上自然村且不属于易地扶贫搬迁的村组公路硬化331.6公里，改造（新建）危桥6座。建设村级文化活动场所26个。加快实施农村饮水安全巩固提升工程，强化水源保护和水质保障，10月底前完成20个乡镇、街道人饮安全提升工程26件，安装各种管道165公里，保障我区农村人口24.18万人饮水安全，显著提高农村集中供水率、自来水普及率、供水保证率和水质达标率，农村人口饮水安全实现全覆盖。加快灌区续建配套与节水改造、小型农田水利工程建设，实现灌溉水源、灌排骨干工程与田间工程协调配套，加强防洪工程建设和运行管理，继续推进水土保持和水生态建设工程。建成扶贫产业园灌溉建设1个，实施小流域综合治理2项。统筹推进网络覆盖、农村电商、网络扶智、信息服务、网络公益5大工程向纵深发展。实施乐居镇等4镇8村土地整治项目1128.3公顷，实施垃圾处理设施设备项目913项，建成贫困村公厕109个。

抓住广东东莞、中山倾力帮扶的契机，发动一切可以动用的力量，争取一切可以争取的资源，以企业为引领，多模式发展，要在产业合作、劳务协作、人才交流、教育扶贫、健康扶贫、贫困乡村提升、携手奔小康等方面形成东、西部合力攻坚的大会战局面，全方位推进东西部扶贫协作和社会帮扶，助力脱贫摘帽。

四、政策措施

按照"一切工作围绕脱贫摘帽、一切工作服从脱贫摘帽，一切工作服务脱贫摘帽"的要求，坚持

"敞开山门迎检"的工作标准,采取"人人排查、事事落实、户户过关、村村达标"的工作方法,抓重点、补短板,促进度、提质量,重细节、零遗漏,坚决补齐"六大短板"。

(一)坚决补齐问题清零短板。坚持问题导向,按照凡是有利于通过检查验收的原则,结合督查、巡查和上级核查、检查发现问题以及需要长期坚持整改的难点问题,开展产业、教育、健康、住房保障、社会保障兜底、生态、金融、东西部扶贫协作等"回头看"行动,对问题再排查、再清理,建立问题清单,明确整改责任人和整改时限,边查边改、持续推进,实行销号管理,举一反三、全面整改;开展动态管理常态化查缺补漏,强化部门联动,加大部门数据信息比对力度,加强扶贫领域相关部门数据的融合交换和分析监测,实现数据有效对接,做到贫困对象精准、帮扶措施精准、部门数据闭环、问题数据及时清零,确保7月底前扶贫信息系统问题数据全面清零,到年底顺利完成年度动态管理工作。坚决杜绝漏评错退,确保贫困退出精准有序,脱贫成果真实可靠。

(二)坚决补齐档案资料短板。规范脱贫攻坚档案管理,清理完善贫困户脱贫、贫困村出列、贫困区摘帽的档案资料,做实区级、乡级、村级和到户档案资料;注重责任落实、政策落实、工作落实等痕迹资料的收集整理,完善行业扶贫档案资料;加强大数据平台的管理、维护、更新,确保系统数据与纸质档案一致、区乡村各级数据一致和部门间数据一致;完善资料台账,发放到户"口袋书"、做实精准扶贫"明白卡"、做细到户"帮扶卡",确保资料清晰、完整、齐备。

(三)坚决补齐群众"志""智"短板。深入开展"感党恩、听党话、跟党走"和"自强、诚信、感恩"主题教育实践活动,强化宣传引导,着力激发贫困人口内生动力。综合运用传统媒体和新兴媒体,深入挖掘一批鲜活生动的大场面,精心策划组织一批大专题,深刻报道一批好典型,总结好经验、宣传好故事、传递好声音、凝聚正能量,努力营造良好舆论环境。开展挂钩帮扶遍访、回访活动,同贫困户同吃、同住、同劳动,面对面商量对策,真心实意解决问题,通过"昼访夜谈"提高亲和力,提升贫困群众对脱贫攻坚的认可度、满意度。组织开展群众喜闻乐见的文体活动,引导贫困群众破除"等靠要"思想。坚持自治、法治、德治相结合,推进法治村(社区)建设,大力开展移风易俗活动,引导贫困村修订完善村规民约,发挥村民议事会、道德评议会、红白理事会、禁毒禁赌会等群众组织作用,强化农村思想道德建设,教育引导贫困群众弘扬传统美德、树立文明新风、培育文明乡风。

(四)坚决补齐户脱贫短板。从4月份开始,启动"全员大走访、重点大摸排、政策大宣讲"行动。一是以村为单位开展遍访,每月至少遍访本村所有农户一次以上,每月干部户访必须达到100%,确保贫困户和非贫困户家家走到、户户见面。对照户脱贫标准,对标对表,全面排查,杜绝"漏评""错退";全力推进项目建设,抓好安居入住,落实增收举措;全面核查、核准建档立卡贫困户、大病户、收入不稳定户、低保户、残疾人户、五保户、危改户、独居老人户,都要建立好台账,全面落实到户政策,做实群众工作。二是对所有的群众开展脱贫政策大培训,做到人人知晓、户户明白。要帮助每一户农户算清楚每一笔收入账,并且得到签字认可后,家家张贴明白卡;让每户都知晓国家扶贫政策、都知晓并认可自家的收入结构和金额;每个驻村干部必须对每家每户的情况了如指掌,帮扶责任人要做细、做准、做到位帮扶工作,做到"一口清"。三是要对贫困人口的基本信息进行逐户核实,开展动态管理;对收入达标情况、安全住房情况、易地搬迁对象脱贫退出达标情况、脱贫户家庭子女义务教育阶段适龄青少年就学保障达标情况、落实健康扶贫政策达标情况、参加农村养老保险或城镇居民养老保险达标情况、脱贫户享受资金项目帮扶情况、兜底对象政策措施落实情况等逐户核实,相关行业部门要开展贫困户脱贫指标达标认定工作,达标认定结论上报区脱贫攻坚指挥部。四是要全力推进脱贫措施大落实。以乡镇为主战场,以贫困村、贫困户为作战单元,以精准为基本攻略,切实做到结对帮扶对接再精准、扶贫政策到户再精准、因户施策再精准、扶贫成效再精准、脱贫退出再精准,不断提高脱贫攻坚精准度,扎实推进《昭阳区打赢精准脱贫攻坚战三年行动实施方案》对应项目的建设,为歼灭战的全面胜利打下坚实基础。

(五)坚决补齐村出列短板。一是要在7月份前做到问题清零,重点解决好漏评、错评、错退问题。二是要对照村出列6项指标,在10月底前认真做好贫困村贫困发生率测算和标记工作,加快推进交通道路、电力、水利、卫生室、网络宽带、集体经济、村公共服务设施和活动场所等项目建设。三是相关行业部门要按照职能职责开展贫困村指标达标认定工作，将达标认定结论上报区脱贫攻坚指挥部。

（六）坚决补齐区摘帽短板。一是对照区摘帽5项指标，要做到农村常住居民人均可支配收入增幅高于全省农村常住居民人均可支配收入增幅，保证至少有一项扶贫政策、项目、资金对建档立卡贫困户进行扶持，巩固好义务教育发展基本均衡成果。二是从7月份开始启动脱贫攻坚冲刺决胜行动。实行责任倒逼、时间倒排、问题倒查，统筹协调好各级力量，切实做好"回头看、回头帮"，确保各项扶贫政策真正落地见效；准确把握贫困区摘帽、贫困村出列、贫困户脱贫验收评估的标准、方法和程序，重点突破，精准管理，确保各项退出验收指标达标。三是要做好集中迎检工作，组建迎检机构、制定迎检方案、部署脱贫摘帽迎检工作，优化迎检环境，强化入户培训，对隐瞒收入、隐瞒住房的"两隐"户和争当贫困对象、争要扶贫政策的"两争"户开展大培训，注重对"两隐"户、"两争"户的相关佐证资料收集整理，确保有序迎检。四是要对照区摘帽申报材料清单，按时完成区摘帽退出申报程序，相关行业部门要按职能职责开展区摘帽达标认定，将达标认定结论上报区脱贫攻坚指挥部。

五、组织保障

2019年是全区实现脱贫摘帽、兑现承诺的决战年，军令已出，唯有决战到底。全区各级党组织和广大党员干部必须"响鼓重锤"，要坚定信心不动摇、咬定目标不放松、整治问题不手软、落实责任不松劲、转变作风不懈怠，尽锐出战、迎难而上，坚决打赢脱贫摘帽歼灭战。

（一）强化铁纪担当，压实政治责任。全区上下必须发扬"铁军"作风，下足"绣花"功夫，以铁的纪律和担当，扛起脱贫摘帽责任，切实做到"五个严禁"：一是严禁在脱贫攻坚工作上打折扣、做选择、搞变通，不担当、不尽责、不作为；二是严禁出现"数字脱贫""虚假脱贫"；三是严禁违反精准识别和退出程序、规定，出现"漏评""错退"情况；四是严禁在脱贫攻坚问题整改上不严不实、避重就轻、敷衍整改、虚假整改；五是严禁在扶贫资金、项目上打主意、动念头、优亲厚友、闲置滞留，甚至出现贪污浪费、挤占、挪用扶贫资金等违纪违规行为。对工作不力、造成影响的，严格按照《中共昭阳区委昭阳区人民政府关于2019年脱贫出列摘帽加强干部作风建设的决定》，坚决一律从严从重从快处理。

（二）强化主责意识，细化工作任务。脱贫摘帽完不成，一切工作等于零。全区各级各部门要把所有心思和主要精力放在脱贫摘帽上，任务再重也绝不松懈厌战、难度再大也绝不畏难退缩、时间再紧也绝不拖拉疲沓，一切工作都要为摘帽开道、为摘帽让路、围绕摘帽来"转"。要全面落实"五级书记"抓扶贫要求，对照脱贫攻坚"两个责任"，健全"层层承诺、人人承诺、个个履诺、有诺有效"的脱贫摘帽工作机制，层层压实责任、环环承担责任，形成"人人有责、人人担责，个个负责、全力攻坚"的良好态势。全区各级各部门要全力聚焦脱贫任务，立即进入作战状态，手中拿着"作战图"，眼里盯着"时间表"，身上带着"军令状"，心中想着"责任书"，肩上扛着"硬任务"，将工作细化到天、到周、到月，做到以天安排、以周研究、以月调度，身先士卒、冲锋陷阵，用更有力的行动、更扎实的工作，下足"绣花功"、啃掉"硬骨头"、打赢"歼灭战"，确保如期实现摘帽目标。

（三）强化扶贫投入，加强资金管理。全区各级各部门必须全面聚焦"两不愁、三保障"，整合一切可以整合的项目，投入一切可以投入的资金，聚合一切可以聚合的资源，千方百计加大扶贫投入，加大金融扶贫和社会扶贫力度，全面补短板强弱项，确保各项脱贫、出列、摘帽指标条条达标、项项合格。进一步规范加强扶贫资金监督和管理，完善易地搬迁扶贫资金、产业扶贫资金、资产收益扶贫等资金管理办法，做到阳光扶贫、廉洁扶贫。建立健全公告公示制度，区级扶贫资金分配结果一律公开公示，乡、村两级扶贫项目安排和资金使用情况一律公告公示，全面接受群众和社会监督，严防扶贫资金跑冒滴漏。

（四）强化督查检查，严明工作纪律。建立最严格的脱贫摘帽跟踪督查机制和干部作风执纪问责机制。紧盯重点工作、重点任务和时间节点，采取随机抽查、专项检查、联合督查等形式，定期不定期对各乡镇（街道）、行业部门脱贫攻坚工作进行跟踪问效，动态掌握工作进度，强力推动工作落实。对不能承担责任和压力、工作推进缓慢的领导干部，区委将及时作出调整；对不作为、乱作为，坐而论道、虚以应付的领导干部，区委将坚决启动组织处理程序；对无视纪律，触碰法律底线，特别是侵占挪用脱贫资金的人和事，区委将依法依纪严肃处理。突出工作实绩，构建干部考核评价机制，把脱贫攻坚工作实绩作为评价各级党政领导班子和领导干部工作的重要内容，作为干部选拔任用、年度考核等次确定和奖惩的重要依据，切实把各级干部的精力凝集到脱贫摘帽工作上来。

打赢脱贫攻坚战是全面建成小康社会最艰巨的任务。全区上下必须拿出攻城拔寨的决战势头和百米冲刺的拼搏劲头，以"黄沙百战穿金甲，不破楼兰终不还"的责任担当，拿出壮士断腕的决心，全员集结、全线冲锋、全域决胜，不获全胜不收兵，不摘穷帽不撤退，坚决打赢脱贫摘帽歼灭战，交出不负时代、不负组织、不负人民的历史答卷！

中共昭阳区委

昭阳区人民政府

2019 年 3 月 15 日

中共昭阳区委办公室　昭阳区人民政府办公室
关于印发昭阳区 2019 年脱贫摘帽实施方案的通知

各乡镇、街道党（工）委、政府（行政），区委各部委办局室，区级国家机关各委办局，区直各人民团体和企事业单位，中央、省、市驻昭阳区单位：

经区委、区政府同意，现将《昭阳区 2019 年脱贫摘帽实施方案》印发你们，请认真抓好组织实施。

中共昭阳区委办公室

昭阳区人民政府办公室

2019 年 3 月 29 日

昭阳区 2019 年脱贫摘帽实施方案

为深入贯彻落实党中央、国务院和省委、省政府及市委、市政府关于打赢脱贫攻坚战的决策部署，按照昭阳区脱贫摘帽誓师大会精神和《中共昭阳区委昭阳区人民政府关于坚决打赢脱贫摘帽歼灭战的决定》的相关要求，深入实施精准扶贫、精准脱贫基本方略，确保全面实现 42 211 名贫困人口脱贫，70 个贫困村退出，贫困区摘帽，特制定此方案。

一、目标任务

（一）贫困人口脱贫（42 211 人）

1. 人均纯收入。贫困户人均纯收入稳定超过国家扶贫标准（按当年国家公布的现价标准），达到不愁吃、不愁穿。

2. 饮水安全。水量、水质、取水方便程度和供水保证率达到规定标准。

3. 住房安全。住房遮风避雨，保证正常使用安全和基本使用功能。

4. 义务教育。义务教育阶段适龄儿童少年无因贫失学辍学。

5. 基本医疗。建档立卡贫困人口 100% 参加基本医疗保险、大病保险和医疗救助。

（二）贫困村出列（70 个）

1. 贫困发生率。贫困发生率低于 3%。

2. 交通。建制村到乡镇或城区通硬化路，且危险路段有必要的防护设施。

3. 电力。通动力电。

4. 网络宽带。网络宽带覆盖到村委会、学校和卫生室。

5. 医疗设施。建有标准化村卫生室。

（三）贫困区摘帽

1. 主要指标。综合贫困发生率低于 3%（贫困发生率，指建档立卡未脱贫人口、错退人口、漏评人口三项之和，占申请退出贫困县的农业户籍人口的比重）。

2. 参考指标。

（1）脱贫人口错退率低于 2%（脱贫人口错退率，指抽样错退人口数占抽样脱贫人口数的比重）。

（2）贫困人口漏评率低于2%（贫困人口漏评率，指调查核实的漏评人口数占未建档立卡农业户籍人口的比重）。

（3）群众认可度达到90%（群众认可度，指认可人数占调查人数的比重）。

（四）对已脱贫人口和已出列村进行巩固提升

1. 贫困人口。到2020年，现行标准下建档立卡贫困人口实现脱贫，消除绝对贫困。

2. 人均可支配收入。实现农民人均可支配收入增幅高于全国平均水平。

3. 饮水安全。加快实施农村饮水安全巩固提升工程，全面实现农村饮水安全有保障。

4. 住房安全。4类重点对象100%完成危房改造，全面解决贫困人口住房安全问题。

5. 产业扶贫。完善新型农业经营主体与贫困户联动发展的利益联结机制，有劳动力、有产业发展意愿的贫困户至少与1个农业新型经营主体建立合作关系。

6. 就业扶贫。加强技能培训，加大转移就业力度，多种形式开发公益岗位，确保有意愿的贫困劳动力家庭至少有1人就业。

7. 教育扶贫。通过国家义务教育均衡发展评估验收，确保所有义务教育学校达到基本办学条件。健全各级各类教育资助政策体系，学生资助政策实现应助尽助。

8. 健康扶贫。加快推进贫困乡、村两级卫生服务标准化建设，全面实施贫困乡、村医疗卫生机构一体化管理，确保区、乡、村三级医疗机构服务能力达到基本要求。确保大病得到专项救治。加强高血压、糖尿病、结核病、严重精神障碍、艾滋病等疾病的综合防治。大幅度提高妇女宫颈癌、乳腺癌检查和新生儿疾病筛查比例。提高家庭医生签约服务质量。

9. 生态扶贫。将具备条件的贫困劳动力人口选聘为生态护林员、草管员，加大退耕还林还草力度，推进低产低效林提质增效工程，深化集体林权制度改革。

10. 交通扶贫。乡镇、建制村100%通硬化路，具备条件的建制村通客车。

11. 电力扶贫。实施农网改造升级，确保95%以上农户有生活用电，贫困村全部实现通动力电。

12. 网络扶贫。实现90%以上建制村通宽带网络。

13. 公共设施。建有党员活动中心、便民服务中心和必要的公共活动场所。

14. 易地扶贫搬迁。全面完成易地扶贫搬迁任务。按照以岗定搬、以业定迁原则，做好后续产业发展和转移就业工作，确保进城入镇安置家庭至少1个劳动力实现稳定就业。

15. 农村低保。完善农村低保制度，符合条件人口全部纳入低保范围，收入稳定达到脱贫标准。

16. 养老保险。完善城乡居民养老保险制度，符合条件的贫困人口全部参加基本养老保险。

17. 集体经济。鼓励具备条件的村集体，通过盘活集体资源、入股或参股、量化资产收益等渠道增加集体经济收入。

18. 人居环境。村庄人居环境整治达到1档标准以上。

19. 精准帮扶。实现扶贫政策、项目、资金对建档立卡户全覆盖，贫困户至少享有1项帮扶措施并取得实效。

二、重点工作任务分解

全区各级各部门要坚决贯彻落实昭阳区脱贫摘帽誓师大会精神，按照各自职能职责勇挑重担，全面落实责任、落实政策、落实工作，对照任务分解表，主动认领任务，全面完成各自攻坚任务，具体任务分解见附件1"2019年脱贫摘帽工作任务清单分解表"和附件2"昭阳区脱贫摘帽问题排查清单"。

三、相关要求

（一）强化统筹安排。按照统一安排、统一部署、统一调度的原则，进一步强化脱贫攻坚指挥部在资料归集、信息比对、政策宣传、识别退出程序等各项工作中的指导。一要分进合击，形成围歼之势。以"十大歼灭战"为引领，全区各级各部门要认真履行部门职能职责，工作重心向一线转移，工作精力向一线集中，干部力量向一线集结，优势资源向一线汇聚，奖惩机制向一线集约，干部思想向一线统一，将政策和项目资金集中向脱贫攻坚聚焦，构建"信息共享、资源互通、通力协作、合力攻坚"的脱贫摘帽大格局。二要以点打面，做到各个突破。区直各部门要加强政策统筹、资源整合力度，以贫困户、边缘户为主攻方向，突出对挂包村基础设施建设、产业布局、经济协作等事项的督促、衔接和协调，重点解决边远山区贫困群众出行、饮水、上学、就医、就业的薄弱环节，逐项突破，逐项完善，确保顺利通过摘帽验收。三要事无巨细，做到事必躬亲。各乡镇（街道）、区直各部门要瞄准"两不愁三保障"总目标，紧盯"户脱贫、村出列、区摘帽"标准和靶心，紧扣脱贫摘帽责任链条，切实做到凡是有关脱贫验收的事务必须亲自过问、亲自把关，制定具体工作方案，细化目标、细化任务、细化举措、细化进度、细化责任，确保任务措施落实到点、落实到人；以时间倒排、任务倒逼的方式推进工作落实，安排、研究、调度要紧扣任务、直击要害，确保推进稳步有序，步步为营。四要规范流程，做到步调一致。以乡镇（街道）为单位，确定统一的指导、识别、退出流程和工作程序；以户为单位，统一规范明白卡和资料袋，实行统一制作、统一发放、统一张贴。五要统筹兼顾，做实群众工作。进一步深化贫困村与非贫困村、贫困户与非贫困户联动发展，注重贫困村、非贫困村的产业社会事业兼顾发展，建立贫困户与非贫困户的利益共享机制，解决好贫困户满意、非贫困户怨气的矛盾。

（二）压实工作责任。按照"谁主管、谁负责""谁联系、谁包干""谁管辖、谁负责"的原则，层层压实责任。区级领导特别是战区指挥长，实行力量下沉、挂乡盯村的工作机制（详见附件3"区级领导力量下沉挂乡盯村名单"），聚焦2019年70个贫困村出列和42 211贫困人口脱贫目标，推动政策、资金、项目等精准到村到户；要督促、指导、帮助所负责的战区、乡镇（街道）、村（社区）全面落实脱贫攻坚主体责任，督战好行业扶贫工作和乡镇（街道）战区全面工作，实行每月1小结工作制度，全面总结分管负责的工作进度、存在问题及下步工作安排等；每月驻乡镇、村社、农户不少于5天，每月召开1次以上调度会议推动工作落实，切实起到示范带头和牵头抓总的领导作用；区级机关单位主要领导，要统筹好本单位帮扶工作职责，各行业部门要按照既定时间节点完成行业攻坚任务。每月驻村工作不少于7天，遍访完挂包村组所有农户；乡镇党政主要领导要算清政治账、任务账、时间账，切实肩负起第一责任，每月必须住乡镇20天以上，做到"重要工作亲自部署、重大问题亲自解决、重点环节亲自协调、重要堡垒亲自攻坚"，坚决完成脱贫攻坚任务；驻村扶贫工作队要开展好驻村帮扶工作，每月驻村不少于20天，每季度完成1轮村民小组和贫困户走访，全年对所驻村所有农户至少完成1次走访，实现全覆盖；每月梳理存在困难和问题，形成问题清单，书面报派出单位和所在乡镇研究落实；结对帮扶干部要做好贫困户结对帮扶工作，帮助解决实际困难和问题，每2月走访结对帮扶户不低于1次、每月电话访谈不少于1次，做到"一口清"，及时向驻村扶贫工作队、村"两委"报告贫困户动态情况。村、组干部要增强主体责任意识，密切联系群众，积极宣传党的政策，及时反映村民意愿，发挥一线攻坚作用，团结带领广大贫困群众自力更生、勤劳致富。

各级各部门要对照"九查"（即附件2"昭阳区脱贫摘帽问题排查清单"）要求，逐一核实，逐一整改，确保村村、户户、人人、事事达标；确保信息准确，收入核实无误，政策落实到位；确保户主签字真实，扶贫手册、到户资料等台账规范；确保帮扶对象对政策标准了解，对帮扶成效满意，对脱贫退出认可。

（三）强化宣传引导。要利用电视、网站、微博、微信、短视频等平台资源，创新宣传报道形式，拓宽传播渠道，不断加大脱贫攻坚宣传报道力度，大力宣传各级党委（党工委）、政府（行政）脱贫攻坚决策部署、政策举措，加强对脱贫攻坚工作先进典型的报道，以正面典型凝聚打赢脱贫攻坚战的社会共识和正能量，激发全区上下积极主动参与脱贫攻坚的激情。各乡镇、街道、区直各部门要把脱贫摘帽宣传作为脱贫摘帽工作中的大事要事来抓紧抓实，把脱贫摘帽宣传与开展"不忘初心、牢记使命"主题教育、"感党恩、听党话、跟党走"主题教育和扶贫政策宣传教育紧密结合起来。积极开展"身边人讲身边事、身边人讲自己事、身边人教身边人"活动，依托"农家文化大院"、村民小组活动场所等平台，把发生在群众身边的脱贫攻坚事例编成相声、小品、说唱等文艺作品，让群众讲自己的故事，讲发生在身边的惠民故事，讲脱贫先进典型故事，打造百姓大舞台，用"草根化、接地气"的方法组织开展群众喜闻乐见、易于接受的宣传教育工作，用现代文化照亮思想、凝聚人心，为全区脱贫摘帽贡献有益经验，提供舆论和智力支持。

（四）严格督查问责。实行全过程、常态化、无禁区的督查问责机制，围绕脱贫攻坚决策部署，聚焦区、乡、村三级责任主体，强化对脱贫攻坚决策部署贯彻执行情况的监督检查，用铁的纪律确保脱贫攻坚目标任务的完成。对因工作不力的，从严执行金规铁律"十六条"，从快从重问责一批、处理一批、摘帽一批、"回炉"再造一批，直至开除公职；对蝇贪、村霸和敢于向扶贫资金伸黑手的，实施雷霆打击，决不手软，情节严重构成犯罪的，依法移交司法机关。督察队随时收集所属督战队的督查情况，每月形成督察报告报区脱贫攻坚指挥部办公室，指挥部办公室形成综合报告上报相关领导；督战队要严格对照"军令状"、2019年脱贫摘帽工作任务清单分解表和昭阳区脱贫摘帽问题排查清单以及各级督查、巡查、检查、考核发现和反馈的问题，对相关处级领导、行业部门战区指挥所、乡镇战区指挥所、帮扶部门等单位和个人的工作推进情况、人员到岗情况、纪律作风情况、问题整改进度等进行督战督查。靶心瞄准干部失职渎职，不作为、慢作为、乱作为问题及其他倾向性、苗头性问题。对发现的问题及时反馈，并形成问题清单，明确整改责任人，提出整改意见，派单限期整改，定期跟踪落实，督促整改，建立台账动态销号，确保整改落实到位。同时把问题清单及处理情况及成效等情况上报督察队；扶贫资金及资产收益监督检查中心要定期对全区财政专项扶贫资金、统筹整合涉农资金、东西部扶贫协作资金以及资产收益项目资金等开展监督检查工作，每月上报工作情况报告；扶贫资金绩效评价中心要加强对扶贫资金的审计和绩效评价，定期报送扶贫资金绩效评价报告；行业部门战区指挥所要加大行业扶贫项目管理，并对照昭阳区脱贫摘帽问题排查清单开展督查，并督促和指导项目乡镇、项目村加快项目建设进度，确保所有项目保质、保量、按时完成。

（五）规范材料报送。各行业部门战区指挥所（资产收益扶贫战区、残联扶贫战区、电力扶贫战区、光伏扶贫战区、东西部扶贫协作战区、网络宽带扶贫战区、广播电视通村扶贫战区、交通扶贫战区、金融扶贫战区、教育扶贫战区、生态扶贫战区、社会保障兜底扶贫战区、产业扶贫战区、就业扶贫战区、饮水安全扶贫战区、经济发展达标扶贫战区、健康扶贫战区、贫困群众扶志扶智战区、易地搬迁扶贫战区、农村危房改造扶贫战区、贫困村干净整洁扶贫战区、驻村工作队和村级集体经济扶贫战区、公共服务活动场所建设扶贫战区）、乡镇（街道）战区指挥所、两支督察队、扶贫资金及资产收益监督检查中心、扶贫资金绩效评价工作中心、劳动力培训转移就业中心须明确1名联络员专职负责材料报送工作。

1. 各战区指挥所、两支督察队、三个中心每月25日前向区脱贫攻坚指挥部书面报告以下材料：

（1）本月工作情况报告，具体要包含工作推进情况（附件1任务清单工作推进及完成情况）、项目进度、资金拨付及使用情况、存在问题及整改情况（含附件2脱贫摘帽问题排查清单所发现问题建立台账情况）。

（2）4月10日报送第1期台账和各乡镇（街道）、行业部门战区2019年脱贫摘帽工作方案，工作方案对照任务分解表，责任到人，明确工作措施，细化时间节点及完成时限。

（3）挖掘特色和亮点，上报不少于1篇有价值的工作信息。

2. 乡镇（街道）战区第一指挥长、行业部门战区指挥长，于每月5日前把月度工作报告书面报区委、区政府主要领导。

对未按时报送材料的战区指挥所和相关部门，将形成材料向区委、区政府主要领导汇报。

联系人及电话：蒋德儒，2126285；邮箱：zyqfpbdck@126.com。

昭阳区人民政府办公室关于印发
《昭阳区2019年粮食生产方案》的通知

各乡镇人民政府、街道办事处，区直各部门：

经区人民政府研究同意，现将《昭阳区2019年粮食生产方案》印发你们，请认真抓好落实。

昭阳区人民政府办公室

2019年4月12日

昭阳区2019年粮食生产方案

"农业是国民经济的基础，粮食是基础的基础"，按照《昭通市人民政府关于做好2019年粮食生产工作的意见》（昭政发〔2019〕6号）要求，为抓好我区2019年粮食生产工作，推进粮食生产稳定持续发展，确保粮食安全，制定此方案。

一、总体要求

以习近平新时代中国特色社会主义思想为指导，全面贯彻党的十九大精神，深入实施乡村振兴战略，以加快推进农业供给侧结构性改革为主线，以提高组织化程度为抓手，把绿色发展理念贯穿粮食生产全过程，学习借鉴云南烟草产业发展模式机制，用工业化理念推动高质量发展、推进传统产业优化升级，突出组织化、规模化、规范化、机械化、高质安全发展，坚定不移抓好粮食生产，为决战决胜脱贫攻坚、打造世界一流"绿色食品牌"提供坚实支撑。2019年全区粮食生产在稳定播种面积的基础上，实现总产量较上年增长1%，确保实现粮食生产稳中提质。

二、工作重点

（一）加快粮食功能区划定。切实加快粮食生产功能区划定工作，进一步落实工作经费、细化工作任务、规范工作流程、加快工作进度，确保在2019年6月底前完成40.5万亩（玉米32万亩、水稻8.5万亩）粮食生产功能区划定任务。统筹高标准农田建设规划与土地整治规划的衔接与协调，确保农业基础设施建设等项目向粮食生产功能区倾斜，大力发展节水灌溉，着力把粮食生产功能区建设成为高标准农田，推动粮食生产水平提档升级。落实和完善耕地占补平衡制度，全面推进建设占用耕地耕作层剥离再利用，实行建设用地总量和强度双控行动。完善耕地保护补偿机制，实施耕地质量保护与提升行动、健全耕地质量调查监测网络、开展耕地质量调查监测与评价。

（二）科学规划区域布局。按照新形势下国家粮食安全战略和保障重要农产品有效供给的要求，结合我区农业生产现状、水土资源条件和市场消费需求等因素，科学规划粮食区域布局。马铃薯重点抓好以靖安、北闸、苏甲、大山包、小龙洞5个乡镇为主的优质种薯生产基地建设，带动全区42.66万亩优质商品薯生产基地建设。玉米立足资源禀赋和粮经饲统筹、种养加融合，重点稳定优势产区种植面积，江边河谷区及矮二半山区加快发展优质鲜食和饲用玉米，平坝、一般山区到高二半山区以发展优质食用和加工型玉米为主。水稻重点发展粮用优质粳稻，充分挖掘水稻种植耕地资源，千方百计稳定水稻种植面积。统筹荞麦、蚕豆、红薯、大豆等杂粮豆生产区域布局，抓好基地建设，辐射带动特色杂粮豆规模化、标准化生产。

（三）调整优化产业结构。坚持"稳定谷物、确保口粮绝对安全"的方针，按照稳粮、优经、扩饲的要求，加快构建粮经饲协调发展的三元种植结构。粮食作物要稳定谷物，确保口粮安全，重点发展优质稻米，增加优质食用大豆、薯类、杂粮杂豆等特色粮食品种。粮食优势产区要把稳定粮食面积作为结构调整的基础，确保粮食面积不减少。注重单位面积粮田粮食生产效益和全年产出效益，加快构建粮经饲统筹、种养加一体、农牧渔结合的现代农业结构，进一步调优粮食生产结构。全区种植马铃薯 49.44 万亩、玉米 32 万亩、水稻 5.3 万亩、其他杂粮豆 11.26 万亩。马铃薯种植要调整种植时空分布，增加冬种和早春马铃薯种植面积。玉米要适度调减普通籽粒玉米种植，因地制宜发展青饲玉米、甜糯玉米等专用玉米，促进粮食作物、经济作物、饲草作物三元种植结构协调发展和种植效益提升。水稻种植要加大优质粳稻推广力度，推广以水田为载体的稻田养鱼（鸭、蟹）等新型种养模式 200 亩，以鱼（鸭）补粮，粮鱼（鸭）互促，增加收益稳定面积。加大传统优质大米品牌培育力度，建立具有地方特色的优质米深处基地。

（四）统筹推进"三个全覆盖"。充分借鉴云南烟草发展模式，坚持"老产业＋新理念、新机制、新技术＝新产业"理念，坚持用新理念新机制新技术引领新发展，统筹推进"三个全覆盖"，努力实现粮食产业产量与品质、规模与效益同步提升。一是大力提高良种覆盖率。建设马铃薯原种扩繁基地 0.1 万亩、一级种薯基地 1 万亩、二级种薯基地 5.68 万亩，二级以内脱毒良种推广 32.14 万亩。杂交玉米、优质水稻新品种更换 8 万亩。加大良种推广力度，确保实现玉米、水稻、马铃薯良种全覆盖，其中马铃薯二级以内脱毒良种覆盖率达 65% 以上。二是强化技术集成创新。以绿色高质高效创建为平台，集成推广规格化间套种、地膜覆盖为主的粮食科技。2019 年，推广间套种 71 万亩，水稻旱育稀植 4 万亩、规范化条栽 5 万亩、精量播种 2 万亩，玉米单株定向密植 30 万亩、地膜覆盖 30 万亩，马铃薯地膜覆盖 13 万亩、马铃薯晚疫病统防统治千亩示范样板 1 片。建设玉米千亩极量创新试验区 1 个，目标产量 900 千克/亩。建设马铃薯千亩极量创新试验区 1 个，目标产量 3500 千克/亩。主要科技措施综合覆盖率达 92% 以上。三是加快适度规模发展。培育种粮大户、家庭农场、农民专业合作社、农业产业化龙头企业等新型粮食生产经营主体，坚持"依法、自愿、有偿"原则，鼓励农民以转包、出租、互换、转让、股份合作等形式流转土地承包经营权，将承包土地经营权流转给新型粮食生产经营主体，发展多种形式的适度规模经营。要充分发挥村级党组织战斗堡垒作用，由村"两委"引领创办合作社，按照"村级党组织引领合作社走、合作社跟着产业走、农民跟着合作社走"的思路，采取"党支部＋合作社＋农户"的发展模式，强化粮食生产方面农民专业合作社培育，壮大村级集体经济，建立合作社与基层党组织利益的紧密联结。同时要建立合作社与农户利益分配机制，巩固利益联结，通过增加股金分红、经营性收入、劳务性收入等，保障入社群众的利益。

（五）深入推进绿色发展。结合资源禀赋，坚持保护环境优先，紧紧围绕"一控两减三基本"目标，全面打好农业面源污染防治攻坚战。一是大力推广水肥一体化、膜下滴灌、马铃薯平播后起垄等技术以及抗旱节水品种。二是深入推进测土配方施肥和农作物病虫害统防统治与绿色防控，集成推广化肥深施、种肥同播等绿色高效用肥技术和应用生态调控、生物防治、理化诱控等绿色防控技术。加快培育社会化服务组织，开展统防统治等服务，发挥种植大户、家庭农场、专业合作社等新型农业经营主体的示范作用，带动绿色高效技术更大范围应用。实施测土配方施肥 75 万亩、绿色防控 25 万亩、统防统治 35 万亩。三是严格控制高毒高风险农药使用，大力推广高效缓控释肥料、高效低毒低残留农药、生物肥料、生物农药等新型产品和先进施肥施药机械。提高农民科学施肥用药意识和技能，持续推进化肥、农药减量增效，全区农药使用量降低 0.5%。四是推进土壤污染治理与修复，强化源头治理，做好耕地污染和农产品协同监测与评价。开展以水田为载体的稻田养鱼（鸭、蟹）等新型种养模式示范 200 亩，减少化肥、农药使用量。五是继续在大山包镇开展耕地休耕制度试点，积极探索推广用地与养地相结合、绿色高效的生产技术模式，降低耕地利用强度。在马铃薯主产区加大高产优质荞麦及其他高效作物推广，推进马铃薯轮作换茬工作，减轻马铃薯病害发生程度。六是鼓励农民使用厚度 0.01mm 以上的农用地膜，加大降解地膜试验示范工作。

（六）加快粮食耕作制度改革。示范推广"早春马铃薯＋夏播玉米或特色经作"种植模式，提高单位面积土地产出效益，逐步在适宜区域推广粮食生产全程机械化，减轻劳动强度，解决因劳动力转移导致的无人种粮问题。举办"早春马铃薯＋夏播玉米或特色经作"两季净种模式千亩示范样板 4 片，其中：市级举办 1 片，区级举办 3 片。

（七）抓好粮食绿色高质高效示范建设。积极落实部、省两级农业生产发展专项资金粮食生产项目，全面完成粮食绿色高质高效示范建设。以种植大户、合作社、家庭农场为重点，以水稻、玉米、马铃薯三大主要粮食作物为主，突出良种良法配套优先、农机农艺融合优先、安全投入品优先、物理技术优先和信息技术优先"五个优先"，集成整地、播种、收获等"全环节"绿色节本高效技术，采取"最适"种植规模、"最少"药肥用量、"最省"人工投入、"最大"综合效益、"最优"绿色生产技术模式，努力推进规模化、机械化、标准化、信息化生产。确保绿色高质高效示范区与非示范区比，作物平均单产提高 2% 以上、化肥和化学农药使用量减少 2% 以上、节本增效 5% 以上、种植业科技推广培训满意度70% 以上。

（八）大力提升机械化作业水平。认真贯彻落实国务院关于粮食生产首长负责制的相关工作要求，积极推进玉米、马铃薯、水稻等主要粮食作物机械化生产，着重从品种选育、栽培制度、种养方式、产后加工等方面切实做到农机与农艺融合，以标准化精细栽培技术为重点，树立发展农业机械化的理念，进一步加大粮食作物机械化耕作、播种、收获等农机化技术示范推广和应用力度，并逐步在适宜区域推广粮食生产全程机械化。2019 年，计划完成主要农机作业面积 160 万亩以上，主要农作物耕、种、收综合机械化率达 52.5%。

（九）积极开展关键技术试验示范。围绕粮食生产效益提升，重大制约因素的破解，重点抓好以下技术的试验示范。一是破解制约规模化经营的问题，着力开展适合山地耕作的农业小型机械的引进试验示范，与耕作机械相适应的品种引进试验示范。二是破解产业链延伸的问题，扶持和引进企业开展荞麦、马铃薯的深加工研究。积极推进马铃薯、荞麦基地绿色、有机产品的认证工作，以认证推进商品品牌和区域公共品牌做大做强。三是破解绿色发展的问题，开展肥料减量增效、绿色防控和科学施药、秸秆高效利用、农膜回收利用等试验示范。

（十）强化防灾减灾。针对灾害可能带来的影响，及早制定应对预案，提前做好防范准备。加强灾情监测预警，加强与气象部门沟通会商，及时发布预警信息，适时启动应急响应。推进科学防灾减灾，因地制宜制定应对方案，及时组织专家和技术人员深入灾区，指导农民落实抗灾措施，做好生产恢复工作。加强农田水利基础设施建设，提高抵御自然灾害的能力。加快病虫害监测网络建设，稳定现有监测点和测报人员，提高监测预警能力，切实做好重大病虫害监测预警，及时上报病虫害信息、及时发布病虫害预报，加强重大病虫防控指导，提升防控水平。加强农情调度，及时上报灾情，落实救灾资金，全力保障粮食生产稳定。

（十一）全力保障农资供应。按照数量充足、价格实惠、质量优良的要求，做好种子、化肥、农药、农膜等生产资料的供应保障工作。农业农村、供销、交通、市场监管等职能部门要密切配合，解决好农资货源偏紧、运输困难、市场供应等问题，加强市场价格监控，坚决打击哄抬价格的违法行为，抑制农资跟风涨价苗头，确保农资价格平稳运行。加强执法队伍建设，加大农资市场整顿执法力度，加快农药经营许可证办理，进一步规范农资经营行为，严厉打击坑农、害农、毁农行为，确保农民用上放心农资。

三、保障措施

（一）加强组织领导。坚持以政府为主导，强化粮食生产行政首长负责制，成立以区政府分管领导任组长，区农业农村局、财政局、扶贫办等部门为成员的区粮食生产领导组，领导组下设办公室在区农业农村局，负责全区粮食生产相关工作。加强调查研究，结合实际问题，不断推进粮食生产工作政策与方法创新。加强督促检查，突出抓好重点工作、重大项目、关键措施的落实进度，确保完成全年粮食生产目标任务。

（二）强化政策落实。进一步加大粮食补贴、农机具购置补贴、国家粮食最低收购价、政策性保险等政策的宣传、落实力度，激发农民务农种粮和企业开展品牌建设的积极性。健全适合农业农村特点的农村金融体系，强化金融服务方式创新，提升金融服务粮食产业发展的能力和水平。强化政策扶持，积极融合资金支持马铃薯良种良法全覆盖和组织化、"党支部＋合作社"全覆盖、农作物极量创新试验区建设、"早春马铃薯＋青贮饲料玉米"两季净作模式改革试点、粮食绿色高产高效创建、粮食生产结构调整等重点领域。加强各项惠农政策落实的监督管理，坚决杜绝违反国家政策、侵害农民权益的行为。

（三）强化技术指导。区乡农业部门要积极组织专家和农技人员，在关键农时季节，开展技术培训、巡回指导等服务活动，及时解决粮食生产过程中的新情况和新问题。坚持把实际效果放在第一位，加强分类指导，不断增强科技服务的针对性，全面提高技术的到户率和到田率。在良种选择、集中育秧、配方施肥、病虫预防等生产关键环节上为农民提供技术指导，争取全年生产主动。

（四）强化监督考核。建立粮食生产专项督查制度，加强督促检查与考核，对抓粮食生产工作不力的予以通报批评。

中共昭阳区委办公室　昭阳区人民政府办公室
关于昭阳区涉改部门所属事业单位调整事项的通知

区直各有关部门和直属、所属事业单位：

为进一步做好机构改革中涉改部门所属事业单位更名、划转等调整工作，按照《中共昭通市委办公室、昭通市人民政府办公室关于印发〈昭通市昭阳区机构改革方案〉的通知》（昭办通〔2019〕10号）和《中共昭阳区委办公室、昭阳区人民政府办公室关于印发昭阳区机构改革实施方案的通知》（昭区办通〔2019〕16号）精神，现就涉改部门所属事业单位调整事项通知如下：

一、更名的事项

1. 昭通市昭阳区卫生健康局所属的昭阳区防治艾滋病局更名为昭通市昭阳区防治艾滋病服务中心。

2. 昭通市昭阳区医疗保障局所属的昭通市昭阳区医疗保险管理局更名为昭通市昭阳区医疗保险服务中心。

3. 昭通市昭阳区应急管理局所属的昭阳区安全科学技术中心更名为昭通市昭阳区应急管理信息技术中心。

4. 昭通市昭阳区林业和草原局所属的昭阳区森林病虫防治检疫站更名为昭通市昭阳区森林和草原病虫防治检疫站，昭阳区林业技术推广站更名为昭通市昭阳区林业和草原技术推广站。

5. 昭通市昭阳区水务局所属的昭阳区机电排灌站更名为昭通市昭阳区水旱灾害防御中心。

6. 昭通市昭阳区工业信息商务科技局所属的昭阳区煤矿安全技术培训中心更名为昭通市昭阳区无线电监测中心，并加挂昭通市昭阳区科技成果转化中心牌子。

7. 昭通市昭阳区自然资源局所属的昭阳区土地储备交易中心更名为昭通市昭阳区自然资源储备中心，昭通市国土资源局昭阳分局不动产登记中心更名为昭通市昭阳区自然资源局不动产登记中心，昭通市国土资源局昭阳分局执法监察大队更名为昭通市昭阳区自然资源局执法监察大队，昭通市国土资源局昭阳分局凤凰办事处、龙泉办事处、太平办事处、旧圃镇、洒渔镇、乐居镇、布嘎乡、炎山镇、大寨子乡、永丰镇、小龙洞乡、青岗岭乡、田坝乡、苏家院镇、苏甲乡、守望乡、大山包镇、盘河镇、靖安镇、北闸镇国土资源管理所更名为昭通市昭阳区自然资源局凤凰办事处、龙泉办事处、太平办事处、旧圃镇、洒渔镇、乐居镇、布嘎乡、炎山镇、大寨子乡、永丰镇、小龙洞乡、青岗岭乡、田坝乡、苏家院镇、苏甲乡、守望乡、大山包镇、盘河镇、靖安镇、北闸镇自然资源所。

8. 昭通市昭阳区退役军人事务局所属的昭阳区烈士陵园更名为昭通市昭阳区烈士陵园管理中心。

9. 昭通市昭阳区市场监督管理局所属的昭阳区消费者协会更名为昭通市昭阳区消费者协会办公室，昭阳区个体私营经济协会更名为昭通市昭阳区小微企业个体工商户专业市场工作办公室。

10. 昭通市昭阳区人民政府扶贫开发办公室所属的昭阳区外资扶贫项目管理中心更名为昭通市昭阳区人民政府扶贫开发办公室信息网络宣传中心。

11. 昭通市昭阳区农业农村局所属的昭通市昭阳区农村经济经营管理站更名为昭通市昭阳区农村合作经济经营管理站。

二、撤销的事项

1. 撤销昭通市昭阳区民政局所属的昭通市昭阳区婚姻登记处，职责划归昭通市昭阳区民政局，将10名事业编制及7名工作人员并入昭阳区民政社会事务中心。

2. 撤销昭通市昭阳区民政局所属的昭阳区中心敬老院，将职责、9 名事业编制及 9 名工作人员并入昭通市昭阳区社会福利院。昭通市昭阳区社会福利院加挂昭阳区中心敬老院牌子。

3. 撤销昭通市昭阳区水务局所属的昭阳区水利勘测设计队，将职责、36 名事业编制和 28 名工作人员并入昭阳区水利工程管理站。

4. 撤销昭通市昭阳区水务局所属的昭阳区景风水库管理所，将职责、5 名事业编制和 5 名工作人员并入昭阳区水利工程管理站。

5. 撤销昭通市昭阳区水务局所属的昭阳区昭鲁水系河道管理所，将职责、22 名事业编制和 22 名工作人员并入昭阳区水政监察大队。

6. 撤销昭通市昭阳区水务局所属的昭阳区水利工程质量监督站，将职责、3 名事业编制和 1 名工作人员并入昭通市昭阳区水旱灾害防御中心。

7. 撤销昭通市昭阳区文化和旅游局所属的昭阳区旅游培训中心，将 4 名事业编制和 1 名工作人员并入昭阳区图书馆。

8. 撤销昭通市昭阳区住房和城乡建设局所属的昭阳区房屋产权监理所。

9. 撤销加挂昭阳区电子政务中心的区无线电监测中心牌子。

10. 撤销昭通市昭阳区农业农村局所属的昭通市昭阳区渔业站，将职责、9 名事业编制和 8 名工作人员并入昭阳区畜牧兽医技术推广中心。昭阳区畜牧兽医技术推广中心加挂昭通市昭阳区渔业站牌子。

三、调整后昭阳区事业单位的设置情况

按照机构改革的要求，改革后，我区事业单位的分类情况为：未纳入改革的 5 家，分别是昭阳区供销合作社联合社、昭通市昭阳区城市公共客运管理所、昭通市昭阳区乌蒙山编辑部、昭通市昭阳区劳动力市场、昭通市昭阳区人才市场；生产经营类事业单位 1 家，即云南堃茂律师事务所；公益二类事业单位 19 家，分别是昭通市昭阳区殡仪馆、昭通军粮供应站、昭通市昭阳区公证处、昭通市第二人民医院、昭通市昭阳区中医院、昭通市昭阳区高级职业中学、昭通市昭阳区教师进修学校、昭通市昭阳区幼儿园、昭阳区苏家院镇中心幼儿园、昭阳区苏家院镇大寨幼儿园、昭阳区小龙洞乡中心幼儿园、昭阳区永丰镇中心幼儿园、昭阳区守望乡中心幼儿园、昭阳区布嘎乡中心幼儿园、昭阳区乐居镇中心幼儿园、昭阳区旧圃镇中心幼儿园、昭阳区洒渔镇中心幼儿园、昭阳区大山包镇中心幼儿园、昭阳区凤凰街道办事处中心幼儿园；其余事业单位均为公益一类事业单位。

中共昭阳区委办公室
昭阳区人民政府办公室
2019 年 5 月 30 日

中共昭阳区委办公室　昭阳区人民政府办公室

关于印发《昭阳区关于贯彻落实深圳·昭通

帮扶协作工作方案》的通知

各乡镇、街道党（工）委、政府（行政），区委各部委办局室，区级国家机关各委办局，区直各人民团体和企事业单位，中央、省、市驻昭阳区单位：

经区委、政府研究同意，现将《昭阳区关于贯彻落实深圳·昭通帮扶协作工作方案》印发你们，请认真抓好贯彻落实。

一、请涉及单位务必高度重视，认真对照《昭阳区贯彻落实深圳·昭通帮扶协作责任分工表》，立足部门职能职责，细化工作措施，明确专人负责，制定详细方案，并将任务落实方案经领导审核签字后，于 2019 年 6 月 10 日前报区扶贫办。

二、严格落实《关于定期报送深圳·昭通帮扶协作座谈会议精神任务分解工作落实情况的通知》文件要求，执行 10 天一报送制度，于每月 7 号、17 号、27 号下午 17：00 前，由责任人签字报送本单位工作落实情况到区扶贫办。

联系人及电话：解道佑，电话：0870 - 2155506。

邮箱：dxbxzb@126.com。

中共昭阳区委办公室

昭阳区人民政府办公室

2019 年 6 月 3 日

昭阳区关于贯彻落实深圳·昭通帮扶协作工作方案

为全面贯彻落实省委、省政府关于《中共深圳市委关于深圳市考察团在云南昭通学习考察情况的报告》的批示意见和市委、市政府领导相关批示要求以及深圳·昭通帮扶协作座谈会议精神，根据市政府2019 年第 30 次常务会议、区政府 4 月 28 日专题会议要求，结合昭阳区实际，制定本方案。

一、指导思想

全面贯彻落实党的十九大和十九届二中、三中全会精神，以习近平总书记扶贫开发重要战略思想为指导，坚持精准扶贫、精准脱贫基本方略，坚持"优势互补、互惠互利、长期合作、共同发展"的原则，进一步强化责任落实、深化粤滇扶贫协作、聚焦脱贫攻坚，以发展经济为主导，以帮扶发展为核心，助推昭阳区脱贫摘帽和全面建成小康社会。

二、目标任务

坚持"昭阳所需、深圳所能"的原则，通过昭阳区自身努力及深圳帮扶，在普遍实现昭阳"两不愁"的基础上，重点攻克"三保障"面临的最后堡垒，聚焦"产业扶贫、劳务输出、教育医疗"，助力2019 年昭阳区脱贫攻坚任务全面完成，实现脱贫摘帽目标，到 2020 年稳步与全国同步建成全面小康社会。具体目标为：

（一）工业园区产业体系更加健全，就业容纳能力逐步提高，完成援建扶贫车间，实现昭阳区易地扶贫搬迁劳动力就近就地就业 2 万人以上。

（二）脱贫产业支撑能力更加有力，产销游购体系逐步畅通，在安置区周边援建完成农业大棚 5 000 个。

（三）发展高原特色产业，实现产供销一体化，完成援建大型物流园 1 个。

（四）干部人才培养制度更加健全，事业发展支撑逐步完善。

（五）惠民设施建设覆盖更加全面，民生事业建设逐步健全，完成援建靖安集中安置区中学 1 所、幼儿园 1 所。

（六）探索创新职业教育互派挂职、教师互访、托管办学等机制，实现职业教育办学水平逐步提高，尽最大可能让昭阳区就读职中学生到深圳实训实习和稳定就业。

三、基本原则

（一）坚持党的领导。加强对粤滇扶贫协作工作的组织领导，将工作纳入重要议事日程，建立完善工作机制，科学编制帮扶规划并认真部署实施。

（二）坚持精准聚焦。聚焦脱贫攻坚，按照精准扶贫、精准脱贫要求，帮扶资金和项目瞄准贫困村、贫困户，真正帮到点上、扶到根上。

（三）坚持优势互补。立足实际，因地制宜，按照"政府引导、市场运作、企业主体、合作共赢"的原则，开展扶贫协作，实现帮扶双方优势互补、合作共赢。

（四）坚持群众主体。充分调动贫困地区干部群众积极性创造性，不断激发脱贫致富的内生动力，帮助和带动贫困人口苦干实干，实现光荣脱贫、勤劳致富。

四、工作任务

（一）强化产业支撑，联合建设滇粤产业园。按照"政府引导、市场运作、企业主体、合作共赢"的原则，研究在滇粤产业园的框架下规划深圳昭阳产业园，建设标准化厂房。开展营商环境建设，在充分借鉴先进地区招商引资成功经验的基础上，结合昭阳实际在 1 个月之内制定出台具有较强针对性和吸引力的招商引资优惠政策，特别是在土地供给、电价优惠、设施配套、税费减免、政务服务等方面拿出过硬措施。主动加强与深圳市的对接合作，积极引导和定向转移一批劳动密集型企业入驻滇粤产业园。争取龙源鞋业、水电铝等合作项目落地。（责任单位：昭阳工业园区、区招商局、区政务服务管理局；牵头领导：叶建平、刘凤慧；责任人：吕维坤、武德群、庹必恒）

（二）聚焦易地搬迁劳动力就地就近就业，帮扶建设扶贫车间。积极对接深圳市协调恒大集团在安置区周边援建 5 000 个农业大棚，形成"家门口的菜园子"。积极对接深圳企业，坚持以商招商，以商带商，推动一批鞋类、眼镜、服装、箱包、玩具等劳动密集型企业入驻扶贫车间，保障 5 万名左右未落实就业的易迁劳动力——对应就业。（责任单位：昭阳工业园区、区劳动力培训转移就业中心、区农业农村局、区招商局；牵头领导：张兴、叶建平；责任人：吕维坤、李剑波、马玉平、武德群）

（三）深度对接合作，协同发展高原特色产业。立足昭阳区高原特色产业发展需求，对接深圳市协调引导涉农龙头企业、大型物流企业、科研机构与昭阳区开展定向合作，强化科技支撑，打造高端品牌，拓展营销网络，实现产供销一体化推进，支持昭阳区做大做强高原特色产业。（责任单位：区农业农村局、区林业和草原局、区工科局；牵头领导：张兴、叶建平；责任人：马玉平、吕大勇、霍闻）

（四）强化劳务协作，精细化做好劳动力转移就业。充分发挥深圳市就业容量大、用工需求多样化以及昭阳区劳动力资源丰富的互补优势，建立劳务协作精准对接和协调联系机制，按照"有多少培训多少、培训多少就接纳转移多少"的原则，对接深圳市相关人才集团、劳动服务公司以及国有企业、民营企业，提供就业岗位，加大劳务输出力度，努力让更多的昭阳籍农村劳动力有序转移到深圳市稳定就

业。(责任单位：区劳动力培训转移就业中心、区人社局；牵头领导：刘凤慧、邓发奎；责任人：李剑波、钟顺敏)

(五)加强职教协作，提高昭阳职业教育办学水平。探索创新职业教育互派挂职、教师互访、托管办学等机制，对接深圳市加强对昭阳区职中校长和骨干教师培养，共享优质教学资源，帮助昭阳区提高职业教育水平；采取校校合作、校企合作、订单培养、顶岗实习等方式，探索在昭阳学习2年、在深圳实习1年"2+1"等办学模式，尽最大可能让昭阳职中学生到深圳实习实训和稳定就业；加大对昭阳籍学生的招录和就学补贴力度，协调对接深圳市安排资金，在昭阳招收"两后生"到深圳市职业技术院校就读并实现稳定就业。(责任单位：区教育体育局；牵头领导：柯大林；责任人：曹玉树)

(六)积极引导社会力量，协调动员更多企业帮扶昭阳。充分发挥深圳市企业聚集优势，积极对接恒大、腾讯、修正等情系民生、实力雄厚的大型企业定点帮扶昭阳。协调万科集团在昭阳设立专项基金支持教育事业发展，在靖安集中安置区中学1所、幼儿园1所。(责任单位：区教育体育局、区工商联；牵头领导：苏贤瑜、柯大林；责任人：曹玉树、张琪华)

(七)加强干部交流学习，强化人才培养支持。加强常态化互学互鉴，由昭阳区选派党政干部到深圳市相关部门挂职锻炼，选派一批骨干校长(园长)、教育学科带头人和骨干医生、科室带头人、行政管理人员到深圳市相关学校和医院挂职研修或跟班学习，开拓视野、提升本领，为决战脱贫攻坚、决胜全面小康、实现高质量跨越发展提供人才支撑。(责任单位：区委组织部、区卫生健康局、区教育体育局；牵头领导：耿礼俊；责任人：阳应伟、周清煊、曹玉树)

(八)宣传昭阳特色。对接深圳市广播电视和媒体平台免费为昭阳宣传人文历史、自然风光、文化旅游、农特产品等特色资源，让社会各界更加关注昭阳、了解昭阳，助力昭阳脱贫攻坚、加快发展。(责任单位：区委宣传部、区文旅局；牵头领导：沈洋；责任人：蒋仕平、李战)

五、保障措施

(一)建立工作领导机制。为贯彻落实深圳·昭通帮扶协作座谈会议达成的帮扶共识，经区委区政府研究，决定成立昭阳区深圳帮扶工作领导小组。组长由区委副书记周祥同志担任，副组长由区委常委、区政府常务副区长费忠平同志担任，相关部门主要领导为成员。领导小组下设办公室在区扶贫办，由区扶贫办主任范雪同志担任办公室主任，区扶贫办副主任王富奎同志担任副主任，负责处理日常事务，完成领导小组交办的工作。

以上人员若有变动，由相应职位人员自行递补，并报昭阳区深圳帮扶工作领导小组备案，不再另行发文。

(二)建立联席会议定期研究推进制度。相关责任部门要及时组建工作专班，明确牵头领导、目标任务和时间节点，按照工作任务分解，全面梳理和细化帮扶合作事项各块任务的具体落实方案，经牵头领导审核后于6月10日前报领导组办公室，精准把控推进落实中的每一个环节，点对点抓好对接落实，定期向区委、区政府报告进展情况。每月由昭阳区深圳帮扶工作领导小组组长召集责任单位召开联席会议，专题研究部署工作落实。

(三)构建互访互动、定期会商工作机制。成立以区委、区政府主要领导为组长的对接会商领导机构，同深圳市建立定期互访和对接会商工作机制，加强党政企沟通交流，积极拓展合作空间，高位推动合作事项落地见效，努力实现"昭阳所需、深圳所能、优势互补、合作共赢"的目标。

(四)强化监督检查和跟踪问效。由领导组牵头，研究制定监督检查和考核办法，跟踪抓好帮扶事项的督促问效，对任务推进不力、落实不到位的责任单位、责任人坚决追责，坚决确保各类帮扶协作事项不折不扣地落到实处、收到实效。

昭阳区人民政府关于保持经济平稳健康发展的实施意见

各乡、镇人民政府，街道办事处，区直各有关单位：

2019 年是新中国成立 70 周年，更是昭阳决战脱贫摘帽、决胜全面小康、实现"十三五"规划目标的关键之年，保持经济平稳健康发展关系重大。全区上下要以习近平新时代中国特色社会主义思想为指导，全面贯彻党的十九大和十九届二中、三中全会精神，认真落实中央经济工作会议、省委十届六次全会、市委四届四次全会、区委五届四次全会、区五届人大三次会议的决策部署，坚持稳中求进总基调，坚持新发展理念，坚持推动高质量发展，坚持以供给侧结构性改革为主线，统筹推进稳增长、促改革、调结构、惠民生、防风险各项工作，以脱贫攻坚引领高质量发展，以城市建设支撑跨越式发展，继续保持昭阳经济社会稳中提质、稳中向好、稳中有为的发展态势。根据《云南省人民政府关于保持经济平稳健康发展 22 条措施的意见》（云政发〔2019〕1 号）、《昭通市人民政府关于保持经济平稳健康发展的实施意见》（昭政发〔2019〕5 号）》等有关文件精神，提出以下意见：

一、扎实推进精准脱贫攻坚，决胜脱贫摘帽

（一）围绕全区。2019 年脱贫出列 70 个村 42 211 人任务和巩固提升已出列村、已脱贫退出户工作，全面落实现有脱贫攻坚政策措施，紧扣"两不愁、三保障"目标，对标脱贫、出列、摘帽标准，深入推进"十大攻坚战"。扎实推进易地扶贫搬迁，全力推进靖安安置区和红路、永丰、洒渔 3 个安置点建设，完善就医、就学、一水两污、社区服务等公共配套设施，做深做细做实群众工作，稳定群众搬迁意愿，确保 7 534 户 31 686 人全部搬迁入住新房；认真落实后续配套产业发展和转移就业措施，重点实施苹果、马铃薯、蔬菜、生态养殖等高原特色产业，加快推进扶贫车间、商业综合体、产业基地建设，确保搬迁群众中有劳动能力的家庭至少 1 人实现稳定就业；全力推进农村危房改造，全面实现建档立卡贫困户等四类重点对象及影响脱贫出列摘帽非四类重点对象危房全面清零；统筹推进资产收益扶贫、生态扶贫、社会保障兜底扶贫、健康扶贫、教育扶贫及基础设施等其他扶贫行动。借助定点扶贫、东西部扶贫协作、"万企帮万村"、社会扶贫等机制，推动特色农产品走出去，加快拓宽市场渠道。（区扶贫办、区搬迁安置局、区发改局、区住建局、区农业农村局、区人社局、区劳动力培训转移就业中心、区教育体育局、区卫生健康局、区民政局、区交通运输局、区财政局、区生态环境分局按照职责分工分别牵头负责；各乡镇、办事处配合）

二、扎实推进重大项目建设，稳住有效投资

（二）加大项目储备力度。将项目建设作为决胜脱贫攻坚、决战全面小康的"支撑性"工程来抓，抢抓国家继续深化三大攻坚战、基础设施领域补短板、深度贫困地区政策倾斜、全省打造产业"三张牌"等重大机遇，紧扣脱贫攻坚、城市建设、生态环保、综合交通、社会事业、公共服务等重点领域，精准对接政策支持方向，立足区位优势、资源禀赋优势、现有工作基础，突出前瞻性、系统性、创新性和全局性，高质量谋划储备一批重大项目。建立完善项目储备库动态管理机制，编制投资指南，梯次推进各类项目前期工作，加大资金争取、项目推介、招商引资、要素保障等力度，促进项目储备成果转换，持续扩大民间投资、产业投资比重，不断提高项目储备总量和质量。（区发改局牵头负责；区直有关部门配合）

（三）扎实推进重点项目建设。紧紧围绕全省"四个一百"、全市"五个一批"及区委、区政府确定的重大项目，滚动管理年度投资支撑项目，分解落实全区投资项目及投资任务，加大挂钩包保帮扶力度。建立健全问题清单、研判决策、目标管理、交办落实、考核激励等制度，强化投资目标预期管理，

优化审批程序，做好土地、环评、供水、供电、资金等要素保障，联动推进重大项目建设，确保水电铝一期、易地扶贫搬迁3个安置点及靖安安置区、G356新街至通阳大桥、敦煌路、碧桂园等项目竣工投用；全力推进红星美凯龙昭通项目、昭通吾悦广场、中梁壹号院、中心城市温泉旅游开发、湖畔小区等项目建设；全面启动融创中国昭通项目、苹果田园特色小镇、母鹿荷花棚户区改造安置点、城投荷苑、昭通市生活垃圾焚烧发电及第二生活垃圾填埋场、区一中分校区等项目。同时，全力配合推进宜昭高速、都香高速、西绕城高速、渝昆高铁、新机场迁建等重大项目。（区发改局牵头负责；工业园区管委会、区城管委、区工科局、区财政局、区自然资源局、区生态环境分局、区住建局、区交通运输局、区农业农村局、区林业和草原局、区水务局、区教育体育局、区卫生健康局、区搬迁安置局、市城投公司等有关部门配合）

（四）着力优化投资结构。突出抓好工业投资、民间投资，力争大幅提高投资占比，推进产业结构优化升级。制定实施市场准入、项目用地、减费降税、服务保障等招商引资优惠办法，重点围绕水电铝下游产业、电子信息产业、农特产品加工等，加大项目宣传推介，鼓励和吸引各类经济实体到昭阳区投资兴业。认真落实国家放开民间投资领域、促进民间投资健康发展系列政策措施，全面实施市场准入负面清单制度，破除各类隐形障碍，引导社会投资进入交通、能源、电信、生态环保、社会事业等基础设施补短板领域。切实加大城镇建设、产业建设、基础设施建设、公共服务设施建设力度，扎实推进脱贫攻坚，加大环境保护和整治，力争全年完成投资241.5亿元，增长18%。（工业园区管委会、区城管委、区招商局、区发改局、区财政局、区工科局、区住建局、区自然资源局、区交通运输局、区教育体育局、区农业农村局、区卫生健康局、区扶贫办、区搬迁安置局、市城投公司等区直有关部门按照职责分工分别负责；各乡镇、办事处配合）

（五）多措并举筹集项目建设资金。加强与国家和省、市对口部门的汇报衔接，加大中央、省预算内投资及各类专项资金争取力度。积极争取发行10亿元土地储备专项债券，管好用好债券资金。强化与驻昭金融机构对接洽谈，做好政银企沟通协调服务合作，做好项目宣传推介，帮助企业解决项目融资难题。通过招商引资、企业发债和运作PPP项目等多渠道融资，重点吸引社会资本参与产业、扶贫、民生事业等项目的投资运营管理。千方百计加大扶贫投入，加大金融扶贫和社会扶贫力度，强化资金统筹整合，重点解决房屋建设、基础设施、产业发展、就学就医等问题，确保如期脱贫出列摘帽。（区发改局、区财政局、区金融办、区扶贫办、区自然资源局按照职责分工分别牵头负责；区政务服务管理局、区工科局、区生态环境分局、区住建局、区交通运输局、区水务局、区农业农村局、区林业和草原局等区直有关部门，各乡镇、办事处配合）

（六）强化土地等要素保障。落实经费滚动回收使用机制，对2018年以前区级财政安排的前期工作经费进行清理、归集，积极争取省、市前期工作经费支持，充实前期费资金池，重点支持纳入相关重点规划或年内拟开工重大项目。加强项目用地、市政配套、环评审批、资金落实、施工环境等保障，确保重大项目顺利落地。扎实推进土地例行督察问题整改销号，用好用活城乡土地"增减挂钩"政策，进一步加大建新拆旧、土地整理等工作力度，规范加强农村集体建设用地管理，全力挖潜建设用地空间指标。新增建设用地计划和城乡建设用地增减挂钩指标优先用于支持省、市、区重点项目，优化建设用地审批流程，加快用地预审、征转报批工作。涉及占用基本农田和林地的项目，按照国家相关政策规定，积极争取上级支持。落实土地利用计划"增存挂钩"机制，做好批而未供和闲置土地调查确认，规范处置批而未供和闲置土地。（区发改局、区财政局、区自然资源局、区林业和草原局按照职责分工分别牵头负责；区住建局、区生态环境分局、区水务局、区城管综合执法局等区直有关部门，各乡镇、办事处配合配合）

（七）继续完善投资管理政策。严格执行并联审批制度、规范投资审批行为，提高投资审批"一网通办"水平，按照全国投资项目在线审批监管平台（以下简称在线平台）投资审批管理事项统一名称和申请材料清开展审批事项办理和信息归集共享工作。实行全国统一的市场准入负面清单制度，深化"放管服"改革，实施"项目审批时间再砍一半"行动，落实昭通市优化投资项目审批流程实施方案，进一步整合社会投资一般性建设项目审批服务流程，提高审批效率。建立项目协调机制，继续实行区级领导挂钩包保重点项目制度及行业部门、业主单位协同推进重大项目制度，妥善处理好拆迁安置，及时协调解决项目推进中土地、林地、环保、规划、选址等困难和问题。强化项目和投资任务落实情况督促检查，定期通报，严格考核。（区发改局、区政务服务管理局、区政府督查室按照职责分工分别牵头负责；区住建局、区自然资源局、区工科局、区生态环境分局、区林业和草原局、区水务局、区应急管理局等区直有关部门，各乡镇、办事处配合）

三、培育发展新动能，调整优化产业结构

（八）推动工业集聚发展。推进市级绿色能源产业招商引资政策落地，加快水电铝二期项目建设，进一步推进水电铝和配套产业一体化发展。坚持以水电铝旗舰项目为龙头，抓紧布局落地一批铝产业链上下游项目，加大对铝为主的矿冶精深加工及下游功能材料的研发与制造。深入实施园区经济发展攻坚工程，开展工业园区总体规划修编，优化园区空间布局，进一步配套完善工业园区基础设施，以工业园区和扶贫车间建设为平台，扎实推进滇粤产业园、扶贫产业园、铝产业园、物流产业园等工业基地，大力引进外来企业。积极争取优质工业项目纳入省"3个100"工业转型升级重点项目计划，推进开展企业技术改造促进工业转型升级，对有市场、提高供给质量、促进传统优势产业的产品升级、工艺装备提升、节能环保、安全生产等技术改造项目，以及促进生物产业、新材料、先进装备制造、电子信息、节能环保等新兴产业发展壮大的项目，加大政策扶持、融资倾斜力度。加快发展优势产业，力促矿冶、建材等产业提质增效，推进煤炭企业兼并重组、转型升级。培育发展数字经济等战略性新兴产业，企业建立省级以上制造业中心等，在获得国家、省、市奖励的基础上，区政府一次性分别给予30万元、10万元奖励。（工业园区管委会、区工科局按照职责分工分别牵头负责；区发改局、区财政局、区招商局、区自然资源局、区生态环境分局、区住建局等区直有关部门配合）

（九）推动农业规模发展。围绕苹果、马铃薯两大产业，高标准推进永丰苹果、苏家院循环种养、守望苹果、靖安蔬菜、胡萝卜、太平黄竹林蔬菜、草莓等农业基地建设。健全农产品质量安全体系，推动"三品一标"认证，对企业获得绿色食品认证的产品，在有效期内，区政府一次性给予奖励5万元；对获得有机食品认证的产品，在有效期内，区政府一次性给予奖励10万元；对获得农产品原产地、地理标志注册的，区政府一次性奖励10万元。积极引进落地农产品加工项目，着力提升农产品加工产值与农业总产值之比。坚持和完善农村土地"三权"分置，深化农村产权制度改革，全面完成土地确权登记和农村集体产权制度改革试点工作，稳慎推进农村宅基地改革。（区农业农村局牵头负责；区发改局、区财政局、区林业和草原局、区市场监管局、区工科局等区直有关单位，各乡镇、办事处配合配合）

（十）推动现代服务业快速发展。贯彻落实《服务经济倍增计划（2017—2021）》，加快重点行业发展，支持鼓励企业升规达限，推动零散、小规模服务业企业提档升级，对符合条件的14类规模以上服务业企业给予奖励。加大物流体系建设和物流产业发展，加快推进云南能投现代物流园区等一批关键型、龙头型、基地型重大项目建设，带动发展一批加工制造、电子商务、文创旅游、楼宇会展、物流配送等新兴产业。进一步放宽服务消费领域市场准入，支持和引导社会力量增加医疗、养老、教育、文化、体育等服务的供给。支持金融机构入昭行动，鼓励涉农金融机构主动服务民营企业、三农、脱贫攻坚领域。深化与政策性银行的政银合作，鼓励政策性银行对昭的贷款支持。推进文化和旅游融合发展，不断优化"一部手机游云南"昭阳板块各项功能，加快线上线下高度融合，促进旅游产业全面转型升级。精心打造省耕公园、龙氏家祠、博物馆、昭璞绿道等重要旅游节点，大力发展乡村旅游，将中心城市打造成为季节性休闲旅游城市。（区工科局、区市场监管局、区文化和旅游局、区金融办、区交通运输局按照职责分工分别牵头负责；区发改局、区教育体育局、区财政局、区卫生健康局、区民政局等区直有关部门，各乡镇、办事处配合配合）

（十一）强化重点行业监测服务。建立健全联系机制，强化部门联动，实现信息共享，密切关注宏观环境以及国家省市产业政策变化，适时监测重点项目、重点行业进展与动态，强化应对施策。继续实

施区级领导挂钩联系帮扶重大工业项目、重点企业工作机制，落实包保责任，强化预期管理、督导检查，推进稳增长政策措施的落实。实现规上工业企业监测服务全覆盖，强化工业企业、工业经济运行监测和分析，采取"一户一策"帮助支持企业稳定发展。进一步完善对文化创意产业、商业服务业、金融业、旅游业、商务服务业和信息服务业等产业的统计监测服务，强化产业发展预测和预警。（区工科局、工业园区管委会、区市场监管局、区文化和旅游局按照职责分工分别牵头负责；区发改局、区统计局等区直有关部门配合）

四、着力培强培大企业，有效激发市场主体活力

（十二）扶持壮大民营经济。落实国家和省市促进民营经济发展的决策部署，进一步加大对民营经济的扶持力度，促进民营经济健康发展。实施区级领导、区直部门挂钩联系民营企业制度，建立健全支持民营经济加快发展的协调服务机制，积极构建"亲""清"新型政商关系。做实"营商环境提升年"的各项工作，大力营造尊商、重商、亲商、扶商的浓厚氛围，着力营造稳定公平透明、可预期的营商环境。健全企业家参与涉企政策制定机制，主动听取企业、商会意见建议。帮助成长性好的小微企业争取省、市资金扶持，培育一批省级成长型中小企业走"专精特新"发展道路。实施成长型中小企业培育工程，对成长型中小企业申报国家和省级中小企业专项发展扶持资金的技术创新和技术改造建设项目给予倾斜支持。（区工科局、区金融办、区财政局、区工商联按照职责分工分别牵头负责；区直有关部门配合）

（十三）扶持企业做大做强。围绕优化提升传统支柱产业、发展壮大特色优势产业、加快培育战略新兴产业，扶持壮大云铝集团海鑫铝业、海升集团、国投中鲁、西充百科、重庆吉之汇等龙头企业，着力培育创客群体、大个体、专业合作社等一批新兴市场主体。区政府预算安排3 000万元工业发展专项资金，统筹用于扶持企业发展、招商引资、产业培育、项目建设、市场开拓等方面。认真落实中小企业成长工程，推动"个转企、小升规、规改股、股上市"，加快培育规模以上服务业、限额以上批发零售和住宿餐饮业及资质内建筑业，对当年新建竣工投产纳规，且全年主营业务收入达到2 000万元以上、主营业务收入达到5 000万元及以上、主营业务收入达到10 000万元及以上，经统计等有关部门核实认定，分别给予10万元、20万元、30万元的一次性奖励；对原有规模（或限额）以下企业首次升规、升限成功纳统报数的工业、批发业企业（含大个体），一次性奖励10万元，零售业企业（含大个体）奖励5万元，住宿业、餐饮业企业（含大个体）奖励3万元。支持企业科技创新，引导以企业为主体的各类创新机构加大研发经费投入，对新获批的高新技术企业、引进的中小型高新技术企业、根据企业研发经费投入，采取后补助方式给予最高20万元、10万元的奖补。鼓励企业设立研发机构，对首次认定的国家级、省级、市级企业技术中心（工程中心、工程技术研究中心）分别给予30万元、10万元、5万元的一次性补助；通过省级认定为科技小巨人企业、科技型中小企业，补助5万元。（区工科局、工业园区管委会按照职责分工分别牵头负责；区财政局、区招商局、区农业农村局、区市场监管局、区统计局等区直有关部门配合）

（十四）加大企业开拓市场力度。组织企业参加形式多样的产品推介、展览展销、协作配套、产品供需对接活动，积极参加"滇产名新优产品全国行"、举办好"苹果展销会"等产销衔接活动。鼓励引导企业参加全省"10大名品""10强企业""20佳创新企业"评选活动，积极对接参加"10大名品进京、入沪、到港、闽中东"系列推介活动。对区属规模以上工业企业，工业总产值同比增长15%以上的给予促产扩销补助奖励，其中：工业产值达到10亿元及以上的，每户补助奖励30万元；达到5亿元及以上的，每户补助奖励20万元；达到1亿元及以上的，每户补助奖励10万元；1亿元以下5 000万元及以上的，每户补助奖励7万元；5 000万以下2 000万元及以上的，每户补助奖励5万元。对现有在库批发、零售的、住宿、餐饮全年行业排名前列且增速超过18%限上法人企业、大个体给予奖励，其中批发业5家，每家奖励7万元；零售业12家，每家奖励5万元；住宿业5家，餐饮业7家，每家奖励3万元。对现有在库其他服务业企业，在L、O、R门类和非L、O、R门类排名前列且增速超过20%的重点

服务业法人企业 10 家，分别给予每家 5 万元奖励。对全区有进出口实绩的企业给予奖励，每户奖励 3 万元；对外贸进出口同比有增幅的企业给予奖励，每增长 1% 奖励 0.5 万元，单户最高不超过 10 万元。积极争取省、市电子商务发展促进资金，鼓励企业扩大网上销售，推进线上线下融合发展。（区工科局、工业园区管委会、区财政局、区市场监管局按照职责分工分别牵头负责；区发改局、区教育体育局、区卫生健康局、区文化和旅游局、区民政局、区农业农村局、区物资和粮食储备局、区金融办、区交通运输局、区统计局、区交警一大队等区直有关部门配合）

（十五）切实降低实体经济企业成本。深入推进放管服改革"六个一"行动，实现企业开办时间减一半、项目审批时间砍一半、政务服务一网通办、企业和群众办事力争只进一扇门、"最多跑一次"、凡是没有法律法规依据的证明一律取消。对国务院明确的第一批 106 项涉企行政审批事项开展"证照分离"改革，推行企业登记全程电子化，加强涉企信息归集共享，切实降低制度性交易成本。全面落实减税降费政策，确保降低企业增值税税率、个税专项附加抵扣、降低养老保险费率等系列政策及时落到实处。全面落实税收优惠政策，降低税率水平、统一增值税小规模纳税人标准，退还部分企业的留抵税额，支持企业用好用足国家西部大开发、高新技术企业、研发费用加计扣除、固定资产加速折旧、小型微利企业所得税等政策，对地方权限内的有关税费政策，在国家规定幅度内，税率降到法定最低水平。进一步加大清费减费工作力度，全面清理规范涉企收费，做好涉企行政事业性收费、政府性基金、政府定价涉企经营服务性收费、涉企保证金四张目录清单更新公示工作，确保清单外"零收费"。全面清理规范行政审批中介服务收费，加强政府部门下属单位、行业协会商会、中介机构等乱收费行为整治。按照国家继续阶段性降低社会保险费率的规定，根据本地社保基金累计结余可支付月数合理调整社保费率。进一步降低涉企保证金缴纳标准，推广以银行保函替代现金缴纳保证金，将建设领域农民工工资保证金缴纳比例从 5% 调整为 3%；对信用好的民营企业实施免缴，可使用银行保函代替现金缴纳；对确需缴纳现金保证金的企业，单个项目不高于 500 万元，承揽多个项目的独立法人企业不高于 1 000 万元。继续落实全省电力市场化交易方案，大力推进全区工业企业参与市场化竞价交易，依规调减输配电价，降低企业用能成本。（区政务服务局、区发改局、区工科局、工业园区管委会、区人社局、区财政局、区税务局、区住建局、区供电分局、区市场监管局按照职责分工分别负责）

（十六）着力破解融资难融资贵。进一步完善鼓励支持银行业金融机构对昭阳区经济社会发展提供金融服务的指导意见。进一步优化金融服务，鼓励支持银行业综合运用央行定向降准、再贷款、再贴现等货币政策工具，创新金融融资产品，加大对我区实体经济特别是中小微企业信贷支持力度。鼓励支持银行业、民营企业加强与政策性昭通市昭信融资担保公司合作增信融资。鼓励支持银行业对暂时遇到经营困难，但产品有市场、项目有发展前景、技术有市场竞争力的企业，不盲目停贷、压贷、抽贷、断贷，帮助企业渡过难关。鼓励企业提高中介融资，通过合并、引进、改造等方式，支持实体企业上市（主板、中小板、创业板等）、发债，对成功上市、发债的企业及帮助企业实现上市和发债的中介机构给予奖励。对在主板成功上市的企业，且企业税收在我区，区政府一次性奖励企业 300 万元；对在中小板、创业板成功上市的企业，且企业税收在我区，区政府一次性奖励企业 100 万元。（区财政局、区金融办按照职责分工分别牵头负责；区发改局、区工科局、工业园区管委会等区直有关部门，驻昭金融机构配合）

五、坚持城镇化和乡村振兴两手抓，统筹推进城乡区域协调发展

（十七）提标提质加快推进城镇化建设。坚持"全域规划、多规合一"，加快推进中心城市总规修编和海绵城市、智慧城市、产业园区、凤凰山特色小镇等规划及专规、控规、详规编制，强化规划管控，科学划定开发边界，适度控制开发强度。坚持组团式发展，拉开中心城市建设骨架，以省耕国学文化公园、文化体育产业新区、乌蒙水乡公园 3 个商圈构建城市核心，精心打造红路、靖安等易地搬迁城市综合体。推进综合交通基础设施建设，全力配合推进高速公路、铁路、机场等重大项目建设。加快推进水电铝一体化、易地扶贫搬迁、昭通综合物流园区、地下综合管廊、碧桂园、红星美凯龙、新城控股、融

创中国等重大项目建设，配合做好新航线开辟工作，优化城市形象，提升城市"颜值"。围绕"干净、宜居、特色"目标，启动"美丽县城"项目建设，突出城市综合服务功能，继续推进"四治三改一拆两增"，加快配套完善一批公共服务设施。加快培育苹果文化，推进城市景观打造、产业培育和城市形象塑造"三位一体"融合发展，塑造城市品牌个性。全面启动黑臭水体治理示范城市建设，深入实施绿化、美化、亮化、硬化、净化系列工程。加快健全完善与"大城市"相匹配、相适应的城市治理体系，继续深化城市综合管理体制改革，进一步加大城市管理智慧化平台建设和功能整合力度，全力提升城市管理水平。加快农业转移人口市民化，推进以人为核心的城镇化。（区城管委、区住建局、区自然资源局按照职责分工分别牵头负责；区直有关部门，各乡镇、办事处配合）

（十八）启动实施乡村振兴战略。推进农业供给侧结构性改革，统筹推进脱贫攻坚、乡村振兴与新型城镇化协调发展，鼓励企业兴乡、能人回乡、市民下乡，促进各种资源要素在城乡之间合理高效流动。对接省、市乡村振兴战略规划，开展全区规划编制，选择一批乡镇开展实施乡村振兴战略试点示范。加快发展高原现代特色农业，突出苹果、马铃薯、畜牧、果蔬等四大产业，改造提升粮、烟等传统产业，加快推进农业基地建设。推进千顷池湿地公园、黄竹林蔬菜基地、永丰海升苹果基地、凤凰山葡萄基地、北闸苹果基地等田园综合体建设，加快产城融合。扶持培育新型农业经营主体，加快培育壮大龙头企业、农民专业合作社和新型农民，鼓励和支持新型农业经营主体开展农村承包土地经营权流转、产地农产品初加工、农村产业融合发展、农业生产全程社会化服务等试点。发挥比较优势，突出特点，打造"一村一品、一乡一业"发展新格局。打好"绿色食品牌"，大力支持农产品加工业，加快发展农产品精深加工。深入开展"七改三清"、"百村示范万村整治"、村庄清洁专项行动，加强村庄基础设施建设，加快补齐农村人居环境和公共服务短板。全面完成土地确权登记，坚持和完善农村土地"三权"分置，深化农村产权制度改革，稳慎推进农村宅基地改革。深入推进资源变资产、资金变股金、农民变股东"三变"改革，全力推动工商资本下乡，做活农业农村经济，助推乡村振兴。（区农业局牵头负责；区发改局、区工科局、工业园区管委会、区财政局、区金融办、区扶贫办、区林业和草原局、区农投公司等区直有关部门，各乡镇、办事处配合）

六、稳步提高城乡居民收入，促进消费增长

（十九）积极稳定当前就业。落实国家发改委等十七部门联发《关于大力发展实体经济积极稳定和促进就业的指导意见》，深入推进产业结构调整优化升级，推动创新创业，催生更多高质量的就业岗位，引导劳动者转岗提质就业。加快农业供给侧结构性改革，培育新型农业经营主体和新型职业农民，支持返乡下乡创业，拓宽农村劳动力转移就业渠道。推动新型城镇化发展，扩大就地就近就业规模。密切关注全区外出务工人员就业和区内企业用工情况，根据形势发展及时制定相应应急预案，强化应急管理。加强统筹施策，落实税费减免、社保补贴、援企稳岗等扶持政策。进一步提高稳岗返还标准，对不裁员或少裁员的参保企业，按其上年度实际缴纳失业保险费60%给予返还。实施"云南省万名青年见习计划"，将就业见习补贴范围由离校未就业高校毕业生扩展至16—24周岁失业青年。加大职业技术培训力度，尤其是要确保有意愿的贫困劳动力100%培训、100%推荐岗位、贫困家庭至少1人就业，对接开展好"云嫂入沪"等转移就业合作项目。开发基层社会管理、公共服务、生态养护等公益性岗位，提高公益性岗位补贴，增加就业困难人员收入。（区人社局牵头负责；区劳动力培训转移就业中心、区财政局、区工科局、工业园区管委会、区扶贫办、区搬迁安置局、区农业农村局、区税务局、区教育体育局等区直有关部门，各乡镇、办事处配合）

（二十）激发创业创新活力。积极争取上级创新创业奖补政策，全面落实企业研发费用加计扣除等促进技术进步的税收激励政策。着力发挥"双创"的带动作用，开展科技企业孵化器、技术创新中心、产业技术应用研究实验室等科技创新服务平台培育认定建设、高新技术企业和科技型中小企业培育及"科技入昭""智能制造"工程等创业创新工作。贯彻落实科研人员兼职兼薪相关政策，鼓励科研人员通过科技成果转化获得合理收入。积极推进小微企业创业孵化示范基地和创业示范园区建设，并对初创企

业给予一定政策和税收优惠。落实"贷免扶补"创业担保贷款政策，积极扶持自主创业；对毕业 3 年内（含毕业学年）在区内创业的大学生符合相关规定的给予最高不超过 3 万元的一次性创业补贴。（区工科局、区人社局按照职责分工分别牵头负责；区财政局、工业园区管委会、区教育体育局、区税务局等区直有关部门配合）

（二十一）着力扩大消费。落实促进居民持续增收的政策措施，力争居民收入增长与经济增长基本同步。深入推进"消费升级行动计划"，提高居民吃穿用等消费。推动消费供给侧结构性改革，增加消费领域特别是服务消费和绿色消费有效供给，推动实体店销售和网购融合发展。推进"明厨亮灶"，培强培优特色餐饮业，注重住宿、娱乐、文化创意、教育培训、医疗保健、居家养老等消费热点培育。大力推进电子商务进社区，开拓中高端和个性化生活服务消费市场。发挥"避暑胜地"优势，完善旅游配套设施，加快 A 级景区、智慧景区创建，提升基础服务功能。组织开展好国内外旅游推介活动，优化旅游消费环境，着力激发旅游需求，积极促进旅游消费。（区工科局、区文化和旅游局、区市场监管局按照职责分工分别牵头负责；区发改局、区民政局等区直有关部门，各乡镇、办事处配合配合）

（二十二）深入挖掘新兴消费潜力。推动宽带网络升级，加强互联网骨干直联点建设，完善 4G 网络建设，争取纳入 5G 网络区域性试点。进一步优化新能源汽车推广应用环境，落实省市资金和扶持政策，加快充电基础设施建设，加大新能源汽车推广工作力度。坚持"住房不炒"，制定出台促进中心城市房地产市场稳健发展的意见，支持改善型住房需求，抑制投资投机性购房，稳定购房消费。以旗舰项目为引领，加快推进文化体育产业新区、省耕湖、乌蒙水乡片区开发建设，提升房地产业发展水平。培育和发展住房租赁市场，按照省市政策规定，允许符合条件的闲置房产、待售商品房通过改造进入房屋租赁市场，促进住房租赁消费。依托昭璞郊野绿道等，开展多种形式赛事活动或群众体育运动。积极引进大型零售企业在区内布局设点。挖掘农村市场消费潜力，开展优质工业品下乡活动，支持电子商务企业开拓农村市场。强化农村消费市场监管，保障农村居民消费安全。（区工科局、区住建局、区教育体育局按照职责职能分别牵头负责；区发改局、区市场监管局、区农业农村局等区直有关部门，有关通信企业，各乡镇、办事处配合）

七、强化保障抓落实，确保各项政策措施取得实效

（二十三）深入推进"放管服"改革。落实省营商环境提升年各项部署，深入推进"放管服"改革，进一步简化优化政务服务流程。落实国家和省、市工程建设项目审批制度改革各项部署，制定出台区级实施意见。继续深化商事制度改革，按照省市统一安排，有序推进证照分离、照后减证、企业登记全程电子化及企业注销等方面改革，进一步压缩企业开办时间到 5 个工作日。推进"互联网＋政务服务"，大力宣传推广"一部手机办事通"APP，国家公职人员先行注册安装、先试先用。严格兑现行政许可目录公布的承诺时限，将市场监管、政府审批、各类保证金收取、证明材料纳入清单管理，简化办事流程，区级政务服务事项网上可办率不低于 85%。完善网上行政审批服务系统，取消无法律法规规定的审批事项、中介服务事项、收费项目。加强涉企信息归集共享，完善企业信用信息公示制度，加大对守信失信企业联合奖惩力度。（区政务服务管理局、区住建局、区市场监管局、区发改局、按照职责职能分别牵头负责；区直有关部门，各乡镇、办事处配合）

（二十四）加强监测分析。锁定目标任务、任务支撑、时序、差距等重点环节，强化经济运行预期管理工作，各行业部门要层层压实责任，严格按照时间节点完成预期目标任务。深度推动经济运行研判、预警、应策、推动和问效等制度，定期分析研究经济运行中存在的困难和问题，及时研究解决。坚持领导挂图指挥、部门挂图作战、统计等综合部门挂图监测，加强统计监测和指导，科学依法依规抓好统计工作，确保统计数据质量。（区发改局、区统计局牵头负责；工业园区管委会、区工科局、区财政局、区市场监管局、区农业农村局、区林业和草原局、区交通运输局、区住建局、区文化和旅游局、区金融办等区直有关部门配合）

（二十五）强化督查考核。区级有关责任部门要在本意见出台 10 个工作日内，结合本部门、本行业

实际，制定实施行之有效的稳增长工作措施、实施办法或细则，抓好组织实施。要加大宣传解读力度，提高政策措施知晓度。区政府督查室定期组织开展稳增长专项督查活动，重点对投资、工业、建筑业、消费、金融财税、特色农业等六大指标主要领导负责制、重大政策措施落实、指标完成情况实行一月一督查、一月一通报制度。审计部门继续对政策措施落实情况进行跟踪审计，发改部门适时对政策措施产生效果进行评估。积极支持配合省、市稳增长督导工作，在重大项目推进、易地搬迁、产业发展等方面，强化督导发现问题整改。把区直部门经济发展预期目标执行完成情况作为部门绩效考核评价重要依据，加强对庸、懒、散、混现象的督查治理，及时发现、处理不作为、慢作为、乱作为问题，确保各项政策措施落到实处、取得实效。（区政府督查室牵头负责；区发改局、区审计局、区工科局、区财政局、区市场监管局、区农业农村局、区林业和草原局、区交通运输局、区住建局、区文化和旅游局、区金融办等区直各部门配合）

昭阳区人民政府

2019 年 7 月 10 日

中共昭阳区委关于成立中共昭阳区委全面深化改革委员会等9个决策议事协调机构的通知

各乡镇、街道党（工）委，区委各部委办局室，区级国家机关各委办局，区直各人民团体和企事业单位，中央、省、市驻昭阳区单位党组织：

根据中央、省委、市委深化党和国家机构改革有关精神，区委决定成立区委全面深化改革委员会、区委全面依法治区委员会、区委国家安全委员会、区委外事工作委员会、区委教育工作领导小组、区委审计委员会、区委农村工作领导小组、区委机构编制委员会、区委网络安全和信息化委员会9个决策议事协调机构。其组成人员如下：

一、区委全面深化改革委员会

主　任：江先奎　市委常委、区委书记

副主任：陶　毅　区委副书记、区长

　　　　周　祥　区委副书记

　　　　费忠平　区委常委、区政府党组副书记、常务副区长

委　员：陈　瑛　区人大常委会副主任、工会主席（兼）

　　　　杨连刚　区政协副主席

　　　　刘兴发　区委常委、区城管委主任

　　　　陈　瑾　区委常委、区纪委书记、区监委主任

　　　　沈　洋　区委常委、区委宣传部部长

　　　　李文明　区委常委、区委政法委书记

　　　　耿礼俊　区委常委、区委组织部部长

　　　　马贤武　区委常委、区委统战部部长

　　　　黎　勇　区委常委、区人民武装部部长

　　　　柯大林　区政府副区长

　　　　张　兴　区政府副区长

　　　　王开伟　区政府副区长、区公安分局局长

　　　　刘明波　区委办公室主任、区自然资源局党组书记

　　　　李林森　区政府办公室主任

　　　　梁　婷　区委政策研究室主任

　　　　邓光涛　区发展和改革局局长

区委全面深化改革委员会办公室设在区委政策研究室，办公室主任由刘明波同志兼任，副主任由梁婷、邓光涛两位同志兼任。

二、区委全面依法治区委员会

主　任：江先奎　市委常委、区委书记

副主任：陶　毅　区委副书记、区长

　　　　周　祥　区委副书记

委　员：陈　瑾　区委常委、区纪委书记、区监委主任

  沈 洋　区委常委、区委宣传部部长

  李文明　区委常委、区委政法委书记

  耿礼俊　区委常委、区委组织部部长

  黎 勇　区委常委、区人民武装部部长

  马洪斌　区人大常委会副主任

  王开伟　区政府副区长、区公安分局局长

  罗朝碧　区人民法院院长

  王建雄　区人民检察院检察长

  刘 江　区城管委副主任、区综合执法局局长

  刘明波　区委办公室主任、区自然资源局党组书记

  李林森　区政府办公室主任

  蒋世平　区委宣传部副部长

  曹玉树　区教育体育局局长

  张正刚　区司法局局长

  李 战　区文化和旅游局局长

  张 勇　区信访局局长

  崔 敏　区人大常委会监察和司法委员会主任委员

  胡秀华　区政协社会和法制委员会主任

区委全面依法治区委员会办公室设在区司法局，办公室主任由李文明同志兼任，副主任由马培忠（区委政法委副书记）、张正刚两位同志兼任。

三、区委国家安全委员会

　主　任：江先奎　市委常委、区委书记

　副主任：陶　毅　区委副书记、区长

　　　　　周　祥　区委副书记

　常务委员：沈　洋　区委常委、区委宣传部部长

　　　　　李文明　区委常委、区委政法委书记

　　　　　黎　勇　区委常委、区人民武装部部长

　　　　　马贤武　区委常委、区委统战部部长

　　　　　王开伟　区政府副区长、区公安分局局长

　　　　　刘明波　区委办公室主任、区自然资源局党组书记

　　　　　李林森　区政府办公室主任

　　　　　邓光涛　区发展和改革局局长

　　　　　杨　斌　区财政局局长

　委　员：王　雄　区委办公室常务副主任

　　　　　蒋世平　区委宣传部副部长

　　　　　撒兰灿　区委统战部常务副部长

　　　　　霍　闻　区工业信息商务科技局局长

　　　　　谭　锐　区人民武装部军事科科长

区委国家安全委员会办公室设在区委办公室，办公室主任由刘明波同志兼任。

四、区委外事工作委员会

　主　任：江先奎　市委常委、区委书记

副主任：陶　毅　区委副书记、区长
　　　　周　祥　区委副书记
委　员：费忠平　区委常委、区政府党组副书记、常务副区长
　　　　沈　洋　区委常委、区委宣传部部长
　　　　李文明　区委常委、区委政法委书记
　　　　黎　勇　区委常委、区人民武装部部长
　　　　马贤武　区委常委、区委统战部部长
　　　　王开伟　区政府副区长、区公安分局局长
　　　　刘明波　区委办公室主任、区自然资源局党组书记
　　　　李林森　区政府办公室主任
　　　　武德群　区政府办公室副主任
　　　　邓光涛　区发展和改革局局长
　　　　杨　斌　区财政局局长
　　　　霍　闻　区工业信息商务科技局局长
区委外事工作委员会办公室设在区政府办公室，办公室主任由李林森同志兼任。

五、区委教育工作领导小组

组　长：周　祥　区委副书记
副组长：罗正国　区人大常委会主任
　　　　沈　洋　区委常委、区委宣传部部长
　　　　李文明　区委常委、区委政法委书记
　　　　耿礼俊　区委常委、区委组织部部长
　　　　马贤武　区委常委、区委统战部部长
　　　　柯大林　区政府副区长
成　员：李明奎　区公安分局政委
　　　　蒋世平　区委宣传部副部长、区文明办主任
　　　　曹履端　区委组织部副部长、区委编办主任
　　　　钟顺敏　区委组织部副部长、区人社局局长
　　　　邓光涛　区发展和改革局局长
　　　　霍　闻　区工业信息商务科技局局长
　　　　杨　斌　区财政局局长
　　　　曹玉树　区教育体育局局长
　　　　张正刚　区司法局局长
　　　　周清煊　区卫生健康局局长
　　　　李　战　区文化和旅游局局长
　　　　王　林　共青团昭阳区委书记
　　　　李文献　区社科联主席
　　　　文仕荣　区人民武装部政工科科长
区委教育工作领导小组秘书组设在区教育体育局，秘书组组长由曹玉树同志兼任。

六、区委审计委员会

主　任：江先奎　市委常委、区委书记
副主任：陶　毅　区委副书记、区长

陈　瑾　区委常委、区纪委书记、区监委主任
委　员：费忠平　区委常委、区政府党组副书记、常务副区长
　　　　耿礼俊　区委常委、区委组织部部长
　　　　黎　勇　区委常委、区人民武装部部长
　　　　陈　瑛　区人大常委会党组副书记、副主任
　　　　杨连刚　区政协党组副书记、副主席
　　　　刘明波　区委办公室主任、区自然资源局党组书记
　　　　李林森　区政府办公室主任
　　　　李贵亿　区纪委副书记、区监委副主任
　　　　杨　斌　区财政局局长
　　　　曾家正　区审计局局长
区委审计委员会办公室设在区审计局，办公室主任由曾家正同志兼任。

七、区委农村工作领导小组

组　长：周　祥　区委副书记
副组长：张　兴　区政府副区长
成　员：刘明波　区委办公室主任、区自然资源局党组书记
　　　　李林森　区政府办公室主任
　　　　曹履端　区委组织部副部长、区委编办主任
　　　　阳应伟　区委组织部副部长
　　　　李　斌　区委宣传部副部长
　　　　崔讲文　区人大常委会农业与农村委员会主任委员
　　　　邓光涛　区发展和改革局局长
　　　　曹玉树　区教育体育局局长
　　　　杨　斌　区财政局局长
　　　　钟顺敏　区委组织部副部长、区人社局局长
　　　　霍　闻　区工业信息商务科技局局长
　　　　赵泽卿　区自然资源局局长
　　　　（待定）市生态环境局昭阳分局局长
　　　　黄延安　区住房和城乡建设局局长
　　　　和　葵　区交通运输局局长
　　　　马玉平　区农业农村局局长
　　　　吕大勇　区林业和草原局局长
　　　　刘　刚　区水务局局长
　　　　谢玉平　区民政局局长
　　　　周清煊　区卫生健康局局长
　　　　李　战　区文化和旅游局局长
　　　　范　雪　区扶贫办主任
　　　　马光孝　区政协经济和农业农村委员会主任
　　　　孟世胜　区供销社主任
区委农村工作领导小组办公室设在区农业农村局，办公室主任由马玉平同志兼任。

八、区委网络安全和信息化委员会

主　任：江先奎　市委常委、区委书记

副主任：陶　毅　区委副书记、区长
　　　　周　祥　区委副书记
委　员：费忠平　区委常委、区政府党组副书记、常务副区长
　　　　沈　洋　区委常委、区委宣传部部长
　　　　李文明　区委常委、区委政法委书记
　　　　黎　勇　区委常委、区人民武装部部长
　　　　韩　彪　区人民武装部政委
　　　　陈　瑛　区人大常委会党组副书记、副主任
　　　　王开伟　区政府副区长、区公安分局局长
　　　　杨连刚　区政协党组副书记、副主席
　　　　刘明波　区委办公室主任、区自然资源局党组书记
　　　　李林森　区政府办公室主任
　　　　蒋世平　区委宣传部副部长、区文明办主任
　　　　邓光涛　区发展和改革局局长
　　　　杨　斌　区财政局局长
　　　　霍　闻　区工业信息商务科技局局长
　　　　曹玉树　区教育体育局局长
　　　　周清煊　区卫生健康局局长
　　　　李　战　区文化和旅游局局长
　　　　庹必恒　区政务服务管理局局长
　　　　杨玉昆　区融媒体中心主任
区委网络安全和信息化委员会办公室设在区委宣传部，办公室主任由沈洋同志兼任。

九、区委机构编制委员会

主　任：江先奎　市委常委、区委书记
副主任：陶　毅　区委副书记、区长
　　　　周　祥　区委副书记
　　　　耿礼俊　区委常委、区委组织部部长
成　员：曹履端　区委组织部副部长、区委编办主任
　　　　钟顺敏　区委组织部副部长、区人社局局长
　　　　刘明波　区委办公室主任、区自然资源局党组书记
　　　　李林森　区政府办公室主任
　　　　张朝勇　区委组织部副部长
　　　　杨　斌　区财政局局长
区委机构编制委员会办公室设在区委编办，办公室主任由曹履端同志兼任。
以上 9 个决策议事协调机构组成人员如有变动，由担任相应职务的同志接替，决策议事协调机构办公室按程序报批。
原区委全面深化改革领导小组、区委普法和依法治区领导小组、区委国家安全工作领导小组、区委外事工作领导小组、区委农村工作领导小组、区委网络安全和信息化领导小组、区机构编制委员会组成人员的职务自然免除。

中共昭阳区委
2019 年 7 月 2 日

昭阳区人民政府关于印发《昭阳区招商引资优惠办法（试行）》的通知

各乡、镇人民政府，街道办事处，区直各委、办、局：

现将《昭阳区招商引资优惠办法（试行）》印发你们，请抓好贯彻落实。

昭阳区人民政府

2019 年 7 月 19 日

昭阳区招商引资优惠办法（试行）

第一章 总 则

第一条 为进一步加大招商引资力度，鼓励和吸引各类经济实体到昭阳区投资兴业，根据国家相关法律法规和省市政策规定，结合昭阳区实际，制定本办法。

第二条 本办法适用于：在昭阳区投资新建 5 000 万元人民币，年产值 2 000 万元以上且符合国家产业政策的项目（利用园区标准厂房或投资农业产业、社会公益事业的项目投资总额可适当下调），重点鼓励水电铝材一体化、绿色食品加工、生物医药、电子信息、服装鞋帽等高科技项目和劳动密集型项目。

第二章 要素保障

第三条 用地。工业用地可按不低于工业用地基准地价或土地取得相关成本确定土地出让起始价；对投入强度、产出率、容积率、建筑系数等达到相关要求的重点项目实行差别化用地政策，土地价格原则上每亩不高于 10 万元。鼓励工业项目采取先租后让、租让结合等方式使用土地。

第四条 用电。鼓励企业积极参与电力市场化交易，降低企业用电成本。对新建水电铝（自带产能指标）及下游深加工项目，自建成投产之日起，用电价格按照 0.28 元/千瓦时执行。

第五条 用气。落地我区的工业项目，年用气总量达到 100 万立方米以上的，管道燃气价格原则上不高于 2.55 元/立方米。

第三章 奖补措施

第六条 全面落实国家、省、市税收优惠政策，对各级明确的区间减税降费政策，力争执行上限优惠。

第七条 除国家法定不能减免的收费外，区级行政事业性收费原则上一律减免。

第八条 对生产性企业自其投产之日起五年内，每年缴纳企业所得税、增值税扣除城建附加、教育附加后按区级收入部分的 50% 奖励企业扩大再生产；企业高管人员所缴纳的个人所得税区级收入部分，作为人才津贴全额奖励给个人，每户企业高管人数不超过 5 名。

第九条 在我区进行电子信息、服装鞋帽、绿色食品加工等符合我区产业发展方向的劳动密集型企业，企业自投产之日起五年内，向我区运进生产原料或从我区运出成品所产生的运费，按照企业缴纳增值税地方留存部分给予30%—50%的补贴。

第十条　自建标准化厂房的企业，整合各级扶持资金给予不低于400元/平方米的补助。

第十一条　对入驻昭阳工业园区提供的标准厂房（或入驻我区统一建设的扶贫车间）的企业，年产值达2 000万元以上，或用工300人以上（其中建档立卡贫困户100人以上），或被国家认定为高新技术的企业，前5年免租金，后5年减半收取租金。

第十二条　入驻昭阳区扶贫产业园的企业，吸纳昭阳区建档立卡劳动力，并连续稳岗6个月以上的，给予每人每月1 000元，累计不超过6个月，6 000元的稳岗补贴；吸纳昭阳区籍非卡户劳动力和昭通市其他县劳动力，稳定务工一年以上的务工人员给予3 000元一次性稳岗补贴。针对符合条件的不同培训对象，还可给予每人一次性不超过1500元的培训资金支持。

第十三条　落户我区企业吸纳建档立卡劳动力就业并稳岗一年以上的，人数在100人以上200人以下的给予10万元工作奖励，人数在200人以上500人以下的给予30万元工作奖励，人数在500人以上1 000人以下的给予80万元工作奖励，人数在1 000人以上的给予100万元工作奖励。

第十四条　鼓励和支持符合条件的企业在境内外上市、新三板挂牌融资。对在主板、中小板、创业板和新三板成功挂牌上市企业，且企业税收在我区，在帮助企业获得省、市奖励的同时，区级财政给予一定奖励。

第四章　投资服务

第十五条　建立领导挂钩联系制度。对外来投资项目引进前、建设中、投产后遇到的困难和问题，做到全程跟踪、协调推进。

第十六条　成立劳动力培训转移就业中心和昭阳区企业服务中心，切实为企业提供高效、便捷的投资服务，保障企业用工需求。

第十七条　凡在我区投资的项目，属于区级审批权限且资料齐备的，当场办结；属于省、市级及以上审批权限的，积极协助办理。

第十八条　外来投资者办理户口登记、子女入托、入学、就医等享受本区城镇居民待遇。

第五章　附　则

第十九条　投资强度大、科技含量高、示范带动强、产业链长、解决就业多的项目可采取"一事一议""一企一策"的办法给予特殊扶持。

第二十条　国家、省、市出台的促进招商和经济稳增长的相关扶持政策或办法较本办法更优惠的，按照最优惠政策或办法执行。

第二十一条　本办法涉及同类补贴只享受一次，按最高标准执行。

第二十二条　本办法自印发之日起施行，由昭阳区人民政府办公室负责解释。本办法相关条款如遇国家政策调整作相应调整。

昭阳区扶贫开发领导组关于印发《昭阳区 2019 年东西部扶贫协作工作方案》的通知

各乡镇、街道党（工）委、政府（行政），区委各部委办局室，区级国家机关各委办局，区直各人民团体和企事业单位，中央、省、市驻昭阳区单位：

经区委区政府同意，现将《昭阳区 2019 年东西部扶贫协作工作方案》印发你们，请结合职能职责认真抓好贯彻落实。

昭阳区扶贫开发领导组

2019 年 8 月 15 日

昭阳区 2019 年东西部扶贫协作工作方案

为贯彻落实中央和省、市、区党委、政府关于东西部扶贫协作的工作部署，对照《国务院扶贫开发领导小组关于印发〈东西部扶贫协作成效评价办法〉的通知》（国开发〔2019〕13 号）要求，为全面落实我区 2019 年东西部扶贫协作目标任务，制定本方案。

一、指导思想

以习近平总书记扶贫开发重要战略思想为指导，牢固树立创新、协调、绿色、开放、共享的发展理念，认真落实精准扶贫、精准脱贫基本方略，贯彻落实习近平总书记在东西部扶贫协作座谈会上的重要讲话和《中共中央办公厅国务院办公厅印发〈关于进一步加强东西部扶贫协作工作的指导意见〉的通知》（中办发〔2015〕69 号）精神，围绕我区产业合作、劳务协作、人才支援和资金支持等聚焦脱贫攻坚，转变协作方式，推动粤滇扶贫协作，莞昭对口帮扶，促进石碣与昭阳"携手奔小康"行动。

二、目标任务

深入贯彻党的十九大精神，认真学习习近平总书记关于脱贫攻坚的系列重要讲话精神，全面推动《昭通市扶贫开发领导小组关于印发〈昭通市 2018 年脱贫攻坚成效考核发现问题整改方案〉的通知》（昭扶字〔2019〕13 号）各项工作的落实，坚持精准聚焦，东西扶贫协作帮扶资金和项目瞄准贫困村、贫困户，重点聚焦易地扶贫搬迁集中安置点"一配套两支撑"和补齐"两不愁、三保障"短板，帮助贫困人口脱贫、贫困村出列，全力打赢脱贫摘帽歼灭战。

三、主要工作

（一）推进协作项目建设。东西部扶贫协作财政专项资金项目从区级脱贫攻坚项目库中选择，项目实施方案由区政府审核批复后实施。2019 年财政帮扶资金主要聚焦易地扶贫搬迁集中安置点"一配套两支撑"（即：安置点教育、卫生基础设施配套和搬迁户产业、就业脱贫支撑），规模化、组织化、有龙头企业带动、有带贫减贫机制的产业，劳动力转移就业，以及贫困村出列补短板项目等方面，推动协作项目落地、任务落实。为实现 2019 年我区全面脱贫摘帽目标，各项目单位要全面推进项目建设，确保资金使用及项目建设进度。务必于 2019 年 12 月底前全面完成东西部扶贫协作资金项目任务，完成项目验收及专项审计，并形成竣工报告、审计报告和财务报告送区财政局、区扶贫办上报和存档备案。

（二）扎实推进产业合作。加大产业合作工作力度，共建粤滇产业园，结合实际制定出台招商引资优惠政策，充分挖掘本地资源，积极为东部企业在昭阳落地和增资扩产参与扶贫工作提供政策支持，利用特色优势引进东莞企业投资办厂，以及开展产销对接等合作，通过吸纳就业、利益联结机制、农产品销售等多种帮扶方式带动脱贫，促进经济发展，实现东西部产业合作"共赢"。大力推进扶贫车间建设，积极引导劳动力密集型企业围绕易地搬迁安置点等贫困人口集中区域开设扶贫车间，服务并推动企业尽量吸纳贫困人口就近就地就业，推动建立企业带动贫困人口脱贫利益联结机制，促进建档立卡户脱贫增收。

（三）强化劳务输出协作。进一步完善结对镇（街）劳动力资源数据共享、交换等机制，理顺劳务帮扶结对关系。定期组织贫困劳动力参加东莞、中山企业在昭阳举办的招聘活动、校企洽谈活动等。认真落实劳动力转移输出优惠政策，落实好就业扶贫稳岗补助等，加强与东莞相关部门、企业的对接联系，并做好贫困人口就业培训，提高劳动技能和就业稳定性，努力达到"输出一人，脱贫一户"的目标。

（四）加强教育领域合作。认真组织中小学、幼儿园校（园）长、区教体局人员到东莞、中山跟岗学习。协助东莞教育部门做好"名师走进昭通"活动，为东莞选派赴昭阳开展挂职支教、教师培训和交流活动提供支持，营造良好环境。推动东莞、中山两市中职学校与昭阳中职学校结对帮扶工作深入开展。稳步推进"0＋3""2＋1"，定向输出昭阳初中毕业生到东莞、中山就读、工作，做好学生技能教育帮扶工作，帮助贫困家庭学生和农村"两后生"到东部就读职业学校，为贫困户稳定脱贫奠定坚实基础。

（五）加强医疗卫生协作。深入推进区、乡各级各类医院与东莞医院广泛开展"一对一"结对帮扶，推动昭阳区卫健部门派遣人员赴东莞对口单位培训交流；协调东莞各类医院派遣医生和专家赴昭阳区特别是贫困村开展支医工作。

（六）加强农业产销对接。开展消费扶贫供给主体收集，吸引东莞机关、企事业单位工会组织消费昭阳农特产品，参与昭阳区休闲农业、乡村旅游消费与开发，协调东莞组织大型农产品批发市场、农产品生产流通加工企业、其他工商贸易等企业与昭阳广泛开展农业合作与产销对接，探索建立以苹果、天麻、花椒等优质农产品为主体的供应销售渠道和平台。引导东莞农业专家到昭阳开展交流与技术指导，提高农业生产管理、农产品监管水平。

（七）推进干部人才交流。推动组织干部、人才赴东莞对口镇（街）挂职锻炼、培训学习、考察交流；协调东莞各领域的专家学者、专业技术人才和志愿者赴昭阳开展学术交流、技术援助、社会服务等活动，吸引东莞学校、医院和社会团体组织专业技术人才赴昭阳开展支教、支医、志愿者服务、社工拓展等工作，做好挂职干部、专业技术人才等服务保障工作。

（八）加强对残疾人帮扶。加强与东莞对口帮扶镇（街）沟通对接，推动残联、企业、社会公益组织等各方力量开展残疾人帮扶活动，引导东莞相关单位，在就业、生产、解决生活困难等方面加大对昭阳区贫困残疾人的帮扶力度。重点实施好2019年贫困残疾人扶持项目，确保精准发挥残疾人帮扶效果。

（九）深化携手奔小康行动。深入推动携手奔小康结对帮扶工作，积极与东莞市石碣镇、石龙镇、茶山镇沟通协作，共商"3＋1"模式下的扶贫协作，谋划"携手奔小康"工作，落实各项帮扶、合作协议，开展"镇镇结对、村村结对、村企结对、学校结对、医院结对"。管好用好结对镇街投入的"携手奔小康"资金，充分挖掘对口镇街资源，深度参与和推进产业协作、劳务输出、人才交流、消费扶贫、社会帮扶等工作。

（十）感恩社会力量帮扶。广泛开展"三讲三评"和"听党话、感党恩、跟党走"等活动，激发贫困群众内生动力，教育引导贫困群众常怀一颗感恩心，感恩广东省、东莞市、各镇（街）、各部门、企业及社会团体对昭阳区的倾情帮扶，广泛宣传发动社会力量参与脱贫攻坚工作，努力形成"专项扶贫、行业扶贫、社会扶贫"三位一体扶贫工作格局。承接东莞、中山对口帮扶社会捐赠资金或物资，按照精准帮扶要求将捐赠资金安排在贫困村、贫困户脱贫及搬迁安置项目建设上，有序组织将捐赠物资发放到贫困村、贫困户，充分发挥社会帮扶促脱贫的作用。

（十一）做细做实"万企帮万村"工作。按照全国工商联《关于印发〈推进"万企帮万村"精准扶贫行动向深度贫困地区倾斜的落实方案（2018—2020年）〉的通知》（全联发〔2018〕18号）要求，引导东莞民营企业，将帮扶重点聚焦深度贫困地区、深度贫困村和深度贫困人口。以签约结对、村企共建为主要形式，通过产业扶贫、消费扶贫、商贸扶贫、就业扶贫、捐赠扶贫和智力扶贫等方式，争取企业与深度贫困村建立结对帮扶关系，聚焦深度贫困人口合力攻坚，推动与贫困村建立帮扶关系的民营企业将帮扶力量瞄准建档立卡贫困户。

（十二）加大深度贫困村倾斜力度。紧密配合东莞、中山各级各方力量，重点聚焦深度贫困村，开展扶贫协作工作，财政及社会资金投入、产业项目合作落地、人才支援挂职、劳动力培训及输出、"镇镇"及"村村"结对帮扶等属于深度贫困村范围的占比原则上不低于90%。

（十三）做好业务管理子系统录入工作。今年开始，东西部扶贫协作考核以系统为主，相关部门要按照昭阳区脱贫攻坚指挥部《关于印发〈昭阳区2019年全国扶贫开发信息系统东西部扶贫协作业务管理子系统录入工作方案〉的通知》（昭区扶组发〔2019〕55号）任务分工要求，高度重视东西部扶贫协作业务管理子系统操作录入和数据资料收集核实工作，细化工作措施，建立工作台账，确定专职录入人员，落实责任部门主体责任。按照国务院扶贫办要求，今年7月底前务必完成2019年上半年东西部扶贫协作劳务协作、人才交流、产业合作、资金使用、携手奔小康行动及创新工作等信息录入，7月底将关闭系统，从8月份起，每月15日前必须完成上月数据录入工作，各涉及单位要积极履行数据材料报送和系统录入职责，形成按月录入长效机制。信息数据提供单位必须对所提供的相关资料负责，提供材料要有支撑，经得住检验，保证信息数据真实准确；系统录入单位必须确保数据准确录入，确保数据报送质量和系统录入质量达到要求。省办系统录入要与国办系统保持一致，按照信息录入责任分工分别进行，省办系统录入增加了乡镇录入，乡镇负责录入本乡镇实施的资金项目相关信息。

四、工作保障

（一）加强工作组织领导。根据昭阳区委办公室《关于调整充实昭阳区东西部扶贫协作领导小组的通知》（昭区办通〔2018〕160号），调整充实了昭阳区东西部扶贫协作领导小组，组长由区委副书记周祥，区委常委、区政府常务副区长费忠平共同担任，常务副组长由区委常委、副区长赵玮辛担任。扶贫协作领导小组下设办公室于区扶贫办，具体负责扶贫协作工作开展情况收集、汇总、上报及档案管理，对接协调区直相关部门，配合广东驻昭阳区扶贫协作工作队完成各项工作任务，确保昭阳区扶贫协作年度工作考核顺利通过。要认真落实昭阳区与东莞市对口帮扶镇（街）党政联席会议制度，筹备和安排好两地党政领导互访、调研对接活动，与东莞市对口帮扶镇（街）至少召开1次联席会议，党委政府主要领导至少赴东莞市对口帮扶镇（街）调研对接1次，总结通报工作进展情况和研究扶贫协作重大事项。

（二）建立完善联席协作制度。一是建立完善联席制度。完善石碣与昭阳党政联席会议制度，筹备安排好两地党政领导互访、调研对接活动。进一步务实开展多层面、多角度的对接，深化沟通和合作，使两地联系更紧密，不断扩大合作领域和规模，在更高层次上实现互利共赢、共同发展。

二是建立互访交流机制。东西部领导坚持定期的互访交流，通报对口帮扶工作情况，共同商榷进一步加强对口帮扶工作、扩大经济社会合作与交流等有关事宜。双方领导互访每年至少安排一次，通过互访，加强沟通，增强了解，促进扶贫协作的有效落实。三是建立对口联络机制和信息上报制度。由区直相关部门负责做好与结对帮扶我区的东莞、中山及石碣镇相关部门的沟通协调，做好对口部门联络、接待等工作。及时收集和整理接收对口帮扶工作推进情况，反馈给领导小组办公室汇总整理后报区委、区政府。四是建立成员单位例会制度。由领导小组办公室召集，每季度至少召开一次调度会，及时研究解决工作推进中出现的困难和问题。

（三）拓展部门协作领域。对标《国务院扶贫开发领导小组关于东西部扶贫协作成效评价办法》要求，结合我区实际，增加区工业园区、宣传、培训转移就业、搬迁安置、工科、民政、供销、工商联、残联等为协作部门单位，与东莞市对口帮扶镇（街）对应部门单位建立对口协作关系，加强沟通协调、往来交流。宣传、发改、科技、金融、国资、党校、工青妇、慈善、红十字会等部门单位根据实际需求参与。原"1＋8"部门在机构改革中相关职能履行主体有所调整的，由承接职能的部门继续负责东西扶贫协作相关工作。

（四）管好用好协作资金。区级有关部门要理顺资金关系、畅通资金渠道，按照《昭通市人民政府办公室关于印发〈昭通市东西部扶贫协作对口帮扶资金管理暂行办法〉的通知》（昭政办发〔2018〕105号）、《昭阳区财政专项扶贫资金管理实施细则》（昭区政办通〔2018〕165号）及《昭阳区扶贫资金项目公告公示制度实施意见》（昭区政办通〔2018〕146号）等文件规定进行管理和使用。管好用好协作财政专项资金、携手奔小康财政专项资金、社会捐赠资金（物资），推动财政资金紧扣"两不愁、三保障"，聚焦贫困村出列、贫困户脱贫需求，重点向深度贫困村倾斜。

（五）加强帮扶政策宣传。创新东西部扶贫协作项目覆盖贫困户利益联结机制，提高群众参与度，增强发展内生动力，培育主人翁意识，增强获得感。聘请有产业覆盖的贫困户为政策"宣传员"，通过贫困户切身感受，现身说法脱贫攻坚好政策，不断激发群众内生动力，为稳定脱贫、全面脱贫创造有利条件。及时总结和宣传一批可信可行、可学可用、可复制可推广的东西部扶贫协作成功经验和典型案例，总结报道一批帮扶工作中涌现的好人好事、先进典型。组织发动社会各界帮扶力量向贫困地区聚集，引导各地及贫困群众感恩帮扶之情、珍惜帮扶之机、用好帮扶之力。

中共昭阳区委关于印发《昭阳区"不忘初心、牢记使命" 主题教育实施方案》的通知

各乡镇、街道党（工）委、政府（行政），区委各部委办局室，区级国家机关各委办局，区直各人民团体和企事业单位，中央、省、市驻昭阳区单位：

现将《昭阳区"不忘初心、牢记使命"主题教育实施方案》印发你们，请认真组织实施。

中共昭阳区委

2019 年 9 月 18 日

昭阳区"不忘初心、牢记使命"主题教育实施方案

根据习近平总书记在"不忘初心、牢记使命"主题教育工作会议上的重要讲话精神和中央、省委、市委对开展"不忘初心、牢记使命"主题教育统一部署，在全区开展"不忘初心、牢记使命"主题教育，用习近平新时代中国特色社会主义思想和党的十九大精神武装头脑、指导实践、推动工作，推动全区党员干部更加自觉地为新时代党的历史使命而努力奋斗。结合我区实际，制定本方案。

一、重大意义

为中国人民谋幸福、为中华民族谋复兴，是中国共产党人的初心和使命，是激励一代代中国共产党人前赴后继、英勇奋斗的根本动力。今年是新中国成立 70 周年，开展"不忘初心、牢记使命"主题教育，以县处级以上领导干部为重点，在全区各级党组织和广大党员中开展"不忘初心、牢记使命"主题教育，是用习近平新时代中国特色社会主义思想武装全党的迫切需要，是推进新时代党的建设的迫切需要，是保持党同人民群众血肉联系的迫切需要，是实现党的十九大确定目标任务的迫切需要，对于推动昭阳决战决胜脱贫摘帽，实现高质量跨越发展具有重大而深远的现实意义。

二、目标任务

开展这次主题教育要把深入学习贯彻习近平新时代中国特色社会主义思想作为根本任务，坚持抓思想认识到位、抓检视问题到位、抓整改落实到位、抓组织领导到位，以彻底的自我革命精神解决违背初心和使命的各种问题，努力实现理论学习有收获、思想政治受洗礼、干事创业敢担当、为民服务解难题、清正廉洁作表率的目标，以钉钉子精神贯彻落实习近平总书记对云南工作的重要指示精神，把力戒形式主义、官僚主义作为主题教育重要内容，教育引导党员干部牢记初心使命、牢记党的宗旨，坚持实事求是的思想路线，树立正确政绩观，真抓实干、转变作风，凝心聚力打好打赢脱贫攻坚歼灭战、产业转型升级战、城市建设形象战、乡村振兴突围战、绿水青山保卫战、改革开放主动战、民生改善持久战，确保昭阳与全国、全省、全市同步全面建成小康社会。

三、基本要求

这次主题教育参加范围为区级领导班子和其他副处及以上领导干部，乡镇（街道）、区直各部门，村（社区）、非公有制经济组织、社会组织和其他基层组织。从 2019 年 9 月开始，不划阶段、不分环

节，总体安排 3 个月时间，2019 年 11 月底基本结束。具体到每个单位，开展集中教育时间不少于 3 个月。

开展这次主题教育，要牢牢把握"守初心、担使命，找差距、抓落实"的总要求，紧紧围绕学习贯彻习近平新时代中国特色社会主义思想这条主线，引导党员、干部原原本本学，以理论滋养初心、以理论引领使命，增强"四个意识"、坚定"四个自信"、做到"两个维护"。要突出问题导向，既着力解决党员、干部自身存在的问题特别是思想根子问题，坚守理想信念、初心使命不动摇，又着力解决群众最关心、最直接、最现实的利益问题，以为民谋利、为民尽责的实际成效取信于民。要把主题教育与庆祝新中国成立 70 周年结合起来，引导全区广大党员、干部不忘历史、不忘初心，始终保持奋斗精神和革命精神，敢于斗争、善于斗争，勇于战胜各种艰难险阻、风险挑战，把建设"引领省际区域发展的滇川黔省际区域中心城市"目标任务落实到位，推动全区决战决胜脱贫摘帽、奋力冲刺全面小康、实现高质量跨越式发展。

四、重点措施

（一）突出抓好区级领导班子和副处及以上领导干部这个重点。区级领导班子和副处及以上领导干部要紧紧围绕学习贯彻习近平新时代中国特色社会主义思想，紧扣习近平总书记关于"不忘初心、牢记使命"重要论述，把学习教育、调查研究、检视问题、整改落实四项重点措施贯穿主题教育全过程，做到边学习、边调研、边查摆、边整改。乡镇（街道）、区直部门领导班子及党员领导干部参照实施。

1. 抓实学习教育。要在学懂弄通做实习近平新时代中国特色社会主义思想上下功夫，抓好领导干部个人自学和领导班子集中学习研讨，深入开展"读原著、学原文、悟原理"大学习，组织党员领导干部通读《习近平关于"不忘初心、牢记使命"论述摘编》（其中副处及以上党员领导干部通读《习近平关于"不忘初心、牢记使命"重要论述选编》），认真学习《习近平新时代中国特色社会主义思想学习纲要》《中国共产党党内重要法规汇编》，重点学习党章、《关于新形势下党内政治生活的若干准则》和《中国共产党纪律处分条例》。深入学习习近平总书记在"不忘初心、牢记使命"主题教育工作会议上的讲话精神，跟进学习习近平总书记最新重要讲话文章，学习习近平总书记对云南工作的重要指示精神，以及关于本领域本行业工作的重要讲话和指示精神。认真学习党史和新中国史，注重运用各领域攻坚克难典型案例开展学习。要采取理论学习中心组学习、举办读书班等形式，围绕党的政治建设、全面从严治党、理想信念、宗旨性质、担当作为、政治纪律和政治规矩、党性修养、廉洁自律等，列出专题开展集中研讨交流。结合实际，开展革命传统教育、形势政策教育、先进典型教育、警示教育。围绕打赢脱贫攻坚大决战，开展面对异常艰巨的脱贫攻坚历史重任，敢不敢勇挑重担、攻坚克难；面对产业结构弱小散乱、亟待转型升级的发展任务，敢不敢打破常规、创新发展；面对加快建设"引领省际区域发展的滇川黔省际中心城市"的目标任务，敢不敢走在前列、干在实处；面对昭阳大规模易地扶贫搬迁工作重任，敢不敢担当作为、造福于民；面对现实生活中一系列弊端和短板弱项，敢不敢直面矛盾、解决难题"五个敢不敢"学习讨论。不能以专家讲座、理论辅导代替自学和研讨。坚持边学边查、立查立改，通过学习，深刻理解习近平新时代中国特色社会主义思想的核心要义和实践要求，自觉对表对标，及时校准偏差。

2. 深入调查研究。要紧紧围绕贯彻落实习近平新时代中国特色社会主义思想、习近平总书记重要指示批示精神和上级决策部署，深入开展"抓重点、补短板、强弱项"大调研，坚持区级领导带头扎下去，示范带动全区广大党员干部深入挂钩联系点和困难矛盾突出的地方，帮助基层出主意、想办法、解难题。每名副处及以上领导必须结合分管联系工作，确定一个调研专题，自觉带头深入一线开展调研。各单位各部门领导班子必须结合工作职能，确定一个调研主题，全方位、多角度开展调研。围绕调研发现的问题，现场协调、现场指挥、现场接访、现场交办，着力解决一批关系群众切身利益、反映强烈的热点、难点问题。调研结束后，要起草调研情况报告，研究提出解决问题、改进工作的思路和办法措施，召开会议交流调研成果。领导班子成员要在学习调研基础上讲好专题党课，主要负责同志带头讲，党课要突出针对性，讲清自己学习习近平新时代中国特色社会主义思想，特别是习近平总书记关于"不忘初心、牢记使命"重要论述的认识体会，讲清存在的差距和不足，讲清指导实践、推动改进工作的思路措施，讲清悟初心、担使命的感悟，特别是讲清打赢脱贫攻坚战的责任担当。

3. 深入检视问题。要以正视问题的自觉和自我革命的勇气，自觉对照习近平新时代中国特色社会主义思想，深入开展"找差距、查短板"大检视。结合调查研究，通过征求意见会等多种方式，广泛听取基层党员群众、工作服务对象的意见建议。领导班子成员之间、领导班子成员同分管部门负责同志之间要开展谈心谈话，相互听取意见建议。对上级巡视巡察、督查检查、工作考核中反馈的问题和提出的意见进行梳理。按照中央主题教育领导小组《关于在"不忘初心、牢记使命"主题教育中对照党章党规找差距的工作方案》（教组发〔2019〕8号）要求，对照"18个是否"逐条检视反思，召开对照党章党规找差距专题会议。要结合全区发展大局和自身工作实际，在自己找、群众提、集体议、上级点的基础上，从思想、政治、作风、能力、廉政方面认真查摆差距和不足，一条一条列出问题清单，并从主观上、思想上进行剖析，把问题找准找实，特别要找准找实"两不愁三保障"突出问题。

4. 抓好整改落实。要聚焦存在问题，把"改"字贯穿始终，即知即改、应改尽改，深入开展"专项整治"大整改。突出主题教育的实践性，坚持边查边改、立行立改，对调研发现的问题、群众反映强烈的问题、巡视巡察反馈的问题、上级提出的问题和检视查摆的问题，列出清单、逐项整改，以整改成效检验主题教育效果。逐条梳理贯彻落实习近平新时代中国特色社会主义思想、习近平总书记重要指示批示精神和上级决策部署情况，建立工作台账，认真抓好整改。对一时解决不了的问题，要细化整改措施，明确阶段目标，盯住不放，持续整改，确保问题逐项整改到位。

按照中央、省委、市委主题教育领导小组关于开展专项整治工作有关要求，整治对贯彻落实习近平新时代中国特色社会主义思想和党中央决策部署置若罔闻、应付了事、弄虚作假、阳奉阴违的问题；整治干事创业精气神不够，患得患失，不担当不作为的问题；整治违反中央八项规定精神的突出问题；整治形式主义、官僚主义，层层加重基层负担，文山会海突出，督查检查考核过多过频的问题；整治领导干部配偶、子女及其配偶违规经商办企业，甚至利用职权或者职务影响为其经商办企业谋取非法利益的问题；整治选人用人风气不正、导向不明、政治生态不好的问题；整治领导干部利用名贵特产类特殊资源谋取私利的问题等7个方面问题。重点整治"脱贫攻坚中的形式主义、官僚主义和脱贫攻坚责任不落实、作风不深入、驻村扶贫工作队员作用发挥不充分""对群众关心的利益问题漠然处之，空头承诺，推诿扯皮，以及办事不公、侵害群众利益""基层党组织软弱涣散，党员教育管理宽松软，基层党建主体责任缺失""对黄赌毒和黑恶势力听之任之、失职失责，甚至包庇纵容、充当保护伞"4个方面问题。把11个专项整治贯通于主题教育，持续推进，务求实效。要结合实际，有针对性地列出需要整治的突出问题清单，采取项目化方式，逐项推进专项整治，特别是要深入贯彻落实习近平总书记重要批示精神，深刻汲取宣威市海岱镇旧屋村饮水工程问题教训，举一反三抓好脱贫攻坚、民生领域和干部作风突出问题整治。

各乡镇（街道）、区直部门要统筹安排、合理摆布各项措施和工作任务，防止惯性思维和路径依赖，防止"单打一"和顾此失彼，把学和做结合起来，把查和改贯通起来，统筹推动学习教育、调查研究、检视问题、整改落实有机融合、贯穿始终，确保取得实效。主题教育结束前，区级领导班子和乡镇（街道）、区直部门领导班子要召开专题民主生活会，盘点收获、检视问题、深刻剖析，对照整改落实情况，严肃开展批评与自我批评。

（二）认真抓实基层党支部这个基础。各基层党组织要以党支部为单位，结合"两学一做"学习教育常态化制度化，依托"三会一课"、主题党日等进行。

1. 扎实抓好学习教育。组织党员以个人自学为主，原原本本通读《习近平关于"不忘初心、牢记使命"论述摘编》等，领悟初心使命，增强党的意识，坚定理想信念。依托党校、党员干部教育培训基地等，以"万名党员进党校"为抓手，对党支部书记进行1次轮训，重点组织学习习近平新时代中国特色社会主义思想和党中央、省委、市委关于开展"不忘初心、牢记使命"主题教育的部署要求。运用"学习强国""云岭先锋""红色扎西""昭阳党建"等党员教育管理平台，针对不同群体党员的实际，采取"故事党课""微党课"、案例教学、微视频等生动鲜活、喜闻乐见的方式，增强主题教育的吸引力、感染力。通过召开党员大会、支委会、党小组会，组织党员交流学习体会，相互启发提高。党支部书记要讲1次专题党课，或者向所在支部党员报告1次个人学习体会。结合庆祝新中国成立70周年，举行1次以"学习党史、新中国史"为主题的支部主题党日活动。结合昭阳脱贫攻坚实际开展"自强、诚信、感恩"暨"感党恩、听党话、跟党走""践初心、摘穷帽，奔小康、感党恩"教育，汇聚起决战决胜脱贫摘帽的磅礴力量。

2. 扎实抓好检视整改。组织党员对照党章规定的党员条件和义务权利，对照《中国共产党廉洁自律准则》《关于新形势下党内政治生活的若干准则》《中国共产党纪律处分条例》，对照群众提出的意见建议等，查找党员意识、担当作为、服务群众、廉洁自律、作用发挥等方面的差距和不足，一条一条列出问题，一项项整改到位。通过党员先锋岗、党员责任区、设岗定责、承诺践诺等，组织党员立足岗位、履职尽责。通过主题党日，组织党员结合自身实际，至少参加1次志愿服务，为身边群众至少办1件实事好事，以实际行动践行初心和使命。结合专项整治，全面推行"党支部＋"和党建网格化管理等模式，扎实推进易地扶贫搬迁、劳动力转移就业、产业扶贫"三个组织化"工作，对软弱涣散的基层党组织进行全面摸排和集中整顿，努力实现让每一个贫困村都有一个坚强的战斗堡垒、每一户贫困群众背后都站着一名坚定的共产党员，为决战决胜脱贫攻坚夯实组织基础。主题教育结束前，党支部要以"不忘初心、牢记使命"为主题召开一次专题组织生活会，并开展党员民主评议。

五、分类实施

这次主题教育涉及的单位和人员范围广、类型多、数量大、情况复杂。要坚持从实际出发，针对不同层级、不同领域、不同对象特点，科学合理作出安排，改进组织指导方式，保证学习教育全覆盖，增强主题教育效果。

（一）区级领导班子和乡镇（街道）、区直部门领导班子要围绕做好稳增长、促改革、调结构、惠民生、防风险、保稳定等工作，着眼贯彻落实习近平总书记对云南工作重要指示精神和省委、市委对昭阳区提出的工作要求，围绕推动解决改革、发展、稳定突出问题、脱贫攻坚方面突出问题、党的建设面临紧迫问题、群众和企业急难愁盼问题等开展主题教育。乡镇（街道）和窗口部门要重点解决贯彻落实党中央决策部署和服务群众"最后一公里"问题，各单位、各部门要聚焦精神不振、能力不足、作风不实和漠视群众利益等问题检视整改。

（二）基层党组织要结合实施"基层党建创新提质年"，以党支部标准化、规范化建设为统领，着力解决组织体系不健全、基层党组织软弱涣散、党员教育管理宽松软、主体责任缺失、组织力不强、政治功能发挥不好等问题。机关基层党组织要重点解决机关党建"灯下黑"和形式主义、官僚主义问题，全力推动机关和干部作风大转变、大提升，促进机关沉下去、基层动起来。村（社区）要聚焦脱贫攻坚、乡村振兴、基层治理、服务群众等找差距、抓落实。中小学校要围绕"云岭红烛·育人先锋"创建，重点解决师德师风和教育教学方面的突出问题。非公有制经济组织和社会组织要下大力气把党的基层组织建立起来、把党员组织起来、把党的工作开展起来、把职工群众凝聚起来。对流动党员，采取线上线下相结合的方式，依托在外流动党支部组织参加主题教育。对年老体弱党员，可采取送学上门等方式组织参加学习教育。

要充分发挥行业系统主管部门对本行业本系统的指导作用。乡镇（街道）、区直单位开展主题教育由区委主题教育领导小组负责指导，区直单位所属单位由主管部门负责指导。各级非公有制经济组织和社会组织党工委、教育党工委、卫健局党委、驻昆流动党员管理党工委要加强非公有制经济组织、社会组织、中小学校、医院、流动党员党组织主题教育的指导。对干部实行垂直管理或者以行业为主管理的单位，要加强对参加主题教育下属单位的指导。条块结合，防止出现"块块管不了、条条管不到"的脱节现象。

六、组织领导

全区主题教育在区委常委会领导下开展。各单位各部门要把主题教育作为一项重大政治任务，加强领导、精心组织，以高度的政治责任感抓实主题教育，确保取得实效。主题教育结束后，各乡镇（街道）、区直部门要对主题教育进行总结，及时将总结报区主题教育办公室，持续用力抓好整改措施的落实，建立长效机制，巩固好主题教育成果。

（一）压实工作责任。成立区委"不忘初心、牢记使命"主题教育领导小组，下设办公室负责日常工作。发挥领导小组成员单位职能作用，形成齐抓共管合力。各乡镇（街道）、区直部门要成立相应的领导机构和工作机构，制订工作方案。党委（党组）主要负责同志要履行第一责任人责任，班子成员要履行"一岗双责"。领导机关、领导干部首先要抓好自身的教育，发挥"关键少数"以上率下作用，防止只抓下级、不抓自身。各级党组织书记要带头学、带头改、带头抓，推动主题教育取得实实在在成效。

（二）强化督促指导。区委向各乡镇（街道）、区直部门派出巡回指导组指导开展主题教育。巡回指导组要坚持原则，从严从实加强督促指导，全程参与指导主题教育，及时发现和解决问题，推动中央和省市区委部署要求落地见效。巡回指导组要对被指导单位主题教育的效果进行评估，坚持过程评估与结果评估相结合，注意听取群众评价，对主题教育开展情况、采取措施和取得成效进行定量定性评估。

（三）加强宣传引导。要加强正面宣传和舆论引导，充分运用主流媒体和新兴媒体，深入宣传习近平总书记关于主题教育的重要讲话和重要指示批示精神，深入宣传上级部署要求，及时反映主题教育进展情况和实际成效。总结宣传秉持理想信念、保持崇高境界、坚守初心使命、敢于担当作为的先进典型，注重用身边事教育身边人。要把开展主题教育同树立正确用人导向结合起来，及时选拔使用忠诚干净担当的好干部。

（四）巩固教育成果。要总结运用开展主题教育的成功经验持续抓好学习，推动学习贯彻习近平新时代中国特色社会主义思想往深里走、往心里走、往实里走。要对主题教育情况进行自查评估，并开展整改落实情况"回头看"，对基本完成的要持续抓好巩固提升，对尚未完成的要明确责任、跟踪推进，对效果不理想、群众不满意的要"回炉""补课"，防止整改落实成为"半拉子"工程，确保主题教育取得实效。

（五）力戒形式主义。坚持主题教育与各项工作有机衔接、相互促进、良性互动，把主题教育同坚决打赢脱贫攻坚大决战、锻造新时代昭阳铁军、开展扫黑除恶专项斗争、加快高质量跨越发展结合起来，防止"空对空"，避免"两张皮"。把坚决防止形式主义贯穿主题教育全过程、落实到各方面，学习教育不对写读书笔记、心得体会等提出硬性要求；调查研究要防止为调研而调研，不搞"作秀式""盆景式""扎堆式"调研；检视问题不大而化之、隔靴搔痒，不避重就轻、避实就虚，不以工作业务问题代替思想政治问题；整改落实不能口号喊得震天响、行动起来轻飘飘，不虎头蛇尾、久拖不决。严格贯彻中央"基层减负年"和市委、区委精文简会相关要求，防止简单以发文、开会等方式推进主题教育。对搞形式、走过场的，要严肃批评，通报曝光，促其改正。

中共昭阳区委办公室　昭阳区人民政府办公室
关于印发《昭阳区脱贫摘帽冲刺 60 天行动方案》的通知

各乡镇、街道党（工）委、政府（行政），区委各部委办局室，区级国家机关各委办局，区直各人民团体和企事业单位，中央、省、市驻昭阳区单位：

经区委、区政府同意，现将《昭阳区脱贫摘帽冲刺 60 天行动方案》印发你们，请认真抓好组织实施。

中共昭阳区委办公室

昭阳区人民政府办公室

2019 年 10 月 28 日

昭阳区脱贫摘帽冲刺 60 天行动方案

为全面贯彻落实中央、省、市脱贫攻坚决策部署，加大精准帮扶力度，提升脱贫质量，确保实现今年全区整体高质量脱贫摘帽目标，结合昭阳实际，特制定此方案。

一、指导思想

以习近平新时代中国特色社会主义思想为指导，深入学习贯彻习近平总书记关于扶贫工作重要论述和在重庆召开的解决"两不愁三保障"突出问题座谈会上的重要讲话精神，认真落实党中央、国务院和省、市党委、政府关于打赢脱贫攻坚战的决策部署，全面压实区、乡、村、组四级干部责任，动员号召全区上下发扬连续作战作风，冲刺 60 天，兑现军令状，坚决夺取高质量脱贫摘帽的全面胜利。

二、工作目标

按照人均纯收入 3750 元的底线标准，坚持"人人过关、户户过关、村村过关、事事过关"的原则，全面推进责任落实、政策落实和工作落实，实现年度精准脱贫 9979 户 42211 人以上，70 个贫困村全部出列；实现危房清零、义务教育辍学清零、"一有两无家庭"清零和所有问题清零；实现全区漏评率为零、错退率为零，确保 11 月 30 日前住房安全有保障 100%，饮水安全保证率 100%，医疗保障率 100%，教育保障 100%，交通、电力、广播电视、网络宽带、医疗设施、活动场所达标率 100%，群众认可度达95% 以上，各项"摘帽"指标高质量达标，完成摘帽退出申报程序并顺利通过验收。

三、工作任务

（一）聚焦党建引领，打赢组织建设持久战。紧扣"抓党建促脱贫"主题，以"不忘初心、牢记使命"主题教育为契机，把脱贫摘帽作为主题教育的重要实践载体，作为主题教育的生动课堂，作为检验"四个意识""四个自信""两个维护"的试金石，为顺利实现脱贫摘帽提供坚强的组织保障。整顿提升23 个软弱涣散村（社区）党组织，集中整顿 16 个村（社区）党组织，巩固"整乡推进、百村示范、千组晋位"三级联创工作成果，巩固 87 个党建示范点创建质量；持续推进"万名党员进党校"、青年人才党支部建设等工作，不断增强基层党组织的创造力、凝聚力、战斗力。通过党建引领，进一步激发广大党员干部创先争优、干事创业热情，树立广大党员干部为民、务实、清廉、高效的良好作风，为全区脱贫摘帽提供坚强保证。（牵头领导：耿礼俊；责任单位：区委组织部，各乡镇、街道）

（二）聚焦对象精准，打赢漏评、错退清零战。组织干部对贫困户的"每一户、每一人、每一年、每一项"信息及帮扶措施进行核查校准，尤其对贫困户的致贫原因、脱贫时间、帮扶措施进行综合研判，清零错退、漏评，严控综合贫困发生率，确保"三率"达标。一是清零漏评。以村、组为单位，以户为工作单元，重点排查低保户，特困供养户，重病户，残疾人户，独居老人户，无劳动力户，民办高校生户，居住C、D级危房户，受灾户等9类对象，对达不到"两不愁三保障"标准的农户，要按照程序及时纳入帮扶，杜绝漏人漏户。二是清零错退。充分利用脱贫人口"回头看"工作成果，对因病、因灾和突发事件等导致家庭陷入经济困难的脱贫户，各乡镇（街道）要及时与相关部门对接，采取超常规手段及时帮扶，确保达到户脱贫各项指标要求。对预脱贫户，要严格把好入户信息采集、核实、达标认定关口，精准锁定"5项"指标全部达标对象，并严格执行贫困退出程序，杜绝因程序不到位造成错退，杜绝"算账脱贫""数字脱贫""虚假脱贫""被脱贫"现象。（牵头领导：费忠平；责任单位：区扶贫办等相关部门，各乡镇、街道）

（三）聚焦重点任务，打赢"两不愁三保障"突出问题歼灭战。

1. 全面落实增收举措。对收入不达标的建档立卡贫困户，通过安排公益岗位、引导就业、产业扶持等措施，实行分类施策，增加收入来源。一是将符合低保纳入标准的，依程序认定为低保对象进行保障。二是11月底前，全面落实生态护林员、殡葬信息员、乡村公共服务、城区服务行业、产业基地和季节性用工岗位、乡镇扶贫车间、昭阳扶贫产业园区、区外岗位等八类岗位人员工资和兑现稳岗补贴、交通补助。三是确保11月底前资产收益项目资金分红全面落实。四是全面推进转移就业扩面提效。重点聚焦易地搬迁户安置就业、"一有两无"家庭就业、建档立卡劳动力转移就业三类群体，提供就业岗位，引导、帮助有意愿的农村贫困劳动力在11月底前实现转移就业。（牵头领导：周祥、费忠平；责任单位：区人社局、区搬迁安置局等相关部门，各乡镇、街道）

2. 全面实现危房清零。一是严格按照"以房找人、以户找房""危房不住人、住人不危房"要求，横向到边、纵向到底，全面普查清楚危房存量，做到不漏一户、不漏一人。二是对6387户"五不改"对象进行分类处置，必须在11月底前实现清零，有效提升脱贫攻坚成色。三是全力抓好竣工入住，加快推进危房改造扫尾工作，必须在10月底前实现四类重点对象和非四类重点对象全部竣工入住。四是全力完成拆危工作。严格一户一宅政策落实，按照"应拆尽拆"的要求，全面拆除"一户多宅"、易迁旧房、"农危改"存量危房，确保在10月底前完成拆除整治工作。五是全面完成标识牌贴挂工作。全面复核已贴挂的标识标牌，确保贴挂准确、规范。对确需保留的生产、生活辅助用房，严格按照"户申请、村评议、乡审批"的程序进行审定备案，10月底前完成标识标牌张贴。六是及时兑现补助资金。全面开展督查检查和验收，及时将补助资金兑付到实施农户。七是全面完成档案整理。区危改办要建立2014年至2019年危改到户总台账、四类重点对象分类别总台账、非四类重点对象危改总台账；各乡镇（街道）要按照"一户一方案""一户一档"要求，完善农村危房改造档案。（牵头领导：刘兴发、陶思茂；责任单位：区住建局等相关部门，各乡镇、街道）

3. 全面实现失学辍学清零。一是全面落实教育扶贫资助政策，确保不因贫困而辍学。二是做实劝返保学工作。坚持摸清家底、依法处置、规范责任、动态管理"四步走"，确保10月底前全部劝返复学。运用"四种劝返"精准施策：按照《中共昭阳区委办公室 昭阳区人民政府办公室关于进一步做好昭阳区打赢2019年控辍保学攻坚战失学辍学学生包保劝返工作的通知》（昭区办通〔2019〕102号）要求，落实包保责任，突出建档立卡户劝返重点，运用上门劝返、面访劝返、情感劝返、跟踪劝返"四种劝返"手段，持续深入做好劝返复学工作。落实"四个步骤"依法处置：对拒不送适龄儿童少年入学的监护人，10月底前严格按照"下达责令送被监护人接受义务教育通知书、行政处罚决定书、行政处罚决定催告书、申请强制执行或提起诉讼"等程序依法处置。实施"四个一批"分类安置：根据失学辍学时间长短、个人学习情况、家庭情况等实际，按照实事求是和充分尊重学生意愿原则，实施"四个一批"进行分类安置。即：原籍随班就读一批，流入地协助就读一批，义务教育和职业教育融合就读一批，送教上门就读一批。（牵头领导：柯大林；责任单位：区教育体育局等相关部门，各乡镇、街道）

4. 全面实现健康扶贫全覆盖。一是全面完成新生、嫁入、户口迁移等人员动态管理工作，确保11月底前建档立卡贫困群众100%参加城乡居民基本医疗保险和大病保险。二是积极引导建档立卡贫困人口规范转诊转院，合理享受医疗保障待遇。三是实现区、乡、村三级医疗卫生机构达标。重点加强村标准化卫生室建设，确保10月底前完成，并按标准配齐相关医疗器械和常用药品，配强村医，保障正常运转。四是全面实施大病救治、慢病管理、重病兜底保障，专项救治32种大病。五是做实做细慢病签约服务，优先签约服务重点人群和重点病种，签约一人、履约一人、做实一人。六是全面实行定点医疗机构"先诊疗后付费"和"一站式"即时结报，让贫困群众实现"方便看病"。（牵头领导：柯大林；责任单位：区卫健局、区医保局等相关部门，各乡镇、街道）

5. 全面实现饮水安全有保障。一是加快推进饮水工程项目建设，10月底前全面完成农村饮水安全巩固提升项目和补短板项目，确保水量、水质、用水方便程度、供水保证率达标。二是加强动态监测，强化运行管理。针对农村饮水安全点多面广、动态变化情况，特别是资源型、工程型缺水，要建立常态化饮水安全问题收集反馈机制，及时修复工程性损坏、自然灾害损毁的水利设施，确保工程运行正常。三是加强水质检测，实现全覆盖，确保11月底前全面完成。（牵头领导：张兴；责任单位：区水务局、区卫健局等相关部门，各乡镇、街道）

（四）聚焦"搬得出、稳得住"，打赢易地扶贫搬迁冲刺战。一是加速推进安置房建设。按照市委"决不允许图纸分房、工地搬迁"等要求，把指挥部推进到每一栋楼层、把工作抓实到到每一个细节、把任务压实到每一工人，督促施工单位投资、投人、投物，在保安全、保质量的前提下，连轴运转、昼夜施工，确保红路二期安置房11月底前全部达到入住条件并完成竣工验收，靖安安置区一期安置房10月底前完工、二期安置房12月底前完工，并同步完成室内外装修。二是加快配套基础设施建设。永丰安置点配套道路建设、沿街商业、扶贫车间、蔬菜大棚及配套设施必须在10月底完工；红路安置点配套道路、沿街商业、扶贫车间等配套设施，必须在11月30日前投入使用；靖安安置区学校、医院，必须在2020年1月底完工。6个卫生室必须与安置房同步建成并投入使用；"一水两污"、燃气必须在11月底建成；市政道路等配套设施必须与安置房同步建成，并投入使用。三是分类制定完善处置利用方案，采取有序流转、入股合作社、实施退耕还林、代耕代种、租赁、寄养代养等方式盘活耕地、林地、宅基地"三块地"资源和生产生活资料，实现资源、资金增值，增加群众收益。四是全面完成搬迁入住。11月10日前，要收取同步搬迁户60%的总房款（含补助资金和保证金），实现红路一期、永丰安置点10月底前全部搬迁入住；红路二期12月底前全部搬迁入住；靖安安置区，11月10日至11月20日，所有搬迁对象同步分房。11月30日前，全力完成标注工作。12月陆续组织搬家，确保2020年春节前后实现真搬实住。（牵头领导：陶毅、周祥、费忠平、邓发奎；责任单位：靖安新区指挥部、区搬迁安置局等相关部门，涉及易地扶贫搬迁任务的乡镇）

（五）聚焦产业发展，打赢产业培育高质量发展持久战。一是全面完成产业扶贫项目扫尾工作。对已批复的产业项目，加大项目实施和资金监管，确保在10月底前按批复内容实施完成。二是进一步完善利益联结机制，建立完善"双绑定"利益联结机制，有效发挥企业、合作社等减贫带贫作用。全面梳理农民专业合作社覆盖带动的贫困户情况，农业社会化服务组织、公司、企业覆盖带动的贫困户情况，种养大户、致富带头人带动的贫困户情况，精准锁定对象信息，为扶贫对象动态管理信息录入"是否参加农民专业合作社、是否有龙头企业带动、是否有创业致富带头人带动"奠定基础。三是全面完成资产收益项目分红。涉及入股苹果种植、马铃薯种植、肉牛养殖等资产收益扶贫项目，必须在11月底前完成资产收益分红。四是坚持"一县一业、一村一品"的发展思路，全面落实产业培育的主抓部门、标准化基地建设的责任领导、产业到村到户到地块的管理技术队伍和村产业指导员，以强有力的责任体系强化产业的网格化、标准化、精细化管理。（牵头领导：周祥、费忠平、张兴、安启能；责任单位：区农业农村局、区搬迁安置局等相关部门，各乡镇、街道）

（六）聚焦全面走访，打赢帮扶成效提升攻坚战。以"四个讲清楚"（把扶贫政策和本义给群众讲清楚，扶贫成效给群众讲清楚，把收益情况给群众讲清楚，把未来预期给群众讲清楚）为要求，以"四个不放过"（脱贫成效不达标的不放过，政策落实不到位的不放过，群众对帮扶措施不了解的不放过，群众对帮扶工作不认可的不放过）为标杆，全面开展大走访活动，有效提升群众认可度。一是各乡镇（街道）战区第一指挥长、副指挥长、乡镇（街道）党（工）委书记、乡镇长（行政主任）、挂包部门主要领导必须到村到户开展"五查五看一感恩"走访工作，12月底前完成建档立卡贫困户的全覆盖走访。根据走访发现的问题，对整改落实情况适时开展回访。二是各挂包干部每月必须到所挂包的群众家中开展走访，要按照《中共昭阳区委关于开展脱贫攻坚集中入户的通知》（昭区委通〔2019〕13号）的要求，切实做到同吃同住同劳动、"住两晚"（挂包干部每月入户住在群众家里不得少于2晚）、"三个一"（宣传1次政策，激励群众自强奋进、争先脱贫；打扫1次卫生，提升生活环境质量，养成良好个人卫生习惯；同吃1桌饭，增进干群关系）、"四必须"（必须带领群众学懂学好政策，必须分析研判综合情况，必须认真抓实脱贫攻坚阶段工作任务，必须将发现的问题及时反馈村"两委"）。三是驻村单位分管负责人、驻村工作队长（第一书记）、乡镇（街道）挂村干部、村三委干部12月底前完成遍访全村所有农户。与农户进行深入交流，耐心做好扶贫政策宣传，化解矛盾纠纷，加强正面激励引导。（牵头领导：费忠平；责任单位：区委办、区委组织部、区扶贫办等相关部门，各乡镇、街道）

（七）聚焦生产生活方式的根本性转变，打赢农村人居环境整治提升人海战。一是按照《昭通市开展"百村示范、万村整治"行动全面实施乡村振兴战略工作方案》（昭发〔2018〕8号）要求，加快推进特色示范型村庄和干净整洁型村庄建设。二是抓农村人居环境整治。以"三清一改一提升"为重点，有序推进行政村规划、自然村规划，全力推进农村生活垃圾治理、农村生活污水治理、农村"厕所革命"，推进清"五堆"（草堆、柴堆、粪堆、沙土堆、石堆）建"三园"（菜园、花园、果园）行动，全面提升路域环境，做到"四无"（村内及周边无垃圾堆放、无污水横流、无杂物挡道、无断垣残壁）、"一规范"（日常生产生活用品堆放规范有序）、"一眼净"（一眼看去主次干道两侧环境干净），达到人居环境I档标准。三是建立长效管理机制。以村为主体，积极探索建立垃圾收集、转运、处理、保洁等制度，强化日常监管，根本解决垃圾乱扔、污水乱倒、粪便乱排等突出问题。四是要把提升人居环境和拆旧拆危相结合，加快实施退耕还林还草工程，着力推进复垦复绿，拆除一户，复垦复绿一户。（牵头领导：刘兴发、陶思茂；责任单位：区人居办、区综合执法局等相关部门，各乡镇、街道）

（八）聚焦数据精准，打赢数据关联闭环清零战。一是做实扶贫对象动态管理和贫困退出工作。严格按照昭阳区扶贫开发领导组《关于印发昭阳区2019年度扶贫对象动态管理工作实施方案的通知》（昭区扶组发〔2019〕63号）要求，严把时间节点，严格执行标准程序，紧扣"扶贫对象动态调整和标注，扶贫对象信息采集、更新和录入，边缘户摸底和信息采集录入，脱贫监测户的摸底和标注，建档立卡数据核实核准"5项工作内容，按照工作步骤，高标准、高质量完成扶贫对象动态管理和贫困退出工作。二是全力推进数据闭环。相关行业部门要对本行业信息数据的真实性、准确性负责，要全力组织开展本行业系统数据清理，要会同区扶贫办及相关职能部门对系统数据进行筛查、比对、核实、录入和数据清洗，确保各行业部门数据信息和全国扶贫开发信息系统数据实现闭环。三是各行业部门在10月底前要认真梳理建档立卡贫困户历年帮扶措施项目信息，精准关联到户到人，提供各乡镇（街道）；各乡镇（街道）负责将帮扶措施、结对帮扶关系、帮扶责任人等信息准确录入全国扶贫开发信息系统。（牵头领导：费忠平；责任单位：区扶贫办等相关部门，各乡镇、街道）

（九）聚焦各类问题，打赢问题整改清零战。严格按照问题整改要求，结合"不忘初心、牢记使命"主题教育活动，全面开展问题排查清理，深刻检视存在的问题和不足，主动担责抓整改、较真碰硬抓整改、举一反三抓整改，切实做到问题不查清不放过、整改不到位不放过、责任不落实不放过、群众不满意不放过，确保问题逐项逐个销号，见人、见事，事清、事了，不把问题带入"考场"。要倒排工期，查漏补缺，做到"两个掌握"，即全面掌握整改问题数量、掌握好问题原因，对症下药、精准整改，确保各级巡察督查发现问题整改条条改到位、件件有着落。决不能将整改落实只停留在总结报告汇报材料上，必须拿出"绣花功夫"来面对问题、解决问题、兑现承诺。确保 10 月底前，中央脱贫攻坚专项巡视反馈问题有整改时限要求的要全部清零，脱贫攻坚考核评估前，各级各类问题要全部清零。（牵头领导：周祥、费忠平；责任单位：区扶贫办、区人社局、区住建局、区搬迁安置局、区民政局、区卫健局等相关部门，各乡镇、街道）

（十）聚焦群众诉求，打赢信访舆情管控清零战。一是做好信访处置。按照"谁管辖谁负责、谁主管谁负责"的原则，加强扶贫领域信访问题收集和研判，排查信访苗头、矛盾纠纷，抓好源头化解、管控；要及时受理群众举报，耐心做好群众政策宣传和思想教育工作，定人定责限时处置矛盾纠纷，依法依规妥善解决群众合理诉求，确保处置措施及时落实到位。二是稳步推进"云南扶贫通"手机 APP 运用。由区扶贫开发领导组办公室牵头，各乡镇（街道）、村（社区）统筹，各挂包干部负责，组织农户注册运用"云南扶贫通"手机 APP 程序；各乡镇（街道）、相关行业部门要按照职能职责开展政策法规梳理、公示公告上传及意见建议解答等工作。（牵头领导：李文明；责任部门：区信访局、区扶贫办等相关部门，各乡镇、街道）

（十一）聚焦宣传培训，打赢政策宣传普及战。一是深入学习宣传习近平总书记关于扶贫工作的重要论述，紧紧围绕推进实施精准扶贫精准脱贫基本方略，组织开展系列脱贫攻坚典型经验和先进事迹宣传报道，展示脱贫成果，营造浓厚的脱贫摘帽氛围。二是加强脱贫攻坚政策宣传和培训，编制印发脱贫攻坚政策宣传资料，采取召开院坝会议、村民小组会议，入户走访，广播电视、网络等形式开展扶贫政策宣传、普及。区、乡、村干部和驻村扶贫工作队员要掌握扶贫政策，了解村情、民情、贫情，熟悉建档立卡贫困户致贫原因、到人到户精准帮扶措施和帮扶成效。区、乡人大代表、区政协委员应知晓扶贫政策，熟悉脱贫攻坚工作。三是严格执行区、乡、村三级项目资金公告公示，对资金安排、项目建设、收益对象等情况全面公开，主动接受群众的监督。四是通过颁发"脱贫光荣证"等措施，引导贫困群众增强进取意识、求富意识，激发贫困群众内生动力，提升群众认可度。（牵头领导：沈洋；责任单位：区委宣传部、区融媒体中心、区扶贫办等相关部门，各乡镇、街道）

（十二）聚焦迎检工作，打赢考核验收工作攻坚战。一是规范档案管理。按照《昭阳区扶贫开发领导组关于进一步规范昭阳区脱贫攻坚档案台账的通知》（昭区扶组字〔2019〕65 号）精神，进一步规范区、乡、村脱贫攻坚档案台账。各行业部门、各乡镇（街道）要切实履行脱贫攻坚档案管理主体责任，负责做好本部门、本乡镇（街道）脱贫攻坚档案整理工作，确保建档立卡贫困对象精准识别、帮扶过程、脱贫退出等文书档案资料的完整性、准确性、一致性。所有脱贫攻坚档案台账资料务必在 2019 年 11 月底前完成。二是建立完善佐证资料。按照《昭阳区脱贫攻坚指挥部关于印发〈脱贫攻坚佐证资料收集整理工作方案〉的通知》（昭区脱指发〔2019〕54 号）要求，各级各部门要及时组建佐证工作组，逐级压实工作责任，紧盯疑似错退户和疑似漏评户等重点对象，围绕"两不愁三保障"达标情况，主要佐证人口、住房、收入、饮水、教育、医疗、产业、低保、养老保障等方面情况，在 11 月底前分类建立、归档佐证资料，并确保佐证资料的真实性、合法性。三是高质量完成相关材料。区级层面，要在 12 月底前，完成脱贫攻坚总结材料、经验典型材料、专题片制作等工作，全面展示全区扶贫开发成效。行业部门层面，围绕责任落实、政策落实、工作落实，组织撰写行业扶贫工作情况报告，认真总结提炼典型经验。要在 11 月底前，完成相关政策文件收集整理，分年度、分措施、分项目建立工作台账。四是分批、分层组织开展培训及模拟访谈。区级层面，12 月底前完成区乡村干部、与"两不愁、三保障"紧密联系的行业部门负责人、人大代表、政协委员等相关人员的全覆盖培训及模拟访谈。乡级层面，12 月底前完成村组干部、驻村工作队员、引路员的集中培训和实地模拟演练培训，让他们全面掌握村情、基础设施、房屋安全、增收产业、教育扶贫、健康扶贫、社会保障和集体经济等情况，做到清清楚楚、脱口而出、"一口清"，确保考核评估时发挥好作用。（牵头领导：周祥、费忠平；责任单位：区扶贫开发领导组办公室，区直各部门，各乡镇、街道）

四、工作步骤

（一）全面排查（10 月 21 日—10 月 31 日）。排查工作由乡镇战区第一指挥长统一组织，挂包单位一把手及结对帮扶干部全程参与，乡镇党委政府具体负责，以乡镇挂村职工、驻村工作队、村"三委"干部为主体，对照户脱贫、村出列、区摘帽的标准和要求，突出"十查"重点（见附件），开展为期10天的排查行动。对排查出来的问题逐一建立问题台账，研究制定整改措施，明确整改时限和责任人，边查边改、立行立改。

（二）集中攻坚（11月1日—11月10日）。在全面排查的基础上，对标"户脱贫、村出列"的标准，利用10天的时间进行集中攻坚，确保在市级验收启动前，年度拟脱贫户全部达到脱贫标准，70个未出列贫困村全部达到出列标准。

（三）集中整改（11月30日前）。针对排查出的问题和集中攻坚期间尚未落实到位的难点问题，结合各级各类督查、检查、巡查等发现的问题，举一反三、全面整改，确保在11月30日前，实现村村达标、户户达标、人人达标、事事达标，达到"敞开山门迎检"的目标。

（四）集中迎检（12月1日—考核验收结束）。按照《昭阳区迎接2019年度扶贫开发工作成效考核暨脱贫摘帽专项评估检查总体工作方案》要求，由区扶贫开发领导小组负责调度、部署全区脱贫摘帽迎检工作。全区各级各部门全面参与，优化迎检环境，确保有序迎检。

五、保障措施

（一）全面压实工作责任。按照"谁主管谁落实""谁联系谁包干""谁管辖谁负责"的原则，横向建立健全部门、驻村帮扶及结对帮扶、督察督战责任机制，纵向压实区、乡、村三级责任体系。压实区级领导责任。全面压实区级领导行业扶贫分管负责制、挂乡盯村责任制、入户包保责任制。各区级领导要对照《昭阳区脱贫摘帽问题排查工作清单》关于"十查"的要求，逐单位、逐村发现问题、解决问题，并对所挂包乡镇、分管部门的摘帽验收负组织领导责任。压实区直单位责任。区直单位主要负责人对单位行业扶贫、驻村帮扶工作队帮扶、结对帮扶责任人入户走访工作履行第一责任人责任。一方面对本部门行业扶贫工作任务和政策落实进行认真排查、扎实整改，围绕户脱贫和村出列标准，组织开展达标认定，出具《脱贫出列达标认定意见书》，确保如期高质量完成任务。另一方面要对照驻村帮扶、结对帮扶工作和走访要求，合理安排力量和时间组织干部进村入户开展排查，及时发现问题，督促问题整改，确保全村无漏评、无错退、无信访矛盾纠纷，顺利通过考核验收。压实乡镇党政责任。乡镇党委书记、乡镇长为辖区脱贫攻坚第一责任人，要统筹解决好辖区内脱贫攻坚存在的问题和困难，要对辖区内驻村结对帮扶干部责任落实情况进行督促；要对辖区内贫困村、贫困户的"脱贫达标"负责，确保村村、户户、人人、事事达标，确保扶贫项目建设符合标准，扶贫资金管理安全有序，确保脱贫出列验收合格。压实驻村工作队的责任。各驻村工作队要严格按照省、市、区的要求开展驻村工作，大力宣传脱贫攻坚成效，及时发现问题，对接协调解决问题，与"村两委"密切配合，确保各项扶贫政策落实到位。压实"村三委"的责任。村支部书记为本村脱贫攻坚第一责任人，要在遍访农户的基础上，全面宣讲政策、落实政策，发现问题，协调解决问题。要确保扶贫项目和扶贫资金管理规范，确保全村无漏评、无错退，信访矛盾纠纷全部化解，顺利通过脱贫出列验收。压实结对帮扶干部责任。中央和省、市、区、乡结对帮扶干部都必须按要求完成结对规定动作，按照"四同四到"（与群众同学政策、同商家事、同理家务、同做家宴，腿要走到每家每户、嘴要讲到政策措施、耳要听到真实声音、脑要分析研判到综合情况）要求，做深做细群众工作，发现问题要及时上报，协调对接政策落实，确保帮扶对象稳定达到脱贫标准，确保人口信息准确、收入核实无误、政策落实到位，确保户主签字真实、到户资料等台账规范，确保帮扶对象对政策标准了解，对帮扶成效满意，对脱贫退出认可。压实督察督战责任。由区纪委监委牵头，区委组织部、区委督查室、区政府督查室、区扶贫办参与，对脱贫攻坚摘帽工作进行全过程、全方位、常态化、无禁区的督查、巡察。对发现的问题及时反馈，并形成问题清单，明确整改责任人，提出整改意见，派单限期整改，定期跟踪落实。

（二）全面落实工作举措。按照"一切工作围绕脱贫摘帽、一切工作服从脱贫摘帽，一切工作服务脱贫摘帽"的要求，抓重点、补短板，促进度、提质量，重细节、零遗漏，实施"五个一线"行动。区级领导向一线集结。按照处级及以上领导挂乡盯村的要求，实行处级领导驻乡镇抓脱贫摘帽工作责任制，第一指挥长每月驻乡镇时间不少于 10 天，每周调度一次所驻乡镇脱贫摘帽工作，每 10 天向区委政府报告工作；副指挥长（处级领导）每月驻村时间不少于 15 天，每月 15 天的时间统筹抓好其他工作，每周调度一次所挂包村（社区）脱贫攻坚工作。挂包力量向一线下沉。除公检法部门外，所有区直部门除 1 位班子成员和 20% 干部职工留守单位处理日常事务外，其余班子成员和 80% 的干部职工要全部下乡到村开展脱贫攻坚工作，区直部门主要负责人担任村级脱贫攻坚指挥所指挥长，每月驻村时间不少于 15 天，每周调度所挂包村脱贫摘帽工作不少于 1 次，每周向乡镇和区扶贫开发领导组办公室报告工作。乡镇力量向一线坚守。各乡镇党政主要领导对辖区脱贫攻坚工作负总责，要充分发挥主体责任作用，在确保政策、项目、资金、力量全面落实的同时，围绕"两不愁、三保障"目标，按照户脱贫、村出列标准，对标对表、查缺补漏，确保每个村、每一户都能达到脱贫出列要求。乡镇党委政府包村领导每月驻所分管联系村时间不少于 25 天，不得走读、必须驻村开展工作。乡镇挂包户干部每月开展 2 次入户走访，保证 15 天时间驻村开展工作。班子成员、村组干部要严格落实冲刺行动要求，常态化开展自检自查，深挖问题和不足，抓好整改、补齐短板。驻村工作队向一线驻扎。驻村工作队员要将所有精力全部扑在户脱贫、村出列上，全力推进脱贫措施的落实，每月驻村不少于 25 天，村三委班子要定期开展"三讲三评"活动（驻村扶贫工作队员讲帮扶措施，评帮扶成效；村组干部讲履职情况，评工作成效；建档立卡贫困户讲脱贫情况，评内生动力），必须要做到户户清、门门清、一口清。工作重心向一线聚焦。要严格落实中央"基层减负年"要求，切实精简会议、文件和检查，除中央、省、市会议和区委、区政府组织召开会议、脱贫摘帽专项调度会议，以及省市要求的督查检查外，区内其他会议一律暂停。脱贫摘帽冲刺阶段，区委、区政府每 15 天召开一次工作调度会安排督促落实各项工作。同时，要加强领导干部外出请销假、报备等纪律要求，除特殊情况外，一律不得请假和外出考察学习。

（三）全面强化纪律保障。脱贫摘帽是当前全区最大的政治，是检验每一名党员干部守初心、担使命的试金石，必须以严实的作风抓落实。坚决执行《中共昭阳区委关于 2019 年脱贫出列摘帽加强干部作风建设的决定》和"红黄牌"制度，无论任何环节、任何部门、任何人出现问题，影响到全区脱贫摘帽验收，将进行严厉追责，绝不留情。一是严明战时纪律。即严格实行"五个一律"：对因工作不力，导致我区在脱贫摘帽中，因户退出、村出列不达标影响整区脱贫摘帽的，一律实行"一责三问"，在问责直接责任和领导责任的同时，严格问责区镇两级督战责任。对科级干部该免职的、该撤职的、该退回的，一律按战时纪律执行；对一般干部该辞退的、该开除的、该解聘的，一律从重从严处理；对村支部书记该免职的、该撤职的，对村委会主任该依法依规罢免的，对区上部门派到镇村从事扶贫工作的干部违纪违法的，一律严肃追究到位；对纪检监察干部执纪不严、监督不力的，一律先免职再处分，并按干部退回管理制度予以退回。二是精准刚性问责。重点有九个，即：上级专项巡视、检查考核反馈问题整改不到位的；对区委区政府安排的工作打折扣、做选择、搞变通的；办理群众重大信访问题不力的；退出指标不达标的；数据信息不准确的；扶贫工程质量有问题的；群众认可度不达标的；因工作不力，媒体负面报道造成不良影响的；形式主义、官僚主义，弄虚作假、欺上瞒下的，一律从重从快严肃追责问责。三是强化督查督战。纪委监委督战工作必须逼真碰硬，采取明察暗访结合、定期与随机抽查结合、全面与重点检查结合、常态化点穴监督结合等方式，全面加大问题发现、督促整改等工作力度，每期的督战通报不得出现"有的""个别"等模糊字样，必须具体到单位、具体到人头、具体到事情；要强化职能部门监督，对移送的问题线索，必须快速受理、高效处置；对扶贫领域腐败和作风问题案件直查直办，对性质恶劣、情节严重的要提级办、直接办，让影响整区脱贫摘帽的人付出沉重代价。

（四）全面健全工作机制。实行问题报告机制。脱贫摘帽冲刺阶段，领导组坚持 15 天一研判工作机制，指挥部、行业部门和乡镇均实行一周一调度、一周一研判工作机制，对工作中存在的问题，各级各部门要采取有效措施，积极整改处置到位。对确实无法在本级解决到位的问题，村级向乡镇党委政府报告；乡镇向联系乡镇区级领导、职能部门报告；职能部门向脱贫攻坚指挥部或领导组报告，直到问题解决为止。督查发现问题报告不及时、报告后问题解决不及时的，对相关责任人予以通报批评；问题性质严重的，依程序启动问责。建立健全激励机制。由组织部牵头，研究制定激励机制，牢固树立在脱贫攻坚一线考察识别和选拔任用干部的鲜明导向，把脱贫攻坚作为干部培养锻炼的主阵地、选拔任用的主渠道，要考核任用干部首先要考核其脱贫攻坚工作履职情况，对敢于担当、冲锋陷阵、实绩突出的干部，要旗帜鲜明地表彰奖励、提拔重用。强化资金保障机制。各级各部门要积极承接扶贫专项、统筹整合、东西部扶贫协作、土地指标跨省调剂等资金，深化东莞对口帮扶和省直、市直、区直机关定点帮扶，尽最大努力争取更多资金支持。同时，要加快扶贫资金拨付进度，畅通扶贫资金使用渠道，坚决避免资金滞留和兑现迟缓现象。要严格按照有关文件规定，足额保障扶贫工作经费，全面做好服务保障工作，确保干部下得去、蹲得住、干得好、见成效。规范材料报送机制。各部门和乡镇（街道）每10天向脱贫攻坚指挥部办公室报送1次冲刺行动工作推进情况，分别于每月的1号、11号、21号报送，由脱贫攻坚指挥部办公室收集汇总形成报告报区委、区政府主要领导；区直各部门、各乡镇（街道）要挖掘特色和亮点，每月上报不少于1篇有价值的工作信息；各乡镇（街道）、扶贫开发领导组成员单位于2019年11月30日前分别撰写2019年脱贫攻坚年度工作总结和2014年以来脱贫攻坚工作总结，经主要领导审核签字后报送脱贫攻坚指挥部办公室。报送地址：昭阳区扶贫办307室，联系人：柯福辉，联系电话：08702125596，邮箱：zytpzm@126.com。

中共昭阳区委　昭阳区人民政府关于印发
《昭阳区贫困退出后续巩固提升措施方案》的通知

各乡镇、街道党（工）委、政府（行政），区委各部委办局室，区级国家机关各委办局，区直各人民团体和企事业单位，中央、省、市驻昭阳区单位：

经区委、区政府同意，现将《昭阳区贫困退出后续巩固提升措施方案》印发给你们，请结合实际，认真抓好组织实施。

中共昭阳区委

昭阳区人民政府

2019 年 12 月 6 日

昭阳区贫困退出后续巩固提升措施方案

为巩固脱贫成果，提高脱贫质量，根据《中共云南省委办公厅　云南省人民政府办公厅关于进一步完善贫困退出机制的通知》（云厅字〔2019〕31 号）和《云南省扶贫开发领导小组关于印发〈云南省贫困退出标准和脱贫成果巩固要求指标说明〉的通知》（云开组〔2019〕9 号）等文件要求，制定本方案。

一、总体要求

（一）指导思想。坚持以习近平新时代中国特色社会主义思想为指导，全面贯彻落实党的十九大精神和中央、省、市关于脱贫攻坚巩固提升的决策部署，严格按照"四个不摘"原则，坚持以脱贫攻坚统领经济社会发展全局，全面建立健全稳定脱贫长效机制，巩固脱贫成果，提升脱贫质量，推动贫困群众稳定脱贫。

（二）基本原则。

——坚持扶持政策不减。把脱贫摘帽作为新的起点，积极探索脱贫成效巩固提升的长效机制和治本之策，注重"两不愁、三保障"质量和成色，绝对不能发生一边脱贫、一边返贫的现象，落实好、延续好脱贫攻坚各项政策。

——坚持责任落实不减。进一步压实全区各级各部门及领导干部责任，区扶贫开发领导组和脱贫攻坚指挥部继续组织领导巩固提升各项工作。处级及以上领导继续"挂乡盯村"，各级挂钩帮扶单位继续"挂村包户"，各级干部全面下沉到一线巩固成果。

——坚持帮扶力度不减。继续落实干部帮扶责任制度，充分发挥政策和社会两方面力量作用，强化政府责任，引导市场、社会协同发力，构建专项扶贫、行业扶贫、社会扶贫互为补充的大扶贫格局。

——坚持常态监管不减。坚持脱贫攻坚与锤炼作风、锻炼队伍相统一，密切党群干群关系。加强督查检查，强化考核问责。

（三）主要目标。聚焦高质量脱贫和稳定持续发展，不断夯实稳定脱贫、逐步致富的基础，紧紧围绕已脱贫出列的 145 个贫困村、46914 户 194778 人实施巩固提升，确保到 2020 年所有建档立卡贫困人口在现行标准下实现稳定脱贫，农村居民人均可支配收入增长幅度高于全省平均水平，实现"两不愁、三保障"、产业就业、基础设施、公共服务、人居环境等工作持续提升，与全市全省全国同步全面建成小康社会。

二、工作措施

按照省委提出的20条巩固提升要求，统筹考虑脱贫攻坚与乡村振兴战略有效衔接，进一步夯实基础、强化弱项，全面巩固提升脱贫成果。

（一）深入实施产业扶贫巩固提升工程。持续推进农田水利工程建设，进一步改善农村农业生产条件。持续发展以苹果、马铃薯两大拳头产业为主的农特产业，带动贫困群众稳定增收。建设高标准农田13万亩，建设苹果基地3万亩，扶持苹果常规种植，到2020年，全区苹果种植规模达72万亩，实现产量100万吨、综合产值100亿元"双百"目标；扶持种植马铃薯5488.4亩、花魔芋2000亩，持续推进生猪、肉牛、蔬菜、花椒等产业发展。推动资源变资产、资金变股金、农民变股民"三变"改革向纵深推进，鼓励通过资源资产技术入股、财政直接支持等方式，让贫困户分享"三变"改革红利。以良种良法、高度组织化和集约化、党支部＋合作社"三个全覆盖"为抓手，采取政策、资金、技术、利益联连提升等多种手段，完善新型农业经营主体与贫困户联动发展的利益联结机制，有劳动力、有产业发展意愿的贫困户至少与1个农业新型经营主体建立合作关系。到2020年，实现以万亩苹果园、马铃薯公司、合作社、大户为生产经营主体，组织化程度达100%，其他种植业、养殖业组织化程度大幅提高的目标。强化龙头带动，密切利益联结，加强技术培训，注重典型示范，稳定实现贫困村有脱贫产业、有带动主体、有合作经济组织，贫困户有增收产业项目。强化农产品标准化、品牌化建设，提升特色产品知名度和市场占有率。持续推进农业产业保险工作，引导金融机构支持龙头企业、农民专业合作社、能人大户等新型主体发展，不断扩大农业产业参保面和参保水平，增强产业发展抗风险能力，为农户持续稳定增产增收创造良好条件。强化小额信贷扶持，为有贷款意愿且符合贷款条件的建档立卡贫困户提供扶贫小额信贷资金发展产业。坚持政府引导、社会参与、市场运作、机制创新，持续推广以购代捐的扶贫模式，做好农副产品和带贫能力强、产品质量好、有诚信的企业、合作社等市场主体的推荐工作，动态更新重点扶贫产品供应商推荐名录，拓宽农产品营销渠道。借助东西部扶贫协作帮扶机遇，持续加大消费扶贫力度，以消费促进贫困群众增收，促进精准脱贫。鼓励具备条件的村集体，通过盘活集体资源、入股或参股、量化资产收益等渠道增加集体经济收入。继续实施村集体经济项目建设，实现所有村（社区）集体经济收入达5万元以上。（牵头领导：张兴，责任单位：区农业农村局，配合单位：区委组织部、区委宣传部、区发改局、区财政局、区人社局、区自然资源局、区生态环境分局、区交运局、区林草局、区水务局、区工科局、区文旅局、区搬迁安置局、区扶贫办、区招商局、区金融办、区供销社）

（二）深入实施就业扶贫巩固提升工程。将建档立卡贫困劳动力纳入职业培训重点人群，坚持"需求导向""就业导向"，采取灵活多样的培训方式，优先开展实用技能培训，促进劳动力技能提升。同时，以校企合作培训、订单培训、企业接收培训为主要载体，面向建档立卡贫困家庭"两后生"和具备劳动能力人员开展技工教育和职业技能培训，提升培训实效。以东西部扶贫协作、企业帮扶等为契机，促进贫困劳动力转移就业，着力提升劳务协作的组织化程度和就业质量。积极开发就业岗位，拓宽贫困劳动力就地就近就业渠道。鼓励企业在乡村建设扶贫车间（基地）、加工点等，组织贫困劳动力实现居家就业和灵活就业。对在市场无法实现就业的贫困劳动力，按规定通过公益性岗位托底安置。强化就业扶贫政策支撑，对贫困劳动力有针对性地开展技能培训、就业指导、专场招聘等就业服务活动，并给予就业创业服务补助。强化稳岗补贴、交通补贴等政策支撑，以更加充分的就业支撑群众稳定脱贫。（牵头领导：钟顺敏，责任单位：区人社局、区搬迁安置局、区劳动力培训转移就业中心，配合单位：区财政局、区协作办）

（三）深入实施饮水安全巩固提升工程。通过自来水入户、管网改造维护等措施，进一步提高集中供水率、自来水普及率、水质达标率、供水保证率。全面推进和落实政府主体责任、行业主管部门监管责任和供水单位运行管理责任"三个责任"。建立健全农村饮水工程区级管理机构、运行管理办法和运行管理经费"三项制度"。明晰工程产权，落实工程管护主体，因地制宜、积极推行"计量收费，以水养水"管理模式，落实农村饮水工程维护养护经费，加强工程管理维护，确保工程建得成、管得好、用得起、长受益。（牵头领导：张兴，责任单位：区水务局、区卫健局，配合单位：区财政局）

（四）深入实施住房安全巩固提升工程。持续紧盯农村危房改造工作，继续以建档立卡贫困户、低保户、农村分散供养特困人员、贫困残疾人家庭等为重点对象，对因灾及其他因素导致的新增危房，继续实行差异化补助，以拆、建、改等方式，实行"申报一户、认定一户、批准一户、改造一户"，真正让困难群众"住有所居"。（牵头领导：刘兴发、陶思茂，责任单位：区住建局，配合单位：区财政局、区扶贫办、区民政局、区残联、区公安分局、区综合执法局、区自然资源局、区市场监管局、区人社局、区搬迁安置局、区水电移民服务中心）

（五）深入实施教育扶贫巩固提升工程。继续巩固义务教育均衡发展成果，所有义务教育学校达到基本办学条件。健全覆盖各级各类教育资助政策体系，实施学前教育、义务教育、普通高中、中等职业教育、"雨露计划"等资助，学生资助政策实现应助尽助。按照"常态坚持、动态清零"工作原则，进一步建立健全控辍保学长效管理机制，全面加强常态化、动态化管理，对重点区域实施重点监测和管控，实行"一人一档"，动态更新，及时发现失学辍学适龄儿童少年，落实劝返工作措施，确保无失学辍学。加强学校基础设施建设，改扩建青岗岭乡苗圃希望小学、大寨子乡福和小学、靖安镇碧海小学、盘河镇新华小学、盘河镇示范小学、苏甲乡桂花小学等6所学校，新建昭阳区第三小学南校区（凤凰办事处母鹿社区）运动场及道路11 000平方米和昭阳区第五小学温泉校区（凤凰办事处温泉社区）运动场及道路9500平方米，进一步改善办学条件，保障学生就近入学。积极引导免费师范生面向生源地农村学校就业，继续大力实施国培计划和省培项目；推进义务教育阶段联盟办学改革，校长教师合理交流任职授课；大力培训培养和补充乡村教师，用好教师"特岗计划"，不断提高教学质量和教育均衡化发展。（牵头领导：柯大林，责任单位：区教体局，配合单位：区委宣传部、区法院、区财政局、区司法局、区人社局、区卫健局、区扶贫办、区公安分局、区市场监管局、区残联）

（六）深入实施健康扶贫巩固提升工程。持续改善医疗卫生服务条件，不断提升医疗保障水平，有效遏止因病致贫、因病返贫现象。紧紧围绕"让贫困人口看得起病、看得好病、看得上病、更好防病"的目标，扎实推进健康扶贫提升工程。巩固区、乡、村三级卫生服务标准化建设成果，力争到2020年100%的中心乡镇卫生院和50%的乡镇卫生院达到省甲级卫生院评审标准；100%的社区卫生服务中心和乡镇卫生院能够提供8类以上中医药适宜技术服务；100%的社区卫生服务站和80%以上的村卫生室能够提供5类以上中医药适宜技术服务。通过规范化培训、全科医生培训、助理全科医生培训、转岗培训、定向免费培养等多种途径，加强人才综合培养；深入推进医院对口帮扶，提升医疗服务能力。实施"互联网+医疗"，积极推进远程医疗联合体，逐步实现医疗资源共享。到2020年，力争区级医院能够普遍提供预约诊疗、双向转诊、检查检验结果查询、诊间结算、移动支付等线上便民惠民服务，改善群众就医体验，增强获得感。持续落实城乡居民参保缴费资助政策、基本医疗保险倾斜政策、大病医疗保险待遇倾斜政策，医疗救助、兜底保障、残疾人健康扶贫政策，确保建档立卡贫困户100%参加基本医疗保险、大病保险。实行区域内定点医疗机构住院"先诊疗后付费""一站式"结算。家庭医生签约优先把建档立卡贫困人口作为签约服务对象，对重点人群和重点病种提供签约服务。按照大病集中救治、慢病签约服务、重病兜底保障分类分批救治，实施公共卫生服务优化行动，做实做细家庭医生签约服务，做优基本公共卫生服务，持续推进重点传染病和地方病综合防控、妇幼健康和健康促进攻坚行动。（牵头领导：钟顺敏，责任单位：区卫健局、区医保局，配合单位：区发改局、区财政局、区民政局、区退役军人事务管理局、区税务局、区扶贫办、区残联）

（七）深入实施生态扶贫巩固提升工程。持续实施退耕还林奖补、森林管护就业、林产业增收等项目。巩固退耕还林成果，抓好补植补种，确保造林质量。继续将建档立卡贫困户、易地搬迁户符合退耕还林、还草政策的耕地纳入退耕还林、还草项目；逐步推行集体公益林托管、"合作社+管护+贫困户"等模式，吸收贫困人口参与管护增收。按照国家林业和草原局《建档立卡贫困人口生态护林员管理办法》，选聘生态护林员3099名，落实8000元/人/年的补助；持续落实生态公益林补偿81.04万亩，补偿标准 10 元/亩/年。持续抓好花椒、核桃等特色林产业提质增效，带动贫困户增加经营性收入。（牵头领导：张兴，责任单位：区林草局，配合单位：区财政局、区扶贫办）

（八）深入实施交通扶贫巩固提升工程。按照"四好农村路"的总要求，持续巩固农村交通基础设施成果，完善项目建设及后期运营管理，达到"四好"标准，逐步建成"外通内联、通村畅乡、客车到村、安全便捷"的交通运输网络。继续实施 2019 年 50 户以上自然村不搬迁村组公路续建项目，实施居住 50 户以上且无易地扶贫搬迁的自然村组公路 676.034 公里，实施 30 户至 50 户不搬迁自然村公路硬化 483.347 公里，实施危桥改造 16 座，实施 400 公里安全生命防护工程，实施道路、沟渠等基础设施建设。实施资源路、旅游路、产业路等建设，提升产业重点区域公路网络覆盖和通行质量，发挥交通对产业发展的支撑和促进作用。加强农村公路日常养护，做到有路必管、有路必养、养路必畅。（牵头领导：费忠平，责任单位：区交运局，配合单位：区发改局、区财政局、区农业农村局、区扶贫办、区林草局）

（九）深入实施电力扶贫巩固提升工程。加强电力基础设施建设，有效解决新增负荷或用电区域发生变化而导致的低电压，重、过载台区现象，稳步提升供电保障能力和服务水平。积极争取省公司下达投资计划后组织实施《2020 年昭阳区 10kV 及以下投资项目储备库》，计划储备 3597.96 万元项目，计划新建及改造 10kV 线路 35.679 千米，新建及改造配变 85 台，容量 16710kV，新建及改造低压线 69.019 千米，低压开关柜 86 面。（牵头领导：陶思茂，责任单位：区供电分局）

（十）深入实施网络扶贫巩固提升工程。统筹推进网络覆盖、农村电商服务工程，加快贫困村光纤宽带网络和 4G 网络建设，提高光纤宽带普及率和移动网络覆盖率及服务质量。打造区级公共服务中心，进一步完善区乡村三级电商公共服务体系，为全区特色农产品等资源搭建"优质、高效、便捷"网络营销平台。开展农村互联网应用普及教育，创新"互联网＋"扶贫模式，实现"互联网＋现代农业"的深度融合，引领全区涉农产业链升级，带动农民增收致富。（牵头领导：叶建平，责任单位：区工科局，配合单位：移动昭阳分公司、电信昭阳分公司、联通昭阳分公司）

（十一）深入实施易地扶贫搬迁巩固提升工程。聚焦"50 个工作目标"，强化后续扶持，确保"搬得出、稳得住、能持续发展、群众较满意"。把"有技能培训、有就业服务、有公益性岗位"作为搬迁群众的最大民生，强化技能培训、开发就业岗位、组织劳务输出、扩大服务供给，把就业扶持精准到户到人，确保易地扶贫搬迁安置劳动力 100% 充分就业。把产业扶持作为稳定脱贫的重要保障，重点在"有主导产业、有扶贫车间、有权益收益、有流转收益、有资产收益、有合作组织、有帮扶措施"上着力，确保每个安置点至少有 1 项主导产业辐射带动，每个安置点至少建成 1 个扶贫车间，搬迁户至少加入 1 个经济合作组织。盘活搬出区"三块地"，帮助群众增加收入。围绕社区治理，重点在"有基层党组织、基层自治组织、群团组织、社会组织、互助组织、片长楼栋长、活动阵地、警务室、调解室（员）、经费保障"等"10 个有"上下功夫，强化社区管理和服务，积极开展安全文明小区创建活动，引导搬迁户培养良好生活习惯。围绕搬迁群众生活融入、思想融入、情感融入、文化融入，做好"培育核心价值、强化感恩教育、加强业务培训、制定村规民约、培养良好习惯、开展安全培训、丰富活动载体、关爱特殊群体、创建文明家庭、弘扬优秀传统"10 项具体工作，帮助群众快适应、快融入，切实增强搬迁群众归属感和幸福感。（牵头领导：邓发奎，责任单位：区搬迁安置局，配合单位：区委组织部、区财政局、区农业农村局、区教体局、区扶贫办、区应急管理局、区公安分局、区综合执法局、区劳动力培训转移就业中心、区人社局、区住建局、区市场监管局、区民政局、区自然资源局、区卫健局、区医保局、区司法局、区税务局、区工商联、区残联、区供电分局、团区委、区总工会、区妇联、市城投公司、移动昭阳分公司、电信昭阳分公司、联通昭阳分公司、云南广电网络集团昭通分公司昭阳支公司、云南能投昭通产业发展有限公司、昭阳区中城益民燃气有限公司、昭阳农合行）

（十二）深入实施综合保障性扶贫巩固提升工程。按照"社会保障兜底一批"的要求，促进扶贫开发与社会保障有效衔接，织牢托底安全网。健全完善农村低保制度，精准认定低保对象，将建档立卡贫困户中完全丧失劳动能力和部分丧失劳动能力且无法依靠产业或就业帮扶脱贫的"无业可扶、无力脱贫"贫困人口，按照"按户识别，整户施保"的原则，全部纳入民政兜底保障范围。全面落实特困对象供养制度，对遭遇突发性、紧迫性、临时性生活困难的家庭实施临时救助。加强贫困残疾对象动态管理，落实残疾人两项补贴。严格落实基本养老保险扶贫政策，对符合条件的建档立卡贫困人员代缴城乡居民社会养老保险费，确保建档立卡贫困人口 100% 参保。健全农村养老服务体系，提升养老服务功能，有效保障特殊困难群体的基本生活。继续动员特困供养对象自愿集中供养，进一步提升集中供养率。（牵头领导：柯大林、钟顺敏、郭映辉，责任单位：区人社局、区民政局、区残联，配合单位：区财政局、区卫健局、区扶贫办、区公安分局、区住建局、区搬迁安置局、区自然资源局、区税务局）

（十三）深入实施公共服务巩固提升工程。加强基层党组织建设，选优配强村党组织书记，提升党组织带领群众脱贫致富能力。充分发挥村党组织领导核心作用和村民委员会基础作用，健全群团组织，培育发展农村社会组织和志愿者服务组织，全面提升农村基层各类组织的服务能力。切实发挥驻村工作队和第一书记抓党建、育产业、促脱贫的作用。完善村级自治体系。以村党组织建设带动农村自治组织、群团组织、合作经济组织、农村社会组织建设，构建自治、法治、德治相结合的治理体系，提升治理水平。加强群众性法律法规宣传活动，积极开展法治文化阵地建设和法治文化活动，深入开展社会主义核心价值观教育，通过制定村规民约、道德公约等自律规范，弘扬中华优秀传统文化，教育引导农民爱党爱国、向上向善、孝老爱亲、重义守信、勤俭持家，增强乡村发展的软实力。完善乡村矛盾纠纷调处化解机制，加大小微权力腐败惩治力度。深入开展扫黑除恶专项斗争，严厉打击村霸、宗族恶势力，维护农村正常生产生活秩序。（牵头领导：耿礼俊、沈洋、周彀、王开伟，责任单位：区委组织部、区委宣传部、区纪委监委、区委政法委、区公安分局、区司法局，配合单位：各挂钩帮扶单位）

（十四）深入实施人居环境巩固提升工程。按照"产业生态化、居住城镇化、风貌特色化、环境卫生化"的美丽宜居村庄目标要求，持续推进乡村治理。按照"村庄人居环境整治达到 1 档标准以上"指标要求，以农村生活垃圾治理、农村生活污水治理、农村厕所革命和村容村貌提升为主攻方向，完善长效管护机制，持续改善农村人居环境。建立健全村庄保洁体系，因地制宜确定农村生活垃圾处理模式，推进农村生活垃圾分类和资源化利用，提高农村垃圾处理能力。强化农村生活污水治理，实现乡镇、街道生活污水处理设施基本全覆盖、易地扶贫搬迁安置点生活污水处理设施全覆盖，推进村庄生活污水处理设施建设。推进乡镇、街道、村庄等人员密集场所公厕建设，提高农村卫生厕所普及率。以行政村为作战单元，以户为作战单位，持续推进清"五堆"（草堆、柴堆、粪堆、沙土堆、石堆）建"三园"（菜园、花园、果园）、村庄公共空间和农户生活环境整治。持续抓好危旧房拆旧复垦工作，对已实施易地扶贫搬迁户严格按照"住新必须拆旧"的要求，到 2020 年 6 月底前全面完成拆旧复垦复绿工作，提升村容村貌。（牵头领导：刘兴发、陶思茂、张兴，责任单位：区城管委，配合单位：区委宣传部、区委政研室、区住建局、区综合执法局、区农业农村局、区发改局、区工科局、区财政局、区自然资源局、区生态环境分局、区交运局、区水务局、区文旅局、区卫健局、区林草局、区扶贫办、团区委、区妇联、区供销社）

（十五）深入实施群众内生动力巩固提升工程。坚持扶贫与扶志、扶智相结合，持续开展"自强、诚信、感恩""三讲三评"等主题实践活动，注重正向激励，用身边人、身边事示范带动，引导贫困群众树立勤劳致富的价值导向，引导群众形成健康文明生活方式，着力激发内生动力。强化脱贫攻坚政策和先进典型宣传，营造脱贫光荣的舆论氛围。改进帮扶方式，更多采用生产奖补、劳务补助等方式，引导贫困群众通过辛勤劳动脱贫致富。（牵头领导：沈洋，责任单位：区委宣传部，配合单位：区融媒体中心、区扶贫办、区文旅局、团区委、区总工会、区妇联）

（十六）深入实施扶贫对象动态管理巩固提升工程。坚持建档立卡动态管理工作常态化、经常化，持续抓好未脱贫人口脱贫工作，建立完善长效稳定脱贫机制，全面掌握贫困人口"两不愁、三保障"实现情况、获得帮扶情况、贫困人口参与脱贫攻坚项目情况等，实现扶贫政策、项目、资金对建档立卡户全覆盖，贫困户至少享有 1 项帮扶措施并取得实效。严格执行贫困退出标准和程序，完成剩余贫困人口脱贫退出工作。对存在返贫风险的脱贫人口及时进行有效帮扶，确保脱贫稳定。持续关注脱贫监测户和边缘户等群体，加强信息收集和综合研判，按照有关政策，采取有效措施帮扶。（牵头领导：费忠平，责任单位：区扶贫办，配合单位：与"两不愁、三保障"联系紧密的部门）

三、工作保障

（一）强化组织领导。坚持领导力量不变、包抓责任不变，继续坚持高位统筹，由区委、区政府主要领导担任全面巩固提升脱贫成果工作领导小组"双组长"，领导小组下设办公室在区扶贫办，坚持力量不减、责任不变，跟踪督导脱贫攻坚成果巩固提升行动。继续实行 23 个行业分指挥部和 20 个乡镇、街道指挥部"双线"负责制，形成上下联动、条块结合的脱贫后续巩固提升保障体系。坚持按照分片包村、包保到户的原则，严格落实包保责任制，构建横向到边、纵向到底的责任体系，为全面巩固提升脱贫成果提供坚强的组织保证。

（二）强化责任落实。各乡镇、街道是全面巩固提升脱贫成果工作的责任主体和工作主体，党政主要负责同志要认真履职，增强政治担当、责任担当和行动自觉，并根据各乡镇、街道结合实际制定的后续巩固提升实施方案，亲自部署重要任务、协调重点环节、解决重大问题，层层传导压力，建立落实台账，压实脱贫责任，加大问责问效力度，不折不扣地落实各项决策部署；各行业部门要牢固树立"一盘棋"思想，整合资源，制定部门后续巩固提升实施方案，按步骤、分年度强力推进巩固提升计划实施，并督促指导各乡镇、街道落实脱贫攻坚成果巩固提升任务。

（三）强化督查检查。摘帽后，区直相关行业部门要继续加强跟踪督查，确保各项巩固提升工作落到实处。区级每年对各乡镇、街道巩固提升工作开展一次综合评估检查，重点检查责任、政策、工作"三落实"和"四个不摘"情况，脱贫对象的后续精准帮扶，脱贫成果巩固提升，综合贫困发生率变动等情况。对脱贫不稳定、质量不高、工作落实不到位的，按照相关规定严肃追责问责。

昭阳区易地扶贫搬迁工作综合情况报告

"十三五"期间，昭阳区紧紧围绕脱贫攻坚"两不愁、三保障"总体目标要求，通过"五个一批"（发展生产脱贫一批、易地搬迁脱贫一批、生态补偿脱贫一批、发展教育脱贫一批、社会保障兜底一批）推进落实易地扶贫搬迁工作。昭阳区"十三五"易地扶贫搬迁共规划建设 23 个安置点，其中 17 个集中安置点，6 个分散安置点；已建成安置点 20 个，在建安置点 3 个；其中 2016 年安置点 18 个，2018 年安置点 2 个、2019 年新增安置点 3 个。2019 年，昭阳区搬迁安置总任务涉及幸福馨居、洒渔、永丰、红路和靖安新区昭阳区区内安置共 7318 户 31222 人。目前，幸福馨居、洒渔、永丰、红路一期、红路二期安置点已搬迁入住。永丰、红路、靖安新区安置点配套设施及配套产业正按进程正常推进，现将昭阳区易地扶贫搬迁工作情况自查报告如下。

一、总体情况

（一）**体制机制建立和落实情况**。易地扶贫搬迁作为脱贫攻坚的一项重要工作，昭阳区先后成立了易地搬迁和农危改指挥部，规划编制易地扶贫项目和农村危房改造工作，成立了由区委书记、区长任双组长的易地搬迁工作领导组，下设由相关职能部门组成的相关的工作组专项负责落实搬迁前、中、后各阶段工作的开展；为配套易地扶贫搬迁工作的推进落实，昭阳区先后制定印发了劳动力转移就业行动方案、易地搬迁分房方案、易地扶贫搬迁工作方案，制定印发了劳动力就业奖补政策，调整工业园区管建分离机制，促进扶贫产业园招商、园区建设作为易地搬迁就业吸纳基地和产业发展带动效应作用。

（二）**搬迁计划及调整情况**。"十三五"计划搬迁 9565 户 40172 人（其中建档立卡搬迁户 8078 户 34418 人，同步搬迁户 1487 户 5754 人），2016 年计划搬迁 2247 户 8950 人（其中建档立卡搬迁户 1727 户 7096 人，同步搬迁户 520 户 1854 人）建档立卡搬迁户已全部搬迁入住；2017 年无搬迁任务；2018 年计划搬迁建档立卡户 1674 户 7181 人，无同步搬迁户；2019 年新增搬迁计划 5644 户 24041 人（其中建档立卡搬迁户 4677 户 20141 人，同步搬迁户 967 户 3900 人）。

（三）**安置方式情况**。2016 年共规划建设 18 个安置点，其中 6 个分散安置点、12 个集中安置点，建设 17 个农村安置点和 1 个城镇安置点；2018 年共规划建设 3 个集中安置点，均属城镇集中安置；2019 年共规划建设 3 个集中安置点，其中 2 个城镇集中安置点和 1 个农村集中安置点。为鼓励集中安置点群众积极搬迁，解决搬迁后基本生活所需用品、用具，在区委、区政府的大力支持下，从地方财政列支经费用于 2016 年搬迁幸福馨居群众分别给予了每户 2000 元和 1000 元两类（根据搬迁时间设定）搬迁奖励补贴；2018、2019 年搬迁群众按 2000 元给予搬迁奖励补贴。

（四）**工程建设情况**。2016 年安置住房已建设完成，学校、医疗由周边就近解决。

2018 年永丰、红路一期安置住房已建设完成；永丰安置点 1 千米道路已建设完成，9.12 千米配套管网已建设完成；绿化土已全部运完，种植区域已平整，等待区园林局评审绿化方案；1 个社区服务中心 205 平方米和物管用房 68.78 平方米已投入使用，1 个卫生所 350 平方米、500 平方米购物超市和主体已完工，正在进行装修，11 月底卫生所可投入使用，文化广场已建设完成；扩建小学一所，总投资 1702 万元，扩建学校校舍 4669 平方米，将增设 20 个班级，可解决 900 人就学，目前进入招投标阶段。幸福馨居安置点是使用已建设完成的保障小区解决调整安置，基础配套设施和卫生所、社区服务中心、综合活动室、文化广场已建设完成，学生就读学校通过周边学校就近解决。

2019 年洒渔安置住房已建设完成，水电入户，道路等基础设施已完成；红路二期安置住房已建设完成，全部达到搬迁入住条件；4.091 千米道路、24.1 千米配套管网已建设完成；新建配套卫生服务站一个 500 平方米，已完成主体工程，正在装修，医护人员已通过招考和调配解决，卫生服务站建成后即可正常运行，已入住群众可就近到北闸镇卫生院、仁安医院、昭通市第一人民医院就医；配套建设幼儿园1所、小学1所主体已完工，正在进行装修，2020投入使用，已搬迁家庭学生调整在周边学校就读；拟新建中学1所，占地面积33333.5平方米，建筑面积187000平方米，总投资7064万元，预计完工时间2020年10月份。

安置点住房及配套设施均由住建部门派驻质检人员、聘请工程质量监理和工程总工全程负责工程质量监管并参与工程验收。

（五）搬迁入住情况。 2016年建档立卡搬迁户1727户7096人已全部交钥匙搬迁入住；2018年建档立卡搬迁户1672户7185人已全部交钥匙搬迁入住；2019年洒渔安置点80户364人已全部入住，红路二期4220户18192人于12月20日已完成搬迁入住。

（六）旧房拆除和复垦复绿情况。 2016年昭阳区共搬迁卡户1727户7096人，其中四类可不拆23户，无房户15户，实际应拆旧复垦1689户，目前已完成拆旧1426户，拆除占地面积147.85亩，拆旧率84.43%，复绿149.45亩。

2018年昭阳区共涉及搬迁卡户1674户7181人，其中无房户86人，实际应拆旧复垦1582户，目前已完成拆旧339户，拆除占地面积69.39亩，拆旧率21.43%，复绿81.14亩。已完成增减挂钩土地1448亩交易土地资金466420万元。

2019年昭阳区共涉及搬迁卡户4677户20141人，其中无房户244户，实际应拆旧复垦4358户，目前已完成拆旧258户，拆除占地面积62.87亩，拆旧率5.92%，复绿57.11亩。

（七）后续扶持情况

1. 产业发展配套方面。昭阳区按照"近抓转移就业为主、远抓产业培育支撑"的思路，围绕未就业人员就业意愿需求，结合安置点资源禀赋和发展条件，大力招商引资，加快推进安置点配套农业产业基地、扶贫车间和第三产业发展，为未就业人员及意愿在安置点周边务工群众提供相应的就业岗位。

一是因地制宜发展农业产业基地。以产业资金入股等方式建立利益联结机制，因地制宜在安置点发展农业产业基地。

二是加快扶贫车间建设。充分利用高层商铺、独立厂房、商业综合体用于扶贫车间建设，并结合安置点实际，引进农产品加工、电子元器件加工、液晶电视机生产、耳机生产等劳动密集型企业。

三是发展第三产业。充分利用各安置点商铺、城市综合商业体发展餐饮、商贸、物流、家政等行业。

四是加大扶贫产业园招商引资力度，依托扶贫产业园区招商引资优惠政策、务工就业奖补政策和园区升级改造扶持政策，打造省级优秀扶贫产业园区，目前扶贫产业园区正逐步形成有规模的电子加工产业链，就业吸纳能力将逐步呈现。

五是为进一步增加建档立卡搬迁群众家庭收入，拓宽收入渠道，通过搬迁安置产业配套资金入股产业投资公司项目，实现建档立卡搬迁群众享有收益分红，收入有保障。其中永丰安置点依托安置点周边海升万亩苹果产业基地、恒大援建蔬菜大棚800个、8000㎡扶贫车间和集镇商业服务就业预计可解决3200人就业需求；同时依托公益公服岗位和小区物业，预计可解决150户150人就业需求。

红路安置点依托安置点周边扶贫产业园、智能物连园、富硒皇菊种植基地、海升万亩苹果产业基地、8000㎡扶贫车间和安置点商业服务就业预计可解决13600人就业需求；同时依托公益公服岗位和小区物业，预计可解决518户518人就业需求。

2. 劳动力培训转移就业方面。我区始终坚持"就业是最大的民生"的指导思想，制定相关方案，整合各渠道资金，加强招商引资，出台相关政策，切实做好劳动力培训转移就业工作。

一是积极开展易迁劳动力技能培训工作。2015－2019年，全区共组织开展各类培训604次，培训人次41854次，其中易迁劳动力8249人次，培训内容涵盖电工、焊工、厨师、建筑工、家政、种养植、疾病防控等多种实用技能，有效提升了易迁群众劳动力技能素养，扩大了易迁群众就业面。

二是建立服务机构。通过组建昭阳区劳动力转移就业中心，强化了领导组织保障，专门针对我区劳动力培训转移就业工作"找病症、开药方"，积极开展贫困劳动力培训转移就业工作，坚持"外输"与"内转"并重，全面落实"两个尽可能"要求，根据搬迁群众意愿和能力，进一步深化东西部劳务协作，主动加强与"长三角"、"珠三角"等地区人力资源服务机构、用工企业沟通对接，搭建培训转移就业平台，多渠道、多途径收集发达地区优质岗位资源，充分发动人力资源公司、农村劳务经纪人、务工带头人等社会力量参与，有序组织转移就业，提高劳务组织化程度。同时坚持"易地扶贫搬迁安置点在哪里、就业服务就跟进到哪里"，在安置区设立就业服务机构，建立岗位信息常态化推送机制，采取"滴灌式"送政策、送岗位、送服务的方式，精准推荐就业岗位和职业培训信息，确保未就业的搬迁群众至少获得3个以上有针对性的岗位信息，有培训意愿的搬迁群众在1个月内获得培训信息。截至今年10月，全区112248贫困劳动力，已就业或具备产业规模达105048人，去除非劳动力，全区卡户劳动力就业率达97.2%，全区易迁劳动力19011人，已就业或具备产业规模达17964人，去除非劳动力，全区卡户劳动力就业率达97.5%。劳动力转移就业工作成效显著，为全区贫困户脱贫算收入账提供了有力支撑。

三是制定相关奖补政策。为营造良好的就业氛围，充分保障卡户就业前景。我区研究制定下发了《昭阳区2019年劳动力培训转移就业奖补政策》，对吸纳卡户就业企业、稳定就业卡户、组织卡户外出务工、卡户培训补贴做了详细规定。

四是开发公益公服岗位。安置区的物业管理和公共服务岗位，优先吸纳有就业意愿的搬迁贫困劳动力，激发搬迁群众内生动力，动员引导搬迁群众到岗就业。对搬迁群众中有劳动能力、无法外出、无业可扶人员，请相关部门开发生态护林员、护路员、护河员、保洁员、治安员等公益性和乡村公共服务岗位托底安置就业。永丰安置点现已帮助开展培训4期，设立公益岗位100人，红路一期安置点预计设立公益岗位97人，重点帮助解决入住的大龄人员和留守家庭人员就近就业。

五是积极开展扶贫车间建设。为解决安置点"一有两无"人员、弱劳力、半劳力就业问题，增加家庭收入，昭阳区按照安置点在哪里，扶贫车间就建到哪里的总体要求，积极开展扶贫车间建设工作，利用村民小组活动场所、安置点配套商业设施、扶贫产业园等场所，积极建设扶贫车间，截至10月25日，全区共在17个乡镇建设扶贫车间154个，就业基地5个，其中大型扶贫车间3个，预计可有效解决就业1.5万人。

六是做大做强扶贫产业园区，依托扶贫产业园区及城区用工配套解决就业。依托扶贫产业园区招商引资优惠政策、务工就业奖补政策和园区升级改造扶持政策，扶贫产业园区正逐步形成有规模的电子加工产业链，就业吸纳能力将逐步呈现，借助交通便利和中心城市的区位优势，半小时交通圈到城区务工就业，可实现驻地安置区搬迁群众就近就业。目前，扶贫产业园区已入驻投产22家企业，就近就业用工1558人，改扩建厂房17万平方米，预计吸纳就业能力1.4万人；城区可长期提供就业用工近万人，易地搬迁群众就业有充分保障。

昭阳区结合易迁劳动力的就业意愿，对搬迁劳动力进行分析、研判，制定转移就业方案。16岁-45岁的易迁劳动力可以通过外出转移就业、扶贫产业园、大型商贸综合体吸纳就业。46-55岁的易迁劳动力扶贫车间、乡村公共服务岗位、蔬菜和食用菌大棚基地、马铃薯、苹果和冷链仓储物流等产业基地吸纳就业。56岁-70岁这个年龄段的搬迁群众，若还有就业意愿、也还具备一定的劳动能力的情况下，可以考虑吸纳到保安、保洁、物业管理公司及公益性岗位兜底，另外部分群众的就业可通过扶贫车间解决。

3. 社区治理方面。永丰、红路、幸福馨居每个安置点分别设立安置点工作站一个，全面负责易地扶贫搬迁过渡期的各项工作；同时已与区民政局、区委组织部对接，在幸福馨居成立幸福馨居社区及委员会，永丰安置点成立虹桥馨居社区及委员会，红路安置点成立同乐社区、同心社区、同源社区三个社区及委员会。按照易迁群众300∶1从镇村干部抽调优秀人员到工作站工作，其中幸福馨居社区工作站配备工作人员9名，红路安置点和永丰安置点每个社区配备工作人员12名，人员均已到位开展工作。积极对接各相关职能部门，登记、记录搬迁入住群众信息，办理接续学生就读、群众就医、住房产权办理等相关事务。

二、主要成效

（一）**易地扶贫搬迁在本区脱贫攻坚工作中的地位和作用**。中央、省、市始终把易地扶贫搬迁作为脱贫攻坚重中之重的工作，通过易地扶贫搬迁从根本上实现贫困人口脱贫的目标。昭阳区的易地扶贫搬迁是全市属地范围内规模最大、人口最多的易地扶贫搬迁，为推进落实易地扶贫搬迁工作，昭阳区委、区政府给予了政策、资金、人力、物力多重保障和支持力度，以易地扶贫搬迁带动全区脱贫攻坚。

（二）**实现人口脱贫取得的成效**。2016 年已实现 4719 人脱贫，脱贫率 66.5%，2018 年实现 97 人脱贫，脱贫率 1.35%，2019 年实现 3096 人脱贫，脱贫率 15.37%，三年脱贫 7912 人，脱贫率 22.99%。

（三）**解决住房、交通、饮水安全等方面取得的成效**。2016 年易地搬迁安置点结合脱贫攻坚工作的开展，住房、交通、饮水全部解决完成。2018 年易地扶贫搬迁安置点住房、交通、饮水全部配套到位，已全部解决，得到保障。2019 年洒渔安置点住房、交通、饮水已到位；2019 年红路安置点二期安置住房已搬迁完成；饮水已配套到位，饮水安全有保障；配套道路与搬迁入住同步完成。昭阳区易地搬迁安置点住房、交通、饮水安全具有充分保障，2018、2019 年集中搬迁群众入住后，安置点工作人员将组织群众开展入住后的交通安全培训、周边环境熟悉、电梯使用、用水用电培训，邀请社会公益组织到安置点组织开展各种活动和培训，让搬迁入住群众尽快融入当地环境，安心入住。

（四）**解决就医、就学困难取得的成效**。昭阳区易地扶贫搬迁在兼顾集中安置与分散安置的地域、人口数量特点情况下，妥善解决群众就医、学生就学困难，充分保障群众医疗、学生教育。2016 年搬迁群众就医、就学顺利实现了由当地卫生所、卫生院保障了医疗，由当地中小学校保障了学生就读；集中搬迁幸福馨居群众通过安置小区卫生所、镇卫生院、仁安医院和市一医院实现了医疗保障，中小学生通过周边石渣河小学、镇示范小学和北闸中学实现了教育保障。2018 年永丰集中安置点群众就医由镇卫生院、市中医院、市二医院、区中医院实现医疗保障，搬迁中小学生、幼儿由镇示范小学、永丰中学和镇幼儿园实现了教育保障；红路一期集中安置点群众由镇卫生院、仁安医院、市一医院实现了医疗保障，搬迁中小学生、幼儿由红路小学、邓子小学、镇示范小学、北闸中学和周边幼儿园实现教育保障。2019 年洒渔集中安置点群众由镇卫生院实现医疗保障，搬迁学生由镇示范小学、洒渔中学和镇幼儿园实现教育保障；红路二期新建了 1 所卫生服务站实现红路一二期集中安置点群众医疗保障，新建 1 所幼儿园、小学、中学实现搬迁红路一二期学生就近实现了教育保障。

（五）**促进当地特色产业发展取得的成效**。结合全区产业规划部署，把安置点配套产业融入到全区产业规划，引进具有新技术、新管理、实力强的专业产业集团公司融合到全区产业发展中，形成配套产业有规模、有特色、有产销、有收入，实现短能就业、长能致富的效果。2016 年搬迁安置点配套产业以当地规划农业产业生产为主，融入苹果、马铃薯两大区级重要产业；2018、2019 年搬迁安置点重点引进 3 家先进专业农业企业配套发展有机蔬菜基地、高山冷凉蔬菜基地、高品质苹果示范基地、现代农业产业园、食用菌大棚产业，丰富和促进了我区农业特色产业发展，有效带动我区农业产业品质提升和品种改良步伐，为促进民、企双赢，增收致富、脱贫摘帽取到较好推动作用。

（六）**促进搬迁群众就业增收取得的成效**。就业增收有保障是搬迁稳得住的关键，为做到充分就业保障，昭阳区统筹整合了农业产业、扶贫车间、公益岗位、劳务输出和自主经营创业多种就业渠道，让每个有就业意愿的易迁劳动力有就业有保障。在农业产业保障方面，引进的 3 家农业企业覆盖了 12 个乡镇 3749 户 16236 人搬迁群众，实现产业收入保障，当前 3 家企业固定用工 327 人，吸纳卡户 179 人，月工资收入 1800 元至 2200 元，临时用工 215 人，月收入 1500 元。在扶贫车间保障方面，引进了 6 家企业，投产运营 4 家，调试运营 1 家，在建 1 家，吸纳用工 307 人，工资收入 2200 元至 2400 元；按照招投资协议，整合企业固定回报，易迁卡户分红 290.41 万元。在公益岗位保障就业方面，整合了人社部门乡村公共服务岗位、林业草原部门生态护林员岗位和民政部门殡葬信息员岗位，解决易迁就业 1341 人。在劳务输出方面，实现 17964 人就业。在自主经营创业方面，搬迁群众自主自立创业经营，永丰、红路安置点部分群众已自主创办经营，部分群众正陆续报名登记商业店铺和农贸摊位。

（七）**迁出区环境保护和生态建设取得的成效**。围绕"五位一体"生态文明建设、农村人居环境整治和乡村振兴战略的总体要求，结合我区易地扶贫搬迁折旧复垦复绿工作的有序开展，2016－2019已拆除旧房2023户279亩，折旧率84.43%，复垦复绿287.69亩，剩余5606户旧房未拆除的复垦复绿，依序在搬迁新居后结合当地产业发展需要和生态环境实际，整合土地复垦复绿，引进投资项目，盘活土地资源效益，促进环境保护生态建设和生态经济效益双增长。

（八）**对推进新型城镇化建设的积极作用**。城镇化易地搬迁安置是脱贫攻坚"挪穷窝、换穷业、拔穷根"彻底改变贫困面貌，彻底改变生活环境，全面融入城镇化带动发展，摆脱贫困局限的新型途径。昭阳区2018年、2019年易地扶贫搬迁安置点规划安置在洒渔集镇、永丰集镇、昭阳区北部新区城镇规划区，城市基础公共服务设施延伸配套，人口就医、就学、就业均能覆盖，安置点周边可就近配套农业产业项目，红路安置点紧邻昭阳工业园区扶贫产业园、智能物联园、电子产业园可实现家门口就业。永丰、红路、幸福馨居安置点均处在我区南北双向发展区域，有利于新型城镇规划的延伸发展。

（九）**社区综合治理和精神文明建设取得的成效**。围绕昭阳区脱贫目标，以宣传、教育、培训为手段，引导搬迁群众"感党恩、听党话、跟党走"，围绕"改变思想观念　共建幸福家园"主题，提升搬迁群众的思想道德、文明礼仪、遵纪守法等综合素质，增强群众搬入新家园的信心，引导就业、感恩、自强、诚信、操家理务、家庭教育、邻里互助、安全生产等。让搬迁群众能够尽快转变思想观念，融入城市生活，形成易地搬迁安置点邻里和谐、家庭幸福、社区祥和的浓厚氛围，最终实现搬迁群众"搬得出、稳的住、能致富"。整合工会、共青团、妇联、"安然公益"及广大青年志愿者的力量，组建了一支支志愿队伍，让社会工作专业力量参与到易地扶贫搬迁中来，针对易地搬迁贫困群众，围绕关系调适、资源链接、社会支持等提供服务；以关爱留守儿童为切入点，以社会主义核心价值观培育为核心内容，以专业社工为主导，以"四点半课堂"为依托，为留守儿童课后及节假日照看、学习辅导、兴趣培养等方面提供持续性、长期性关爱志愿服务，通过项目专业化运作，广泛吸纳各界社会人士参与，整合各界社会支持，逐步推动"家、校、社"互动，大力弘扬传统文化，积极传播正向价值观。在社会各界的积极参与支持下，组织开展了丰富多彩的活动如"七彩课堂"、"爱心书屋"、"亲情视频"、"外出务工青年经验演讲""自强诚信感恩，争做时代新人宣讲"等，将扶贫与扶志、扶智充分融合在一起，让大家积极互帮互助，促进邻里团结，增强了生活的信心，让搬迁户充分感受到"家"的温暖。将"爱心超市"和志愿服务相结合，以志愿服务换取积分，既解决了不能外出搬迁户的基本生活来源，同时也为小区的居民提供了优质的社工服务，解放了部分因要带小孩和照顾老人的生产力，让他们"走出去"，增加收入，早日脱贫，也为小区培养了一批社会工作人才，为小区的后续发展奠定了坚实基础。

三、历次检查问题整改落实情况

（一）**历次检查发现问题及举一反三情况**。根据区扶贫领导组办公室反馈的各级、各类巡视、专项审计、脱贫成效考核、监管巡查、蹲点调研、信访举报存在的问题共有38条，对照"两不愁、三保障"归纳梳理反馈的问题，主要集中在"工程建设进度、群众搬迁意愿、搬新拆旧复垦复绿、就业扶持、后续帮扶"几个方面，针对存在的问题，我局会同区扶贫办、区培训转移就业中心分组到乡镇开展暗访调查和政策宣传。

（二）**历次检查中反馈问题整改落实情况**

1. 针对"中央第十二巡视组对云南省开展脱贫攻坚专项巡视反馈意见"，我局制定了问题的专项整改方案，组织局工作人员对存在的"三超"问题逐一进行再核实调查，问题主要存在住房超面积方面，不存在对象超范围和补助超标准问题。整改住房超面积问题，主要采取了超面积物理空间隔绝、亲属共建共享和平台公司代缴抵押回购几种整改方式，保障易迁群众有安全住房，解决举债返贫问题。

2. 针对"省委督查室脱贫攻坚专题调研指出问题"，我局制定了问题整改方案，督促施工单位、工程监理、工程质监加快推进工程建设进度，对进度缓慢的施工单位进行了约谈、罚款，督促整改要求，保证按质完成建设，群众按期搬迁入住。对群众搬迁"稳得住"方面，加紧完善配套产业的研制、规划，确保产业保障到户到人；同时积极招商引资，推进厂房建设，拓宽就业安置渠道，确保群众搬迁入住后保障充分就业。

3. 针对昭阳区2018年脱贫攻坚成效考核发现的整改问题，我局及时制定整改方案，认真落实"双点长"制和安置点领导挂钩督办的工作安排，压实责任，督导推进工程建设，保证了工程的顺利实施。针对2016年配套产业支撑不足的问题，我局已联系农投公司重新调研编制新的配套产业方案，上报审核，发挥配套产业的支撑带动作用。

4. 针对昭阳区2019年省级脱贫攻坚调研发现的整改问题，我局及时制定整改方案，明确整改内容、责任人，确定整改时限，充分做好前期准备工作，保证了我区2018年搬迁任务顺利实现搬迁入住。

5. 针对其它各级各类发现的整改问题，我局及时进行安排部署，时时掌握动态情况，发现一项、整改一项，举一反三，发现问题基本得到解决。

四、下一步工作打算和建议

（一）推进落实永丰示范小学改扩建、红路中学新建、智能物联产业园标准厂房和易地搬迁资产收益－精准扶贫厂房建设和红路安置片区供水、供电、停车场工程建设进度，确保工程建设如期完工，顺利投入使用。

（二）重点解决好"稳得住"问题。一是持续抓好安置区配套产业支撑保障、就业保障力度。二是抓好后扶工作，加强后续管理，做好后续服务，依靠、组织、发动群众，激发群众主观能动，真正实现搬到新家、管好新家园。

昭通市昭阳区搬迁安置局

2019年12月28日

二、表　彰

昭阳区人民政府
关于表彰教育系统第九届"学科带头人、教学能手、
教学新秀"的决定

各乡、镇人民政府，街道办事处，区直各相关部门：

根据昭阳区第九届"学科带头人、教学能手、教学新秀"评选活动方案要求，教育系统参赛教师通过学校初赛、片区复赛、全区决赛，并经各学科评委组认真评审，已评选出教育系统第九届"学科带头人、教学能手、教学新秀"。为树立典型，表彰先进，激励创新，经区人民政府研究，决定对全区教育系统第九届"学科带头人、教学能手、教学新秀"进行表彰。

希望受表彰的老师珍惜荣誉，再接再厉，继续发挥模范带头作用。望全区广大教育工作者以先进为榜样，弘扬高尚师德，潜心立德树人，更新教育理念，推进教学改革，加强教学研究，为办好全区人民满意的教育做出更大的贡献。

昭阳区人民政府

2019 年 4 月 19 日

附件：

昭阳区教育系统第九届"学科带头人、
教学能手、教学新秀"人员名单

一、学科带头人（10 人）

（一）中学（3 人）

学　科	学　校	姓　名	学　科	学　校	姓　名
数学	太平中学	胡同敏	美术	凤凰中学	王淼
数学	北闸中学	朱良兵			

（二）小学（7 人）

学　科	学　校	姓　名	学　科	学　校	姓　名
语文	区二小	刘智艳	数学	区五小	夏维波
美术	区五小	缪成	音乐	区一小	狄琴
体育	区五小	周宗顺	英语	南城小学	王琼
英语	北城小学	蒋德勇			

二、教学能手（140人）

（一）中学（50人）

学 科	学 校	姓 名	学 科	学 校	姓 名
语文	区四中	顾红	数学	区二中	常莉
	永丰中学	严为君		青岗岭中学	李敏
	北闸中学	姜仁锐		区二中	马莉媚
	旧圃中学	周兆斌		永丰中学	周广正
	区一中	王国燕		区三中	耿昭丽
	凤凰中学	邝敏		盘河中学	张兴荣
	区一中	钱旭		凤凰中学	吕艳
	华宇学校	冀勇		洒渔中学	刘建涛
英语	青岗岭中学	罗丹	信息技术	区四中	马明正
	区二中	宋克萍		永丰中学	顾磊
	永丰中学	张亚松		北闸中学	王超井
	苏甲中学	王文莲		区三中	胡群梅
	太平中学	张举斌		华宇特色学校	肖云松
	区一中	许绪会		苏家院中学	赵申芬
	小龙洞中学	马敏玉		守望中学	陈涛
体育	区一中	龙滇		小龙洞中学	付云
	青岗岭中学	张浩	音乐	青岗岭中学	吴永庆
	区一中	王正斌		苏家院中学	王丽明
	小龙洞中学	丁凤英		凤凰中学	蔡兰
	凤凰中学	张强		太平中学	王国勇
	太平中学	温月丽		旧圃中学	谷梅
	大寨中学	赵升华		北闸中学	翁林武
	华宇学校	钱德龙		永丰中学	毛朝鲜
	洒渔中学	周启忠	美术	守望中学	施丽莎
	区四中	袁勇		区二中	平莘

（二）小学（90人）

学　科	学　校	姓　名	学　科	学　校	姓　名
语文	区三小	徐显彩	数学	区四小	乔星
	区五小	范广敏		东城小学	薛芳
	洒渔中心校	丁宇		区三小	顾开伟
	区四小	黄传丽		洒渔中心校	钟艳
	苏家院中心校	李章琼		区五小	郑媛
	区三小	李美云		区三小	温树坤
	华宇特色学校	祁仕红		南城小学	程宗凡
	区五小	侯明琼		布嘎乡中心校	王文彦
	区一小	李光芬		华宇特色学校	刘晓梅
	大寨中心校	关海强		区一小	李顺雄
	龙泉中心校	孔祥菊		北城小学	杨德玲
	北城小学	李世稳		苏家院中心校	柳旭
	东城小学	李晓滢		太平中心校	李芳
	凤凰中心校	王吉娟	音乐	南城小学	米世雄
	洒渔中心校	石坚		区二小	刀娅
美术	区五小	黄定安		区五小	谢丽
	区一小	唐芳云		区三小	赵金燕
	区三小	周厚省		太平中心校	赖玉娇
	龙泉中心校	彭文彬		小龙洞中心校	余添海
	守望中心校	李维艳		东城小学	郭必慧
	南城小学	宋艾清		永丰中心校	唐萍
	旧圃中心校	赵声良		凤凰中心校	罗保俊
	华宇特色学校	唐聪		区四小	杨迎春
	区二小	刘国仁		华宇学校	张汝琳
	西城小学	邹彬		区三小	李瞭辽
体育	北城小学	沈丽莎	英语	布嘎中心校	何海斌
	区四小	罗锶		区四小	叶海燕
	凤凰中心校	马培梅		区三小	保建敏
	区三小	刘艳		区三小	周凤飞
	区三小	李江		区二小	马凤琼
	区一小	姚应龙		布嘎乡中心校	李耀华
	太平中心校	李世斌		区五小	周雪娇
	区二小	陈国敏		青岗岭中心校	白友翠
	华宇学校	伍维		苏家院中心校	张广敏
	东城小学	吴光元		区五小	邓兴艳
	靖安中心校	黄绍鑫		守望中心校	万亿玲
	旧圃中心校	王崧		区一小	黄呈月
	西城小学	许朝文		龙泉白坡小学	范梅
				苏家院中心校	龚晓艳

续表

学科	学校	姓名	学科	学校	姓名
信息技术	区三小	唐章伟	信息技术	太平中心校	付德兰
	区三小	胡元德		北城小学	赵丽华
	区五小	陈智洪		永丰中心校	马翠萍
	区一小	陈书敏		龙泉中心校	雷阳波
	区四小	陈玥		布嘎中心校	岳廷飞
	区二小	孟选波		北闸中心校	崔论文
	华宇特色学校	秦玉			

三、教学新秀（47人）

（一）中学（28人）

学科	学校	姓名	学科	学校	姓名
语文	苏家院中学	张兆锦	数学	苏家院中学	浦仕府
	布嘎中学	杜娟		小龙洞中学	王小雪
	田坝中学	聂佳宇		炎山中学	廖朝顺
	炎山中学	杨梅		区三中	付娟
	洒渔镇中学	陈恭翠	信息技术	乐居中学	江美滢
英语	苏家院中学	吴太菊		青岗岭中学	许长红
	乐居中学	陈俊玲		炎山中学	张雪梅
	区二中	夏丽萍	音乐	小龙洞中学	刘宏炜
	区一中	刘维琼		洒渔中学	唐统波
	区三中	张保英		布嘎中学	代余欣
美术	小龙洞中学	毛志娥		乐居中学	蔡文艳
	青岗岭中学	李凯		大寨中学	谭玉美
	布嘎中学	吴珊	体育	区二中	冉敏
	北闸中学	杨洪伟		乐居中学	黄啟杰

（二）小学（19人）

学科	学校	姓名	学科	学校	姓名
语文	青岗岭中心校	史珊珊	数学	大山包中心校	李政英
美术	区四小	朱东升		靖安镇中心校	仲显丽
	炎山中心校	高家梅		青岗岭中心校	饶汝丽
	田坝中心校	陈红	音乐	区五小	王利平
	苏甲中心校	符明伦		旧圃中心校	陈思思
	大山包中心校	周芳		北城小学	向桂花

续　表

学　科	学　校	姓　名	学　科	学　校	姓　名
体育	田坝中心校	李章航	英语	永丰镇中心校	刘明燕
	乐居中心校	周运涛		靖安中心校	邓明燕
信息技术	大寨中心校	冯雷全		炎山中心校	宗光兰
	乐居中心校	卯昌洪			

中共昭阳区委　昭阳区人民政府关于
表彰 2018—2019 年度教育工作先进集体和优秀个人的决定

各乡镇、街道党（工）委、政府（行政），区委各部委办局室，区级国家机关各委办局，区直各人民团体和企事业单位，中央、省、市驻昭阳区单位：

党的十九大以来，全区广大教师和教育工作者始终坚持以习近平新时代中国特色社会主义思想为指导，深入贯彻落实中央、省、市、区教育工作各项决策部署，兢兢业业、恪尽职守、刻苦钻研、勇于创新，全面实施素质教育，全力推进义务教育均衡发展，为助力昭阳决战脱贫攻坚、决胜全面小康做出了重要贡献。在第 35 个教师节来临之际，为充分展示新时代昭阳教师和教育工作者精神风貌，进一步激励广大教师和教育工作者为振兴教育而努力奋斗，区委区政府决定授予夏举俊、马三永等 9 名优秀校长，孟世珍、毛碧莲等 60 名师德标兵，丁朝敏、罗艳等 39 名优秀管理工作者，龚川云、曾磊等 97 位名师，吴洪梅、王茂琼等名班主任 19 名，乔星、徐声雄等优秀教师 781 名，昭阳区第四小学、北城小学、永丰中心学校、昭阳区第一中学等集体奖荣誉称号（详见附件）。

希望受表彰的先进个人要珍惜荣誉、再接再厉，在各自的工作岗位上再创佳绩、再立新功。希望全区广大教职员工及社会各界向受表彰的先进个人学习，积极进取，奋力拼搏，为打造"学在昭阳"品牌而做出新的更大贡献。

中共昭阳区委
昭阳区人民政府
2019 年 9 月 9 日

附件：

昭阳区 2018—2019 年度优秀校长、师德标兵、优秀管理工作者、
名师、名班主任、优秀教师、集体奖表彰名单

一、优秀校长（9 名）

夏举俊　马三永　孔令正　马敏伦　金志祥　李　勇　丁宗林　谭　杰　彭　义

二、师德标兵（60 名）

孟世珍	毛碧莲	方铭素	刘艳淑	王建敏	黄廷松	舒志琴	李常丽	吴忠万	陶永昌	马锦艳
程跃琼	魏兴玉	易高富	赵正秋	马永斌	马　杰	郑海琼	浦绍平	凌成礼	陈　云	钟兴万
孔令娟	别文芳	吴志荣	徐声能	刘洪江	马殿东	夏　林	欧阳贤	王　静	董鑫玲	华树立
李成忠	曹德发	罗银洪	吕绍山	耿　瑞	赖玉娇	朱德江	刘荣堂	杨红梅	刘　武	徐永峰
孔卓蓉	李德林	徐成勇	李　杰	马　利	虎思明	成　敏	贾　亮	苟帮华	夏国安	余晓莉

吴　旺　郭盛谓　肖　均　朱福明　刘　燕

三、优秀管理工作者（39名）

丁朝敏　罗　艳　施　媛　程清云　陈文权　余　旭　雷家才　王家春　杨　皓　李　钵　高　锐
熊武金　马海燕　李　琳　郭太勇　王　冲　余　涛　陈　静　丁晓明　蒋　桢　蒋　芸　肖庆刚
孟世富　李世成　陈　涛　袁吉兵　栗　浚　张保英　马崇国　浦绍先　马寅飞　解开勇　钱臣诚
张良权　李德阳　董自成　虎　靓　迟焕松　张　磊

四、名师（97名）

龚川云　曾　磊　饶　键　王　梅　周昌焕　邓兴艳　苏怦伐　潘绍英　李文娟　马玉红　赵　丽
王艳群　严　敏　胡荣鑫　唐械琼　唐茂芬　王章琼　邵泽波　罗桂洪　马继琼　铁　蓉　纳永竹
赵建蕾　张广兰　马殿思　王文彦　陈　伟　杨莉萍　李章琼　陈光金　董远丽　夏文琼　沈忠华
徐成清　张　权　窦　鹤　张　梅　田茂江　游　梅　刘平莲　赵远梅　温元伟　范梅丽　张　冰
马　静　马仕本　钟兴凯　杜远坤　程　静　杨　翠　卢明华　仇惠凤　潘思宇　周文敏　余小艳
张　涵　辛　华　韩云霞　张雪琴　石修权　杨仕伟　李琼英　赵　铭　罗江艳　孙　琰　杨　琴
王雪淞　徐　艳　陈　萍　杨如红　陈　敏　马菊本　凌书义　蒋仕燕　刘阳润　朱崇鹏　王应焕
唐庆梅　毛成勇　马敏玉　黎永堂　廖春伍　李正华　李开栋　马秀梅　李兴银　严为君　孟仕娟
钟庆华　马歆月　杨云峰　胡同敏　余　梅　唐万全　忻海燕　宋世能　刘　玲

五、名班主任（19名）

吴洪梅　王茂琼　苏　梅　顾开伟　刘智艳　祁仕兰　陆珍文　王绍斌　马孝琼　左香琼　周训英
马　琼　易红梅　邓永琼　蔡荣霞　童益龙　钱世龙　阮朝忠　杨志国

六、优秀教师（779名）

第四小学：

乔　星　徐声雄　袁正春　周家宏　马　莉　张　明　李　智　杨　琼　叶天亮　刘雪靓　龚裕淑
陈永莉　王大艳　荀必燕　郭　丽　徐建兰　汤和平　李凤临　马贤伦　朱东升　叶海燕　邱坤刚
代顺芝　曾文倩

第五小学：

曾邦仙　马丽梅　孙继荣　王　义　李文凤　李世娥　曾文莉　盛世凯　马　燕　马艳琼　王　燚
蒋德坤　戴玉珍　马雪丽　陈　菊　王艾梅　周雪娇　邓尚丽　田关群　雷阳春　罗　曼　李文丽
魏　笑　杨选冬　刘春吉　易云雄

第一小学：

祁世吉　周　燕　范　梅　谭朝春　李光芬　黄呈月　夏举亮　李乘凤　高　梅　杨　敏　颜　萍
何万媛　刘有奎　黄代英　徐文黎　王文英　马兴龙　保世梅　卯升宏　陈耀华

第三小学：

罗安敏　李波伟　叶云芬　夏凤颖　崔怀静　李美云　虎利江　周世萍　温树坤　季永文　道美俊
徐素萍　杨希惠　高云燕　李星蓉　崔刚宽　张晓可　马银琼　李　莹　赵升华　陈　琼　王　琴
张祥波

北城小学：

蒋德勇　刘荣华　陈　懿　李　云　潘光润　周应梅　徐家鹏　何仕仙　陈关雄

第二小学：

阳廷红　王兴勇　饶绍丽　曾　涛　邹　霁　代益宽　杨绍琼　唐万明　任美琼　杨喜芳

西城小学：

马敏莲 龙鲜艳 夏 敏 黄再林 潘文昆 魏 彪 冷 芳 刘永尧 祈世彦

东城小学：

孟德会 訾成翠 温 靖 马玉果 李 丹 杨绍燕 徐天梅

南城小学：

张恩琼 马丽松 陈光先 张 彬 马兴惠 宋艾青 周锦茂 臧庆春 郭碧红 蒋德俊

永丰中心校：

周 琰 何 伟 赵泽彩 任继周 赵声贵 杜光玲 王朝达 杨怀妹 安 山 李 娟 赵 菁
刘安艳 彭开巧 马翠萍 周照超 杨晓弟 陈兴学

龙泉中心校：

邓兴娥 吴 炜 张 伟 彭文彬 徐 芳 黄玥婷 曹朝鑫 范荣敏 贺 兰

大寨中心校：

关海强 张贤飞 马香玉 马 姣 邓荣华 舒正国 李琼仁 钟 旭 唐天宝 崔惠章 余芳艳

守望中心校：

马永菊 马 琼 马 灿 马会琼 赵正薪 潘发军 马武艳 马配娥 马召芬 马云芬 赵泽娟
凌赟志 马再贤 马关莲 张其亮 李 梅

凤凰中心校：

臧尔福 朱爱芬 李家丽 姜 英 邹学兰 王 俐 虎 飞 李 丽 刘丛凯 马 俭 张 鑫
马培梅 崔 娥 张津源 陈春霞 阳 蕊 王德兰

布嘎中心校：

马茶仙 阮金兰 马贤丽 李正雄 谢公娟 陈定文 杨友均 赵 勇 李选洪 周 莹 马丽亚
王后翠 陈 波 马 娜 黄晓珊 刘银梅 熊宗秀

乐居中心校：

贾翌皎 贺声莉 段庆丽 马勋列 邓旭梅 崔文敏 张中英 罗富敏 周晓瑜 鲁艳雪 简发翠
郑耀娟 曾庆渊 赵 娟

苏家院中心校：

李 瑜 王文慧 张 静 李选福 赵泽万 杨隆梅 张广敏 李文能 孟会聪 赵泽树 彭 艳
刘云川 阳红艳 张远朵 肖福丽

洒渔中心校：

廖启菊 刘 水 李章玉 朱桂莲 陈光媛 王丽苹 严 涛 彭家权 钟婉芹 侯明练 杜应红
黄晓荣 陈文仙 董光慧 石 坚 吴 强 秦 玲 王 警 李文琼 赵 梅 范启荣

炎山中心校：

罗清卿 成 旭 杨应翠 甘 嶙 周世品 胡明香 乔 丽 夏 静

青岗岭中心校：

谢独燕 郑先浪 许 艳 尹齐波 袁兴柳 张 勋 姜 会 刘元敏 饶汝丽 张 磊 李福梅
施启超 潘春丽 臧尔俄 何金美 李 娟

靖安中心校：

马晓妮 高兴芬 王开会 阮 瑶 汪 娟 张正丽 刘晓燕 朱明毅 蔡娅金 解道彩 李 虹
杨琼芳 江 丽 顾 瑾 刘大艳 彭 坤 姜 恒 张广福 周继红

太平中心校：

高礼刚 温林美 闵 蛾 季永飞 阳 丽 吕廷珍 邓天玲 韩世涛 吴太琼 杜文敏 程忠燕
陶禹润 刘吉琼 甄艳萍 马贤慧 宋 婷 张泽芬 朱长银 刘 毅 谢玉仙 孙汝会 蒋 坤

旧圃中心校：

雷正美　陈　伟　余　平　李毅航　潘文艳　潘晓艳　李亭亭　王发梅　李国顺　蔡南美　代玉敏
陈开敏　戴鸿雁　蒋忠玲　吕国权　解道荣　姜明翠　赵　锐　冷友权

小龙洞中心校：

虎赛菊　徐章奎　马赛平　杨保富　颜邦林　陈正声　马仲朝　马兴国　蒋开英　曾昭林　马艳梅
殷应勇　谭玲霞

田坝中心校：

李　瑞　胡祖翠　张加德　朱　东　陈家登　王熙巧　赵　梅　罗　丹　陈　婷　林万红　陈　红
余德燕

北闸中心校：

王祖会　杨　勇　崔贵文　何　翠　徐声琼　邓锐毅　铁　锐　陈仕丽　李天兰　李安慧　肖　梅
吴　丽

大山包中心校：

朱明艳　王春芬　邱　静　蒋先勇　李朝贵　代玉珍　周　芳

盘河中心校：

严智玉　陈举松　胡裕春　崔奇文　孟泽妹　李　玲

区幼儿园：

孔　婷　余龙艳

华宇小学：

赵丽萍　吕永丽

鑫华小学：

刘　蓉　刘　雄

第一中学：

黄德锐　郝忠秀　虎　倩　陆　军　刘顺国　代红斌　杨新福　殷举庆　曾莉钧　李　静　邓光荷
刘玉彬　彭　娟　张和辉　崔　艳　邓天锐　张广坤　黄　英　徐　倩　李晓丹　魏阳林　马永翠
蒋玉蓉　刘理巍　马丽萍　夏婷婷　钟家万　马　智　李啟顺　龚兴鹏　吴文强　陈文防　高兴岚
林　晶　王　柳　王南方　龙姣群　彭春花　吴　健　陈晓梅　陈　磊　李应绪　徐文春　龚成琴
刘汉丹　陈丛虹　李才云　毛显雨　顾　垚　陈　睿　桂　阳　秦　露　杨　琴

第二中学：

黄　琴　马晓曦　夏若菡　申开笛　汪万文　朱素兰　金元丽　刘清洪　卢　芸　王光琼　晏　丽
马秀琴　马春相　宋家丽　李红艳　谢长艳　王玉菱　赵　勇　冯　艳　张乐成　何　惠　武英华
彭冬菊　罗帮宛　王泽润　高灵芳　朱之斌　王宗红　刘中奎　赵　芳　丁昌林　杨　梨　邵明镜
王永勤　杨惠仙　胡　锐　马殿伦　陈文强　曾　平　黄远坤　陶永俊　马永雷　范文仓　李　娜
范怀凤

凤凰中学：

阮金党　邝　敏　耿昭美　杨大梅　解天翠　盛兴状　吕　艳　范怀俭　沈远江　秦　超　陶国先
范丽仙　杨建萍　柳学平　万宗兰　耿　富　黄信春　乔家奎　何亚先　张雪梅　司　剑　陈　静
孟　康　杨荣敏　管秀英　吕建斌

乐居中学：

訾　梅　邓红梅　王廷秒　吕　俊　朱文云　吴雪香　华顺羽　张　聪　李选蕾　陈启琴　赵家艳
臧小方　王建安　杜　姣　陈椿桦　孟东霖　蔡金伟　陈　谦　李勤仙　邵莉芳　方旭丽　白志敏
秦绍志　曹再洪　冷从富　崔昌文

金江学校：
李章金　杜丽娟　周　旭　瞿发赞　袁吉珍
大寨中学：
李学栋　王贤能　陶秀兰　阳　娜　谭玉美　何奎丽　江海景　谢应敏　马娅玲　陶其亮　陆友娥
第四中学：
韩明华　李　磊　戴玉润　刘平仙　何金红　彭文存　顾　红　刘　静　肖　宏　陈　乐　杨　兴
罗　兵　李友情　李　勇
第三中学：
迟洪春　黄燕林　缪志莉　沈路东　杨洪梅　李阳莲　杨先顺　王　敏　王常春　角　睿　陈功鸿
陈允坚　马　慈　刘友芬　雷顺培　邓　丽　罗晓燕　艾显华　饶峻华　薛大秀　温　碧　钱福星
邱贞超
青岗岭中学：
邓　鹏　陈启飞　马雪梦　何忠仙　晏为佳　杨　燕　罗　丹　张明花　徐天星　吴永庆　冯玉梅
马秀娟
旧圃中学：
周应波　夏文兴　李明芳　杨剑英　王树芬　穆朝鸿　蔡光顺　陈　宏　訾兴昌　周兆斌　许光灿
方文斌　涂国云
小龙洞中学：
安　勇　百丽涛　丁顺莲　董程艳　段勇琼　孔祥赛　李万荣　栗　静　马　健　马丽春　马燕飞
石　虎　马传萍
苏家院中学：
戈启斌　浦仕府　钟　璇　李德兴　李南玉　李清清　王继萌　童顺芬　翟朝权　陈　玲　魏冬梅
汪明琴　王　飞　宋祥勇　赵申芬　普买存
炎山中学：
周雄伟　唐　锐　吴云惠　陈琼权　孟　玲　陈薪羽　廖朝顺　张　静　李　丹　杨　梅　杨卓玉
田坝中学：
吕彦平　刘万春　陈树丹　聂佳宇　谢立炜　路　明　马雪梅　吕关凡　马举厚
布嘎中学：
潘明武　马举福　张　勇　马春江　鄢吉凤　杨春思　马伶俐　张海艳　邱　珺　马冬芳　张正涛
守望中学：
朱　俊　马　婷　付　琴　保世国　杨　传　刘正芬　李　强　马　骧
永丰中学：
姜荣清　钱兴文　唐　静　马良相　潘　妮　赵庆华　曹　丽
大山包中学：
夏　梅　李　倩　马丽亚　王吉琼　周应莲
北闸中学：
张广才　马　丽　周世维　赵家云　赵　燚　何明丽　王超井　李忠兰　雷寿红　刘荣贵　李文香
冷　娜　谢顺丽　耿世松　马晓曦
苏甲中学：
崔书文　罗　莹　王　熙　钱大发
洒渔中学：
吴凤飞　肖友利　刘　毅　王　燕　李章会　肖丽萍　范　雄　赵才毕　周启忠

太平中学：

黄庆梅　杨　波　张仕英　道美顺　赵　昆　李文俊　夏万荣　李　琳

靖安中学：

张　艳　李贵波　武友香　徐贤武　赵声凤　马林娟　蒋忠艳　杨红梅

盘河中学：

季顺敏　刘　梅　温连锐　黄　秋

职业中学：

蒋兴林　周　萍　赵庆芬　陈　鑫

仁德中学：

阮朝雄

正道教育：

王聪强

建飞中学：

骆怀贵

华宇学校：

李坤群

鑫华学校：

夏正稳

艾斯学校：

赵远洪

七、集体奖（30 个）

区直属小学：

一等奖：昭阳区第四小学

二等奖：昭阳区第五小学

三等奖：昭阳区第一小学

城区小学：

一等奖：北城小学

二等奖：西城小学

坝区小学：

一等奖：永丰中心学校

二等奖：守望中心学校　龙泉中心学校

三等奖：凤凰中心学校　布嘎中心学校

山区小学：

一等奖：大寨中心学校

二等奖：炎山中心学校　青岗岭中心学校

三等奖：靖安中心学校　小龙洞中心学校

城区初中：

一等奖：昭阳区第一中学

二等奖：昭阳区第二中学　凤凰中学

坝区初中：

一等奖：乐居中学

二等奖：金江学校　守望中学

山区初中：

一等奖：大寨中学

二等奖：青岗岭中学　田坝中学

三等奖：靖安中学　小龙洞中学

高中：

一等奖：昭阳区第一中学

鼓励奖：昭阳区第二中学　昭阳区乐居中学　昭阳区北闸中学